禮儀之國

고대 중국의 예제와 예학

禮儀之國

고대 중국의 예제와 예학

홍 승 현 지음

혜안

책을 시작하며

박사학위 논문을 제출하고 졸업을 앞두었을 즈음 스스로에게 졸업여행이란 상을 주었다. 대단한 논문을 쓴 것은 아니었지만 그래도 무사히 학위논문을 완성한 대견함에 대한 상이었다. 목적지는 대만으로 결정되었다. 논문을 쓰면서 잠시 자료를 찾으러 갔을 때 받았던 좋은 인상이 떠올랐다. 저렴한 비용과 적절한 거리·시간, 북적이던 시장과 소박한 사람들, 이른 아침 오토바이 소리가 마냥 신기했던 추억도 선택에 한 몫을 하였다. 적은 돈으로 맛있는 음식을 먹을 수 있다는 점도 큰 유혹이었다. 특별히 봐야 할 것도 없고 가야할 곳도 없이 그저 일상의 거리를 걷다가 오고 싶다는 생각에 그곳이 떠올랐다.

며칠을 느긋하게 타이베이시를 어슬렁거리다 조금은 미안한 생각에—사실 누구에 대해 무엇이 미안한지 그 때나 지금이나 잘 모르겠지만—대만대 도서관에 들렀다. 논문 몇 가지를 복사함으로써 무작정 놀기만 한 것은 아니라는 면죄부를 주고 싶었는지도 모르겠다. 방학임에도 많은 학생들이 나와 있던 도서관에서 바쁜 척 서가와 서가 사이를 이러 저리 돌아다니며 수선을 떨었던 기억이 난다.

이것저것 들춰보다가 우연히 보게 된 감회진(甘懷眞)의 글 「위진시기 관인사이의 상복례[魏晉時期官人間的喪服禮]」(『중국역사학회사학집간(中國歷史學會史學集刊)』 27, 1995)가 이 책이 만들어지게 된 처음이라면 처음이다. 감회진의 이 글은 후한(後漢) 말~위진시기 지방 장관[長吏]과 그 하부 관속[屬吏] 사이 및 군신관계가 소멸된 옛 주군[舊君]과 옛 신하[故吏] 사이에 있었던 복상(服喪) 사례들을 통해 당시 경전의 규정을 넘어서는 지나친 상복례[過禮]를 고찰한 것이다. 감회진은 경전의 규정을 넘어서는 과례행위가 출현한 이유를 당시 관인들 간에 맺었던 은의관계(恩義關係)와 그로부터 발생한 은의감(恩義感)에서 찾았다.

그러나 당시 관인들 사이에 행해졌던 상복례를 은의감이나 도덕의 발현으로만 해석한다면 경전의 규정을 넘어서는 지나친 상복례들이 의미하는 바를 명확하게 설명하기 힘들다고 여겼던 것이 첫 출발이었던 것 같다. 사대부들 스스로가 목숨보다 중히 여기는 경전의 규정을 벗어난 일이나, 고례(古禮)에 대한 공공연한 위반이 도덕의 발현으로만 설명될 수는 없다고 생각했다. 특히 후한 말, 스승에 대한 복상은 물론이고 군신관계가 종결된 구군, 처음 관직으로 이끌었던 추천자인 거장(擧將)에 대한 삼년상이 사회적으로 칭송되었던 것은 당시 상식을 벗어난 상복례가 단순한 은의감의 표현과는 또 다른 의미를 가지고 있음을 암시한다고 생각했다. 막연하기는 하였지만 꼬리에 꼬리를 문 생각들이 연구의 단서가 되었다.

이러한 문제의식을 가지고 「후한 말 '구군' 개념의 재등장과 위진시기 상복례」란 논문으로 2004년 학술진흥재단의 박사후연구지원과정에 신청했고, 다행히 선정됨으로써 필자의 중국 고대 예에 관한 연구가 시작되었다. 그렇게 시작했던 예제와 예학연구는 다음과 같은 논문들로 발표되었다.

- 「중국 고대 예제연구의 경향과 과제」, 『중국사연구』 36, 2005.
- 「후한 말 '구군' 개념의 재등장과 위진시기 상복례－예학의 효용성을 중심으로－」, 『동양사학연구』 94, 2006.
- 「『한서(漢書)』 「예악지(禮樂志)」의 구성과 성격－「예지(禮志)」부분의 분석을 중심으로－」, 『중국고중세사연구』 17, 2007.
- 「『사기(史記)』 「악서(樂書)」와 『한서』 「예악지」를 통해 본 한대 제악(制樂)의 실상－사마천(司馬遷)과 반고(班固)의 제악관(制樂觀)에 대한 분석을 겸하여－」, 『동방학지』 140, 2007.
- 「진대(晉代) 상복서(喪服書)의 편찬과 성격－상복례의 확정과정을 중심으

로–」, 『동양사학연구』 102, 2008.

- 「위진남북조시기(魏晉南北朝時期) 가례(家禮)의 출현과 성격」, 『역사학보』 202, 2009.
- 「전한(前漢) 초 국가의례(國家儀禮)의 제정과 성격–봉선(封禪)·명당(明堂)·군국묘(郡國廟)에 대한 검토를 중심으로–」, 『동양사학연구』 108, 2009.
- 「양한시기 월령류(月令類) 저작의 편찬과 성격」, 『중국고중세사연구』 24, 2010.
- 「대덕(戴德)의 『상복변제(喪服變除)』와 전한시기 예학의 발전」, 『중국사연구』 71, 2011.

한 눈에 봐도 연구의 순서가 두서없고 듬성듬성한 것은 예에 대한 아무런 이해가 없었던 필자의 부족함 때문이다. 그러나 이것은 예에 대한 인식의 지평을 넓혀가던 실수투성이의 사정이 고스란히 녹아있는 부끄러운 고백임과 동시에 실수와 좌충우돌 속에서도 조금씩 예에 대한 관심을 키워나갔던 필자의 성장기라 할 수 있다.

솔직히 이 책에는 부족함이 너무 많다. 가례의 등장은 살펴보았으나, 왕법(王法=국가례)과 치열하게 대치하면서도 왕법을 보완했던 가례의 다양하면서도 구체적인 내용을 확인하지 못했음을 솔직히 털어놔야 할 것 같다. 무엇보다 두 예가 결국 어떻게 보완하고 서로를 완성시키는지와 관련하여, 당대(唐代) 『개원례(開元禮)』와 송대(宋代) 『주자가례(朱子家禮)』에 대한 분석은 예제와 예학연구에서 빼놓을 수 없는 부분임에도 언급도 못한 것을 실토해야 할 것 같다. 중국 고대 예제발전의 완성형을 보여준다는 점에서 함께 다루어야 한다고 생각하기는 했으나, 필자의 능력상 우선은 위진남북조시기까지의 예제와 예학의 발전상을 정리하는 것으로 그 동안의 공부를 한 번 정리하고자 하였다.

그래서 기왕에 발표했던 논문들을 정리하여 예제와 예학의 발전을 보여줄 수 있도록 배치하여 책을 구성하였다. 장기간에 걸쳐 그 때 그 때의 관심에 따라 무계획적으로 발표한터라 논리적으로 모순된 부분들도, 혹은 미처 발견하지 못한 오류들도 있었다. 특히 시대적 순차에 따라 연구된 것이 아니어서 예제와 예학의 발전상을 온전히 보여주지 못한 채, 특정한 현상에 매몰되어 전체를 보지 못하고 서술한 부분이 제법 있었다. 따라서 책에서는 이러한 문제를 해결하여 독자들이 중국 고대 예제와 예학의 발전을 일괄할 수 있도록 통일성을 꾀하고자 하였다. 내용이 근본적으로 바뀐 것은 아니나 정리하면서 논리의 불일치 문제를 해결하고 오류를 정정하고자 하였다.

필요에 의해서 하나의 논문을 나누기도 하였는데, 「후한말 '구군' 개념의 재등장과 위진시기 상복례」의 경우 논지의 흐름상 기존의 논문을 나누어 3부 1장과 3부 2장의 4절로 구성하였다. 3부 2장은 최근 새롭게 관심을 갖고 시작한 석각(石刻) 연구의 일부로 최근에 「후한대 묘비(墓碑)의 성행과 건안십년(建安十年) 금비령(禁碑令)의 반포」(『동양사학연구』 124, 2013)라는 제목으로 발표했던 글이다. 내용상 3부 1장과 연결되기에 함께 구성하였다. 상복례 연구사를 정리했던 「중국 고대 예제연구의 경향과 과제」는 전·후한 상복례를 다루는 3부와 관련 있는 글이라 전체 글과는 다소 어울리지는 않지만 독자의 이해를 위해 3부 보장(補章)으로 구성하였다. 솔직히 미욱하지만 의욕 가득했던, 예 공부를 막 시작했던 필자의 모습이라 생각하여 버리지 못한 것이기도 하다. 악(樂)에 관한 「『사기』「악서」와 『한서』「예악지」를 통해 본 한대 제악의 실상」 역시 예와는 다른 범주이나 2부 2장과 한 짝이라는 생각에 2부 보장으로 구성하였다. 근 10년에 걸친 공부라지만 지금 보니 너무 보잘 것 없어 부끄럽기 짝이 없다.

언제나 그랬듯이 이 책이 나오기까지 많은 분들에게 도움을 받았다. 다시 한 번 필자를 응원해 주시는 모든 분들에게 이 자리를 빌려 감사를 드린다. 특히 들쭉날쭉 불성실했던 필자를 불러주시고 항상 따뜻하게 대해 주셨던 김유철 선생님 이하 역대 예악지 역주 세미나팀의 여러 선생님들께 감사를 드린다. 멋도 모르고 시작했던 공부 중에 여러 선생님들의 진지함과 성실함, 그리고 명석함을 보았다. 좇아가려고 하였지만 늘 뒤처지기만 하는 것 같아 부끄러울 따름이다. 항상 지켜봐주시는 김한규, 임중혁 두 분 지도 선생님께도 다시 한 번 감사드린다. 표지그림을 찾는 데 도움을 주신 소현숙 선생님께도 이 자리를 빌려 감사의 말씀을 전한다.

마지막으로 비록 늦기는 했지만 보잘 것 없는 이 책을 통해 필자를 역사학의 길로 인도해 주신 목은균 선생님의 퇴임을 기념하고자 한다. 아무것도 모르던 천둥벌거숭이였던 필자를 애정으로 지켜봐 주셨고 언제나 도움을 주시고자 하셨다. 항상 감사하는 마음을 가지고 있었지만 말씀드리지 못했던 죄스러운 마음을 이 책으로 조금이나마 용서받고자 한다. 다시 한 번 필자의 책이 세상에 나올 수 있도록 애써주신 모든 분들께 감사를 드린다. 세 번째 마저 흔쾌히 출판을 허락해주신 혜안의 모든 분들께는 말로 할 수 없는 고마움을 느낀다.

녹음이 짙어가는 돈암동에서
홍 승 현

차 례

3부 예 실천 규범의 확립

4부 왕법과 가례

표와 그림 차례

머리말

I

아무 것도 모르고 좌충우돌했던 필자가 학위과정 중 갖게 된 의문은 중국 고대사회 성격과 관련된 것이었다. 중국 고대사회의 특징을 '황제지배체제(皇帝支配體制)'라고 규정한다고 해도 중앙에서 독점적으로 활약하던 특정 문벌귀족(門閥貴族)과 지방에서 확고하게 자신들의 독자적 세계를 구축하고 있던 호족토호층(豪族土豪層)을 만날 수 있었으며, 귀족제사회라고 해도 거시적으로나 이념적으로 또는 제도적으로 황제가 유일 최고의 지배자로서 군림하고 있던 사실에 봉착했다. 자연스럽게 이러한 이중적 구조는 어떻게 만들어졌으며 장기간 그것이 존속될 수 있었던 이유는 무엇이었을까 하는 의문이 생겼다. 1960년대부터 일본에서 꾸준히 논의되었던 사회성격 논쟁과 그에 따른 '시대구분론'이라고 지나칠 수도 있었으나, 중국사에 대해 체계적인 훈련이 부족했던 필자에게 이 문제는 결코 털어버릴 수 없는 중요하고도 흥미로운 문제였다. 무엇이 황제지배체제의 본질인가 하는 것에 대해 궁금증이 생겼다.

황제의 이상이 실현된 상태가 황제지배체제의 온전한 실현일까? 아니면 실제로 황제지배체제를 운영하는 사대부(士大夫)들의 이상이 실현된 상태를 황제지배체제의 온전한 실현이라고 해야 할까? 명쾌하게 구분할 수 없는 것을 구분하려 했던 어리석음 때문인지 해답을 얻지 못한 채, 꽤

긴 시간을 흘려보냈다. 그리고 끙끙대던 끝에 우회적이기는 하지만 중국 고대사회를 지탱하고 이끌었던 황제와 사대부라는 두 정치 주체의 자기규정과 정치적 이상을 살펴보는 것은 어떨까라는 생각에 이르렀다.

그래서 학위논문에서 중국 고대의 정치적 통합과 분열, 그리고 재통일의 국면이 어떻게 가능하였는가를 황제와 사대부의 정체성 확립과 권력행사라는 측면을 통해 살펴보고자 하였다. 그 결과 비록 중국 고대사회의 본질과 성격에 대해 단언할 수는 없었으나, 그 사회를 이끌던 두 주체의 정치적 등장과 각성, 권력행사의 양태 등에 관한 몇 가지 사실을 확인할 수 있었다. 그러나 특정 주체의 정치적 입장을 강조하다보니 논문 안에서 양자는 서로에게 최소한의 정치적 공간만을 보장해주는 대립적인 존재들로 묘사되었고, 이들의 대립은 종종 지나치게 적대적으로 과장되었다.

이런 문제에 대한 반성으로 관심을 갖게 된 것이 양자를 공존시켰던 지식체계와 그 현실적 실현태에 관한 것이다. 그 중에서도 '예적 질서(禮的秩序)'라는 것에 주목하였다. 예제(禮制)라고 하지 않고 굳이 '예적 질서'라고 표현한 것은 필자가 궁극적으로 탐구하고자 한 것이 특정한 제도가 아닌 제도를 만들어 낸 '이념'과 만들어진 제도에 의해 발현된 '공적 질서(公的秩序)'기 때문이다. 필자는 그 질서가 중국 고대사회의 정치적 두 주체인 사대부와 황제가 공존을 위해 합의했던 약속으로, 중국 고대사회의 성격을 가늠할 수 있는 지표가 될 것이라고 생각했다.

Ⅱ

전통시기 중국사회가 선택한 학술이자 이념은 유학(儒學)이었다. 유학이 고대 중국 황제에게 용인되고 선택된 이유는 그것이 당면한 국가의 문제를 해결하고 인민에 대한 체계적 통치를 가능하게 했기 때문일 것이다. 그리고 다른 한편 유학은 군주와 인민의 관계를 정합적(整合的)으로 설명할 수 있었다. 이상적인 통치세계에서 천자(天子)는 인민들이 합리적으로 생존할 수 있도록 천하를 유지 보호하며, 인민은 천자가 안정화한 천하질서 안에서 맡은 바 역할을 수행하며 삶을 영위해 나간다.[1] 바로 이러한 역학관계를 합리적으로 설명할 준비가 되어 있는 이들이 유가(儒家)라고 할 수 있다. 유가에게 있어 군민(君民)의 관계는 흔히 우주적 질서에 비견된다. 그들은 인민을 통치하는 군주의 역할을 만물을 키우는 천(天)의 행위로 소급시켜 군주의 행위에 절대적 권위를 만들어 냈다.[2]

유가의 이념은 여기서 그치지 않는다. 그들은 이렇게 격상된 군주를 도와 우주적 질서를 체현하는 존재로서 관료의 위치를 설정한다.[3] 천자와 사대부가 공존할 수 있었던 것은 황제에게 제국운영을 위해 관료라는 실질적인 운영 보좌가 필요하다는 현실적이고 제도적인 요인도 있었지만, 유가의 이념 안에서 양자는 서로로 인하여 비로소 존엄과 권력을 보장받을 수 있었기 때문이다. 즉, 유학은 권력 행사자의 통치근거와 정당성을 구조적으로 보장해 낸 것이다. 그렇다면 이러한 사유체제(思惟體制)는 어떻게 현실화되었을까? 이것이 최초의 의문이었다.

필자는 그것이 예제라고 생각하였다. 중국 고대사회에서 예(禮)는 인간사를 조율하는 규범을 넘어 사회를 유지하는 준칙이자, 세계와 우주를 구성하

---

1) 甘懷眞, 「秦漢的「天下」政體-以郊祀禮改革爲中心」, 『新史學』 16-4(2005), p.14.

2) 故爲人主者, 法天之行, 是故內深藏, 所以爲神, 外博觀, 所以爲明也, 任群賢, 所以爲受成, 乃不自勞於事, 所以爲尊也, 汎愛群生, 不以喜怒賞罰, 所以爲仁也. 故爲人主者, 以無爲爲道, 以不私爲寶, 立無爲之位, 而乘備具之官, 足不自動, 而相者導進, 口不自言, 而擯者贊辭, 心不自慮, 而群臣效當, 故莫見其爲之, 而功成矣, 此人主所以法天之行也(『春秋繁露』, 「離合根」, p.297). 董仲舒에게 人主란 모든 것의 본성을 드러나게 하는 우주적 원리의 체현자로 인식되고 있다.

3) 爲人臣者, 法地之道 … 爲人臣者比地貴信, 而悉見其情於主, 主亦得而財之, 故王道威而不失(『春秋繁露』, 「離合根」, p.299) ; 三公者, 知通於大道, 應變而不窮, 辯於萬物之情, 通於天道者也 ; 其言足以調陰陽, 正四時, 節風雨 … 故三公之事, 常在於道也. 九卿者, 不失四時, 通於溝渠, 修隄防, 樹五穀, 通於地理者也(『說苑』, 「臣術」, p.19下). 동중서와 마찬가지로 劉向 역시 관료를 군주로 하여금 그 우주적 책임을 질 수 있게 하는 天道와 地理를 관통한 보필자로 묘사하고 있다.

는 논리였기에 위정자(爲政者)들에게 국가의 통치원리로 중시되었다. 위정자들은 모든 사회적 행위와 국가적 실천을 예에 의해 규범화하였다. 그리고 이러한 규범화를 국가권력에 의해 고정시킬 필요가 있었는데, 이 과정에서 나온 것이 예제일 것이다.

요컨대 새로운 왕조가 개창되면 위정자들은 새로운 원리에 근거한 권위를 창출하고 그 권위 위에서 국가의 안정화를 꾀하게 되는데, 아마도 이것을 가장 체계적으로 보장해 줄 수 있는 것이 예제의 완비였을 것이다. 따라서 각 시기 예제정을 둘러싼 과정과 제정된 예제의 탐구를 통해 우리는 고대 중국사회가 추구하던 보편적 이상국가상과 시대별 특수한 개별성을 파악할 수 있을 것이다. 이처럼 중국 고대 예와 예제에 관한 연구는 '중국 고대사회의 성격 분석'이라는 필자가 가진 학문탐구의 목표에 도달할 수 있는 하나의 방법이 될 것이다.

자연히 관심은 예학(禮學)으로까지 발전되었다. 예학은 사대부들에게 국가체제의 모형을 제시하고 만들 수 있게 하는 근간이 되었다는 점에서 주목된다. 그것은 예가 통치자에게 정당성과 정통성의 근거를 제공해 주는 도구일 뿐만 아니라, 모든 이들이 군주를 정점으로 사회적으로 할당된 자신의 직분에 만족하고 자신의 역할을 온전히 수행하며 각기 나름의 존엄성을 확보할 수 있게 하는 정합적 질서체계이기 때문이다. 즉 예는 개인, 가족, 사회, 국가, 천하로 확대되는 모든 층위를 관통하는 일관적 원칙임과 동시에 각 층위의 자율성을 보장하는 원리이기에, 고대 중국 사대부들의 정치적 행위의 근간을 보여주는 하나의 푯대가 될 수 있을 것이라고 생각했다.

또한 예학과 예제연구가 중국 고대사연구에 중요한 이유로는 중국의 경우 예가 국가체제와 불가분의 구조로 관련되어 있는 것을 들 수 있다. 고대 중국인들은 춘추전국(春秋戰國) 변혁시기를 거치며 제사를 중심으로 발달한 예를 이용하여 제사 이외의 사회적, 국가적 모든 실천을 규범화하였다.[4] 실제로 예치(禮治)라고 하는 것은 국가가 사회구성원의 존재와 행위를 예적 질서로 조직화·규범화하는 것의 또 다른 표현일 것이다. 중국 고대국가는 예에 의해 조직되고, 시대적 변화에 따라 예에 의해 재편되었다고 해도 과언이 아니다. 따라서 중국 고대사 연구에서 예에 대한 연구는 곧 중국 사회의 기본 골격을 탐색하는 것을 의미하며, 고대 중국인들이 설정하고 있던 이상적 국가·사회모델의 원형을 복원하는 것을 의미할 것이다.

Ⅲ

그러나 이러한 중요성에 비해 현재 축적되어 있는 중국 고대 예 혹은 예학에 대한 연구는 다른 연구 분야에 비해 그다지 많지 않다. 특히 선진(先秦)~한대(漢代)에 이르는 시기의 예에 관한 연구는 찾아보기가 쉽지 않다. 여기에는 여러 가지 이유가 있겠지만 우선 계통 있는 사료의 부족 문제를 들 수 있을 것이다. 예에 관한 기사가 많지 않은 것은 물론이거니와 남아있는 기사도 전체의 상을 보여주기 부족한 단편적인 것들이 대부분이다. 본래 존재하였다고 전해지는 예경(禮經)이 모두 산일(散逸)되어 그 실체를 확인하기 어려운 탓이다. 거기다 남아 있는 사료 안에는 후대 유가들이 자신들의 이상에 가탁(假託)하여 조작한 내용들이 상당부분 포함되어 있어 그 진위를 가리는 것도 여간 어려운 일이 아니다.

이로 인해 예 혹은 예학에 관한 초기 연구는 주로 문헌의 진위와 성립시기, 문헌에 등장하는 예제의 복원이라는 측면에 집중되었다. 『예기(禮記)』, 『의례(儀禮)』, 『주례(周禮)』 이른바 삼례(三禮) 연구가 대표적이다.[5] 현재까

4) 渡辺信一郎, 「中華帝國·律令法·禮的秩序」, 『シンポジウム 歷史學と現在』(東京 : 柏書房, 1995), p.162.

5) 錢穆, 「周官著作時代考」, 『燕京學報』 11(1933) ; 楊向奎, 「『周禮』的內容分析及其著作時代」, 『山東大學學報』 1954-4 ; 徐復觀, 『周官成立之時代及其思想性格』(臺北 : 學生書局, 1970) ; 林尹, 「周禮與其作者」, 『中央月刊』 5(1973) ; 顧頡剛, 「周公制禮的傳說和『周官』一書的出現」, 『文史』 6(1978) ; 洪業, 「禮記引得序」, 『史學年報』 2-3(1936) ; 孔成德, 「王制義證」, 『中國政治思想與制度史論集 1』(臺北 : 中華文化出版事業委員會, 1954) ; 王夢鷗, 「禮記思想體系試探」, 『國立政治大學學報』

지도 예 관련 연구에서 가장 많은 분량을 차지하고 있는 삼례연구는 예연구의 근간이라는 점에서 중요하지만 텍스트 자체에 대한 연구 또는 예의 개념 및 본질·기능 등에 대한 연구가 주를 이뤄 이를 통한 특정 역사상(歷史像)의 복원이라는 점에 대해서는 다소 미진한 상태다.[6]

그런 의미에서 다양한 분야에 걸쳐 성과를 축적하고 있는 일본학계의 연구는 주목할 만하다. 대략적으로만 살펴도 후지카와 마사카즈[藤川正數]의 위진남북조시기(魏晉南北朝時期) 상복례(喪服禮) 연구[7]를 시작으로, 전한시기(前漢時期) 종묘(宗廟)·교사제(郊祀祭) 개혁에 관한 니시지마 사다오[西嶋定生]와 이타노 조하치[板野長八]의 연구,[8] 한(漢)~당시기(唐時期) 황제제사에 관한 가네코 슈이치[金子修一]의 연구,[9] 조정의례(朝廷儀禮)에 대한 와타나베 신이치로[渡辺信一郎]와 가네코 슈이치의 연구[10]와 같은

1961-4；程兆熊,『禮記講義』(香港：鵝湖, 1964)；王夢鷗,『禮記新證』(臺北：商務, 1965)；周何,「禮記導讀」,『國學導讀總編 上』(臺北：康稿出版事業公司, 1979)；武內義雄,『禮記の硏究』(東京：角川書店, 1979)；楊寬,「“鄕飮酒禮”與“饗禮”新探」,『古史新探』(北京：中華書局, 1965)；楊寬,「“射禮”新探」, 같은 책；施隆民,『鄕射禮儀節簡釋』(臺北：中華書局, 1969)；吳宏一,『鄕飮酒禮儀節簡釋』(臺北：中華書局, 1969)；張光裕, 『儀禮士昏禮·士相見禮之儀節硏究』(臺北：中華書局, 1969)；黃啓方,『儀禮特牲饋食禮儀節硏究』(臺北：中華書局, 1969)；張良樹,『儀禮宮室考』(臺北：中華書局, 1969)；沈文倬,「漢簡「士相見禮」今古文雜錯並用說」,『杭州大學學報』 1984-增；沈文倬,「漢簡服傳考」,『文史』 24·25(1985).

6) 최근의 三禮硏究는 주로 대만학계에서 활발히 행해지고 있는데, 그 대부분은 역사학계가 아닌 철학계와 중문학계에서 진행되고 있다. 자세한 내용은 본서 3부 보장 「중국 고대 예제연구의 경향과 과제」를 참조.

7) 藤川正數,『魏晉時代における喪服禮の硏究』(東京：敬文社, 1960).

8) 西嶋定生,「皇帝支配の成立」,『世界歷史4 東アジア世界の形成』(東京：岩波書店, 1970)；板野長八,「儒敎の成立」,『世界歷史4 東アジア世界の形成』(東京：岩波書店, 1970)；板野長八,「前漢末における宗廟·郊祀の改革運動」,『中國古代における人間観の展開』(東京：岩波書店, 1972).

9) 金子修一,「皇帝祭祀の展開」,『岩波講座世界歷史 9：中華の分裂と再生』(東京：岩波書店, 1999)；金子修一,「漢代の郊祀と宗廟と明堂及び封禪」,『古代中國と皇帝祭祀』(東京: 汲古書院, 2001)；金子修一,『中國古代皇帝祭祀の硏究』(東京：岩波書店, 2006).

10) 渡辺信一郎,『天空の玉座：中國古代帝國の朝政と儀禮』(東京：柏書房, 1996)；金子修一,「唐の太極殿と大明宮－卽位儀禮におけるその役割について」,『山梨大學教育

탁월한 성과들을 확인할 수 있다. 또한 최근에는 양한(兩漢) 교사제에 관한 메구로 교코[目黑杏子]의 연구도 주목된다.[11)]

이 중 위진남북조 상복례연구는 중국 고대 예학연구에서 독자적인 영역의 하나로 일본 뿐 아니라 대륙과 대만학계에서도 많은 연구가 축적되어 있는 분야다.[12)] 예학의 시대로 평가받는 위진남북조시기 상복례와 관련한 예제 정비와 많은 상복서(喪服書)의 편찬이 남긴 자연스러운 결과라 하겠는데, 연구들은 공통으로 이 시기 상복례의 발전을 귀족제와 연관하여 해석하였다. 즉 문벌제도(門閥制度)가 고정되면서 가족적 결합이 강화되고, 이로 인해 상복례가 가족도덕의 규범 또는 친족법적인 기능을 담당하게 되면서 발전하였다고 본 것이다. 그러나 당시 상복례가 한 집안의 자의에 의해 규정되고 확정된 것이 아니라면 우리는 그것을 가족규범이나 친족법으로만 해석할 수는 없을 것이다.

양한시기 교사제는 주로 국가제사와 황제권의 성격이라는 측면에서 연구되었다. 특히 초기 연구자들은 전한 원(元)·성제시기(成帝時期) 일련의 국가제사 개혁에 관해 관심을 기울였다. 그들은 이전 방술(方術)에 의해 운용되던 종묘제사(宗廟祭祀)와 교사가 원·성제시기 유가의 교설(教說)에 근거한 고례(古禮)에 의해 개혁되었다고 하며, 전한의 예제를 단절론에 입각해 해석하였다. 또한 원·성제시기 국가제사의 정비를 통해 황제권이 유가의 교설에 의해 제약되었다고 보았다. 그러나 황제의 특권적 제사인 교사를 통해 황제권이 제약된다면 그 개혁에 적극적이었던 황제 측의 입장을 우리는 어떻게 이해해야 할까?

그렇다고 해서 예제개혁의 목적을 황제권력의 신장, 혹은 황제권력의

學部研究報告』 44(1994) ; 金子修一, 「中國古代の卽位儀禮の場所について」, 『山梨大學教育人間科學部研究報告』 49(1998).

11) 目黑杏子, 「前漢武帝期における郊祀體制の成立－甘泉泰畤の分析を中心に」, 『史林』 86-6(2003) ; 目黑杏子, 「王莽「元始儀」の構造－前漢末における郊祀の変化」, 『洛北史學』 8(2006) ; 目黑杏子, 「後漢郊祀制と「元始故事」」, 『九州大學東洋史論集』 36(2008).

12) 이와 관련해서는 본서 3부 보장 「중국 고대 예제연구의 경향과 과제」를 참조.

신비화라고만 이해하는 것도 적절하지는 않을 것이다. 물론 종묘의례나 교사제가 군주위(君主位) 계승의 정통성을 보증하는 도구임은 분명하다. 하지만 역대 왕조의 예제개혁이 사대부들에 의해 추진되었다는 것은 개혁의 목표가 단순히 황제권을 분식(粉飾)하는 데만 있었던 것은 아니라는 것을 알려준다. 사대부들은 유학의 내발적(內發的) 전개에 따라 정치적으로 각성되었고, 정치적 각성의 결과 자신들의 존엄을 보장해 줄 조정의례를 넘어서는 광범위한 예제를 필요로 했다. 따라서 예제개혁의 본질을 살펴보기 위해서는 예와 예제에 관한 사대부들의 인식을 주의 깊게 살펴볼 필요가 있을 것이다. 그러나 이 분야에 대한 연구는 다른 분야에 비해 현저히 부족한 형편이다. 아무래도 지금까지의 예연구가 한대의 경우 제국질서의 완비라는 측면에서 국가제사에 집중해서 행해졌고, 한 이후에는 '율령제(律令制)'라는 국가이론의 틀 속에서 황제의 즉위의례(卽位儀禮)와 조정의례를 주목했기 때문일 것이다.

자연히 공법(公法)으로서의 국가례(國家禮)와 사법(私法)으로서의 가례(家禮)가 어떻게 갈등하고 통합되어 갔는지에 대한 관심도 크지 않았다. 이 분야의 유일하다시피 한 가미야 노리코[神矢法子]의 연구[13]는 진대(晉代) 황제가 사대부들의 청의(淸議) 곧 향촌사회의 자율적 질서를 이용하여 관리를 선발했던 것, 관료가 임명된 관직명이 그 부친이나 조부의 이름과 동일할 경우 개선(改選)을 요구할 수 있었던 가휘(家諱)의 인정, 영가(永嘉)의 난으로 인해 발생한 가족예제 간의 문제를 해결하기 위해 동진(東晉)에서 임시적 조치로 내려진 '신미(辛未)의 영서(令書)'[14] 등을 근거로 왕법(王法)이 어떻게

13) 神矢法子, 「晉時代における王法と家禮」, 『東洋學報』 60-1·2(1978).

14) 당시 북에서 내려온 士人들이 직면하고 있던 문제가 되는 가족예제란 ① 전란 중에 생이별한 부모의 소식을 모르는 채 자식이 江南으로 내려온 경우, ② 북에서 부모의 시신을 잃어버린 채 남으로 내려온 경우, ③ 자식이 남쪽에서 부모의 사망소식을 들었으나 북으로 가지 못하는 경우 어떻게 喪禮를 치러야 하는지에 관한 것이었다(東晉元帝建武元年, 征南大將軍王敦上言 : 「自頃中原喪亂, 父子生乖, 或喪靈客寄, 奔迎阻隔. 而皆制服, 將向十載, 終身行喪, 非禮所許, 稱之者難, 空絶娉娶. 昔東關之役, 事同今日, 三年之後, 不廢婚宦. 苟南北圮絶, 非人力所及者, 宜使三年

가례를 일체화시켰고 사법이 어떻게 공적(公的) 세계에서 구현되는지를 규명하였다. 그리고 이러한 현상이 진대에 나타나는 것은 황제가 상급 사대부의 일원으로서의 의식을 정책적으로 과시하며 사대부계층의 자율적 질서를 국정운영의 일환으로 삼았기 때문이라고 하였다. 그러나 이와는 달리 남조(南朝)의 경우 황제가 상급 사대부 출신이 아니어서 그들과 일체감을 갖지 않았고, 차츰 재편성되어 갔던 황제권이 왕법의 강권성(强權性)을 노골적으로 드러내면서 가례가 왕법에 대해 자기주장을 할 수 없게 되었다고 보았다.

그렇다면 남조사회에서 가례는 찾아 볼 수 없는 것인가? 남조에서 왕법과 가례는 시종 대립하고 대치하였는가? 남조시기 편찬되었던 많은 예서(禮書)들은 어떻게 이해해야 할 것인가? 이외에도 각 시기의 예제들은 어떤 상관관계를 가지고 있는가, 한 시대의 예제들은 어떤 대립과 타협의 결과물인가, 왕법과 사법의 상호작용은 어떤 결과물을 낳았는가 하는 점들은 예제와 예학연구에서 여전히 풀어야할 숙제로 남아있는 상태다.

Ⅳ

필자는 이러한 문제의식을 가지고 중국 고대 예제 및 예학에 대한 연구를 진행하였다. 그리고 몇 가지 목적을 수립하였다. 그 첫 번째 목적은 우선 권력질서로서의 예의 성격을 규명하는 것이다. 예제와 황제지배체제의 관계를 분석하여 황제지배체제에 있어 예가 어떤 역할을 담당하였는지를 살펴보고자 하였다. 요컨대 예가 어떻게 통치기술이자 도구로 사용되었으

喪畢, 率由舊典也.」. 『通典』卷98, 「凶禮二十」, p.2627). 이에 대해 元帝는 생이별을 하여 생사를 모르는 경우를 제외하고는 모두 東關故事에 따라 三年喪을 행할 것을 명한다(帝告下曰 : 「若亡於賊難, 求索理絶者, 皆依東關故事, 行喪三年而除, 不得從未葬之例也. 唯親生離, 吉凶未定, 心憂居素, 出自人情, 如此者非官制所裁. 普下奉行.」. 『通典』 卷98, 「凶禮二十」, p.2627).

며, 공권력에 대해 어떻게 정당성을 제공했는지를 규명하고자 하였다. 이러한 '국가예제의 필요와 제정'이라는 문제는 전한의 국가예제가 성립되는 과정과 한정부가 예적 질서의 청사진을 수립해 가는 과정의 분석을 통해 살펴보고자 하였다. 구체적으로는 전한 초 봉선례(封禪禮)와 명당(明堂) 및 군국묘(郡國廟)의 성격을 살펴보고, 양한시기 월령(月令)에 입각한 통치방침의 정립과정을 복원하고자 하였다. 이 과정에서 기존의 이해와는 달리 전한 초부터 유가 교설에 근거한 국가예제가 수립되었음과 유교적 통치이념이 선제시기(宣帝時期)부터는 현실에서 구현되었음을 알 수 있을 것이다. 이들 작업을 통해 한의 국가성격을 가늠할 수 있을 것이라 기대한다.

다음으로는 예제에 대한 사대부들의 입장과 기준, 그리고 이상을 확인하고자 하였다. 알려져 있는 것처럼 유가들은 제도에 의해 정연한 존비귀천(尊卑貴賤)의 질서를 세우고, 그 질서를 고정화하는 것에 의해 천하의 태평(太平)이 이루어질 수 있다고 믿었다. 이와 같은 제도는 흔히 선왕(先王)에 의해 제정된 것으로 일컬어졌는데, 사회의 모든 구성원들은 각기 그 정치적 지위에 상응하는 의례(儀禮)를 준수해야 할 도덕적 의무를 갖는다. 이것이 비록 조작된 이념이라 해도 유가들이 이상적으로 생각하고 있는 예제란 조정의례를 넘어서는 천자로부터 서인(庶人)에 이르는 모든 사회구성원들을 포함하는 사회구조였음을 의미한다. 그렇다고 전한 초부터 예제에 대해 이러한 기준이 설정된 것은 아니었다. 이것은 사대부들의 자각과 사대부사회의 성장에 의해 가능해진 것으로, 정치적으로 자각한 사대부들은 자신들에게 존엄성을 부여해 줄 적절한 예의를 필요로 하였다. 선제시기 등장한 최초의 상복서는 그 결과물일 것이다. 또한 전한후기 이후 계속되었던 예개정 논의는 점차 체계적이고 광범위한 예의 필요를 제기하였을 것이다. 두 번째 목표는 조정의례를 넘어선 새로운 예제 출현의 전사(前史)를 예와 예제에 대한 사대부들의 인식과 기준이란 측면에서 복원해 보는 것이다. 이것은 전한후기 처음 등장한 상복서 『상복변제(喪服變除)』와 『한서(漢書)』 「예악지(禮樂志)」를 분석하여 전·후한 사대부들의 예제관을 확인하는 가운데 진행될 것이다.

세 번째로는 고대 중국의 예제와 예적 질서가 때로는 갈등도 있었지만, 결국은 황제와 사대부 양자의 타협과 협조 속에서 만들어졌음을 살펴보고자 하였다. 즉 3부의 내용은 예의 실천규범이 확립되어 갔던 상황을 황제와 사대부의 갈등과 공존이라는 측면에서 살펴본 것이다. 정치적으로 각성한 전한 사대부들이 정치적·사회적으로 존엄을 보장받기 위해 특정한 문화전통을 수립하려고 노력하였다면, 후한 사대부들은 여기서 한 발 더 나아가 그 문화전통에 근거한 행위규범을 만들고자 하였다. 경전(經典) 속에서 행위의 법칙을 발견해 내고자 하였고, 사회적으로 확인하고자 하였다. 정부의 미진한 대응 속에서 자신들만의 사회적 기준을 만들어 냈다. 그러나 새로운 왕조를 개창하고자 하는 야심가 조조(曹操)에게 공권력을 무력화시키는 사대부의 행위는 묵과할 수 없는 것이었다. 이들의 갈등은 어떻게 조정될 것인가? 세 번째 작업은 후한 말 등장한 사대부의 예실천 양태와 위진정부(魏晉政府)가 그것을 체제내로 수렴하여 고정화한 규범들에 대해 고찰하는 것이다. 우리는 이 작업을 통해 후한 말 황제와 대치적 명성을 얻고 있던 사대부들의 자율성과 그것을 정부의 통치체계 안으로 견인하려는 황제권력의 노력을 확인할 수 있을 것이다. 이 작업은 당시 예실천 현상의 고찰을 통해 두 정치주체의 공존이 어떻게 모색되었고 제도화되었는가를 규명하고자 하는 목적을 가지고 있다. 이것은 후한시기 본격화된 삼년상(三年喪)의 실천과 후한 말 상례(常禮)를 넘어서는 과례(過禮) 행위, 건안(建安) 10년(205)에 내려진 금비령(禁碑令), 위진의 상장령(喪葬令) 등의 분석을 통해 확인될 것이다.

사실 후한 말~위진시기의 예제가 새롭게 창설된, 전혀 색다른 것은 아니었다. 오히려 기존 개념이나 예제를 복원하는 것을 그 특징으로 한다. 그러나 이 과정에서 새로운 시대적 필요는 지속적으로 첨가되었고 당시 사회의 권력질서를 정당화하는 쪽으로 예제는 변화되었으며, 그것은 예경의 재해석을 통해 고정화되었다. 특히 진왕조에 의해 오례체제(五禮體制)에 근거한 『진례(晉禮)』가 편찬됨으로 인해 모든 예의의 판단자가 된 정부는 정부대로, 새로운 국가례가 미치지 못하는 가례의 합리적 실천을 위해 사대부는 사대부대로 예경을 분석하였다. 진대 이후 유례없는 상복서의 편찬과 어려서부터 합리적인 예의생활을 위해 편찬된 서의류(書儀類) 저작은 이러한 상황의 결과물이라 할 수 있다. 4부에서 우리는 진왕조의 『진례』 편찬과 민간의 서의류 저작 찬술의 과정을 복원함으로써 국가례와 그에 길항(拮抗)하면서도 국가례가 미치지 못하는 부분을 보완했던 가례의 특징을 확인할 수 있을 것이다. 이 두 예는 중국 고대사회의 공적 영역과 사적 영역이라는 결코 분리될 수 없는 세계를 설명하며, 그 세계의 공존의 원칙을 우리에게 보여줄 수 있을 것이다. 특히 두 예의 상호관련과 영향은 중국 사회의 두 지배자인 황제와 사대부의 욕망과 갈등, 그리고 공존을 설명하는 데 중요한 단서를 제공할 것이라고 생각한다.

이상과 같이 이 책은 중국 고대 예제와 예학 발달사를 살펴보고자하는 의도에 의해 기획되었다. 이를 통해 ① 전한시기 예제를 원·성제시기를 기점으로 단절적으로 이해하는 것을 극복하고, 양한시기에 걸쳐 유가의 교설에 근거한 예적 세계를 수립하고자 하는 노력이 경주되었음을 규명하고자 하였다. 이것은 ② 중국 고대 예제가 사대부들의 정치적 각성과 유학의 내발적 전개의 결과물임을 밝히는 가운데 좀 더 분명히 드러날 수 있을 것이다. 또한 갈등도 있었지만 중국 고대의 예제가 ③ 황제와 사대부 양자의 필요와 타협 또는 협조 속에서 만들어진 것임을 밝히고자 하였다. 그래서 ④ 가례가 왕법이 미치는 않는 부분을 보완하며, 왕법에 의해 가례가 국가례의 범주로 확정되는 과정을 거쳐 황제부터 서인을 아우르는 예적 세계가 구현되어 가는 것을 확인할 수 있다면 이 책의 최소한의 목적은 달성된 것이라고 여긴다. 이 작업이 필자의 예와 예학에 대한 지속적인 연구의 시작이 되기를 기대한다.

1부

한대 예적 세계의 형성

1장 전한 초 국가의례의 제정과 성격

봉선 · 명당 · 군국묘에 대한 검토를 중심으로

예(禮)의 본질은 사회구성원에 대한 차별과 그 차별의 조화라고 말할 수 있다.[1] 그래서 흔히 말하는 '예적 세계(禮的世界)', 즉 예에 의해 성립된 세계란 궁극적으로 구별[別]과 서열[序]의 세계라고 할 수 있을 것이며, 그 구별과 서열이 조화롭게 어우러져 만들어진 세계라고 할 수 있다. 요컨대 서열화된 세계, 그리고 그 서열의 층위가 각기 나름의 존엄성을 확보하는 정합적(整合的)인 세계가 고대 중국인들이 의도했던 '예적 세계'인 것이다. 따라서 예제(禮制)라는 것은 국가권력이 사회구성원의 인격적인 차등을 설계하고, 그것을 신분적으로 사회화하는 것을 이를 것이다.[2] 그렇다면 우리는 각 왕조의 예제를 통해 그 시대의 이상적 세계상을 복원해 낼 수 있을 것이다.

---

1) 일반적으로 禮의 핵심을 '높고 낮음을 구별하고, 귀하고 천함을 달리한다(別尊卑, 異貴賤)'고 하여 구별을 그 목적으로 하는 것으로 이해할 수 있겠으나, 唐의 張守節은 예를 '하늘과 땅이 [제 자리에] 위치하고, 해와 달이 [제 때] 빛나며, 사시가 질서 있고, 음양이 조화로우며, 바람과 비가 절기에 맞고, 뭇 생명이 [적절하게] 성장하며, 만물이 다스려지고, 군신·조정·존비·귀천에 차례가 있는 것(天地位, 日月明, 四時序, 陰陽和, 風雨節, 群品滋茂, 萬物宰制, 君臣朝廷尊卑貴賤有序, 咸謂之禮. 『史記正義』 卷23, 「禮書」, p.1157)'으로 보아, 그것이 단순한 구별의 원칙이 아닌 구별과 조화의 규범임을 주장하였다.

2) 渡辺信一郎, 「中華帝國·律令法·禮的秩序」, 『シンポジウム 歷史學と現在』(東京 : 柏書房, 1995), pp.168~169.

이것은 어쩌면 예가 가진 본원적인 성격으로부터 기인하는지도 모르겠다. 예가 단순히 의식을 집행하는 도구가 아니라 '친함과 소원함[親疏]을 확정하고 의심스러움[嫌疑]을 결정하며, 같고 다름[同異]을 구분하고 옳고 그름[是非]을 밝히는 것'[3]이기에, 그것은 권력의 범주를 규정하는 기본 원리가 될 수 있기 때문이다. 즉 예가 정치적 행위의 근거와 정당성을 부여하고 권력의 범주를 규정하기 때문에 어떠한 예제가 성립되는가 하는 문제는 곧 어떠한 성격의 국가체제가 성립되는가 하는 문제와 직결된다고 할 수 있다.

다음으로는 서양의 예가 단순히 '교양 있는 태도'인 것과는 달리 중국의 그것은 인간관계를 변화시키는 신성한 의례(儀禮)의 효과를 갖기 때문일 것이다.[4] 대표적인 사례로 전한(前漢) 숙손통(叔孫通)이 의례제정을 통해 한고조(漢高祖) 유방(劉邦)과 그의 공신(功臣) 집단 간의 관계를 외형적이나마 수평적 임협관계(任俠關係)에서 수직적 군신관계로 변화시킨 것을 들 수 있을 것이다.[5] 요컨대 예라는 것이 인간행동과 실천을 뜻함과 동시에 인간행위에 관한 일체의 규범과 그것을 뒷받침하는 가치체계를 포함하기에,[6] 특정 시기 예에 대한 관점을 통해 그 시대의 중요한 정치적 갈등과 지향을 확인할 수 있을 것이다.

그러므로 각 시기 예제제정 과정에 대한 복원과 그 과정에서 등장한 예제제정을 둘러싼 견해들을 재구성하는 것은 매우 중요한 작업이 될 것이다. 특히 예가 국가체제를 만들고 그 성격을 규정하는 데 중요한 역할을 담당하였

---

3) 夫禮者, 所以定親疏, 決嫌疑, 別同異, 明是非也(『禮記』, 「曲禮上」, p.13).

4) 앤거스 그레이엄 지음/나성 옮김, 『중국 고대 철학논쟁 도의 논쟁자들』(서울 : 새물결, 2001), pp.32~33.

5) 前漢 7년(기원전 200), 長樂宮에서 행해진 朝儀의 상황을 전하는 『史記』의 기사를 보면 儀禮를 거행하니 諸侯王 이하가 모두 두려워 떨며 엄숙하고 공경하지 않는 이가 없었다고 하고, 高祖 역시 "오늘에서야 비로소 皇帝의 고귀함을 알았다"고 하였다. 『史記』 卷99, 「叔孫通傳」, p.2723.

6) 神矢法子, 『「母」のための喪服』(東京 : 日本圖書刊行會, 1994), p.7.

던 전한시기 예에 대한 고찰은 고대 중국사회의 성격을 조망하는 데도 큰 의미를 가질 것이다. 그러나 전한시기 예학에 관한 연구는 다른 시기, 대표적으로 위진남북조시기(魏晉南北朝時期)의 예학연구에 비해 소략하다. 그 이유로는 전한시기 예론(禮論)이 통일적으로 체계화되지 못했던 것과 아직 유학이 국가의 정치이념으로 확고하게 자리 잡지 못했던 것을 들 수 있을 것이다.[7)]

그러나 보다 본질적인 원인은 한대 예제가 주로 '유교국교화(儒教國教化)'를 규명하는 연구 속에서 '유교국교화'의 지표로 다루어졌다는 점에서 찾아야 할 것 같다. 많은 학자들은 전한에서 후한(後漢)에 이르는 시간동안 한이 유교국가로 발전했다는 가정 속에서 전한의 예제개혁이 갖는 의미를 조명하려고 하였다. 그래서인지 전한의 예학연구는 원제(元帝)와 성제시기(成帝時期)에 행해졌던 예제개혁－군국묘(郡國廟) 폐지와 종묘(宗廟)와 교사제(郊祀制) 정비－에 집중되어 있으며, 그 내용도 당시 개정된 예제가 유가의 교설(教說)에 부합하였는가 여부에 초점이 맞춰져 있다. 요컨대 연구들은 전한후기에 있었던 예제개혁을 통해 전한의 국가성격 변화를 확인하려고 하였다.

그 결과 대부분의 연구들은 원·성제시기에 있었던 예제개혁을 단절론의 입장에서 해석한다. 대표적으로 니시지마 사다오[西嶋定生]와 이타노 조하치[板野長八]의 연구를 들 수 있다. 니시지마는 전한 말 유가관료가 중앙에 진출함으로써 유가사상이 정비되었고, 그것에 따라 국가제사 의례가 개혁되었다고 보았다. 그리고 유가사상에 맞춰 국가의례가 개혁된 것에 의해 황제(皇帝)는 고례(古禮)를 따르게 되었고, 이로써 유가이념 하에 포섭되었다고 해석하였다.[8)] 한편, 이타노는 군국묘 폐지를 종족제(宗族制)와 예에 대해 초월적 존재였던 한의 전제군주(專制君主)를 종족제와 예에 규제되게

---

7) 金容天, 「前漢時代 典禮論 硏究」, 東國大 박사학위논문(2004), p.1.

8) 西嶋定生, 「皇帝支配の成立」, 『世界歷史4 東アジア世界の形成』(東京：岩波書店, 1970), pp.238~241.

한 것으로 보았고, 교사의 개혁은 예와 인도(人道)를 초월했던 주술자(呪術者)로서의 군주의 제사를 인도와 예에 입각한 군주의 제사로 바꾼 것이라 해석하였다.[9] 다시 말해, 한 초의 황제는 유가의 예제를 초월하는 신비적인 존재였지만 예제가 유가적으로 개혁됨으로 인해 황제 역시 유교에 의해 규제받게 되었다고 본 것이다. 그리고 그는 이것을 근거로 황제를 포함한 사회 전체가 공자교(孔子教=유교)에 의해 지도되는 상태가 된 것을 '유교의 성립'이라 이해하였다.[10] 다소의 차이는 있지만 니시지마와 이타노는 공통적으로 원·성제시기 이후 예제가 유학의 내용으로 개혁됨으로써, 그동안 초월적이고 절대적이었던 한의 황제권력이 유학의 절대성에 의해 규제받게 된 것이라고 예제개혁의 내용을 해석하였다.

그런데, 이러한 해석을 따른다면 우리는 다음과 같은 의문에 도달하게 된다. 그렇다면 유교국가 안에서 황제는 어떠한 정치적 역할을 담당하는 것일까? 황제의 정치적 권위가 후퇴하는 것이 유교국가로 가는 길인가? 유가의 예제개혁이 궁극적으로 황제권력을 약화시키고자 했다면 과연 유가들이 구현하려했던 예적 세계는 무엇인가? 앞서 언급했던 것처럼 유가의 예적 세계란 궁극적으로 차별과 서열의 세계라 할 수 있을 것이다. 서열화된 세계, 그리고 그 서열의 층위가 각기 나름의 존엄성을 확보하는 세계가 궁극적으로 유가들이 의도하는 예적 세계라 할 수 있을 것이다. 그렇다면 그 세계에서는 황제가 정점에 설 수밖에 없을 것이고, 오히려 예제는 황제권력에 절대적인 권위를 부여하는 쪽으로 기능할 것이다.

이와 같은 의문을 제기한 연구자로 호시나 스에코[保科季子]를 들 수 있다. 그는 전한후기 종묘·교사 등의 예제개혁이 유가의 예에 의해 황제를 일방적으로 규제하기 위한 것이었다면, 원제 이래 황제들이 보여주었던

---

9) 板野長八, 「前漢末における宗廟·郊祀の改革運動」, 『中國古代における人間観の展開』(東京 : 岩波書店, 1972), p.554.

10) 板野長八, 「儒教の成立」, 『世界歷史4 東アジア世界の形成』(東京 : 岩波書店, 1970), p.365.

개혁에 대한 의지를 설명할 수 없을 것이라고 하였다. 전한후기 일련의 예제개혁을 황제권력을 상대화하고자 하는 고례파(古禮派)의 승리로만 본다면, 원제 이후의 황제들은 스스로의 권력을 상대화하는 개혁에 적극적이었다는 모순된 상황에 부딪히게 될 것이라는 그의 주장은 주목할 만하다. 그는 전한후기 정치기구의 개혁이 황제의 독재를 강화하려는 목적을 가졌던 것처럼, 예제개혁 역시 황제권력을 강화하려는 목적을 가지고 있었다고 주장한다. 그에 따르면 전한의 황제들은 예제개혁을 통해 황제의 권위보다 상위에 위치한 유교의 권위를 이용하여 황제권력을 강화하고자 한 것이다. 그래서 예제개혁을 통해 강화된 황제권력은 지금까지 '유씨(劉氏)의 장(長)'이라고 하는 사적(私的) 권위에 의존하였던 지배의 틀을 탈피하고, 천명(天命)을 받은 유덕군주(有德君主)로서의 모습을 갖는다.[11)]

전한후기 예제개혁의 목적이 황제를 유교적 세계의 주재자로 위치시키기 위한 것이라는 입장은 감회진(甘懷眞)에게서도 주장되었다. 그는 군국묘 폐지를 주장한 위현성(韋玄成)의 상서(上書)[12)]를 분석하여 당시 위현성이

11) 保科季子, 「前漢後半期における儒家禮制の受容－漢的傳統との對立と皇帝權の變貌」, 『歷史と方法 方法としての丸山眞男』(東京 : 靑木書店, 1998), pp.227, 259. 한편 이와는 달리 전한후기의 예제개혁을 儒家官僚의 입장에서 고찰한 연구가 있어 주목된다. 김용천은 전한후기 예제개혁의 내용을 유가관료들의 황제권 강화로 설명하고자 하였다. 그는 당시 유가관료들이 가지고 있던 '親親과 尊尊의 유가적 관념을 宗廟를 통해 정당화함으로써 劉氏 일가의 私的 지배를 넘어서 유교이념에 따른 公的 질서를 수립하고자 하는 강한 이념 지향'을 지적하였다. 결론은 호시나의 주장과 큰 차이가 없으나 다만 호시나가 황제 측 시각으로부터 논의를 전개했다면 그는 유가의 입장에서 논의를 풀어나가고 있다. 그러나 유가관료들의 입장을 강조하다 보니 전한대 禮論을 통해 '황제권력의 유교적 객관화 과정을 고찰'하겠다는 의도는 종래 '유교 敎說에 의한 황제권력의 규제'라는 논리에서 크게 벗어나지 못한 것이 아닌가 생각된다. 金容天, 앞의 글, p.111.

12) 臣聞祭, 非自外至者也, 繇中出, 生於心也. 故唯聖人爲能饗帝, 孝子爲能饗親. 立廟京師之居, 躬親承事, 四海之內各以其職來助祭, 尊親之大義, 五帝三王所共, 不易之道也. 詩云 : 『有來雍雍, 至止肅肅, 相維辟公, 天子穆穆.』 春秋之義, 父不祭於支庶之宅, 君不祭於臣僕之家, 王不祭於下土諸侯. 臣等愚以爲宗廟在郡國, 宜無修, 臣請勿復修(『漢書』 卷73, 「韋玄成傳」, p.3117). 당시 韋玄成은 上書의 첫 머리에 『禮記』 「祭統」의 "夫祭者, 非物自外至者也, 自中出, 生於心也"라는 구절을 인용한다. 그런데 인용

천(天)과 소통하기 위해서는 특별한 신물(神物)이 필요하다고 여겼던 종래 제사에 침윤(浸潤)되어 있던 무술(巫術)의 내용을 제거하고, 대신 천자를 매개물 없이 천과 소통할 수 있는 성인(聖人)의 상태로 격상시켜 그만이 천과 인간을 매개하는 존재임을 선언했다고 보았다.[13] 감회진은 당시 유가들이 오직 성인만이 예악(禮樂)을 제정할 수 있다는 유가의 예론을 통해 황제를 성인의 반열로 끌어올림으로써, 자신들이 구상하고 있던 유교세계를 완성시키려고 하였다고 이해하였다.[14]

이러한 호시나와 감회진의 주장은 종래 주장에 비해 예제개혁에 능동적이었던 황제 측의 입장을 설명할 수 있다는 장점을 지닌다. 그러나 두 연구자의 연구를 통해서도 황제는 예제개혁의 결과 비로소 방사(方士)의 무술에서 해방되어 유학에 의해 그 정통성을 확보하게 된다. 그렇다면 이들의 연구 역시 정도의 차이는 있으나 예제개혁을 분기로 전한의 예학, 또는 예제의 성격이 변화되었다고 보는 점에선 기존 연구와 궤를 같이한다. 물론 원제시기 있었던 전폭적인 유학의 수용이 원제 개인의 호불호(好不好)의 취향으로 선택된 것이 아님을 밝힌 호시나의 연구는[15] 예제개혁이 일관된 유학발전의 결과임을 밝히고 있기는 하지만, 그것의 근원을 선제시기(宣帝時期) 유생(儒生)들의 정계진출로부터 찾고 있어 전한 초 예제개혁의 의미와 그로부터 지속되는 전한 예학의 발전상을 설명하지는 못하였다.

따라서 본서의 첫 장은 이러한 문제의식에서 출발하여 기존의 전한시기 예학연구가 원·성제시기 예제개혁을 전한의 성격변화의 잣대로 파악하고,

---

을 하며 『예기』「제통」의 구절 중 밑줄 친 '(外)物' 자를 생략한다. 이를 두고 甘懷眞은 위현성이 황제가 제사를 지낼 때 외물의 도움 없이 직접 神과 소통할 수 있게 한 것이라고 분석하였다.

13) 甘懷眞, 「中國古代郊祀禮的再探索：西漢成帝時的郊祀禮」, 『第三屆國際漢學會議論文集 法制與禮俗』(臺北：中央硏究院歷史語言硏究所, 2002), pp.223~232.

14) 감회진은 당시 유가들이 황제를 天과 인간을 매개하는 존재로 설정한 것을 呪術性과 宗敎性에 의해 설명하고자 하였다. 그러나 필자는 이것을 주술성과 종교성보다는 우주의 운행원리를 지상에서 실현하고자 하는 유가의 세계관으로 이해하고 싶다.

15) 保科季子, 앞의 글, p.232.

예제개혁 전후를 지나치게 단절적으로 파악하는 것에 대한 새로운 접근의 가능성을 타진하고자 한다. 필자는 이미 전한초기부터 예가 단순한 의전(儀典) 행사의 도구에 국한되지 않고 모든 정치·사회적 행위의 규범으로, 또 인민에 대한 교화방법으로, 더 나아가 국가의 운영원리로 주목되었다고 생각한다. 그리고 그것을 일련의 예제제정 과정을 통해 확인할 수 있을 것이라고 생각하였다.

글에서는 우선 전한 초에 있었던 일련의 예제제정과 개혁의 필요가 어디로부터 기인하였는지를 확인하여, 당시 사회적으로 요구되었던 예제의 성격에 접근해 보고자 한다. 다음으로는 전한시기 수립되었던 봉선례(封禪禮)와 명당례(明堂禮), 그리고 군국묘 설치과정과 그 성격을 살펴보고자 하는데, 특히 제정의 근거가 되는 논리들을 집중적으로 고찰하고자 한다. 이를 통해 전한초기의 예제가 유가적 지식체계 위에서 성립했음을 확인할 수 있을 것이다. 그 과정 속에서 전한 초의 예제가 전한후기의 그것과 같이 유가의 이상 속에서 제출된 일관된 성격의 예제였음이 밝혀질 수 있을 것이다.

1절 전한 초 『의례』의 전승과 예제정의 필요성

1. 예에 대한 두 가지 관점

일반적으로 예에 대해 다음의 두 가지 관점이 존재한다. 우선 예를 예전의식(禮典儀式)으로 보는 것으로 흔히 '위의(威儀)'라고 한다. 이것은 제왕의 권위와 권력의 합법성을 표현하기 위한 양식(樣式)의 의미가 강한, 주로 예가 가진 도구적 측면을 말하는 것으로 이해되었다. 이러한 예의 도구적 측면은 규범적이고 제도적인 속성이 강한 순자(荀子)의 예악을 기초로 한 것으로,[16] 경서(經書)에 담긴 경의(經義)의 천명(闡明)이라든가 교리(敎理)의 제작 등과 같은 이념적 사업이 행해지기 전에 주로 강조되었다고 한다.

두 번째는 예를 인간생활 전반을 지배하는 질서의 총화로 보는 관점이다. 반고(班固)에 의하면 그것은 '신명(神明)을 소통시키고 인륜을 세우며, 성정(性情)을 단정하게 하고 만사만물을 절제하게 하는'[17] 기준이 된다. 이것은 주로 예가 가진 교화적 측면을 강조한 것으로 해석되었다.[18] 이 두 가지 측면은 모두 예가 가진 특성으로 고대 중국 각 왕조에서 상이한 정치적 상황과 목적에 의해 강조되거나 채택되었다.[19]

예의 두 가지 측면 중, 한의 통치자에게 먼저 주목받았던 것은 위의의 측면이었다. 현재 남아있는 유가의 저작 안에는 요순시기(堯舜時期)에 이미 오례(五禮)의 체계가 만들어졌다는 기사도 있고,[20] 하(夏)·은(殷)·주(周) 삼대(三代)부터 인간생활 전반을 지배하는 질서로서 예가 존재했다는 기사도 있지만,[21] 이것들이 모두 한대 이후 유가의 이상에 가탁(假託)한 것임은 두말할 나위도 없다. 따라서 현재 예제정과 관련하여 가장 믿음직한 기사는

---

16) 김근, 『한자는 중국을 어떻게 지배했는가－漢代 經學의 해부』(서울 : 민음사, 1999 : 2004), p.157.

17) 通神明, 立人倫, 正情性, 節萬事(『漢書』 卷22, 「禮樂志」, p.1072).

18) 甘懷眞, 「「制禮」觀念的探析」, 『皇權·禮儀與經典詮釋 : 中國古代政治思想史研究』(臺北 : 喜瑪拉雅研究發展基金會, 2003), p.81. 原載 : 「中國中古時期制禮觀念初探」, 『史學 : 傳承與變遷學術研討會論文集』(臺北 : 國立臺灣大學歷史學系, 1998). 그러나 이것을 교화적 측면의 예라고 하는 것은 적절하지 않아 보인다. 班固가 말한 예의 성격은 결국 인간과 그 인간을 둘러싼 모든 세계를 整合的으로 존재시킬 수 있고, 또 그렇게 이해하게 하는 질서이자 힘이기 때문이다. 따라서 이것은 오히려 정합적인 세계를 구현하는 구조적 질서로 표현하는 것이 더 적합할 것으로 생각된다.

19) 이외에도 왕보현은 예를 실천의 부분과 이론의 부분으로 나눌 수 있으며, 또 세속의 예와 종교의 예로 나눌 수 있다고 하였다. 王葆玹, 「禮類經記的各種傳本及其學派」, 『中國哲學 23輯 : 經學今詮續編』(沈陽 : 遼寧敎育, 2001), p.308.

20) 修五禮(『尙書』, 「舜典, p.60). 이 구절에 대해 孔安國은 吉·凶·賓·軍·嘉禮를 닦은 것이라 하여(修吉·凶·賓·軍·嘉之禮), 이 시기 五禮體系가 있었다고 해석하였다. 그러나 역사상 오례체제를 갖춘 최초의 禮典은 西晉이 건국될 때까지 마련되지 못하였다.

21) 三代之禮一也, 民共由之, 或素或靑, 夏造殷因(『禮記』, 「禮器」, p.743).

천하통일 후 진(秦)이 육국(六國)의 의례를 수집했다는 내용의 기사일 것이다.[22] 문헌들은 당시 진시황(秦始皇)이 채택한 예의 내용을 전하고 있는데 바로 "군주를 높이고 신하를 누른다[尊君抑臣]"는 것이다.[23] 즉, 천하를 통일한 진시황이 자신의 권위와 통치의 합법성을 마련하기 위해 예를 사용했다는 것이다.

한이 건국한 후에도 진대와 마찬가지로 예의 도구적 측면이 활용되었던 것은 우선은 시대의 필요에 따른 것이었다. 숙손통의 예제정은 가장 대표적인 사례가 될 것이다. 『한서(漢書)』에 따르면 숙손통이 만든 예제의 목적 자체가 '군주와 신하의 지위를 바르게 하는 것[正君臣之位]'이었다.[24] 그래서인지 후대인들은 숙손통에 의해 만들어진 한 초의 예제를 '대개 진의 옛 것을 따라'[25] '비록 사리에 맞고 시의(時宜)에 적합하여 시대의 붕폐(崩敝)를 구할 수는 있어도, 선왕(先王)의 예용(禮容)의 법도에 비해서는 어그러짐이 많은'[26] 것이라 보았다. 후대 송(宋)의 유가들 역시 "오직 이것은 진인(秦人)의 군주를 높이고 신하를 낮추는[尊君卑臣] 법이다"[27]라고 논평하여 숙손통이 만든 의례가 철저히 황제의 권위를 높이기 위한 것이었음을 말하였다. 그러나 그들 역시 그것이 제국 초라는 '시대의 필요에 부합'했음을 인정할 수밖에 없었다.[28] 이것을 예의 실천적 측면이라고 할 수도 있겠으나, 결국 이 사례는 한 초의 예가 특정한 권력을 수식하는 도구적인 측면의

22) 至秦有天下, 悉內六國禮儀(『史記』 卷23, 「禮書」, p.1159).

23) 雖不合聖制, 其尊君抑臣, 朝廷濟濟, 依古以來(『史記』 卷23, 「禮書」, p.1159) ; 秦平天下, 收其儀禮, 歸之咸陽, 但採其尊君抑臣, 以爲時用(『通典』 卷41, 「禮一 禮序」, p.1120).

24) 猶命叔孫通制禮儀, 以正君臣之位(『漢書』 卷22, 「禮樂志」, p.1030).

25) 大抵皆襲秦故(『史記』 卷23, 「禮書」, p.1159).

26) 叔孫通頗採經禮, 參酌秦法, 雖適物觀時, 有救崩敝, 然先王之容典蓋多闕矣(『後漢書』 卷35, 「曹褒傳」, p.1205).

27) 叔孫通爲綿蕝之儀, 其效至於羣臣震恐, 無敢喧嘩失禮者. 比之三代燕享羣臣氣象, 便大不同, 蓋只是秦人尊君卑臣之法(『朱子語類』, 「歷代二」, p.3222).

28) 必大錄云 : 「叔孫通制漢儀, 一時上下肅然震恐, 無敢喧嘩, 時以爲善 …」(『朱子語類』, 「歷代二」, p.3222).

성격이 강했음을 알려준다. 즉, 이때 만들어진 의례는 그 내용과 형식면에서 의식을 집행하는 도구로서의 성격이 강했고 황제권력의 본질, 더 나아가 제국의 본질을 설명할 수 있는 완비된 이론으로서의 성격을 갖추지는 못했던 것이다.

이러한 현상은 당시 유학의 성격과도 관련 있다. 한대에 이르기까지 유가사상은 후대에 비해 광범위하고 느슨한 상태로 여타의 학설들과 갈등하면서 재생하고 있었다.[29] 이것은 그 때까지 사회를 운영하는 기본원리로서 단일한 유학의 원리가 없었음을 의미하는 것이기도 하다.[30] 따라서 정합적 세계를 구현하는 구조적 질서로서의 예란 개념이 등장하기는 힘들었을 것이다. 또 다른 이유는 한조정의 태도에 있었다. 당시 한조정은 예를 집행하여 군주의 권위를 세우는 것에만 관심이 있었을 뿐, 예경(禮經)에 통달한 자를 중시한다는 개념이 없었다. 알려진 것처럼 『예』의 경우 박사관(博士官)은 후창(后蒼) 때에나 와서 설치되었다.[31]

따라서 전한의 경우 유술(儒術)이 점차 독존(獨尊)의 위치를 차지하게 되어 유사(儒士)들이 정치적으로 각성하고 성장함에 따라, 그리고 유술이

29) 李範稷, 『朝鮮時代 禮學硏究』(서울 : 國學資料院, 2004), p.49.

30) 기타무라 요시카즈는 한 초 대표적인 左氏學派였던 張蒼이 五行相克說에 의한 漢土德說을 거부하고 秦曆을 그대로 채용한 것을 예로 한 초 유가는 유가로서의 모습을 갖추지 못했을 뿐 아니라, 심지어 作爲의 이론을 배제하는 모습을 갖고 있는 등 정치의 經學化를 거부하였다고 하였다. 北村良和, 「前漢末の改禮について」, 『日本中國學會會報』 33(1981), p.44.

31) 『史記』 「儒林列傳」에 따르면 后蒼 이전 禮容으로 禮官이 된 이들이 있음을 알 수 있다. 그러나 그들은 經에는 통달하지 못한 이들로 博士와는 다른 禮官大夫란 직책을 맡고 있었는데, 의식에 필요한 몸가짐 등을 주관하였던 것으로 보인다(而魯徐生善爲容. 孝文帝時, 徐生以容爲禮官大夫. 傳子至孫延·徐襄. 襄, 其天姿善爲容, 不能通禮經 ; 延頗能, 未善也. 襄以容爲漢禮官大夫, 至廣陵內史. 延及徐氏弟子公戶滿意·桓生·單次, 皆嘗爲漢禮官大夫. 而瑕丘蕭奮以禮爲淮陽太守. 是後能言禮爲容者, 由徐氏焉. 『史記』 卷121, 「儒林列傳」, p.3126). 이와는 달리 후창은 경에 통달하여 박사가 된 것으로 나오는데(事夏侯始昌. 始昌通五經, 蒼亦通詩禮, 爲博士. 『漢書』 卷88, 「儒林后蒼傳」, p.3613), 그 시기는 昭帝 말년이나 宣帝 초로 보인다. 자세한 내용은 錢穆, 「兩漢博士家法考」, 『兩漢經學今古文平議』(北京 : 商務, 2001), pp.209~210와 福井重雅, 「秦漢時代における博士制度の展開」, 『東洋史硏究』 54-1(1995), pp.21~22를 참조.

통치 이데올로기인 경학(經學)으로 변신함에 따라, 지속적으로 유가경전에 근거한 예제제정의 필요가 건의될 수밖에 없었다. 특히 한대 전해진 예의 성격 때문에도 예제제정의 필요는 존재하였다.

2. '사례'의 전승

노(魯)의 고당생(高堂生)에 의해 전해진 예는 『사례(士禮)』, 『예경(禮經)』, 『예고경(禮古經)』, 『예기(禮記)』 등으로 불려진 것으로, 진대(晉代) 이후 『예기』와 구분하여 『의례(儀禮)』라고 일컬어지는 것이다.[32] 주로 의례를 해석하고 예의의 가치를 천명한 『예기』와는 달리 『의례』는 구체적으로 사람사이에 지켜야 하는 사회적 규범을 적고 있다.[33] 그런데 고당생이 전한 이 예는 '사례'라는 이름이 말해주듯이[34] 특수한 성격의 조빙례(朝聘禮)를 제외하면 전통적인 사례의 체제인 육례(六禮) 체제를 갖추고 있다. 요컨대 일반적인 국가예제 체계인 길(吉)·흉(凶)·빈(賓)·군(軍)·가례(嘉禮)의 오례체제와는 다른 관(冠)·혼(婚)·향(鄕)·사(射)·조(朝)·빙(聘)·상(喪)·제(祭)로 구성되어 있다. 따라서 조빙례를 포함하여 보면 선진시기(先秦時期) 봉건(封建)에 의해 출현한 귀족들의 예의규정이라고 할 수 있다.

『의례』 17편의 각 편명을 성격과 관련하여 나누어 보면 <표 1-1-1>과 같다. 이 중 기타로 분류되는 상복례만이 서열과 무관하게 제후(諸侯)로부터 사까지 당시 봉건질서 안의 지배계층 전체에 해당하는 의례규정이라 할 수 있고, 왕조례를 뺀 나머지는 사계층의 예라고 할 수 있다.

---

32) 王鍔, 「漢代的《儀禮》研究」, 『西北師範大學報(社科版)』 37-5(2000), p.65.

33) 盧仁淑, 「『儀禮』喪服編의 親等區分圖解－本親을 中心으로」, 『中國思想論文選集』(서울 : 韓國人文科學院, 2001), p.189. 原載 : 『道原柳承國博士華甲紀念論文集 東方思想論考 : 그 本質과 現代的 解釋』(서울 : 종로서적, 1983).

34) 今獨有士禮, 高堂生能言之(『史記』 卷121, 「儒林列傳」, p.3126) ; 魯高堂生傳士禮十七篇(『漢書』 卷30, 「藝文志」, p.1710).

<표 1-1-1> 『의례』의 편명

성격	편명
가례(家禮)	사관례(士冠禮) 사혼례(士昏禮) 사상견례(士相見禮) : 관혼례(冠婚禮) 사상례(士喪禮) 기석례(既夕禮) 사우례(士虞禮) 특생궤식례(特牲饋食禮) 소뢰궤식례(少牢饋食禮) 유사철(有司徹) : 상제례(喪祭禮)
향례(鄕禮)	향음례(鄕飮禮) 향사례(鄕射禮) 연례(燕禮) 대사의(大射儀)
왕조례(王朝禮)	빙례(聘禮) 공식대부례(公食大夫禮) 근례(覲禮) : 조빙례(朝聘禮)
기타	상복례(喪服禮)

이와는 달리 전한 경제(景帝) 말 출현한 고문(古文) 『예경』은 금문(今文) 『의례』보다 39편이 많고,[35] 내용도 사가 아닌 천자·제후·경대부(卿大夫)의 예, 즉 왕조례가 많이 존재했던 것으로 알려져 있다.[36] 다음 표는 여러 문헌에서 발견되는 고문 『예경』의 내용들이다.

<표 1-1-2> 고서에 인용된 고문 『예경』[37]

인용 예	인용 고서	인용 예	인용 고서
천자순수례 (天子巡狩禮)	『주례(周禮)』「내재(內宰)」 주(注) 『문선(文選)』 <서도부(西都賦)> 주	중류례 (中霤禮)	『예기』「월령」 주 『주례』「사무(司巫)」 주 『시경(詩經)』, 「천수(泉水)」 주
고문명경례 (古文明堂禮)	채옹(蔡邕)의 「명당론(明堂論)」		
왕거명당례 (王居明堂禮)	『예기(禮記)』「월령(月令)」 주	제후천묘례 (諸侯遷廟禮)	『대대례기(大戴禮記)』 「제후천묘(諸侯遷廟)」*

35) 禮古經者, 出於魯淹中及孔氏, 與十七篇文相似, 多三十九篇. 及明堂陰陽·王史氏記所見, 多天子諸侯卿大夫之制(『漢書』 卷30, 「藝文志」, p.1710). 자세한 내용은 皮錫瑞, 『禮學通論』, 「三禮」 論邵懿辰以逸禮爲僞與僞古文書同十七篇並非殘闕不完能發前人之所未發條(北京 : 中華書局, 1998), p.15를 참조.

36) 古文 『禮經』 역시 劉歆의 지적과 같이 완비되었던 것은 아니었지만, "士禮를 미루어 천자에게까지 미치게 한다"는 今文의 논설보다는 황제권의 근저를 보여주는 데 적합했던 것으로 보인다(『禮古經』 … 多天子諸侯卿大夫之制, 雖不能備, 猶瘉倉等推士禮而致於天子之說. 『漢書』 卷22, 「禮樂志」, p.1710).

37) 표는 武內義雄, 「禮の倫理思想」, 『岩波講座 倫理學 10』(東京 : 岩波書店, 1940), pp.6~7의 내용을 정리한 것이다. 이외에도 다케우치 요시오는 고문 『예경』에 郊祀禮의 내용이 더 있었을 것이라고 추정하고 있다.

조공례 (朝貢禮)	『의례(儀禮)』「빙례(聘禮)」 주	제후흔묘례 (諸侯釁廟禮)	『대대례기』「제후흔묘(諸侯釁廟)」
체어대묘례 (禘於大廟禮)	『의례』「소뢰궤식례(小牢饋食禮)」 주	공관례 (公冠禮)	『대대례기』 「공부(公符)」
협이대묘례 (祫於大廟禮)	『통전(通典)』 권49, 「협체상(祫禘上)」	투호례 (投壺禮)	『대대례기』「투호(投壺)」 『예기』「투호」
증상례 (烝嘗禮)	『주례』「사인(射人)」 주	분상례 (奔喪禮)	『예기』「분상(奔喪)」

* 다케우치 요시오[武內義雄]는 '제후천묘례'를 『대대례기』 제72에서 찾아볼 수 있다고 하였으나, 『대대례기』에서 「제후천묘」는 제73에 해당한다.

표를 통해 알 수 있듯이 고문 『예경』은 금문 『의례』와는 달리 천자의 순수(巡狩)와 명당, 제사에 관한 사항부터 제후의 종묘 관련 예가 주를 이루고 있다. 특히 천자의 경우 국가제사를 비롯하여 순수와 명당과 같은 천자의 정치적 활동과 정치권력의 성격을 보여주는 내용들로 구성되어 있음을 알 수 있다. 즉, 주로 천자의 독점적인 제사권이나 천자가 중심이 된 권력질서를 보장하는 내용들이 주종을 이루고 있다.

그러나 한 초 고문 『예경』은 흩어진 후 사라져 전하는 것이 없었기에, 전한의 경우 숙손통이 제정한 군신관계를 명확히 하는 전례의식(典禮儀式)을 제외한 나머지 의례조항에 대해서는 『의례』에 나와 있는 사계층의 예를 이용할 수밖에 없었다. 『한서』에 등장하는 "사례를 미루어 천자에게 미치게 한다[推士禮以及天子]"[38]는 기사는 그 실상을 간접적으로 전하고 있다. 그러나 사계층의 질서인 『의례』를 황제에게 대입했기에 종종 『의례』의 조항들을 둘러싸고 황제의 특수한 사항에 대한 해석의 필요가 대두되었으며, 그 결과 예논쟁이 출현하였다.[39]

38) 『漢書』 卷22, 「禮樂志」, p.1035.

39) 대표적인 것이 선제의 史皇孫 追尊 문제와 哀帝의 恭皇廟 건립 문제다. 傍系로 황제가 된 선제는 자신의 조부인 衛太子와 생부인 사황손 進을 추존하고 親祭하고자 하였다. 그러나 "다른 사람의 후계자가 된 자는 친부모에 대해 참최의 상복을

그 중 곽광(霍光)에 의해 축출되는 창읍왕(昌邑王)의 경우를 살펴보자. 알려진 것처럼 창읍왕은 친부(親父)가 아닌 다른 사람의 후계자가 된 위인후자(爲人後者)로서 상주(喪主)가 되고서도 '슬퍼하고 비통한 마음[悲哀之心]'을 갖지 않았다는 이유로 즉위한 지 채 한 달도 되지 않아 폐위된다.[40] 그 구체적 행위로는 상중임에도 소식(素食)을 하지 않는 것, 여자를 가까이 했던 것, 인새(印璽) 및 부절(符節)을 장악하는 정치행위를 하고 음악을 들었던 것이 거론되고 있다.[41] 이 중 흥미로운 것은 창읍왕 폐출원인 중에 정치행위를 한 것이 포함되어 있다는 점이다. 복상(服喪)이라는 것이 정해진 상복을 입고, 입사(入仕)나 결혼과 같은 금지행위를 하지 않는 것이기는 하지만, 황제 역시 복상기간 중에 정치행위를 하지 말아야 한다고 한 것은[42]

입지 못한다(爲人後者爲其父母, 報. 傳曰 : 何以期也? 不貳斬也. 何以不貳斬也? 持重於大宗者, 降其小宗也)"는 禮說에 근거하여 선제의 의도는 좌절된다. 그러나 8년 뒤 선제는 "그 아비가 비록 사인이나 그 아들이 천자일 경우 천자의 예에 의해 제사지낸다(父爲士, 子爲天子·諸侯, 則祭以天子·諸侯, 其尸服以士服)"는 『禮記』「喪服小記」의 經文을 이용하여 皇考廟를 세우고 사황손에 대해 친제를 행하게 된다. 이것은 애제도 마찬가지다. 애제가 즉위하기 전, 태자가 된 그는 부친이었던 定陶王 康의 제사를 지내고자 하였다. 그러나 당시 成帝는 '爲人後者'가 된 자는 친부에 대해 친제하지 못한다는 사례를 적용할 것을 명하고, 애제 대신 楚孝王의 손자 景을 정도왕의 후사로 정한다. 하지만 성제 사후 결국 친부를 追崇하고자 한 애제는 신하들에게 공황묘 건설에 대해 의견을 구한다. 그 결과 관료들은 공황묘 건설의 정당성을 찾고자 유가의 문헌을 뒤지게 된다. 그 과정에서 또 다시 『예기』「상복소기」의 경문이 등장하게 되는데, 이러한 일련의 사건은 결국 황제의 특수성을 사례가 포괄하지 못함을 보여주는 것이라 생각된다. 선제의 사황손 추존과 애제의 공황묘 건립에 대한 자세한 내용은 차례대로 『漢書』 卷8, 「宣帝紀」, p.242 ; 『漢書』 卷63, 「戾太子傳」, pp.2748~2749 ; 『漢書』 卷86, 「師丹傳」, pp.3505~3506을 참조.

40) 『漢書』 卷68, 「霍光傳」, p.2944.

41) 居道上不素食, 使從官略女子載衣車, 內所居傳舍 … 受皇帝信璽·行璽大行前, 就次發璽不封. 自之符璽取節十六, 朝暮臨, 令從官更持節從 … 大行在前殿, 發樂府樂器引內昌邑樂人擊鼓歌吹作排倡 ; 會下還, 上前殿(『漢書』 卷38, 「霍光傳」, p.2940).

42) 애제 즉위 초 師丹에게 권력이 위임된 적이 있었는데, 이것에 대해 顏師古는 "새로이 성제의 상이 있어 참최의 거친 옷을 입었기에 천자가 친정하지 않은 일을 말한 것이다(言新有成帝之喪, 斬衰麤服, 故天子不親政事也. 『漢書』 卷86, 「師丹傳」, p.3509)"라고 하여 황제가 정치적 행위를 하지 못하는 것이 服喪 행위의 하나로 이해되었음을 알 수 있다.

'사례'가 황제가 담당해야 하는 정치적 역할이나 황제의 특수성을 보장해 주지 못함을 말해준다.

창읍왕에게 지적된 사항들은 모두 당시 일반적으로 상주가 행해야 하는 상중의례였다. 그러나 황제권의 부재란 잠시도 있을 수 없는 일이기에 일반 사대부(士大夫)가 상중에 관직을 떠나는 거관(去官)이나 기관(棄官)과 같이 황제의 정치적 행위를 금지할 수는 없을 것이다. 그럼에도 창읍왕의 축출 이유 중에 정치행위를 한 것이 포함된 것은 '사례'가 황제권력을 수식하고 그것의 정당성을 보장하는 도구가 될 수 없음을 보여준다. 이로 인해 황제 측에서는 황제권력의 근저를 보여줄 수 있는 이론적 근거를 마련하는 것이 시급한 일이 되었을 것이다.

물론 우리는 창읍왕의 폐출이 근본적으로는 창읍왕의 복심(腹心) 세력이 당시 보정(輔政)이었던 곽광의 세력과 마찰하면서 발생한 정치투쟁의 결과임을 잘 알고 있다.[43] 따라서 위인후자로서의 역할을 다하지 못했다는 탄핵의 원인이 한갓 구실임을 알 수 있다. 하지만 중요한 것은 구실이라 할지라도 그것이 이유가 될 수 있었던 것은 당시 '사례'를 미루어 천자에게 미치게 한다는 예관념이 존재하고 있었기 때문이다.[44]

전해진 『의례』가 '사례'였기에 근본적으로 황제의 권력을 설명하기에는 부적절할 수밖에 없었다.[45] 요컨대 『의례』에는 황제는 고사하고 왕에 대한 규정도 없었기 때문에 황제권력의 근저는 물론이고 황제가 맺게 되는 여러 관계에 대한 적절한 해석을 제공할 수 없었던 것이다.[46] 이것이 새로운

43) 西嶋定生, 『中國の歷史2 秦漢帝國』(東京 : 講談社, 1974 : 1979), p.287 ; 金翰奎, 『古代東亞細亞幕府體制硏究』(서울 : 一潮閣, 1997), pp.134~135.

44) 이에 대하여 김용천은 "유교의 예설이 황제의 존폐까지 결정할 만큼의 권위를 가지고 제시되고 있다는 사실을 간과할 수 없다"고 논평하였다. 金容天, 앞의 글, p.58.

45) 와타나베 신이치로는 『儀禮』를 冠·婚·喪·祭·射·鄕·朝·聘의 8가지 예를 각기 夫婦·父子·長幼·君臣關係의 네 가지 인륜에 배합한 사회질서로 파악하였다. 따라서 이것은 황제의 권위와 같은 최고 명령권의 범주를 구체적으로 보여주지 못한다고 보았다. 渡辺信一郎, 앞의 글, pp.162~164.

예의 필요성이 대두된 이유였다. 그렇다고 새로운 예제정의 필요가 황제에게만 있었던 것은 아니다. 전승된 예경이 사인의 교양 있는 태도를 위한 지침서만의 성격을 가졌기 때문에, 사대부로서도 제국의 규모가 확대되고 조직화됨에 따라 자신을 포함한 권력의 범주를 설명할 수 있는 새로운 예제정이 필요했다.

이것은 사마천(司馬遷)을 통해 확인할 수 있다. 사마천은 『사기(史記)』「예서(禮書)」에서 숙손통이 만든 의례를 성제(聖制)에 부합하지 않는 것으로 보았다. 왜 사마천은 숙손통의 의례가 성제에 부합하지 않는다고 보았던 것일까? 그것은 언급한 것처럼 숙손통이 만든 의례가 그저 '군주를 높이고 신하를 억누르는' 성격만을 가졌기 때문이다. 숙손통은 자신이 만든 의례에 대해 '고례(古禮)와 진의(秦儀)를 섞은 것'[47]이라고 했으나, 사마천은 그것을 단지 진의 의례를 계승한 것에 불과한 것으로 보았다. 즉 사마천이 생각한 성제에 부합하는 예제는 단지 군주를 높이는 것, 다시 말해 황제권력의 근거만을 만들어 내는 예제는 아니었던 것이다. 이렇듯 전한의 경우 황제 측에서도 사대부 측에서도 자신들의 권력의 근저를 설명하고, 사회적 역할을 규명하기 위해 새로운 예제의 필요를 느끼고 있었다.[48]

---

46) 河間獻王采禮樂古事, 稍稍增輯, 至五百餘篇. 今學者不能昭見, 但推士禮以及天子, 說義又頗謬異, 故君臣長幼交接之道寖以不章(『漢書』 卷22, 「禮樂志」, p.1035).

47) 臣願頗采古禮與秦儀雜就之(『史記』 卷99, 「叔孫通傳」, p.2721).

48) 대표적으로 賈誼의 경우 이상적인 제국의 구조를 "그러므로 옛날 성왕들이 등급을 제정함에 안으로는 공·경·대부·사가 있었으며, 밖으로 공·후·백·자·남이 있었다. 이 외에 관사와 소리가 있으며, 계속하여 서인에 이르게 되니 등급이 분명해진다. 천자는 그들 모두를 넘어서니, 따라서 그 존엄함을 따라올 자가 없다(故古者聖王制爲列等, 內有公卿大夫士, 外有公侯伯子男, 然後有官師小吏, 施及庶人, 等級分明, 天子加焉, 其尊不可及也. 『新書』, 「階級」, p.80)"고 하여, 천자를 정점으로 한 분명한 등급의 서열화로 표현하였다.

2절 봉선의 실현과 명당의 건설

1. 한 초 제정된 예제의 특징

건국 후 제국이 안정되며 한조정에 필요했던 것은 단순히 위엄을 표현하는 도구로서의 예가 아닌, 권력의 근저를 설명하고 제국운영에 필요한 권력의 서열화와 그것의 사회화를 가능하게 하는 체계적이고도 완비된 예였다. 그러나 전한 초 전해진 예전(禮典)이 천자·제후·경대부의 예가 주류인 고문 『예경』이 아닌 사인의 교양서의 성격을 가진 금문 『의례』인 관계로, 이것은 황제권력의 원천과 제국의 속성을 설명하기에 부적절하였다. 따라서 전한시기 여러 차례에 걸친 예제정의 노력은 우선 이로부터 촉발되었을 가능성이 높다.

그러나 여후시기(呂后時期) 종묘논의가 금지되었던 것에서 알 수 있는 것처럼[49] 극단적인 유위(有爲) 배제의 사회분위기로 인하여 예제정에 대한 건의는 여후의 화(禍)가 정리된 문제(文帝) 즉위 초까지 기다려야만 했다. 그리고 문제 즉위 초, 담당 관원이 예제정을 건의하였지만 당시 황로술(黃老術)에 심취해 있던 문제의 거부로 인하여 끝내 제정되지 못하였다.[50] 이후 문제 16년(기원전 164), 순수·봉선에 대한 의례를 박사들에게 의논하게 하나[51] 그 역시 뚜렷한 결과를 내지 못하였다. 또한 무제(武帝) 즉위 초에는 명당건설과 예복(禮服) 제정에 관한 의논이 있기는 했지만 두태후(竇太后)에 의해 유술이 배척당하게 됨으로 인해 결론을 얻지 못했다.[52] 결국 전한의 본격적인 예제정은 전분(田蚡) 사후 무제의 실질적인 친정(親政)이 시작되어

49) 初, 高后時患臣下妄非議先帝宗廟寢園官, 故定著令, 敢有擅議者棄市(『漢書』 卷73, 「韋玄成傳」, p.3125).

50) 孝文卽位, 有司議欲定儀禮, 孝文好道家之學, 以爲繁禮飾貌, 無益於治, 躬化謂何耳(『史記』 卷23, 「禮書」, p.1159).

51) 而使博士諸生刺六經中作王制, 謀議巡狩封禪事(『史記』 卷28, 「封禪書」, p.1382).

52) 至武帝卽位, 進用英雋, 議立明堂, 制禮服, 以興太平. 會竇太后好黃老言, 不說儒術, 其事又廢(『漢書』 卷22, 「禮樂志」, p.1031).

제학파(齊學派)들이 등장하면서 비로소 시작된다. 그리고 곧 정삭(正朔)·복색(服色)·교묘(郊廟)·봉선 등의 분야에서 일부 의례들이 제정되었다.

간단히 정리한 문제시기부터 무제시기에 있었던 예제정에 관한 논의를 보면 당시 주로 논의되던 것은 제국의 운영에 관련된 종합적인 통치원리로서의 예제기보다는, 한 초 고조시기에 그랬던 것처럼 황제의 정치적 권위를 높이고자 했던 황제의 의례였던 느낌이 강하다.[53] 그래서 일반적으로 전한 황제들의 예제정은 산발적이고 부분적이었다고 평가받고 있다. 또한 무제시기 들어 비로소 제정된 의례들도 여전히 황제권력을 수식하는 부분에 국한된 것일 뿐 제국운영을 위한 체계적이고 완비된 예는 아니었던 것으로 평가받고 있다. 아마도 그것은 문제시기를 거쳐 무제시기까지 지속적으로 논의되던 예가 모두 황제의 순수나 봉선, 혹은 교묘에 관련된 것이라는 점에서 기인할 것이다.[54] 실제로 전한시기 어떤 의례보다도 종묘의례가 강조되고 논의되었던 것을 전한 예제의 특징이라고 할 수 있다. 이것은 전한 예제가 황제권의 정통성을 보증하고, 통치권을 보증하는 권위수립에 복무하였음을 알게 한다.[55] 또한 우리는 무제시기 등용된 박사제자(博士弟子)들이 현실적이고 시무적(時務的)인 제학파였다는 것을 통해 당시 예제가 다분히 황제권의 신비화에 복무하였을 것임도 어렵지 않게 추측할 수 있다.[56]

---

53) 이에 대하여 문정희는 엄밀히 말해 한대 의례는 황제의 의례지 국가의례는 아니라고 하였다. 文貞喜, 「秦漢 祭禮와 國家支配」, 延世大 박사학위논문(2005), p.1.

54) 감회진에 의해 지적된 것처럼 지금까지 전한 郊祀禮를 비롯하여 封禪禮, 明堂禮들은 황제지배의 도구나 기능이라는 측면에서만 파악되었다. 즉, 郊祀祭의 경우는 교사가 갖는 실용적인 목적, 예컨대 그것이 어떻게 황제권력을 신장시키는가 또는 그것이 어떻게 황제권력을 신비화하는가 등이 주된 연구의 주제였다. 甘懷眞, 앞의 글(2002), p.211.

55) 일반적으로 宗廟儀禮라는 것이 君主位 계승의 정통성을 보증하는 것이며, 종묘가 통치권을 보증하는 권위 그 자체임은 잘 알려진 사실이다.

56) 장도는 齊學의 특성을 '權變을 숭상하고 時勢에 순응하며, 讖緯를 신봉하는 것'으로 보았다. 이에 따른다면 제학은 전통적이라고 평가되는 魯學보다 권력과 결탁할 가능성이 더 농후했다고 볼 수 있다. 張濤, 『經學與漢代社會』(石家庄 : 河北人民, 2001), p.66.

그러나 이러한 일련의 사정들이 전한시기 제정된 예제를 단지 '황제권력의 신비화' 도구로 규정지을 수 있는 근거가 되는 것은 아니다. 오히려 당시 예제개혁의 주장이 등장하였던 상황을 살펴보면 전한 예제제정 논의는 제국의 성격확정과 밀접히 연관되어 있음을 알 수 있다. 한 초, 처음 예제개정 논의가 시작된 때는 언급한 것처럼 문제시기였다. 당시 예제개혁을 주장했던 공손신(公孫臣)과 가의(賈誼), 가산(賈山) 등은 비록 방사와 문학지사(文學之士)라는 서로 다른 학문적 토양과 지위를 지니고 있었지만,[57] 공통적으로 개원(改元)과 정삭, 복색의 개정을 주장하였다.[58] 특히 공손신의 복색개정 건의 후에는 황룡(黃龍)이 출현하여 교사가 진행되었고, 뒤이어 오제묘(五帝廟)가 건설되었다. 그리고 얼마 후 봉선과 순수의 일을 의논하라는 문제의 명에 따라 유생들의 논의가 진행된다.[59]

이러한 일련의 과정을 들여다보면 우선 왕조교체를 거친 한조정이 스스로 정통성을 확보하기 위한 방법으로 정삭과 복색의 개정논의를 시작하고,[60] 서상(瑞祥)의 출현에 즈음하여 인민의 안태(安泰)를 위한 국가 주도 제사체계의 확립문제로 논의를 확대한 후,[61] 최종적으로 수명천자(受命天子)의 역성

57) 사이키 데츠로는 사회 모든 면에서 농후한 영향을 주었던 秦漢時期 方士들은 유가사상과 긴밀한 관계를 맺고 있었다고 분석하였다. 齋木哲郎, 「齊魯·山東の儒墨と方士たち-儒教國教化前史」, 『秦漢儒教の研究』(東京 : 汲古書院, 2004), pp.276~277. 原載 : 『東方宗教』 75(1990).

58) 至孝文時, 魯人公孫臣以終始五德上書, 言「漢得土德, 宜更元, 改正朔, 易服色, 當有瑞, 瑞黃龍見」(『史記』 卷26, 「曆書」, p.1260) ; 賈生以爲漢興至孝文二十餘年, 天下和洽, 而固當改正朔, 易服色, 法制度, 定官名, 興禮樂, 乃悉草具其事儀法, 色尙黃, 數用五, 爲官名, 悉更秦之法(『史記』 卷84, 「賈生傳」, p.2492) ; 臣不勝大願, 願少衰射獵, 以夏歲二月, 定明堂, 造太學, 修先王之道(『漢書』 卷51, 「賈山傳」, p.2336). 이외에도 기사를 통해 알 수 있듯이 가의와 賈山은 官制 개혁, 禮樂의 흥기, 明堂과 학교의 건립을 주장하였다.

59) 『史記』 卷28, 「封禪書」, pp.1381~1382.

60) 王者易姓受命, 必愼始初, 改正朔, 易服色, 推本天元, 順承厥意(『史記』 卷26, 「曆書」, p.1256).

61) 다케우치 히로유키는 文帝~武帝 때의 종교정책이 개인 간의 吉凶禍福을 취급한 秘祝이나 巫蠱와 같은 협의의 주술을 금지하고, 국가 만민의 安泰와 풍작을 기원하는

고대(易姓告代)의 봉선논의를 진행했음을 알 수 있다. 이것은 '왕조의 정당성 확보－인민을 보호하는 국가의 공적 성격의 확정－황제를 정점으로 하는 국가체제의 건설'이라는 정치적 의도와 예제개정이 맞물려 있음을 알려주는 것이다.[62] 따라서 우리는 전한 초, 제정된 예제를 단순히 '황제권력의 신비화'를 위한 도구로 일괄할 수 없다.

2. 봉선례의 수립과 성격

예제개혁의 근저를 살펴봄으로써도 전한 초 예제의 성격을 확인할 수 있다. 그 대표적인 예가 무제시기 봉선례와 명당례다. 우선 봉선례부터 살펴보자. 아마 무제 봉선에 대해 가장 오랫동안 영향력을 가졌던 견해는 구리하치 도모노부[栗原朋信]의 견해일 것이다. 그는 진시황과 한무제(漢武帝)의 봉선은 후한 광무제(光武帝)의 그것이 천명을 내려준 하늘에 대해 왕조를 개창했음을 아뢰는 보천고대(報天告代)의 정치적 행위였던 것과는 달리 불로불사(不老不死)의 도를 얻기 위한 것이었다고 분석하였다. 그리고 그 근거로는 진시황의 경우 봉선을 통해 수명연장을 희구했던 것,[63] 한무제의 봉선이 철저히 비밀에 부쳐졌던 것을 들었다.[64] 국내에서도 광무제의 봉선과 달리 진시황과 한무제 봉선이 모두 비밀리에 이루어진 것을 가지고 이들 봉선의 성격을 황제 개인의 불로등선(不老登僊)이라는 욕망의 발로로 분석한 연구가 등장하였다.[65]

국가적 제사를 공인하고 증가시키는 방향으로 나아갔다고 분석하였다. 竹內弘行, 「司馬遷の封禪論－「史記」封禪書の歷史記述をめぐって」, 『哲學年報』 34(1974), pp.96~97.

62) 감회진은 이러한 일련의 예제개혁을 '改禮 운동'이라고 하며, 이것의 목적을 유가식의 天子觀을 수립하는 것이었다고 보았다. 그리고 이 운동의 실제적인 성과는 '천자를 중심으로 한 국가의례의 확립'이었다고 하였다. 甘懷眞, 앞의 글(2003), pp.85~87.

63) 朕巡天下, 禱祠名山諸神以延壽命(『史記』 卷87, 「李斯列傳」, p.2551).

64) 栗原朋信, 『秦漢史の硏究』(東京 : 吉川弘文館, 1957 : 1969), pp.25~44.

65) 李成九, 『中國古代의 呪術的 思惟와 帝王統治』(서울 : 一潮閣, 1997), p.144. 이성구의 경우 구리하치 도모노부의 견해를 근거로 秦始皇과 漢武帝의 봉선이 비밀리에

그러나 진시황의 경우 남아 있는 각석문(刻石文)을 통해 그의 봉선이 여러 신하 혹은 수행원들의 참여 속에서 행해졌음을 알 수 있어,[66] 그의 봉선이 비밀리에 행해졌다고 보기는 힘들다. 종종 "봉인하여 묻어 모두 비밀이 되었다[封藏皆秘之]"[67]라는 구절을 들어 진시황의 제사의식이 비밀리에 행해졌다고 분석되기도 한다.[68] 하지만 그 제사방식에 대해서 태축(太祝)이 옹(雍) 땅에서 상제(上帝)에게 제사지낼 때의 방식이 채용되었다는 기록이 남아 있어, 의식의 전체가 아니라 봉선의 가장 중요한 절차인 옥첩서(玉牒書)를 봉인할 때 옥첩서의 내용만을 비밀로 했던 것으로 보인다.[69] 이것은 이후 봉선에서 "그 아래에는 옥첩서가 있었는데, 내용은 비밀이었다"[한무제의 봉선],[70] "옥첩서는 방형(方形)의 돌 가운데 비밀리에 새겨졌다"[광무제의 봉선][71]고 하여 계승된다. 그러므로 진시황과 한무제의 봉선은 불로등선을 위한 비밀 제의(祭儀)로, 광무제의 그것은 모든 이들에게 공개된 보천고대의 정치적 행위로 규정할 수는 없을 것이다.[72] 한편, 옥첩서

행해졌다고 보았으나, 실제로 구리하치는 비밀리에 봉선이 이루어진 것을 한무제 봉선으로만 국한하였다. 그러나 "진시황이 유생을 모두 내쫓은 후, 태산에서 봉제사를 지내고 양보에서 선제사를 지냈는데, 그 봉선의 일을 모두 비밀에 부쳐 후세에 전해진 것이 없었다(秦始皇既黜儒生, 而封太山, 禪梁甫, 其封事皆祕之, 不可得而傳也.『隋書』卷7,「禮儀二」, p.139)"고 하여 진시황의 봉선이 비밀이었다는 것은 전통시기부터 일반적으로 통용되던 관념이었던 것으로 보인다.

66) 태산 봉선이 이루어지던 2차 순행 시, 嶧山과 태산에 세워진 刻石의 글들을 통해 각 산에 오를 때 여러 신하들과 從者들이 대동하였음을 알 수 있다. 登于繹山, 群臣從者, 咸思攸長(秦始皇金石刻辭注注釋組,『秦始皇金石刻辭注』,「嶧山刻石」(上海：上海人民, 1975), p.18)；從臣思迹, 本原事業, 祗誦功德(『史記』卷6,「秦始皇本紀」, p.243).

67)『史記』卷28,「封禪書」, p.1367.

68) 마이클 로이/이성규 역,『古代中國人의 生死觀』(서울：지식산업사, 1987：1998), p.151.

69) 이것은 전대 제왕의 玉牒文이 왜 비밀이었는가를 묻는 唐玄宗의 말을 통해서도 알 수 있다. 玄宗因問：「玉牒之文, 前代帝王, 何故秘之?」(『舊唐書』卷23,「禮儀三」, p.898).

70) 其下則有玉牒書, 書祕(『史記』卷12,「孝武本紀」, p.475).

71) 書祕刻方石中(『後漢書』卷志7,「祭祀上 封禪」, p.3164).

의 비밀스런 내용과 관련하여 『수서(隋書)』는 그것을 한무제가 방사의 말을 채용한 결과로 보았으나,[73] 내용을 공개하지 않은 옥첩서는 이미 진시황의 봉선 때부터 확인할 수 있어 그것이 한무제시기 처음 등장한 것이라고 할 수 없다.

오히려 우리는 진시황 28년(기원전 219) 순행시 제(齊)·노(魯) 지역의 유생들을 모아 진덕(秦德)을 역산(嶧山)의 돌에 새기게 하는 한편 봉선의 일을 의논하게 하였다는 기사에 의해,[74] 애초 진시황의 봉선이 유가의 예에 근거하고자 하였음을 추측할 수 있다. 이 일은 사전에 치밀하게 계획된 것으로 진시황은 유가의 예에 의해 황제권력을 정당화하려고 하였던 것이다.[75] 이것은 무제도 크게 다르지 않았던 것으로 보인다. 두태후로 인해 유술채용이 불가능했던 무제는 두태후 사망 바로 다음 해 곧바로 문학지사 공손홍(公孫弘)을 비롯하여 동중서(董仲舒) 등을 등용하였다.[76]

실제로 무제 봉선에 가장 큰 영향을 미쳤던 이는 한대 유명한 상서(尙書) 학자 예관(倪寬)이었던 것으로 보인다. 사마상여(司馬相如)가 남겨 놓은

72) 한무제 봉선에 대해서 사마천이 「封禪書」 말미에 "나는 황제를 따라 순행하며 천지의 신들과 명산대천에 제사하고 봉선하는 것을 보았다. … 제기나 규폐 등에 관한 상세한 내용이나 제물을 헌상하고 신령에 보답하는 의례에 관한 기록은 담당관부에 보존되어 있다(余從巡祭天地諸神名山川而封禪焉 … 若至俎豆珪幣之詳, 獻酬之禮, 則有司存. 『史記』 卷28, 「封禪書」, p.1404)"고 한 것으로 보아, 한무제의 봉선이 비밀이었던 것으로 보이지는 않는다. 또한 무엇보다도 광무제의 봉선이 한무제 元封 연간의 봉선의 일을 근거로 행해졌다는 기사는 한무제의 봉선 기록이 남아 있었음을 알려준다. 上許梁松等奏, 乃求元封時封禪故事, 議封禪所施用(『後漢書』 卷志7, 「祭祀上 封禪」, p.3164).

73) 漢武帝頗採方士之言, 造爲玉牒(『隋書』 卷7, 「禮儀二」, p.139).

74) 『史記』 卷6, 「秦始皇本紀」, p.242 ; 『史記』 卷28, 「封禪書」, p.1366.

75) 사토 미노루는 『水經注』 「泗水」에 등장하는 "진시황이 노지역에서 예를 살폈고, 역산의 정상에 올랐다(秦始皇觀禮於魯, 登於嶧山之上. 『水經注』, 「泗水」, p.2117)"는 기사를 통해 진시황은 처음부터 魯나라 曲阜로 갔고, 노지역 유생의 예를 본 후 역산에 올랐다고 분석했다. 齋藤實, 「秦の始皇帝の泰山封禪」, 『日本大學藝術學部紀要』 14(1984), p.63의 주 5) 참조. 이에 따르면 진시황은 처음부터 유생들이 가진 의례의 내용을 이용할 생각이었다.

76) 『史記』 卷28, 「封禪書」, p.1384.

「봉선문(封禪文)」에 대해 묻는 무제에게 예관은 봉선이야말로 황제만이 행할 수 있는 제왕의 성사(盛事)임을 설명하며 부서(符瑞)가 등장한 지금이 태산(泰山)에 봉선할 때임을 주장한다. 다만 그도 인정할 수밖에 없었듯이 봉선의 일이 경서(經書)에 나와 있지 않기 때문에 무제에게 만세에 남길만한 기업(基業)을 이룰 것을 건의한다.[77] 당시 무제는 예관의 말을 받아들여 봉선의례를 제정하게 되었는데, 기록에는 그 의례의 성격을 "유술을 채용하여 꾸몄다[采儒術以文]"[78]고 전한다.

물론 이러한 사실들이 무제의 봉선이 철저히 유가적 내용에 의해서만 이루어졌음을 말해주지는 않는다. 『사기』 「봉선서(封禪書)」에는 무제가 봉선을 행하기 전 유생들을 모조리 물리친 것으로 나온다.[79] 따라서 무제의 봉선은 제지역 출신 방사들의 견해에 따라 행해졌다고 여겨졌다.[80] 그러나 봉선과정에서 나타난 사우례(射牛禮)의 거행은 봉선 준비과정에서 유가들에게 명하여 사우례를 익히게 했던 것과 무관한 것으로 보기 힘들다. 또한 무제는 봉선 전 태산에서 행할 제사를 위해 먼저 태일신(太一神)에게 제사를 지내고, 동쪽 바닷가를 순행하며 여덟 신에게 예를 갖춰 제사를 지낸다.[81] 그런데 그 절차가 『상서』 「순전(舜典)」의 기록, 즉 먼저 상제에게 유제사(類祭祀)를 지내고 산천에 망제사(望祭祀)를 지낸 후, 대종(岱宗)에 올랐던 것과 흡사하다.[82] 방사의 설을 채용하여 행해졌다는 무제의 봉선은 그 방식마저도 이렇듯 유가의 지식체계에서 가져왔던 것이다.[83]

무제의 봉선이 결정적으로 그의 호귀적(好鬼的) 취향이나 불로불사의

77) 『漢書』 卷58, 「兒寬傳」, pp.2630~3631.
78) 『漢書』 卷58, 「兒寬傳」, p.2631.
79) 於是上絀偃·霸, 而盡罷諸儒不用(『史記』 卷28, 「封禪書」, p.1397).
80) 김일권, 『동양 천문사상 인간의 역사』(서울 : 예문서원, 2007), p.81.
81) 『史記』 卷28, 「封禪書」, pp.1396~1397.
82) 肆類于上帝, 禋于六宗, 望于山川, 徧于群神 … 歲二月, 東巡狩, 至于岱宗, 柴, 望秩于山川(『尙書』, 「舜典」, pp.54~60).
83) 串谷美智子, 「封禪にみられる二つの性格-宗教性と政治性」, 『史窓』 14(1959), p.61.

욕망으로만 설명될 수 없는 것은 그의 봉선이 재위 32년째 비로소 이루어졌던 사실에서도 알 수 있다. 다케우치 히로유키[竹內弘行]는 무제의 봉선이 이루어진 원봉(元封) 원년(기원전 110)의 정황을 다음과 같이 분석하였다. ① 천(天)의 뜻을 보여 준 서상의 출현, ② 남월(南越)·동월(東越)의 반란 평정으로 표현된 외정(外征)의 성과, ③ 재정적인 안정. 즉, 당시 무제는 국가 경영의 최고 책임자로서 그 지위에 상응하는 치적을 완성한 후 봉선한 것이다.[84] 이것은 사마천이 「봉선서」 첫머리에서 말한 ❶ 천명을 받은 제왕, ❷ 천의 감응, ❸ 공업(功業)이 두루 미치고, 덕이 천하를 적시는 상태를 이룬 후에 봉선이 행해진 것을 의미한다.[85] 이것은 한무제의 봉선이 유가의 설에서 결코 자유롭지 못함을 말해 준다.[86]

3. 명당제의 운영과 성격

유가의 설에서 결코 자유롭지 못한 것은 명당제도 마찬가지다. 무제시기 제정된 명당례는 당(唐)의 공영달(孔穎達)이 "한무제가 제정한 명당례는 방사의 설을 많이 채용한 것으로 경(經)과 정(正)에 위배되어 본받을 수 없다"[87]고 한 이래 방사의 언설에서 비롯되었다고 여겨졌다. 대표적으로 후지카와 마사카즈[藤川正數]는 무제의 명당에 대해 '종교적·법술적(法術的) 색채가 농후한 것'으로 유가의 명당제와는 성격이 다른 것이라고 하였다.[88] 또 한(漢)~당(唐) 교사제도 연구의 개척자라고 할 수 있는 가네코

84) 竹內弘行, 앞의 글, p.99.

85) ❶ 自古受命帝王, 曷嘗不封禪? ❷ 蓋有無其應而用事者矣, 未有睹符瑞見而不臻乎泰山者也. ❸ 雖受命而功不至, 至梁父矣而聽不洽, 洽矣而日有不暇給, 是以卽事用希(『史記』 卷28, 「封禪書」, p.1355).

86) 가귀영은 한무제의 봉선을 종합적으로 관찰하면 무제가 비록 유생의 건의 전부를 받아들인 것은 아니지만 유가의 巡狩明堂制와 社祭를 이용하여 봉선의식을 수립했음을 알 수 있다고 하였다. 賈貴榮, 「儒教文化與秦漢封禪」, 『齊魯學刊』 157(2004), p.92.

87) 且漢武所爲, 多用方士之說, 違經背正, 不可師祖(『舊唐書』 卷22, 「禮儀志二」, p.850).

88) 藤川正數, 『漢代における禮學の研究』(東京 : 風間書房, 1968), p.246.

슈이치[金子修一]도 무제 원봉 2년 태산 부근에 세워진 최초의 명당에 대해 "유가사상의 영향은 그다지 보이지 않는다"[89]고 하였다. 또한 최근 국내에서 발표된 무제시기의 황제의례에 대한 연구 역시 무제시기 예제가 유가의 경전에 근거한 것이 아닌 전제군주 개인의 기호와 욕망에 영향 받은 것이며, 당시 방사들의 사유방식과 지식체계, 그리고 당시 유행하고 있던 신비주의사상과 깊은 관련을 맺고 있다고 보았다.[90]

사실 무제의 명당 건설과정에서 보이는 방사적 요소는 제남(齊南) 사람 공옥대(公玉帶)가 무제에게 황제시기(黃帝時期)의 명당도(明堂圖)를 바쳤다는 것과 복도(複道) 위에 조영한 누각의 이름을 '곤륜(昆崙)'으로 명명한 것에서 명확히 발견된다.[91] 그러나 이러한 방사적 요소가 명당건설에 배어 들어 있다 해서 당시 건설된 명당의 성격을 온전히 방사적으로만 규정할 필요는 없을 것이다. 우선 명당건설의 주장자들을 살펴볼 필요가 있다.

처음으로 명당건설을 주장한 이는 문제시기의 가산이며, 무제시기 들어서는 조관(趙綰)과 왕장(王臧)이었다. 문제시기 문학지사들의 사상적 특성을 하나로 규정하는 것이 힘들다 해도,[92] 무제시기의 조관과 왕장은 문학(文學)으로 공경(公卿)에 이른 자들로, 명확하게 사상적으로 유가로 분류되는 이들이다.[93] 즉, 명당을 건설하고 명당례를 행할 것을 주장한 이들은 모두

---

89) 金子修一, 『古代中國と皇帝祭祀』(東京 : 汲古書院, 2001), p.112.

90) 李成九, 「武帝時期의 皇帝儀禮」, 『東洋史學硏究』 80(2002), p.2.

91) 濟南人公玉帶上黃帝時明堂圖 … 爲複道. 上有樓, 從西南入. 命曰昆侖(『史記』 卷28, 「封禪書」, p.1401).

92) "故詔有司·諸侯王·三公·九卿及主郡吏, 各帥其志, 以選賢良明於國家之大體, 通於人事之終始, 及能直言極諫者, 各有人數, 將以匡朕之不逮"(『漢書』 卷49, 「晁錯傳」, p.2290)라는 기사를 통해, 당시 관료에게 요구되던 능력은 국가의 大體에 밝고 人事에 통달하며 능히 直言極諫할 수 있는 것이었음을 알 수 있다. 따라서 당시 등용된 文學之士들의 경우 특별한 학문적 성향이 아닌 학문적 능력이 중요한 기준이었음을 알 수 있다. 이와 관련하여 김한규는 당시 문학지사들의 성향을 공신집단의 反文化主義와 대비하여 문화주의라고 표현하였다. 金翰奎, 「賈誼의 政治思想-漢帝國秩序確立의 思想史的一過程」, 『歷史學報』 63(1974), p.107.

93) 元年, 漢興已六十餘歲矣, 天下乂安, 薦紳之屬皆望天子封禪改正度也. 而上鄕儒術,

유가계열의 문학지사들이라고 할 수 있는 것이다. 이것은 명당이라는 어휘가 등장하는 문헌들을 언뜻 살펴보아도 예측할 수 있는 일이다.

명당이라는 어휘가 등장하는 문헌을 일별해 보면 『맹자(孟子)』, 『순자(荀子)』, 『여씨춘추(呂氏春秋)』, 『효경(孝經)』, 『회남자(淮南子)』, 『춘추번로(春秋繁露)』 등으로[94] 『여씨춘추』와 『회남자』를 제외하면 모두 유가의 문헌임을 알 수 있다.

> ① 하늘을 제사지내고 땅을 제사지내며 산천을 차례로 때에 따라 제사한다. **❶ 태산에서 봉(封)제사를 지내고 양보(梁父)에서 선(禪)제사를 지내며,** ② 명당을 세워 선제(先帝)를 제사지내고 조상을 하늘에 짝하여 제사지낸다. 천하 제후 모두가 각기 그 직분에 따라 와서 제사지냄에, 그 토지에서 나는 것을 바친다.[95]

위 기사는 무제시기 명당건설의 근거로 이용된 『춘추번로』 「왕도(王道)」편의 한 부분이다. 그런데 이 기사는 두 개의 유가문헌의 내용이 반복적으로 기술된 것들이다. 처음의 ① 부분은 『상서』 「순전」의 "마침내 상제에게 유제사를 지내시고 육종에 연제사를 지내시며, 산천에 망제사를 지내시고 여러 신에게 두루 제사지내셨다[肆類于上帝, 禋于六宗, 望于山川, 徧于群神]"[96]에 부회(附會)한 것이고, 뒤의 ② 부분은 『효경』 「성치(聖治)」장의

招賢良, 趙綰·王臧等以文學爲公卿, 欲議古立明堂城南, 以朝諸侯. 草巡狩封禪改曆服色事未就. 會竇太后治黃老言, 不好儒術, 使人微得趙綰等姦利事, 召案綰·臧, 綰·臧自殺, 諸所興爲者皆廢(『史記』 卷12, 「武帝紀」, p.452). 한편 후지타 다다시는 가산이 명당건설을 주장한 원인에 대해서는 정확히 모르겠으나, 그의 言說은 그가 유가계통의 인물이라는 것을 말해준다고 분석하였다. 藤田忠, 「明帝の禮制改革について」, 『國士館大學文學部人文學會紀要』 26(1993), p.38.

94) 이외에도 『예기』, 『大戴禮記』, 『周禮』, 『逸周書』, 『素問』 등의 문헌에서 명당이란 어휘가 등장하지만 이들 문헌의 경우 무제시기 이후에 편찬되었거나 그 존재 여부가 불투명하여 본문에서는 언급하지 않았다.

95) 郊天祀地, 秩山川, 以時至. 封於泰山, 禪於梁父, 立明堂宗祀先帝, 以祖配天. 天下諸侯各以其職來祭, 貢土地所有(『春秋繁露』, 「王道」, p.160).

“옛날 주공께서 후직을 배천하여 교사지내시고, 문왕을 명당에서 상제에 배사하여 종사지내셨다. 이로써 사해 안이 각기 그 직분에 따라 제사지내러 왔다[昔者周公郊祀后稷以配天, 宗祀文王於明堂, 以配上帝. 是以四海之內, 各以其職來祭]”[97]라는 경문(經文)에서 온 것으로, 그 중간 ❶의 “태산에서 봉제사를 지내고 양보에서 선제사를 지낸다[封於泰山, 禪於梁父]”는 봉선 관련 내용만 첨가된 것이다. 또한 후에 명당건설을 적극적으로 주도했던 예관의 경우 ‘명당과 벽옹[明堂辟雍]’이라 하며[98] 명당과 벽옹을 결부시키고 있어, 그 역시 당시 종군(終軍)이 주장한 유가의 ‘삼궁(三宮)’[99] 개념을 가지고 명당건설의 필요를 주장하고 있음을 알 수 있다. 이와 같은 사실은 당시 명당건설이 유가의 사유와 지식체계 위에서 이루어졌음을 알려준다.

다음으로는 최근 연구에서도 지적되었듯이 명당건설과 순수봉선제(巡狩封禪制)가 결부되어 있다는 점을 주목하고 싶다.[100] 앞에서 언급한 『춘추번로』는 물론이거니와 『사기』 역시 동일한 입장을 취하고 있다.[101] 무엇보다도 당시 명당건설의 실질적인 주도자로 이해되고 있는 종군과 예관의 상주문과 상수문(上壽文)에도 명당과 봉선이 결합되어 있다. 종군의 경우 명당이 건설되기 전인 원수(元狩) 원년(기원전 122)에 백린(白麟)과 기목(奇木)의 상서(祥瑞)가 나타나자 무제에게 봉선을 권유하는데, 그 권유의 상주문 안에 ‘삼궁의 형식과 내용을 세워야’[102] 한다고 하며 명당과 봉선의 결합을

96) 『尙書』, 「舜典」, pp.54~55.

97) 『孝經』, 「聖治」, p.29.

98) 『漢書』 卷58, 「兒寬傳」, p.2632.

99) 終軍의 三宮은 명당과 더불어 辟雍과 靈臺를 말하는 것으로 모두 敎化를 펼치고 詔令을 반포했던 공간이다. 벽옹과 영대는 『詩經』에 등장한다. 『漢書』 卷64下, 「終軍傳」, p.2815의 주 10) 참조.

100) 永井弥人, 「前漢武帝期の泰山明堂建設に關する一考察」, 『東洋の思想と宗教』 20(2003), p.98.

101) 元年, 漢興已六十餘歲矣, 天下乂安, 薦紳之屬皆望天子封禪改正度也. 而上鄕儒術, 招賢良, 趙綰·王臧等以文學爲公卿, 欲議古立明堂城南, 以朝諸侯. 草巡狩封禪改曆服色事未就(『史記』 卷28, 「封禪書」, p.1384).

102) 建三宮之文質(『漢書』 卷64下, 「終軍傳」, p.2815).

이야기하고 있다. 또한 예관 역시 무제의 봉선 직후에 올린 상수문 안에서 "명당과 벽옹에 조상의 제사를 세워 태일신에게 종사(宗祀)지내야 합니다"[103]라고 하여 봉선과정의 하나가 명당에서의 태일신에 대한 제사임을 밝히고 있다. 이처럼 건설되어야 하는 명당의 성격이 유가의 개념들에 의해 규정되었다는 점은 무제시기의 명당이 단순히 무제 개인의 욕구나 방사들의 지식체계 위에서 만들어진 것만은 아니라는 것을 알려준다. 즉, 당시 유가들의 지식체계 역시 명당건설에 상당한 역할을 담당했던 것이다.[104]

유가들이 명당건설에 적극적이었던 것은 명당이 유가적 신분질서 확립에 상당한 의미를 갖는 공간이기 때문일 것이다. 『예기』에 의하면 명당은 왕이 제후의 조회(朝會)를 받는 곳으로,[105] 맹자(孟子)는 그곳을 왕의 정치가 행해지는 곳으로 보았다.[106] 그런데, 그곳은 단순히 왕이 제후를 조회하는 곳만이 아니라 제후들의 존비(尊卑)를 밝히는 장소이기도 하였다.[107] 바로 이것이 명당이 예적 공간이 될 수 있는 이유다. 즉 명당에서 왕이 제후를 조현(朝見)하는 의례가 펼쳐지고, 이 의례를 행하기 위해 예적 절차에 의해 제후들은 자신들의 순서에 맞춰 왕에게 조하(朝賀)하는 과정을 통해 사회화

---

103) 祖立明堂辟雍, 宗祀太一(『漢書』 卷58, 「兒寬傳」, p.2632).

104) 따라서 우리는 이 시기 방사와 유가의 결탁을 쉽게 추정할 수 있다. 실제로 이들의 결탁은 당시 정치상황 속에서 자연스럽게 이해될 수 있을 것이다. 하워드 J. 웨슬러의 지적처럼 양자 모두 조정에서의 특권적인 지위를 추구하고 자신들에게 유리한 정치적 지형을 창출하기 위해 노력했을 것이고, 이를 위해 최고 통치자에게 아첨하려고 했을 것이기 때문이다. 하워드 J. 웨슬러/임대희 옮김, 『비단같고 주옥같은 정치』(서울 : 고즈윈, 2005), p.373. 특히 무제시기 공을 세우며 황제의 신임을 받던 이들이 張湯과 같은 법가관료나 桑弘羊과 같은 경제관료, 衛靑이나 霍去病 같은 武將들이었던 상황을 생각하면 이들 유자나 방사들이 자신들의 쓰임을 만들어 내기 위해 얼마나 치열하게 노력하며 결탁했는가는 쉽게 예측된다.

105) 昔者周公. 朝諸侯于明堂之位 … 昔殷紂亂天下. 脯鬼侯以饗諸侯. 是以周公相武王以伐紂. 武王崩. 成王幼弱. 周公踐天子之位. 以治天下. 六年. 朝諸侯於明堂(『禮記』, 「明堂位」, pp.931~934).

106) 夫明堂者. 王者之堂也. 王欲行王政. 則勿毁之矣(『孟子』, 「梁惠王章句下」, p.45).

107) 明堂也者. 明諸侯之尊卑也(『禮記』, 「明堂位」, p.934).

된 신분질서를 확인하게 된다.[108]

실제로 무제의 명당제사의 순서를 복원한 연구에 따르면 수봉(修封) 사전행사로는 공경과 진신(縉紳)들에 의한 사우(射牛) 행사와 경전(耕田)의 예가 행해졌으며, 사후행사로 황제는 명당에서 뭇 신하들의 상수례(上壽禮)를 받았다.[109] 마치 고대 제왕이 명당에서 제후들의 조회를 받으면서 제후들의 존비를 밝혀 신분질서의 서열화를 꾀하며 제후들의 존엄성을 확인해 주었던 것처럼, 무제의 명당에서 군신들은 상수례를 행하면서 고대 제후와 같이 신분질서를 확인받았을 것이며 존엄성을 보장받았던 것이다. 이것은 "군신 간 지위의 높고 낮음을 가지런히 하고 현재(賢才)를 발탁하며, 은혜와 덕을 널리 펴고 인의를 베풀며 공 있는 자를 표창한다"[110]는 명당의 기능에 부합한다.

무제시기 명당제에 대해 "처음에는 유가적 색채를 가지고 있다가 점차 주술적으로 변해 갔다"는 견해가 있다.[111] 그러나 조상을 상제에 짝하여 제사하고[配祀], 제후왕들로부터 상계(上計)를 받았던 명당의 역할은 무제시기를 통틀어 변하지 않았다.[112] 그리고 이러한 유가의 정치적 이상을 대변하는 명당의 역할은 왕망시기(王莽時期)까지 동일했다.[113] 따라서 전한 명당례

108) 웨슬러는 이와 관련하여 명당이 제후들의 서열의 높고 낮음이 분명히 보이는 '차별의 공간'이며, 사물들이 분명해지는 '조명의 공간' 혹은 '빛의 공간'이라고 보았다. 하워드 J. 웨슬러/임대희 옮김, 앞의 책, pp.416~417.

109) 文貞喜, 앞의 글, p.65.

110) 齊君臣之位, 擧賢材, 布德惠, 施仁義, 賞有功(『漢書』卷65, 「東方朔傳」, p.2872).

111) 藤川正數, 앞의 책, p.246.

112) 원봉 원년(기원전 110), 이 해 처음으로 무제가 태산에 올라 내려오는 길에 명당에 들려 군신들에게 上壽禮를 받은 것이 등장하고, 원봉 5년(기원전 106)에는 태산에 봉선하였으며, 高祖를 上帝에 配享하여 명당에서 제사지낸 후 제후왕과 列侯의 朝見과 郡國의 上計를 받았다고 전해진다. 그리고 이러한 명당에서의 의식은 무제 말년인 太始 4년(기원전 93)에도 동일하게 확인된다. 이상 차례대로 『漢書』卷6, 「武帝紀」, pp.191, 196, 207을 참조.

113) 오히려 王莽時期가 되면 명당이 '布政의 장'이라는 유가이념에 더욱 충실한 공간이 된다. 이곳에서는 옛날 東方朔이 주장했던 '군주와 신하의 위계를 가지런히 하고 능력 있는 인재를 발탁하며, 덕정과 은혜를 펼치고 인의를 베풀며 공 있는 자를

를 방사적인 것으로만 이해하기보다는 당시 예학의 성격과 수준 속에서 이해해야 할 것이라고 생각한다. 당시 유가들은 명당의 의미, 역할 등은 알고 있었으나 실질적인 건설방법에 대해서는 잘 알지 못했던 것이다.

요컨대 당시 유가들은 명당건설에 대한 구체적인 지침을 가지고 있지 못했고, 명당건설의 또 다른 주체자인 방사들은 구체적인 지침을 갖고 있었던 반면 그것을 제왕통치의 근저를 보여줄 수 있는 상태로 분식(粉飾)할 수 있는 이론은 가지고 있지 못했던 것이다. 자연히 이 두 한계가 양자를 결합시켰을 것이다. 이것이 무제시기 명당의 건설을 유가들이 이상적으로 꿈꾸던 황제를 정점으로 한 예적 세계의 구축이라는 측면에서 해석할 수 있는 까닭이다.

3절 전한 군국묘의 성격

1. 군국묘에 대한 기존 견해

종묘 및 교사제를 둘러싼 논의 역시 명당과 마찬가지로 그것이 어떠한 가치체계에서 만들어지고 운영되었는가 하는 점보다는 그것이 어떻게 황제 권력을 신비화하였는가 하는 점을 더 중요시하였다. 이것은 그 동안 행해졌던 종묘제에 대한 논의를 살펴보면 알 수 있다. 종묘제를 둘러싼 연구는 군국묘 폐지와 종묘개혁에 집중되어 있다. 그리고 이러한 연구 대부분은 이들 개혁의 성격을 유가들이 주장한 고례(古禮)의 회복으로 이해하였다. 다시 말해 개혁 이전의 제도들이 유가의 고례와는 별개로 황제권을 신성화하

포상하는' 상황이 펼쳐지는데, 대표적으로 元始 5년(5)에 제후왕 28인, 열후 120인, 공신 자제 900명에게 제사를 돕게 한 후 爵과 상을 내린 것, 居攝 1년(6)에 大射禮와 養老禮를 거행한 것, 始建國 4년(12)에 관제와 封邑制의 개혁안을 선포한 것, 天鳳 6년(19) 새로운 樂舞를 헌상한 것 등을 들 수 있다. 이상 차례대로 『漢書』 卷99上·中·下, 「王莽傳上·中·下」, pp.4070, 4082, 4128, 4154를 참조.

고 강화하기 위해 유가 본연의 이념에 근거하지 못하였다면,[114] 일련의 개혁으로 인해 전한의 예제는 유가이념에 근거하게 되었고, 유가이념을 실현할 수 있게 되었다는 것이다.

이러한 입장에 따르면 제사의 기본정신인 효(孝)에서 벗어날 뿐 아니라 종족의 배타성과 폐쇄성을 파괴한 군국묘의 폐지는 친제(親祭)를 본질적인 속성으로 하는 유가제사의 순수성과 도덕성을 회복하는 것이었다. 그렇다면 전한의 군국묘는 폐지되기 전까지 황제권을 신성화하고 강화하는 데 어떤 작용을 했을까? 기존 연구들은 이러한 물음에 대하여 '가족국가론(家族國家論)'으로 답하였다.

'가족국가론'에 따른다면 황제는 모든 인민의 아버지가 되어, 황제의 선조는 당연히 인민의 선조가 된다. 따라서 황제의 선조를 인민들이 제사지낼 수 있게 군국묘를 설치하였다는 것이다.[115] 니시지마 사다오에 의해 주장된 이와 같은 '가족국가론'은 이타노 조하치에 의해서도 지지되었다. 그 역시 군국묘를 천하 제가(諸家)를 한가(漢家) 아래 통합하여 일가(一家)로서 국가를 형성하는 것이라고 보았다.[116] 이러한 '가족국가론'은 이후 군국묘를 해석하는 가장 영향력 있는 관점이 되었다.

물론 고조 10년(기원전 197) 8월 제후왕들에게 국도(國都)에 태상황묘(太上皇廟)를 설치하게 한 것은[117] '가족국가론'에 부합할 것이다. 그러나 이것은 제후왕들의 국도에만 설치되었던 것에서 알 수 있듯이, 주대(周代) 봉건시에 채용했던 유사 혈연관계의 모방이라고 봐야 할 것이다. 엄밀하게 말해 이 '가족국가론'에 입각한 '천하일가론(天下一家論)'이 군국묘 설치와 직접적으로 관련을 갖는다는 증거는 없다. 실제로 이 '천하일가론'은 군국묘

114) 金子修一, 앞의 책, pp.104~111. 여기서 가네코 슈이치는 종묘개혁 이전 전한의 예제는 後漢時期 성립된 예제들이 유가의 예설에 기초한 것과는 전혀 다르다고 주장하였다.

115) 西嶋定生, 앞의 책, p.313.

116) 板野長八, 앞의 글(1972), p.547.

117) 八月, 令諸侯王皆立太上皇廟于國都(『漢書』 卷1下, 「高帝紀下」, p.68).

를 처음 설치하던 혜제시기(惠帝時期)에 표방된 개념이 아니다. 이것은 고조 11년 조서(詔書)를 통해 표방한 것이다.[118] 훗날 군국묘 폐지가 결정되던 시기, 원제 역시 "위엄을 세우고 반역의 싹을 미연에 방지하는 것이 인민을 하나로 통일시키는 지극한 권세다"[119]라고 하여, 군국묘를 설치한 이유가 제국 초 위엄을 세우고 반역의 싹을 미연에 방지하는 것이라고 하였을 뿐 제사를 매개로 한 혈연적 일체감 형성과 관련한 언급은 하고 있지 않다. 군국묘 설치를 설명하는 최초의 기사를 살펴보자.

> 병인(丙寅)날에 [고조 유방을] 장사지냈다. 기사(己巳)날 태자를 세우고, 태상황묘에 이르렀다. 뭇 신하들이 모두 말하기를 "고조께서는 미천한 신분에서 일어나 난세를 다스려 올바름으로 돌려놓으셨습니다. 또한 천하를 평정하고, 한왕조의 태조(太祖)가 되시니 공이 가장 높습니다" 하였다. 따라서 존호(尊號)를 올려 고황제(高皇帝)로 하였다. 태자가 칭호를 세습하여 황제가 되셨으니 이가 효혜제(孝惠帝)시다. 군국의 제후에게 각각 고조묘(高祖廟)를 세워 해마다 제사지내게 하였다.[120]

기사를 보면 군국묘가 제사를 매개로 한 혈연적 일체감 형성을 목적으로 한 것이 아니라, 유공자(有功者)를 현창(顯彰)한다는 유가의 근본이념에 근거하고 있음을 알 수 있다. 실제로 최초의 군국묘는 혜제가 제위에 오르면서 고조의 공을 기리기 위해 각 군국에 그 묘를 세우게 한 것에서 기인한다.

사실 군국묘를 제사를 매개로 한 혈연적 일체감 형성의 상징으로 이해하는 데는 문제가 있다. 다름 아니라 "아버지는 지서(支庶)의 집에서 제사지낼 수 없고 군주는 신복(臣僕)의 집에서 제사지낼 수 없으며, 왕은 제후의

---

118) 今吾以天之靈, 賢士大夫定有天下, 以爲一家, 欲其長久, 世世奉宗廟亡絶也(『漢書』 卷1下, 「高帝紀下」, p.71).

119) 蓋建威銷萌, 一民之至權也(『漢書』 卷73, 「韋玄成傳」, p.3116).

120) 丙寅, 葬. 己巳, 立太子, 至太上皇廟. 群臣皆曰 : 「高祖起微細, 撥亂世反之正, 平定天下, 爲漢太祖, 功最高.」 上尊號爲高皇帝. 太子襲號爲皇帝, 孝惠帝也. 令郡國諸侯各立高祖廟, 以歲時祠(『史記』 卷8, 「高祖本紀」, p.392).

땅에서 제사지낼 수 없다"[121]는 『춘추(春秋)』의 의리[義]에 어긋나기 때문이다. 그래서 원제시기 군국묘 폐지의 주된 이유는 군국묘가 유가의 고례에 부합하지 않는다는 것이었다. 특히 군국묘 폐지 논의를 명한 원제 스스로 "지난날 천하가 처음 평정되었을 당시 먼 곳이 아직 와서 복종하지 않아 일찍이 황제들께서 직접 행차하셨던 곳에 종묘를 세웠다"[122]고 하여, 이 군국묘가 일시적인 방편임을 분명히 하였다.

2. 군국묘 설치 이유

그렇다면 군국묘의 설치가 조정의 위엄을 세우고 반역의 싹을 미연에 방지하는 데 어떤 효과가 있을까? 이것은 고조의 군국묘가 처음 설치될 당시, 설치 이유로 거론되었던 내용에서 유추할 수 있다. 앞에서 언급한 것처럼 " … '고조께서는 … 천하를 평정하고, 한왕조의 태조가 되시니 공이 가장 높습니다' 하였다. 따라서 존호를 올려 고황제로 하였다"라는 군국묘 설치 기사의 내용은 군국묘 설치의 최초 의도가 공 있는 자에 대한 현창의 의미를 가지고 있다는 것을 알려준다.[123]

이것은 문제의 태종묘(太宗廟)가 설치될 때의 상황을 살펴보면 더욱 명확해진다.

> 세상에 공은 고황제보다 큰 분이 없고 덕은 효문황제(孝文皇帝)보다 성대한 분이 없습니다. 고황제의 묘를 태조의 묘로 삼고 효문황제의 묘를 태종의

---

121) 春秋之義, 父不祭於支庶之宅, 君不祭於臣僕之家, 王不祭於下土諸侯(『漢書』 卷73, 「韋賢成傳」, p.3116). 이것은 『左傳』 僖公 31년 조에 '鬼神非其族類, 不歆其祀(『左傳』, 「僖公 31年」, p.401)'로 나와 있다.

122) 往者天下初定, 遠方未賓, 因嘗所親以立宗廟(『漢書』 卷73, 「韋賢成傳」, p.3116).

123) 顯彰이라는 것이 국가가 바라는 관리와 인민의 자세를 명시하고 장려하는 것을 목적으로 가지고 있는 한편, 현창 받는 주체 즉 황제의 권위를 보이는 것이라는 스미야 쓰네코의 지적은 郡國廟를 家族國家論이 아닌 유가이념에 의해 해석하는 것이 가능함을 보여준다. 角谷常子, 「後漢時代における爲政者による顯彰」, 『奈良史學』 26(2008), p.42.

묘로 삼아야 합니다. 천자는 대대로 조종(祖宗)의 묘에 공양하고, 군국의 제후는 마땅히 각기 효문황제를 위해서 태종의 묘를 세워야 합니다.[124)]

이 내용은 승상 신도가(申徒嘉) 등이 문제의 묘에 헌상할 악무(樂舞)에 대한 논의 끝에 경제(景帝)에게 올린 상소로, 문제의 군국묘가 설치되는 이유는 덕이 문제보다 성대한 이가 없기 때문이었다. 이것은 공이 덕으로 대체되었을 뿐 고조의 묘가 설치될 때와 마찬가지로 문제의 군국묘 설치 이유 역시 유공자 또는 유덕자(有德者)에 대한 현창이었음을 알려준다. 그런데, 공덕에 대한 현창이 조종으로 표현되어야 한다는 것이 여기서 처음 언급된 것은 아니다.

이는 문제묘의 악무를 의논하게 하는 경제의 조에서 먼저 등장한다. 경제는 "고대 선왕 중 공 있는 이를 조(祖)라 하고, 덕 있는 이를 종(宗)이라 한다"는 말을 들었다며,[125)] 조종에 관한 논의의 실마리를 제시한다. 그러면서 경제는 자신의 아버지 문제의 덕을 다음과 같이 나열한다. ① 관문과 다리를 열어 변경 지역을 내지와 동일하게 대우한 것[通關梁, 不異遠方], ② 비방과 육형의 폐지[除誹謗, 去肉刑], ③ 장로에 대한 상사와 고독에 대한 진휼[賞賜長老, 收恤孤獨], ④ 기호의 절제와 헌상의 금지[減嗜欲, 不受獻], ⑤ 연좌(連坐)의 폐지와 무고한 자를 죽이지 않은 것[罪人不帑, 不誅無罪], ⑥ 궁형의 폐지와 미인의 출궁 허가[除宮刑, 出美人]. 그리고 마지막으로 문제의 덕이 천지만큼 후덕하여 그 은택을 입지 않은 이가 없다고 하며 칭송을 마친다.[126)] 이로써 우리는 유공과 유덕이 조종(祖宗)에

124) 世功莫大於高皇帝, 德莫盛於孝文皇帝. 高皇帝廟宜爲帝者太祖之廟, 孝文皇帝廟宜爲帝諸太宗之廟. 天子宜世世獻祖宗之廟. 郡國諸侯宜各爲孝文皇帝立太宗之廟(『漢書』 卷5, 「景帝紀」, p.138).

125) 蓋聞古者祖有功而宗有德(『史記』 卷10, 「孝文本紀」, p.436).

126) 孝景皇帝元年十月, 制詔御史 :「蓋聞古者祖有功而宗有德 … 孝文皇帝臨天下, 通關梁, 不異遠方. 除誹謗, 去肉刑, 賞賜長老, 收恤孤獨, 以育群生. 減嗜欲, 不受獻, 不私其利也. 罪人不帑, 不誅無罪. 除宮刑, 出美人, 重絶人之世. 朕旣不敏, 不能識. 此皆上古之所不及, 而孝文皇帝親行之. 德厚侔天地, 利澤施四海, 靡不獲福焉 …」(『史記』 卷10,

의해 현창되어야 한다는 것이 가의『신서(新書)』「수녕(數寧)」에 등장한 후[127] 전한 사회에서 일반적으로 받아들여진 개념이었음을 알 수 있다.

그리고 이 개념은 세종묘(世宗廟)인 무제의 군국묘가 설치될 때도 동일하게 적용된다.

> 아침저녁으로 효무황제(孝武皇帝)께서 스스로 솔선하여 인의(仁義)를 실천하시고 명장(明將)을 선발하시어 복종하지 않는 이적(夷狄)을 토벌하여 흉노(匈奴)를 멀리 도망가게 하신 것, 저(氐)·강(羌)·곤명(昆明)·남월(南越)을 평정하여 백만(百蠻)이 덕풍(德風)에 교화되어 변방의 관문을 두드리며 복종해 온 것, 또한 태학(太學)을 세우고 교사를 지내시고 정삭을 정하고 음률을 조화롭게 하신 것, 나아가 태산에 봉선을 하시고 황하의 넘치는 물길을 선방(宣房)으로 막으시니 서상이 따라 일어나 보정(寶鼎)이 출현하였고 흰 기린(麒麟)이 잡혔던 것을 추념하고 있다.[128]

위의 기사는 본시(本始) 2년(기원전 72) 선제(宣帝)가 무제묘의 악무를 다시 제정하라고 신하들에게 조칙을 내리며 열거한 무제의 공덕이다. 물론 선제가 나열한 무제의 공덕이 모든 유가관료들에게 그대로 받아들여진 것은 아니다. 대표적으로 하후승(夏侯勝) 같은 이는 무제의 흉노정벌로 인해 중국이 피폐해졌던 것을 들어 무제묘에 악무를 헌상하는 것을 반대하였다.[129] 그러나 선제는 묘악(廟樂) 헌상에서 더 나아가 그해 6월에 무제의 묘를 세종묘라 칭하고 무제가 행차했던 지방에 군국묘를 설치한다.[130]

「孝文本紀」, p.436).

127) 禮：祖有功, 宗有德. 始取天下爲功, 始治天下爲德(『新書』, 「數寧」, p.30).

128) 夙夜惟念孝武皇帝躬履仁義, 選明將, 討不服, 匈奴遠遁, 平氐·羌·昆明·南越, 百蠻鄉風, 款塞來享；建太學, 修郊祀, 定正朔, 協音律；封泰山, 塞宣房, 符瑞應, 寶鼎出, 白麟獲(『漢書』 卷8, 「宣帝紀」, p.243).

129) 武帝雖有攘四夷廣土斥境之功, 然多殺士衆, 竭民財力, 奢泰亡度, 天下虛耗, 百姓流離, 物故者半. 蝗蟲大起, 赤地數千里, 或人民相食, 畜積至今未復. 亡德澤於民, 不宜爲立廟樂(『漢書』 卷75, 「夏侯勝傳」, p.3156).

130) 六月庚午, 尊孝武廟爲世宗廟, 奏盛德·文始·五行之舞, 天子世世獻. 武帝巡狩所幸之

왜 선제는 관료들이 묘악의 헌상조차도 반대하였던 무제묘를 불훼묘(不毁廟)로 만들고, 심지어는 군국묘까지 설치하였을까? 이것을 과연 '가족국가론'의 입장에서 이해하는 것이 타당할까?

『한서』「교사지(郊祀志)」는 무제의 군국묘가 설치되었던 이유를 '선제가 즉위하고 무제로부터 황통을 계승한 것이기에'131)라고 적고 있다. 즉 선제는 무제의 공과 덕을 칭양(稱揚)함으로 인해, 무제의 계보였던 자신의 즉위 정당성을 보장받고자 하였던 것이다.132) 필자는 더하여 선제가 의도한 것이 즉위의 정당성만은 아니었다고 생각한다. "자못 무제의 고사(故事)를 따랐다"133)는 선제는 법가계 능리(能吏)를 대거 기용하여 군주전제(君主專制)를 강화했던 황제로 유명한데, 종종 그의 시기는 무제 이후 중앙집권적 군주정치가 부활한 시기로 이해된다. 모든 것을 자신이 총괄하는 강력한 황제지배를 꿈꿨던 선제는134) 자신의 통치에 대한 역사적 전범(典範)이 필요했을 것인데, 계보 상으로나 정치방식 면에서나 무제가 가장 적절한 모델이 되었을 것이라고 생각한다. 그를 위해 무제의 공과 덕에 대한 제도적 칭양이 필요했을 것이다. 그렇다면 그 결과 설치된 군국묘는 '가족국가론'으로는 설명할 수 없는 유공자에 대한 국가적 보상이라는 의미를 강하게 갖는다고 할 수 있다.

지금까지 살펴본 바에 의하면 군국묘는 제사를 매개로 한 혈연적 일체감을 형성하고, 그 안에서 한왕조의 위엄 및 황제권력의 절대성과 위엄을 강조 강화하려는 목적의 산물이기보다는 유공자와 유덕자의 공적을 선양(宣揚)

郡國, 皆立廟(『漢書』 卷8, 「宣帝紀」, p.243).

131) 宣帝卽位, 由武帝正統興(『漢書』 卷25下, 「郊祀志」, p.1248).

132) 永井弥人, 「前漢元帝時期の「祖宗」論争に關する一試論」, 『早稲大大學院文學部紀要』 44-1(1999), pp.89.

133) 是時宣帝頗修武帝故事(『漢書』 卷72, 「王吉傳」, p.3062).

134) 王吉이 비난한 황제가 모든 일을 총괄하는 행위, 즉 '總萬方'은 모든 일을 황제가 처리했다는(天下之事無小大皆決於上) 진시황 이래 강력한 황제권을 설명하는 개념이 되었던 것으로 보인다. 차례대로 『漢書』 卷72, 「王吉傳」, p.3062 ; 『史記』 卷6, 「秦始皇本紀」, p.258.

함으로 인하여 인민들에게 그 공적을 달성할 것을 부추기고, 더 나가서는 유학이 강조하는 윤리에 충실할 것을 부추기기 위해 만들어졌음을 알 수 있다.[135] 이것이 결국 통치질서를 정당화하고 유지시키는 역할을 했음은 분명하다.

사실 군국묘가 전한 황제권력의 절대성과 위엄을 강조·강화하려는 목적의 산물이었다는 견해는 고려의 여지가 있다. 흔히 종자(宗子)는 한 집안의 제사를 독점함으로 인해 배타적인 권리를 확립하게 되고, 이를 통해 그의 권위를 강화한다. 그래서 제사를 통해 황제권력의 절대성과 위엄을 강조하기 위해서는 군국묘를 설치하기 보다는 차라리 황제가 제사를 독점하는 것이 낫다. 군국묘는 대종(大宗)만이 갖는 독점적인 친제의 권리를 포기한 것이다. 이것은 곧 절대성과 위엄을 스스로 저버리는 행위가 아닐 수 없다. 황제의 제사 독점이라는 측면에서 오히려 군국묘의 폐지가 황제권력의 강화라는 측면의 성격을 갖게 될 것이다. 이와 같이 해석한다면 전한의 군국묘는 한왕실의 친족묘(親族廟)가 아닌, 유가의 이상을 충실히 보여주고 이를 통해 인민을 유가적 이념으로 교화하고자 했던 공적(公的) 상징물일 수 있을 것이다.[136]

---

135) 鷲尾祐子, 「前漢祖宗廟制度の研究」, 『立命館文學』 577(2002), p.109.

136) 와시오 유코는 이것을 『管子』 「輕重己」의 "천자가 태조묘에 제사지낼 때 기장을 담아 제물로 쓴다. 기장은 곡식 가운데 가장 맛있는 것이다. 조묘는 국가의 중요한 [상징]이다. 공이 큰 이는 태묘, 공이 적은 이는 소묘, 공이 없는 이는 무묘라 한다. 공이 있는 이는 모두 그 지위에 따라서 燕飮禮를 행하고, 공이 없는 이는 밖에서 [의례를] 보기만 한다. 조묘는 공에 따라 제사지내는 곳이지 혈연에 따라 제사지내는 곳이 아니다. 천자는 귀하고 천함을 구별하여 공 있는 이에게 상을 내린다(天子祀於太祖, 其盛以麥. 麥者, 穀之美者也. 祖者, 國之重者也. 大功者太祖, 小功者小祖, 無功者無祖. 有功者皆稱其位而立沃, 無功者觀於外. 祖者所以功祭也, 非所以戚祭也. 天子所以異貴賤而賞有功. 『管子』, 「輕重己」, p.1536)"는 구절을 근거로 전한의 군국묘에서 행하던 제사를 한왕실의 戚祭가 아닌 국가의 功祭라고 보았다. 鷲尾祐子, 앞의 글, p.109.

4절 제학파의 등장과 전한 예제의 성격

1. 순자 예설의 계승

지금까지 많은 연구자들이 명당, 봉선을 비롯하여 군국묘까지 한 초 건설된 일련의 예제를 바라보던 관점은 모두 황제권력의 신비화 혹은 주술화를 위한 산물이라는 것이었다. 이것은 어쩌면 당시 사회에 존재하던 뿌리 깊은 주술적 사고방식 혹은 이단적(異端的) 사고방식을 고려한 결과일지도 모른다.[137] 그러나 한 초의 예제제정이 유가관료들에 의해 요구되고 추진되었던 것은 전한의 예제를 단순히 황제권의 신비화와 주술화만으로 해석하기 어렵게 한다. 마지막으로 이 절에서는 전한 예제의 성격을 규정하는 중요한 요소였던 주체자, 즉 전한 유가들을 고찰하여 전한 예제의 성격에 다가가 보고자 한다.

알려진 것처럼 유가의 학설 중 통치자에게 제일 먼저 채택된 것은 순자의 학설이었다. 그것은 순자의 학설이 경세치용(經世致用)의 성격을 띠고 있었기 때문이었다. 특히 그 중에서도 순자의 예는 제국이 수립되던 초기, 질서유지의 방편으로 채택되었다. 순자에게 예란 상하귀천의 다름을 구별하는 역할을 담당하는 기재였기 때문이다.[138] 즉 순자의 예는 귀천에는 차등이 있고 장유 간에는 차별이 있으며 빈부나 사회적 모든 경중(輕重)에도 각기 마땅함이 있게 하는,[139] 다시 말해 사회적 질서를 분명히 구분해 주는 일체의 규범이며 그것을 뒷받침하는 가치체계를 의미한다. 그리고 그것은 단순한 개인과 사회의 규범적 질서를[140] 넘어 국가를 유지하는 구조적 질서로 기능하였다.[141] 『순자』에 등장하는 "인간은 예가 아니면 살 수

137) 戰國時期 이후 중국 사회에 존재했던 주술적 사유에 대해서는 李成九, 앞의 책을 참조.

138) 且樂也者, 和之不可變也, 禮也者, 理之不可易者也. 樂合同, 禮別異(『荀子』, 「樂論」, p.382).

139) 禮者, 貴賤有等, 長幼有差, 貧富輕重皆有稱者也(『荀子』, 「富國」, p.178).

140) 禮也者, 貴者敬焉, 老者孝焉, 長者弟焉, 幼者慈焉, 賤者惠焉(『荀子』, 「大略」, p.490).

없고 일은 예가 아니면 이루어지지 않으며, 국가는 예가 아니면 안녕할 수 없다"[142]는 구절은 당시 예의 포괄범위가 인간사 전체에 해당함을 알려주고 있다. 따라서 순자의 예가 정권과 통치자에게 정당성과 정통성의 근거를 제공해주었음은 당연한 일이다.[143]

한편, 순자의 예는 차별과 차등을 옹호하기에 그의 예적 세계는 궁극적으로는 서열화된 계급사회다. 그리고 그 서열화된 사회는 모든 이들에게 사회적으로 직분을 나누고 각자의 직분에 맞는 역할을 배분한 분업화된 사회이기도 하다. 예에 의해 규정된 순자의 세계는 다음과 같다.

> 농부는 밭을 나누어 경작하고 상인은 재화를 나누어 판매하며, 백공(百工)은 일을 나누어 힘쓰고 사대부는 직책을 나누어 다스린다. 제후들은 봉토를 나누어 지키고 삼공(三公)은 사방을 총괄하여 의논하니, 천자는 팔짱을 끼고 있을 따름이다.[144]

즉, 순자의 예는 특정한 정권과 통치자에게 정당성과 정통성의 근거를 주는 도구일 뿐만 아니라 모든 이들이 군주를 정점으로 사회적으로 할당된 자신의 직분에 만족하고 자신의 역할을 온전히 수행하는 하나의 국가체제의 모형을 만들어 가는 근본원리였던 것이다. 왜냐하면 그 안에는 사회구성원의 신분적인 차등을 설계하고, 그것을 사회화하는 내용들이 포함되어 있었기 때문이다. 이러한 순자의 예사상이 전한 초 통치이념으로 이데올로기화되었다면 당연히 전한의 예학은 황제의 권위를 분식하는 도구로서의 모습을 넘어 국가체제의 모형을 만들어가는 근본원리이며, 제국질서를 객관화하는 이념으로서의 성격도 가지고 있었을 것이다. 따라서 순자의 예설을 계승한

---

141) 이상진, 「荀子 禮의 性格에 관한 고찰」, 『延世哲學』 7(1997), p.51.

142) 故人無禮不生, 事無禮不成, 國家無禮不寧(『荀子』, 「大略」, p.495).

143) 김근, 앞의 책, p.157.

144) 農分田而耕, 賈分貨而販, 百工分事而勸, 士大夫分職而聽, 建國諸侯之君分土而守, 三公總方而議, 則天子共己而已矣!(『荀子』, 「王霸」, p.214).

전한 유가들은 예를 단순히 황제권력을 신비화하는 도구로만 인식하지는 않았을 것이다. 특히 제국의 또 다른 운영자로 자처하는 사대부들은 관료층에 대한 신분의 확립과 지위의 존엄성 확보라는 내용을 절실히 필요로 하였다.[145] 그러나 전해진 예경이 이를 보장하지 못하자 이것은 문제 이후 문학지사들의 예제정 요구로 분출되었다.

2. 제학파의 예제관

당시 주로 논의된 예제가 봉선이나 명당, 종묘제사와 관련된 내용이었기 때문에, 한 초 예제는 주로 황제권의 분식이라는 관점에서 논의되었다. 또한 주된 예제정 주체가 방사라는 점에서 이러한 해석은 더욱 힘을 얻었다. 하지만 우리는 『사기』「봉선서」를 통해 진한시기 봉선이 지금까지의 연구와는 달리 유가의 지식체계에서 벗어나 있지 않음을 알 수 있었다. 실제로 현재 사료에 남아 있는 대다수의 내용들은 봉선을 역성고대의 행위로, 즉 수명천자의 중요한 정치적 행위로 설명하고 있다.[146]

그러나 처음부터 모든 이들이 봉선을 그렇게 받아들였던 것은 아니다. 진시황 이전 봉선이라는 태산의 제사는 없었다는 견해는 일찌감치 제기되었다.[147] 연구에 따르면 태산에서 지냈던 제사로는 노(魯)의 계씨(季氏)가 올린 여제(旅祭), 『상서』에 등장하는 시제(柴祭), 『공양전(公羊傳)』에 등장하

145) 齋木哲郎, 「賈誼の太子敎育論と西漢儒學」, 앞의 책, p.229. 原載 : 『中國-社會と文化』 6(1991).

146) 가장 대표적인 것이 다음의 『五經通義』와 『白虎通』의 기사들일 것이다. 『五經通義』云 : 「易姓而王, 致太平, 必封泰山, 禪梁父, 何? 天命以爲王, 使理群生, 告太平於天, 報群神之功.」(『史記』 卷28, 「封禪書」 引 『五經通義』, p.1355) ; 王者易姓而起, 必升封泰山何? 報告之義也. 始受命之時, 改制應天, 天下太平功成, 封禪以告太平(『白虎通』, 「封禪」, p.278).

147) 이르게는 梁의 許懋로부터, 隋의 王通, 宋의 王應麟을 비롯하여 淸의 秦蕙田까지 봉선이 三代의 유산이 아닌 秦漢人의 발명품이라고 이해했다. 차례대로 『梁書』 卷40, 「許懋傳」, pp.575~578 ; 『中說』, 「王道」, p.3 ; 『困學紀聞』, 「地理」, p.1174 ; 『五禮通考』, 「吉禮·四望山川」, pp.1~5를 참조.

는 망제(望祭), 『사기』「봉선서」에 등장하는 반고새도(泮涸賽禱) 제사, 역시 「봉선서」에 등장하는 제(齊)의 팔신(八神) 중 하나인 지주(地主)에 대한 제사, 『주례(周禮)』 등에 등장하는 군제(軍祭) 등이 있었다.[148] 그러나 늦어도 선제시기가 되면 태산이 역성고대의 행위인 봉선이 행해지는 장소라는 관념이 형성되었던 것으로 보인다.[149] 이것은 어떻게 가능했던 것일까? 아마도 그것을 가능하게 한 제일 큰 공은 사마천에게 돌아가야 할 것 같다.

> 『상서』에서 말하였다. "순(舜)임금께서 선기옥형(璇璣玉衡)을 가지고 칠정(七政)을 살피셨다. 나아가 상제에게 제사지내셨고, 육종(六宗)에게 연기 피워 제사지내셨으며, 산천을 돌며 여러 신들에게 두루 제사지냈다. … 매년 2월에는 동쪽으로 순수하시며, 대종(岱宗)에 올랐다. **대종은 태산(泰山)이다.** … "[150]

인용문은 「봉선서」의 서두로, 사마천은 봉선의 근거를 『상서』「순전」에서 가져오고 있다. 그러나 사실 위의 기사는 엄밀한 의미에서 봉선의 근거가 되기는 부족하다. 후대 『백호통(白虎通)』에서도 고백하듯이 이것은 봉선의 기사가 아닌 순수의 기사기 때문이다.[151] 그런데 여기서 사마천은 "대종은 태산이다"라는 문구를 삽입하여, 이 기사를 순임금이 태산에서 봉선한 기사로 둔갑시킨다. 그리고 다음 단계로 공자(孔子)의 말을 이용하여 봉선을 수명천자의 역성고대의 행위로 규정한다.

---

148) 福永光司, 「封禪說の形成」, 『道教思想史研究』(東京 : 岩波書店, 1987), pp.238~242. 原載 : 『東方宗教』 6·7(1954·1955).

149) 泰山者岱宗之嶽, 王者易姓告代之處(『漢書』 卷75, 「眭弘傳」, p.3153).

150) 尙書曰, 舜在璇璣玉衡, 以齊七政. 遂類于上帝, 禋于六宗, 望山川, 徧羣神 … 歲二月, 東巡狩, 至于岱宗. 岱宗, 泰山也(『史記』 卷28, 「封禪書」, p.1355).

151) 『백호통』에서는 이 기사를 「巡狩」편에서 다루고 있다. 『白虎通』, 「巡狩」, p.290.

> 그 후 백여 년, 공자가 육예(六藝)를 논술함에 『전(傳)』에 간략히 ① 역성혁명(易姓革命)에 의해 왕이 된 이들에 대해 기술하였는데, ② 태산과 양보에서 봉선한 이들이 70여 명이라고 되어있으나 그 구체적인 제사의 예는 서술되어 있지 않았다. 대개 그것을 말하기 어려웠기 때문일 것이다.[152)]

위의 기사는 ② 태산과 양보에서 봉선한 70여 명이 모두 ① 역성혁명에 의해 왕이 된 이들이라는 점을 강조하여 봉선이 명확히 역성고대의 행위임을 보여준다. 실제로 공자가 이러한 내용을 저술했는가는 확인할 길이 없다. 그러나 사마천은 『상서』 「순전」을 이용했던 것처럼, 공자를 이용하여 이번에는 봉선이 수명천자의 행위임을 분명히 했던 것이다. 이러한 사마천의 노력에 의해 후한 광무제시기 장순(張純)은 『상서』 「순전」의 기사를 순수가 아닌 봉선의 기사로 인식하게 된다.[153)] 그렇다면 사마천은 왜 경서에 등장하지 않는 봉선을 유가의 이상에 가탁하여 해석하려고 하였던 것일까? 아니 왜 무제가 행한 봉선의 정당성을 유가의 사유체계 안에서 발견하고자 노력한 것일까? 이것은 무제시기 봉선을 적극 주장했던 예관도 마찬가지였다. 그들은 왜 권도(權道)에 의해서라도 봉선을 행해야 한다고 주장했던 것일까?

봉선의 근거를 유학으로부터 얻고자 했던 무제가 결정적으로 유생들을 모두 축출하고 방사의 견해에 귀를 기울이게 된 경위와 관련하여 사마천은 "뭇 유생들이 이미 봉선의 일을 명확히 분별할 수 없었고, 또한 『시(詩)』나 『서(書)』와 같은 고문에 구애되어 과감히 의견을 내지도 못하였다"[154)]고 적고 있다. 이것은 당시 정계에 다수 포진하고 있던 노학파(魯學派)의 학문적 성향을 압축적으로 표현한 것으로 생각되는데, 그들은 봉선 실현 때문에 한시가 급한 무제에게 만든 제기(祭器)가 "옛 것과 같지 않다"거나 지금

152) 其後百有餘年, 而孔子論述六藝, 傳略言易姓而王, 封泰山禪乎梁父者七十餘王矣, 其俎豆之禮不章, 蓋難言之(『史記』 卷28, 「封禪書」, pp.1363~1364).

153) 書曰『歲二月, 東巡狩, 至于岱宗, 柴』, 則封禪之義也(『後漢書』 卷35, 「張純傳」, p.1197).

154) 羣儒旣已不能辨明封禪事, 又牽拘於詩書古文而不能騁(『史記』 卷28, 「封禪書」, p.1397).

태상부(太常府)가 마련한 의례가 "노(魯)의 예만 못하다"고 하는 등[155] 마치 숙손통이 의례를 만들 때 "예악은 덕을 백 년 이상 쌓은 후라야 흥성할 수 있다"[156]며 의례제정을 거절하였던 노의 유생들을 연상케 한다. 이들의 실무에 우둔하고 호고적(好古的)인 특성은[157] 현실에서 봉선에 대해 부정적이거나 혹은 소극적인 태도로 표출되었고,[158] 이것은 결국 예관이나 종군과 같은 제학파 박사제자 출신들의 약진의 발판이 된다. 당연히 노학파의 축출에 의해 등장한 이들 제학파들은 노학파와는 다른 자신들만의 정치적 쓸모를 증명할 필요가 있었을 것이고, 아마도 이것이 적극적인 봉선 또는 명당건설의 건의로 표출되었을 것이다.

그러나 이보다 더 근본적인 이유는 바로 제학이 가지고 있던 특징 때문이었던 것으로 보인다. '현자(賢者)를 존숭하고, 유공자를 우대하던' 전제(田齊)의 통치 하에서[159] 제학파는 일찍부터 공리추구에 관심을 두어 학문적으로도 춘추학(春秋學)에서 성과를 냈다.[160] 그들은 노학파가 이상적이고, 학문적이었던 것과는 달리 현실적이고, 시무적이었다.[161] 그들은 비록 고례에 어긋난다 해도 제국의 운영자로서 시대에 맞는 새로운 체제를

155) 上爲封禪祠器示群儒, 群儒或曰「不與古同」, 徐偃又曰「太常諸生行禮不如魯善」(『史記』 卷28, 「封禪書」, p.1397).

156) 禮樂所由起, 積德百年而後可興也(『史記』 卷99, 「叔孫通傳」, p.2722).

157) 이러한 특성으로 비록 노지역이 유학의 발흥지이었음에도, 노학파는 박사나 掌故, 太常과 같은 비교적 낮은 지위에 위치하게 되었다. 原富男, 『中國思想源流の考察』(東京 : 朝日, 1979), p.139.

158) 永井弥人, 앞의 글(2003), p.105.

159) 賢者에 대한 존숭과 有功者에 대한 賞讚은 제나라 田氏의 두드러진 통치방법으로 알려져 있는데, 『呂氏春秋』와 『漢書』는 이것이 전씨 치하의 제에 들어 비로소 나타난 특징이 아니라 太公望 때부터 제의 기풍이라고 적고 있다. 呂太公望封於齊, 周公旦封魯, 二君者甚相善也, 相謂曰 : 「何以治國?」 太公望曰 : 「尊賢上功.」 周公旦曰 : 「親親上恩.」(『呂氏春秋』, 「仲冬紀·長見」, p.605) ; 太公治齊, 修道術, 尊賢智, 賞有功, 故至今其土多好經術, 矜功名, 舒緩闊達而足智(『漢書』 卷28下, 「地理志」, p.1661).

160) 王葆玹, 『西漢經學源流』(臺北 : 東大, 1994), p.70.

161) 原富男, 앞의 책, p.139.

수립하고자 하였다. 하지만 황제와 그가 다스리는 세계, 즉 제국이란 진시황 시기 비로소 발명된 것이기에 경전 어디에도 그것에 대한 이념적 근거는 존재하지 않았다. 따라서 그들은 그들이 가지고 있는 지식을 이용하여 새로운 권력과 그 권력의 범주를 설명해야만 하였다. 대표적으로 그들은 제지역에서 발달한 천인상관설(天人相關說)을 이용하여 황제권이 하늘로부터 부여받은 신성하고 초월적이며 절대적인 것임을 설명하였고,[162] 음양오행설(陰陽五行說)을 통해서는 역사의 순환 속에서 주(周)를 계승한 한왕조의 출현을 필연적이며 정당한 사건으로 설명한다.[163] 즉, 이들은 황제를 정점으로 하는 전제국가의 출현을 가능하게 하였던 것이다.[164] 아마도 사마천이 경전에 등장하지도 않는 봉선을 『상서』「순전」에 의해 해석하려던 것은 바로 이렇게 하늘로부터 그 권력을 보장받은 수명천자를 최정점에 놓은 새로운 제국에 정당성을 보장해 줄 장치를 마련하는 것을 급선무로 보았기 때문일 것이다.

그렇다고 이들이 오직 황제의 절대권력만을 옹호하고 정당화하고자 했던 것은 아니다. 무제의 봉선이 실현된 후 사마천 등은 재차 정삭을 개정할 것을 요구한다.[165] 또한 예관 역시 제왕이 반드시 정삭을 개정하고, 복색을 고치는 것은 수명하였음을 천지에 밝히는 행위임을 역설한다.[166]

---

162) 天人相關說과 君權神授와의 관계는 湯志鈞 等, 『西漢經學與政治』(上海 : 上海古籍, 1994), pp.34~46을 참조.

163) 우치야마 도시히코는 사마천에게서도 발견되는 역사순환론이야말로 公羊學派의 혁명론이라고 하며, 그 증거로 『사기』「高祖本紀」에 등장하는 忠·敬·文의 순환론과 董仲舒 對策의 "하나라는 충을 숭상하였고 은나라는 경을 숭상하였으며, 주나라는 문을 숭상하였다(夏上忠, 殷上敬, 周上文. 『漢書』 卷56, 「董仲舒傳」, p.2518)"라는 주장이 일치하는 것을 들었다. 內山俊彦, 「司馬遷と歷史」, 『山口大學文學會志』 14-2(1963), p.52. 참고로 「고조본기」의 기사를 제시하면 다음과 같다. 太史公曰 : 「夏之政忠. 忠之敝, 小人以野, 故殷人承之以敬. 敬之敝, 小人以鬼, 故周人承之以文. 文之敝, 小人以僿, 故救僿莫若以忠. 三王之道若循環, 終而復始」(『史記』 卷8, 「高祖本紀」, pp.393~394).

164) 內山俊彦, 위의 글, p.53.

165) 至武帝元封七年, 漢興百二歲矣, 大中大夫公孫卿·壺遂·太史令司馬遷等言「曆紀壞廢, 宜改正朔」(『漢書』 卷21上, 「律曆志」, pp.974~975).

우리는 문제시기 봉선이나 종묘와 같은 속칭 황제의례에 관한 제정논의가 시작될 때부터 역법개정의 문제가 함께 논의되었던 것을 기억한다. 그리고 황제의례가 완비되는 시점에 다시 역법의 문제가 재등장하였다. 아마도 『춘추번로』의 다음 글이 그 이유를 잘 설명해 주는 듯하다.

> 새로운 왕은 반드시 수명한 후에 '왕'의 칭호를 쓸 수 있기 때문이다. 그렇게 된 왕은 반드시 역법, 즉 정삭을 바꾸고 의복의 색깔을 교체하며, [자신의 시대에 맞는] 예와 악을 제정하여 천하를 통일시킨다. 이로써 역성혁명이 단순히 전임자를 계승하는 것이 아니라 자신이 하늘로부터 넘겨받았다는 것을 대변했다.[167)]

즉 그들은 황제의 권력만을 정당화하고 절대화하려고 한 것이 아니라 황제를 정점에 놓는 새로운 제국의 상을 수립하고, 그것에 부합하는 운영의 원칙을 마련하고자 하였던 것이다. 자연히 이들에게 중요한 것은 경전에 근거하는가의 여부는 아니었다. 창업하였다면 변화해야 하고, 지금까지 제도는 반복되지 않았기에[168)] 마땅히 자신의 시대에 맞는 예와 악을 제정해야 했던 것이다. 결국 태초(太初) 원년(기원전 104), 무제는 정식으로 한이 주를 계승하여 토덕(土德)을 숭상함을 하력(夏曆) 정월을 세수(歲首)로 삼음으로써 선포하였고, 그에 따라 황색(黃色)을 숭상하고 숫자 5를 이용하여 관명을 제정하며 음률을 조화롭게 하였다.[169)] 아마도 이것이 봉선이나 명당건설을 거쳐 궁극적으로 그들이 희구했던 예제개혁의 완성이 아니었을까.[170)]

---

166) 帝王必改正朔, 易服色, 所以明受命於天也(『漢書』 卷21上, 「律曆志」, p.975).

167) 王者必受命而後王, 王者必改正朔, 易服色, 制禮樂, 一統於天下, 所以明易姓非繼人, 通以己受之於天也(『春秋繁露』, 「三代改制質文」, p.337).

168) 創業變改, 制不相復(『漢書』 卷21上, 「律曆志」, p.975).

169) 夏五月, 正曆, 以正月爲歲首. 色上黃, 數用五, 定官名, 協音律(『漢書』 卷6, 「武帝紀」, p.199).

170) 사겸은 이것을 가의에 의해 최초로 제창되었던 改德改制 운동이 한이 건국한

그래서 결국 그들이 만들고자 했던 제국이란 무엇이었을까? 사마천은 이렇게 대답한다. "무릇 예의의 요체가 통하지 않는다면 군은 군답지 못하고 신하는 신하답지 못하며, 아비는 아비답지 못하고 자식은 자식답지 못하다."[171] 즉, 그가 생각했던 세계는 예에 의해 등급질서가 확립된 세계였던 것이다.

지 백년 만에 완성된 것이자 한의 통치자가 大一統과 예악제도를 五德終始의 운행 안에서 확립한 것으로 이해했다. 더하여 이로써 한은 진의 예를 계승했던 역사를 종결시켰다고 하였다. 謝謙, 「大一統宗教與漢家封禪」, 『四川師範大學學報(社科版)』 22-2(1995), p.11.

171) 夫不通禮義之旨, 至于君不君, 臣不臣, 父不父, 子不子(『史記』 卷130, 「太史公自序」, p.3298).

2장 양한시기 월령류 저작의 편찬과 성격

한(漢) 초, 황제(皇帝)와 사대부(士大夫)들 양자에 의해 자신들의 권력과 지위의 정당성을 예(禮)에 의해 보장받고자 하는 노력이 행해졌던 것과 동시에 다른 한편 그러한 예적 질서에 조응하는 대인민(對人民) 통치가 구상되었다. 이것은 흔히 월령적(月令的) 통치로 표현되었다. 일반적으로 시령(時令)으로 불리는 월령은 사계절 또는 12월에 따른 시절의 정령(政令)으로 알려져 있는데,[1] 고대 중국인들은 이것을 시절에 따른 농사 관련 정령으로 이해하였다.[2] 그런데 월령과 관련된 문헌들을 살펴보면 그것은 단지 농사에 국한하지 않고, 예적인 규범에 근거하여 1년 사계절의 추이와 그에 따라 인간이 지켜야 할 일들을 정령으로 정한 것임을 알 수 있다.[3] 뿐만 아니라 그 정해진 규칙에 따라 행동하면 인간은 물론이거니와 천지만물 즉 자연계도 순조로울 수 있으나, 만일 그렇지 않을 경우에는 재화(災禍)가 일어난다는 관념도 투영되어 있음을 알 수 있다.[4] 이것을 흔히 월령사상(月令思想)[시령사상(時令思想)]이라 한다. 고대 중국인들은 이러한 월령사상을 더 발전시켜

1) 時令謂月令也, 四時各有令(『後漢書』 卷2, 「明帝紀」, p.101, 李賢注) ; 時令, 隨時之政令(『禮記集解』, 「月令」 引 吳澄曰, p.503).

2) 漢代 찬술된 『四民月令』이나 北魏의 『齊民要術』이 『隋書』 「經籍志」에서 農家로 분류된 것은 고대 중국인들이 月令을 시절에 따른 농사 관련 政令으로 이해하고 있었음을 알려준다. 『隋書』 卷34, 「經籍三」, p.1010.

3) 膳智之, 「中國古代の農事記」, 『專修史學』 46(2009), p.5.

4) 張京華, 「月令-中國古代的“時政”思想」, 『長沙理工大學學報』 22-1(2007), p.96.

자연계의 법칙과 인간의 활동이 조응되어야 한다고 믿었으며, 인민을 다스리는 천자의 정치적 책무는 자연계의 법칙과 인간의 활동을 배려하여 정령을 제정하는 것이라고 생각하였다.[5]

그러나 월령이 처음부터 제왕의 정령으로 이해되었던 것은 아니다.[6] 『사기(史記)』「태사공자서(太史公自序)」에 따르면 "무릇 음양가(陰陽家)는 4시(時)·8위(位)·12도(度)·24절(節)마다 각기 교령(敎令)을 정하여 그것을 따르면 번창하고, 역행하면 죽거나 망하게 된다고 하였으나 반드시 그러한 것은 아니다. 따라서 '사람으로 하여 구속받게 하면 대부분 두려워한다'고 하였다. 대개 봄에 태어나고 여름에 성장하며, 가을에 거두고 겨울에 저장하는 것은 천도(天道)의 큰 법칙이니 순종하지 않으면 천하의 기강을 세울 것이 없다. 그러므로 말하기를 '사시(四時)의 큰 도리를 놓쳐서는 안 된다'고 한 것이다"[7]라고 하여 애초에 월령은 음양가의 설로 받아들여졌음을 알 수 있다. 또한 한 초에는 인간이 사시의 질서를 따라야 한다는 의식은 있었으나, 군주의 정치적 책무로서 자연계의 관찰과 그에 따른 정령의 제정이나 반포라는 개념은 아직 형성되지 않았음을 알 수 있다.

그러다 전한후기, 유가(儒家)의 경전(經典)인 『예기(禮記)』에 열두 달에 따른 천문(天文), 역상(曆象), 동식물이 계절에 따라 변화하는 현상인 물후(物候) 등의 자연현상과 그에 조응한 천자의 의식주 방면의 준수규정, 제사, 농업생산에 관한 정령을 기록한 「월령」이 포함되게 된다.[8] 이후 반고(班固)

---

5) 因天時, 制人事, 天子發號施令, 命神受職, 每月異禮, 故謂之月令. 所以順陰陽, 奉四時, 效氣物, 以王政也(蔡邕, 「月令篇名」, p.903下).

6) 津田左右吉, 「時令とシナ思想」, 『津田左右吉全集 18 儒敎の硏究三』(東京 : 岩波書店, 1965), p.578.

7) 夫陰陽四時·八位·十二度·二十四節各有敎令, 順之者昌, 逆之者不死則亡, 未必然也, 故曰「使人拘而多畏」. 春生夏長, 秋收冬藏, 此天道之大經也, 弗順則無以爲天下綱紀, 故曰「四時之大順, 不可失也」(『史記』 卷130, 「太史公自序」, p.3290).

8) 『수서』「경적지」에는 『禮記』「月令」의 경우 前漢이 아닌 後漢時期 馬融에 의해 첨가되었다고 서술하고 있다. 즉 戴德의 『大戴禮記』 85권을 戴聖이 현재 49권이 아닌 46권으로 撰定하고, 이후 마융이 「월령」을 비롯한 「明堂位」, 「樂記」 3권을 찬정하여 오늘날의 49권이 되었다고 하였다. 『隋書』 卷32, 「經籍志」, p.924. 그러나

는 『한서(漢書)』「예문지(藝文志)」에서 "음양학파는 대개 희화지관(羲和之官)에서 나왔다. 그들은 공손히 하늘을 따르고 일월성신(日月星辰)의 운행을 관측하고 추산하여 삼가 백성들에게 적합한 시간을 일러주니, 이것이 그들의 뛰어난 점이다"[9]라고 하여, 음양학파 출현을 『상서(尙書)』「요전(堯典)」에 등장하는 '희화지관'을 통해 설명하고 그들의 활동을 천문을 관찰하여 백성에게 농사의 적합한 때를 알려준다는 관상수시(觀象授時)의 전설을 이용하여 해석하였다. 즉 반고는 『상서』「요전」을 이용하여 월령의 개념이 음양가에게서 나오기는 하였으나, 월령의 근본이념과 그것을 이용한 통치는 유가적 교화임을 말하고자 한 것이다. 그리고 점차 월령은 예제(禮制)의 중요 성분으로, 왕조의 통치질서로 인식되었다.[10] 그렇다면 이러한 변화는 어떤 과정을 거쳐 생긴 것일까? 우선 기존 연구성과를 살펴보자.

한대 이전 월령류 저작으로 가장 유명한 것은 『여씨춘추(呂氏春秋)』의 「십이월기수(十二月紀首)」(이하 「십이월기(十二月紀)」로 표기)로 알려져 있다. 「십이월기」는 현존하고 있는 여러 월령의 대표적 문헌 중에서도 가장 완성된 형태로 평가받고 있는데, 그 편찬 이유는 농업사회가 당면한 농사력의 필요와 농업입국(農業立國)의 정책 필요로부터 찾을 수 있다.[11] 그러나 이것은 이르게는 『시경(詩經)』의 「빈풍(豳風)·칠월(七月)」(이하 〈칠월시(七月詩)〉로 표기)에서도 확인할 수 있는 월령류 저작의 일반적인 편찬 목적이라 할 수 있어, 『여씨춘추』「십이월기」가 가진 역사적 의의에 대한 분석으로는 부족한 면이 있다.

현대의 많은 학자들은 마융의 증편설을 비판하며, 『예기』의 成書 연대를 전한시기로 비정하고 있다. 『예기』 成書에 관해서는 박례경, 「『禮記』의 체제와 禮論 연구」, 延世大 박사학위논문(2005), pp.17~24를 참조.

9) 陰陽家者流, 蓋出於羲和之官, 敬順昊天, 歷象日月星辰, 敬授民時, 此其所長也(『漢書』 卷30, 「藝文志」, p.1734).

10) 蕭放, 「《四民月令》與東漢貴族莊園生活」, 『文史知識』 2001-5, p.48.

11) 町田三郎, 「時令說について－管子幼官篇を中心にして」, 『東北大學教養部文科紀要』 9(1962), p.54.

따라서「십이월기」가 민간전통의 유지와 그와 결합한 주술적 통치의 일단을 보여주는 증거이며, 새로운 천하질서에서 구현되어야 할 율령의 토대를 이루는 통치의 대강(大綱)이라고 분석한 연구가 등장하였다. 이 연구에 따르면「십이월기」는 인민을 대상으로 반포된 정령이 아니라 관료 및 사인층을 대상으로 제시된 통치의 대강이며 관료가 필수적으로 체득해야 할 행정의 기본지침서의 성격을 갖는다. 그리고 연구는 이렇게 뚜렷한 시대성과 지향성을 지녔던「십이월기」를 분수령으로 월령은 현실비판 및 통일지향의 원리로서의 그 존재의미를 상실한 채 급격히 형식화 형해화(形骸化)되어 갔다고 보았다.[12)]

그러나 연구는「십이월기」만의 역사적 의의를 추출했다는 성과와는 별개로「십이월기」이후 지속적으로 월령류 저작이 편찬된 이유에 대해서는 적절히 설명하지 못하고 있다. 주술적 통치라는 최초의 필요는 감소하였지만, 여전히 월령류 저작이 지속적으로 편찬되었다면[13)] 중국 고대사회에는 주술적 통치 이외의 다른 월령에 입각한 통치의 필요성이 존재하고 있었을 것이다. 특히「돈황현천치한간(敦煌懸泉置漢簡)」중「조서사시월령오십조(詔書四時月令五十條)」(이하「사시월령조조(四時月令詔條)」로 표기)는 전한시기 월령적 통치의 일단을 보여주고 있어,[14)] 전한에서 월령에 의한 통치가 주술적 통치로만 이해되거나 사용된 것이 아님을 말해주고 있다. 또한 그 성서(成書)의 하한연대가 전한 성제시기(成帝時期)로 비정되는『예기』에도「월령」편이 존재하는 것은 전한 사회 속에 꾸준히 월령적 통치의 필요성이 존재하였음을 웅변한다. 따라서「십이월기」이후 월령적 통치의 또 다른 필요가 존재하고 있었음을 추측할 수 있다. 그래서인지 최근 전한중기 이후 오히려 월령에 대한 관심이 증대한 것으로 파악하는 연구들이

12) 李成九,『中國古代의 呪術的 思惟와 帝王統治』(서울 : 一潮閣, 1997), pp.148~295.

13)『淮南子』「時則訓」을 비롯하여, 武帝 이후『王居明堂禮』,『禮記』「月令」등이 편찬되었다.

14) 胡平生,「敦煌懸泉置出土《四時月令詔條》研究」,『敦煌懸泉月令詔條』(北京 : 中華書局, 2001), pp.38~48.

등장하고 있다.[15]

그렇다면 전한후기 위정자들 안에서 월령에 대한 관심이 증대한 것은 무슨 이유일까? 이에 대해 후지타 가츠히사[藤田勝久]는 원제시기(元帝時期) 이후 빈번히 발생하였던 자연재해를 원인으로 들었다. 그는 반복되는 자연재해로 인하여 당시 위정자들 사이에 음양(陰陽)을 바로 잡아야 한다는 관념이 대두하였고, 그 결과 월령에 대한 관심이 증대하였다고 보았다. 또한 법령, 명령에 의한 통치이외에 월령에 의한 교화를 중시하는 사상이 전한후반기에 존재하고 있었다고 분석하였다.[16] 한편 문정희(文貞喜)는 후한중기 이후 위서(緯書)와 재이설(災異說)의 영향으로 천견설(天譴說) 등이 정치적 장에서 성행함에 따라, 작위적이고 이념적이며 이상적인 강령적(綱領的) 성격이 다분했던 월령이 구체성을 띠고 통치의 한 형태로 작용하게 되었다고 분석하였다.[17] 다소의 차이는 있지만 두 연구는 공통적으로 월령적 통치의 시작을 재이(災異)에 대한 대응에서 찾고, 월령적 통치가 유교적 통치의 모습이라고 분석하였다.[18] 한편 중국 측 연구는 대부분 월령적 통치를 유교적 통치의 일단으로 이해하고 있다.[19] 다만 그 본격적 시작을 둘러싸고 차이를 보인다.[20] 과연 월령사상에 입각한 월령적 통치의 모습은 언제, 어떻게, 왜

15) 대표적인 연구로는 刑義田, 「月令與西漢政治」, 『新史學』 9-1(1998)을 들 수 있다.

16) 藤田勝久, 『中國古代國家と郡縣社會』(東京 : 汲古書院, 2005), p.499.

17) 文貞喜, 「秦漢 祭禮와 國家支配」, 延世大 박사학위논문(2005), pp.92~94.

18) 후지타 가츠히사는 漢王朝는 한편으로는 법령과 벌칙에 의해 행정통치를 행하면서, 한편으로는 그것만으로는 지방사회를 지배할 수 없다고 여겨 관리의 규범을 통하여 인민을 안정시키려 하였다고 분석하였다. 그에 따른다면 月令思想은 한왕조의 王道, 법령과 벌칙은 霸道라고 할 수 있겠다. 藤田勝久, 위의 책, p.507.

19) 대표적으로 소방은 월령을 王官의 월령으로 보았다. 蕭放, 「《月令》記述與王官之時」, 『寶鷄文理學院學報』 21-4(2001).

20) 예를 들어 양진홍은 전한 文帝時期에 행해진 일련의 救恤과 籍田儀式, 勸民樹種이 春令에 근거한 월령행사였다고 해석하여, 문제시기부터 월령사상에 입각한 정치가 시행되었다고 주장하였다. 이에 반하여 형의전은 한 초 제왕들이 행했던 일련의 월령 관련 행사를 월령에 부합했다고 보기는 힘들다고 하며, 그 최초의 모습은 宣帝時期가 되어야 비로소 나타난다고 보았다. 楊振紅, 「月令與秦漢政治再探討」, 『歷史研究』 2004-3, pp.20, 30~31 ; 邢義田, 앞의 글, pp.22~27.

전개되었을까? 그 과정에서 위정자들이 월령적 통치를 통해 획득하고자 했던 것은 무엇이었을까?

더하여 이러한 월령적 통치의 관심이 후한에 들어서 어떻게 전개되는가 하는 점도 궁금하다. 월령적 통치가 주술적 통치의 일단이라는 점에서 본다면 유교국가(儒敎國家)로서의 모습을 완비해 간 후한에 있어 월령적 통치는 사라지거나 완전히 형해화되어야 할 것이다. 반대로 월령적 통치가 주술적 통치의 일단이 아닌 유교적 통치의 결과라면 후한시기 월령적 통치는 가장 완비된 상태로 전개되어야 할 것이다. 지금까지 기존의 연구는 후한시기 월령사상이 어떻게 전개되었는가에 대해서는 주목하지 않았다. 그러나 채옹(蔡邕)의 『월령장구(月令章句)』『명당월령론(明堂月令論)』과 같이 후한 말 월령에 대한 관심이 사상계에서 감지되고, 『후한서(後漢書)』「예의지(禮儀志)」가 월령적 서술체계에 의해 편찬된 점, 그리고 최식(崔寔)에 의해 『사민월령(四民月令)』이 작성된 것은 후한사회에서도 월령에 입각한 통치에 대한 관심이 있었으며 실제로 그러한 통치가 행해졌음을 의미할 것이다.

이 장은 이러한 의문으로부터 시작하여 양한시기 월령류 저작의 검토를 일차적 목표로 한다. 일반적으로 기원전 239년 『여씨춘추』「십이월기」가 편찬되면서 월령은 완비되었다고 여겨진다. 그러나 앞에서 언급한 것처럼 전·후한시기를 거치며 월령류 저작은 지속적으로 편찬되었다. 왜 완비된 월령이 있었음에도 지속적으로 월령류 저작이 편찬되었을까? 무엇이 월령에 관한 관심을 존재시켰을까? 이러한 문제를 해결하기 위해 우선 월령류 저작의 비교를 통해 각 월령의 차이를 고찰해보고자 한다. 그것은 각 월령의 차이가 월령편찬 당시의 사회적 상황을 설명해 줄 수 있을 것이라 여기기 때문이다.

다음으로는 양한시기 지속적으로 월령에 대한 사회적 수요가 존재하였는가를 확인하고자 한다. 이것은 지속적으로 월령류 저작이 편찬된 이유를 규명하기 위해서다. 이 작업은 위정자들이 월령을 통해 획득하고자 하였던 효과를 파악하는 데도 유효할 것이다. 이러한 고찰을 통해 고대 중국의 위정자들이 건설하고자 한 월령적 세계의 모습에 접근할 수 있을 것이며, 고대 중국의 예적 세계의 일단을 파악하는 데 도움을 받을 수 있을 것이다.

1절 월령류 저작의 검토

1. 월령류 저작의 내용 비교

이 절에서는 우선 전한시기까지 편찬되었던 대표적 월령류 저작들의 성격과 편찬시기에 대한 몇 가지 의문점을 확인해 보고자 한다. 논의의 전개를 위해 월령류 저작의 내용을 간략한 표로 정리해 보았다.

<표 1-2-1> 『회남자』「시칙훈」·『예기』「월령」·『여씨춘추』「십이월기」·「사시월령조조」의 비교[21)]

	『회남자』「시칙훈」	『예기』「월령」	『여씨춘추』「십이월기」	「사시월령조조」
맹춘기(孟春紀)	**①없음** ②禁伐木 ③毋覆巢 ④없음 ⑤殺胎	**①없음** ②禁止伐木 ③毋覆巢 ④毋殺孩蟲 ⑤殺胎夭	**①없음** ②禁止伐木 ③無覆巢 ④無殺孩蟲 ⑤殺胎夭	①敬授民時, 曰：揚穀, 咸趨南畝 ②禁止伐木 ③毋擿剿 ④毋殺□蟲 ⑤毋殺孡

21) <표 1-2-1>에서 분석하고 있는 4종의 문헌 중 『呂氏春秋』는 일반적으로 戰國末의 저작으로 이해되나 필자의 경우 현행 『여씨춘추』「十二月紀」가 전국시기 완성되었다는 기존 견해에 대해 의문을 가지고 있다. 필자는 지금의 「십이월기」가 빨라도 전한후기 『예기』가 만들어졌을 즈음해서 완성되었다고 생각한다. 따라서 「십이월기」를 『淮南子』「時則訓」과 『예기』「월령」 뒤에 위치시켰다. 「십이월기」를 「시칙훈」 이후 저작으로 보는 이유에 대해서는 본문에서 후술할 것이다. 한편, 「四時月令詔條」는 詔書로 반포된 것이기에 월령류 저작으로 분류하는 것이 적절하지 않을 것이다. 그러나 당시 가장 완성된 월령적 통치의 일단을 보여주고 있다고 여겨, 편의적으로 월령류 저작에 포함하여 분석하였다. 『淮南子』, 「時則訓」, pp.515~629；『禮記』, 「月令」, pp.439~565；『呂氏春秋』, 「孟春紀」~「季冬紀」, pp.1~622；中國文物研究所·甘肅省文物考古研究所編, 『敦煌懸泉月令詔條』(北京：中華書局, 2001), pp.4~8을 참조. 이하 구체적인 쪽수는 생략한다.

	⑥夭(**飛(蜚)鳥없음**) ⑦毋麛 ⑧毋卵 ⑨毋聚衆 ⑩置城郭 ⑪掩骼薶骴	⑥飛鳥 ⑦毋麛 ⑧毋卵 ⑨毋聚大衆 ⑩毋置城郭 ⑪掩骼埋胔	⑥飛鳥 ⑦無麛 ⑧無卵 ⑨無聚大衆 ⑩無置城郭 ⑪揜骼霾髊	⑥毋夭蜚鳥 ⑦毋麛 ⑧毋卵 ⑨毋聚大衆 ⑩毋築城郭 ⑪瘞骼貍骴
중춘기(中春紀)	①存獨孤 ②日夜分, 雷乃發聲, (**始電없음**) 蟄蟲咸動蘇. (**開戶始出없음**) 先雷三日, 振鐸以令於兆民曰：雷且發聲, 有不戒其容止者, 生子不備, 必有凶災 ⑤毋作大事, 以妨農功(**순서상이**) ③毋竭川澤, 毋漉陂池 ④毋焚山林	①存諸孤 ②日夜分, 雷乃發聲, 始電, 蟄蟲咸動, 開戶始出. 先雷三日, 奮鐸以令于兆民曰：雷且發聲, 有不戒其容止者, 生子不備, 必有凶災 ③毋作大事, 以妨農之事 ④毋竭川澤, 毋漉陂池 ⑤毋焚山林	①存諸孤 ②日夜分, 雷乃發聲, 始電. 蟄蟲咸動, 開戶始出. 先雷三日, 奮鐸以令于兆民曰：雷且發聲, 有不戒其容止者, 生子不備, 必有凶災 ③無作大事, 以妨農之事 ④無毋川澤, 無漉陂池 ⑤無焚山林	①存諸孤 ②日夜分, 雷乃發聲, 始電, 執蟲咸動, 開[戶]始□. [先雷]三日, 奮鐸以令兆民曰：雷□懷任, 盡其日(하단 관리지침 부분 ●□不戒其容止者, 生子□□, 必有凶災) ③毋作大事, 以防農事 ④毋□水澤, □陂池·□□ ⑤毋焚山林
계춘기(季春紀)	①修利堤防 ②導通溝瀆 ③達路除道 (**毋有障塞없음**) ④止田獵, 畢弋·罝罘·羅網·餧毒之藥, 毋出九門	①修利堤防 ②道達溝瀆 ③開通道路, 毋有障塞 ④田獵罝罘·羅網畢翳·餧獸之藥, 毋出九門	①修利堤防 ②導達溝瀆 ③開通道路, 無有障塞 ④田獵畢弋, 罝罘羅網, 餧獸之藥, 無出九門	①修利堤防 ②道達溝瀆 ③開通道路, 毋有[障塞] **④(변형)毋彈射蜚鳥, 及張羅·爲它巧以捕取之**
	없음	**없음**	**없음**	羲和臣秀·羲仲臣充等對曰：盡力奉行
맹하기(孟夏紀)	①繼脩增高, 無有隳壞 ②毋興土功 **③없음** ④毋伐大樹 ⑤驅獸畜, 勿令害穀 **⑥없음**	①繼長增高, 毋有壞墮 ②毋起土功 ③毋發大衆 ④毋伐大樹 ⑤驅獸, 毋害五穀 ⑥毋大田獵	①繼長增高, 無有壞隳 ②無起土功 ③無發大衆 ④無伐大樹 ⑤驅獸無害五穀 ⑥無大田獵	①繼長增高, 毋有壞隋 ②毋起土功 ③毋發大衆 ④毋攻伐□□ ⑤毆獸[毋]害五穀 ⑥毋大田獵
중하기(中夏紀)	①無刈藍以染 ②毋燒灰, 毋暴布 ③門閭無閉	①毋艾藍以染 ②毋燒灰, 毋暴布 ③門閭毋閉	①無刈藍以染 ②無燒灰, 無暴布 ③門閭無閉	①毋□[藍]以染 ②毋燒灰□ ③門閭毋□

	④關市無索 **⑤없음**	④關市無索 ⑤毋用火南方	④關市無索 ⑤無用火南方	④關市毋索 ⑤毋用火南方
계하기(季夏紀)	①不可以合諸侯, 起土功, 動衆興兵	①不可以興土功, 不可以合諸侯, 不可以起兵動衆	①不可以興土功, 不可以合諸侯, 不可以起兵動衆	①…[土功]
	없음	**없음**	**없음**	羲和臣秀·羲叔臣誦等對曰：盡力奉行
맹추기(孟秋紀)	①命百官, 始收斂 ②完隄防, 謹障塞, 以備水潦 ③脩城郭, 繕宮室 **(坏垣牆 없음)**	①命百官, 始收斂 ②完隄防, 謹雍塞, 以備水潦 ③脩宮室, 坏垣牆, 補城郭	①命百官, 始收斂 ②完隄防, 謹壅塞, 以備水潦 ③修宮室, 坿牆垣, 補城郭	①[命]百官, 始收斂 ②[完隄]防,謹雍[塞]… ③脩宮室, □垣蘠, 補城郭
중추기(中秋紀)	①可以築城郭, 建都邑, 穿竇窖, 脩囷倉 ②乃命有司, 趣民收斂, 畜采多積聚 ③勸種宿麥, **(毋或失時 없음)** 若或失時, 行罪無疑	①可以築城郭, 建都邑, 穿竇窖, 脩囷倉 ②乃命有司, 趣民收斂, 務畜菜, 多積聚 ③乃勸種麥, 毋或失時, 其有失時, 行罪無疑	①可以築城郭, 建都邑, 穿竇窌, 修囷倉 ②乃命有司, 趣民收斂, 務畜菜, 多積聚 ③乃勸種麥, 無或失時, **(失時 없음)**, 行罪無疑	①…築城郭, 建都邑, 穿竇窖, 脩囷倉 ②…收, 務蓄采, 多積聚 ③乃勸□麥, 毋或失時, 失時行□毋疑
계추기(季秋紀)	①百官貴賤, 無不務入, 以會天地之藏, 無或宣出 **②없음**	①命百官, 貴賤無不務內, 以會天地之藏, 無有宣出 **②없음**	①命百官貴賤, 無不務入, 以會天地之藏, 無有宣出 **②없음**	①命百官貴賤, 無不務入, [以會]天地之藏, 毋或宣出 ②毋采金石銀銅鐵
	없음	**없음**	**없음**	羲和臣秀·【和】仲臣普等對曰：盡力奉行
맹동기(孟冬紀)	①命百官, 謹蓋藏 ②脩城郭 ③警門閭, 脩鍵閉, 愼管籥, 固封璽, 脩邊境, 完要塞, **(謹關梁 없음)**, 絶蹊徑 **④없음**	①命百官, 謹蓋藏 ②坏城郭 ③戒門閭, 脩鍵閉, 愼管籥, 固封疆, 備邊竟, 完要塞, 謹關梁, 塞蹊徑 **④없음**	①命百官, 謹蓋藏 ②坿城郭 ③戒門閭, 修鍵閉, 愼管籥, 固封壐, 備邊境, 完要塞, 謹關梁, 塞蹊徑 **④없음**	①命百官, 謹蓋藏 ②附城郭 ③戒門閭, 脩鍵閉, 愼管籥, 固封印, 備邊竟, 完要【塞,謹關梁, 塞】【蹊徑】 ④毋治溝渠, 决行水泉…
중동기(中冬紀)	①土事無作 **②없음** ③無發室居 ④及起大衆**(以固而閉 없음)**	①土事無作 ②愼毋發蓋 ③毋發室屋 ④及起大衆, 以固而閉	①土事無作 ②無發蓋藏 **③없음** ④無起大衆, 以固而閉	①土事無作 ②愼毋發蓋 ③毋發室屋 ④毋起大衆, □固而閉

	⑤涂闕廷·門閭, 築囹圄	⑤塗闕廷門閭, 築囹圄	⑤塗闕廷門閭, 築囹圄	⑤塗闕廷門閭, 築囹圄
계동기(季冬紀)	①告有司, 大儺旁磔, 出土牛(**以送寒氣 없음**)	①告有司, 大儺旁磔, 出土牛, 以送寒氣	①命有司大儺, 旁磔, 出土牛, 以送寒氣	①告有司□□旁磔[出土牛]以送寒氣
	없음	**없음**	**없음**	羲和臣秀·和叔【臣】晏等對曰：盡力奉行

전한시기까지 편찬된 월령의 형식을 띠고 있는 4종의 대표적인 저작을 정리한 결과『회남자(淮南子)』「시칙훈(時則訓)」을 제외한 3종의 서적의 내용이 거의 동일함을 알 수 있다. 그렇다면 우리는 이러한 결과를 가지고 두 가지 추정을 할 수 있다. 첫째,『예기』「월령」,『여씨춘추』「십이월기」,「사시월령조조」가 거의 동시대에 정착했다. 둘째, 모든 서적이『여씨춘추』「십이월기」를 답습함에 충실했지만,『회남자』만이 표피적인 답습을 하는 과정에서 탈루하였다. 이 문제는 각각의 문헌들의 성립시기와 관련이 있는 것으로, 종래의 연구는 이에 대해 상이한 입장을 제시하고 있다.

우선 시마 구니오[島邦男]는「십이월기」가 지금은 없어진 월령류 저작의 내용을 종합하며 전·후한을 거쳐 편찬되었는데, 특히 그 중에서도『예기』「월령」의 내용을 적극적으로 포함하여 현본「십이월기」의 형태를 갖게 되었다고 보았다.[22] 이 입장은『예기』「월령」의 내용과「십이월기」의 내용이 거의 완벽하게 동일하다는 점에 대해 적절하게 해석할 수 있다는 장점을 가진다. 또한「십이월기」보다 후에 편찬되었다고 이해되는『회남자』「시칙

22) 島邦男,『五行思想と禮記月令の硏究』(東京：汲古書院, 1971), pp.216~217. 시마 구니오는 아래의 세 가지 이유를 들어『여씨춘추』「십이월기」를 전국시기 저작으로 볼 수 없다고 하였다. ①鄒衍 사후 1년 만에『管子』「四時」와「幼官」을 훨씬 뛰어넘는 완전한 상태의 월령이 출현한 것, ②『여씨춘추』「십이월기」라는 완전한 상태의 제국의 청사진이 존재함에도 秦始皇이 오직 服色·用數·歲首·聽聲 부분에 대해서만 완비된 조치를 내린 점, ③『史記』에 소개된『여씨춘추』의 구성내용과 후한『여씨춘추』본의 구성내용이 다른 점이 그것이다.

훈」이 형식면에서 덜 체계화되었다는 문제 역시도 해결할 수 있다. 더하여 『예기』「월령」의 완성과 시간적으로 근접한 평제시기(平帝時期)의 「사시월령조조」가 『여씨춘추』「십이월기」 및 『예기』「월령」과 내용상 거의 차이가 없는 것도, 『여씨춘추』「십이월기」의 완성시기가 이 시기 즈음이라고 보는 데 힘을 더한다.

이와는 달리 이성구(李成九)는 『회남자』「시칙훈」이 「십이월기」를 표피적으로 답습하였다고 하였다. 그는 「십이월기」를 실천을 목적으로 하는 율령차원의 월령이 아니라, 그에 상위하는 이념적 원리이자 국가조직원리로 이해했다. 그리고 「십이월기」를 기점으로 월령은 통일지향의 원리로서의 의미를 상실한 채 급격히 형식화 형해화되어 갔다고 보았다. 이에 따르면 『회남자』「시칙훈」은 월령이 시대성과 실천적 지향을 상실한 채 한낱 형식적이고 관념적인 월령으로 전락한 좋은 예라고 할 것이다. 그는 「십이월기」의 성립을 여불위시기(呂不韋時期)로 확정하여 대통일제국의 청사진이 필요했던 당시, 『여씨춘추』가 그러한 사회적 요구에 부응한 문헌이었다는 점을 강조한다.[23] 이 해석은 구체적 실천성이 떨어지는 「십이월기」의 특징을 명확하게 드러내고, 시대적 필요로부터 강제된 문헌의 의미를 분명히 했다는 장점을 지닌다. 또한 「십이월기」가 가장 먼저 편찬되었다는 일반론과도 마찰하지 않는다.

그러나 지금까지 「십이월기」가 「시칙훈」보다 선행한다는 것에 의문이 없었던 것은 아니다. 대표적으로 마치다 사부로[町田三郎]는 「십이월기」보다 선행한 월령류 저작인 『관자(管子)』「유관(幼官)」편을 구성하는 요소가 선행하는 「십이월기」가 아닌 「시칙훈」에 계승된다는 점이 흥미롭다고 지적하였다.[24] 물론 이러한 지적이 직접적으로 「십이월기」가 「시칙훈」보다 후에 정리되었을 가능성을 의미하는 것은 아니다. 하지만 『관자』「유관」편의 구성요소가 「십이월기」가 아닌 후대에 편찬된 「시칙훈」에서 더 완비되

23) 李成九, 앞의 책, p.280.

24) 町田三郎, 「管子幼官攷」, 『集刊東洋學』 1(1959), p.20.

어 나타난다는 것은 「십이월기」의 정착 시기에 대해 의문을 자아낸다. 또한 현존하는 저작들이 『여씨춘추』 「십이월기」→ 『회남자』 「시칙훈」→ 『예기』 「월령」의 순으로 편찬되었다는 입장은 월령과 관련하여 가장 완전한 형태를 띠는 저작이 전국(戰國) 말과 전한후기에 등장하고, 그 중간 시기의 저작이 허술하다는 문제에 대해 적절하게 답하지 못한다.

2. 초기 월령류 저작의 구조

이 문제를 좀 더 살펴보기 위해 다소 번잡하더라도 다른 월령류 저작을 분석해보자. 월령류 저작으로 가장 초기적 모습을 보이는 것은 『시경』의 〈칠월시〉로, 그 내용과 구조는 다음과 같다.

<표 1-2-2> 〈칠월시〉의 구조25)

	계절적 특징	계절에 대응하는 행위			
		농사	수렵 및 제사	가사일	지배자와의 관계
1월		于耜[농기구의 수선]		納于凌陰[얼음을 보관함]	
2월		擧趾[밭 갈음]	獻羔祭韭[염소를 바치고 부추로 제사 지냄]	饁[밭에 밥을 내감]	田畯至喜[전준이 와 기뻐함]
3월 (봄)	載陽[햇볕이 따뜻해짐], 鳴倉庚[꾀꼬리 움]	求柔桑, 采蘩[부드러운 뽕잎을 구하고 흰 쑥을 캠]			公子同歸[공자와 함께 돌아감]
4월	秀葽[아기풀이 팸]				
5월	鳴蜩[말매미가 움], 斯螽動股[메뚜기가 다리				

25) 『詩經』, 「豳風·七月」, pp.489~511을 참조. 이하 구체적인 쪽 수는 생략한다.

	를 떨며 움]				
6월	莎雞振羽[메뚜기가 깃을 떨며 움]			食鬱及薁[아가위와 머루를 먹음]	
7월	流火[大火心星이 서쪽으로 이동], 鳴鵙[왜가리가 움], [莎雞]在野[메뚜기가 들에 있음]			亨葵及菽[아욱과 콩을 삶음], 食瓜[오이를 먹음]	
8월	[莎雞]在宇[메뚜기가 처마 밑에 있음]	萑葦[갈대를 벰], 條桑[뽕나무의 가지를 침], 穫[벼 베기], 剝棗[대추를 텀]		載績[길쌈], 斷壺[박을 탐]	爲公子裳[공자의 치마를 만듦]
9월	[莎雞]在戶[메뚜기가 문에 있음], 肅霜[서리가 내림]	築場圃[땅 다지기] 授衣[옷을 만들어 줌]		叔苴 采荼 薪樗[깨를 털고 씀바귀를 뜯고 가죽나무를 벰]	
10월	隕蘀[초목이 말라 떨어짐], 蟋蟀入牀下[메뚜기가 상 아래로 들어옴]	穫稻(作)春酒, 納禾稼[벼 수확]		穹窒熏鼠 塞向墐戶[구멍을 막고 쥐구멍에 불을 놓으며, 북쪽창을 막고 창문을 바름], 晝爾于茅 宵爾索綯 乘屋[낮에 띠 풀을 베어오고 밤엔 새끼 꼬아 지붕을 이음], 滌場[마당청소]	上入執宮功[읍에 들어가 궁실의 일을 함], 躋公堂 稱兕觥 萬壽無疆[공당에 올라 술잔을 들고 축수함]
11월	觱發[바람이 참]		于貉[여우와 살쾡이 사냥]		爲公子裘[공자의 갖옷을 만듦]
12월	栗烈[기온이 참]		同[사냥]	鑿冰[산에서 얼음을 캠]	獻豜于公[세 살된 돼지를 공소에 바침]

<표 1-2-2>를 통해 알 수 있는 것처럼 〈칠월시〉는 자연의 질서와 농민의

삶이 유기적으로 결합된 작품이다. 시는 자연계의 변화, 즉 바람이 불고 기온이 차며 볕이 따뜻해지는 정도와 동식물의 움직임과 성장에 따라 적합한 농사일과 가사일을 배치하고 있다. 따라서 기존 연구는 〈칠월시〉를 '농사력(農事曆)에 바탕을 둔 생활지(生活誌)'라든지 '1년에 걸친 농촌의 노동과 생활을 묘사한 농사시(또는 전원시)'[26]로 설명하거나 '자연과 인사의 연간 예정표'[27]라고 규정하였다.

물론 표에서 보이는 지배자와의 관계를 설명하고 있는 몇몇 시구들은 이 시가 특정인에 의해 창작된 결과물일 가능성을 제기하고 있다.[28] 그러나 메뚜기가 다리를 떨며 우는 시기(5월)와 날개로 우는 시기(6월)를 구별하며, 말매미가 우는 것(5월)과 왜가리가 우는 소리(7월)로 계절의 오고 감을 알고, 아기풀이 패는 것(4월)을 보고 농사와 가사의 일을 정하며 각 시기에 맞는 음식을 먹는 모습은 농업사회 안에서 자연스럽게 학습된 관습의 결과가 아니라면 설명하기 어려울 것이다. 특히 〈칠월시〉가 이후 등장하는 여타 월령류 저작과는 달리 천자의 행동과 결합된 내용이 없다는 점에서 민간사회의 순수 농사력으로서의 모습을 갖는다고 할 것이다.

『대대례기(大戴禮記)』에 수록된 「하소정(夏小正)」은 〈칠월시〉에 비해 시후(時候) 관련 내용이 훨씬 정비되고, 그에 따른 농사 관련 정령 및 제사 관련 조항이 증대되어 월령으로서의 내용이 강화된 것을 알 수 있다.[29]

---

26) 谷口義介, 「豳風七月詩の生活誌」, 『中國古代社會史硏究』(京都 : 朋友書店, 1988), p.29.

27) 町田三郎, 앞의 글(1962), p.53.

28) 〈七月詩〉를 지식인의 창작물로 보는 대표적인 학자로는 쓰다 소키치가 있다. 그는 "햇돼지는 자기가 갖고 세 살 된 돼지는 공소에 바치느니라(言私其豵, 獻豜於公)"나 "우리 농부들을 먹이느니라(食我農夫)", 또는 "저 공당으로 올라가서 저 뿔잔을 드니 만수무강하리로다(躋彼公堂, 稱彼兕觥, 萬壽無疆)"와 같은 구절들을 근거로 〈칠월시〉가 농민에 의해 만들어진 것이 아니라고 주장하였다. 津田左右吉, 「豳風七月の詩について」, 『津田左右吉全集16 儒教の硏究』(東京 : 岩波書店, 1965), p.481.

29) 가나야 오사무는 「夏小正」에는 궁정생활에 관련된 조항도 있고, 전체 형태도 완비되어 확실히 월령으로서 작성된 문장임을 알 수 있다고 보았다. 金谷治, 「『管子』

그 내용의 일부를 살펴보면 다음과 같다.

<표 1-2-3>「하소정」 정월의 내용[30]

<table>
<tr><td rowspan="4">계절적 특징</td><td colspan="2">천체</td><td>鞠則見[䅘星이 동방에 나타남], 初昏參中[하늘이 막 어두워지면 參星이 남방에 나타남], 斗柄縣在下[북두성의 자루 부분이 아래로 향함]</td></tr>
<tr><td colspan="2">날씨</td><td>時有俊風[남풍이 불어옴], 寒日滌凍塗[매일 얼음이 녹아 땅이 질척해짐]</td></tr>
<tr><td colspan="2">동물</td><td>啓蟄[땅 속 벌레가 나옴], 雁北鄕[기러기가 북으로 날아감], 雉震呴[야생 꿩이 날개를 푸득임], 魚陟負冰[물고기가 얼음을 깨고 물 위로 솟구침], 田鼠出[두더지가 나옴]</td></tr>
<tr><td colspan="2">식물</td><td>囿有見韭[園囿에 부추가 남], 柳稊[버드나무에 꽃망울이 나옴], 梅·杏·杝桃則華[매화·살구·산복숭아나무에 꽃이 핌], 緹縞[사초의 열매가 丹黃色이 됨]</td></tr>
<tr><td rowspan="3">계절에 대응하는 행위</td><td rowspan="2">인간</td><td>지배자</td><td>農緯厥耒[경작을 위해 쟁기를 묶음]</td></tr>
<tr><td>인민</td><td>初歲祭耒始用暘[농구를 살펴 경작하기 시작함], 農率均田[농부가 제초하며 밭을 일굼], 農及雪澤[눈 온 후 小雨가 내려 땅이 촉촉해지면 밭을 일굼], 初服於公田[공전 경작을 시작함]<농사 관련 정령>, 采芸[묘제를 위해 채취함]<제사 관련 조항></td></tr>
<tr><td colspan="2">동물</td><td>獺獻魚[수달이 물고기를 널어 말림], 鷹則爲鳩[새의 성질이 온화해짐], 雞桴粥[닭이 알을 부화하여 새끼를 키움]</td></tr>
</table>

이처럼 「하소정」에서는 농사와 밀접한 천문 관련 조항과 바람과 기온에 대한 내용, 동식물의 변화 등과 관련한 시후 관련 정보가 구체적으로 서술되어 있으며, 그에 따른 농사 관련 정령 역시 〈칠월시〉에 비해 증가하였다. 특히 농사 관련 정령의 경우 농기구의 관리→ 제초→ 경작이라는 시간에 따른 구체성을 보여주고 있으며, 시기에 따라 기장을 파종하고(2월) 양잠을 위해 뽕나무를 돌보는 일(3월) 등이 서술되고 있다. 더하여 제사 관련 조항도 정월에 '채운(采芸)'이라 하여 묘제(廟祭)를 위한 음식을 마련하는 것으로부

中の時令思想」, 『集刊東洋學』 50(1983), p.6.

30) 『大戴禮記』, 「夏小正」, pp.24~47. 이하 구체적인 쪽 수는 생략한다.

터 시작하여 2월, 5월, 6월에는 각각 '유(鮪－다랑어)', '자매(煮梅－삶아 말린 매실)', '자도(煮桃－삶아 말린 복숭아)'라 하여 제철음식으로 제품을 마련하는 것이 서술되어 있다.

또한 「하소정」에서는 〈칠월시〉에서는 보이지 않던 왕을 비롯한 지배자와 관련한 내용이 나타난다. 물론 〈칠월시〉에서도 지배자와 관련한 내용이 서술되어 있지만 그 내용은 모두 공자의 치마나 갖옷을 만든다든지[爲公子裳, 爲公子裘], 돼지를 공소에 바친다든지[獻豜于公] 하는 것으로 주로 헌상(獻上)과 관련된 내용이었다. 헌상은 「하소정」에서도 동일하게 발견되는 것으로 4월조에 2살 된 어린 말을 군주에게 바쳐 훈련시킨다는 '집척공구(執陟攻駒)'가 대표적이다. 그러나 「하소정」에는 이와 별개로 지배자의 행위로서 정월의 농기구를 관리하는 것[農緯厥耒]을 비롯하여, 2월에 간척무(干戚舞)를 연습하고 대학(大學)에 들어가는 것[丁亥萬用入學], 3월에 첩(妾)과 부인이 양잠을 하는 것[妾·子始蠶], 9월에 왕이 갖옷을 입는 것[王始裘], 11월에 왕이 수렵에 나가는 것[王狩]이 서술되어 있다. 즉, 보다 구체적인 지배자의 행위들이 서술되어 있는 것이다.

그런데 「하소정」에서 보이는 지배자의 행위는 이후 『관자』에서 보이는 지배자가 오행(五行)의 덕(德)을 실행하는 상덕(尙德) 행위와는 다르다. 「하소정」 11월에는 "이 달엔 만물이 통하지 않는다[于時月也, 萬物不通]"라는 계절의 성격이 서술되어, 『관자』「사시」에서 겨울의 기운을 '막힘[塞]'[31]이라고 본 것이나, 『예기』「월령」에서 "천지가 통하지 않으니 모두 닫아걸어 겨울을 이루게 하라"[32]고 한 것과 같이 초보적인 음양오행설(陰陽五行說)이 결합된 것처럼 보인다. 그러나 이러한 「하소정」에서 보이는 계절의 성격은 이후 『관자』에서처럼 일관되게 서술된 것은 아니어서, 오히려 11월조의 구절은 「하소정」 전체를 통해 돌출적인 면모마저 느끼게 한다.[33] 따라서

31) 『管子』, 「四時」, p.854.

32) 天地不通, 閉塞而成冬(『禮記』, 「月令」, p.546).

33) 가나야 오사무는 「하소정」에는 五行思想과 관련한 용어가 출현하지 않는다고

지배자의 행위 역시 계절에 따른 상식적이며 보편적인 모습일 뿐 오행의 덕을 실현하는 모습은 보이지 않는다.

이와는 달리 『관자』의 「유관」편부터는 초보적 월령관념에 오행사상과 음양설이 결합되고, 그에 따라 상덕을 실현하는 천자의 행동이 결합된다.

<『관자』「유관」편 여름의 내용>

① 여름에 봄의 정령을 행하면 풍재(風災)가 발생하고, 겨울의 정령을 행하면 초목이 말라죽고 심하면 우박이 내리며, 가을의 정령을 행하면 수재가 생긴다[夏行春政風, 行冬政落, 重則雨雹, 行秋政水].

② 입하(立夏) 후 12일이 지난 소영에는 유덕자(有德者)를 초빙하고, 12일이 지난 절기하에는 작과 상을 내린다. 12일이 지난 중영에는 여러 신하들을 위로하고, 12일이 지난 중절에는 관청의 물자를 거두어들인다. 12일이 지난 대서지에는 여름의 정사에 최선을 다하고, 12일이 지난 중서와 12일이 지난 소서종에는 삼서가 여름의 정령을 같이 한다[十二小郢, 至德. 十二絶氣下, 下爵賞. 十二中郢, 賜與. 十二中絶. 收聚. 十二大暑至, 盡善. 十二中暑, 十二小暑終, 三暑同事].

③ 입하에 군주는 붉은 색 옷을 입고 쓴 맛을 맛보며, 우성을 듣고 양기를 다스린다. 칠수를 사용하며 남방의 우물물을 마시며, 서방의 기운으로 밥을 짓는다. 순박한 마음을 지키고, 돈독하게 실천한다. 너그러운 기운이 닦이고 통하면 만물이 한가로이 안정되며 몸이 생장하고 다스려진다[七舉時節, 君服赤色, 味苦味, 聽羽聲, 治陽氣, 用七數, 飮于赤後之井, 以毛獸之火爨. 藏薄純, 行篤厚, 坦氣修通, 凡物開靜, 形生理].

④ 관직의 위계를 정하고 명분을 밝히며 여러 신하와 관리들에게 맡은 일을 살펴 책임지도록 하면, 지위가 낮은 사람이 높은 사람을 능멸하지 않고 인민이 관리를 능멸하지 않는다. 법도가 서고 계책을 얻으면 사사로이 어울리는 무리가 없으니, 존귀한 사람이 위에 있고 비천한 사람이 아래에 있으며 원근 각지에서 법을 어기지 않는다[定府官, 明名分, 而審責于群臣有司, 則下不乘上, 賤不乘貴. 法立數得, 而無比周之民,

---

하였다. 金谷治, 앞의 글, p.6.

則上尊而下卑, 遠近不乖].[34]

내용을 보면 ❶ 위령(違令)의 상황이 서술되어 있고(①), ❷ 계절의 변화에 대응하는 정령이 서술되어 있다(②). 이어서 ❸ 오행의 배당과 그것에 따른 군주의 몸가짐(③), 마지막으로 ❹ 그 계절의 정치적 행위와 그 행위로 인한 결과가 서술되어 있다(④). 우리는 이를 통해 『관자』「유관」편이 〈칠월시〉나 「하소정」에 비해 농민의 월령이라고 할 수 있는 구체적이며 자율적인 농업생산 관련 내용이 줄어든 대신, 천자의 월령이라고 할 수 있는 정치성 강한 내용이 첨가되었음을 알 수 있다.[35] 특히 계절의 변화에 대한 사항이 사라진 것은 농사력으로서의 초기 모습이 사라짐을 말해준다. 그러나 『관자』「유관」편의 오행의 배당이나 천자의 월령은 이후 등장하는 다른 월령류 저작과 비교하여 아직까지는 소박하고 간단한 모습을 보인다.[36] 그러면 『여씨춘추』와 『회남자』는 어떠한지 살펴보자.

3. 『여씨춘추』「십이월기」와 『회남자』「시칙훈」의 내용 비교

『관자』 시기까지 비교적 소박하고 간단한 모습을 보였던 오행의 배당이나 천자의 월령은 『여씨춘추』와 『회남자』 시기가 되면 복잡한 모습을 보인다. 두 문헌의 구성을 살펴보면 다음과 같다.

---

34) 『管子』, 「幼官」, pp.152~153.

35) 같은 『관자』라 하더라도 「유관」편보다 편찬 시기가 앞선 「사시」편에서는 군주의 행위와 오행의 결합, 즉 尙德의 내용이 등장하지 않는다. 따라서 천자의 월령이 등장하는 문헌일수록 후대문헌으로 이해하는 것에 큰 잘못은 없을 것이다.

36) 월령으로서 가장 완성된 상태를 보인다는 『여씨춘추』와 비교하여 『관자』「유관」편은 오행배당에 있어서도 16事를 배당한 전자에 비해 7사만을 배당하여 훨씬 간단하고, 違令에 대한 사항도 간략하고 소박하다. 따라서 『관자』「유관」편은 월령의 原始的 형태를 보여주는 〈칠월시〉에 가까운 형태로 평가되고 있다. 町田三郎, 앞의 글(1959), p.18.

<표 1-2-4> 『회남자』「시칙훈」과 『여씨춘추』「십이월기」의 구성 비교-맹춘을 예로

	『회남자』「시칙훈」	『여씨춘추』「십이월기」
①해당 달에 상응하는 천상(天象) 및 오행, 자연 상태	㉠성좌(星座) ㉡위(位) ㉢천간(天干) ㉣성덕(盛德) **㉤주재신(主宰神-제(帝)·신(神) 미분리)** ㉥동물 ㉦음(音) ㉧율(律) ㉨숫자 ㉩맛 ㉪냄새 ㉫제사 및 제품(祭品) ㉬시후(時候) ㉭나무[정월목(正月木)]	㉠성좌 **㉡위 없음** ㉢천간 ㉣성덕 ㉤주관제·신 ㉥동물 ㉦음 ㉧율 ㉨숫자 ㉩맛 ㉪냄새 ㉫제사 및 제품 ㉬시후 **㉭나무[정월목] 없음**
②천자의 상덕 실현	**㉠수레 없음**·말·깃발·의복·패옥 ㉡음식 ㉢취사용 불 ㉣동궁어녀(東宮御女) ㉤병기(兵器) ㉥가축 ㉦거소(居所) **㉧종묘기물(宗廟器物) 없음** ㉨악기 ㉩월령(月令) 반포	㉠거소 ㉡수레·말·깃발·의복·패옥 ㉢음식[**음용수(飮用水)] 없음 ㉣취사용 불 없음 ㉤동궁어녀 없음 ㉥병기 없음 ㉦가축 없음** ㉧종묘기물 **㉨악기 없음 ㉩월령 반포 없음**
③천자의 행위 및 공경대부(公卿大夫)의 제도	**㉠태사(太史)가 진행하는 영시례(迎時禮) 절차에 따른 재계(齋戒) 없음** ㉡영시의식(迎時儀式), **공경대부 포상 없음 ㉢(주체 없음)** 포덕시혜(布德施惠), 경상(慶賞)의 실행, **상(相)의 법령선포 없음, ㉣태사의 수전봉법(守典奉法)과 일월성신(日月星辰) 관찰 없음** ㉤제사(대상 불명확) **㉥적전례(籍田禮) 없음 ㉦노주(勞酒) 없음 ㉧전준(田畯)에게 권농(勸農)-수봉강(修封疆)·오곡소식(五穀所殖)-에 대한 하령(下令) 없음 ㉨악정(樂正)에게 대상자에게 춤을 습득시키게 함 없음** ㉩부역(賦役)의 감소	㉠태사가 진행하는 영시례 절차에 따른 재계 ㉡영시의식과 공경대부 포상 ㉢상의 포덕, 경상의 실행, 시혜 및 법령선포 ㉣태사의 수전봉법과 일월성신 관찰 ㉤상제(上帝)에게 기곡제(祈穀祭)를 지냄 ㉥적전례 ㉦노주 ㉧전준에게 명해 권농(수봉강, 오곡소식) ㉨악정에게 대상자에게 춤을 습득시키게 함 **㉩부역 감소 없음**
④구체적인 자연 상태	**없음**	천기하강(天氣下降), 지기상등(地氣上騰), 천지화동(天地和同) 초목번동(草木繁動)
⑤해당 정령	**㉠산림천택(山林川澤)에 제사 없음** ㉡벌목금지 ㉢새 둥지 허무는 것 금지[毋覆巢] ㉣태 속 생명과 어린 새끼를 죽이지 못함[毋殺胎夭] ㉤어린 새끼와 알을 취하지 못함[毋麛毋卵] ㉥사람을 모아 성곽을 쌓지 못함[毋聚衆置城郭] ㉦뼈와 살이 붙은 뼈를 묻어줌[掩骼薶骴] **㉧군**	㉠산림천택에 제사[犧牲毋用牝] ㉡벌목금지 ㉢새 둥지 허무는 것 금지 ㉣농작물에 유익한 유충, 어린 새끼와 막 날기 시작한 어린 새를 죽이지 못함[無殺孩蟲胎夭飛鳥] ㉤어린 새끼와 알을 취하지 못함 ㉥사람을 모아 성곽을 쌓지 못함 ㉦뼈와 살이 붙은 뼈를 묻어줌 ㉧군대를 징발하

	대를 징발하지 않음[不可以稱兵] **없음**	지 않음
⑥위령	㉠하령(夏令)을 행했을 때의 문제 ㉡추령(秋令)을 행했을 때의 문제 ㉢동령(冬令)을 행했을 때의 문제	㉠하령을 행했을 때의 문제 ㉡추령을 행했을 때의 문제 ㉢동령을 행했을 때의 문제
⑦기타	정월관(正月官) 임명	**정월관 임명 없음**

그런데 두 서적을 살펴보면 「시칙훈」이 「십이월기」를 그저 표피적으로만 답습한 것은 아니라는 생각이 든다. 우선 「시칙훈」에는 등장하고 「십이월기」에는 등장하지 않는 것부터 살펴보자. 일단 ①의 해당 달에 상응하는 천상 및 오행, 자연상태와 관련하여 「십이월기」에는 방위와 그 달에 배당된 나무 즉, 정월목(正月木)이 보이지 않는다. 다음으로 ②의 천자의 상덕실현과 관련하여 명당의 각 방에서 여인을 부르는 동[남·서·북]궁 어녀(御女)가 없으며, 그 달의 병기, 가축, 악기, 음용수, 취사용 불이 기술되어 있지 않다. 또한 매달 행하는 월령의 반포도 보이지 않는다. ⑦의 기타와 관련해서는 각 달에 임명해야 하는 월관(月官)이 없다. 그렇다면 「시칙훈」에 보이고 「십이월기」에 보이지 않는 것들을 어느 정도는 범주화할 수 있을 것이다. 요컨대 「시칙훈」에서 보이는 것들은 모두 오행의 배당이나 그것에 대한 대응과 관련한 것임을 알 수 있다. 이것은 「시칙훈」이 『관자』의 충실한 계승자임을 보여주는 증거라고 할 수 있다.

한편 「십이월기」에는 나오고 「시칙훈」에는 등장하지 않는 것은 태사(太史)·상(相)·전준(田畯)·악정(樂正) 등 관료들의 행위와 제사 및 의례에 대한 문제, 교화의 주체로서의 천자의 역할 문제로 압축할 수 있다. 우선 영시의례(迎時儀禮)만 서술된 「시칙훈」과는 달리 「십이월기」에는 태사가 등장하여 영시의례 전 재계(齋戒)의 절차를 담당하고 있다. 또한 상에게는 법령을 선포하게 하여 월령 반포의 주체가 기술되지 않았던 「시칙훈」과 비교된다. 또한 권농관(勸農官)인 전준과 악정의 역할도 규정하고 있어, 완비된 혹은 완비되어야 한다고 여겨지던 관료제의 모습이 나타나고 있다.

다음으로는 제사와 의례문제를 살펴보자. 「시칙훈」에서는 맹춘의 달에 동교(東郊)로 영시의례를 나간 후 "제사의 자리를 정비하고 폐백(幣帛)으로 귀신에게 빈다"[37]고만 서술하고 있다. 그러나 「십이월기」에서는 "천자는 원일(元日)을 택하여 상제(上帝)에게 풍년을 비는 제사를 지낸다"[38]고 하여 제사 대상과 내용이 서술되어 있다. 그런데 정월에 상제에게 기곡제(祈穀祭)를 드리는 것은 알려져 있듯이 훗날 유가의 원구제사(圓丘祭祀)에 해당하는 것이다.[39] 또한 「십이월기」에는 적전례(籍田禮)가 등장한다. 『예기』「제의(祭義)」편은 이에 대해 "옛날의 천자는 천무(千畝)의 적전을 가지고 면복(冕服)을 입고 붉은 관을 쓴 채 몸소 쟁기를 들었다. … 이로써 천지, 산천, 조상을 섬김에 제사에 술과 곡식을 올리는 것을 여기에서 취했다"[40]고 하여, 적전례가 땅의 근본을 받듦을 천하에 보여[41] 인민을 교화하는 제왕의 의례행위임을 설명하고 있다.

마지막으로 주목되는 것은 태사에게 일월성신의 움직임을 관찰하게 한 것이다. 군주가 국가의 통치를 위해 천도(天道)와 지도(地道)를 깨닫고 사계절을 정확히 인식해야 한다는 주장은 이미 『관자』「사시」편에도 등장하지만[42] 이것은 『상서』에 등장하는 관념과는 다소 차이가 있다. 『상서』에서는 순(舜)임금이 "선기옥형(璿璣玉衡)으로 천문을 관측하여 일, 월, 오성(五星)을 가지런히 하셨다"[43]고 하여 고대의 제왕이 천문을 관측하여 농사철을

---

37) 修除祠位, 幣禱鬼神(『淮南子』, 「時則訓」, p.515).

38) 天子乃以元日祈穀於上帝(『呂氏春秋』, 「孟春紀」, p.2).

39) 『예기』「郊特牲」 孔穎達 疏에는 다음과 같은 王肅의 주장이 인용되어 있어, 儒家들이 立春의 달에 祈穀祭를 지내는 것을 先王의 법으로 받아들이고 있었음을 알 수 있다. "魯冬至郊天, 至建寅之月又郊以祈穀, 故『左傳』云"啓蟄而郊", 又云"郊祀后稷, 以祈農事", 是二郊也"(『禮記正義』, 「郊特牲」, p.797).

40) 是故昔者天子爲藉千畝, 冕而朱紘, 躬秉耒 … 以事天地山川社稷先古, 以爲醴酪齊盛, 於是乎取之(『禮記』, 「祭義」, p.1329).

41) 秉耒躬耕, 采桑親蠶, 墾草殖谷, 開辟以足衣食, 所以奉地本也(『春秋繁露』, 「立元神」, p.306).

42) 故天曰信明, 地曰信聖, 四時曰正(『管子』, 「四時」, p.838).

43) 在璿璣玉衡, 以齊七政(『尙書』, 「舜典」, p.54).

인민에게 알려 하늘의 뜻에 부합하려 노력했다는 관상수시전설을 기록하고 있다. 즉 『관자』가 자연계의 움직임과 인간의 행동 간에 필연적 관계를 중시하며 통치자가 그것을 배려하여 통치해야 함을 강조한 입장이라면, 『상서』의 기록은 통치자가 하늘을 관측하여 그것에 따른 적정한 교화를 베푼다는 점을 강조한 것이다.[44] 요컨대 시간주재자로서의 제왕의 역할을 강조한 것이다. 이렇듯 「십이월기」에서는 월령반포라는 행위가 유가의 교설을 통하여 해석되고 있는 것을 확인할 수 있다.

따라서 정리한다면 「시칙훈」에서 누락된 내용은 ❶ 공경대부의 제도 및 관리들의 행동지침, ❷ 유가의 교설에 의해 수립되는 제사 및 의례, ❸ 시간을 주재하고 교화를 책임지는 천자의 역할 등이라고 할 수 있다. 다시 말해 왕자(王者)의 세계를 구현하는 성분이라는 어느 정도는 범주화할 수 있는 것들임을 알 수 있다. 이러한 점들은 두 문헌 안에서 보이는 차이가 일방의 표피적 답습에서 기인한 것이 아니라 양자의 편찬시기를 전도하여 이해함으로써 생겼을 가능성을 보여준다. 특히 「시칙훈」에서 봄의 무기를 창[矛]으로 표현하고 있는 것은[45] 『관자』 「유관」편의 영향을 받은 것으로 보여,[46] 『여씨춘추』보다 이른 『관자』의 내용을 충실히 포함한 「시칙훈」이 유독 「십이월기」만을 표피적으로 답습하였다는 것은 이해하기 어렵다.[47]

그렇다면 우리는 여기서 「시칙훈」이 「십이월기」를 답습한 것이 아니라, 「십이월기」가 「시칙훈」보다 후에 정착되었을 가능성을 생각해 볼 수 있을

44) 馬場理惠子, 「主四時と月令－敦煌懸泉置出土『四時月令詔條』を手掛かりとして－」, 『日本秦漢史學會會報』 7(2006), p.130.

45) 其兵矛(『淮南子』, 「時則訓」, p.515).

46) 兵尙矛(『管子』, 「幼官」, p.171).

47) 문헌의 성격 면에서도 같은 雜家로 분류되는 『회남자』가 유독 『여씨춘추』만을 표피적으로 답습했다고 이해하는 것은 납득하기 어렵다. 특히 두 문헌 모두 당시 학문의 종합주의적 성격과 지식의 대통합 방식을 보여준다는 점에서 오히려 사상적으로, 방법론적으로 동류의 문헌으로 판단하는 것이 타당할 것으로 생각한다. 『회남자』의 성격에 대해서는 김성한, 『회남자 고대 집단지성의 향연』(서울 : 살림, 2007), p.64를 참조.

것이다. 그런데 이 가정이 성립하기 위해서는 유가 경전도 아닌 『여씨춘추』 「십이월기」가 지속적으로 교정되어 현재와 같이 정착되게 된 사회적 필요를 적극적으로 규명해야 할 것이다.[48] 결국 이 문제를 해결하기 위해서는 전한 사회 안에서 월령이나 월령적 지배의 필요가 항시 존재하였음을 증명하고, 그 필요에 따라 월령류 저작이 편찬되었던 사정을 고찰해야 할 것이다. 이 문제는 절을 달리하여 살펴보고자 한다.

2절 전한시기 월령사상의 전개와 정치

1. 초보적 월령사상의 등장과 전개

고대 중국사회가 농업을 근간으로 존재하였다는 점에서 농사력의 필요라는 것은 절실한 문제였을 것이다. 농사를 짓던 농민들은 물론이거니와 위정자들에게도 농업생산성을 높이는 것은 가장 중요한 정치적 과제였기 때문이다. 따라서 시기에 따른 적절한 행위를 통해 최대의 생산성을 보장받으려는 행위는 천시에 부합한다는 '합천시(合天時)' 또는 천시를 따른다는 '순시(順時)'라는 표현으로 등장하였다. 그 결과 흔히 말하는 월령서(月令書)가 아니라 해도 고대 제왕의 통치를 서술하는 문헌에서는 시기에 따른 행위규범, 원칙 또는 구체적 지침들이 종종 등장한다.[49]

예를 들어 『좌전(左傳)』 「문공(文公) 6년」의 "때에 따른 정치를 버리고 어찌 백성을 다스릴 수 있겠는가"[50]라는 기사가 치민(治民)의 기본이 월령에

---

48) 전국 말 『여씨춘추』의 완성을 주장하는 이성구의 경우 儒學獨尊의 시대에 유가들이 경전에도 속하지 않는 『여씨춘추』에 대해 관심을 두고 대폭적인 교정을 가했다는 것을 상식적으로 납득하기 어렵다고 하였다. 李成九, 앞의 책, p.256의 주 18.

49) 최덕경은 이에 대해 농업이 국가경제의 물적 기반이었기 때문에 국가는 天時를 따르는 것을 정령의 핵심 내용으로 채용하였다고 하였다. 최덕경, 『중국고대 산림보호와 환경생태사 연구』(서울 : 신서원, 2009), p.394.

50) 棄時政也. 何以爲民(『左傳』, 「文公 6年』, p.452).

있음을 강조하는 것이라면, 『국어(國語)』나 『맹자(孟子)』에 등장하는 "9월에 길을 닦고 10월에 다리를 놓는다"51)는 구절은 구체적인 월령의 내용을 보여준다. 그런데 왜 9월에 길을 닦고 10월에 다리를 놓는 것일까? 이에 대해 『국어』에서는 '비가 그쳤다[雨畢]', '물이 말랐다[水涸]'52)라고 하여 9·10월의 자연의 상태가 공사에 적합하였음을 말해준다. 그러나 이것은 단지 자연의 상태만을 고려한 것은 아니고, 9·10월이 백성들을 동원할 수 있는 농한기라는 점도 고려된 것으로 보인다. 월령이라는 것이 본래 농업과 관련된 지침이라는 점을 상기하면 우선적으로 고려되어야 하는 것은 시의성(時宜性)과 실용성이다. 그렇다면 대대적인 토목공사가 농한기인 9·10월에 배치된 것은 자연스런 현상이라고 할 수 있겠다. 그래서 기존 연구가 주장하듯이 월령 안에서 고래의 보편적 세시습관 대신 허구적 분식(粉飾)이 강조된다면, 그것은 실천성보다는 이념성이 강한 의례로서의 모습을 갖는다고 할 수 있겠다.

그런 의미에서 아래의 변화는 흥미롭다.

> 『관자』「사시」－그 때를 봄이라 한다. … 제방을 쌓고 밭 갈고 곡식을 심으며, 나루와 다리를 수리하고, 물길을 정비한다[其時曰春 … 治堤防, 耕芸樹藝, 正津梁, 修溝瀆].53)

위의 『관자』에서는 고래의 보편적 세시습관과는 다소 다른 모습이 나타난다. 즉, 지금까지 9·10월 농한기에 행해졌던 제방을 쌓고 나루나 다리·도랑을 보수하는 것이 봄에 행해진다. 이것은 무엇을 의미하는가? 이것과 관련해서

---

51) 故夏令曰, 九月除道, 十月成梁(『國語』, 「周語中」, p.68) ; 十一月, 徒杠成. 十二月, 輿梁成(『孟子』, 「離婁下」, p.214). 『孟子』의 경우 각기 11월과 12월로 서술되어 있는데 이것은 周나라의 曆法에 근거한 것으로, 농사력의 기준이 되는 夏나라의 역법으로 환산하면 9월과 10월에 해당한다.

52) 『國語』, 「周語中」, p.68.

53) 『管子』, 「四時」, p.842.

『관자』라는 문헌에 대해 잠시 살펴 볼 필요가 있겠다.

군주의 천하경영을 위한 독본의 성격을 가진 『관자』는 정치, 경제, 행정, 법률, 군사 등은 물론이고 농업생산에 필요한 자연과학에 이르는 국가경영의 모든 분야를 망라하고 있다.[54] 따라서 『관자』를 통해서 농업의 지침인 농시(農時)에 순응하는 월령사상을 확인할 수 있는 것은 자연스런 일이다. 그런데 『관자』에서의 월령사상은 『관자』 이전 문헌의 그것과는 달리 보다 이론적이고 관념적이 된다. 그것은 우선 『관자』라는 문헌의 성격상 군주의 행위가 강조되어 나타났기 때문이다. 종래 〈칠월시〉나 「하소정」은 주로 시후와 같은 계절의 특징이 강조되고, 그에 따른 구체적인 농업활동들로 구성되어 있었다. 그러나 『관자』는 이들 문헌과는 달리 군주의 지침서이기에 전통적인 농사력으로서의 모습을 상실하게 된다. 그런데 그 지침은 음양오행설이라는, 세계에 대한 초보적이기는 하지만 과학적 해석에 의해 마련되었다.[55] 따라서 군주는 전통적인 세시습관을 그대로 채용하는 것이 아니라, 그 민간의 습관을 초보적이나마 과학적으로 해석하고 조정해야 했다. 그 결과 춘덕(春德)이 모든 막힌 것을 풀어 통하게 하는 '통사방(通四方)'의 성격을 갖고 있기에, 사람의 왕래와 물의 흐름을 원활히 하는 일련의 행위를 봄에 배치하게 된 것이다.

『관자』에 나타난 오행설은 곧 현실의 정치적 사고 속으로 통합되었다.[56] 따라서 이후 문헌에는 관습적 세시풍속의 지침과 오행설에 의해 조정된 정령이 혼재되어 있는 모습을 보인다.

---

54) 장승구, 「관자 해제」, 『관자』(서울 : 소나무, 2007), pp.6~22.

55) 오행설에 대하여 김근이 '자연현상을 자의적으로 구성한 거짓인과론에 의해 논설의 합리성을 획득'하고자 한 것이라고 해석한 데 비해, 조셉 니덤은 '본질적으로 자연주의적이고 과학적'이라고 해석하였다. 차례로 김근, 『한자는 중국을 어떻게 지배했는가－한대(漢代) 경학(經學)의 해부』(서울 : 민음사, 1999), p.198 ; 조셉 니덤 지음·콜린 로넌 축약/김영식·김제란 옮김, 『중국의 과학과 문명 : 사상적 배경』(서울 : 까치, 1998), p.190을 참조.

56) 조셉 니덤 지음·콜린 로넌 축약/김영식·김제란 옮김, 위의 책, p.197.

『회남자』「시칙훈」 - 계춘의 달 … 제방을 수리하고 수로를 통하게 하며 도로를 통하게 하는데, 국도에서 국경까지 이르게 한다[季春之月 … 修利堤防, 導達溝瀆, 達路除道, 從國始至境止].57)

『회남자』「시칙훈」 - 맹추의 달 … 이 달에 농작물은 숙성하기 시작한다. … 백관에게 명하여 추수를 시작하고, 제방을 완전하게 하며 장새를 견고하게 하여 수재에 대비한다[孟秋之月 … 是月農始升穀 … 命百官始收斂, 完堤防, 謹障塞, 以備水潦].58)

『회남자』「시칙훈」 - 계동의 달 … 장새를 고치고, 관문과 다리를 보수한다[季冬之月 … 修障塞, 繕關梁].59)

그러나 『관자』 또는 『회남자』에서 보이는 이러한 월령사상이 현실에서 그대로 집행되었던 것은 아닌 것 같다. 월령이 법령으로 만들어져 법적인 규제력을 가졌던 실례인 「청천현진간(靑川縣秦簡)」에서는 "9월에는 길을 닦고, 개천을 정돈한다. 10월에는 다리를 놓는다"60)고 하여 9월과 10월에 길을 닦고, 다리를 놓고 있기 때문이다. 즉 여전히 현실에서는 인민들이 가진 농업 생산의 사이클을 무시할 수 없었던 것이다. 한편으로 이런 현상은 아직까지 수명천자(受命天子)가 하늘의 질서인 시간의 운행에 따라 천을 대신하여 천의 명령인 월령을 반포하여 천하를 다스린다는 유가의 월령적 세계61)에 대한 인식이 완숙되지 못한 시대의 특징을 반영하는 것일 수도

57) 『淮南子』, 「時則訓」, p.534.

58) 『淮南子』, 「時則訓」, pp.572~573.

59) 『淮南子』, 「時則訓」, p.615.

60) 九月除道及除澮. 十月爲橋(四川省博物館靑川縣文化館, 「靑川縣出土秦更修田律木牘」, 『文物』 1982-1, p.11).

61) 문정희는 월령적 세계란 天命을 받은 천자가 하늘의 질서인 시간의 운행에 따라 天을 대신하여 천의 명령인 월령을 반포하여 천하를 다스리는 세계라고 하며, 이 세계는 또한 천자를 중심으로 위로 천과 아래로 천하가 하나로 관통하는 통일적 세세라고 하였다. 文貞喜, 앞의 글, pp.90~91.

있을 것 같다.

이러한 예는 한대 들어서도 쉽게 찾아 볼 수 있다. 예컨대 한고조(漢高祖)는 제(制)를 통해 춘2월과 납일(臘日)에 양과 돼지를 희생으로 사용할 수 있게 하였는데,[62] 이것은 중춘(仲春)에 제사를 지낼 때 희생 대신 옥벽(玉璧)을 사용해야 한다[63]는 『여씨춘추』의 규정에 어긋난다. 또한 산택 이용의 금지가 봄은 물론이고 여름까지 지속되는 것이 월령류 저작의 일반적 방침임에도 불구하고[64] 문제(文帝)는 후원(後元) 6년(기원전 158) 4월 조칙에서 산택의 시금(時禁)을 해제하고 있다.[65] 이것은 아직까지는 월령사상이 반드시 준수되어야 하는 제왕의 규범으로 받아들여지지 않고 있음을 의미할 것이다.[66] 그 때문에 형의전(邢義田)은 전한시기에는 수많은 월령 관계행사가 있었으나 선제시기(宣帝時期) 이전 그것들이 월령과 배합되어 있었다고 보기는 힘들다고 하였다.[67] 한편 이와는 달리 양진홍(楊振紅)은 문제시기 행해졌던 환과고독(鰥寡孤獨)에 대한 진대(賑貸)와 양로(養老) 등은 모두 월령사상에 근거한 것이라고 하며, 전한에 있어 월령사상에 근거한 정치의 시작을

62) 高祖十年春, 有司請令縣常以春二月及臘祠社稷以羊豕, 民里社各自財以祠. 制曰 : 「可.」(『史記』 卷28, 「封禪書」, p.1380).

63) 是月也, 祀不用犧牲, 用圭璧, 更皮幣(『呂氏春秋』, 「仲春紀」, p.64).

64) 禹之禁 : 春三月山林不登斧, 以成草木之長 ; 夏三月澤不入網罟, 以成魚鱉之長(『逸周書』, 「大聚解」, p.406) ; 出國衡, 順山林, 禁民斬木, 所以愛草木也 … 贖蟄蟲卵菱 … 不癘雛鷇, 不夭麑麇, 毋傅速(『管子』, 「五行」, p.869) ; (孟春之月)禁伐木, 毋覆巢·殺胎夭, 毋麛, 毋卵(『淮南子』, 「時則訓」, p.515) ; (仲春之月)毋竭川澤, 毋漉陂池, 毋焚山林, 毋作大事, 以妨農功(『淮南子』, 「時則訓」, p.528) ; (季春之月)乃禁野虞, 毋伐桑柘(『淮南子』, 「時則訓」, p.534) ; (孟夏之月)毋興土功, 毋伐大樹(『淮南子』, 「時則訓」, p.546) ; (季夏之月)是月也, 樹木方盛, 勿敢斬伐(『淮南子』, 「時則訓」, p.563) ; (孟春之月)乃修祭典, 命祀山林川澤, 犧牲無用牝. 禁止伐木, 無覆巢, 無殺孩蟲胎夭飛鳥, 無麛無卵, 無聚大衆, 無置城郭, 揜骼霾髊(『呂氏春秋』, 「孟春紀」, p.2) ; (仲春之月)是月也, 無竭川澤, 無漉陂池, 無焚山林(『呂氏春秋』, 「仲春紀」, p.64) ; (季夏之月)是月也, 樹木方盛, 乃命虞人入山行木, 無或斬伐(『呂氏春秋』, 「季夏紀」, p.312).

65) 令諸侯毋入貢, 弛山澤, 減諸服御狗馬, 損郎吏員, 發倉庾以振貧民, 民得賣爵(『史記』 卷10, 「孝文本紀」, p.432).

66) 馬場理惠子, 「「時」の法令－前漢月令攷－」, 『史窓』 64(2007), p.4.

67) 邢義田, 앞의 글, pp.16～19.

문제시기로 보고 있다.[68]

그러나 월령사상에 근거한 정치의 시작을 문제시기로 보는 것에는 몇 가지 문제가 있는 듯하다. 위에서 잠시 언급한 것처럼 문제는 후원 6년 조칙을 통해 기존 월령의 방침과는 다르게 4월에 산택의 시금을 해제하였다. 또한 『한서』 「식화지(食貨志)」를 살펴보면 흔히 월령적 통치의 일단으로 이해되는 적전례 역시 월령적 관념에 의해서가 아닌 가의(賈誼)의 권농(勸農) 건의[69]에 의해 실시되었다는 인상이 짙다.[70] 이것은 문제의 적전경작에 대한 조조(鼂錯)의 반응에서도 확인할 수 있다. 조조는 적전을 여는 것을 '자원 활용의 방법을 넓히는 것[開其資財之道]'[71]이라고 하며, 황제가 적전을 경작하는 모습을 보임으로 인해 남아도는 백성의 힘을 사용하여 현재 개간되지 않은 모든 땅을 개간하여 산택의 이로움을 모두 사용하게 될 것이라 주장한다.[72] 요컨대 법가적 관점에 입각한 권농의 필요에 의해 적전이 개착되고 적전의 경작을 자원의 효율적 이용을 위한 방안으로 이해하는 당시의 상황을 고려하면, 문제의 적전례를 월령사상에 근거하여 파악하기는 어렵다.[73] 이후 문제의 적전경작은 다음 황제인 경제(景帝)에게로 이어졌

68) 楊振紅, 앞의 글, p.20.

69) 時民近戰國, 皆背本趨末, 賈誼說上曰 : 筦子曰「倉廩實而知禮節」. 民不足而可治者, 自古及今, 未之嘗聞. 古之人曰 : 「一夫不耕, 或受之飢 ; 一女不織, 或受之寒.」 生之有時, 而用之亡度, 則物力必屈. 古之治天下, 至孅至悉也, 故其畜積足恃 … 今毆民而歸之農, 皆著於本, 使天下各食其力, 末技游食之民轉而緣南晦, 則畜積足而人樂其所矣. 可以爲富安天下, 而直爲此廩廩也, 竊爲陛下惜之!(『漢書』 卷24上, 「食貨志」, pp.1127~1130).

70) 於是上感誼言, 始開籍田, 躬耕以勸百姓(『漢書』 卷24上, 「食貨志」, p.1131).

71) 『漢書』 卷24上, 「食貨志」, p.1130.

72) 地有遺利, 民有餘力, 生穀之土未盡墾, 山澤之利未盡出也, 游食之民未盡歸農也(『漢書』 卷24上, 「食貨志」, pp.1130~1131).

73) 바바 리에코는 문제의 籍田開鑿 詔가 춘2월에 내려진 것도 기존 월령서의 春正月 籍田禮 실시와 차이가 난다고 하며, 문제의 적전개착을 월령관념과는 무관한 것으로 이해하였다. 이러한 지적이 바바 리에코에 의해 처음 제기된 것은 아니다. 선제때 승상이었던 魏相은 문제의 일련의 행위에 대해 '孝文皇帝時, 以二月施恩惠於天下, 賜孝弟力田及罷軍卒, 祠死事者, 頗非時節(『漢書』 卷74, 「魏相傳」, p.3140)'이

고, 경제 역시 그 행위가 권농을 목적으로 하고 있음을 명확히 하였다.[74] 따라서 전한 초 황제들의 조서에서 보이는 구휼이나 적전례는 여전히 월령사상에 의한 정책이라고는 보기 힘들다.[75]

이것은 이 시기 월령서-예를 들어 『회남자』의 「시칙훈」-가 아직은 월령적 세계를 설명할 수 없었던 이유를 말해준다. 즉, 천체를 살펴 농사에 적합한 시기를 인민에게 제시하는 관상수시에 대한 문제, 적전례에 관한 문제, 유교적 제사에 관한 문제가 『회남자』에 보이지 않는 것은 문헌의 성격으로부터 원인을 찾을 수도 있겠지만, 시대적으로 월령사상이 아직 정치에 본격적으로 반영되지 못했기에 나타난 현상이고 유가의 월령적 세계에 대한 인식이 성숙하지 않았던 것 때문에 발생한 일이라고 보고 싶다.[76] 그렇다면 본격적인 월령에 입각한 통치는 언제 시작되었을까?

2. 월령적 통치의 전개와 월령의 완비

초보적인 월령사상이 본격적으로 정치에 도입된 시기는 선제시기다. 당시 음양가들의 수중에서 월령을 빼앗아 왕자(王者)의 예적 세계(禮的世界)

라고 하여, 그것이 시절에 부합하는 월령으로서 모습을 갖추지 못하였음을 지적하였다. 이러한 지적에 주목하면 景帝 後元 2년(기원전 142)의 적전개착 조서는 夏四月에 내려져 더더욱 월령관념과는 무관한 것으로 여겨진다. 馬場理惠子, 앞의 글(2007), p.11 주 18) 참조.

74) 農事傷則飢之本也, 女紅害則寒之原也. 夫飢寒並至, 而能亡爲非者寡矣. 朕親耕, 后親桑, 以奉宗廟粢盛祭服, 爲天下先 ; 不受獻, 減太官, 省繇賦, 欲天下務農蠶, 素有畜積, 以備災害(『漢書』 卷5, 「景帝紀」, p.151).

75) 양영은 전한에서 적전례는 하나의 整體를 이루지 못했고, 후한에 와서야 孟春에 안배된 의례로서의 적전례가 행해졌다고 보았다. 楊英, 『祈望和諧-周秦兩漢王朝祭禮的演進及其規律』(北京 : 商務, 2009), p.613.

76) 만약 『여씨춘추』 「십이월기」가 전국 말에 현행본과 같이 완성되었다면 같은 雜家로 분류되는 『여씨춘추』에서도 다루고 있는 이 세 가지 내용을 고의적으로 제외한 채 『회남자』가 찬술되었다는 것도 이해하기 어렵고, 정치적 입지가 불안했던 淮南王 劉安이 유가적 내용만을 고의적으로 누락한 채 好儒的 취향을 가졌던 무제에게 『회남자』를 進上하였던 것도 논리적으로 이해하기 힘들기 때문이다.

를 구축하는 데 사용한 자는 위상(魏相)이었다. 그는 문제의 구휼이 '천하에 은혜를 베푼 것[施恩惠於天下]'임은 인정했으나 시절에 맞는 정령은 아니라 보았다[頗非時節]. 그는 『역(易)』을 이용하여 천지가 서로 거스르지 않고 움직여[順動] 일월과 사시가 어긋나지 않는 것처럼, 군주도 순동(順動) 즉 '순사시(順四時)'할 것을 주장한다. 그런데 위상에 의해 건의되는 '순사시'는 『관자』「유관」편에서 거론하는 사시의 운행에 부합한다는 정도를 넘어선다. 그는 '희화지관'이라는 관리를 설치하여 사시에 따라 민사(民事)를 조절할 것을 주장한다.77) 즉, 천자가 사시를 관장해야 한다는 내용이 첨가된 것이다. 이것은 그가 음양을 왕사(王事)의 근본, 뭇 생명의 근원으로 규정한 것으로부터 예견된 것이다. 따라서 우리는 선제시기 월령에 맞춘 행위들을 어렵지 않게 확인할 수 있다. 당시 진휼·상사(賞賜)들은 모두 월령의 지침에 따라 3월에 거행되었다.78)

뒤를 이은 원제(元帝)의 조서에는 '사계절의 금지조항[四時之禁]'을 위반하지 말라는 당부와 금지조항을 지키지 않은 관리에 대한 질책이 등장하여, 역시 음양을 조화롭게 하는 것이 인민을 편안히 하는 방법이라는 입장을 확인할 수 있다.79) 다음 성제(成帝)는 양삭(陽朔) 2년(기원전 23)에 조서를

---

77) 『漢書』 卷74, 「魏相傳」, pp.3139~3140.

78) 『漢書』「宣帝紀」의 기사들을 정리하면 다음과 같다. (地節三年春三月)又曰 : 「鰥寡孤獨高年貧困之民, 朕所憐也. 前下詔假公田, 貸種食. 其加賜鰥寡孤獨高年帛. 二千石嚴教吏謹視遇, 毋令失職.」(p.248) ; (元康元年)三月, 詔曰 : 「乃者鳳皇集泰山·陳留, 甘露降未央宮 … 賜勤事吏中二千石以下至六百石爵, 自中郎吏至五大夫, 佐史以上二級, 民一級, 女子百戶牛酒. 加賜鰥寡孤獨·三老·孝弟力田帛. 所振貸勿收.」(pp.253~254) ; (元康二年)三月, 以鳳皇甘露降集, 賜天下吏爵二級, 民一級, 女子百戶牛酒, 鰥寡孤獨高年帛(p.255) ; (元康)三年春, 以神爵數集泰山, 賜諸侯王·丞相·將軍·列侯·二千石金, 郎從官帛, 各有差. 賜天下吏爵二級, 民一級, 女子百戶牛酒, 鰥寡孤獨高年帛(p.257) ; (元康四年)三月, 詔曰 : 「乃者, 神爵五采以萬數集長樂·未央·北宮·高寢·甘泉泰畤殿中及上林苑 … 其賜天下吏爵二級, 民一級, 女子百戶牛酒. 加賜三老·孝弟力田帛, 人二匹, 鰥寡孤獨各一匹」(pp.258~259) ; (神爵元年三月)詔曰 : 「… 其以五年爲神爵元年. 賜天下勤事吏爵二級, 民一級, 女子百戶牛酒, 鰥寡孤獨高年帛. 所振貸物勿收. 行所過毋出田租.」(p.259).

79) 六月, 詔曰 : 「蓋聞安民之道, 本繇陰陽. 間者陰陽錯謬, 風雨不時. 朕之不德, 庶幾羣公

내려 공경대부들이 월령에 위배되는 주청을 올리는 것에 대해 질책을 하며, 『상서』를 인용하여 선왕의 도가 음양을 근본으로 하고 있다고 하였다.[80] 즉, 선제－원제－성제 3대를 거치면서 '월령을 따르는 것[順月令]'이 제왕의 역할이라는 의식이 형성된 것이다.

자연히 이러한 월령사상에 의한 정치는 이 시기 월령 관계 내용이 유가의 교설에 의해 종합되어야 할 필요를 제기하였을 것이다. 따라서 이제 월령에는 ❶ 하늘의 명을 받아 땅에 실현하는 시간 주재자로서의 천자의 행위에 대한 구체적인 내용이 첨가되고, ❷ 그를 보좌하는 관료들의 세계가 완비되어야 했다. 또한 ❸ 사시를 주관함을 상징하는 관상수시의 내용이 부가되며, ❹ 유가적 교설에 의한 제사체계가 정비되어야 했다. 아마도 이러한 사회적 필요가 『예기』「월령」으로 표현되었을 것이다. 따라서 『예기』「월령」 안에는 사시에 따른 하늘에 공손한 천자의 행위와 그 천자에 의해 내려지는 빈틈없는 정령 등이 거의 완전하게 기술되어 있다. 즉 초기의 월령이 단순 농사력으로 시작하여 자연의 질서에 순응하는 도가적(道家的) 성격이 다분하였다면, 이제 그것은 유덕(有德) 군주에 의해 천의(天意)가 실현되는 세계를 분식하는 도구로 작용하게 된 것이다. 그렇다면 왜 이러한 움직임이 선제시기부터 시작되었는가?

전한 후반기 월령사상이 정치에 영향을 미친 것과 관련하여 당시 자주 발생한 재해를 원인으로 주목하는 연구들이 있다. 그러나 전한시기 발생한 재해에 대한 기존 연구를 참조하면 선제 통치 26년간 발생한 재해는 13회로 연평균 0.5회에 불과하다. 이것은 양한 연평균 재해발생률인 1.2회에는

有敢言朕之過者, 今則不然. 媮合苟從, 未肯極言, 朕甚閔焉. 永惟烝庶之饑寒, 遠離父母妻子, 勞於非業之作, 衛於不居之宮, 恐非所以佐陰陽之道也. 其罷甘泉·建章宮衛, 令就農. 百官各省費. 條奏毋有所諱. 有司勉之, 毋犯四時之禁. 丞相御史擧天下明陰陽災異者各三人.」(『漢書』 卷9, 「元帝紀」, p.284).

80) (陽朔)二年春, 寒. 詔曰 :「昔在帝堯立羲·和之官, 命以四時之事, 令不失其序. 故書云『黎民於蕃時雍』, 明以陰陽爲本也. 今公卿大夫或不信陰陽, 薄而小之, 所奏請多違時政. 傳以不知, 周行天下, 而欲望陰陽和調, 豈不謬哉! 其務順四時月令.」(『漢書』 卷10, 「成帝紀」, p.312).

물론이거니와 전한 연평균 재해발생률인 0.9회에도 못 미치는 수치다. 선제의 뒤를 잇는 원제와 성제시기의 경우 각각 연간 1.8회, 1.0회의 빈도를 보이고 있어,[81] 이 시기에 들어야만 비로소 재해가 심각한 사안이 되었음을 짐작하게 한다. 따라서 선제시기 재해로 인한 월령사상의 대두라는 분석은 다소 부적절하다. 특히 앞서 언급한 위상의 발언을 생각해 보면 월령에 대한 관심이 재해로부터 촉발된 것이 아니라는 것을 알 수 있다. 그렇다면 이러한 상황은 무엇으로부터 기인하였는가?

우선 중앙정계에 있어 유가적 소양을 갖춘 관료들의 약진이 주목된다. 선제시기 관료들의 성향에 대한 반고의 논찬(論贊)에 의하면 소망지(蕭望之)·양구하(梁丘賀)·하후승(夏侯勝)·위현성(韋玄成)·엄팽조(嚴彭祖)·윤경시(尹更始) 등이 유술(儒術)에 의해 임용되었다.[82] 이들 유가들의 정치적 약진을 법술(法術)에 대한 수식으로 치부할 수도 있겠으나, 선제시기 행해진 통치의 면면을 살펴보면 당시 유학이 단순한 도구의 차원을 넘어선 것을 확인할 수 있다. 수치로만 따져보아도 선제시기는 오경박사(五經博士) 20인, 박사제자(博士弟子) 200인이 존재하는 유학의 부흥기였고, 유가의 입사 등용문인 구현(求賢) 역시 역대 최고인 8차례가 행해졌다. 또한 덕치(德治)의 척도라 할 수 있는 대사면(大赦免)은 10차례, 민작(民爵)은 총 13차례 사여되었다.[83] 이외에도 지절(地節) 4년(기원전 66)에는 상좌법(相坐法)을 폐지하여 가족이나 혈연간의 감정적 유대를 중시하는 유교윤리를 통치원리로 천명하기도 하였다.[84] 즉 선제시기 본격적인 유술의 채용으로 유가관료들이 중앙관계에 포진하게 되었고, 그 결과 그들에 의해 월령에 의한 교화라는 통치방안이

81) 兩漢의 재해 발생빈도에 대해서는 김석우, 『자연재해와 유교국가』(서울 : 일조각, 2006), p.87의 <표 2-3. 『漢書』·『後漢書』 재해기사를 통해 본 재해 발생 횟수와 재해별 비중> 참조.

82) 『漢書』 卷58, 「公孫弘卜式兒寬傳」, p.2634.

83) 홍승현, 『사대부와 중국 고대 사회－사대부의 등장과 정치적 각성에 대한 연구』(서울 : 혜안, 2008), p.82 <표 1. 수치로 본 선제시기의 유학의 흥성>을 참조.

84) 町田三郎, 『秦漢思想史の研究』(東京 : 創文社, 1985), pp.234~235.

모색되었던 것이다.[85]

더하여 생각해 볼 것이 당시 변모하기 시작한 지방통치의 방법이다. 선제시기 지방통치를 함축적으로 설명하는 존재는 바로 '순리(循吏)'다. 이들은 무제시기 법령의 엄격한 집행으로 지역사회를 통치했던 '혹리(酷吏)'들과는 달리 교화를 통해 지역을 통치하고자 하였다. 그런데, 이들의 교화란 단지 유가적 덕목인 예양(禮讓)에 의해서만 지역사회를 통치하는 것은 아니었다. 그들은 지역에 존재하는 고유한 통치질서와 구조를 이용하고자 하였다. 예를 들어 영천군(潁川郡)의 한연수(韓延壽)는 군내의 장로(長老)나 신망을 가진 이들을 초청하여 지역의 습속과 인민들의 고통에 대한 자문을 구하였으며,[86] 황패(黃霸)는 전통적으로 지역에서 지배력을 행사하던 부로(父老)·사수(師帥)·오장(伍長)과 같은 기층지배자를 관속(官屬)으로 두었다.[87] 요컨대 선제시기 순리들에 의해 행해진 지방통치의 특징은 지역사회의 존재방식을 정부가 인정하고 체내로 흡수하는 것이었다. 이러한 일련의 정책을 '호족(豪族) 세력에 대한 회유책'으로 볼 수도 있겠으나,[88] 결과적으로 이것이 지방이 가지고 있던 고유한 습속－지역의 관습법 또는 자연법－을 최대한 존중하는 형태의 교화를 가능하게 하였음은 분명하다.

또 한 가지 흥미로운 점은 기왕의 연구에서 지적하듯이 선제의 친정(親政) 이후 재상을 역임했던 4인－위상, 병길(丙吉), 황패, 우정국(于定國)－이 모두 지방 속리(俗吏) 출신으로 지방통치에 대해 잘 알고 있었다는 점이다.[89]

---

85) 유학의 발전이 월령적 통치의 기반이 된 것은 '유순하고 인자하며, 유학을 좋아했던(柔仁好儒. 『漢書』 卷9, 「元帝紀」, p.277)' 元帝와 '유가의 경서를 좋아했던(好經書. 『漢書』 卷10, 「成帝紀」, p.301)' 成帝때, 본격적으로 월령에 입각한 통치가 표방된 것을 통해서도 알 수 있다.

86) 延壽欲更改之, 教以禮讓, 恐百姓不從, 乃歷召郡中長老爲鄉里所信向者數十人, 設酒具食, 親與相對, 接以禮意, 人人問以謠俗, 民所疾苦, 爲陳和睦親愛銷除怨咎之路(『漢書』 卷76, 「韓延壽傳」, p.3210).

87) 置父老師帥伍長, 班行之於民間, 勸以爲善防姦之意, 及務耕桑, 節用殖財, 種樹畜養, 去食穀馬(『漢書』 卷89, 「循吏 黃霸傳」, p.3629).

88) 東晉次, 『後漢時代の政治と社會』(名古屋 : 名古屋大, 1995), p.45.

그들은 속리 출신으로서 지방 고유의 질서를 이용한 이치(吏治)에 능한 한편 유가적 소양도 보유함으로써 유가의 교설에 입각한 왕자(王者)의 세계를 구축할 능력도 갖추고 있었다. 아마도 이것이 선제시기에 월령에 입각한 통치라는 시대적 상황을 만들었을 것이고, 고대 자연법과 유가의 예적 세계가 결합한 『예기』「월령」의 출현배경이 되었을 것이다. 선제시기의 유가들은 유학의 이데올로기를 이용하여 국가구조를 구축하려고 하였고, 그 국가의 정점에 성왕(聖王)의 면모를 갖춘 천자를 위치시키려 하였다. 그리고 그 세계에는 천자를 도와 각기 맡은 바 역할을 다하는 관료들이 존재하였다. 이것을 예적 세계라 할 수 있다면『예기』「월령」은 당시 통치자들이 건설하고자 했던 예적 세계의 청사진이라고 할 수 있을 것이다.

이제 전한은 단순한 농사지침으로서의 월령이 아니라 국가의 구조를 설명하는 강령으로서의 월령을 갖게 된 것이다. 그러므로 전한정부가 그 월령을 현실에서 집행하고자 한 것은 자연스러운 일이다. 그 노력의 극적 완성은 왕망(王莽)에 의해 이루어지는데, 그는 찬탈자의 이름을 가진 채 가장 완비된 유교국가의 상을 제시하고자 하였다.[90] 바로 전한시기 월령사상의 완성이자 월령적 통치의 종합판이라고 할 수 있는「사시월령조조」가 반포된 것이다.「사시월령조조」는 평제 원시(元始) 5년(5) 태황태후(太皇太后)의 명의로 내려진 조를 각 지역에 전달한 명령문서다. 그 내용은 이미 살펴본 것처럼『여씨춘추』「십이월기」와『예기』「월령」과 거의 동일하다. 그러나 두 서적과의 차이도 분명히 발견된다. 기존의 연구는 그 차이를 ❶ 천자 이하 통치자의 활동은 생략하고, 인민에 관련된 조항이 선별된 것, ❷ 중앙관료가 아닌 지방관료가 수행해야 할 행위가 주종을 이루는 것, ❸ 관리가 지켜야하는 규범으로서의 모습이 두드러지는 것으로 분석하

---

89) 保科季子,「前漢後半期における儒家禮制の受容－漢的傳統との對立と皇帝觀の變貌」,『歷史と方法 方法として丸山眞男』(東京 : 青木書店, 1998), p.229.

90) 李成九,「王莽의 禪讓革命과 正統性」,『古代中國의 理解 3』(서울 : 지식산업사, 1997), p.348.

였다.[91]

이를 두고 유가경전에 보이는 이상사회의 복원을 통해 정통성을 확보하려고 하였던 극단주의적 형식주의로 평가할 수도 있겠으나,[92] 시령의 반포[班時令]를 이루어 내고 사시를 주관하는[主四時] 희화관을 설치한 일련의 행위에는 지속적으로 형성되어 온 월령사상의 완비라는 측면이 내포되어 있음 또한 부정할 수 없다. 즉 이것은 결코 갑작스럽게 등장한 불연속성의 결과물이 아닌 전한후기 일련의 예제개혁에 의해 왕자의 세계가 완비되면서 제출된 것이라고 할 수 있을 것이다. 또한 이것은 월령의 집행여부를 떠나 황제가 월령을 선포하고 사시의 주관자로 선 것을 의미하며, 월령을 전국에 내림으로 인해 제국 전역에 대한 지배권을 확립하고 확인한 것이기도 하다.

3절 후한시기 월령의 적용과 『사민월령』의 편찬

1. 후한 초 월령의 운용

후한 들어 월령과 관련하여 주목할 만한 것은 중앙정부 차원의 월령과 결부된 구체적 조치가 행해졌다는 점이다. 앞서 살펴본 왕망의 「사시월령조조」 역시 지방통치를 월령에 따라 행해야 한다는 관념이 투영된 것이기는 하지만, 그것은 관료의 행동규범일 뿐 실제적인 강제력을 가진 법령은 아니었다.[93] 또한 선언적인 조서의 반포 이외에 중앙의 구체적 조치가 수반된 것도 아니었다.

그러나 후한의 경우 월령이 중앙정부의 구체적 조치와 결부되고 있다.

91) 藤田勝久, 앞의 책, pp.490, 496.

92) 文貞喜, 앞의 글, p.102.

93) 이와는 달리 우진파는 「사시월령조조」를 詔令 형식으로 반포된 법률로 보았다. 그는 「사시월령조조」가 현실적 적용을 위한 操作性과 실용성이 강조된 것이라고 하였다. 于振派, 「從懸泉置壁書看《月令》對漢代法律的影響」, 『湖南大學學報』 16-5 (2002), p.24.

예를 들어 장제(章帝) 장화(章和) 원년(87) 가을, "이 달은 양로(養老)의 예를 행하는 달이니, 노인들에게 안석[几]과 지팡이[杖]를 주고 죽과 음식을 먹여주는 행사를 거행하라. 나이 많은 사람들에게 모두 포백(布帛) 각 1필씩을 사여하며 그들을 위해 술과 미음을 준비하라"는 조령(詔令)이 등장한다.[94] 그런데 이 조령에서 말하는 "이 달은 양로의 예를 행하는 달이니, 노인들에게 안석과 지팡이를 주고 죽을 먹여주는 행사를 거행하라"는 것은 『예기』「월령」 중추(中秋)의 달에 등장하는 "이 달에 양로의 예를 시행하니, 안석과 지팡이를 주고 죽과 음식을 먹여주는 행사를 거행한다[是月養衰老, 授几杖, 行麋粥飮食]"[95]는 구절을 그대로 인용한 것이다. 우리는 여기서 중앙정부가 구체적 대민정책을 집행함에 월령사상을 따르는 정도가 아니라 아예 월령류 저작에 기록되어 있는 월령의 내용을 그대로 정책의 내용으로 삼고 있음을 볼 수 있다.

이렇게 가을에 노인들에게 안석과 지팡이를 주며 죽을 먹여주는 양로의 예는 안제(安帝) 원초(元初) 4년(117)에도 진행되는데, 역시 「월령」의 동일한 구절을 인용하여 조서가 내려졌다. 이외 안제시기에는 「월령」을 이용한 또 다른 사례가 발견된다. 원초 6년 2월 조서에는 「월령」 중춘(仲春)의 "어린 것들을 보살펴 기르고, 많은 고아들을 보살핀다[養幼少, 存諸孤]"와 계춘(季春)의 "곤궁한 자에게 하사하며 가난한 자에게 진휼한다. 부녀의 일을 줄여 [누에치기를 권장하며], 정절이 곧은 부녀를 표창한다[賜貧窮, 賑乏絶, 省婦使, 表貞女]"[96]는 구절을 인용하며 빈곤(貧困)·고약(孤弱)·단독(單獨)에게 각기 3곡(斛)씩의 곡식을 내리고 정절이 곧은 부녀 중 절의(節義)있는 이에게 10곡을 하사할 것을 명하고 있다.[97]

---

94) 秋, 令是月養衰老, 授几杖, 行麋粥飮食. 其賜高年二人共布帛各一匹, 以爲醴酪(『後漢書』 卷3, 「章帝紀」, p.157).

95) 『禮記』, 「月令」, p.524.

96) 현행 『예기』 「월령」 季春條에는 '省婦使' 뒤에 '以勸蠶事'라는 구절이 따르며, '表貞女'라는 구절은 보이지 않는다. 『禮記』, 「月令」, p.485.

97) (春二月乙)卯, 詔曰 : 「夫政, 先京師, 後諸夏. 月令仲春『養幼小, 存諸孤』, 季春『賜貧窮,

이러한 월령을 인용한 조서가 장제시기와 안제시기에 등장한 것을 우연이라고 볼 수 있을까? 장제시기는 유술주의에 의한 유화책이 펼쳐졌던 시기다. 명제시기(明帝時期) 폐출되었던 제왕(諸王)의 세력이 복권되었고, 공신(功臣)에 대한 제국(除國) 조치는 폐지되었다. 지방 호족들에 대한 압박도 사실상 사라졌으며, 문속리(文俗吏)들이 퇴출되고 유술대리(儒術大吏)가 임용되었다.[98] 이는 무엇보다도 사회적으로 유학의 영향력이 커진 것과 장제 본인이 가지고 있던 유교적 소양에서 비롯된 일일 것이다. 그러나 법술주의자(法術主義者)였던 아버지 명제에 대한 관료들의 불만과 피로감 역시 무시할 수 없었을 것이다. 즉, 일련의 조치는 법술주의에 기초해 각박했던 명제시대에 대한 반성의 결과로 파악할 수도 있을 것이다.[99]

안제시기 「월령」의 내용을 직접 인용하여 중추에 양로의 예를 행하고 봄에 진휼이 행해진 것은 모두 원초 연간이다. 이 시기는 등태후(鄧太后)가 보정(輔政)이었던 그의 형 등즐(鄧騭)을 무력화시키고 모든 권력을 장악하기 시작할 때였다.[100] 자연히 조정의 관료들은 황태후의 권력 장악에 대해 비판하였고, 등태후는 이들에 맞서 자신이 공적(公的) 세계의 수호자 혹은 유교세계의 수호자임을 보여주어야 할 필요가 있었다. 원초 연간 조서를 통해 고급관리의 삼년상(三年喪)을 허용한 것은 그 대표적인 사례일 것이다.[101] 이와 더불어 원초 연간에 있었던 「월령」과 관련한 일련의 조서도

賑乏絶, 省婦使, 表貞女』, 所以順陽氣, 崇生長也. 其賜人尤貧困·孤弱·單獨穀, 人三斛 ; 貞婦有節義十斛, 甄表門閭, 旌顯厥行.」(『後漢書』 卷5, 「安帝紀」, pp.229~230).

98) 東晉次, 앞의 책, pp.61~65.

99) 章帝素知人厭明帝苛切, 事從寬厚(『後漢書』 卷3, 「章帝紀」, p.159).

100) 『後漢書』 「鄧騭傳」의 鄧騭이 모친상 후 輔政으로 복귀하라는 명을 사양한 후 조령을 거두었다는 기사와 安帝의 유모가 안제가 자라면서 不德한 모습을 보여 태후가 歸政하지 않자 廢位를 두려워했다는 기사는 당시 권력이 鄧太后에게 있었음을 알려준다. 及服闋, 詔喩騭還輔朝政, 更授前封. 騭等叩頭固讓, 乃止(p.615) ; 帝少號聰敏, 及長多不德, 而乳母王聖見太后久不歸政, 慮有廢置(p.616).

101) (元初三年十一月)丙戌, 初聽大臣·刺史行三年喪. 〈文帝遺詔以日易月, 於後大臣遂以爲常, 至此復遵古制也〉(『後漢書』 卷5, 「安帝紀」, p.226).

우연의 산물이 아니라 등태후 자신이 유교이념의 수호자이자 실현자임을 보이고, 당시 사대부들의 도덕적 기준을 충족시키기 위해 발표된 것이 아닐까 한다.[102] 요컨대 등태후는 『예기』「월령」의 내용을 그대로 현실에서 실현함으로써 천을 대신하여 천의 명령인 월령을 반포하여 천하를 다스린다는 유가의 월령적 세계의 실현자로서 자신을 위치시키고자 한 것이다.

이상의 사례를 통해 우리는 후한시기 세 차례의 월령과 결부된 조치가 모두 정치적 필요에 의해 유교를 선양한 두 권력자에 의해 행해졌음을 알 수 있다.[103] 그런데 흥미로운 것은 이렇게 월령을 이용한 조치가 취해지는 것과는 달리 명제시기 이후로 월령을 반포한 '반시령(班時令)'의 모습이 발견되지 않는다는 점이다.[104] 왕망의 「사시월령조조」가 극단적 형식주의로 평가되고 있지만, 그것은 상징적이나마 황제가 관리를 통해 인민의 생활 하나하나를 통제하고 있음을, 또한 황제가 월령적 세계의 중심임을 보여주었다는 의미를 갖는다. 그러나 후한에서는 장제 이후 월령을 이용한 구휼의 지침이 등장하기는 하지만 전국적인 통치지침으로서의 월령이 정부에 의해 반포된 흔적을 찾을 수 없다. 그래서인지 『후한서』「예의지」는 각 달의 행위들을 월령형식에 의해 정리하고 있지만 전대의 월령류 저작과는 확연히 다른 점을 보인다. 이 문제를 살펴보자.

2. 『후한서』「예의지」의 구성

편의를 위해 『후한서』「예의지」의 내용을 다음과 같은 표로 구성해

---

102) 히가시 신지는 안제가 親政 가능한 연령이 되었음에도 등태후가 臨朝稱制할 수 있었던 것은 竇憲의 실패를 거울삼아 鄧氏 집단이 유가관료와 협력관계를 이루어냈기 때문이라고 분석하였다. 東晉次, 앞의 책, p.207.

103) 이것은 王莽도 마찬가지로, 세 통치자가 처했던 정치적 상황을 고려하면 당시 월령적 통치가 천자를 公的 세계의 수호자 혹은 儒教의 수호자로 위치시키는 중요한 내용이었음을 알 수 있다.

104) 今令月吉日, 宗祀光武皇帝於明堂, 以配五帝. 禮備法物, 樂和八音, 詠祉福, 舞功德, 班時令, 敕群后(『後漢書』 卷2, 「明帝紀」, p.100).

보았다.

<표 1-2-5> 『후한서』 「예의지 상·중」의 구조

시기		해당 시기 천상 및 오행, 자연 상태	해당 정령	천자의 행위 및 담당관원의 제도	위령(違令)	기타
합삭(合朔)		없음	없음	㉠(太史)上月曆 ㉡(有司·侍郎·尙書) 讀月令	없음	執事者의 의복 규정
봄	입춘	없음	㉠勸農 ㉡勿案驗 ㉢進柔良	㉠迎春儀式 ㉡大赦免	없음	迎春儀禮 규정
	정월 상정(上丁)	없음	없음	㉠五供 ㉡上陵禮		上陵禮, 齋戒 규정
	정월 갑자(甲子) 병인(丙寅)	없음	없음	加元服	없음	元服禮 규정
	정월	없음	없음	天郊祀	없음	夕牲禮 규정
	정월	없음	勸民始耕	籍田禮	없음	
	2월	없음	없음	立高禖祠, 祀以特牲	없음	
	3월	없음	없음	㉠養三老·五更 ㉡大射禮 ㉢鄕飮酒禮	없음	養三老·五更의 의례 규정
	3월	없음	없음	親蠶禮, 祠先蠶	없음	
	삼월 상사(上巳)	陽氣布暢	없음	祓除	없음	
여름	입하	없음	없음	郊祀	없음	郊祀禮 규정
	입춘~입추	없음	上雨澤	雩禮	없음	雩禮 규정
	불명확	없음	없음	拜皇太子之儀	없음	拜皇太子之儀 규정
	불명확	없음	없음	拜諸侯王公之儀	없음	拜諸侯王公之儀 규정
	5월	萬物方盛	없음	釁鍾, 桃印	없음	
	하지	陰氣萌作	㉠禁擧大火 ㉡止炭鼓鑄	없음	없음	

			㉢絶止消石冶 ㉣浚井改水			
	입추 18일전	없음	없음	郊黃帝	없음	
가을	입추	없음	없음	㉠迎秋儀式 ㉡白郊禮 ㉢揚威武(斬牲禮 포함)	없음	迎秋儀禮, 斬牲禮 규정
	8월	없음	案戶比民	養老, 祀老人星	없음	養老禮 규정
	9월	없음	없음	祠星(于心星廟)	없음	
겨울	입동	없음	없음	迎冬儀式	없음	
	동지 전후	없음	없음	百官絶事 不聽政	없음	變服 규정
	동지	陰陽長短之極	없음	冬至禮	없음	冬至禮 규정
	12월	星廻歲終, 陰陽以交	없음	大享 臘	없음	
	납일(蠟日) 1일전	없음	없음	大儺	없음	大儺禮 규정
	12월	없음	없음	送寒儀式	없음	送寒禮 규정
	불명확	없음	없음	饗遣故衛士儀	없음	饗遣故衛士儀 규정
정월		없음	없음	大朝受賀	없음	朝賀禮 규정

표를 보면 알 수 있는 것처럼 시후와 같은 농사력의 모습은 전혀 찾아볼 수 없을 뿐더러 매달 내려지는 정령마저도 찾아보기 힘들다. 오직 표에서는 황제와 담당관의 제도만이 두드러지는데, 국가제사에 관한 내용이 많다.[105)]이것과 관련해 직접적인 연관은 없지만 후한 후기 전국적인 진휼이 행해지지 않았던 것에 대한 우에다 사나에[上田早苗]의 지적은 매우 의미 있다. 그는

105) 이와 관련하여 『후한서』 「禮儀志」의 근본적인 저술목적이 제사의 수행방식을 중점적으로 기술하기 위한 것이기 때문이라는 분석이 있을 수 있겠다. 그러나 『후한서』에 제사와 관련한 「祭祀志」가 이미 있다는 점과 하필 「예의지」를 월령의 형식으로 저술하였다는 점을 고려하면, 당시 제사가 황제의 월령 중 가장 중요한 내용으로 인식되었던 것은 아닐까 한다. 따라서 『후한서』 「예의지」를 통해 후한시기 변화된 월령의 상을 추적하는 것이 전혀 무의미한 작업만은 아니라고 생각한다.

환제(桓帝)와 영제시기(靈帝時期)를 '환관(宦官)이 조정을 독단하고, 한조정을 사물화(私物化)했던 시기'였다고 하면서, 중앙이 환관인 중상시(中常侍)에 의해 장악당하고 주군(州郡)에서는 그들의 자제와 빈객(賓客)들이 지방관이 되어 재리(財利)를 독점하고 있었던 상황 속에서 중앙정부에 의한 지방의 구휼은 엄두를 낼 수 없는 일이었다고 분석하였다.[106] 우에다 사나에의 분석을 빌린다면 조정이 환관일파에 의해 장악되면서 유교적 교화정치의 척도라 할 수 있는 월령적 통치가 포기된 것이다. 그렇다면 중앙의 월령적 통치의 포기라는 상황이 후한 월령의 성격을 변화시켰을 것이고, 그것은 이후 구체적인 농사력으로서의 성격을 배제한 월령류 저작이 등장하는 원인이 되었을 것이다.

확실히 유가관료들의 정치적 위축은 중앙정부의 월령적 통치의 집행여부에 영향을 미쳤을 것이다. 그러나 필자는 다른 한편 후한시기 월령적 통치에 대한 위정자의 관심이 증대한 것과는 별개로 중앙이 그 통치의 최종집행자로 존재하지 못했을 가능성을 생각해 보고자 한다. 즉 전한과는 달리 후한 들어 지방의 자율성이 확대되면서 중앙이 지방행정을 장악하지 못하고, 그에 따라 정령을 지방관을 통해 전국에 집행하지 못했던 상황을 가정해 보고자 한다.

농업생산과 관련된 일들이 전한시기 소부(少府) 직속의 도수관(都水官)에서 후한시기 군국(郡國)으로 이전됨으로 인해, 대부분의 농지개발과 수리사업들이 지방장관 자율에 의해 처리할 수 있는 사항이 되었던 것에서도 알 수 있듯이 후한 들어 지방의 자율성이 확대되었다.[107] 특히 장제시기를 기점으로 지방의 권한은 점차 확대되어 자사(刺史)와 태수(太守)는 주와

106) 上田早苗, 「「月令」と後漢社會－救恤をめぐって」, 『中國士大夫階級と地域社會との關係についての總合的研究, 昭和57年度科學研究費補助金總合研究(A)研究成果報告書』(1983), p.46.

107) 가미야 마사카즈는 이러한 지방의 자율성이 확대되는 것을 光武帝·明帝時期 이후로 보았다. 紙屋正和, 「後漢時代における郡縣政治の展開」, 『呴沫集』 11(2004), pp.265~266, 264.

군에서 멋대로 권력을 휘두르게 되었다.[108] 아마도 이것은 중앙의 정령이 지방에 침투되기 어려운 지형을 만들어냈을 것이다. 그 결과 후한정부는 왕망과 같이 전국적으로 지방통치의 규범을 반포하지 못하였을 것이다. 이념적이나마 후한대 월령이 반포되었던 것이 명제시기였던 것은 전국적 월령의 반포가 지방행정이 중앙에 의해 규제될 때 가능한 사업이라는 것을 알려준다. 따라서 장제기 이후 지방의 권한이 확대되고 호족의 영향력이 정치에 영향을 미치게 되면서 후한정부의 월령은 지방통치의 지침에 관한 내용을 담보하지 못한 채 다른 쪽의 부분을 강조하고 발전시키게 되었을 것이다.

그것이 바로 제사다. 후한시기에 비로소 제사가 중시된 것은 아니다. 전한 문제시기 황룡(黃龍)의 출현을 계기로 전원(前元) 15년(기원전 165) 옹오치(雍五畤)에서 교사(郊祀)를 지낸 것을 시작으로, 경제도 중원(中元) 6년(기원전 144), 옹오치에서 교사를 지낸다. 이후 무제(武帝)는 옹오치의 제사를 정기적으로 3년에 한 번 지내고[3세(歲) 1교(郊)], 감천태치(甘泉泰畤)와 분음후토사(汾陰后土祠)를 창설하여 천지에 대해 제사지내게 된다. 그러나 이 제사들은 아직 완전히 유교에 의해 해석되지 못하였다. 이 일련의 제사를 유교의 경의(經義)에 따라 설명하고자 하는 노력은 성제시기 광형(匡衡)에 의해 남북교(南北郊) 조역(兆域)을 설치하는 것으로 나타났지만, 이것은 설치와 폐지를 거듭하며 성공하지 못한다.[109] 그리고 결국 원시 5년(5) 왕망에 의해 장안의 남북교가 회복되면서 일련의 교사개혁은 일단락된다. 후에 '원시고사(元始故事)'라는 이름으로 계승되는 왕망의 이 행위는 경의에 의해 교사를 확립한 것으로 이해된다.

이렇듯 유교가 확립되기 전부터 제사는 황제들에게 중요한 정치적 행위로

---

108) 今刺史太守專州典郡(『後漢書』 卷24, 「馬嚴傳」, p.860).

109) 그러나 고지마 쇼지는 성제시기 匡衡에 의해 건의된 南北郊 兆域 설치마저 특정한 유가 經典을 근거로 하고 있는 것은 아니라고 하였다. 小島毅, 「郊祀制度の變遷」, 『東洋文化硏究所紀要』 108(1989), p.129.

이해되고 있었는데, 그 이유는 황제가 하늘에 제사를 지냄으로 인해 권력의 정통성을 확보할 수 있었기 때문이다. 즉, 황제는 수명천자로서의 권위를 하늘에 제사함으로써 확보할 수 있었던 것이다. 실제로 후한시기 중앙이 현실적 한계로 인해 지방통치 부분을 담보하지 못하게 되면서, 월령이 오히려 다른 시기보다 천자의 권위를 하늘로부터 부여받는 제사에 대한 부분을 강조했을 가능성은 충분히 존재했을 것이다. 그 결과 채옹에 의해 「예의지」의 모습이 갖춰지면서[110] 제사 관련 내용이 두드러지는 모습이 되었을 것이다.

3. 『사민월령』의 성격

한편, 중앙의 월령이 제사 관련 내용만을 강조함에 따라, 지방관들은 지방통치의 실무자로서 농사력의 필요가 절실하였을 것이다. 특히 당시 지방관들이 농업의 실질적 실무담당자였기에 농업의 지침이 되는 월령의 필요는 항상 존재하였을 것이다. 당시 지방관들이 농업의 실무자이자 대단한 기술자였음은 다음의 기사들이 잘 알려준다.

① [등신(鄧晨)을] 다시 파견하여 여남군(汝南郡)으로 돌려보냈다. 등신이 홍극피(鴻郤陂)의 공사를 일으켜 수천 경(頃)의 밭에 물을 대니 여하(汝河) 일대가 풍족하게 되었고, 선어(鮮魚)와 쌀의 넉넉함이 다른 군에까지 흘러 넘쳤다.[111]

② 장화(章和) 원년(87), 광릉태수(廣陵太守)로 옮겼다. 당시 곡물이 귀해 백성이 굶주리니 [마릉(馬棱)은] 염관(鹽官)을 폐지하여 백성이 이익을

110) 謝沈에 의하면 『후한서』「예의지」는 胡廣에 의해 기초가 닦이고, 蔡邕에 의해 志의 모습을 갖추게 되었다. 太傅胡廣博綜舊儀, 立漢制度, 蔡邕依以爲志, 譙周後改定以爲禮儀志(『後漢書』 志4, 「禮儀上」, p.3101).

111) 復遣歸郡. 晨興鴻郤陂數千頃田, 汝土以殷, 魚稻之饒, 流衍它郡(『後漢書』 卷15, 「鄧晨傳」, p.584).

볼 수 있게 할 것과 가난하고 병든 이들을 진휼하며 부세(賦稅)를 경감할 것을 건의하였다. 저수지와 호수를 정비하는 공사를 행하여 전 2만여 경에 물대니 관리와 백성이 그 공덕을 돌에 새겨 칭송하였다.[112)]

③ 건무(建武) 7년(31), 남양태수(南陽太守)로 옮겼다. … [두시(杜詩)가] 물의 힘으로 작동하는 풀무를 만들어 농기구를 주조하여 적은 힘을 들이고도 많은 성과를 내니 백성들이 그것을 편해하였다. 또 저수지와 못을 정비하여 토지를 확장하니 군 내의 모든 집이 풍족하게 되었다.[113)]

④ 돌아와 거록태수(鉅鹿太守)에 배수되었다. 당시는 막 기근이 끝난 후라 백성들이 떠돌아 흩어져 호구수도 또한 줄었다. 이에 번준(樊準)이 농상(農桑)을 독려하고, 널리 방책을 시행하니 1년 만에 곡식이 풍부해져 가격이 수십 배 싸졌다.[114)]

⑤ [하창(何敞)이] 1년여가 지나 여남태수로 옮겼다. … 또 동양(鮦陽)의 오래된 수로를 수리하니 백성이 그 이로움에 힘입어 밭을 개간하여 3만여 경이 증가하였다.[115)]

⑥ 최원(崔瑗)이 급령(汲令)이 되고 이에 도랑을 개착하여 논을 조성하니 척박한 황무지가 다시 옥토가 되어 백성들이 이로움을 얻게 되었다.[116)]

⑦ 나가 오원태수(五原太守)가 되었다. 오원 땅은 삼과 모시를 기르는

112) 章和元年, 遷廣陵太守. 時穀貴民飢, 奏罷鹽官, 以利百姓, 賑貧羸, 薄賦稅, 興復陂湖, 溉田二萬餘頃, 吏民刻石頌之(『後漢書』 卷24, 「馬棱傳」, p.862).

113) 七年, 遷南陽太守 … 造作水排, 鑄爲農器, 用力少, 見功多, 百姓便之. 又修治陂池, 廣拓土田, 郡內比室殷足(『後漢書』 卷31, 「杜詩傳」, p.1094).

114) 還, 拜鉅鹿太守. 時飢荒之餘, 人庶流迸, 家戶且盡, 準課督農桑, 廣施方略, 朞年閒, 穀粟豐賤數十倍(『後漢書』 卷32, 「樊準傳」, p.1128).

115) 歲餘, 遷汝南太守 … 又修理鮦陽舊渠, 百姓賴其利, 墾田增三萬餘頃(『後漢書』 卷43, 「何敞傳」, p.1487).

116) 崔瑗爲汲令, 乃爲開溝造稻田, 薄鹵之地更爲沃壤, 民賴其利(『太平御覽』 卷268, 「職官部」, p.1155下).

데 적합하나 지역민은 방적에 대해 알지 못하여 백성들이 겨울이면 의복이 없어 세초(細草)를 쌓고 그 안에서 잠을 잤고, 관리를 볼 때는 풀을 몸에 두르고 나왔다. 최식(崔寔)이 부임하여 관부에 비축되어 있던 물건을 팔아 백성들을 위해 방적(紡績) 기구들을 만들어 가르치니 백성들이 추위의 고통을 면할 수 있게 되었다.117)

인용문들은 모두 후한대 지방관의 행적을 묘사한 것들로, 기사 안에서 지방관들은 권농(勸農)·권상(勸桑), 또는 신기술을 통한 농기구의 주조, 관개(灌漑)를 통한 농지의 확장, 방적기술의 교육 등과 같은 부임지에 맞는 통치방법을 통해 성과를 내고 있다. 이것은 후한의 지방관들이 임지마다 다른 상황이나 토질조건에 따른 농업기술에 주의를 기울이고 있었음을 말해주며, 그 방면의 지식을 축적하기 위해 노력하였음을 말해준다.118) 이런 상황은 아무래도 후한 들어 지방통치의 중심이 호족출신의 지방관이었던 것과 무관하지 않을 것이다. 당시 지방관들은 대부분 자신들의 가산(家産)을 증식하기 위해 농업실무에 대해 어느 정도의 지식을 가지고 있었던 것으로 보인다.

대표적으로 인용문 ④의 번준은 남양(南陽) 호양(湖陽) 출신 번굉(樊宏)의 족증손(族曾孫)이다. 기록에 의하면 지역의 저성(著姓)이었던 번씨 집안은 대대로 농사에 뛰어났고, 재산을 불리는 것을 좋아했다고 한다.119) 또한

---

117) 出爲五原太守. 五原土宜麻枲, 而俗不知織績, 民冬月無衣, 積細草而臥其中, 見吏則衣草而出. 寔至官, 斥賣儲峙, 爲作紡績·織絍·綀縕之具以敎之, 民得以免寒苦(『後漢書』 卷52, 「崔寔傳」, p.1730).

118) 와타베 다케시는 崔寔이 『政論』에서 三輔와 遼東의 쟁기(犁)의 기능차를 주목한 것을 당시 지방관이 임지에 따른 농업기술에 주의하고 그 방면의 지식을 축적하려고 노력한 증거로 보았다. 渡部武, 「『四民月令』に見える後漢時代の豪族の生活」, 『中國前近代史硏究』(東京 : 早稻田大, 1980), p.91. 이와 관련하여 최식이 요동의 쟁기 사용법에 대한 정보를 가지고 있었던 것이 주목된다. 비록 그는 모친상으로 부임하지는 못했지만 遼東太守에 배수되었다. 아마도 그는 요동태수로 부임하기 위해 요동의 상황에 대한 정보를 수집하였을 것인데, 그 때 요동에서는 삼보와는 달리 쟁기를 소 두 마리에 걸어 사용하는 것을 알았을 것이다.

119) 爲鄕里著姓 … 世善農稼, 好貨殖(『後漢書』 卷32, 「樊宏傳」, p.1119).

인용문 ②의 마릉 역시 부풍(扶風) 무릉인(茂陵人) 마원(馬援)의 족손(族孫)인데, 마원은 목축과 농경에 뛰어나 우마(牛馬)가 수천 마리에 이르고 곡식 역시 수만 곡이었다 한다.[120] 자연히 이들 번준이나 마릉은 집안의 농경이나 목축의 실무에 대해 지식을 습득하였을 것이고, 이것이 지방관으로 부임하고 있을 때 발휘되었을 것이다. 이것은 대대로 2천석 관리를 배출했던 남양 신야(新野)의 저성이었던 등신에게도 해당될 것이며, 역시 탁군(涿郡) 안평현(安平縣) 출신의 최원과 최식 부자도 마찬가지였을 것이다. 다시 말해 후한시기 사실상의 지방지배자였던 호족들은 자신의 부의 축적을 위해서, 또는 지역민과의 친화 및 지역사회 안정을 위해서도 농업생산에 대한 지식을 생산하고 축적했을 것이고, 그 지식들은 그들이 지방관이 되었을 때 사용되었을 것이다.

이렇듯 농업에 전문적 지식을 갖추고 있던 지방관들에게 월령은 농업의 매뉴얼이자, 유가의 덕치(德治)를 구현하는 상징물이었다. 그러나 그것이 중앙으로부터 하달되지 못하면서 그들은 자신의 지역에 필요한 월령의 창조자이자 구현자가 될 필요에 직면하게 되었을 것이다. 사실 전한시기 일련의 월령류 저작에서 보여주는 시기에 따른 정령이 중국 전역에 모두 적합한 내용은 아니었을 것이다. 이것들은 일부 한정된 지역에서 실행하기에 적합한 것들로 추정된다. 그 좋은 예로 최식의 『사민월령』을 보면, 그는 『사민월령』의 내용들이 낙양(洛陽)에 부합하는 방법이라 하며 기주(冀州)는 먼 지역으로 그 춥고 더움이 각기 달라 그곳에서는 효용을 갖지 못한다고 특별히 주(注)를 달아 기록하고 있다.[121] 즉 지역별 차이에 따른 농업의 지침이 필요함을 역설한 것이다. 이러한 인식이 비단 최식만의 생각은 아니었을 것이다.

따라서 지방통치의 최전선에서 농업생산의 책임을 맡고 있었던 지방관들에게는 지역적 특성에 맞는 농사력이 필요했을 것이다. 그리고 그것은

120) 因處田牧, 至有牛馬羊數千頭, 穀數萬斛(『後漢書』 卷24, 「馬援傳」, p.828).

121) 此周雒京師之法. 其冀州遠郡, 各以其寒暑早晏, 不拘於此也(『四民月令』, p.11).

〈칠월시〉와 같은 초기의 순수한 농사력은 아니었을 것이다. 자연히 그들에게는 지금까지의 월령사상을 종합하면서도 구체적인 지침이 될 수 있는 농사력을 만들 필요가 있었을 것이다. 필자는 그 결과물을 『사민월령』으로 파악하고자 한다. 그 동안 『사민월령』에 대해서는 호족들의 장원(莊園) 경영에 관한 지침서이자 생활지라는 분석이 대종을 이루었지만, 이것이 호족의 농업경영론이기보다 지방관의 통치지침이었다는 또 다른 지적은 이와 같은 후한의 상황에 비추어 보면 그 설득력이 적지 않다.[122] 어떤 의미에서 이러한 상황은 월령의 주체로서 왕자의 역할과 지방관의 역할이 각기 분화된 것을 말해주는데, 궁극적으로는 중앙이 지방을 장악하지 못했기 때문에 발생한 일일 것이다.

122) 藤田勝久, 「四民月令の性格について」, 『東方學』 67(1984).

2부

사대부의 정치적 성장과 예학의 발전

1장 대덕의 『상복변제』와 전한후기 예학의 발전

군주(君主)가 예(禮)를 권력의 근거이자 통치의 청사진으로 사용하였다면, 사대부(士大夫)들은 그를 통해 사회의 정합적(整合的) 구조를 구현하고자 하였다. 이것은 존비귀천(尊卑貴賤)의 질서를 세움으로써 천하의 태평을 이룰 수 있다는 안정화된 서열사회에 대한 그들의 이상에 기인한 것이다. 사대부들은 일찌감치 예와 예제(禮制)에 대한 이론을 체계화하려고 노력하였다. 그리고 그들은 곧 중국 고대 예학(禮學) 발전의 중요한 역할을 담당하게 되고, 공자(孔子) 이래 중국의 우위를 예의국(禮儀國)에서 찾는 사고의 근간을 세운다. 따라서 사대부의 등장과 사대부들의 정치적 자각에 따라, 어떠한 예적 질서를 수립하려고 했는지를 살펴보는 일은 예제와 예학발전사를 복원하는 중요한 작업임은 물론이고, 중국 고대 지식인들의 지적 전통을 확인할 수 있는 작업이 될 것이다.

2부에서는 사대부의 등장과 정치적 각성에 따른 예학발전의 추이를 확인하고자 한다. 특히 이 장에서는 성장하는 사대부들이 정치적 존엄을 보장받기 위해 어떠한 노력을 기울였는가를 한 서적의 출현을 통해 살펴보고자 한다. 이를 통해 전한시기(前漢時期)를 예학발전의 불모지로 인식하던 통설에 다소의 이의제기도 가능하리라고 생각한다.

『예』 관련 저작이 53부(部) 311권이나 저술되어 명실상부하게 예학의 시대라 불리는 위진남북조시기(魏晉南北朝時期)의 예학 및 예제에 대한 왕성한 연구와는 달리 한대(漢代) 그것에 대한 연구는 소략한 편이다. 그 이유로는 우선 양한시기(兩漢時期) 예제가 완비되지 못했던 것과 예학의 이론이 체계화되지 못했던 것을 들 수 있을 것이다. 더하여 전한후기 원(元)·성제시기(成帝時期) 행해진 예제개혁에 대한 연구자들의 예외 없는 관심도 한대 예학연구의 장애로 작용한 것 같은 인상이 강하다. 알려진 것처럼 기존 연구들은 다소의 차이는 있지만 공통적으로 원·성제시기에 행해진 예제개혁에 의해 전한의 예제가 비로소 유가의 이념을 체현하게 되었다고 보았다.[1] 따라서 한대 예제와 예학에 관한 연구는 대부분 원·성제이후에 집중되어 있는 상태다. 이러한 단절론에 의해 전한시기 예제와 예학의 발전을 재단하는 연구경향은 결국 전한의 예제논의가 원제 이후에 비로소 시작되었다는 단정적인 연구결과로 나타나기도 하였다.[2]

그러나 선제시기(宣帝時期) 개최된 석거각회의(石渠閣會議)에 많은 예학가(禮學家)들이 참석하여 예집행의 원칙들을 논의하고 확정한 사실은 전한의 예와 예학이 이미 원·성제 이전 사회적 논의를 필요로 하는 단계였음을 알려준다. 특히 논의가 향사례(鄕射禮), 계사(繼嗣), 상복례(喪服禮), 관례(冠禮), 제천(祭天), 종묘의론(宗廟議論), 오사(五祀) 등 꽤 다양한 분야에 걸쳐 이루어진 것을 통해 이 시기 예학의 필요가 사회 전 방위에 걸쳐 있었음을 알 수 있다. 따라서 석거각회의의 예분과 토론 결과물인 『석거예론(石渠禮

1) 대표적으로는 다음의 연구가 있다. 西嶋定生, 「皇帝支配の成立」, 『世界歷史4 東アジア世界の形成』(東京 : 岩波書店, 1970) ; 板野長八, 「前漢末における宗廟·郊祀の改革運動」, 『中國古代における人間觀の展開』(東京 : 岩波書店, 1972) ; 南部英彦, 「前漢後期の宗廟制論議等を通して見たる儒教國敎化 ― その親親·尊尊主義の分析を軸として ―」, 『日本中國學會報』 51(1999). 이들 연구들은 元·成帝時期 前漢의 禮制가 儒家의 이념을 체현하게 되었다는 주장을 뒷받침하기 위해 武帝時期에 제정된 예제의 方術的·異端的 특징을 부각하곤 한다. 무제시기 예제의 방술적·이단적 특징을 고찰한 연구로는 金子修一, 「漢代の郊祀と宗廟と明堂及び封禪」, 『日本古代史講座9 東アジアにおける儀禮と國家』(東京 : 學生社, 1982) ; 李成九, 「武帝時期의 皇帝儀禮」, 『東洋史學研究』 80(2002)이 있다.

2) 錢穆, 「劉向歆父子年譜」, 『兩漢經學今古文平議』(北京 : 商務, 2001), p.29.

論)』은 당시 예와 예학의 발전을 짐작할 수 있는 매우 중요한 자료라 하겠다.

하지만 석거각회의가 일회적 성격의 학술회의였고, 『석거예론』마저 전체 의주(議奏) 중 일부만이 남아 있는 상태라 이를 통해 전한시기 예와 예학발전의 일단을 파악하기는 좀처럼 쉽지 않다.[3] 또한 남아 있는 것들 중에도 논의과정을 완전히 보여주는 것이 적고, 논의 역시 예의 이념과 근본에 대한 체계적인 것이 아니라 개별적인 사안에 대한 것들이란 점도[4] 당시 예학발전의 전말을 복원하기 어렵게 하는 원인이 되고 있다. 그래서 한대 사상사에서 차지하는 중요도에 비해 석거각회의에 대한 전론(專論)도 생각보다 많지 않고[5] 『석거예론』의 성격을 분석한 연구는 더더욱 찾아보기 힘들다.[6]

그런데, 『석거예론』에 실린 논의가 주로 개별적인 사안에 대한 것들이란 점은 당시 사회가 필요로 하고 있던 예 또는 예학의 수준을 보여주는 것이라 생각된다. 요컨대 아직까지 전한의 예는 국가의 운영원리, 또는 사회 구성원리의 역할을 담당하기 보다는 특정한 필요에 따라 상황의 요구를 충족시키는 임시방편의 권의적(權宜的) 성격이 강했던 것 같다. 그러나

---

3) 『石渠禮論』에 대한 專論으로는 거의 유일한 연구라고 할 수 있는 金容天의 「「石渠禮論」의 分析과 前漢시대 禮治 理念」(『東方學志』 137, 2007) 또한 주로 논의된 내용들의 經學的 근거를 살펴보고 있어, 당시 논제들이 어떠한 시대적 필요에 의해 제기되었는가 하는 부분에 대해서는 정보를 얻기 힘들다. 이 글은 이후 저자의 『前漢後期 禮制談論』(서울 : 선인, 2008)에 수록되는데, 책에서는 2008년 글을 이용하였다.

4) 辺士名朝邦, 「石渠閣會議の思想史的位置づけ－穀梁學および禮議奏殘片を通じて－」, 『哲學年報』 36(1977), p.145.

5) 石渠閣會議를 전론으로 다루고 있는 글로는 辺士名朝邦, 위의 글 ; 福井重雅, 「石渠閣論議考」, 『儒·佛·道三敎思想論攷 : 牧尾良海博士喜壽記念』(東京 : 山喜房佛書店, 1991) ; 陳貴麟, 「管窺「西漢石渠閣會議」」, 『中國學術年刊』 15(1994) ; 李世東, 「石渠閣 經學會議에 대한 一考察」, 『中國語文學』 43(2004) 등을 들 수 있다.

6) 전론으로는 앞의 김용천의 글을 들 수 있으며, 벤토나 도모쿠니(辺士名朝邦)의 글도 부분적으로 『석거예론』에 대해 논하고 있다. 陳貴麟의 글도 『석거예론』을 언급하고 있으나 版本 문제만으로 국한되어 있다.

이러한 한계가 있음에도 전한의 예학발전을 부정할 순 없다. 왜냐하면 개별적인 사안이나마 국가가 개최한 회의에서 예가 논의되었다는 것은 그것이 본격적으로 행위의 근거로 작용하기 시작했다는 것을 의미하기 때문이다. 이것은 유학(儒學)이 경학(經學)으로 발전하고 사회적 영향력이 확대되며 생긴 일일 것이다. 또 한편으로는 예를 자신의 행위 근거로 삼고, 그것에 의해 자신의 권리를 보장받으려는 새로운 사회계층의 출현과도 관계있을 것이다. 따라서 이 장에서는 선제시기의 예학발전을 살펴 사대부들의 정치적 각성과 유학의 내발적(內發的) 전개과정을 확인해 보고자 한다.

이런 의미에서 당시 사회적으로 가장 많이 요구되던 상복례[7]와 관련하여 중국사 최초의 상복서(喪服書)가 이 시기에 편찬되었다는 점은 주목할 만하다. 바로 『대대례기(大戴禮記)』의 찬술자인 대덕(戴德)에 의해 『상복변제(喪服變除)』가 편찬된 것이다. 『상복변제』는 우리에게 선제시기를 전후하여 전한사회가 어떤 사회적 변화에 따라 상복례를 필요로 하였는지, 또는 상복례를 통하여 당시 사대부들이 어떤 예적 질서를 수립하려고 했는지에 대한 단서를 줄 것이다.

그러나 『상복변제』 역시 전문이 남아 있는 것이 아니어서, 이를 통해 당시 예의 사회적 필요와 예학의 발전정도를 가늠하는 것이 쉽지 않다. 또한, 아쉽게도 지금까지 『상복변제』에 대한 전론 역시 없는 상태다.[8] 따라서 다소 번잡스럽지만 남아 있는 『석거예론』과 『상복변제』의 내용을 비교하는 우회적인 방법을 사용하고자 한다. 우선은 석거각회의가 개최되기 전의 상황을 개괄하여 『석거예론』이 등장할 수 있었던 사회적 조건을

7) 후술하겠지만 『석거예론』의 殘文 중 다수를 차지하는 것은 喪服禮로 전체 22개 조 중 15개 조가 상복례를 다루고 있다. 이것은 그만큼 사회적으로 상복례가 중요한 의미를 지니고 있었음을 의미할 것인데, 아마도 상복례가 다른 어떤 儀禮보다도 儒家의 '親親尊尊'을 가장 잘 실현한다는 점에서 기인한 것이 아닐까 한다.

8) 戴德과 『喪服變除』를 다룬 화우근의 글이 있기는 하지만 『상복변제』가 어떤 내용을 다루고 있는지 간략하게 언급한 채, 대덕의 禮學에서 상복례가 중요한 비중을 차지했다는 일반적인 결론을 내리고 있다. 華友根, 「戴德的喪服主張及其『大戴禮記』」, 『學術月刊』 97-11(1997) 참조.

살펴보고자 한다. 그 속에서 『상복변제』가 출현하게 되는 변화된 지형도 확보하게 될 것이라 생각한다.

1절 석거각회의 전야

선제시기에 개최된 석거각회의는 무제(武帝) 이후 분경(分經)과 분가(分家)에 의해 경전(經典) 해석에 다양한 학설이 등장함에 따라 이를 통일적으로 조정하기 위해 열린 회의다.[9] 지금까지의 연구들은 석거각회의의 목적을 한대 사상계에 지배적이었던 『공양전(公羊傳)』 대신 『곡량전(穀梁傳)』을 현창(顯彰)하기 위한 것으로 이해하였다. 그 이유로는 법률적 성향이 농후했던 선제에게 법가주의적(法家主義的) 성격이 강한 『곡량전』은 최적의 지도 이념이었다는 것으로부터,[10] 『곡량전』이 가족관계보다 군신간의 질서를 우선하며[11] 존존(尊尊)의 절대성을 확립하여 국가주의적 성격을 가졌다는 것이 주장되었다.[12]

이러한 입장은 다소의 차이에도 불구하고 『곡량전』의 법가주의적 성향과 선제 개인의 성향을 연동하여 사고한 것인데, 『한서(漢書)』 「유림전(儒林傳)」의 "주상이 곡량의 설을 좋아하였다[上善穀梁說]"[13]는 구절이 영향을 미친

9) 錢穆, 앞의 글, p.26.

10) 町田三郞, 『秦漢思想史の硏究』(東京 : 創立社, 1985), p.238.

11) 吉田篤志, 「穀梁の君主觀」, 『日本中國學會報』 39(1987), p.36.

12) 山田琢, 「穀梁傳の倫理觀について」, 『東方學』 16(1958), p.6. 오련당 또한 大夫의 자율성을 승인하는 『公羊傳』과는 달리 철저히 군주를 높이고 신하를 낮추는 尊君卑臣의 입장에서 天子至尊을 강조하는 『穀梁傳』이 황제독재를 수립하려는 宣帝에게 부합했다고 보았다. 吳連堂, 「穀梁傳之君臣關係析論」, 『孔孟學報』 87(2009), pp.82~83.

13) 『漢書』 卷88, 「儒林傳」, p.3618. 한편 「儒林傳」에는 선제가 자신의 조부였던 衛太子가 『곡량전』을 좋아했다는 말을 듣고 韋賢을 비롯한 신하들에게 『곡량전』에 대해 물었다는 기사가 나와, 선제의 『곡량전』 顯彰이 개인사와 밀접한 관계를 갖는 듯한 느낌을 준다. 宣帝卽位, 聞衛太子好穀梁春秋, 以問丞相韋賢·長信少府夏侯勝及侍

것은 아닌가 한다. 그러나 선제의 정치적 성향을 법술(法術)로만 한정할 수 있겠는가 하는 점과 황제 개인의 정치적 성향이 당시 경전의 확정에 유일한 근거가 될 수 있었는가 하는 점은 의문이다.[14]

이와 관련하여 선제의 정치적 성향에 대해 잠시 살펴보자. 일찍이 한가(漢家)의 치도(治道)가 왕(王)·패도(霸道) 모두임을 역설하며 법가계 능리(能吏) 임용에 반대하는 원제(元帝)와 대립했던 선제였지만,[15] 그 역시 유가를 발탁하고 이용하였다.[16] 또한 그의 치세에는 유학의 부흥을 증명하는 여러 사례들이 존재한다. 오경박사(五經博士) 20인과 박사제자(博士弟子) 200인의 설치, 여덟 차례에 걸친 구현(求賢)과 열 차례의 대사면(大赦免) 실시, 열세 차례의 민작(民爵) 사여,[17] 이 모두는 선제가 단순히 유술(儒術)을 법술의 분식(粉飾) 도구로만 이해한 것이 아니라는 것을 알려준다.[18] 그렇다면 선제의 정치적 성향을 법가주의적이라는 표현으로 일괄할 수는 없을 것이다.

따라서 석거각회의의 목적을 지나치게 『곡량전』의 현창으로만 이해하거

中樂陵侯史高, 皆魯人也, 言穀梁子本魯學, 公羊氏乃齊學也, 宜興穀梁(p.3618).

14) 한편 이와는 달리 '親親'보다 '尊尊'을 강조하는 『곡량전』이 사회적 위계질서를 강조하기에, 권력승계의 정당성을 획득하려는 선제에게 유효한 논리를 제공했다는 연구도 제출되었다. 金容天, 앞의 책, p.156. 그러나 후술하듯이 선제의 경우 통치의 정당성을 위해 『孝經』과 『論語』등의 經句를 이용하여 孝와 悌를 稱揚하였다. 따라서 선제에게 있어 가족적 윤리질서와 국가적 윤리질서를 대립하는 것으로 파악할 필요는 없을 것이다.

15) 漢家自有制度, 本以霸王道雜之, 奈何純任德教, 用周政乎(『漢書』 卷9, 「元帝紀」, p.277).

16) 대표적으로 蕭望之를 비롯하여 梁丘賀, 夏侯勝, 韋玄成, 嚴彭祖, 尹更始 등이 儒術에 의해 임용되었다. 『漢書』 卷58, 「公孫弘卜式兒寬傳」, p.2634.

17) 홍승현, 『사대부와 중국 고대 사회—사대부의 등장과 정치적 각성에 대한 연구』(서울 : 혜안, 2008), p.82 <표1. 수치로 본 선제시기의 유학의 흥성>을 참조.

18) 錢穆은 "무제와 선제가 유생을 기용하고 자못 문학을 중시하였지만 [그것으로] 통치의 꾸밈을 일삼았다(漢武宣用儒生, 頗重文學, 事粉飾)"고 하여 선제시기 유학의 성격을 통치의 분식을 위한 도구적 차원으로 국한시켰다. 그는 元帝와 成帝 이후에야 비로소 순수하게 유술이 사용되게 되었다고 하였다. 錢穆, 앞의 글, 차례로 pp.29, 18.

나, 『곡량전』 현창의 원인을 선제의 개인적 취향과 연동하여 이해하는 것도 주의해야 할 것이다.[19] 그런 의미에서 벤토나 도모쿠니[辺土名朝邦]나 와타나베 요시히로[渡邉義浩]의 분석은 의미 있다. 벤토나의 경우 선제의 『곡량전』 현창을 당시 전한의 국력발전 속에서 선택된 결과로 파악하였다. 그는 선제시기 국가의 중흥기자 안정기를 맞아 그 시대적 상황에 대응하기 위한 새로운 이데올로기가 필요하였고, 그 결과 모든 관계질서를 국가적 이념질서에 종속시키는, 그래서 황제에 의한 일원적 지배를 유효하게 하는 데 유리했던 『곡량전』이 의도적으로 현창되었다고 보았다.[20]

한편 와타나베 요시히로는 전한정부의 『곡량전』 채택의 원인을 국제정세의 변화에서 찾았다. 그는 선제시기 들어 전한과 흉노(匈奴)가 대립관계를 해소하고 화친(和親)을 모색하면서 강렬한 양이사상(攘夷思想)과 복수를 인정하는 『공양전』에 의해 국제관계를 설명하는 것이 더 이상 가능하지 않게 되었고, 이에 따라 한조정이 변화된 국제관계를 설명할 수 있는 경전 즉, 화이혼일(華夷混一)을 이상으로 하는 『곡량전』을 채택하게 되었다고 분석하였다.[21] 그렇다면 감로(甘露) 3년(기원전 51)의 2차 석거각회의를 이끌었던 시대적 필요는 무엇이었을까? 여러 가지 필요와 이유가 있겠지만 아무래도 가장 먼저 언급해야 할 것은 이때부터 본격적인 경술(經術)의 시대가 개막되었다는 점일 것이다.

선제 이전에도 경의(經義)에 의탁한 정치적 논의와 결단이 등장하기는 한다. 무제가 흉노공격을 결정하며 그 행위의 정당성을 『춘추(春秋)』에서 가져온 것은 그 대표적인 사례일 것이다.[22] 그러나 보다 본격적으로 경의에

---

19) 渡邉義浩, 「兩漢における華夷思想の展開」, 『兩漢儒教の新硏究』(東京 : 汲古書院, 2008), pp.432~434.

20) 辺土名朝邦, 앞의 글, p.135.

21) 渡邉義浩, 위의 글, pp.432~433.

22) 무제는 자신의 匈奴征伐을 정당화하기 위해 齊나라 襄公이 9세대 전의 복수를 한 것에 대해 『春秋』가 좋게 여겼다는 『공양전』 「莊公 4년」조를 인용하였다. 漢旣誅大宛, 威震外國, 天子意欲遂困胡, 乃下詔曰 : 「高皇帝遺朕平城之憂, 高后時

근거한 정론(政論)의 개진과 정책결정은 선제시기 들어 나타난다.[23] 이러한 유학의 경학으로의 전개는 선제로 하여금 『논어(論語)』, 『효경(孝經)』 등의 경구(經句)를 이용하여 황고묘(皇考廟) 설치의 명분을 확보하게 하였다.[24] 선제가 법률적 성향을 가지고 무제를 롤모델로 하는 강력한 황제권 수립을 목적으로 하고 있었다 해도, 그 역시 황제권력의 정당성을 유학의 텍스트로부터 보장받아야만 하는 시대적 상황을 무시할 수 없었던 것이다.

이것은 관료들에게서도 발견된다. 선제 친정(親政) 이후 재상이 된 인물 중 병길(丙吉), 황패(黃霸), 우정국(于定國) 등은 모두 어려서 법령을 학습한 옥리(獄吏) 출신이거나 지역의 하리(下吏) 출신이라는 공통점을 갖는다. 그러나 이들은 이외에도 모두 중앙정계에 진출한 후 유학을 학습했다는 공통점도 가지고 있다. 우선 위상(魏相)의 뒤를 이어 재상이 된 병길은 본전(本傳)에 의하면 어려서 율령을 학습하고 노(魯)의 옥사(獄史)로 출발한다. 치적(治積)을 인정받아 정위우감(廷尉右監)이 되었다가 면직된 후, 곽광(霍光)의 보정(輔政) 시기에 대장군부(大將軍府)의 장사(長史)가 된다. 이후 곽광에게 인정받아 광록대부급사중(光祿大夫給事中)에 올랐고, 선제 즉위 후에는 태자태부(太子太傅)를 거쳐 어사대부(御史大夫)에 오른다.[25] 기록에서는 그의 학문에 대해 "본래 옥법소리(獄法小吏)로 기가(起家)하였으나 후에 『시(詩)』와 『예』를 수학하였는데, 모두 대의(大義)를 꿰뚫었다"[26]고 하여, 유학을 수학한 것을 말하고 있지만 언제 『시』와 『예』를 수학했는지는 명확하지 않다. 다만 "재상에 있을 때에도 관대함을 숭상하고 예양(禮讓)으로

單于書絶悖逆. 昔齊襄公復九世之讎, 春秋大之.」(『漢書』 卷94上, 「匈奴傳」, p.3776).

23) 宮本勝, 「蕭望之の學問と經術」, 『中國學論文集 : 竹內照夫博士古稀記念(札幌 : 竹內照夫博士古稀記念論文集刊行會, 1981), p.174.

24) 傳曰 : 「孝弟也者, 其爲仁之本與!」(『漢書』 卷8, 「宣帝紀」, p.250) ; 導民以孝, 則天下順(『漢書』 卷8, 「宣帝紀」, p.250) ; 父子之親, 夫婦之道, 天性也(『漢書』 卷8, 「宣帝紀」, p.251). 이때 내려진 詔書는 각각 『論語』 「學而」, 『孝經』 「開宗名義章」, 「聖治章」의 경구를 그대로 사용하거나 변용한 것이다.

25) 『漢書』 卷74, 「丙吉傳」, pp.3142~3145.

26) 吉本起獄法小吏, 後學詩·禮, 皆通大義(『漢書』 卷74, 「丙吉傳」, p.3145).

타인을 대하기를 좋아하였다"[27]는 기록에 의해, 재상에 오르기 전 유학을 학습한 것으로 추정할 수 있다. 그렇다면 그의 이력상 그가 유학을 학습한 것은 최소한 중앙으로 올라와 정위우감이 된 이후의 일로 추정된다.

황패는 어려서 법령을 수학하고, 군(郡)에서 전곡(錢穀)의 계산을 담당하던 하급관리로 재직하였다. 이후 선제시기 공평한 법집행으로 인해 정위정(廷尉正)이 되었다. 이후 하후승(夏侯勝)에게 『상서(尚書)』를 학습하고, 현량(賢良)에 추천된다.[28] 우정국 또한 현(縣)의 옥리를 지냈던 부친의 영향으로 법을 수학하고 옥리가 되었다가 정위사(廷尉史)에 보임(補任)된 후, 재고(材高)로서 시어사(侍御史)가 되고 어사중승(御史中丞)을 거쳐 광록대부(光祿大夫)가 된다. 그리고 수년 후 수형도위(水衡都尉)를 거쳐 정위(廷尉)가 된다. 본전에 의하면 그는 정위가 된 후 선생을 초빙하여 『춘추』를 학습하였다.[29]

즉, 세 사람 모두 법리(法吏)로 출발하여 중앙관료가 된 후 비로소 『시』, 『예』, 『상서』와 『춘추』라는 유가의 경전을 학습한 것이다.[30] 아무리 지역에서 그 능력을 인정받아 중앙관료로 발탁되었다 해도 중앙정치를 위해서는 유학적 소양이 필요했음을 알 수 있다. 이러한 현상은 선제시기 이미 부정할 수 없을 정도로 발전한 유학이 가진 영향력을 보여주는 것에 다름 아닐 것이다.

이렇듯 유학이 경학으로 발전하며 경전이 정치의 법전으로 작용하는 단계에 이르자 정부로서는 어떤 식으로든지 정치적 판단과 행동의 근간이 되는 경전의 확정이 필요하게 되었다.[31] 따라서 석거각회의는 비단 『춘추』

---

27) 及居相位, 上寬大, 好禮讓(『漢書』 卷74, 「丙吉傳」, p.3145).

28) 『漢書』 卷98, 「循吏 黃霸傳」, pp.3627~3629.

29) 『漢書』 卷71, 「于定國傳」, p.3042.

30) 이것은 이들뿐 아니라 선제시기 활약했던 재상들의 공통점이라고도 할 수 있는데, 이를 두고 호시나 스에코는 '선제시기 유가적 소양을 지닌 文吏라는 하나의 전형상이 부상한 것'이라고 분석하였다. 保科季子, 「前漢後半期における儒家禮制の收容－漢的傳統との對立と皇帝觀の變貌－」, 『歷史と方法 方法としての丸山眞男』(東京 : 青木書店, 1998), p.229.

31) 히하라 도시쿠니는 이것을 '經書 해석의 國家主義로의 경도'라고 표현하였다.

에 국한된 것이 아니라 통치행위에 정당성을 부여할 수 있는 모든 경전에 대한 확정의 필요에 의해 개최된 것으로 이해해야 할 것이다. 즉, 석거각회의는 국가가 경학을 정치사상의 중요한 표지로 삼았다는 것을 공식적으로 표명한 사건이라 할 수 있다.[32] 이것은 분명 변화의 모습이라고 할 수 있을 것이다.

2절 석거각회의와 『석거예론』

1. 회의의 개최 목적

두 차례에 걸쳐 진행된 석거각회의는 감로 원년(기원전 53)에는 『곡량전』과 『공양전』의 동이(同異)와 시비(是非)를 둘러싼 논의를, 감로 3년에는 오경(五經)의 동이에 관한 논의를 행하였다.[33] 아무리 석거각회의가 경학의 제설(諸說)들이 가지고 있던 정치해석의 차이를 조정 통일하여 하나의 지배이론의 근거를 마련하기 위해 개최된 학술대회의 성격을 갖는다 하여도, 첫 번째 논의에서 오직 『춘추』 이전(二傳)만을 다루었다는 것은 이 회의의 성격을 가늠하는 지표로 작용하였다. 그래서 기존 연구는 흔히 석거각회의라 하면 『곡량전』을 국가이념으로 삼고자 하는 선제의 의도가 유가 전체회의라는 명목을 빌려 실현된 것으로 이해하고 있다.[34] 그만큼 석거각회의의

日原利國, 「白虎館會議の思想史的位置づけ」, 『漢代思想の硏究』(東京：硏文, 1986), p.295.

32) 湯志鈞 外, 『西漢經學與政治』(上海：上海古籍, 1994), p.217.

33) 석거각회의 개최에 대해 『漢書』 「宣帝紀」에는 甘露 3년으로 되어 있으나, 같은 책 「儒林傳」에는 감로 원년으로 나와 있어 이를 둘러싸고 학자마다 이견이 개진되었다. 대표적으로 전목은 회의가 감로 3년에 개최되었다는 「선제기」의 기사를 감로 원년의 오류라고 파악하였다. 그러나 후쿠이 시게마사는 劉汝霖의 견해를 좇아 감로 원년에는 『춘추』의 同異 및 是非를 가리는 논의를, 그리고 감로 3년에는 五經의 동이를 가리는 회의가 있었다고 보았다. 錢穆, 앞의 글, p.24 ; 福井重雅, 앞의 글, p.642.

중요한 내용은 『곡량전』의 선양(宣揚)으로 알려져 있다.

그러나 석거각 2차 회의에 유례없이 황제가 직접 참여하여 특정 내용을 조령으로 확정하였다는 점[稱制臨決][35]은 석거각회의의 본질적인 측면이 특정 경전의 선양에 국한된 것만은 아니라는 것을 잘 말해준다. 이것은 무제시기 법술을 수식하던 도구적 역할을 하던 유학이 이론적 근거를 수립하며 명실상부한 지배이념으로 등장해 가던 시대적 상황과 밀접히 관련된 것으로, 통치에 정당성을 보장해 줄 수 있는 경설(經說)을 '정전화(正典化)'할 필요에서 제기된 것이라고 하겠다.[36] 그런 의미에서 2차 회의에서 주목되는 것은 예설(禮說) 일반에 대한 정리와 확정이 시도되었다는 점이다.

알려진 것처럼 한대 사대부들이 '치국평천하(治國平天下)'하려는 참정(參政)에의 욕구를 갖게 된 데에는 춘추학의 역할이 컸다.[37] 그러나 유학이

34) 대표적인 학자로는 히하라 도시쿠니를 들 수 있을 것이다. 그는 석거각회의에 대해 '공양학을 타도하고, 곡량학을 내세우기 위해 개최된 논의'라고 주장하였다. 日原利國, 앞의 글, pp.299~300.

35) 어쩌면 이것이 선제시기가 갖고 있는 이중성이라고 할 수 있을 것 같다. 황제가 자신이 의도하는 정치이념을 채택하기 위해 유가 전체회의라는 절차를 거쳐야 했다는 점은 당시 커지고 있던 유학의 사회적·정치적 영향력을 가늠하게 하지만, 아직은 황제가 가진 절대적 권력과 권위로 經典의 동이를 분별한다는 회의를 개최하고, 稱制臨結할 수 있었던 것이다. 이에 대하여 감회진은 선제가 "회의에 참석하여 親決한 것이 갖는 의미는 황제가 형식상이나마 經學의 중재자임을 보였다는 점에 있다"고 하며, 선제의 칭제임결을 황제 스스로가 문화 영역에서 영도적 지위를 점하기 위한 노력으로 파악하였다. 甘懷眞, 「「制禮」觀念的探析」, 『皇權·禮儀與經典詮釋 : 中國古代政治思想史研究』(臺北 : 喜瑪拉雅研究發展基金會, 2003), p.89. 原載 : 「中國中古時期制禮觀念初探」, 『史學 : 傳承與變遷學術研討會論文集』(臺北 : 國立臺灣大學歷史學系), 1998.

36) 임계병은 중국 고대 유학의 발전을 '古典으로부터 正典까지'라는 표제 하에 설명하고 있는데, 그에 의하면 선제시기 행해진 석거각회의는 經說의 正典化 작업의 일환이 된다. 林啓屏, 「正典的確立 : 學術與政治之間的「石渠會議」, 『從古典到正典 : 中國古代儒學意識之形成』(臺北 : 臺灣大, 2007), p.409.

37) 『춘추』에서 말하는 강렬한 華夷 구별이나 修身·齊家·治國의 도리, 특히 군신간의 명분을 중시하며, 천자의 보좌로서 賢者의 역할을 강조하는 내용들은 자신을 治者로 규정하며 參政에 욕구를 가지고 있었던 漢代 士大夫들에게 좋은 이념적 근거가 되었을 것이다. 자세한 내용은 홍승현, 「奢侈論을 통해 본 前漢 士大夫들의 移風易俗」, 『中國史研究』 24(2003), pp.72~75를 참조.

경학으로 발전하는 과정 속에서 춘추학 이외에도 유학의 모든 경전은 사대부들의 정치적 욕구를 실현하고, 사대부들의 치자의식(治者意識)을 유지 확대시키는 데 일조하게 된다. 특히 그 중에서도 예는 인간과 인간사이의 관계를 규정하는 것으로부터 국가를 운영하는 기본원리로, 언제나 정치적 행위의 근거와 정당성을 부여한다는 점에서 매우 중요하게 부각되었다.[38] 따라서 정치활동의 준거로서 예의 제정과 실천은 황제나 사대부들의 정치적 활동에 매우 중요한 작업이 아닐 수 없었다. 그렇기 때문에 석거각 2차 회의에서 예설에 대한 논의가 진행되고 황제의 조칙에 의해 논의의 결론이 확정되었다는 것은 특별한 의미를 갖는다고 할 수 있다. 왜냐하면 그것은 전한사회 안에서 예가 조의(朝儀)를 넘어 구체적 실천형식으로 인식되기 시작하였다는 것을 의미하기 때문이다.

그러나 아쉽게도 당시 2차 회의에서 오경 중에 어느 정도의 비중으로 예학이 다뤄졌는지는 알 수 없다. 다만 당시 선제가 직접 참석하여 논의과정을 참관하고 결론을 조령으로 확정했던 점에 비추어 다른 무엇보다도 예에 대한 논의가 중요하게 다뤄졌으리라는 것을 추측할 수 있다. 예 중에서도 상복(喪服)에 관련한 논의는 중요한 주제였다. 이것은 석거각회의 예분과의 논의결과를 기록한 『석거예론』을 통해서도 알 수 있다. 이는 아무래도 상복에 관한 내용이 유학의 가장 기본적인 내용인 친친존존(親親尊尊)과 밀접한 관련을 갖기 때문에 기인한 것이며, 한편 지자(支子)의 손(孫)으로서 황제가 된 선제가 자신의 정치적 지위를 예설에 의해 보장받고자 했던 정치적 의도가 내포되어 있기 때문이기도 하다.[39] 따라서 선제의 정치적 의도를 파악하기 위해 『석거예론』의 구성과 내용을 살펴볼 필요가 있겠다.

---

38) 治辨之極也, 彊固之本也, 威行之道也, 功名之總也(『史記』 卷23, 「禮書」, p.1164).

39) 辺士名朝邦, 앞의 글, p.145. 한편 그는 당시 토론에 참여했던 구성원들의 학문적 성향과 개인적 경력에 의해서도 喪服 관련 논의가 주가 될 수밖에 없었다고 분석하였다. 앞의 글, p.147 참조.

2. 『석거예론』의 구성과 내용

『석거예론』은 부분적으로만 남아있어 당시 예에 대한 논의과정을 완전히 복원하기는 힘들지만,40) 선제시기 예의 기준과 필요를 살펴볼 수 있는 중요한 자료라고 할 수 있다. 회의 후 예의주(禮議奏) 38편이 올려 졌다는 『한서』 「예문지(藝文志)」의 기록이 있지만41) 현재 확인할 수 있는 『석거예론』은 모두 22조로,42) 내용별로 향사례, 계사, 상복례, 관례, 제천, 종묘의론, 오사로 나눌 수 있다.

<표 2-1-1> 『석거예론』의 구성과 내용43)

구분		조문	『통전(通典)』의 분류	서술의 특징	경전수록 유무
①	향사(鄕射)	鄕請射告主人, 樂不告者, 何也	『통전』 권77 「군례(軍禮)」 '天子諸侯大射鄕射'	대성(戴聖)의 발언 수록	×
②	향사	經曰, 鄕射合樂, 大射不. 何也	『통전』 권77 「군례」 '天子諸侯大射鄕射'	문인통한(聞人通漢)과 위현성(韋玄成)의 발언 수록	○(『의(儀)』)*
③	계사(繼嗣)	宗子孤, 爲殤言孤, 何也	『통전』 권73 「가례(嘉禮)」 '繼宗子'	문인통한과 대성의 발언 수록	○(『의』)
④-❶	상복	諸侯之大夫爲天子, 大夫之	『통전』 권81 「흉례(凶	상동	×

40) 현재 『석거예론』의 殘文들은 唐 杜佑의 『通典』, 淸 朱彛尊의 『經義考』, 청 馬國翰의 『玉函山房輯佚書』, 청 王謨의 『漢魏遺書鈔』 등에서 확인이 가능하다.

41) 『漢書』 卷30, 「藝文志」, p.1714.

42) 『석거예론』의 잔문은 흔히 19개 조로 분석된다. 그러나 필자가 『한위유서초』와 『옥함산방집일서』를 분석한 결과, 22개 조로 구분하는 것이 조문을 파악하는 데 편리할 것이라고 생각하였다. 따라서 본 글에서는 22개 조문으로 구분하고자 한다. 『석거예론』의 잔문 구분에 대해서는 판본마다 차이가 있는데, 이에 대해서는 陳貴麟, 앞의 글, pp.17~18을 참조.

43) 표는 『옥함산방집일서』와 『통전』, 그리고 『한위유서초』에 집일된 『석거예론』을 이용하여 작성하였다. 조문의 순서와 분류는 『한위유서초』에 집일된 『석거예론』을 따랐으며, 필요에 따라 두 문헌도 참조하였다. 구체적인 쪽 수는 생략한다.

	(喪服)	臣爲國君, 服何	禮)」'諸侯之大夫爲天子服議'		
④-❷	상복	庶人尙有服, 大夫臣食祿反無服何也	『통전』 권81 「흉례」 '諸侯之大夫爲天子服議'	문인통한 발언과 선제(宣帝)의 조(詔)수록	×
④-❸	상복	諸侯大夫以時接見天子, 故服. 今諸侯大夫臣, 亦有時接見於諸侯不	『통전』 권81 「흉례」 '諸侯之大夫爲天子服議'	대성의 발언과 참가자들의 입장 수록	○(『의』)
⑤-❶	상복	記曰, 君赴於他國之君曰不祿, 夫人曰寡小君不祿, 大夫士或言卒死. 皆不能明	『통전』 권83 「흉례」 '初喪'	대성의 발언 수록	○ (『예(禮)』)**
⑤-❷	상복	尸服卒者之上服. 士曰不祿, 言卒何也	『통전』 권83 「흉례」 '初喪'	대성과 문인통한의 발언 수록	○(『예』)
⑥	상복	經云, 大夫之子爲姑·姊妹·女子子, 無主沒者, 爲大夫命婦者, 惟子不服, 何	『통전』 권99 「흉례」 '爲姑姊妹女子子無主後者服議'	대성의 발언과 선제의 조 수록	○(『의』)
⑦	상복	父卒母嫁, 爲之何服	『통전』 권89 「흉례」 '父卒爲嫁母服'	소망지(蕭望之)의 발언과 선제의 조 수록	×
⑧	상복	夫死, 妻稚子幼, 與之之人, 子後何服	『통전』 권89 「흉례」 '父卒爲嫁母服'	위현성의 발언 수록	×
⑨	상복	大夫在外者, 三諫不從而去, 君不絶其祿位, 使其嫡子奉其宗廟, 言長子者, 重長子也, 承宗廟宜以長子爲文	『통전』 권90 「흉례」 '齊縗三月'	소망지의 발언과 선제의 조 수록	○(『의』)
⑩	상복	大宗無後, 族無庶子, 已有一嫡子, 當絶父祀以後大宗, 不	『통전』 권88 「흉례」 '爲人後議'	대성의 발언과 선제의 조 수록	○(『의』)
⑪	상복	君子子爲庶母慈己者, 君子子, 貴人之子也, 爲庶母小功, 以慈己加也	『통전』 권92 「흉례」 '小功殤服五月'	대성의 발언 수록	○(『의』)
⑫-❶	상복	(喪服曰)久而不葬者, 唯主喪者不除, 以麻終月數者, 除喪則已	『통전』 권103 「흉례」 '久喪不葬服議'	소망지의 발언과 선제의 조 수록	○(『예』)
⑫-❷	상복	久而不葬, 唯主喪者不除. 今則或十年不葬, 主喪者除否	『통전』 권103 「흉례」 '久喪不葬服議'	소망지의 발언 수록	○(『예』)

⑬	상복	大夫降乳母邪	『통전』 권92 「흉례」 '緦麻成人服三月'	문인통한의 발언 수록	○(『의』)
⑭	상복	喪服斬縗. 父爲長子	『통전』 권88 「흉례」 '斬縗三年'	참최복에 대한 이유 수록	○(『의』)
⑮	관례(冠禮)	二十曰弱, 冠	『통전』 권56 「가례」 '諸侯大夫士冠'	대성의 발언 수록	○(『예』)
⑯	제천(祭天)	周公祭天用太公爲尸#	『모시주소(毛詩注疏)』 「대아(大雅)·생민지십(生民之什)」 기졸소(旣醉疏)	조문만 수록	×
⑰	종묘(宗廟)	周以后稷·文·武特七廟##	『예기정의(禮記正義)』 「왕제(王制)」소(疏)	상동	○(『곡(穀)』***, 『예』)
⑱	오사(五祀)	月令, 其祀井		상동	×(『회(淮)』****)

* 『의(儀)』 → 『의례(儀禮)』

** 『예(禮)』 → 『예기(禮記)』

*** 『곡(穀)』 → 『곡량전(穀梁傳)』

**** 『회(淮)』 → 『회남자(淮南子)』. 경전은 아니나 함께 처리하였다.

\# '周公祭天用太公爲尸'와 ##'周以后稷·文·武特七廟' 조문은 『통전』에는 보이지 않고 각각 『모시주소』와 『예기정의』에 보인다.

이 중 후계 계승의 조항인 계사의 경우는 표에서 확인할 수 있는 것처럼 그 논의가 궁극적으로는 상복례의 분별을 위한 것이므로 상복례에 포함하여 파악하는 것이 적절할 것이다. 가장 많은 분량을 차지하고 있는 상복 관련 조항은 『통전』의 분류에 따르면 '제후의 대부가 천자를 위해 행하는 복에 대한 논의[諸侯之大夫爲天子服議]'(④-❶·❷·❸), '초상(初喪)'(⑤-❶·❷), '상장례를 치러줄 후손이 없는 고모, 누이, 딸을 위해 행하는 복에 대한 논의[爲姑姊妹女子子無主後者服議]'(⑥), '부친이 사망한 후 재가한 모친을 위해 행하는 복[父卒爲嫁母服]'(⑦·⑧), '자최삼월(齊縗三月)'(⑨), '남의 후사가 된 자, 즉 위인후자(爲人後者)의 복 규정에 대한 논의[爲人後議]'(⑩), '소공상복오월(小功殤服五月)'(⑪), '오래 전에 상사가 있었으나 장례를 치르지 못한 경우 행하는 복에 대한 논의[久喪不葬服議]'(⑫-❶·❷), '시마성인복삼월(緦麻成人服三月)'(⑬), '참최삼년(斬縗三年)'(⑭)으로 나뉜다. 현존하는 22개 조 중 총 15개 조가 상복례를 다루고 있다는 점은 자못 특이하지 않을 수 없다. 물론 없어진 것 중 다른 의례(儀禮)의 내용이 있을 가능성을 부정할 수는 없지만, 남아있는 정도로 비추어보아 상복례가 당시 논의에서 압도적인 내용을 차지했다고 보는 것은 큰 잘못이 아닐 것이다.[44)]

논의는 경문(經文) 중 특정한 경문의 경의를 놓고 참석자들이 자신의 견해를 서로 제시하고 마지막으로 황제가 특정 견해를 지지, 확정하는 방식으로 진행되었던 것으로 보인다.[45)] 그러나 잔문(殘文) 중에는 논의의 과정 중 일부를 보여주는 조항도 있으나 참석자 중 한사람의 견해만이 서술된 경우도 있고, 논제만이 제시되어 논의의 최종 결과를 알 수 없는 경우도 있다. 그래도 비교적 논의과정이 남아있는 것은 향사례와 상복례인데, 그 중에서도 상복례를 예를 들어 살펴보면 논의는 크게 두 가지로 특징지을 수 있다.

우선 ⑭ '참최삼년' 중 '아비가 장자를 위해 행한다[父爲長子]'라는 조문을 살펴보자. 이 내용은 『의례(儀禮)』「상복(喪服)」의 '참최삼년' 안에 포함되어 있다. 아비가 장자를 위해 참최삼년복을 행하는 이유는 「전(傳)」에 의하면 장자가 "위로는 정체(正體)고, 또 장차 중(重)을 전하는 자이기 때문이다."[46)] 이렇듯 『의례』「상복」에는 아버지가 그 장자를 위해 참최삼년복을 행하는 이유가 이미 나와 있다. 따라서 이것은 경전에 의해 명확하게 규정된 지침임을 알 수 있다. 그럼에도 회의에서는 이 문제가 논제로 등장하였다. 무엇 때문일까? 아쉽게도 이 문제에 대해 논의과정이 서술되어 있지 않아, 왜 논제로 등장하였는지, 어떠한 경과를 거쳐 결론에 이르게 되었는지 확인할 수는 없다. 그러나 아버지가 장자를 위해 참최삼년복을 행하는 이유에

44) 전체 38조를 기준으로 한다 해도 15조라면 결코 적은 분량이 아니라고 할 수 있겠다.

45) 李世東, 앞의 글, pp.231~232.

46) 正體於上, 又乃將所傳重也(『儀禮』, 「喪服」, p.554).

대하여 기존의 『의례』 「상복」의 규정이 있음에도, 『석거예론』에서 "그 장자가 오대(五代)의 적자(嫡子)가 되기 때문이다"[47]라고 새로운 이유를 제시하고 있음을 통해 현실에의 적용을 위해 새로운 또는 구체적 규정의 필요가 있었음을 알 수 있다.

요컨대 기존의 규정만으로는 현실에서 다양하게 발생하는 예외적 상황 혹은 가족관계의 변화와 그에 따른 계승조건의 불일치—예를 들어 가계(家系) 계승을 위한 위인후자를 통한 계승과 같은 문제—등을 포괄할 수 없게 된 것이다. 따라서 이러한 변화에 적절하게 대응할 수 있는 새로운 상복례의 필요가 기왕의 경문과 그것에 대한 해석[傳]을 넘어선 새로운 해석을 필요로 했던 것이다. 이렇게 이미 경문에 존재하고 있는 규정임에도 새로운 해석이 진행된 것이 <표 2-1-1>에서 확인할 수 있듯이 논의의 상당부분을 차지하고 있다.

다음으로는 ④-❶의 "제후의 신하인 대부가 천자를 위해서, 대부의 신하인 사가 국군을 위해 어떠한 복을 행하는가?[諸侯之大夫爲天子, 大夫之臣爲國君, 服何]"라는 논의를 살펴보자. 이 논의와 관련하여 제후의 신하인 대부가 천자를 위해 어떤 복을 행하는지와 관련해서는 『의례』 「상복」에 세최칠월복(繐縗七月服)을 행하는 것이 나와 있다.[48] 그러나 대부의 신하인 사가 국군인 제후를 위해서 어떤 복을 행해야 하는지는 경문에 나와 있지 않다. 즉 ④의 논의는 경문에 존재하지 않는 상복례의 필요에 의해 진행된 것임을 알 수 있다. 당시 논의의 결과는 사는 서인(庶人)과 같이 제후를 위해 자최삼월복(齊縗三月服)을 행한다는 것이었다.[49] 그런데, 여기서 궁금한 것은 어째서 사실상 사라진 봉건적 계급질서에 대해 논의를 진행했는가 하는 점이다.

---

47) 以其爲五代之嫡也(『玉函山房輯佚書 石渠禮論』, p.1084).

48) 『儀禮』, 「喪服」, p.613. 그 이유에 대해서 「傳」에는 諸侯의 신하인 大夫가 때때로 천자를 接見하기 때문이라고 하였다(諸侯之大夫, 以時接見乎天子. 『儀禮』, 「喪服」, p.614).

49) 聞人通漢對曰 … 當從庶人之爲國君三月服. 制曰, 從庶人服, 是也(『漢魏遺書鈔 石渠禮論』, p.3右).

이와 관련하여 기왕의 연구는 사인층(士人層)이 '황제권력에 정치적으로 예속된 존재로서의 관료(대부)나 지배대상으로서의 서인(하급관리 포함)과 자신을 구별하여, 스스로를 상대화함으로써 자신들의 독립성과 아이덴티티를 확보하고자 하는 욕망을 드러낸 것'이라 보았다.[50] 사인계층이 독립성과 정체성을 확보하기 위해서라고 하였지만, 문제는 누구에 대한 독립성과 정체성의 확보인지, 그리고 사가 제후에 대해 서인과 같은 삼 개월 복을 입는 것이 어떠한 독립성과 정체성의 확보인지 모호하여 좀 더 생각할 여지가 있다.

분명한 것은 이 논의가 궁극적으로는 사가 제후를 위해 어떤 복을 행해야 하는 것인가에 대한 논의며, 그 결론은 서인과 같이 삼 개월의 복을 행한다는 것이다.[51] 이것은 사는 제후를 위해 군신 간에 규정된 복을 행하지 않는다는 것을 의미한다. 다시 말해 이와 같은 결론은 사와 제후 사이에 군신관계가 성립하지 않음을 확정한 것임을 알 수 있다. 그렇다면 왜 선제는 『의례』「상복」에도 등장하지 않는 봉건질서 상의 제후와 사의 정치적 관계에 대해 논의를 진행하였을까?

우리는 여기서 한대 경전의 해석이 특별한 정치적 필요에 의해 진행되었다는 주장[52]을 생각해 볼 필요가 있다. 즉, 당시 전한사회에 이 규정과 관련된 상황이 벌어지고 있었던 것은 아닐까? 필자는 이와 관련하여 단언할 수는

---

50) 金容天, 앞의 책, p.185.

51) 『儀禮』「喪服」에 따르면 庶人은 國君을 위해 齊縗三月服을 행한다. 『儀禮』, 「喪服」, p.593. 석거각회의에서 이 문제에 대해 戴聖은 士가 諸侯에 대해 접견의 의리가 없기 때문에 제후를 위해 斬縗服을 행해서는 안 된다고 하였고, 聞人通漢은 大夫의 신하는 陪臣으로, 국군을 위해 참최복을 행했다는 것을 듣지 못했다 하였다(戴聖對曰 … 大夫之臣無接見之義, 不當爲國君也. 聞人通漢對曰, 大夫之臣, 陪臣也, 未聞其爲國君也. 『漢魏遺書鈔 石渠禮論』, pp.3左~3右). 두 사람 모두 사가 제후에 대해 군신 간에 규정된 복을 행할 수 없다고 본 것이다.

52) 신지언은 한대 경학은 당시 지배계급의 입장에 유리하도록 경전을 해석하였고, 경전의 언어는 통치행위의 정당성과 복종의 당위성을 제공하고 보장하는 중요 원천으로 권력유지에 기여하였다고 보았다. 따라서 새로운 지배질서가 생겨나면 새로운 경전해석을 시도하는 모습이 자연스럽게 따랐다고 분석하였다. 신지언, 「釋名을 통해 나타나는 질서와 구분의 세계」, 『중국문학』 44(2005), p.227.

없으나 당시 선제가 미약하나마 여전히 존재하고 있었던 지방의 제후들과 이제 막 하나의 사회적 계층을 이루며 정치적 진출을 해가던 사대부들 사이에 발생할 수 있는 군신관계에 대해 명확히 '불가(不可)'의 입장을 천명한 것은 아닐까 한다. 요컨대 모든 군신관계를 황제와의 일원적인 관계로만 국한하려고 했던 강력한 황제권력을 향한 선제의 의지가 표명된 논의라는 생각이 든다.

이렇듯 당시 석거각회의의 예분과에서는 종래 존재하고 있는 경문에 대해 새로운 해석을 통해 경의를 천명(闡明)하거나, 시대의 변화에 따른 새로운 행위규범을 만들어 냈음을 알 수 있다. 이것은 전한후기 예가 전사회적인 행위규범으로서 지위를 확보해 갔던 상황을 잘 보여준다. 그런데, 그 내용을 보면 논의들이 특별한 예의 원칙과 관련한 이념적 논의라기보다는 개별적인 사안에 국한되었다는 것이 발견된다. 이러한 모습은 어떤 면에서는 당시 사회가 필요로 하고 있던 예학의 수준을 잘 보여준다. 논의의 개별적 성격을 당시 논의 참여자의 개인적인 경력에서 찾을 수도 있겠으나[53] 보다 근본적으로는 예가 인간사를 조율하는 규범을 넘어 사회를 유지하는 준칙이자, 세계와 우주를 구성하는 논리로 아직은 위치하지 못했던 시대상황에서 기인했을 것이다. 당시 예는 조정에서 정치투쟁의 도구로 사용되거나, 황제의 필요에 따라 편의적으로 이용되고 있었을 뿐이다.

대표적으로 곽광(霍光)이 상서(上書)를 올려 창읍왕(昌邑王)을 폐위(廢位)시킬 때 원인으로 나열했던 것은 예와 관련된 것이었다. 창읍왕은 예의 규정에 따라 위인후자로 상주(喪主)가 되는데, 그는 상주로서 '비애지심(悲哀之心)'을 갖지 않고 예의 마땅함을 잃어 폐위되어야 마땅하였다.[54] 그러나 우리는 창읍왕의 폐출이 당시 조정에서 발생한 정치역학 관계의 결과임을

53) 辺士名朝邦, 앞의 글, p.145.

54) 『漢書』 卷68, 「霍光傳」, p.2940. 그 구체적인 행위는 喪 중임에도 素食을 하지 않는 것, 여자를 가까이 했던 것, 印璽 및 符節을 장악하는 정치적 행위를 하고 음악을 들었던 것이다.

잘 알고 있다.[55] 즉, 창읍왕이 음란(淫亂)하고 예제를 준수하지 않아서 폐출된다는 곽광의 주장을 액면 그대로 받아들일 수 없다. 그러나 이 과정에서 예가 정쟁도구로 훌륭하게 사용된 것을 목격할 수 있다.

예가 정쟁의 도구는 아니라 해도 정치적 필요에 의해 편의적으로 사용된 예도 있다. 이것은 선제에게서 발견된다. 선제는 석거각회의 중 소종(小宗)으로서 대종(大宗)을 계승한 자신의 정통성을 확인하고자 했다. ⑩의 "대종에게 후사가 없을 경우, 동족 가운데 서자는 없고 오직 적자 한사람만이 있을 경우라도 아비의 제사를 끊고 대종의 후사가 되어야 하는가[大宗無後, 族無庶子, 已有一嫡子, 當絶父祀以後大宗]"라는 논의는 누가 봐도 선제 자신의 필요에 의한 것임을 알 수 있다. 이때, 방계의 적자임에도 위인후자가 된 선제는 서자가 없는 경우에는 적자도 위인후자가 될 수 있다는 대성(戴聖)의 논리를 지지하며[56] 자신의 정통성을 보장받고자 하였다. 그러나 선제는 이미 원강(元康) 원년(기원전 65), 위인후자가 된 이는 자신의 친부(親父)를 제사지낼 수 없다는 논리를 부정하며, 친부인 사황손(史皇孫)의 황고묘(皇考廟)를 설치한다.[57]

이렇듯 아직까지 예는 사회적으로 종합적·이념적으로 체계화되지 못하고 정치적 필요에 의해, 상황에 따른 개별적인 사안에 대한 해석의 도구로 이용되었다. 하지만 이것 역시 확실히 전한사회의 변화를 암시한다. 황제마저도 권력의 정통성을 예설에 의해 확보하고자 하는 것도 변화의 모습이며, 조정의례를 넘어서 사회구성원 모두가 행동의 근거를 예에서 확보하고자 경전을 새롭게 해석하는 것도 달라진 모습이기 때문이다. 그리고 그즈음 상복서 한 권이 편찬된다. 이 책을 통해 당시 전한의 사회적 변화를 좀 더 자세히 살펴보자.

---

55) 金翰奎, 「漢代 및 魏晉南北朝時代의 輔政」, 『古代東亞細亞幕府體制硏究』(서울 : 一潮閣, 1997), pp.134~135. 原載 : 『歷史學報』 137(1993).

56) 戴聖云, 大宗不可絶, 言嫡子不爲後者, 不得先庶耳. 族無庶子, 則當絶父以後大宗(『漢魏遺書鈔 石渠禮論』, p.5右).

57) 『漢書』 卷8, 「宣帝紀」, p.253.

3절 『상복변제』의 구성과 내용

우리가 이 절에서 다루게 될 상복서는 다름 아닌 『대대례기』의 찬술자인 대덕의 『상복변제』다. 현재 총 14개 조가 남아있는 대덕의 『상복변제』는 4번째 '시사복변(始死服變)' 중 자최삼년(齊縗三年) 조문과 7번째 자최삼년 조문이 동일한 내용이고 6번째와 12번째, 그리고 13번째 조문은 일부만이 남아 온전한 조문이라고 볼 수 없다. 아래에서는 14개항의 조문 내용을 분석하고 그에 근거하여 『상복변제』의 특징을 살펴보고자 한다.

1. 『상복변제』 조문의 분류와 내용

우선은 이해의 편의를 위해 14개항의 조문을 표로 구성해 보았다.

<표 2-1-2> 『상복변제』 조문의 분류와 내용[58]

<table>
<tr><th></th><th colspan="3">분류</th><th>내용</th><th>『의례(儀禮)』 유무</th><th>『의례』 관련 및 기타</th></tr>
<tr><td>1</td><td colspan="3">諸侯之大夫爲天子服議</td><td>十五升白布深衣, 素冠, 吉履無絇, 從諸侯哭於朝, 張帷爲次於官舍門外, 蔬食. 成服 : 總布縗裳, 十一升白布冠·纓·緣·帶, 枲麻絰</td><td>有</td><td></td></tr>
<tr><td>2</td><td colspan="3">童子喪服議</td><td>童子堂室, 深衣不裳</td><td>無</td><td></td></tr>
<tr><td rowspan="9">3</td><td rowspan="9">天子諸侯大夫士弔哭議</td><td rowspan="3">①天子</td><td>❶君弔於卿大夫</td><td>緆縗, 不聽樂</td><td>無</td><td></td></tr>
<tr><td>❷君弔於士</td><td>疑縗, 弁絰</td><td>無</td><td></td></tr>
<tr><td>❸君若使人弔</td><td>疑縗, 素裳素冠</td><td>無</td><td></td></tr>
<tr><td rowspan="3">②諸侯</td><td>❶諸侯會遇相弔</td><td>緆縗, 皮弁加絰</td><td>無</td><td></td></tr>
<tr><td>❷諸侯弔於寄公</td><td>緆縗</td><td>無</td><td></td></tr>
<tr><td>❸諸侯相弔</td><td>緆縗, 素冠加絰</td><td>無</td><td></td></tr>
<tr><td rowspan="3">③大夫</td><td>❶同國大夫相弔</td><td>緆縗, 素冠加絰</td><td>無</td><td></td></tr>
<tr><td>❷朋友弔服</td><td>有絰, 素冠素帶</td><td>無</td><td></td></tr>
<tr><td>❸同國大夫命婦相服</td><td>緆縗, 素總加麻</td><td>無</td><td></td></tr>
</table>

58) 이하의 본문의 표와 인용된 『喪服變除』는 『한위유서초』 수록본을 이용하여 작성하였다. 특별한 경우를 제외하고는 구체적인 쪽 수는 생략한다.

		④士	❶同國之士相	朝服加縗	無	
		④士	❷(士)妻相	朝服加縗	無	
4	始死服變	① 斬 縗 三年	❶父之喪	笄纚, 徒跣, 扱上衽, 交手哭踊無數. 旣襲三稱, 白布深衣, 十五升素章甫冠, 白麻屨, 無絇. 屨之飾, 如刀衣鼻, 纚連以爲行戒. 喪無節, 速遽故無絇, 音其俱反	有	
			❷孫爲祖父後者	子爲父同	無	'自天子達於士'
			❸父爲長子	不笄纚, 不徒跣, 不食粥	有	'自天子達於士'
			❹妻爲君(妾爲君)	笄纚, 不徒跣, 扱上衽, 旣襲三稱, 白布深衣, 素總, 白麻屨	有	
		② 齊 縗 三年	❶父卒爲母	笄纚, 徒跣, 扱上衽, 交手哭踊無數. 旣襲三稱, 服白布深衣, 十五升素章甫冠, 白麻屨, 無絇	有	
			❷父卒爲繼母·君母·慈母	父卒爲母同	有	*'君母' 無
			❸孫爲祖後者父卒爲祖母	父卒爲母同	無	'自天子達於士'
			❹爲人後者所後之祖母·母·妻	父卒爲母同	無	
			❺母爲長子	不笄纚, 不徒跣	有	
			❻妾爲君之長子	母爲長子同	有	
			❼繼母爲長子	母爲長子同	無	
			❽女子在室父卒爲母	笄纚, 不徒跣, 不扱上衽. 旣襲三稱, 素總	無	'子嫁, 反在父之室, 爲父三年'
		③ 齊 縗 杖周	❶父在子爲母	笄纚, 徒跣, 扱上衽, 交手哭踊無數. 旣襲三稱, 白布深衣, 十五升素章甫冠, 吉白麻屨, 無絇	有	
			❷父在子爲出母·慈母·繼母·君母	父在子爲母同	有	*'慈母·繼母·君母' 無 '自天子達於士'

			❸父卒爲繼母嫁	父在子爲母同	有	'父卒, 繼母嫁, 從'
			❹繼母爲繼子	父在子爲母同	無	
			❺夫爲妻	素冠深衣, 不笄纚, 不徒跣	有	
			❻女子之在室爲母	不徒跣, 不扱上衽. 旣襲三稱, 素總	無	'父在子爲母'
		④齊縗不杖周	❶孫爲祖父母	白布深衣, 十五升素冠, 吉屨無絇, 哭踊無數, 旣襲無變	有	
		⑤齊縗三月	❶孫爲曾祖父母	白布深衣, 十五升素冠, 吉屨無絇	有	
			❷女子適人者爲曾祖父母	素總	有	
		⑥大功親長殤·中殤七月	❶昆弟長殤	白布深衣, 十五升素冠, 吉屨無絇	有	
		⑦大功成人九月	❶爲從父昆弟	與殤同	有	
			❷天子諸侯之庶昆弟與大夫之庶子爲其母	哭泣飮食, 居處思慕, 猶三年. 其餘與士爲從父昆弟相爲服同	有	*諸侯→公, '天子' 無
			❸爲人後者爲其昆弟	哭泣飮食思慕	有	
			❹大夫爲伯叔父母·子·昆弟之子爲士	哭泣飮食思慕	有	
			❺天子爲姑姊妹女子嫁於二王後者	士之爲姑姊妹適人者服同	無	
			❻諸侯爲姑姊妹女子嫁於諸侯	士之爲姑姊妹適人者服同	有	*諸侯→國君
			❼大夫命婦·大夫之子·諸侯之庶昆弟爲姑姊妹女子嫁於卿大夫	士之爲姑姊妹適人者服同	有	*'卿' 無
			❽天子之昆弟爲姑姊妹女子嫁於諸侯大夫者	始死素總	無	
			❾姑姊妹適人者爲昆弟	始死素總	無	
		⑧小功五月無受之服	❶叔父下殤	白布深衣, 十五升素冠, 吉屨無絇	有	
			❷天子·諸侯·大夫爲嫡子·嫡孫·嫡玄孫	不爲次, 飮食衎爾	無	
			❸姑姊妹女子·昆弟之子·夫昆弟之子之下殤	哭泣飮食猶大功	無	
			❹爲人後者爲其昆弟姑姊妹之長殤	哭泣飮食猶大功	有	*'姑姊妹' 無

			❺大夫之子·天子諸侯之昆弟·庶子·姑姊妹女子爲從父昆弟·姊妹	叔父下殤同	無	
			❻祖父母爲孫	叔父下殤同	無	
			❼姑姊妹適人者爲昆弟姪之殤	從父昆弟之長殤同	無	
		⑨ 成人小功	❶從祖祖父母	下殤小功服同	有	
		⑩ 緦麻三月	❶族祖父母	朝服素冠, 吉屨無絇	有	
			❷婦爲夫曾祖父母	素總	無	
5	諸侯及公卿大夫爲天子服議			笄纚, 不徒跣, 始死, 深衣素冠, 其與子爲父同	有	*'臣爲君'
6	哭時 규정(불완전)			隨其哀殺, 五日十日可哭	無	『通典』無
7	齊縗三年		①父卒爲繼母·君母·慈母		有	*'君母' 無
			②孫爲祖後者父卒爲祖母		無	'自天子達於士'
			③爲人後者所後之祖父母		無	4-②-❹ '祖父'無
			④母爲長子		有	
			⑤妾爲君之長子		有	
			⑥繼母爲長子		無	
8	齊縗三月		女子子適人者爲繼父	不分別同居異居	無	『通典』無
9	大功殤服九月七月		七歲以下至生三月		無	
10	朋友相爲服議				無	
11	改葬服議				無	
12	哀衣黃裳(불완전)				無	『通典』無
13	童子喪服議(불완전)				無	『通典』無
14	天子諸侯之庶昆弟及妾子爲母服議(大功九月)			哭泣飮食思慕三年	無	『通典』에만 有

* 『의례』와는 다른 『상복변제』의 내용을 적시한 것이다.

다음에서는 이상의 표 내용을 가지고 『상복변제』의 특징에 대해 살펴보고, 그것이 전한 후기 예학발전 과정 속에서 갖는 의의를 살펴보겠다.

2. 『상복변제』 내용의 특징

1) 매뉴얼적 상복서의 등장

우선 표를 통해 확인할 수 있는 것은 대덕의 『상복변제』는 『석거예론』과는 달리 경문에 대한 해석을 목적으로 한 책이 아니라는 점이다. 『석거예론』이 경문에 없는 새로운 의례를 확정하기 위한 논의를 진행하기도 하였지만 주로 기존 경문을 분석하고 예설의 현실타당성에 대해 논의한 결과물이라면, 『상복변제』는 『의례』에서 언급하고 있지 않는 구체적인 복상의 지침들을 서술하고 있다. 따라서 왜 대부가 천자에 대해 세최칠월복(繐縗七月服)을 행하는지, 그것이 타당한지에 대해서는 언급하지 않는다. 대신 『상복변제』에서는 대부가 천자를 위해 십오승(十五升)의 백포심의(白布深衣)를 입고 소관(素冠)을 쓰며, 신코 장식이 없는 길리(吉屨)를 신는 규정 등에 대해 소상하게 적고 있다. 또한 곡(哭)을 하는 방법과 장유(張帷)를 치는 방법, 소식(蔬食)을 함에 소금을 친 것을 먹어도 되는지 안 되는지 등의 음식에 대한 규정이 자세히 서술되어 있다.[59] 요컨대 『상복변제』는 그야말로 복상을 위한 구체적 지침이 서술되어 있는 매뉴얼이라고 할 수 있겠다.

『의례』「상복」의 경우 복제(服制) 규정이 나와 있기는 하지만, 그보다는 복상의 대상자들에 대한 규정과 각 대상의 복상기간에 대한 이유를 규명하는 내용이 주를 이룬다. 예컨대 「상복」에서 가장 먼저 등장하는 참최복과 관련하여 경문에 나와 있는 복제의 규정은 “단을 꿰매지 않은 하의를 입고, 삼으로 만든 수질(首絰)과 요질(腰絰)을 하고, 대나무로 만든 지팡이를 짚으며 마(痲)를 새끼 줄 모양으로 꼬아 만든 띠를 차고, 갓 끈을 새끼로 꼰 관(冠)을 쓰며 골풀로 만든 짚신을 신는다”[60]라고 하여 상복의 규정을 지극히 간단하게만 언급하고 있다.

59) 繐縗七月之服. 諸侯之大夫, 始聞天子喪, 白布深衣, 十五升素冠, 吉屨無絇, 從諸侯哭於朝. 張帷爲次於官舍門外, 別外內, 食蔬食, 有鹽酪之和(『喪服變除』, p.2右).

60) 斬衰裳, 苴絰·杖·絞帶, 冠繩纓, 菅屨者(『儀禮』, 「喪服」, p.540).

이에 대해 「전(傳)」은 그 각각에 대해 "참(斬)이란 무엇인가? 끝단을 꿰매지 않은 것이다. 저질(苴絰)에서의 저(苴)는 마 중에 씨가 있는 암마다",[61] "저질은 크기가 주먹 정도로, 뿌리가 왼쪽에 오도록 하여 뿌리 끝은 아래로 놓이도록 한다. 굵기를 1/5 줄여 대(帶)를 만든다",[62] "저장(苴杖)은 대나무로 만든 지팡이며, 삭장(削杖)은 오동나무로 만든 지팡이다",[63] "교대(絞帶)는 마를 줄처럼 꼬아 만든 대다",[64] "관승영(冠繩纓)은 한 가닥의 마를 꼬아 묶은 것으로, 오른쪽으로 묶는다. 관(冠)은 6승(升)으로 밖으로 접고, 물에 씻지만 재를 넣지는 않는다",[65] "최(衰)는 3승(升)의 베를 사용하고, 관리(菅屨)는 골풀로 만든 신으로, 밖으로 묶는다"[66]라는 해석을 부가하고 있을 뿐이다. 더하여 시묘(侍墓)를 위한 움막에 대해서는 "의려(倚廬)에 기거하며 거적 위에서 잠을 자고 흙덩이로 베개를 삼는다"[67]라고 서술하였으며, 곡을 하는 방식에 대해서는 "주야 무시로 한다"[68]고 서술하였다. 먹는 음식에 대해서도 "죽을 먹음에 아침저녁으로 일일(一溢)의 쌀을 먹는다"고만 서술하고 있다.[69]

그러나 복상과 관련한 규정이 이것에 그치는 것만은 아닐 것이다. 우선 복제와 관련하여 버선은 신는가 벗는가, 머리를 풀어야 하는가 아닌가, 앞깃은 여미는가 푸는가, 곡을 할 때 손은 어떻게 하는가 등의 문제가 있다. 음식의 경우 죽을 먹는다 해도, 그 죽에 소금 간을 해도 되는지에 대한 문제가 있다. 또한 적서(嫡庶)와 존비(尊卑)를 엄격히 구별하는 복상의 원칙상 같은 참최복이라도 아들이 아버지에 대해 하는 행위와 아버지가

61) 斬者何? 不緝也. 苴絰者, 麻之有蕡者也(『儀禮』, 「喪服」, p.543).
62) 苴絰大搹, 左本在下, 去五分一以爲帶(『儀禮』, 「喪服」, p.543).
63) 苴杖, 竹也. 削杖, 桐也(『儀禮』, 「喪服」, p.543).
64) 絞帶者, 繩帶也(『儀禮』, 「喪服」, p.543).
65) 冠繩纓, 條屬, 右縫, 冠六升, 外畢, 鍛而勿灰(『儀禮』, 「喪服」, p.543).
66) 衰三升, 菅屨者, 菅菲也, 外納(『儀禮』, 「喪服」, p.543).
67) 居倚廬, 寢苫枕塊(『儀禮』, 「喪服」, p.543).
68) 哭晝夜無時(『儀禮』, 「喪服」, p.543).
69) 歠粥, 朝一溢米, 夕一溢米(『儀禮』, 「喪服」, p.543).

아들을 위해 하는 행위, 처가 남편을 위해 하는 행위가 동일할 수는 없을 것이다. 이러한 문제들은 복상과정에서 발생하는 아주 구체적인 문제임과 동시에 무시할 수 없는 것들이다.

본래 『의례』라는 서적은 행위의 근거를 담고 있는 일종의 윤리지침서이자 최소한의 행위규범집이라고 할 수 있다. 행위의 윤리적 근거를 제시하여 제도가 현실에서 적용될 수 있게 하는 것이 중요한 목적이다. 그러나 모든 행위의 준거 및 사례가 다 담길 수 없다는 한계를 가지고 있다. 실제로 『의례』의 규정들은 이 모든 것에 대해 일일이 행동의 규범을 제시하고 있지는 않다. 복상의 규정이란 어쩔 수 없이 시대와 사회에 따라, 혹은 결혼의 형태나 가족관계의 변화에 따라 달라지기 마련인데, 문제는 예라는 것이 법령과는 달리 급변하는 사회상황에 대해 탄력성이 떨어진다는 점이다. 따라서 복상의 과정에서 발생하는 구체적인 문제와 차이에 대한 매뉴얼의 필요가 제기되었을 것이다.

그래서 『상복변제』의 경우 같은 참최복이라 해도 복상자와 피복상자의 관계에 따라 다소의 변화가 있어야 함을 주장한다. 예컨대 아들이 아버지에 대해 삼년상을 치를 때, 아들은 아버지를 위해 비녀를 이용해 머리를 묶고 맨발에, 앞섶을 여미고 두 손을 교차하여 무시로 곡을 한다(4-①-❶). 그러나 아버지가 장자를 위해 삼년상을 치를 때, 아버지는 머리도 묶지 않고 맨발이 아닌 상태로 죽을 먹지도 않는다(4-①-❸). 비록 그 아들이 위로는 정체요, 장차 중(重)을 전하는 대상, 즉 선조의 계승자라 할지라도[70] 상복을 통해 존비가 표현되어야 한다면 동일한 복상행위가 행해질 수는 없기 때문이다.[71]

---

70) 父爲長子. 傳曰 :「何以三年也? 正體於上, 又乃將所傳重也」(『儀禮』, 「喪服」, p.554).

71) 일찍이 墨子는 부모가 長子에 대해 삼년상을 치르는 것과 관련하여 "유자가 말하기를 '친을 친애함에 차별이 있고, 현을 존중함에 차등이 있다'고 한다. 이는 친소존비의 다름이 있음을 말한 것이다. 그 『예』에 이르기를 '부모에게 3년 복상하고 처와 후자에게 3년 복상하며, 백부·숙부·형제·서자에게는 1년 복상하고 친척에게는 5개월 복상한다'고 하였다. 만약 친하고 소원함으로써 복상의 기간을 정한다면, 친한 이에 대해서는 복상기간이 길고 소원한 이에 대해서는 짧아야 하는데, 처와 후자를 위한 복상기간이 부친에 대한 복상기간과 같다. 만일 존귀하고 비천함으로써

사실『의례』「상복」은 모든 사례에 대해 매뉴얼의 성격을 갖는 문헌은 아니다. 그 본문을 통해 알 수 있는 것처럼 복제의 규정은 최소한의 것만이 기술되어 있을 뿐이고, 대신 각 복제의 대상자들을 선별하고, 그 선별의 이유들이 자세히 나열되어 있다. 예를 들어 참최복 중 가장 먼저 등장하는 부(父)에 대해「전」은 "왜 아버지를 위해서는 참최복을 행하는가? 아버지는 지존이기 때문이다"72)라고 하여, 복제 중에서도 가장 엄중한 상복을 입는 이유에 대해 서술하고 있다.『의례』「상복」은 복제를 통해 서열을 명징하게 하는 목적을 위해 작성된 것으로, 구체적인 행위규범의 성격을 갖지는 못한다.

그런 의미에서『상복변제』와 같은 철저히 매뉴얼적인 문헌이 찬술된 것은 당시 예학의 발전정도를 우리에게 보여준다. 즉, 지금까지 문헌상에서의 규범으로 그치던 상복례가 현실에서 지켜지기 위한 구체적 행동지침을 필요로 하는 수준에 이르렀다는 것을 의미한다. 사실 한대 상복례가 현실에서 얼마나 경전에 근거하여 지켜졌는지를 소상하게 밝힐 수는 없다. 그러나 상복례의 실천에 있어 가장 중요한 표징으로 이해할 수 있는 삼년상(三年喪)을 살펴보면, 유학의 전성기라고 할 수 있는 원·성제시기는 물론이고73)

복상의 기간을 정했다면, [존귀한 이에 대해서는 복상기간이 길고 비천한 이에 대해서는 짧아야 하는데] 그 처와 후자를 존중하는 것이 부모와 같고 백부·종형을 친애하고 서자를 낮추니 거스름이 어찌 이리 크단 말인가?(儒者曰 :「親親有術, 尊賢有等.」言親疏尊卑之異也. 其禮曰 :「喪父母三年, 妻·後子三年, 伯父叔父弟兄庶子其[期], 戚族人五月.」若以親疏爲歲月之數, 則親者多而疏者少矣, 是妻後子與父同也. 若以尊卑爲歲月數, 則是尊其妻子與父母同, 而親伯父宗兄而卑子也. 逆孰大焉?(『墨子』,「非儒下」, pp.287~288))"라고 비판하였다. 그래서 胡培翬는『儀禮正義』에서 "아들은 부모를 위해 삼년상을 치르고 부모는 그 아들을 위해 기년상을 치르는 것이 복제의 올바름이다(子爲父母三年, 父母爲子期, 服之正也)"라고 하여, 장자라도 부모는 장자에 대해 1년으로 복상하는 것이 옳다고 주장하였다.『儀禮正義』,「喪服」p.368.

72) 爲父何以斬縗也? 父至尊也(『儀禮』,「喪服」, p.553).

73) (薛)宣有兩弟明·修 … 後母病死, 修去官持服. 宣謂修三年服少能行之者, 兄弟相駁不可. 修遂竟服, 繇是兄弟不和(『漢書』卷83,「薛宣傳」, p.3394). 기사에서 볼 수 있는 것처럼 成帝時期 薛宣은 모친을 위해 三年喪을 치르고자 하는 동생 修에게 삼년상을

애제시기(哀帝時期)까지도 일반적인 행위로 받아들여지지 않았다.[74] 즉, 아직은 윤리의 구체적인 실천형식인 예가 사회적 관습으로서의 지위를 획득하지 못했던 것이다. 이것은 예가 도덕적 관습으로 구속력이 강하지 못했음을 의미하는 것에 다름 아니다. 그러나 이러한 한편에서 상복례의 매뉴얼이 작성되었다는 것은 상복례가 이제 무시할 수 없는 사회적 관습으로 자리 잡아가기 시작했음을 의미한다고 해야 할 것이다.

따라서 『상복변제』는 『석거예론』과 더불어 선제시기 예학의 발전정도를 보여주는 중요한 지표라고 할 수 있다. 전목(錢穆)은 선제시기 경학의 성질을 '통치의 분식을 위한 도구'적 차원에 국한시키고, 예제에 관한 논의는 원·성제 이후에 시작되었다고 보았지만, 두 문헌은 선제시기 이미 예에 대한 논의의 필요성이 두 가지 방면에서 모두 제기되고 있었음을 증명한다. 그 한 방면은 예경(禮經)에 담겨있는 경의의 재해석이고, 다른 하나는 예를 현실에서 적합하게 적용하게 해 줄 구체적 지침의 필요다. 『석거예론』이 전자의 성격이 좀 더 강했다면, 『상복변제』는 후자의 필요를 적극적으로 수용하였다고 하겠다.

2) 사회 상황의 반영

다음으로 주목되는 것은 『의례』에는 서술되어 있지 않은 사례들이다. 그 중에서도 가장 먼저 눈에 띄는 것은 위인후자와 관련된 사례들이다. 표의 4-①-❷ 손자가 조부의 후계자를 위해 행하는 복[孫爲祖父後者], 4-②-❸ 조부의 계승자가 된 손자가 부친이 사망한 상태에서 조모를 위해 행하는 복[孫爲祖後者父卒爲祖母], 4-②-❹ 남의 후사가 된 자가 후사로 삼아 준 자의 조모와 모친, 처를 위해 행하는 복[爲人後者所後之祖母·母·妻]의 사례들은 위인후자의 복상규정 또는 위인후자를 위한 복상규정들이다. 이것은

행하는 자가 적다고 말하고 있다.

74) 時又少行三年喪者(『漢書』 卷92, 「游俠 原涉傳」, p.3714).

당시 전한사회에서 위인후자가 빈번하게 출현하고 있었음을 보여준다.

전한사회에서 위인후자의 빈번한 출현은 우선은 고대 중국인들이 가지고 있는 전통적인 가계와 가계전승의 중시로부터 이해할 수 있을 것이다.[75] 또한 중국 고대사회가 가족질서를 국가질서로 확대하여 사회를 규율하면서, 가부장권의 계승방식이 국가질서의 근원으로 중시된 것도[76] 이유가 될 것이다. 그러나 이러한 일반론 외에도 전한사회의 특별했던 분위기는 다른 시기에 비해 위인후자와 관련한 많은 의례 관계 조항을 필요로 했을 것이라고 생각한다. 이와 관련하여 다음의 한율(漢律) 하나를 살펴보자.

> 죽었는데 호(戶)를 이을 아들이 없으면 아비나 어미로 잇게 한다. 부모가 없을 경우에는 처로 잇게 하며, 처가 없을 경우에는 딸로서 잇게 한다. 딸이 없으면 손자에게 잇게 하고, 손자가 없으면 증손자에게 잇게 한다. 증손이 없으면 조부모에게 잇게 하고, 조부모가 없으면 형제의 아들로 호를 잇게 한다. 형제의 아들이 호를 이으려면 반드시 같은 명적(名籍)에 있어야 한다.[77]

이것은 1983년 호북성(湖北省) 강릉(江陵) 장가산(張家山)에서 출토된 『장가산한묘죽간(張家山漢墓竹簡)』「이년율령(二年律令)」 중 가계계승자의 선정순서와 계승자의 권리 및 호주(戶主) 계승순서, 그리고 분가(分家)에 의한 새로운 호의 성립을 규정한 '치후율(置後律)' 중의 일부다. 위의 율문에 의한 호의 계승범위는 우리가 일반적으로 알고 있는 적장자계승과는[78]

---

75) 尹在碩, 「秦代家族制硏究」, 慶北大 박사학위논문(1996), p.110.

76) 李明和, 「漢代 '戶' 계승과 女性의 지위」, 『東洋史學硏究』 92(2005), p.37.

77) 死毋子男代戶, 令父若母, 毋父母令寡, 毋寡令女, 毋女令孫, 毋孫令耳孫, 毋耳孫令大父母, 毋大父母令同産子代戶, 同産子代戶, 必同居數(『張家山漢墓竹簡』, 「二年律令·置後律」, p.184).

78) 고대 중국의 律令이 완비된 唐律은 戶의 계승 범위를 嫡長子－嫡孫－嫡子의 同母弟－庶子－嫡孫의 同母弟－庶孫으로만 규정하고 있다. 議曰 :「立嫡子, 本擬承襲. 嫡妻之長子爲嫡子, 不依此立, 是名「違法」, 合徙一年 … 依令」:「無嫡子及有罪疾, 立嫡孫, 以次立嫡子同母弟 ; 無母弟, 立庶子 ; 無庶子, 立嫡孫同母弟 ; 無母

달리 '아들－부모－처－딸－손자－증손자－조부모－형제의 아들'로 매우 넓게 범위를 규정하고 있다. 상식과는 다른 이러한 호주 계승순서는 국가가 호의 단절을 최대한 막으려고 했던 조치로 이해할 수 있다. 실제로 한율에는 여성은 물론이거니와 심지어는 아무런 후사가 없을 경우 노비마저도 면천(免賤)하여 후사로 삼게 하는[79] 조문이 등장하여 당시 전한정부가 매우 적극적으로 호가 단절되는 것을 막았음을 알 수 있다. 이러한 조치는 제민(齊民)을 지배의 근간으로 삼았던 전한정부가 안정적인 세금징수를 위해 실시한 것으로 파악할 수 있다.[80] 따라서 다른 어떤 시기보다도 제민지배(齊民支配)의 이념을 천명했던 전한시기 호의 계승을 위한 위인후자 문제는 사회적으로 광범위하게 존재하였을 것이다.[81] 즉 방계로서 대종이 된 선제의 경우 외에도 전한시기 위인후자 문제는 사회적으로 예학적 해석을 필요로 하는 중요한 사안이 되었고, 그 결과 석거각회의에서도 『상복변제』 안에서도 위인후자에 대한 예학적 논의와 다수의 복제규정을 확인할 수 있었던 것이다.

다음으로 눈에 띄는 것은 재혼으로 인해 새로운 가족관계가 발생함에 따라 필요해진 매뉴얼이다. 4-②-❼ 계모가 장자를 위해 행하는 복[繼母爲長子]과 4-③-❹ 계모가 전처 자식을 위해 행하는 복[繼母爲繼子]은 재혼에

弟, 立庶孫. 曾·玄二下準此.」無後者, 爲戶絶(『唐律疏議』,「戶婚·立嫡違法」, p.943).

79) 死毋後而有奴婢者, 免奴婢以爲庶人, 以□人律□之□主田宅及餘材(『張家山漢墓竹簡』,「二年律令·置後律」, p.184).

80) 이명화는 이에 대해 전한의 호 계승은 家系, 제사의 계승을 의미하는 것이 아니라고 하였다. 그에 따르면 이처럼 絶戶를 막으려고 했던 것은 국가가 호를 통해 백성을 철저히 파악함으로 해서 국가통치에 대한 근간을 안정적으로 유지하려고 했기 때문이다. 李明和, 앞의 글, pp.69, 43.

81) 이에 대해 윤재석은 고대 중국의 경우 자식이 없어 대를 잇지 못하는 경우 出妻보다는 절호를 방지하기 위한 제도적 장치의 마련이 더욱 현실적이었기 때문에, '爲人後者'라는 장치가 일찌감치 모색되었다고 보았다. 그리고 초기에 행해졌던 同姓養子의 허용이 秦漢代에 이르러 異姓養子의 허용으로까지 확대되었다고 하였다. 이것은 어느 시기보다도 가장 철저히 齊民支配의 원칙이 지켜졌던 진한대의 국가 통치이념에서 기인한 것이 아닌가 한다. 尹在碩,「中國古代 女性의 社會的 役割과 家內地位」, 『東洋史學硏究』 96(2006), p.43.

의해 새롭게 만들어진 가족관계 안에서의 복상규정을 다루고 있다. 그런데 이 규정들은 한편으로는 재혼하여 들어온 새로운 처에 대한 권위를 인정하는 규정으로도 해석이 가능하다. 이것 역시 당시 사회적 상황을 적극적으로 반영한 새로운 상복례의 내용이라고 할 수 있다. 그 사회적 상황을 잠시 살펴보자.

일반적으로 중국 고대 여성의 지위에 대해 많은 정보를 주는 문헌으로는 『예기(禮記)』를 들 수 있다. 흔히 『예기』는 고대 중국 여성의 윤리체계를 이론화시킨 책으로 알려져 있는데,[82] 잘 알려진 것처럼 그 책에서 주장하는 여성의 윤리는 "부인은 좇는 자이다. 어려서는 부형(父兄)을 좇고, 결혼해서는 남편을 좇으며 남편이 죽으면 자식을 좇는다"[83]로 표현되는 '삼종지의(三從之義)'[84]다. 따라서 우리들이 가지고 있는 한대 여성상은 유교윤리에 의해 남성에게 순종하고, 수절이나 정절을 강요당하는 일방적인 희생의 대상이었다. 특히 칠출(七出) 또는 칠거지악(七去之惡 : 불순부모(不順父母), 무자(無子), 음벽(淫僻), 질투(嫉妬), 악질(惡疾), 다구화(多口舌), 절도(竊盜)) 이란 자동 이혼제도가 있어, 이혼은 남편의 일방적인 권한이라고 이해한 것도 사실이다.

그러나 기왕의 연구들은 한대 여성의 이혼과 재혼에 대해 어떠한 사회적 규제도 없었다는 것에 한 목소리를 내고 있다. 이는 후대와 같은 정절관념이 강요되지 않았던 것과 관련이 깊은데, 이러한 사실은 문헌사료는 물론이고[85]

---

82) 정재서, 「『열녀전(烈女傳)』의 여성 유형학」, 『동아시아 여성의 기원-『열녀전(烈女傳)』에 대한 여성학적 탐구』(서울 : 이화여대, 2002), p.17.

83) 婦人, 從人者也. 幼從父兄, 嫁從夫, 夫死從子(『禮記』, 「郊特牲」, p.815).

84) 『儀禮』, 「喪服」, p.581.

85) 역대 正史에 立傳된 「烈女傳」을 분석하여 고대 중국 여성들이 후대 여성들에 비해 윤리적인 속박이 적었음을 밝힌 金稔子, 「古代中國女性倫理觀－後漢書 烈女傳을 중심으로－」, 『梨大史苑』 6(1966)이 대표적인 연구라 할 수 있다. 이외에도 Jack L.Dull, "Marriage and Divorce in Han China : A Glimpse at 'Pre-Confucian' Society", *Chinese Family Low and Society Change in Historical and Comparative*, University of Washington Press, 1987도 한대에는 여성의 이혼과 재혼에 대해 어떠한 규제도 없었음을 밝히고 있다.

최근 발굴된 죽간자료를 통해서도 확인할 수 있다.[86] 특히 문헌을 통해서는 여성의 적극적인 이혼요구를 발견할 수도 있고[87] 재가(再嫁)의 경우 심지어는 여섯 번 결혼을 한 경우도 확인할 수 있다.[88] 요컨대 한대의 경우 여성의 재가는 빈번하게 발생하였음을 알 수 있다. 그러나 『예기』「상복」에는 재가한 여성에 대한 규정이 존재하지 않았기에 새로운 사회현상에 대한 규정이 시급하게 요청되었을 것을 쉽게 추측할 수 있다.

여성들에게 정절이 강요되지 않고, 재가가 제도적으로 보장되었던 원인으로는 전국시기(戰國時期) 이래 보편화된 부부 중심의 소가족의 출현을 든다. 즉 소가족 내에서 지난 시기 대가족보다 아내, 어머니의 역할이 상대적으로 커짐으로써 여성들의 사회적 지위가 어느 정도는 보장되었다는 것이다.[89] 그러나 보다 근본적으로는 소가족이 국가의 인적·물적 수취 기반으로 파악되어 절호(絶戶)의 방지가 국가의 존망을 가늠하는 요인이 되면서 여성에 대한 처우가 달라졌다고 봐야할 것 같다.[90] 또한 여성노동 역시 국가의 중요한 생산기반으로 평가되었던 것도[91] 여성의 지위를 향상시키는 데 도움이 되었을 것이다.

아마도 이러한 여성지위의 향상을 보여주는 증거가 『의례』「상복」에는 존재하지 않는 4-②-❽ 동거하고 있는 딸이 부친이 이미 사망한 상태에서 모친을 위해 행하는 복[女子在室父卒爲母], 4-③-❻ 동거하고 있는 딸이

86) 夫生而自嫁, 及娶者, 皆黥爲城旦舂. 夫死而妻自嫁, 娶者無罪(『張家山漢墓竹簡』「奏讞書」, p.227).

87) 朱買臣字翁子, 吳人也. 家貧, 好讀書, 不治産業, 常艾薪樵, 賣以給食, 擔束薪, 行且誦書. 其妻亦負戴相隨, 數止買臣毋歌嘔道中. 買臣愈益疾歌, 妻羞之, 求去. 買臣笑曰 : 「我年五十當富貴, 今已四十餘矣. 女苦日久, 待我富貴報女功.」妻恚怒曰 : 「如公等, 終餓死溝中耳, 何能富貴?」買臣不能留, 卽聽去(『漢書』卷64上, 「朱買臣傳」, p.2791).

88) 戶牖富人張負有女孫, 五嫁夫輒死, 人莫敢取, (陳)平欲得之(『漢書』卷40, 「陳平傳」, p.2038).

89) 李明和, 앞의 글, p.69.

90) 尹在碩, 앞의 글(2006), p.61.

91) 한대 여성노동의 중요성에 대해서는 金秉駿, 「秦漢時代 女性과 國家權力－過徵方式의 變遷과 禮敎秩序로의 編入－」, 『震壇學報』 75(1993)를 참조.

모친을 위해 행하는 복[女子之在室爲母] 4-⑦-❾ 시집간 고모나 여자형제가 오빠나 동생을 위해 행하는 복[姑姊妹適人者爲昆弟], 4-⑧-❼ 시집간 고모나 여자형제가 어려서 죽은 오빠나 동생, 조카를 위해 행하는 복[姑姊妹適人者爲昆弟姪之殤], 4-⑧-❸ 8살 이상 10살 미만에 죽은 고모나 여자형제의 초상[姑姊妹女子之下殤] 등의 여성 관련 복상규정일 것이다. 특히 4-②-❽ 조항과 4-③-❻ 조항은 딸이라 해도 부모와 동거하고 있는 중이라면 아들과 동일하게 복상의 의무를 가져야 함을 주장하고 있다. 또한 시집간 고모와 여형제에 대한 복상규정도 제시되어 있어, 『의례』에서 소외되어 있던 여성 복상의 규범들이 사회적으로 요구되고 있었음을 알 수 있다.

3) 정치적 관계의 조항들

그러나 무엇보다도 『상복변제』에서 주목되는 조항은 3의 '천자, 제후, 대부, 사가 조문하는 것에 대한 논의[天子諸侯大夫士弔哭議]' 조항이다. 『의례』 「상복」에 서술되어 있는 복상의 규정들을 살펴보면 전체 규정 중 다음의 12개의 사례와 유모(乳母)를 위한 복상을 제외하고는 나머지 의복(義服) 규정까지를 포함하여 모두 친족 간에 지켜져야 하는 복상의 규정임을 알 수 있다.[92]

<표 2-1-3> 『의례』 「상복」에 보이는 비혈연(정치적 관계) 사이의 복상규정

1	諸侯爲天子(斬縗三年)	7	寄公爲所寓(齊縗三月)
2	臣爲君(斬縗三年)	8	爲舊君及其母·妻(齊縗三月)
3	公大夫之衆臣爲君(斬縗三年)	9	庶人爲國君(齊縗三月)
4	寄公爲所寓居國之君(齊縗三年)	10	大夫在外, 其妻·長子爲舊國君(齊縗三月)
5	爲夫之君(齊縗不杖周)	11	大夫爲舊君(齊縗三月)
6	爲君之父母·妻·長子·祖父母(齊縗不杖周)	12	諸侯之大夫爲天子(繐縗七月)

92) 緦麻三月復에 乳母를 위한 조항은 친족 간의 복상조항이 아니지만 유모의 경우 자신을 길러 준 자에 대한 보답이라, 이하에서 논의하는 정치적 관계에 대한 복상과는 달라 표에 포함하지 않았다.

이것은 우선 상복례가 주로 친친의 수단으로 사용된 것의 흔적이라고 할 수 있다. 따라서 『상복변제』에도 친족간의 상복례가 주류를 점한다. 그러나 『의례』와는 달리 『상복변제』에는 '천자제후대부사조곡의(天子諸侯大夫士弔哭議)(3)'라고 해서 제후·대부·사를 위한 천자의 복상규정과 제후·대부 및 사의 상호간 복상규정이 서술되어 있다. 왜 대덕은 『의례』에 존재하지도 않는 상복규정을 서술하였을까? 특히 이미 봉건제가 사실상 사라져 시대적으로도 이러한 봉건적 관계에 대한 상복의 필요가 절실하지도 않았을 시기에. 필자는 바로 이 부분이 당시 대덕이 가지고 있던 정치적 관점을 읽어낼 수 있는 중요한 단서가 될 수 있다고 생각한다.

우선 『의례』 중 「상복」이 갖는 의미를 살펴보자. 통상 『의례』는 '사례(士禮)'[93]라고 불리는 만큼 사계층을 위한 규범이다. 그것은 크게 가례(家禮)와 향례(鄕禮), 왕조례(王朝禮), 기타로 분류가 가능한데, 이때 상복례는 가례나 향례, 왕조례에 속하지 않는 특수한 의례로 분류할 수 있다.[94] 그 이유는 『의례』에서 다루고 있는 의례 중 오직 상복례만이 제후로부터 사까지의 당시 지배계층 전체에 해당하는 의례규정이기 때문이다. 이것은 상복례를 통해 지배계층 전체의 서열을 확인하는 것이 가능할 수도 있다는 것을 의미한다. 그러나 기존 『의례』의 상복규정은 주로 친족 간의 복상규정이 대다수를 점하여 정치적 서열과 관계를 드러내기 힘들었다. 그렇다면 우리는 『상복변제』에 대덕이 굳이 제후·대부·사를 위한 천자의 복상규정과 제후·대부 및 사의 상호간 복상규정을 서술한 것은 정치적 의도가 있을 것임을 추정할 수 있다. 그가 이를 통해 말하고자 한 것은 무엇이었을까?

<표 2-1-3>에서 확인할 수 있는 것처럼 『의례』에 서술되어 있는 정치적 관계의 복상규정은 모두 군주를 위한 복상규정이거나 정치적으로 지위가

93) 今獨有士禮, 高堂生能言之(『史記』 卷121, 「儒林列傳」, p.3126) ; 魯高堂生傳士禮十七篇(『漢書』 卷30, 「藝文志」, p.1710).

94) 본서 1부 1장 「전한 초 국가의례의 제정과 성격－봉선·명당·군국묘에 대한 검토를 중심으로－」의 <표 1-1-1> '『의례』의 편명'을 참조.

높은 이를 위한 지위가 낮은 이들의 복상규정이다. 참최삼년의 군주를 위한 신하의 복상규정[臣爲君]으로부터, 국군을 위한 서인[庶人爲國君]의 자최삼월은 물론이고, 심지어는 군신관계가 종료된 구군(舊君)에 대한 복상규정[爲舊君及其母·妻]까지 모두 일방적으로 윗사람에 대한 아랫사람의 복상규정들이다. 그러나 『상복변제』에서 거론하고 있는 정치적 관계에 대한 복상 중 3-①의 ❶·❷·❸ 세 조항은 모두 지존인 천자가 신하를 위해 상복을 입는 규정에 대해 서술하고 있다. 즉 대덕은 신하를 위한 군주의 복상규정을 마련하여 정치적 지위가 비록 낮다고 해도 군주와 더불어 정치적 행위의 담당자라면 그에 부합하는 정치적 처우를 받아야 함을 주장하고 있는 것이다.

그렇다면 봉건제도가 폐지되고 사실상 군현제에 의해 전국이 다스려지는 선제시기 왜 이러한 복제규정을 서술한 것일까? 이에 대한 대답을 위해 다시 한 번 표를 살펴보면, 흥미롭게도 신하를 위한 군주의 복상규정이 오직 천자에 대해서만 서술되어 있다는 점을 발견할 수 있다. 즉 대부를 위한 제후의 복상규정이나 사를 위한 대부의 복상규정은 서술되어 있지 않고, 이들에 대해서는 오직 상호간의 복상규정만이 나와 있을 뿐이다. 이것은 당시 정치적 군신관계가 천자, 즉 황제와의 사이에서만 발생했다는 것을 의미하는 것으로 읽혀진다. 요컨대 대덕은 당시 문제가 되는 황제와 사대부 사이의 정치적 관계에 대한 의례규정을 분명히 한 것이고, 이를 통해 사대부들이 사회적으로 보장받아야 하는 정치적 권위에 대한 기준을 설정하고자 한 것이다.

이러한 추정은 당시가 선제시기라는 데서 힘을 얻을 수 있을 것이다. 앞서 언급한 것처럼 선제는 유학을 통치의 기본 이념으로 받아들이고 선양하기를 주저하지 않았지만, 다른 한편 강력한 중앙집권적인 통치를 표방한 군주이기도 하다. 특히 법가계의 능리를 통한 정치행태와 만기(萬機)를 독점하여 재결(裁決)하는 정치스타일은 사대부들의 위기의식을 자아냈다.[95] 따라서 선제시기를 살았던 대덕이 자신의 저술에서 사대부의 정치적 권위를 옹호하는 내용을 서술한 것은 이러한 정치적 환경과 전혀 무관하지는 않을 것이다. 즉, 그는 치자(治者)로서의 사대부의 권위를 복상규정을 통해서 확인받고자 했던 것이다.

4) 정치적 관계에 대한 대덕의 시선

『상복변제』에는 이러한 대덕의 정치적 입장을 잘 보여주는 조문이 등장한다. 모두 18개의 조문으로 이루어져 있는 '시사복변(始死服變)'의 ① '참최삼년', ② '자최삼년', 그리고 ③ '자최장주(齊縗杖周)'조의 조문을 살펴보자. 이 18개의 조문은 모두 천자·제후·대부와는 관련이 없는 사례(士禮)라고 할 수 있다. 그런데 흥미로운 것은 그 18개의 조문 중에 4개의 조문(4-①-❷, 4-①-❸, 4-②-❸, 4-③-❷)에 '천자로부터 사인에 이르기까지 같은 예[自天子達於士]'라는 규정이 등장하는 점이다. 그런데 사례들은 특별한 정치적 관계가 아닌 일상생활의 규정으로 대부분 '위인후자'와 관련된 것이다. 그 4개의 사례를 살펴보면 다음과 같다.

> ① 참최삼년복 … 손자가 조부의 계승자를 위해 입는 상복으로 위로 고조에까지 미치는데, 천자로부터 사에 이르기까지 같은 예로, 아들이 아비를 위해 입는 상복과 같다[斬縗三年之服 … 孫爲祖父後者, 上遍於高祖, 自天子達於士, 與子爲父同].[96]

> ② 참최삼년복 … 아비가 장자를 위해 입는 상복으로 천자로부터 사에 이르기까지 같은 예로 비녀와 갓끈을 사용하지 않는다. … [斬縗三年之服 … 父爲長子, 自天子達於士, 不笄纚 …].[97]

---

95) 陛下躬聖質, 總萬方, 帝王圖籍日陳于前, 惟思世務, 將興太平. 詔書每下, 民欣然若更生. 臣伏而思之, 可謂至恩, 未可謂本務也(『漢書』 卷72, 「王吉傳」, p.3062). 萬方을 총괄하며 世務에 힘쓰는 것이 제왕의 本務가 될 수 없다는 王吉의 건의는 그 대표적인 위기의식의 표출 사례일 것이다.

96) 『喪服變除』, p.2左.

97) 『喪服變除』, p.2左.

③ 자최삼년복 … 조부의 후계자가 된 손자가 부친이 이미 사망한 상태에서 조모를 위해 입는 상복으로 위로 고조모에게까지 미치는데, 천자로부터 사에 이르기까지 같은 예다[齊縗三年者 … 孫爲祖後者父卒爲祖母, 服上至高祖母, 自天子達於士].98)

④ 지팡이를 짚는 자최 일년복 … 출모, 자모, 계모, 군모를 위한 상복으로 천자로부터 사에 이르기까지 같은 예다[齊縗杖周者 … 爲出母·慈母·繼母·君母, 自天子達於士].99)

위의 기사들은 모두 시사복변 중에 등장하는 것으로 ① ③의 사례는 위인후자와 관련된 것이다. 이것은 우선 당시 사회에 종족간의 위인후자가 많이 발생함으로 인해 해석의 필요가 컸기 때문에 발생했을 것이다. 또한 당시 국가적으로 선제가 위인후자라는 것도 이러한 해석의 필요를 촉발시켰을 것이다.

그런데 위의 기사에서 볼 수 있는 것은 위인후자를 둘러싼 기본원칙이 천자로부터 사에까지 동일하다는 점이다. 왕과 왕실, 황제와 제실이 특별하기보다는 사로부터 확대된 동일한 세계를 공유하고 있다고 보며, 사계층에서 행해진 기준에 의해 황제 역시 규정받는다고 보고자 한 것이다. 사로부터 천자까지 동일한 예의 집행을 주장하는 이 입장은 예를 바라보는 전통적인 두 가지 입장 중 도(道)와 인정(人情)을 따르는데 제왕과 사가 다를 것이 없다는 예의 보편적 적용을 강조하는 입장이라고 할 수 있다. 이 입장은 정치적으로 제왕의 지위를 격하하며 군신공치(君臣共治) 혹은 권력분점과 이론적 연관을 맺을 수 있는 가능성이 크다고 인식되어 왔다.100) 즉 이것은 제왕의 초월적 지위를 인정하지 않는 입장이다. 그렇다면 이러한 대덕의 입장은 정치적으로는 당시 강력한 황제권을 수립하려는 선제와 길항(拮抗)

---

98) 『喪服變除』, p.3右.

99) 『喪服變除』, p.3左.

100) 朴丙鍊, 「朝鮮時代 "禮訟"의 政治行政的 含意」, 『정신문화연구』 21-2(1998), p.108.

하며, 예학적으로도 선제의 행위에 대한 비판의 성격을 가졌을 것이다.

선제 문제로 되돌아가 보자. 방계였던 선제는 소제(昭帝)의 위인후자가 되어 소제에 대해 참최삼년복을 행해야 한다. 그리고 그 정도는 모두 아들이 그 아버지에게 행하는 것과 동일하게 해야 한다. 이때 선제는 본래 자신의 출신인 소종을 버리고 대종의 맥을 잇게 된 위인후자로 자신의 친부에 대해 상주가 될 수 없다. 그러나 선제는 석거각회의가 개최되기 전 원강(元康) 원년(기원전 65)에 자신의 친부인 사황손을 위해 황고묘를 설치한다. 그리고는 석거각회의에서는 "대종도 끊어질 수 있으나, 아들은 자신의 아버지의 제사를 끊지 못한다"[101]는 문인통한(聞人通漢)의 의견에 반대한다.

당시 선제의 행동은 누가 보아도 예학적으로 모순된, 아니 편의적인 행위임이 분명하다. 그러나 기록에서는 이러한 선제의 행위에 대해 적극적으로 반대했던 견해는 발견되지 않는다.[102] 지존에 대한 비판이 수월하지 않았을 정치적 환경과 더불어 자신의 학문적 성취를 확보하려는 학술회의에서, 그것도 황제가 직접 결론을 결정하는 자리에서 정치적 불만이 제기되기는 힘들었을 것이다. 그러나 선제의 행위는 사적으로 승계의 계통을 변경하여 공적 질서를 무시하는 것임에 분명하다. 그렇다면 천자에게도 보편적으로 예가 집행되어야 한다는 대덕의 발언은 선제의 이러한 정치사권화(政治私權化)에 대한 비판은 아니었을까? 이와 관련하여 대덕의 석거각회의 참석 여부를 살펴볼 필요가 있겠다.

---

101) 大宗無後, 族無庶子, 己有一嫡子, 當絶父祀以後大宗不. 戴聖云, 大宗不可絶, 言嫡子不爲後者, 不得先庶耳. 族無庶子, 則當絶父以後大宗. 聞人通漢云, 大宗有絶, 子不絶其父. 宣帝制曰, 聖議是也(『漢魏遺書鈔 石渠禮論』, p.5右).

102) 기록에 의하면 本始 원년(기원전 73) 1차 史皇孫 추존논의는 당시 승상이었던 蔡義 등의 반대의견에 의해 좌절되는 것을 확인할 수 있다(『漢書』 卷63, 「戾太子傳」, p.2748). 그러나 元康 원년의 사황손 추존과 皇考廟 설치의 경우 훗날 王莽의 반대의견은 확인할 수 있지만(『漢書』 卷73, 「韋玄成傳」, p.3130) 당시 신하들의 반대는 찾아 볼 수 없다.

4절 『상복변제』의 출현 의의와 전한후기 예학의 성격

『한서(漢書)』「유림전」 반고(班固)의 논찬(論贊)에 의하여 선제시기 대덕과 대성의 『대대례(大戴禮)』·『소대례(小戴禮)』에 학관(學官)이 설치되는 것을 확인할 수 있다.[103] 석거각회의가 먼저인가, 『대·소대례』에 박사가 설치되는 것이 먼저인가를 따져 본다면, 다른 학관의 설치에 준하여 예 역시 석거각회의 이후 박사관이 설치된 것으로 이해하는 것이 타당할 것이다.[104] 이러한 이해에 준한다면 우리는 석거각회의 예분과의 논의를 정리한 『석거예론』에 대덕의 발언이 한 번도 등장하지 않는 사실에 당황하게 된다. 회의 결과로 독자의 학관이 세워졌음에도 논의과정에 등장하지 않은 이유는 무엇일까?

사응용(史應勇)은 『석거예론』에 대덕의 발언이 실리지 않은 것과 『한서』에 석거각회의 참여자로 대덕이 거론되지 않은 것을 근거로 대덕이 석거각회의에 참석하지 않았다고 보았다. 그는 그 이유를 당시 학술계에서 대덕의 지위가 그의 조카인 대성에 미치지 못했기 때문이라고 분석하였다.[105] 그러나 『석거예론』 및 『한서』에서 회의에 참여한 것이 확인되는 문인통한의 경우 학관이 세워지지 않았음을 감안하면, 석거각회의에 참석하지 않은 대덕이 박사가 된 것은 이해하기 힘들다. 또한 당시 예 전공자가 아님에도 예에 대한 개인적 소양으로 인해 소망지(蕭望之)와 위현성(韋玄成)이 참석한

103) 至孝宣世, 復立大小夏侯尙書, 大小戴禮, 施·孟·梁丘易, 穀梁春秋(『漢書』 卷58, 「儒林傳」讚, p.3621).

104) 辺士名朝邦, 앞의 글, p.130. 이에 대해 王國維는 전한시기에는 『大·小戴禮』의 學官이 따로 세워진 것이 아니라 오직 后蒼의 예학만이 博士官으로 설치된 것으로 보고 있다. 王國維, 「漢魏博士考」, 『觀堂集林』(上海 : 上海古籍, 1996), p.198. 이와는 달리 후쿠이 시게마사는 선제시기 예박사로는 戴聖만이 있었다고 주장하였다. 福井重雅, 「博士と博士制度の形成」, 『漢代儒教の史的研究』(東京 : 汲古書院, 2005), p.223. 原載 : 「秦漢時代における博士制度の展開－五經博士の設置をめぐる疑義再論－」, 『東洋史研究』 54-1(1995).

105) 史應勇, 「兩部儒家禮典的不同運命」, 『學術月刊』 2000-4, p.80.

것을 생각하면,[106] 후창(后蒼)의 예를 적통으로 계승한 대덕[107]이 단지 학술계에서의 위치가 대성보다 못해 참석하지 못하였다는 분석은 받아들이기 힘들다. 따라서 대덕이 석거각회의에 참석한 것으로 이해하는 것이 타당할 것이다. 무엇보다도 석거각회의 후 『대대례』에 박사관이 설치되었다는 것은 석거각회의를 통해 『대대례』가 인정받았다는 것을 의미하기 때문이다.

그렇다면 참석했을 것이 거의 확실시되는 대덕의 발언이 왜 『석거예론』 안에는 전혀 등장하지 않을까? 다른 산일(散逸)된 부분에 대덕의 발언이 있을 것이라고 추정할 수도 있겠으나, 그가 『상복변제』라는 상복례의 매뉴얼을 작성했다는 점에 비추어 본다면 다른 내용도 아닌 상복과 관련한 15개 조에서 대덕의 입장을 전혀 확인할 수 없는 것은 상식적으로 납득하기 어렵다. 결국 고의적으로 대덕의 입장이 제외된 것으로 해석할 수밖에 없을 것이다. 이것은 다분히 정치적인 문제와 관련 있을 것인데, 혹 대덕의 예경해석이 당시 자신의 정치적 목적에 의해 회의를 개최한 선제의 의도에서 벗어났기 때문은 아니었을까?

이와 관련하여 탕지균(湯志鈞) 등의 지적은 음미할 필요가 있을 것이다. 탕지균 등은 이 문제를 대성과 대덕의 예학관의 차이로 접근하였다. 그들은 대덕의 석거각회의 참가에 대해 직접적인 언급은 하고 있지 않지만 '대성과 예학적 관점이 다른 대덕의 경우 기재에 보이지 않는'다고 우회적으로 서술하여, 대덕이 참여는 했으나 대성과 예학적 관점이 달라 그의 의견이 『석거예론』에 게재되지 못한 것으로 보았다.[108] 대덕과 대성의 정치적

---

106) 至望之, 好學, 治齊詩, 事同縣后倉且十年. 以令詣太常受業, 復事同學博士白奇, 又從夏侯勝問論語·禮服(『漢書』 卷78, 「蕭望之傳」) ; 賢爲人質朴少欲, 篤志於學, 兼通禮·尙書, 以詩敎授(『漢書』 卷73, 「韋賢傳」, p.3107) ; 玄成徵爲未央衛尉, 遷太常(『漢書』 卷73, 「韋玄成傳」, p.3110). 소망지의 경우 夏侯勝에게 『論語』와 『禮服』을 학습하였고, 위현성은 『禮』와 『尙書』에 정통했던 그의 아버지로부터 예학을 전수받았던 것으로 추정된다. 아마도 그러한 소양으로 太常의 자리에 올랐을 것이다.

107) 漢興, 魯高堂生傳士禮十七篇. 訖孝宣世, 后倉最明. 戴德·戴聖·慶普皆其弟子, 三家立於學官(『漢書』 卷30, 「藝文志」, p.1710)

견해가 달랐음은 분명한 사실인 것 같다. 사료의 소략함으로 인해 양자의 정치적 입장을 명확히 알 수는 없지만, 같은 스승 밑에서 예를 학습했으나 각기 다른 『예기(禮記)』를 편찬하고 국가적으로도 다른 학관이 세워진 것이 그 증거다.

사실 예에 대한 입장이 다르다는 것은 단순히 몇 가지 행동규범에 대한 입장이 다르다는 것을 의미하는 것만은 아닐 것이다. 이것은 예의 본질상 국가의 법제와 사회제도에 이르는 정치 현실적 입장의 차이로 귀결되기 때문이다. 요컨대 경전이 정치 현실적 입장과 정치체제를 보는 사상적 근저가 되기에 예학에 대한 입장 차이는 결국 정치권력을 이해하는 상이한 입장으로 표출될 것이다. 그래서 사응용은 이 문제를 관방예학(官方禮學)이라는 관점에서 접근하였다. 그는 당시 대덕이 관방예학의 주요 인물이 아니었기 때문에 석거각회의에 참석할 수 없었다고 분석하였다.[109)]

그렇다면 사응용이 말하는 관방예학이라는 것은 구체적으로 어떤 내용이었을까? 확언할 수는 없지만 아마도 국가, 즉 선제가 필요로 하는 예론(禮論)을 대덕이 제공하지 못했다는 의미로 받아들여도 되지 않을까 한다. 선제의 정치적 입장을 옹호해 줄 수 없었던 혹은 선제의 정치적 행위를 비판하는 대덕의 입장은 『석거예론』에서 고의적으로 삭제되었을 것이다. 그것이 천자에 대해 보편적인 예 적용을 주장한 것일 수도 있을 것이며, 위인후자에 대한 다른 입장일 수도 있을 것이다. 현재로서는 자세한 내용을 확인할 수 없다. 그러나 상복에 대한 매뉴얼적 행위규범을 주로 서술한 『상복변제』에서 선제의 정치적 입장과 행위에 대한 비판적인 시각을 확인할 수 있다는 것은 대덕의 의견이 『석거예론』에서 고의적으로 제외되었을 가능성을 보여준다. 즉 『상복변제』의 몇 몇 내용들, 예를 들어 사에 대한 천자의 복상규정이나 천자 역시 특별한 예의 적용대상이기보다 보편적 예집행의 대상이라는 주장은 대덕이 정치적으로 사권화(私權化)의 경향을 보인다고

---

108) 湯志鈞 外, 앞의 책, p.219.

109) 史應勇, 앞의 글, p.80.

여겨진 선제를 사대부의 공적(公的) 세계 속에 포함시키려는 의도를 가지고 있었음을 알려주기 때문이다.

이것은 전한시기 예의 또 다른 측면의 개발이라는 점에서 주목된다. 일반적으로 한대 예제의 특징은 진의 예제를 답습한 것에서 찾을 수 있다.[110] 진의 예제는 알려져 있는 것처럼, 육국(六國)의 예제가 종합된 성격을 갖는데[111] 그 내용은 '성왕(聖王)의 제도에 부합하지는 않아도 군주를 숭상하고 신하를 낮추는' 것이었다.[112] 그래서 진의 예제를 답습한 한의 그것에 대해 일찍이 송대(宋代) 유자들 또한 "대개 오직 이것은 진인(秦人)의 군을 높이고 신하를 낮추는 법이다"[113]라고 논평하기도 했다. 실제로 숙손통(叔孫通)에 의해 전한 최초로 제정된 의례는 목적 자체가 '군신(君臣)의 위(位)를 바르게 하는 것'[114]이었다.

이렇게 한의 예는 사회 구성원들에 대해 계급적 차등을 두고, 그에 해당하는 정치적 권리와 의무를 규정하여 정치적 권력관계를 구성하는 근본으로 작용하기 보다는, 황제의 권위를 높이는 위의(威儀) 차원에 국한되어 있었던 것이 사실이다.[115] 따라서 전한의 경우 사회적으로 경학의 영향력이 확대되면서 사대부들이 정치적으로 성장함에 따라 사회구성원 전체를 포괄하고, 그들의 행동의 근저가 될 수 있는 예의 기준이 새롭게 수립될 필요가 있었다. 사회구조의 변화와 정치주체의 변화는 새로운 교리의 해석을 필요로 하게 된다. 특히 한대 경학은 유학이 권력이 요구하는 이론을 생산해 내고 권력이 이를 보상하고 제도화하면서 전문적인 학술로 정착한 것이기에,[116]

---

110) 大抵皆習秦故(『史記』 卷23, 「禮書」, p.1159).

111) 至秦有天下, 悉內六國禮儀, 采擇其善(『史記』 卷23, 「禮書」, p.1159).

112) 雖不合聖制, 其尊君抑臣, 朝廷濟濟(『史記』 卷23, 「禮書」, p.1159).

113) 蓋只是秦人尊君卑臣之法(『朱子語類』, 「歷代二」, p.3222).

114) 漢興, 撥亂反正, 日不暇給, 猶命叔孫通制禮儀, 以正君臣之位(『漢書』 卷22, 「禮樂志」, p.1030).

115) 한 초, 제정된 예제의 특징에 대해서는 본서 1부 1장 「전한 초 국가의례의 제정과 성격－봉선·명당·군국묘에 대한 검토를 중심으로－」를 참조.

116) 김근, 『한자는 중국을 어떻게 지배했는가－한대(漢代) 경학(經學)의 해부－』(서

끊임없이 국가와 사회의 안정적 유지를 위한 현실의 필요를 충족시켜야만 했다. 이것은 예학도 마찬가지다.

이런 의미에서 본다면 사대부계층의 구체적인 행위규범을 만들고, 그 안에서 황제와 사대부와의 정치적 거리를 확정하려고 했던 『상복변제』는 사대부들의 성장에 따라 한초 결핍되어 있던 예의 다른 측면－국가권력이 사회구성원의 인격적인 차등을 설계하고, 그것을 신분적으로 사회화하는[117]－이 개발된 것이라고 볼 수 있을 것이다. 다시 말해 『상복변제』는 지금까지 황제의 초월적인 권위를 분식하기 위해 사용되었던 예가 사대부계층의 생활과 행동을 규제하고, 정치적 이상을 설정하는 근거로서 모습을 전화시켜나가는 과정에서 등장한 첫 결과물이라고 할 수 있겠다.

울 : 먼음사, 1999), p.15.

117) 渡辺信一郎, 「中華帝國·律令法·禮的秩序」, 『シンポジウム 歷史學と現在』(東京 : 柏書房, 1995), pp.168~169.

2장 『한서』「예악지」의 구성과 성격

「예지」 부분의 분석을 중심으로

현재 예학(禮學) 연구의 대부분은 위진남북조시기(魏晉南北朝時期)에 집중되어 있다. 일찍이 마종곽(馬宗霍)이 남북조 경학(經學)의 두드러진 특징을 예학으로 규정한 이래[1] 최근까지 이러한 입장은 고수되어 왔고, 확대 재생산되었다.[2] 실제로 위진남북조시기 본격적으로 국가에 의해 예전(禮典)이 편찬되었으며, 학술방면에서도 예서(禮書)의 편찬이 다른 시기보다 두드러졌다.[3] 또한 많은 사대부들이 예에 정통해 있었음은[4] 사료를 통해 쉽게 확인된다.

이와 관련하여 이 시기 예학발전의 원인으로 분란(紛亂)이 지속되었던 당시의 시대상황과 경학 자체의 발전이 지적되고 있다.[5] 즉, 혼란한 사회

---

1) 馬宗霍, 『中國經學史』(臺北 : 商務, 1936 : 1968), p.79.

2) 대표적인 글로는 최근 陸建華·夏當英의 「南北朝禮學盛因探析」, 『孔子硏究』 2000-3을 들 수 있다.

3) 魏晉南北朝 禮書 편찬의 상황에 대해서는 본서 3부 보장 「중국 고대 예제연구의 경향과 과제」를 참조.

4) 진술국은 '禮學의 수많은 문제의 해결은 모두 晉代 禮學家들의 공헌'이라고 하여 이 시기 예학발전의 정도를 간접적으로 시사하였다. 陳戌國, 『中國禮制史 魏晉南北朝卷』(長沙 : 湖南敎育, 2002), p.170.

5) 陸建華·夏當英, 위의 글, p.80. 이외에도 柯金虎는 淸談의 유행과 門閥 중시의 사회풍조가 기존 예의제도의 변화를 요구했다고 분석하였다. 柯金虎, 「從社會變亂看禮儀的遞嬗－以魏晉爲考察範疇」, 『玄奘學報』 4(2001), pp.128~129.

속에서 도덕·문화의 전통을 재수립하고 사회의 기강을 세우고자 예악(禮樂) 규범을 사회적으로 정비하고 실시한 결과 예학이 발전했다는 것이다. 또 하나는 경학의 발전 결과 더 이상 예가 단순한 의전(儀典) 행사의 도구가 아닌 하나의 학문으로 발전하게 되었다는 것이다.

그러나 사회의 혼란에서 예학발전의 원인을 찾는 것은 자칫 위진남북조시기를 지나치게 혼란의 시기로 본다는 문제를 가지는 한편 위진남북조시기와 다른 왕조 말기를 차별 짓지도 못한다. 또한 이 시기 예학발전의 원인을 경학 발전에 따른 자연스런 결과로 파악하는 것은 매우 타당한 분석이기는 하지만 이 역시 지나친 단순화임도 부정할 수 없다. 따라서 중국 고대사회 예학의 발전을 위진남북조시기로만 국한하여 고찰하는 것은 예학이 가지고 있는 본질을 간과하는 결과를 초래할 것이다. 따라서 이 시기에 국한되어 있는 예학연구는 통시대적으로 확대되어야 할 것이다.

다행히도 근래 전한시기(前漢時期) 예학에 대한 많은 연구들이 나오면서 지금까지 위진남북조시기에 국한되었던 예학연구가 통시대적으로 확대되고 있다. 그러나 여전히 후한시기(後漢時期) 예학에 관한 연구는 다른 시기 예학연구에 비해 저조한 상태다. 1부 1장에서 살펴본 것처럼 전한의 경우 무제(武帝)의 예제(禮制) 개혁이 국가예제의 성립이라는 측면에서 논의되고, 후기에 들어서는 유명한 군국묘(郡國廟) 폐지와 천자칠묘제(天子七廟制)에 관련된 논의들이 연구대상이 되며 전한 예제에 대한 관심은 상당히 증가되었다. 하지만 후한의 경우 전한에 비해 특별한 예 관련논쟁이 없었고 일찌감치 연구자들에 의해 왕망(王莽)의 예제개혁으로 유가경전에 근거한 예제가 완비되었다고 이해되어, 후한 예학에 대한 연구는 연구자들의 관심 밖이 되었다. 다른 여타 분야의 후한사 연구와 마찬가지로 후한의 예학사(禮學史) 역시 예제가 만들어지고 개정을 둘러싼 지속적 노력이 전개된 전한시기, 사회적 분란과 경학의 발전에 따른 예악 전성(全盛)의 위진남북조 사이에 끼여 독자적인 의미를 부여받지 못하고 있는 것은 아닌가 하는 생각도 든다.

그런데 흥미로운 것은 후한시기 예제가 완비되었다는 연구자들의 일치된 견해에도 불구하고, 정작 해당시기를 살았던 반고(班固)가 『한서(漢書)』「예악지(禮樂志)」에서 자신의 시대를 예악이 완비되지 않은 시기로 토로하고 있는 점이다.[6] 왜 반고는 자신의 시대를 예악이 완비되지 못한 시대로 보았을까? 이 장은 예악이 완비되지 못했다고 자신의 시대를 평가한 반고의 논찬(論讚)에 대한 궁금증으로부터 시작하여, 궁극적으로는 후한 사대부 반고가 가지고 있었던 예제관(禮制觀)을 확인하는 것을 목적으로 한다. 새로운 왕조가 개창되면 위정자(爲政者)들은 새로운 원리에 근거한 권위를 창출하고, 그 권위 위에서 국가의 안정화를 꾀한다. 아마도 이것을 가장 체계적으로 보장해 줄 수 있는 것은 예제의 정비였을 것이다. 그러므로 전통시기 중국의 정치를 담당했던 사대부들의 예제관을 확인하는 일은 국가의 성격을 이해하는 하나의 단서가 될 것이다.

1절 『한서』「예악지」의 구성

대략 주를 제외한 본문이 7,300여 자에 달하는 『한서』「예악지」는 내용상 세 부분으로 구분할 수 있다. 첫 번째는 예악이 정해지게 된 이유와 그것의 기능과 효능에 대해 서술한 부분으로 「예악지」 전체의 서론에 해당한다. 분량은 473자로 전체 「예악지」의 약 6.4%를 차지한다. 다음 두 번째는 「예지(禮志)」 부분으로 주대(周代)부터 후한 광무제(光武帝)에 이르는 역대 예제제정 및 개혁의 연혁을 다루고 있다. 이 부분의 분량은 1,610자로 전체의 약 22%에도 못 미친다. 그리고 나머지 70%가 넘는 부분이 「악지(樂志)」로 구성되어 있다.

예의(禮儀)와 관련하여 가장 중요하게 다뤄지던 교사(郊祀)의 내용이

6) 然德化未流洽者, 禮樂未具(『漢書』 卷22, 「禮樂志」, p.1035).

「교사지(郊祀志)」로 독립되어 다루어진 것과 「위현성전(韋玄成傳)」을 비롯한 열전(列傳)에서 전한후기의 예제논쟁이 따로 서술된 것을 염두에 둔다고 해도, 전체 「예악지」 안에서 예의 내용이 1/3에도 미치지 못한다는 것은 다소 의외가 아닐 수 없다. 특히 전한의 경우 잘 알려진 것처럼 고조(高祖) 유방시기(劉邦時期)부터 왕망시기까지 교사를 제외하고도 다양한 예제개혁의 주장과 논의가 있었고, 그 결과 많은 예제가 부분적으로 제정되고 개혁되었다. 또한 그를 둘러싼 치열한 논쟁도 몇 차례 전개되었기에, 『한서』 「예악지」 중 「예지」 부분의 이와 같은 분량은 고의적인 생략과 누락을 떠올리게 한다. 더욱이 시대별로 서술된 예제제정 논의마저도 소략하기 그지없어 『한서』 「예악지」 중 「예지」 부분의 서술의도가 혹 전한 예제제정과 개정의 연혁을 밝히고, 그 제·개정된 예의 성격을 보여주는 것이 아닌 다른 데 있는 것이 아닌가 하는 생각마저 든다.

1,610자의 「예지」 부분은 모두 7단락으로 이루어져 있다. 첫째, 주왕조의 예제제정과 춘추전국(春秋戰國)~진시기(秦時期) 예의 쇠퇴와 소멸에 관한 대략의 상황. 둘째, 한고조시기 숙손통(叔孫通)의 의례(儀禮) 제정. 셋째, 문제시기(文帝時期) 가의(賈誼)의 예제제정 건의 및 좌절. 넷째, 무제시기 시대적 사정에 의해 채택되지 못한 동중서(董仲舒)의 예제제정에 관한 대책(對策). 다섯째, 선제시기(宣帝時期) 왕길(王吉)의 예제제정 건의 및 좌절. 여섯째, 성제시기(成帝時期) 유향(劉向)의 예제제정 건의 및 미실현. 마지막으로 왕망의 벽옹(辟雍) 건설 및 광무제의 명당(明堂)·벽옹 건설과 후한 예제의 문제로 구분할 수 있다.

현재 전한 예제와 관련하여 가장 중요한 연구대상인 군국묘를 포함하여 사묘(四廟)·오묘(五廟)·칠묘(七廟)의 무수한 논의를 수반했던 종묘(宗廟) 문제, 감천태치(甘泉泰畤) 및 분음후토사(汾陰后土祠)·옹오치(雍五畤)의 설치와 폐지가 반복되는 교사의 문제와 무제시기의 봉선(封禪) 문제, 그리고 역법(曆法) 개정의 문제와 같이 전한대 제례(制禮)와 관련한 중요 문제들이 각 지(志)에 따로 서술된 것이 가장 큰 이유라 할지라도 7단락으로 구성된

「예지」 부분의 내용은 다소 미흡하다는 생각이 든다.

더군다나 「예지」 부분의 서술을 읽어가다 보면 흥미로운 두 가지 사실을 발견하게 된다. 우선 반고의 서술에 의하면 전한의 경우 숙손통의 의례제정을 빼고는 각 시기마다 중요한 예제제정과 개혁의 요구가 있었으나 그 요구가 실현된 적이 없다.[7] 때로는 정적(政敵)의 위협 때문에, 때로는 다른 중요 사업에 밀려서, 혹은 황제의 거부로, 심지어는 건의자의 죽음으로. 동일한 이유는 아니지만 그렇다고 전혀 무관하다고 하기에도 미심쩍은 이유들로 인해 「예지」에 수록된 제례와 개례(改禮)의 건의들은 모두 불발로 끝나게 된다. 물론 전한 말 왕망에 의해 왕도(王道)의 지표인 벽옹이 건설되기는 하지만, 그것은 왕망의 정권찬탈을 위한 전주곡에 불과하였기 때문에 결국 「예지」의 서술로만 본다면 성과를 보인 전한의 예제제정과 개혁논의는 없는 것이 된다.[8]

두 번째는 현재의 많은 연구자들의 이해와는 달리 반고는 자신의 시대까지 예악이 완비되지 않았다고 본 점이다. 그는 중흥(中興) 천자 광무제가 명당과 벽옹을 건설하여 새로운 예제가 수립된 것처럼 보이기는 하지만 실제로는 여전히 "덕화(德化)는 아직 넉넉히 백성을 적시지 못했으며, 예악은 아직 갖춰지지 않았다"고 하였다.

일반적으로 전한후기 원제(元帝) 이후로 계속된 군국묘와 교사에 대한 개혁은 한대 예학사에서 전환기로 설명된다. 일련의 개혁은 사회적으로 유교가 영향력을 갖게 되면서, 국가기구를 유교사상을 근간으로 정비할 필요가 생기면서 추진된 것으로 이해되었다. 그래서 이 문제는 종종 '유교국

---

7) 엄밀히 말해 叔孫通의 사례 역시 그가 奉常(후에 太常)이 되어 儀法을 정하려고 했으나 완성하지 못하고 죽었다는 기사에 의한다면 결국에는 완성되지 못한 경우라고 볼 수 있겠다(以通爲奉常, 遂定儀法, 未盡備而通終. 『漢書』 卷22, 「禮樂志」, p.1030).

8) 알려진 것처럼 武帝時期 正朔의 개정을 비롯하여 律曆의 제정과 音律을 조정하는 등의 성과가 있었다(興太學, 修郊祀, 改正朔, 定曆數, 協音律, 作詩樂, 建封禮, 禮百神, 紹周後, 號令文章, 煥焉可述. 『漢書』 卷6, 「武帝紀」, p.212). 그러나 이러한 사실이 정작 「禮樂志」에서는 언급되고 있지 않다.

교화(儒教國教化)'의 정도를 설명하는 척도로서 논의되었다. 대표적으로 니시지마 사다오[西嶋定生]와 이타노 조하치[板野長八]를 들 수 있는데, 두 사람들은 다소의 차이에도 불구하고 유가의 예제로 초월적이고 절대적인 황제권력이 규제되었다고 보았다.[9] 즉, 지금까지 유가의 예제를 초월하였던 전한 황제의 권위는 종묘·교사의 실행방식이 유가 예설(禮說)에 부합하게 됨으로 인해 상대화되었다고 본 것이다. 그리고 이후 지속된 천자칠묘제와 같은 예제개혁은 왕망시기에 완성된 것으로 평가되었다.[10]

이러한 일련의 상황을 놓고 본다면 반고의 판단과는 달리 후한시기에는 이미 덕화(德化)가 이루어지고, 예악이 갖춰진 상태라고 할 수 있을 것이다. 그 결과 대부분의 연구자들은 관점의 차이에도 불구하고 후한의 예제가 상당한 정도로 완성되었으며,[11] 흔히 말하는 유가의 '고례(古禮)'에 부합하는 합당함을 갖추고 있는 것으로 받아들이고 있다.[12] 그런데 왜 정작 해당시기를 살았던 반고는 자신의 시기를 예악이 갖춰지지 않은 시대로 이해한

---

9) 西嶋定生, 「皇帝支配の成立」, 『岩波 世界歷史 4』(東京 : 岩波書店, 1970) ; 西嶋定生, 『中國の歷史 秦漢帝國』(東京 : 講談社, 1979) ; 板野長八, 「儒教の成立」, 『岩波 世界歷史 4』(東京 : 岩波書店, 1970) ; 板野長八, 「前漢末における宗廟·郊祀の改革運動」, 『中國古代における人間觀の展開』(東京 : 岩波書店, 1997)를 참조.

10) 西嶋定生, 위의 글(1979), p.344.

11) 가네코 슈이치는 後漢 章帝時期에는 천자가 신하가 되어 하늘을 섬긴다는 '天子稱臣' 개념이 성립되었다는 점을 들어 이 시기에 儒教國家의 제사가 완성되었다고 보았다. 金子修一, 「漢代の郊祀と宗廟と明堂及び封禪」, 『古代中國と皇帝祭祀』(東京 : 汲古書院, 2001), p.102. 原載 : 「中國－郊祀と宗廟と明堂及び封禪」, 『東アジア世界における日本古代史講座 9-東アジアにおける儀禮と國家』(東京 : 學生社, 1982).

12) 대표적으로 이성구는 前·後漢 封禪의 비교를 통해 후한의 禮制가 전한의 그것에 비해 상당히 儒家의 禮說에 의해 조정되었으며, 古禮에 부응하게 되었다고 보았다. 즉 한무제의 봉선은 秦始皇과 마찬가지로 늙지 않고 신선이 되는 不老登僊을 목적으로 철저히 비밀리에 이루어진 반면, 후한 光武帝의 경우 왕조가 天命을 받은 것을 전제로 한 易姓告代를 목적으로 뭇 신하가 지켜보는 가운데 공개적으로 거행된 것은 유가의 국가주의와 공개주의의 결과라고 보았다. 이러한 주장은 이미 와타나베 요시히로에 의해서도 제시되었었다. 그는 광무제의 봉선은 무제의 그것과는 달리 공개적이었고, 개인의 행복을 기구하는 것이 아닌 儒教的 예설에 기초한 것이었다고 보았다. 李成九, 『中國古代의 呪術的思惟와 帝王政治』(서울 : 一潮閣, 1997), p.144 ; 渡邉義浩, 『後漢國家の支配と儒教』(東京 : 雄山閣, 1995), p.244.

것일까?

이와 관련하여 최근 감회진(甘懷眞)은 반고의 「예악지」 부분이 소략하고 조잡한 이유와 반고의 예악관(禮樂觀)을 연관하여 해석하였다. 그는 '예 제정의 목적을 교화(教化)에 두고 있었던 반고는 의식적(儀式的) 측면의 정삭을 세우고[建正朔], 복색을 바꾸며[易服色], 교사·종묘·봉선의 예를 정하는 것[定郊祀·宗廟·封禪]은 진정한 예가 아니라고 여겨' 이와 관련된 내용들은 '「예악지」 안에 기술하지 않은 대신 예의 교화적 측면을 강조한 가의·동중서·왕길·유향들의 주장만을 언급'하였다고 주장하였다. 또한 그는 반고가 가장 중요하게 여긴 것은 교화를 가능하게 하는 학교[庠序]의 설립이었다고 하였다.[13] 요컨대 반고는 예를 제정하는 목적은 교화에 있다고 생각해 무엇보다도 학교를 중시했는데, 전한의 경우 학교와 관련한 예가 결여되었기 때문에 진정한 예가 없었다고 여겨 매우 빈약하고 조잡한 「예악지」를 편찬하게 되었다는 것이다. 그러나 감회진의 이러한 주장은 다소 설득력이 떨어진다.

우선 예의 기능을 의식적 측면과 교화적 측면으로 분명하게 나눌 수 있는가는 차치하더라도,[14] 한대 유가들의 예제제정이나 개혁을 의식적 측면의 것과 교화적 측면의 것으로 구분하는 것이 얼마나 가능할까 하는

---

13) 甘懷眞, 「「制禮」」概念的探析」, 『皇權, 禮儀與經典詮釋 : 中國古代政治史研究』(臺北 : 喜瑪拉雅研究發展基金會, 2003), p.81.

14) 甘懷眞은 실천자의 교양이나 권력의 정당성을 보여주는 표식으로서의 예제를 의식으로서의 예제로 칭하고, 이와는 달리 인민을 교화하는 것을 목적으로 하는 예제를 교화를 목적으로 하는 예제로 칭하여 구분하였다. 그러나 이러한 의식적인 측면과 교화적인 측면은 모두 예가 가진 특성으로 무엇이 더 중요하다고 하는 것은 의미가 없을 것이다. 실제로 중국 고대사회에서 이 두 가지 측면은 상이한 정치적 상황과 목적에 의해 강조되거나 채택되었다. 따라서 엄밀한 의미에서 威儀的 성격의 예가 주로 전한, 특히 제국 건설시기에 사용되었고, 교화적 성격의 예가 후한 들어 비로소 본격적으로 등장했다고 하는 것은 예의 분리될 수 없는 두 가지 측면을 강제로 분리하는 것에 불과할지도 모른다. 필자는 예학연구의 중요 내용은 예의 두 가지 측면을 구별하여 시대적 특성으로 규정짓는 것이 아니라 이 두 가지 측면이 어떻게 사회적으로 강조되고 이용되었는가를 고찰하여 당시 사회의 정치지형을 복원하는 것에 있다고 생각한다.

점이 의문이다. 더하여 반고가 말하는 교화적 성격의 예제라는 것이 학교의 설립과 직결된다고 볼 수 있는지는 더더욱 논의가 필요한 부분이 아닐 수 없다. 그리고 이 모든 것을 다 인정한다 해도 가장 결정적인 것은 앞에서 언급한 가의 이하의 인물들을 학교라는 하나의 고리로 연결할 수 있겠는가 하는 점이다. 이것은 다음 절에서 구체적으로 살펴볼 것이지만 학교설립에 의한 교화를 네 사람이 공통적으로 제기하지도 않았을 뿐더러, 학교설립에 의한 교화라는 것은 일반적으로 예치(禮治)를 표현하는 상징적인 표현으로 사용되는 경우가 다반사이기 때문이다. 그러므로 학교의 설립에 의한 교화라는 공통점으로 이들을 연관 짓는 것은 지나치게 자구에 얽매이는 결과를 낳게 될 것이다.

특히 동진(東晉)의 범엽(范曄)은 반고가 『한서』「예악지」에서 가의·동중서·왕길·유향만을 언급한 이유에 대해 반고의 논찬을 그대로 인용하여 "숙손통이 자못 경의(經義)와 예법(禮法)을 채집함에 진법(秦法)을 참작하니, 비록 사물에 적합하고 시대의 필요에 부합되어 붕폐(崩敝)를 구할 수는 있었으나 선왕(先王)의 예용(禮容)의 법칙과 비교함에 어그러짐이 많았다. 따라서 가의·동중서·왕길·유향의 무리가 번민하고 한탄해 마지않았다"[15] 라고 해석하여 반고가 『한서』「예악지」에서 가의 등의 주장을 통해 숙손통이 만든 예제와는 다른 예제제정의 필요를 역설하였음을 암시하였다.[16]

그렇다면 반고가 언급한 가의－동중서－왕길－유향으로 이어지는 이들의 예제개혁 주장을 어떻게 이해해야 할 것인가? 이들 안에는 어떠한 연결점이 존재하고 있는 것일까? 단언할 수는 없지만 반고가 특별한 의도에 의해 이들을 선별하여 전한의 예제발전과 관련하여 특정한 측면을 보여주고자

15) 叔孫通頗採經禮, 參酌秦法, 雖適物觀時, 有救崩敝, 然先王之容典蓋多闕矣, 是以賈誼·仲舒·王吉·劉向之徒, 懷憤歎息所不能已也(『後漢書』 卷35, 「曹褒傳」 論讚, p.1205).

16) 필자는 范曄이 班固의 『漢書』「禮樂志」 論贊을 당시 『新禮』를 만들었던 曹褒의 列傳 논찬에 인용한 것 역시 전혀 무관한 것이 아니라고 생각한다. 즉, 범엽은 조포에 의해 『신례』가 만들어지기는 했으나 그것 역시 반고가 생각하고 있던 先王의 禮容의 법칙과는 거리가 있는 예제였음을 설명한 것이 아닌가 한다.

했던 것은 아닐까? 역사를 어떻게 서술하는가 하는 문제가 무엇을 기억시키고자 하는가 하는 문제와 직결된다고 한다면[17] 특별히 구성된 『한서』「예악지」는 반고가 특별히 기억시키고자 하는 내용을 대변하고 있을 것이다. 아래에서는 이 점을 중심으로 『한서』「예악지」를 분석해 보고자 한다.

2절 전한 유가의 예개정 건의와 『한서』「예지」의 서술방식

가의를 시작으로 동중서·왕길·유향의 선별이 특별한 목적을 가지고 있을 것임을 암시하는 것은 모두가 구체적인 성취를 이루지 못한 실패한 예개정의 사례라는 점이다. 그 중에서도 동중서의 경우는 특히 흥미롭다. 알려진 것처럼 동중서는 유교국교화의 아버지로 불린다. 그의 '천인삼책(天人三策)'이라 불리는 세 차례의 대책(對策)을 통해 무제시기 오경박사(五經博士)가 설치되고, 그 결과 유학 독존(獨尊)의 사상체계가 형성된 것으로 알려져 있다.[18] 그럼에도 「예악지」에는 동중서의 대책이 받아들여지지 않았다고 서술되어, 『한서』의 동중서 본전(本傳)과는 다소 차이를 보이고 있다.[19] 동중서에 대한 허상(虛像)을 만든 주범으로 평가받는 반고[20]가 본전과의

17) 김기봉, 『역사를 통한 동아시아 공동체 만들기』(서울 : 푸른역사, 2006), p.157.

18) 그러나 董仲舒 獻策의 결과로 만들어졌다는 儒教國教化를 둘러싸고 1940년대부터 지금까지도 논쟁이 끊이지 않고 있다. 동중서 對策에 의한 유교국교화를 전면적으로 지지하는 입장, 이와는 반대로 전면적으로 부정하는 입장과 더불어 무제시기는 국교화시기가 아닌 官學化時期였다는 중도적 입장 등 다양한 입장이 존재한다. 또한 동중서 대책에 대한 진위여부를 둘러싸고도 치열한 공방이 지금도 계속되고 있다. 다만 초기에 비해 무제 때 五經博士가 모두 설치되었다는 주장이나 유교가 완전히 국교화되었다는 주장은 점차 그 설득력을 잃어가고 있는 것은 분명하다. 자세한 논쟁은 福井重雅, 『漢代儒教の史的研究－儒教の官學化をめぐる定說の再檢討－』(東京 : 汲古書院, 2005), 緒言 「漢代儒教官學化をめぐる諸問題」를 참조.

19) 후쿠이 시게마사는 이러한 모순된 상황이 동중서의 실상이 조작되었다는 것을 보여주는 근거라고 하였다. 福井重雅, 「董仲舒の虛像と實像」, 『史觀』 139(1998), pp.41～42.

20) 福井重雅, 위의 글(1998), pp.42～43.

불일치라는 치명적인 문제를 감내하면서까지 「예악지」 안에서 동중서의 예제개혁 대책이 외면당한 것을 서술한 것에는 분명한 이유가 있을 것이다. 어쩌면 반고는 예제의 개혁내용보다도 외면당했던 사실을 부각시키고자 했을지도 모를 일이다.

1. 가의의 예제개혁 건의

제일 먼저 살펴볼 가의는 잘 알려진 것처럼 한 초 공신집단의 반문화주의적(反文化主義的) 태도와 임협주의(任俠主義)에 맞서 새로운 제국질서를 마련하고자 했던 대표적인 문학지사(文學之士)다. 당연히 그의 정치적 활동은 제국의 상(像)을 마련하고, 제국질서의 이념적 원리를 제도화하는 것에 집중되었다.[21] 그 중에서도 예제개혁이야말로 가장 중요한 사업이었다고 할 수 있다.

> 가의는 한이 건립된 후 효문제 20여 년이 되어 천하가 교화되었으니 마땅히 정삭을 개정하고 복색을 바꾸며, 제도를 마련하고 관명(官名)을 제정하며, 예악을 흥기해야 한다고 생각하였다. 또한 모든 일의 의법(儀法)의 기초를 마련하여, 색깔은 황색(黃色)을 숭상하고 수는 5를 이용하여 관명을 삼아야 한다고 했으니 모두 진의 법을 고치고자 한 것이다.[22]

진시황(秦始皇)의 죽음과 함께 시작된 진제국의 붕괴는 한제국에 대해 원칙은 존재하되, 그 구체적인 운영의 단초를 전혀 제공해 주지 않는 잔혹한 현실이었다. 새롭게 등장한 제국은 어떠한 운영이론도 국정과제도 설정하지 못한 채 표류할 운명이었다. 정권의 상층부를 차지했던 무뢰(無賴) 출신의 공신집단은 이러한 현실의 문제를 극복하기에는 문화적 소양을 갖고 있지

---

21) 金翰奎, 「賈誼의 政治思想」, 『歷史學報』 63(1974), p.19.

22) 賈生以爲漢興至孝文二十餘年, 天下和洽, 而固當改正朔, 易服色, 法制度, 定官名, 興禮樂, 乃悉草具其事儀法, 色尙黃, 數用五, 爲官名, 悉更秦之法(『史記』 卷84, 「賈生傳」, p.2492).

못하였으며, 또 한편 공신집단 중 문화적 소양을 가진 몇 몇은 일종의 자연주의적 인간관을 중시하였다.[23] 따라서 새롭게 등장한 사인(士人) 계층은 명실상부한 제국의 운영안을 제시해야 하는 역사적 임무를 부여받았다.[24]

위의 「가의전」 기사는 바로 그러한 제국운영의 장치들을 서술하고 있다. 그런데 제국운영의 이념적 장치를 만들고자 했던 노력을 가의만 했던 것은 아니다. 문제시기 노(魯) 출신이었던 공손신(公孫臣)도 한이 새로운 수명왕조(受命王朝)로서 마땅히 모든 것을 새롭게 정비해야 한다고 주장하였다.[25] 가산(賈山) 역시 예제를 정비하여 선왕의 도를 닦을 것을 주장하였다.[26] 이러한 사실은 당시 가의뿐 아니라 다른 유가들 또한 당시 가장 시급한 정치적 과제를 제국의 통치방안 마련으로 설정하고 있었음을 보여준다.

그렇다면 마땅히 「예악지」에는 문제시기 예제제정과 관련한 이러한 노력들이 서술되었어야 했을 것이다. 예컨대 여전히 진의 10월을 세수(歲首)로 삼고 있는 율력(律曆)을 개정하려고 했던 것이나, 토덕(土德)에 근거한 황색 숭상에 관한 일, 오등작제(五等爵制)에 대응하는 오등관제(五等官制)의 수립과 그와 결합된 복제(服制)의 개혁, 명당과 학교설립에 관련된 일들이 그것이다. 그러나 「예악지」에는 가의의 사례만이 나와 있으며, 그 내용 역시 이와 같은 기대와는 다른 내용이 서술되어 있다.

---

23) 대표적으로 한 초의 陸賈를 들 수 있다. 육가의 경우 저서인 『新語』가 『한서』 「藝文志」에서 유가로 분류되고(『漢書』 卷30, 「藝文志」, p.1726), 그가 항상 『詩』·『書』로 語頭를 삼았다는(『漢書』 卷43 「陸賈傳」, p.2113) 일화에 의해 일반적으로 유가로 이해되었다. 특히 반고가 그를 '진신의 무리(縉紳之徒)'로 표현한 점은(『漢書』 卷43, 「陸賈傳」, p.2131) 그를 결정적으로 유가로 이해하게 하였다. 그러나 그 역시 근본적으로는 道家的 無爲를 가장 이상적인 통치방안으로 이해하는 자연주의적 태도를 가지고 있었다.

24) 신정근, 『동중서(董仲舒) : 중화주의의 개막』(서울 : 태학사, 2004), p.20.

25) 至孝文時, 魯人公孫臣以終始五德上書, 言「漢得土德, 宜更元, 改正朔, 易服色, 當有瑞, 瑞黃龍見」(『史記』 卷26, 「曆書」, p.1260).

26) 臣不勝大願, 願少衰射獵, 以夏歲二月, 定明堂, 造太學, 修先王之道(『漢書』 卷51, 「賈山傳」, p.2336).

> 문제시기에 이르러 가의는 "한이 ① 진의 패속(敗俗)을 이어받아 예의를 말할 수 없으며 염치를 돌아 볼 수 없어, 지금 심한 경우 그 부형(父兄)을 살해하고 도둑질하는 자는 종묘의 제기(祭器)마저도 훔치고 있습니다. 그러나 ② 대신들은 단지 부서(簿書)를 통해 보고되지 않는다는 핑계만을 삼고 있어, 풍속은 음일(淫佚)해져도 동요하지 않고 괴이하지도 않다고 여기는 데까지 이르게 되었습니다. 무릇 ③ 이풍역속(移風易俗)이란 천하 인민의 마음을 돌려 도(道)로 향하게 하는 것으로서 속리(俗吏)와 같은 무리들이 할 수 있는 것이 아닙니다. 무릇 ④ 군주와 신하의 지위를 세우고 위아래의 등급을 규정함으로써 국가 벼리에 차서(次序)가 생기게 하며 육친(六親)을 화목하게 하니, 이것은 천(天)이 행하는 일이 아니라 사람이 만드는 것입니다. 사람이 만드는 것은 행하지 않으면 수립될 수 없고, 닦지 않으면 붕괴됩니다. 한조가 건립하고 20여 년이 된 지금, 마땅히 제도를 제정하고 예악을 제창해야 합니다. 그러면 이후 제후는 정도(正道)를 가게 될 것이며, 백성은 소박해질 것이고, 옥송(獄訟)은 점차 사라질 것입니다"라고 하였다.[27]

기사에는 그저 "마땅히 제도를 제정하고, 예악을 제창해야 한다"고만 기술되었을 뿐 가의가 주장한 구체적인 예제들은 서술되지 않았다. 위의 기사를 보면 ① 현재 시급히 변화되어야 하는 한의 상황, 그러나 ② 변화되지 못하는 이유, ③ 변화를 담당할 수 있는 주체, ④ 변화의 방법으로써 예악제정의 필요가 서술되어 있다. 그렇다면 「예악지」에는 가의가 주장한 구체적인 예악제정의 내용은 없고, 그 전단계의 논의들만이 기술되어 있는 상태인 것이다.

그리고 그 내용은 다름이 아니라 진정한 제국질서는 진과 같이 예의와 염치를 무시하는 법적 질서에 의해 만들어지는 것이 아니며, 부서만을

---

27) 至文帝時, 賈誼以爲「漢承秦之敗俗, 廢禮義, 捐廉恥, 今其甚者殺父兄, 盜者取廟器, 而大臣特以簿書不報期會爲故, 至於風俗流溢, 恬而不怪, 以爲是適然耳. 夫移風易俗, 使天下回心而鄉道, 類非俗吏之所能爲也. 夫立君臣, 等上下, 使綱紀有序, 六親和睦, 此非天之所爲, 人之所設也. 人之所設, 不爲不立, 不修則壞. 漢興至今二十餘年, 宜定制度, 興禮樂, 然後諸侯軌道, 百姓素樸, 獄訟衰息」(『漢書』 卷22, 「禮樂志」, p.1030).

작성할 줄 아는 속리들에 의해서도 만들어지는 것이 아니고, 그렇다고 자연스럽게 만들어지는 것도 아닌 인간의 작위(作爲)에 의해 만들어진다는 것이다. 이를 통해 가의는 역설적으로 제국질서가 유가의 이론으로 무장된 유생(儒生) 출신의 관료에 의해 행해지는 의도적이고도 고도로 조직된 통치체제임을 밝히고 있는 것이다. 즉, 그는 유가적 가치에 의해 제국을 건설하려고 하였던 것이다.

따라서 우리는 이 기사 뒤로 유가적 가치에 기초한 구체적인 예제들이 무엇이었는가를 기대하게 된다. 그러나 「예악지」 안에는 그 내용 대신 가의의 예제개혁 요구가 공신집단에 의해 좌절되었다는 내용뿐이다.[28] 결국 우리는 이 기사를 통해 '군주와 신하의 지위를 세우고 위아래의 등급을 규정함으로써 국가 벼리에 차서가 생기게 하며 육친을 화목하게' 하는 국가구조가 수립되지 못했음을 알 수 있다. 어쩌면 반고가 말하고자 했던 것이 이것일지도 모르겠다.

2. 동중서의 예제개혁 건의

「예악지」 안에서 전한시기 유일한 예제제정의 성공사례로 볼 수 있는 숙손통의 사례에 대해 신정근은 "황제의 권력이 학문(전통)·종교와 결합함으로써 벌거벗은 폭력에서 거룩하고 위대한 존재로 탈바꿈할 수 있는 과정을 웅변적으로 보여주고 있다. 달리 보면 그것은 춘추(春秋)·전국시대(戰國時代)에서 진제국까지 현실을 영도하고자 하는 열망에도 불구하고 철저하게 그 흐름에서 소외되어 변방에 있던 이념(학문)이 서서히 중앙으로 복귀하는 개선행사이기도 하다"고 논평하였다.[29] 여기서 그 이념이 유학을 말하는 것임은 두말할 나위도 없다.

그러나 이러한 평가는 다소 성급한 결론일 수도 있을 것이다. 한 초,

28) 乃草具其儀, 天子說焉. 而大臣絳·灌之屬害之, 故其議遂寢(『漢書』卷22,「禮樂志」, p.1030).

29) 신정근, 앞의 책, p.76.

유학은 두 가지 면에서 준비가 되어 있지 않았다. 하나는 그 당시 유학이 명확히 하나의 성격으로 구분지어지지 않고 있었다는 점이다. 전국시기 제자백가(諸子百家)의 통합적인 사상체계가 잔존하고 있었기 때문이기도 했지만, 당시 한왕조의 현실적인 요구 역시 순결한 학문적 체계를 갖춘 유학은 아니었기 때문이다. 여전히 법가(法家)·황로(黃老)·음양(陰陽)·묵가(墨家) 등이 사회적인 영향력을 갖고 있었으며, 정부는 정부대로 권력의 정당성과 정통성을 보장받고 권력을 효율적으로 집행하기 위해 여러 설들을 겸용했다. 따라서 한대 들어서도 유학은 광범위한 내용과 느슨한 사상체계를 유지하고 있었고,[30] 통치이데올로기라는 점에서도 다른 학설들을 압도하지 못하였다.[31]

다른 두 번째 문제는 한 초 유가가 유가로서의 모습을 갖추지 못한 것이라고 할 수 있다. 대표적으로 좌씨학(左氏學)을 습득한 장창(張蒼)은 가의와 공손신이 주장한 역법개정을 거부한 채 진의 책력(冊曆)을 그대로 사용할 것을 주장하고, 그것을 관철시키기도 하였다.[32] 한 초 유가들은 유학이 가진 작위, 즉 유위(有爲)를 배제하는 모습을 보이기도 했던 것이다.[33]

여기다 한조정의 태도 역시 유학이 유학으로서의 모습을 갖추지 못하는 데 일조하였다. 알려진 것처럼 한조정은 유학을 유학 그 자체가 아닌 법술(法術)을 분식(粉飾)하는 도구로서 받아들였다. 유가들의 쓰임새란 결국 그들이 가지고 있는 도필리(刀筆吏)로서의 소양이었다.[34] 그 결과 초기 유가들은

30) 李範稷, 『朝鮮時代 禮學硏究』(서울 : 國學資料院, 2004), p.49.

31) 김근에 의하면 유학과 함께 등장한 法家說·黃老說·陰陽說·方士說 등이 성행하여 秦漢 과도시기에는 오히려 經學이 이들 학설들에게 압도당하기까지 하였다고 한다. 그래서 유가는 이러한 雜說들에 대해 배척하거나 아니면 받아들이거나 해야 했는데, 전한의 통치 이데올로기의 근간을 이룬 荀子의 학설은 여러 학설을 수용하는 쪽을 선택하였다고 보았다. 김근, 『한자는 중국을 어떻게 지배했는가—漢代 經學의 해부』(서울 : 민음사, 1999 : 2004), p.156.

32) 張蒼文學律曆, 爲漢名相, 而絀賈生·公孫臣等言正朔服色事而不遵, 明用秦之顓頊曆(『史記』 卷96, 「張丞相傳」, p.2685).

33) 기타무라 요시카즈는 이것을 '政治經學化의 거부'라고 표현하였다. 北村良和, 「前漢末の改禮について」, 『日本中國學會報』 33(1981), p.44.

유학의 언설(言說)을 이용하여 국가체제를 수립하기 보다는 현실에 맞춰 유가의 학설을 변용하였다. 선제(宣帝)가 말했던 '한가(漢家) 자체의 제도'를 만들었던 것이다.[35] 즉, 현실을 영도하고자 하는 열망에도 불구하고 철저하게 그 흐름에서 소외되어 변방에 있던 유학이 비로소 중앙으로 복귀하기는 했으나, 그렇게도 열망하던 자신들의 가치에 의해 국가를 조각하는 데서 두각을 드러내지는 못했던 것이다.

흔히 이러한 흐름에 전기로 이해되는 인물이 동중서다. 동중서에 관한 사상사적 이해는 앞서 잠시 언급한 것처럼 유교국교화라는 문제와 맞물려 대단히 복잡하게 전개되어 왔고, 지금도 여전히 견해가 분분하다. 이 문제는 본 글과 직접적인 관련이 없어 길게 논의할 필요는 없지만 예제개혁을 주장하고 있는 동중서 대책 역시 그 진위가 의심받고 있기에 다소의 설명이 필요할 듯하다. 다만 여기서는 논지의 전개상 필요한 부분만을 소개하는 선에서 그치고자 한다.

동중서의 허상에 대해 최근 일련의 연구를 발표한 후쿠이 시게마사[福井重雅]에 의하면 동중서의 대책에 의해 오경박사가 설치되는 등 유학의 독존시대가 열렸다고 하는 것은 허상에 불과하다.[36] 그에 의하면 실상의 동중서는 한대 저작 안에서 그 흔적을 찾기 힘들거나 그저 특이한 학설을 가진 유자(儒者)에 불과하였으며 '재이(災異)' 전문가였다.[37] 이러한 주장은 몇 가지 증거를 통해 뒷받침되고 있는데, ❶ 당시 박사관은 그저 명목적 존재로 정치적으로 활약할 여지가 없었기에, 동중서 역시 당시 정책결정에 관여했다고 볼 수 없는 점. ❷ 동중서의 대책과 관련하여 그의 대책이 고제(高第)나

34) 三人皆儒者, 通於世務, 明習文法, 以經術潤飾吏事, 天子器之(『漢書』 卷89, 「循吏傳」, pp.3623~3624).

35) 漢家自有制度(『漢書』 卷9, 「元帝紀」, p.277).

36) 福井重雅, 「董仲舒の硏究」, 앞의 책, p.276. 후쿠이 시게마사에 의하면 무제시기 동중서가 대책을 올린 결과 유교가 관학으로서의 기초를 닦았다는 기사는 오직 『한서』에만 등장한다.

37) 福井重雅, 앞의 글, p.272.

제일(第一)의 성적으로 뽑혔다는 기사를 『사기(史記)』·『한서』 어디에서도 발견할 수 없는 점. ❸ 동중서가 대책을 올린 후 그것을 추진할 수 있는 중앙정부의 직위가 아닌 지방의 상국(相國)으로 나가있었던 점.[38] ❹ 무제의 대책 수리와 관련하여 동중서 본전과 「예악지」의 내용이 상반된 점 등이 그것이다.[39] 따라서 전한 대유(大儒)라는 동중서에 대한 칭송은 반고 이후 조작된 허상이라는 것이다. 사실 『한서』 곳곳에서 동중서에 대한 각별한 주의와 찬양을 쉽게 찾아 볼 수 있으나, 동중서와 동시대를 살았던 사마천(司馬遷)의 『사기』에서 동중서에 대한 기사가 소략한 것은 간과하기 힘든 문제다.

결국 동중서 대책문의 상당부분이 반고에 의해 조작·삽입되었을 가능성이 농후한 상태에서 「예악지」에 동중서의 대책 일부가 등장한 것은 매우 흥미롭다. 그런데 주목할 만한 것은 일부 등장한 대책문과 더불어 이 대책이 무제에 의해 받아들여지지 않았다는 점이 서술된 점이다.[40] 왜 반고는 본전과의 상이함이라는 위험 부담에도 불구하고 「예악지」에 동중서의 대책이 수용되지 않았던 내용을 적은 것일까?

예제개혁에 대한 동중서의 건의는 그의 대책 중 두 번째 대책에서 등장한다. 그 시작은 다음과 같다.

> 신은 제도·문채(文采)·현황(玄黃)의 수식은 존비(尊卑)를 명확히 하고 귀천(貴賤)을 구별하며 덕(德)이 있는 자를 권장하기 위한 것이라고 들었습니다. 그러므로 『춘추(春秋)』에서는 천명을 받은 사람은 제일 먼저 정삭을 고치고, 복색을 바꿔 천의 뜻에 부응해야 한다고 한 것입니다. 그런즉 궁실(宮室)·정기(旌旗)의 제도는 법이 있어 그렇게 행하는 것입니다. 따라서 공자(孔子)

---

38) 『史記』와 『한서』를 통해 확인할 수 있는 동중서의 官歷은 博士(景帝時)→江都相(무제시)→中大夫(무제시)→膠西相(무제시)으로 와타나베 요시히로가 지적한 것처럼 開職만을 전전하였다. 渡邉義浩, 앞의 책, pp.60~64.

39) 福井重雅, 앞의 글(1998), pp.38~42.

40) 是時, 上方征討四夷, 銳志武功, 不暇留意禮文之事(『漢書』 卷22, 「禮樂志」, p.1032).

> 는 "사치는 공손하지 않고, 절검은 군건하다"고 하셨습니다. 검약은 성인(聖人)에게 적합한 법도가 아닙니다. 신이 듣기에 좋은 옥(玉)은 조탁하지 않아도 그 본래의 자질이 뛰어나고 아름다워 조탁을 기다리지 않으니, 이것은 거리의 사람들 중 뛰어난 자가 배우지 않아도 스스로 아는 것과 다를 바가 없는 것입니다. 그러니 보통 옥은 조탁하지 않으면 문장(文章)을 이루지 못하고, 군자가 배우지 않으면 그 덕을 이루지 못합니다.[41]

동중서는 가의와 마찬가지로 한이 새롭게 변화해야 한다고 믿고 있었다.[42] 그리고 변화를 위해 제도를 바꾸어야 한다[改制]고 생각한 것인데, 그는 제도를 바꾸는 것을 천명을 받은 천자가 천명에 부응했음을 밝히는 행위라고 보았다.[43] 그리고 그것은 옥을 조탁해야 하는 것과 같다고 하였으니, 역시 인위적인 노력에 의해서만 이룩될 수 있다고 본 것이다. 특히 그는 '정삭을 고치고, 복색을 바꾸는 것' 뿐만 아니라 교사·산천제사(山川祭祀)·태산봉선(泰山封禪)·명당종사(明堂宗祀) 등 제사의 정비를 강조하고 적극적으로 주장하였는데,[44] 그 구체적인 내용은 다음과 같다.

---

41) 臣聞制度文采玄黃之飾, 所以明尊卑, 異貴賤, 而勸有德也. 故春秋受命所先制者, 改正朔, 易服色, 所以應天也. 然則宮室旌旗之制, 有法而然者也. 故孔子曰 :「奢則不遜, 儉則固.」儉非聖人之中制也. 臣聞良玉不瑑, 資質潤美, 不待刻瑑, 此亡異於達巷黨人不學而自知也. 然則常玉不瑑, 不成文章 ; 君子不學, 不成其德(『漢書』 卷56,「董仲舒傳」, p.2510).

42) 今漢繼秦之後, 如朽木糞牆矣, 雖欲善治之, 亡可柰何. 法出而姦生, 令下而詐起, 如以湯止沸, 抱薪救火, 愈甚亡益也. 竊譬之琴瑟不調, 甚者必解而更張之, 乃可鼓也 ; 爲政而不行, 甚者必變而更化之, 乃可理也. 當更張而不更張, 雖有良工不能善調也 ; 當更化而不更化, 雖有大賢不能善治也. 故漢得天下以來, 常欲善治而至今不可善治者, 失之於當更化而不更化也(『漢書』 卷56,「董仲舒傳」, p.2504).

43) 故必徒居處, 更稱號, 改正朔, 易服色者, 無他焉, 不敢不順天志, 而明自顯也(『春秋繁露』,「楚莊王」, p.23).

44) 특히 동중서는 郊祀를 중시하였는데, 이에 대해 우치야마 도시히코는 동중서가 祭天儀式에 의해 하늘과 사람의 결합자인 군주의 위치를 강조하고, 專制國家에 부합하는 종교제도로 정비하려는 목적을 갖고 있었다고 분석하였다. 內山俊彦, 『中國古代思想史における自然認識』(東京 : 創文社, 1987), p.295.

① 교례(郊禮)는 성인(聖人)이 가장 중요하게 여긴 것이다.[45]

② 하늘과 땅에 제사를 지내고 산천에 제사를 지내며, 때에 따라 태산에 봉제(封祭)를 지내고 양보(梁夫)에서 선제(禪祭)를 지내며, 명당을 세워 선제(先帝)에게 제사지냄에 조상을 하늘에 짝하니 천하 제후들이 각기 그 직분에 따라 와서 제사를 도왔다. 토지에서 난 공물(貢物)을 들일 때 제일 먼저 종묘에 바치고 예모(禮帽)를 쓰고 정성껏 치장된 옷을 입은 후 조상을 보았다. [하늘은] 은덕(恩德)으로 보답하니 선조를 받들어 모신 것에 대한 응답이다.[46]

③ 왕자(王者)는 해마다 교외(郊外)에서 한 차례 하늘에 제사지내고, 종묘에서는 네 차례 지낸다. 종묘의 제사는 네 계절에 따라 지내고, 교사는 새로운 해가 처음 시작되는 것에 따라 지낸다. 성인이 기안하여 지냈으므로 몸소 참가하지 않을 수 없다. 하늘은 모든 신의 군주이고, 왕자가 가장 존경하는 신이다. 가장 존경하는 하늘이기 때문에 해가 바뀌어 한 해가 시작될 때 처음으로 교에서 제사지내니 정월 신일(上辛)에 지낸다.[47]

④ 국에 대상(大喪)이 있으면 종묘의 제사를 중지하나 교제(郊祭)는 중지하지 않으니, 감히 부모의 상례(喪禮)로 천지를 섬기는 예를 폐기할 수 없기 때문이다.[48]

⑤ 하늘에 제사지내지 않고 군소 신에게 제사지내서는 안 된다.[49]

---

45) 郊禮者, 聖人所最甚重也(『春秋繁露』, 「郊語」, p.730).

46) 郊天祀地, 秩山川, 以時至封於泰山, 禪於梁父, 立明堂, 宗祀先帝, 以祖配天, 天下諸侯各以其職來祭, 貢土地所有, 先以入宗廟, 端冕盛服, 而後見先, 德恩之報, 奉先之應也(『春秋繁露』, 「王道」, p.160).

47) 王者歲一祭天於郊, 四祭於宗廟, 宗廟因於四時之易, 郊因於新歲之初, 聖人有以起之, 其以祭, 不可不親也. 天者, 百神之君也, 王者之所最尊也, 以最尊天之故, 故易始歲更紀, 卽以其初郊, 郊必以正月上辛者(『春秋繁露』, 「郊義」, p.737).

48) 國有大喪者, 止宗廟之祭, 而不止郊祭, 不敢以父母之喪廢事天地之禮也(『春秋繁露』, 「郊祭」, p.740).

49) 不祭天者, 乃不可祭小神也(『春秋繁露』, 「郊祀」, p.749).

⑥ 교사에 앞서서는 반드시 점을 치고 불길하면 교사를 거행하지 않는다. 백신(百神)에 대한 제사에는 점을 치지 않고 교사에만 오직 점을 치니, 이것은 교사가 가장 큰 제사이기 때문이다.[50)]

그러나 「예악지」에서는 가의와 마찬가지로 동중서가 주장한 구체적인 예제의 내용을 기술하고 있지 않다.

① 지금 선왕의 덕교(德敎)가 폐지되고 오직 법만을 지키는 관리를 이용하여 백성을 다스리고 있으니, 덕화(德化)가 사해에 가득 차기를 바란다 해도 이루기 어렵습니다. 이 때문에 고래의 왕들 중 교화에 크게 힘쓰지 않은 자가 없었으니, 국에는 태학(太學)을 세워 교육하였고 읍(邑)에는 상서(庠序)를 세워 교화시켰습니다. 교화가 밝게 시행되어 새로운 풍속이 형성되니 천하에는 옥 중에 있는 자가 한 사람도 없게 되었습니다. 주나라 말기에 이르러 무도한 행위가 크게 행해지게 되어 천하를 잃었습니다. 진이 그 뒤를 이었으나 상태는 더욱 심해졌습니다. 자고이래 난으로써 난을 다스려 천하를 크게 파괴한 것이 진과 같은 경우가 없었습니다. 풍습은 인정이 두텁지 못하고 각박해졌고, 백성들은 법령을 거스르게 되었습니다. 지금 한조가 진의 뒤를 이어 천하를 다스리고자 하나 방법이 없습니다. ② 법이 반포될 때마다 간사한 자가 나타나며 영(令)이 내려질 때마다 거짓된 일이 일어나고 있으니, 1년에 수 천 수 만 건의 옥사(獄事)가 일어나는 것이 마치 끓는 물로 끓는 물을 식히려 하여 그 끓음의 정도가 더욱 심해지니 무익한 것과 같습니다. …[51)]

50) 郊因先卜, 不吉, 不敢郊；百神之祭不卜, 而郊獨卜, 郊祭最大也(『春秋繁露』, 「郊祀」, p.753).

51) 今廢先王之德敎, 獨用執法之吏治民, 而欲德化被四海, 故難成也. 是故古之王者莫不以敎化爲大務, 立大學以敎於國, 設庠序以化於邑. 敎化已明, 習俗已成, 天下嘗無一人之獄矣. 至周末世, 大爲無道, 以失天下. 秦繼其後, 又益甚之. 自古以來, 未嘗以亂濟亂, 大敗天下如秦者也. 習俗薄惡, 民人抵冒. 今漢繼秦之後, 雖欲治之, 無可柰何. 法出而姦生, 令下而詐起, 一歲之獄以萬千數, 如以湯止沸, 沸兪甚而無益 … (『漢書』 卷22, 「禮樂志」, pp.1031~1032).

「예악지」의 내용을 보면 언뜻 태학과 상서의 설립을 통한 교화를 강조하는 듯 보이기도 한다. 그러나 대책에서 중점을 두어 말하고 있는 것은 학교의 설립이 아니라 형벌위주의 통치는 천하를 다스리는 방법이 아니라는 점이다.

역시 동중서의 경우도 가의와 마찬가지로 지금 변화가 필요한 이유만을 적고 있는 셈이다. 동중서 본전의 대책문을 조작하였다는 혐의를 받고 있는 반고가 다양하게 제시되었던 당시 동중서의 제례방안들을 전혀 언급하지 않은 채 밑줄 친 ①과 ②의 현재 법가계열의 속리에 의해 통치되는 형벌 만능의 현실 정치상황에 대한 비판만을 적어 놓은 것이다. 그리고 그의 대책이 사이(四夷) 정벌에 뜻을 가진 무제에 의해 받아들여지지 않음으로 인해[52] 한제국은 또 다시 천하를 다스릴 방법을 얻지 못하게 된 것이다.

3. 왕길의 예제개혁 건의

반고가 세 번째로 언급하고 있는 이는 선제시기 익주자사(益州刺史)와 박사간대부(博士諫大夫)를 역임한 왕길이다. 그는 소제(昭帝)때 명경(明經)으로 효렴(孝廉)에 발탁되어 낭(郎)이 된 후, 약로우승(若盧右丞)으로 보임(補任)되었다가 운양령(雲陽令)으로 옮겨졌다. 그리고 다시 현량(賢良)으로 선발되어 창읍중위(昌邑中尉)가 되었다. 그 후 창읍왕(昌邑王)이 소제의 뒤를 이어 황제가 되자 당시 창읍중위였던 왕길의 정치적 이력은 잠시 중단되게 된다. 선제 즉위 후 익주자사로 기가(起家)하였으나 병으로 인해 관직을 떠났다가, 다시 박사간대부로 징소(徵召)된다.[53] 이력 면에서 본다면 무제의 선거 정례화 이후 점차 관계에 진출하여 세력을 형성하고 있던 당시 일반적인 유생의 면모를 보여준다.

『한서』「예악지」에서는 왕길이 예제개혁을 주장했던 상소(上疏)를 싣고

52) 是時, 上方征討四夷, 銳志武功, 不暇留意禮文之事(『漢書』 卷22, 「禮樂志」, pp.1031~1032).

53) 『漢書』 卷72, 「王吉傳」, pp.3057~3062.

있는데, 그 전문은 같은 책 권72「왕길전」에 수록되어 있다.「예악지」에 수록되어 있는 상소가 소략한 관계로 번잡스럽기는 하지만 본전에 수록된 상소를 검토해 보고자 한다.

> 폐하는 몸에 성스러운 자질을 갖추시고 만방(萬方)을 총괄하십니다. 제왕의 도적(圖籍)을 날마다 앞에 펼쳐놓으시고 오직 세무(世務)만을 생각하셔 장차 태평성세를 이루려 하십니다. [따라서] 조서(詔書)가 매번 내려질 때마다 인민들은 흔연히 갱생(更生)하는 듯합니다. ㉠ 신이 엎드려 생각하니 지극한 은덕이라 할 수 있으나 [그것을 제왕] 본연의 임무라고는 말할 수 없을 듯합니다.
>
> **세상을 잘 다스리고자 하는 군주는 세대마다 출현하지 않으나, 공경들이 다행히도 그런 때를 만나면** 진언(進言)이 받아들여지고 간언(諫言)이 쓰여지게 됩니다. 그러나 **아직 만세의 장책(長策)을 세워 명주(明主)를 하(夏)·은(殷)·주(周) 삼대(三代)와 같은 융성함의 경지에 올려놓은 신하는 없습니다**. ㉡ [**그것은**] **그들이 힘쓰는 것이 회계·부서(簿書)·송옥(訟獄)·재판의 일 뿐이어서 생긴 것이니, 이것은 태평의 기초가 아닙니다**.
>
> 신은 성왕이 덕을 널리 펴고, 교화를 이루는 것은 반드시 가까운 곳으로부터 시작한다고 들었습니다. 조정이 정비되어 있지 않으면 통치를 말하는 것은 어려우며, [제왕의] 좌우가 바르지 못하면 멀리까지 감화시키기 어렵습니다. 인민이 약한 존재라고는 하지만 이길 수 없으며, 우둔하다고 하여도 속일 수 없는 존재입니다. 성주(聖主)가 홀로 깊은 궁 안에서 일을 처리하나 성공하면 천하가 그것을 칭찬하고, 실패하면 천하가 모두 그것에 대해 말합니다. 일은 가까운 곳에서부터 시작하여 행해도, 반드시 먼 곳에서도 알 수 있습니다. 따라서 ㉢ 삼가 좌우를 신중하게 선발해야 하며, 자세히 살펴 부리는 자를 선택해야 합니다. 좌우는 [폐하의] 몸을 바르게 하는 이들이며, 일을 시켜 부리는 자들은 [폐하의] 덕을 널리 펴는 이들이기 때문입니다.『시(詩)』에서 말하기를 "많고 많은 사(士)들이여, 문왕(文王)께서 이들 때문에 편안하시도다"라고 하였으니, 이것이 그 본의인 것입니다.
>
> 『춘추』에서 대일통(大一統)을 [귀히 여기는] 까닭은 육합(六合)의 풍속과

교화가 동일해지고, 구주(九州)가 하나의 정령(政令)으로 관통되기 때문입니다. **① 지금 속리가 백성을 다스리는 방법은 대대로 통용될만한 예의가 아니고**, 형법을 세워놓고 다만 그것을 지키고 있는 것입니다. 잘 다스려보고자 하는 이들 역시 어떤 방법을 택해야 할 지 모르고, **자신의 뜻에 견강부회(牽强附會)하여 제각기 필요한 바를 임시방편으로 취하여** 교묘하게 속이며 방자하게 굴고 있습니다. 그러니 한 번 변화가 생기면 처음으로 회복하기가 어렵습니다. 이로써 백 리의 풍(風)이 같지 않으며, 천 리의 속(俗)이 다르게 되니 호(戶)마다 정치가 다르고 사람마다 입는 옷이 다르며, **② 사기와 허위의 싹이 트고 형벌에는 한도가 없어지며, 질박한 기풍은 점차 사라져 은혜는 점차 각박해집니다. 공자께서 말씀하시기를 "군주를 편안히 하고 백성을 다스리는 데에 예보다 좋은 것이 없다"고 하셨으니, 이는 빈 말이 아닙니다.** ㉣ 왕자가 예를 아직 제정할 때가 아니면, 선왕의 예를 끌어다 지금에 마땅하게 (고쳐) 사용하면 됩니다. **신은 폐하께서 천심(天心)을 받드셔 대업을 일으키심에 ③ 공경대신 및 유생들과 함께 옛 예를 조술(祖述)하고 왕제(王制)를 명확히 제정할 것을 바랍니다. 그리하여 일세의 백성들을 몰아서 인도(仁道)로써 다스려 장수하는 경지로 이끌어 구제한다면 그 풍속이 어찌 주나라의 성왕(成王)과 강왕(康王)의 시대와 같지 않을 것이며, 나라의 봉록을 향유하는 것이 어찌 은나라의 고종(高宗)과 같지 않겠습니까?** 당대의 취향과 사업 중에서 도리에 부합되지 않은 것을 발견하고 삼가 조목조목 상주하오니 그 중에서 몇 가지를 폐하께서 선택하시기를 바랍니다.[54]

---

54) 陛下躬聖質, 總萬方, 帝王圖籍日陳于前, 惟思世務, 將興太平. 詔書每下, 民欣然若更生. 臣伏而思之, 可謂至恩, 未可謂本務也. 欲治之主不世出, 公卿幸得遭遇其時, 言聽諫從, 然未有建萬世之長策, 擧明主於三代之隆者也. 其務在於期會簿書, 斷獄聽訟而已, 此非太平之基也. 臣聞聖王宣德流化, 必自近始. 朝廷不備, 難以言治；左右不正, 難以化遠. 民者, 弱而不可勝, 愚而不可欺也. 聖主獨行於深宮, 得則天下稱誦之, 失則天下咸言之. 行發於近, 必見於遠, 故謹選左右, 審擇所使；左右所以正身也, 所使所以宣德也. 『詩』云：「濟濟多士, 文王以寧.」此其本也. 『春秋』所以大一統者, 六合同風, 九州共貫也. 今俗吏所以牧民者, 非有禮義科指可世世通行者也, 獨設刑法以守之. 其欲治者, 不知所繇, 以意穿鑿, 各取一切, 權譎自在, 故一變之後不可復修也. 是以百里不同風, 千里不同俗, 戶異政, 人殊服, 詐僞萌生, 刑罰亡極, 質樸日銷, 愛寖薄. 孔子曰「安上治民, 莫善於禮」, 非空言也. 王者未制禮之時, 引先王禮宜於今者而用之. 臣願陛下承天心, 發大業, 與公卿大臣延及儒生, 述舊禮, 明王制, 敺一世之民濟之仁壽之域,

이상이 왕길 본전에 수록된 상소의 전문으로 굵은 글씨는 「예악지」와 겹치는 부분이다. 「예악지」 안의 왕길의 상소를 통해서 우리가 알 수 있는 것은 다음의 세 가지다. ❶ 현재 백성을 다스리는 방법은 대대로 통용될만한 의례가 아닌 임시방편에 불과하다(①). ❷ 그 결과 사회는 속임수가 만연하고 형벌만이 사용되어 풍속을 더욱 각박하게 하고 있다(②). ❸ 따라서 이러한 문제를 해결하기 위해서는 옛 예[舊禮]를 조술하여 왕제를 제정해야 한다(③). 그러나 전체 상소문을 살펴보면 우리는 이와 더불어서 왕길이 이와 같은 상소를 올리게 된 근본적인 이유를 발견할 수 있다. 그것은 바로 ❶ 현재와 같이 황제가 '만방을 총괄하는 것[總萬方]'은 제왕의 본연의 임무[本務]가 아니며(㉠), ❷ 황제가 임용한 능리(能吏)라고 하는 속리들은 태평을 이룰 수 없는 이들이다(㉡). 따라서 ❸ 태평을 이루기 위해서는 유생을 발탁하여 정치에 참여하게 해야 할 것이다(㉢). 또한 유학에 의해 전체사회의 풍기를 수립해야 할 것인데, 바로 그 방법은 ❹ 왕(王)·패도(霸道)가 섞인 '한가(漢家)의 법(法)'이 아닌 선왕의 도 즉 '옛 예[古禮]'를 사용하는 것이다(㉣).

상소 안에서는 지금이 아직 예제를 제정할 때가 아님을 말하고 있기는 하지만 당시 실제로 끌어다 쓸 선왕의 도가 마땅히 없다는 점[55]은 위의 왕길의 주장을 새로운 예제제정의 필요를 주장하는 것으로 해석하게 한다.[56] 이것은 무제에 의해 천명(闡明)되고 선제에 의해 옹호되고 있는 임시변통의

則俗何以不若成康, 壽何以不若高宗? 竊見當世趨務不合於道者, 謹條奏, 唯陛下財擇焉(『漢書』 卷72, 「王吉傳」, pp.3062~3064).

55) 당시 王吉이 주장하는 끌어다 쓸 수 있는 '先王의 禮'라고 할 만한 것이 오직 高堂生이 전한 '士禮'밖에는 없었다는 점은(今獨有士禮, 高堂生能言之. 『史記』 卷121, 「儒林列傳」, p.3126) 그가 주장하는 古禮라고 하는 것이 결코 제국을 운영하는 데 적합한, 어떤 실체를 가진 것이 아니라는 것을 알려준다. 따라서 왕길의 주장을 새로운 예제의 제정을 주장하는 것으로 봐야 할 것이다.

56) 그럼에도 왕길이 宣帝時期를 예악제정의 시기로 표현하지 않은 것은, 예악은 德化가 이루어진 후에야 비로소 제정될 수 있다는 유가관념에 제약받은 것으로 보인다.

성격을 가지고 있는 한왕조만의 법에 대한 명확한 반대라고 할 수 있다. 왕길은 그 때까지 전통으로 자리 잡은 왕도와 패도를 섞은 '한가 자체의 제도'에서 벗어나려고 했던 것이다.

> 대개 하늘의 명을 받아 왕 노릇을 함에는 각기 흥하게 하는 것이 있는데, 저마다 길은 다르지만 그 귀결은 같으니 백성의 뜻과 풍속을 따라 예제를 만드는 것이리라. 그런데 논자들은 모두 태고의 예제를 일컫거늘 백성들이 어떻게 그것을 본받을 수가 있겠는가? 한 또한 한 집안에 의해서 세워진 왕조인데, 전장(典章)과 법도가 후세에 전해지지 않는다면 자손에게 무엇을 말하겠는가? 교화가 창륭(昌隆)하면 전장과 법도는 크고도 넓어지나, 다스림에 깊이가 없다면 전장과 법도는 편협해지고 말 것이니 힘쓰지 않을 수 있겠는가?[57]

위의 기사는 태초(太初) 원년(기원전104) 정삭과 복색을 바꾸기 전 무제가 말한 것으로 전한 황제의 공식적인 제례관(制禮觀)을 대변한다고 할 수 있다. 즉, 한무제는 반드시 고례가 아니라 해도 한왕조 스스로가 시대적 필요에 따라 예제를 제정할 수 있다고 선언했던 것이다. 이때 무제가 말하는 시대적 필요에 따라 제정된 예제는 주로 '고사(故事)'로써 정형화되었다. 이후 '고사'는 역대 황제들과 관료들에 의해 그 취지가 계승되어 일종의 관습법과 같은 지위를 부여받았다.[58]

특히 선제시기는 "선제가 자못 무제의 고사를 따랐다[宣帝頗修武帝故事]"[59]라고 하는 표현에서 알 수 있는 것처럼 패도적 정책에 입각한 정치가 행해지고 있었던 때였다. 뿐만 아니라 상당수 관료들 역시 고사에

57) 蓋受命而王, 各有所由興, 殊路而同歸, 謂因民而作, 追俗爲制也. 議者咸稱太古, 百姓何望? 漢亦一家之事, 典法不傳, 謂子孫何? 化隆者閎博, 治淺者褊狹, 可不勉與!(『史記』 卷23, 「禮書」, pp.1160~1161).

58) 好並隆司, 「前漢後半期の古制·故事をめぐる政治展開」, 『別府大學大學院紀要』 3(2001), p.26.

59) 『漢書』 卷72, 「王吉傳」, p.3062.

의해 정무를 처리하는 것을 당연한 것으로 여기고 있었다. 그래서 고사에 정통한 것이 높은 지위와 조정에서의 권력장악을 보장해 주기도 하였다. 예컨대 승상이었던 위상(魏相)은 한의 고사 및 편의장주(便宜章奏)를 살피는 것을 좋아했고, 시대에 따라 다른 제도가 있는 것이 고금의 이치임으로 지금 힘써야 하는 것은 고사를 받들어 실행하는 것이라고 여겼다.[60] 이것은 비단 선제시기에만 국한된 일은 아니었다. 선제와 달리 유학을 적극적으로 채택하고 유가관료의 중앙정계 진출이 활발했던 원제시기에도 굳건히 세력을 장악하고 있던 환관 홍공(弘恭)은 바로 '법령과 고사를 환히 습득[明習法令故事]'했던 자였다.[61]

그러나 선제 말년 속리에 의한 법률 중심의 정치가 문제에 봉착하게 되면서 이들을 대신할 새로운 정치세력이 필요하게 되었고, 이는 원제시기 유생들의 정계진출을 가져왔다. 이들은 유가경전을 근거로 그때까지 전통으로 자리 잡은 '무제고사'에서 벗어나려고 하였다. 이들을 흔히 고제(古制) 혹은 고례파(古禮派)로 이르기도 하는데, 그 가장 처음에는 바로 왕길이 있었던 것이다.[62] 그리고 왕길은 정치에서의 속리 배제와 유생의 등용, 그를 위한 옛 제도의 부활을 주장했던 것이다. 그러나 이러한 왕길의 주장은 선제에게 불쾌함을 주었고, 그는 병을 칭하여 사직하게 된다.[63] 앞선 사례와 마찬가지로 왕길도 속리 기용 위주의 현실정치를 타파하고 유가 중심의 새로운 제국질서를 건설할 것을 주장하였으나, 그 역시 황제에 받아들여지지 않으면서 실패하게 된다.

---

60) 好觀漢故事及便宜章奏, 以爲古今異制, 方今務在奉行故事而已(『漢書』 卷74, 「魏相傳」, p.3137).

61) 『漢書』 卷93, 「石顯傳」, p.3726.

62) 保科季子, 「前漢後半期における儒家禮制の受容－漢的傳統との對立と皇帝權の變貌」, 『歷史と方法 方法としての丸山眞男』(東京 : 靑木書店, 1998), p.230.

63) 『漢書』 卷72, 「王吉傳」, p.3065.

4. 유향의 예제개혁 건의

유향(劉向)의 본명은 갱생(更生), 자(字)는 자정(子政)으로 그의 가계는 한고조 유방의 막내 동생 초원왕(楚元王) 유교(劉交)로부터 시작한다. 유향의 고조부인 교의 넷째 아들 부(富)는 오초칠국(吳楚七國)의 난 당시 모반했던 조카 무(戊)에게 연좌되어 후작(侯爵)을 박탈당했으나, 후일 그가 무의 반란을 저지하려고 했던 것이 밝혀져 다시 홍후(紅侯)로 책봉된다. 그 아들 벽강(辟彊)은 자가 소경(少卿)으로 시(詩)와 문장에 능하였다. 곽광(霍光) 보정(輔政) 당시 광록대부(光祿大夫)로 배수되었고, 장락위위(長樂衛尉)를 거쳐 종정(宗正)이 되었으나 곧 사망한다. 유향의 부친인 유덕(劉德)은 30여 세에 승상부(丞相府) 대조(待詔)로 관직에 나가 태중대부(太中大夫)를 거쳐 종정이 된다. 이후 모함으로 서인(庶人)으로 면(免)되었다가, 곽광에 의해 청주자사(青州刺史)로 임명되고 몇 년 후 종정이 된다.

유향은 12세 때 부친 유덕의 보임으로 연랑(輦郞)으로 관직에 나간 후 성인이 되어 간대부(諫大夫)가 되었다. 석거각회의(石渠閣會議) 후 황문급사(黃門給事)를 거쳐 산기간대부(散騎諫大夫)가 되었으며, 원제 즉위 후 산기종정(散騎宗正)이 되어 당시 태자태부(太子太傅) 소망지(蕭望之)·소부(小傅) 주감(周堪)·시중(侍中) 김창(金敞)과 함께 원제를 보위하게 된다. 그러나 원제 때 조정에는 환관 홍공·석현(石顯)과 허씨(許氏)·사씨(史氏) 등 선제 때의 외척들이 세력을 장악하고 있었던 터라 중앙정부에서 권력을 획득하기 위해 이들과의 피할 수 없는 일전을 치른다. 특히 황금 주조에 현혹되어 젊은 시절 가산과 시간을 탕진한 후 가까스로 중앙정계에 복귀하여 반란과 모함으로 얼룩진 가계를 극복하고자 한 유향에게 환관과 외척의 존재는 종친이라는 이유가 아니더라도 마땅히 약화시켜야 하는 대상이었다.

유향은 이후 소망지 등과 함께 환관과 외척세력의 약화를 위해 힘쓰게 되나 환관 및 외척세력 배척 모의가 사전에 누설됨으로 실패하게 된다. 결국 대결은 소망지가 자살하고 유향은 서인이 되는 것으로 끝이 났다.

또한 잠시 광록대부로 복권되었던 주감 역시도 석현의 중상모략에 의해 결국 하동태수(河東太守)로 좌천된 후 병사하였다. 그리고 유향이 복권되기까지는 15년이란 시간이 필요하였다. 성제(成帝) 즉위 후 유향은 중랑(中郞)으로 관계에 복귀하여 삼보도수(三輔都水)를 영호(領護)하였고, 이후 광록대부가 되어 교중비서(校中秘書)를 겸임하였다. 그리고 광록대부에서 중루교위(中壘校尉)에 이르렀다.[64)]

이상과 같이 간략하게 유향의 가계 및 이력을 살펴보았는데, 유향은 그의 선조가 그랬던 것처럼 중앙관계의 요직과는 거리가 있었다. 그것이 집안의 반역사건에의 연루로 인한 어쩔 수 없는 결과 혹은 그들의 정치적 능력 때문일 수도 있겠으나, 유향은 그것이 자신의 정치적 능력과는 별개로 어느 정도는 환관과 외척의 발호에서 기인한 것으로 이해했던 것 같다. 원제 때 소망지들을 도와 적극적으로 사고(史高)와 대립 형국을 형성했던 것이나 석현과의 대립, 그리고 봉사(封事)를 통해 유씨 종족에 의한 통치를 주장한 것들은 그가 자신의 정치적 불운의 원인을 어디에 두고 있었는지 잘 보여준다.[65)] 특히 공족(公族)을 지엽(枝葉)이라 하고 지엽이 떨어지면 뿌리가 보호받지 못하게 된다고 하며 유씨 종족의 정권장악이 황제권력 강화와 직결됨을 주장하였다.[66)] 그러나 이러한 노력에도 불구하고 원제시기 두 번이나 정치적으로 패배했으며, 본인 스스로가 삼주(三主)를 모셨다고는[67)] 하나 항상 권력의 중심으로부터 멀리 있었다.

---

64) 劉向의 家系와 履歷에 대해서는 『漢書』 本傳 및 錢穆, 「劉向歆父子年譜」, 『兩漢經學今古文平議』(北京 : 商務, 2001) ; 徐復觀, 「劉向新序說苑的硏究」, 『兩漢思想史 三』(臺北 : 學生書局, 1979) ; 齋木哲郎, 「劉向の思想とその時代」, 『秦漢儒教の硏究』(東京 : 汲古書院, 2004)를 참조.

65) 사이키 데츠로는 유향이 환관과 외척타도를 생애과제로 설정한 것은 그가 가진 한왕조에 대한 책임감과 위기감 때문이라고 보았다. 齋木哲郎, 위의 글, pp.671~672.

66) 數言公族者國之枝葉, 枝葉落則本根無所庇廕 ; 方今同姓疏遠, 母黨專政, 祿去公室, 權在外家, 非所以彊漢宗, 卑私門, 保守社稷, 安固後嗣也(『漢書』 卷36, 「劉向傳」, p.1966).

67) 身爲宗室遺老, 歷事三主(『漢書』 卷36, 「劉向傳」, p.1958).

따라서 유향의 가계는 전한 정치사에 있어 중요한 의미를 갖지는 못한다. 다만 초원왕 교가 일찍이 학습한 시가 가전(家傳)되어 유향의 조부 벽강 역시 시 읽는 것을 좋아하였으며 문장에 능하였다. 이러한 문화적 소양은 유향에게도 전해져 그 역시 속문사(屬文辭)에 능통하였다. 말년에 중루교위가 돼서도 교중비서의 일을 계속 담당한 것은 이와 같은 학문적 소양에서 비롯한 것으로 생각된다. 그러나 그렇다고 해도 유향은 소망지나 위현성(韋玄成)과 같은 예학적 소양을 가지고 있었던 것은 아니다.[68] 그래서 전한후기 예제개혁과 관련하여 그의 개혁요구가 「예악지」에 중요한 사항으로 서술된 것은 다소 의외가 아닐 수 없다.

사실 예제와 관련한 유향의 활동은 벽옹과 학교의 건설, 예악의 제창과 관련한 「예악지」의 기록이 유일하다시피 하다.[69] 그 또한 건의 후 곧 유향이 사망하고 다음해 성제까지 붕어(崩御)함에 따라 실현되지 못하였다. 그러므로 전후사정을 참작하건대 「예악지」에 실린 유향의 예제개혁 건의는 그리 주목받지 못한 내용이라고 할 수 있다. 오히려 유향이 주장한 개례요구 중 주목할 만한 것은 여기서 거론하지 않은 교사제개혁과 관련한 것이다. 예제개혁에 있어 유향의 위치를 확인하기 위해 전한후기 있었던 교사제개혁과 관련한 논의를 살펴보는 것이 좋겠다.

유향이 정치적으로 복권되어 활동하던 성제시기는 교사제개혁 논의가 한창일 때였다. 군국묘에 대한 문제는 이미 원제시기 어느 정도 해결이 난 터였다. 물론 원제가 꿈속에서 선왕들에게 질책을 받고 선조(先祖)를 두려워하여 건소(建昭) 5년(기원전 34)과 그 다음해인 경녕(竟寧) 원년, 연달아 태상황(太上皇)의 묘(廟)와 혜제(惠帝)의 묘를 다시 복구하기는 하지만 같은 해 성제는 즉위 즉시 다시 태상황과 혜제의 묘, 그리고 경제(景帝)의

---

68) 蕭望之와 韋玄成 두 사람 모두 전문적인 예학 전공자들은 아니다. 그러나 두 사람 모두 喪服 분야와 관련된 개인적인 경력으로 인해 石渠閣會議의 예학논의에 참여했던 것으로 알려져 있다. 辺土名朝邦, 「石渠閣論議の思想史的位置づけ-穀粱學および禮議奏殘片を通じて」, 『哲學年報』 36(1977), p.146.

69) 興辟雍, 設庠序, 陳禮樂, 隆雅頌之聲, 盛揖讓之容(『漢書』 卷22, 「禮樂志」, p.1033).

묘를 모두 훼철(毁撤)하였다. 따라서 성제시기에 남은 문제는 교사제개혁에 관한 것이었다.

전한의 교사로는 무제 이래 옹오치(雍五畤)·분음후토사(汾陰后土祠)·감천태치(甘泉泰畤)의 제사가 거행되었다. 옹오치는 기존 진의 제천(祭天) 장소였던 사치(四畤)를 한고조가 오치로 증가시키면서 비롯되었는데,[70] 문·경제의 친제(親祭)를 거쳐[71] 무제 때에 이르면 동시월(冬十月)에 규칙적으로 행해진다. 분음후토사는 땅에게 지내는 제사[地祭祀]로 무제 원정(元鼎) 4년(기원전 114) 처음 세워졌다. 다음해인 원정 5년에는 태치로 불리는 하늘[天]과 땅[地]의 근원인 태일(太一)에 대해 제사하는 태일단(太一壇)이 세워졌다. 그런데 이 교사는 모두 그 거행지역이 고제(古制)에 부합되지 않을 뿐더러[72] 막대한 비용이 소요되고 관리와 백성을 수고롭게 하는 문제를 가지고 있었다.[73] 따라서 성제는 광형(匡衡)의 건의를 받아들여 하늘을 수도의 남쪽 교외에서, 땅은 북쪽 교외에서 제사지내기로 하여 건시(建始) 원년(기원전 32) 장안(長安) 남북에 교(郊)를 건설하였으며, 감천

---

70) 이에 대해서는 신빙성이 적다는 의견이 지금까지 주류를 이루어 왔다. 대표적으로 일본의 구리하라 도모노부(栗原朋信)를 들 수 있다. 그러나 문정희는 雍五畤 제사의 설립과 그 제사 대상으로 五帝를 확정한 것은 한고조에게서 비롯되었다고 보았다. 文貞喜, 「秦漢 祭禮와 國家支配」, 延世大 박사학위논문(2005), p.37.

71) 於是作渭陽五帝廟, 同宇, 帝一殿, 面各五門, 各如其帝色. 祠所用及儀亦如雍五畤(『史記』 卷28, 「封禪書」, p.1382) ; 中六年二月己卯, 行幸雍, 郊見五帝(『史記』 卷11, 「景帝紀」, p.446).

72) 중국 교사제에 대한 일련의 연구를 발표한 가네코 슈이치의 경우 전한의 雍五畤·汾陰后土祠·甘泉泰畤는 모두 세워질 때부터 유가사상과는 관계가 없는 方術的·呪術的 색채를 강하게 띤 제사라고 보았다. 金子修一, 「漢代の祭祀と宗廟と明堂及び封禪」, 앞의 책, p.93.

73) 往者, 孝武皇帝居甘泉宮, 卽於雲陽立泰畤, 祭於宮南. 今行常幸長安, 郊見皇天反北之泰陰, 祠后土反東之少陽, 事與古制殊. 又至雲陽, 行谿谷中, 阸陜且百里, 汾陰則渡大川, 有風波舟楫之危, 皆非聖主所宜數乘. 郡縣治道共張, 吏民困苦, 百官煩費. 勞所保之民, 行危險之地, 難以奉神靈而祈福祐, 殆未合於承天子民之意(『漢書』 卷25下, 「郊祀志下」, p1254) ; 甘泉泰畤紫壇, 八觚宣通象八方. 五帝壇周環其下, 又有羣神之壇. 以尙書禋六宗·望山川·徧羣神之義, 紫壇有文章采鏤黼黻之飾及玉·女樂, 石壇·僊人祠, 瘞鸞路·騂駒·寓龍馬, 不能得其象於古(『漢書』 卷25下, 「郊祀志下」, p.1256).

태치·분음후토사를 폐지하였다. 바로 태상황·혜제·경제의 묘를 훼철하던 그 때였다. 그리고 다음해 옹오치를 비롯하여 진보사(陳寶祠) 등 475개소(所)의 제사가 폐지되었다.

물론 이 모든 제사를 정리하게 한 근거는 '고례'였다.

> 지금은 항상 장안에 행차하셔 황천(皇天)을 교제(郊祭)함에 오히려 북쪽 태음(太陰)의 방향으로 향하고, 후토를 제사함에 오히려 소양(少陽)의 동쪽을 향하니 이것은 고제와 다릅니다. … 옛날 주문왕(周文王)과 무왕(武王)은 풍호(豐鄗)에서 교사지내고, 성왕(成王)은 낙읍(雒邑)에서 교사지냈습니다. 이로부터 보건대 천은 왕자(王者)가 거처하는 곳에 따라 제사를 받았음을 알 수 있습니다. 감천의 태치와 하동(河東)의 후토사를 마땅히 장안으로 옮겨 옛 제왕의 제도에 부합하게 하여야 합니다.[74]

요컨대 교사제개혁 논의의 핵심은 경사(京師)의 교외가 교사거행의 장소가 되어야 한다는 것이다. 이것은 당시 어사대부(御史大夫) 장담(張譚)의 상주였으나 그 흐름은 공우(貢禹)－위현성－광형으로 이어지는 일명 '고례파'로부터 찾아야 할 것이고,[75] 그 최초의 원류는 앞서의 왕길로 귀결될 것이다. 이 논의에서 당시 대사마(大司馬)·거기장군(車騎將軍) 허가(許嘉)를 비롯한 8명은 교사제개혁에 반대하였고, 우장군(右將軍) 왕상(王商)을 비롯한 5인은 개혁에 찬성하였다. 그리고 이 문제는 장안 남북에 교를 건설하는 것으로 일단락된다.

그런데 흥미로운 것은 영시(永始) 3년(기원전 14), 교사제개혁 18년 만에 유향이 감천태치 및 분음후토사·옹오치·진보사를 회복할 것을 주장한 것이

---

74) 今行常幸長安, 郊見皇天反北之泰陰, 祠后土反東之少陽, 事與古制殊 … 昔者周文武郊於豐鄗, 成王郊於雒邑. 由此觀之, 天隨王者所居而饗之, 可見也. 甘泉泰畤·河東后土之祠宜可徙置長安, 合於古帝王(『漢書』 卷25下, 「郊祀志下」, p.1254).

75) 元帝好儒, 貢禹·韋玄成·匡衡等相繼爲公卿. 禹建言漢家宗廟祭祀多不應古禮, 上是其言(『漢書』 卷25下, 「郊祀志下」, p.1253).

다. 그가 기존 교사체제를 부활하자는 근거는 '한조의 종묘의례는 마음대로 의논하여 정해진 것이 아니라, 모두 조종(祖宗)으로 추앙받는 군주와 현신(賢臣)들이 제정한 것'이기 때문이다. 또한 "과거와 지금의 제도가 다르고 경(經)에 명확히 기록되어 있지 않은데, 지존(至尊)·지중(至重)의 문제를 분명치 않은 언설에 의해 규정하는 것은 어렵다"는 것을 이유로 들었다.[76] 이 사례는 유향이 결코 '고례파'로 분류될 수 없음을 의미한다.[77] 이처럼 유향은 당시 고례를 기준으로 한가의 고사를 교정하려고 했던 이들과는 다른 존재였던 것이다.[78]

이렇듯 유향의 예제개혁 건의가 앞서 언급한 왕길로 대표되는 고례회복의 계보로부터 나온 것도 아니라는 점에서 「예악지」 안에서의 유향의 위치는 돌출적이다. 이러한 문제에도 불구하고 반고는 유향의 개혁 요구를 가의－동중서－왕길의 개혁 논의와 더불어 「예악지」에서 다루고 있다. 따라서 필자는 유향이 예학사를 벗어난 보다 정치적인 의도에서 선발된 것이 아닐까 한다.

이와 관련하여 여기서 생각해 봐야 할 것이 유향 상언(上言)의 진실성이다. 요컨대 유향의 경우 반고의 필요에 의해 의도적으로 삽입되었을 가능성이 높다는 것이다. 우선 유향이 말한 건의의 내용이 지나치게 일반적인 유가의 주장을 반복하고 있다는 점이다.[79] 특히 그 중 학교 건설의 필요와 형법을

---

76) 及漢宗廟之禮, 不得擅議, 皆祖宗之君與賢臣所共定. 古今異制, 經無明文, 至尊至重, 難以疑說正也(『漢書』 卷25下, 「郊祀志下」, p.1258).

77) 전목은 전한의 유가들을 두 부류로 분류하였는데, 하나는 災異를 주로 말하는 이들이고 다른 하나는 예제를 주로 말하는 이들이다. 이때 재이파로는 京房·翼奉·유향·谷永·李尋 등을 들었으며, 예제파로는 우공·위현성·광형·翟方進·何武를 들어 역시 유향이 예학적 소양과는 거리가 있다고 보았다. 錢穆, 앞의 글, p.65.

78) 이케다 슈조는 유향이 보여준 節儉·薄葬論·귀신숭배에 대한 비판적 태도를 감안한다면 오히려 기존 교사제도의 부활에 반대해야 했었다고 하였다. 池田秀三, 「劉向の學問と思想」, 『東方學報』 50(1978), p.134.

79) 宜興辟雍, 設庠序, 陳禮樂, 隆雅頌之聲, 盛揖攘之容, 以風化天下. 如此而不治者, 未之有也. 或曰, 不能具禮. 禮以養人爲本, 如有過差, 是過而養人也. 刑罰之過, 或至死傷. 今之刑, 非皐陶之法也, 而有司請定法, 削則削, 筆則筆, 救時務也. 至於禮樂, 則曰不

위주로 하는 현실정치에 대한 비판은 성제 말년의 상황을 설명하지도 못한다.

성제시기 학교의 흥성은 당시 박사제자(博士弟子) 수를 통해서도 알 수 있는데, 최대 3천명 최소 1천명이라는 수를 통해 당시 학교제도가 상당히 완비·정착되었음을 알 수 있다.[80] 또한 원제시기를 거쳐 많은 유생들의 관계진출은 유가경전에 근거한 제도를 만들어 내는 데까지 이르러, 앞서 서술한 것처럼 선왕의 묘가 훼철되었고 기존 교사제가 개혁되기도 하였다. 따라서 이 시기 형벌위주의 정치비판이라는 것 역시 시대적으로 적절치 못함을 알 수 있다. 건의의 진실성을 의심하는 또 다른 이유는 바로 이 유향의 상언이 유향 본전에 나오지 않음은 물론이고, 상언의 직접적 원인이 된 건위군(犍爲郡)에서 서상(瑞祥)인 고경(古磬)이 발견되었다는 기사[81]가 「성제기(成帝紀)」를 비롯하여 『한서』 어디에도 나오지 않고 있다는 점이다.[82]

더하여 유향의 사례가 반고에 의한 의도적인 삽입이 아닐지 의심하게 하는 것은 숙손통의 의례제정을 둘러싼 「예악지」의 모순된 기사들이다. 반고는 「예악지」 전반부에서 숙손통이 봉상(奉常)이 되어 예제를 제정하게

敢, 是敢於殺人不敢於養人也. 爲其俎豆筦弦之間小不備, 因是絶而不爲, 是去小不備而就大不備, (大不備)或莫甚焉. (大不備)或莫甚焉. 夫敎化之比於刑法, 刑法輕, 是舍所重而急所輕也. 且敎化, 所恃以爲治也, 刑法所以助治也. 今廢所恃而獨立其所助, 非所以致太平也. 自京師有誖逆不順之子孫, 至於陷大辟受刑戮者不絶, 繇不習五常之道也. 夫承千歲之衰周, 繼暴秦之餘敝, 民漸漬惡俗, 貪饕險詖, 不閑義理, 不示以大化, 而獨毆以刑罰, 終已不改. 故曰 :「導之以禮樂, 而民和睦.」初, 叔孫通將制定禮儀, 見非於齊魯之士, 然卒爲漢儒宗, 業垂後嗣, 斯成法也(『漢書』 卷22, 「禮樂志」, pp.1033~1034).

80) 무제 이후 박사제자의 증가에 대해서는 洪承賢, 「奢侈論을 통해 본 前漢 士大夫들의 移風易俗」, 『中國史研究』 24(2003), p.67 주 108)을 참조.

81) 至成帝時, 犍爲郡於水濱得古磬十六枚, 議者以爲善祥. 劉向因是說上(『漢書』 卷22, 「禮樂志」, p.1034).

82) 『說苑』 「修文」편에 실린 유향의 논평 "따라서 성왕은 예문을 닦고 학교를 설립하며 종과 북을 진열하니, 천자는 벽옹을 짓고 제후는 반궁을 세워 덕화를 행한다(是故聖王修禮文, 設庠序, 陳鍾鼓, 天子辟雍, 諸侯泮宮, 所以行德化. 『說苑』, 「修文」, p.155)" 라는 구절이 「禮樂志」에 실린 유향의 건의 도입부와 거의 동일한 내용이라는 것도 고려할만하다.

되었는데, 이루지 못한 상태에서 사망하게 되어 그의 예제가 완성되지 못하였음을 말하였다. 그러나 유향의 상언 속에서 숙손통의 예제가 일종의 법제가 되었다고 기술하고 있으며, 곧이어 숙손통이 『예의』를 찬사(撰寫)했다고 서술하고 있다.[83] 그리고 이것이 『후한서(後漢書)』에 이르러서는 반고가 숙손통이 지은 『한의(漢儀)』 12편을 올렸다고 하여[84] 숙손통의 예제제정과 관련된 사항이 전한 말에서 후한 초에 이르는 기간 동안 점점 더 구체적으로 조작되고 있다는 것을 알 수 있다. 이것은 예제제정을 향한 당시 사대부들의 열망이 투영된 결과일 것이다.

따라서 유향이 어떠한 예제를 주장하였는가 하는 문제는 그리 중요한 의미를 갖지 못한다고 할 수 있을 것이다. 이보다는 반고가 공자(孔子)를 이을 통유(通儒)의 한 사람으로 존경하고 있는 유향을 선발하여 자신의 주장을 대변하게 하였을 가능성이 더 높을 듯하다.[85] 그렇다고 해서 유향의 선발이 아무런 의미도 갖지 못한다고 보기는 힘들 것이다.

잠시 언급한 것처럼 환관과 외척에 의해 불행한 정치이력을 가지게 된 유향은 그들의 세력을 약화시키는 데 정력을 쏟아 붓는다.

> 상서(尙書)라는 직책은 백관(百官)의 근본이며, 국가의 추기(樞機)임으로 마땅히 통명공정(通明公正)하게 처리해야 합니다. … 마땅히 중서환관(中書宦官)을 파하고 옛날과 같이 형벌을 받은 자가 근접하지 못하게 해야 할 것입니다.[86]

---

83) 以通爲奉常, 遂定儀法, 未盡備而通終(『漢書』 卷22, 「禮樂志」, p.1030) ; 初, 叔孫通將制定禮儀, 見非於齊魯之士, 然卒爲漢儒宗, 業垂後嗣, 斯成法也(『漢書』 卷22, 「禮樂志」, p.1034) ; 今叔孫通所撰禮儀, 與律令同錄, 臧於理官, 法家又復不傳(『漢書』 卷22, 「禮樂志」, p.1035). 그러나 정작 『한서』 「예문지」 안에서는 숙손통이 편찬한 禮書를 찾을 수 없다.

84) 令小黃門持班固所上叔孫通漢儀十二篇(『後漢書』 卷35, 「曹褒傳」, p.1203).

85) 自孔子後, 綴文之士衆矣. 唯孟軻·孫況·司馬遷·董仲舒·劉向·揚雄(『漢書』 卷36, 「楚元王傳」, p.1972).

86) 尙書百官之本, 國家樞機, 宜以通明公正處之 … 宜罷中書宦官, 應古不近刑人(『漢書』 卷93, 「石顯傳」, p.3727).

그는 우선 관료기구의 가장 중요한 추기를 환관에게서 회수할 것을 주장하였을 뿐 아니라 재이(災異)의 출현원인이 환관들의 전횡(專橫)에서 기인하였음을 주장하였다.87) 또 외척세력의 대두에 위기를 느끼며 『열녀전(列女傳)』 8편을 지어 황제를 계도하고자 한 것은 유명한 일이다. 또한 봉사(封事)를 올려 외척을 정치일선에서 물러나게 할 것을 주장하기도 하였다.88)

이 일련의 활동이 사이키 데츠로[齋木哲郎]의 분석처럼 비록 세력장악을 둘러싼 대립의 속성을 갖기는 하지만 결과적으로 약화된 관료기구의 기능을 정상화한다는 점은 부인할 수 없을 것이다.89) 알려져 있는 것처럼 성제시기에는 종래 2인체제로 운영되던 이름만의 삼공(三公)을 승상(丞相)·대사마(大司馬)·대사공(大司空)의 명실상부한 3인 재상체제로 확립한다.90) 또한 대사공 하무(何武)의 건의를 받아들여 감찰관인 자사(刺史)를 폐지하고 주목(州牧)을 설치한다.91) 이러한 일련의 관료기구 재편은 유가적 관제에 의해 행정질서를 수립한 것으로 생각되는데, 이는 유가적 세계의 구현과 밀접하게 관련 있다.92) 그렇다면 유향이 행한 환관과 외척을 향한 비판은 출발에서는 다소 다르지만 결국 앞서 가의나 동중서, 왕길이 꿈꿨던 유가적 세계를 건설하고자 했던 점에서는 동일하다고 할 것이다.

결국 우리는 반고가 이들을 통해 존비와 귀천의 등급을 규정하여 사대부들의 정치적 권리와 그 지위의 존엄성을 보장받을 수 있는 유가적 세계,

---

87) 夫乘權藉勢之人, 子弟鱗集於朝, 羽翼陰附者衆, 輻湊於前, 毁譽將必用, 以終乖離之咎. 是以日月無光, 雪霜夏隕, 海水沸出, 陵谷易處, 列星失行, 皆怨氣之所致也(『漢書』 卷36, 「劉向傳」, p.1941).

88) 夫明者起福於無形, 銷患於未然. 宜發明詔, 吐德音, 援近宗室, 親而納信, 黜遠外戚, 毋授以政, 皆罷令就弟(『漢書』 卷36, 「劉向傳」, p.1962).

89) 齋木哲郎, 앞의 글, pp.674~675.

90) 夏四月, 以大司馬票騎將軍爲大司馬, 罷將軍官. 御史大夫爲大司空, 封爲列侯. 益大司馬·大司空奉如丞相(『漢書』 卷10, 「成帝紀」, p.329).

91) 十二月, 罷部刺史, 更置州牧, 秩二千石(『漢書』 卷10, 「成帝紀」, p.329).

92) 保科季子, 앞의 글, p.247.

특히 예에 의해 정합적으로 구축된 세계건설의 필요를 역설하고 있음을 확인할 수 있었다. 그리고 그것을 위해 새로운 예제수립이 시급함을 주장하고 있음을 알 수 있었다.

3절 후한 장제시기 『신례』 제정과 반고의 예제관

1. 후한 초 정국과 조포의 『신례』

그렇다면 왜 반고는 한왕조를 완전한 유교세계의 체현으로 묘사했다고 평가받는 『한서』 안에서[93] 여전히 "덕화는 아직 넉넉히 백성을 적시지 못했으며, 예악은 아직 갖춰지지 않았다"고 토로할 수밖에 없었으며, 이상적 유교세계 건설의 의지를 강하게 천명할 수밖에 없었던 것일까? 이 문제의 해결을 위해 반고가 살았던 후한 초로 눈을 돌려보자.

후한 초 정국을 함축적으로 보여주는 기사는 『동관한기(東觀漢紀)』의 아래 기사일 것이다.

> 처음에 세조(世祖)께서 앞 시기 권신(權臣)이 대성(大盛)하고 외척이 정치에 관여하여, 위로는 명주(明主)를 혼탁하게 하고 아래로는 신하를 위태롭게 한 것을 가슴 아프게 여기고 걱정하셔 한가의 중흥을 이루기 위해서 오직 선제(宣帝)를 모범으로 삼으셨다. 건무(建武) 연간에 이르러 조정에는 권신이 없었고 외족인 음(陰)·곽가(郭家)의 사람들 중에 구경(九卿)을 넘는 이가 없었으며, 친속(親屬) 중에 권세의 지위를 가진 이도 허(許)·사(史)·왕씨(王氏)의 반에도 미치지 못하였다. 영평(永平) 연간에 이르면 후비(后妃)

93) 일찍이 우츠노미야 기요시는 반고의 『한서』를 완전한 儒教世界의 저작이라고 칭하며 그가 한왕조를 완전한 유교세계의 체현으로 묘사하고자 했음을 지적하였다. 宇都宮淸吉, 『漢代社會經濟史硏究』(東京 : 弘文堂, 1955), pp.88~89. 최근 고지마 쓰요시 역시 반고의 『한서』 편집 방침이 한왕조를 유교국가로 묘사하는 것에 있었다고 보았다. 小島毅, 『東アジアの儒教と禮』(東京 : 山川, 2004), p.13.

> 외가(外家)의 귀척(貴戚) 중 집마다 한 사람을 분별하여 열장교위(列將校尉)에 배치시키고 병마관(兵馬官)에 있어 숙위(宿衛)를 담당하여 받들게 하니, 나머지 사람들은 집안에 들어앉아 있을 뿐 봉후(封侯)가 되어 중앙정치에 관여하는 자는 없었다.[94]

왕망의 찬탈을 목격한 광무제는 전한의 멸망을 귀감으로 삼아 중흥의 방법을 정치에서의 외척의 배제로 삼았다. 그러나 그것만은 아니었다. "한가의 중흥을 이루기 위해 오직 선제를 모범으로 삼으셨다"라는 구절에서 알 수 있는 것처럼 광무제의 또 다른 정책은 대대적인 문리(文吏)의 등용이라고 할 것이다.[95]

이러한 경향은 두 번째 황제인 명제(明帝) 영평시기에도 마찬가지였다. '형명법리학에 정통하고 법령에 밝았던[善刑理, 法令分明]'[96] 명제가 광무제의 황권강화책을 계승한 것은 당연한 일이다. 『후한서(後漢書)』에서는 이러한 명제의 계승정책에 대해 "황제께서 건무시기의 제도를 준봉(遵奉)하여 감히 위반하는 것이 없었다"라고 서술하고 있다.[97] 히가시 신지[東晉次] 같은 이는 더 나아가 '명제야말로 왕(王)·패(霸)를 섞은 한왕조의 전통적 통치방침 중에서 보다 법치주의적(法治主義的) 성격을 가진 황제'라고 평가하였다.[98] 이러한 두 황제의 문리등용과 황제권력의 강화는 삼공을 중심으로 하는 관료기구의 약화를 초래하게 되었다.[99] 물론 이 시기의 문리가

---

94) 初, 世祖閔傷前世權臣太盛, 外戚預政, 上濁明主, 下危臣子, 漢家中興, 唯宣帝取法. 至於建武, 朝無權臣, 外族陰·郭之家, 不過九卿, 親屬勢位, 不能及許·史·王氏之半. 至永平, 后妃外家貴者, 裁家一人備列將校尉, 在兵馬官, 充奉宿衛, 闔門而已無封侯豫朝政者(『東觀漢記』 卷2, 「顯宗孝明帝紀」, p.58).

95) 나이토 고난은 이러한 현상에 대해 "정치는 완전히 실무를 담당하는 자들에 의해 행해졌다"고 하였다. 內藤湖南, 『支那上古史』(東京 : 筑摩書房, 1969), p.227. 原 東京 : 弘文堂, 1944年 出版.

96) 『後漢書』 卷2, 「明帝紀」, p.124.

97) 帝遵奉建武制度, 無敢違者(『後漢書』 卷2, 「明帝紀」, p.124).

98) 東晉次, 『後漢時代の政治と社會』(名古屋 : 名古屋大學, 1995), p.45.

99) 후한 말의 仲長統은 당시의 모든 정치적 문제는 광무제가 三公의 권력을 박탈한

진(秦)의 도필리(刀筆吏)와 같이 단지 법률에 능통한 관리가 아니라 실무에 능통한 사무관리로서의 의미가 강화되었다고 해도,[100] 이들이 여전히 예외 없는 법률의 집행을 본무(本務)로 하는 이들임에는 틀림이 없다.[101]

이러한 후한 초 정국은 반고에게 유가적 세계는 아직 도래하지 않았다고 믿게 한 원인이 되었을 것이다. 특히 광무제 붕어(崩御) 후 유조(遺詔)에 의해 상례(喪禮)를 비롯하여 예의에 관한 일을 총괄한 조희(趙憙)가 그 당시 대표적인 문리라는 사실은 이러한 입장을 더욱 강화시켰을 것이다. 흔히 국가예제의 정비를 통유라고 불리는 이들이 담당했던 것을 생각하면, 이러한 추측이 큰 잘못만은 아닐 듯싶다. 조희는 명제의 붕어 시에도 재차 상사(喪事)를 담당하는 등 예사(禮事)를 정비하였다.[102] 문리였던 조희가 두 차례에 걸쳐 황제의 상사를 담당했다는 것은 반고에게 "예악이 아직 갖춰지지 않았다"고 느끼게 할 충분한 요건이 되었을 것이다.

또한 명제시기까지 모든 구성원을 포괄하는, 그래서 그들 모두가 준봉할 만한 유가의 교설에 근거한 완비된 예제가 없었다는 것 역시도 하나의 요인이 되었을 것이다. 그러나 보다 근본적으로 반고로 하여금 "덕화는 아직 넉넉히 백성을 적시지 못했으며 예악은 아직 갖춰지지 않았다"고 보게 한 사건은 장제시기(章帝時期) 있었던 예제제정 시도가 아니었을까 한다. 새로운 예제의 제정은 반고로 하여금 「예악지」에 특별한 의미를 부여하게 하였을 것으로 생각된다.

후한의 세 번째 황제 장제는 지금까지와는 다른 보다 새롭고 체계적인 예제정을 계획한다. 『신례(新禮)』로 불리는 그것은 현재 남아있지 않아 자세한 내용을 알 수는 없지만 총 150권으로 구성되어 '천자로부터 서인에

것으로부터 기인한다고 보아 삼공의 復權을 주장하였다. 후한 말 삼공 권력의 회복과 관련해서는 洪承賢, 「選擧와 後漢 士大夫의 自律性」, 『東洋史學硏究』 86(2004), pp.82~86을 참조.

100) 東晉次, 앞의 책, pp.46~47.

101) 帝曰 : 「吏奉法, 律不可枉也, 更道它所欲」(『後漢書』 卷26, 「趙憙傳」, p.914).

102) 及帝崩, 復典喪事, 再奉大行, 禮事修舉(『後漢書』 卷26, 「趙憙傳」, p.915).

이르기까지 관(冠)·혼(婚)·길(吉)·흉(凶)·종(終)·시(始)제도'를 망라한 것으로 알려져 있다.[103] 천자로부터 서인에 이른다는 말에서 알 수 있는 것처럼 『신례』는 지금까지 제·개정되었던 예제가 조정의 의례였던 것과는 달리 모든 사회 구성원에게 미치는 광범위하고도 근본적인 예제였던 것 같다. 이것은 모든 유가들의 종국적인 희망이라고도 할 수 있을 것이다. 특히 전한후기 이후 유가들에 의한 지속적인 예개정 논의는 점차 보다 체계적이고 광범위한 예의 필요를 제기하게 되었을 것이기에 장제시기 이러한 예제정은 당시 유가들의 요구와도 합치되는 사업이었을 것이다.

그러나 조포(曹褒)가 만든 예는 장제 시에는 반포는커녕 담당 관원에게 내려져 평의(平議)되지도 못하였다. 이후 화제(和帝)가 즉위하여 『신례』 중에서 「관례(冠禮)」 2편을 이용하여 관례를 치러 『신례』가 부분적으로 행해지기는 했지만, 태위(太尉) 장포(張酺)와 상서(尙書) 장민(張敏)의 격렬한 반대로 『신례』는 끝내 반포되지 못하였다.[104] 당시 조포의 『신례』에 대해 반대를 한 관료가 장포와 장민만은 아니었다. 이미 예제정을 둘러싸고 태상(太常) 소감(巢堪)이 일세(一世)의 대전(大典)을 조포 혼자 제정할 수는 없다고 반발하였으며,[105] 장제에게 의례제정의 마땅함 여부를 질문 받은 반고 역시 '마땅히 널리 경사(京師)의 뭇 유자를 소집하여 그 득실을 의논'해야 한다고 하였다.[106]

그래서 이 조포의 『신례』가 실패한 것을 두고, 당시 장제가 『신례』를 유가관료들에게 공식적으로 인정받지 못한 것이 그 원인이라고 분석한 견해가 나오기도 하였다.[107] 실제로 반고의 건의에 대해 장제가 길옆에 집을 짓고자 하면 3년이 지나도 이룰 수 없다고 말하며, 불필요한 의견수렴을

103) 撰次天子至於庶人冠婚吉凶始終制度(『後漢書』 卷35, 「曹褒傳」, p.1203).

104) 『後漢書』 卷35, 「曹褒傳」, p.1203.

105) 太常巢堪以爲一世大典, 非褒所定, 不可許(『後漢書』 卷35, 「曹褒傳」, p.1202).

106) 固曰 : 「京師諸儒, 多能說禮, 宜廣招集, 共議得失.」(『後漢書』 卷35, 「曹褒傳」, p.1203).

107) 甘懷眞, 앞의 글, p.96.

사실상 반대한 것[108]은 당시 장제와 신료들 간의 갈등의 소지가 있었음을 알려준다.

확실히 야스이 고잔[安居香山]이 지적한 것처럼 당시 고위직에 있었던 장포와 장민이 조포의 예제제정을 반대한 것은 이념적인 이유가 있기도 했지만, 한편으로는 정치·사회의 기조가 되는 예악을 제정함으로 인해 조포가 조정 내에서 지도적 지위를 독점하게 되는 것을 염려했기 때문이었을 가능성도 존재한다.[109] 특히 법치주의자로서의 경향을 가지고 있는 장민의 경우 정계에서의 주도권을 둘러싼 반대일 수 있겠다. 그러나 『후한서』와 『동관한기』에 나와 있는 장포의 반대이유를 보면 이 갈등이 단순히 장제가 조포 한사람에게 예의제정을 위임한 것에서 기인한 것이 아님을 알 수 있다.

장포는 조포가 예를 제정한 것과 관련하여 "성왕의 치술을 파괴하고 어지럽힌다[破亂聖術]",[110] "이단의 치술과 유사하다[有似異端之術]"[111]고 표현하였다. 이것은 결국 방법의 문제가 아닌 내용의 문제를 의미한다. 그것은 바로 조포가 예악에 참(讖)을 섞어 『신례』를 만든 것과 관련 있다.[112] 우치야마 도시히코[內山俊彦]가 지적한 것처럼 한대 이단이 비합리적인 경향과 허구·위선성(僞善性) 등이라면[113] 바로 장포가 말한 이단이라는 것이 참위(讖緯)를 말하는 것임은 분명하다. 이것은 처음 예악을 제정하려고 했던 장제의 의도에서부터 분명하게 드러나고 있다. 장제가 예제정의 근거로 가져온 문헌들이 위서(緯書)로 분류되는 『하도괄지상(河圖括地象)』과 『상

---

108) 帝曰：「諺曰『作舍道邊, 三年不成』…」(『後漢書』 卷35, 「曹褒傳」, p.1203).

109) 安居香山, 『緯書の成立とその展開』(東京：國書刊行會, 1979), p.370.

110) 『後漢書』 卷35, 「曹褒傳」, p.1203.

111) 『東觀漢記』 卷16, 「張酺傳」, p.693.

112) 依準舊典, 雜以五經讖記之文(『後漢書』 卷35, 「曹褒傳」, p.1203)；撰讖而定禮(『文心雕龍』, 「正緯」, p.36).

113) 內山俊彦, 「漢代思想史における異端的なもの 2」, 『山口大學文學會志』 17-1(1966), pp.31~33.

서선기검(尙書琁機鈐)』이기 때문이다.

도참(圖讖)과 관련하여 그 선구격인 참언(讖言)에 대해 살펴보면, 전한 애제시기(哀帝時期) 재수명설(再受命說)이 등장하여 개원(改元)을 요구하는 상주(上奏)가 있었다.[114] 그러나 그 시기만 해도 사회적으로 "오경(五經)에 부합하지 않으면 시행할 수 없다"[115]는 반이단적 분위기가 존재했다. 그 결과 재수명설을 이야기하던 방사(方士) 하하량(夏賀良)은 '정도를 위반하여 인민을 현혹시킨[反道惑衆]' 죄로 처형된다.[116] 그러나 왕망의 부서(符書)를 이용한 정치에 대항하여 재수명설로 후한을 건국하고 정권의 기틀을 마련한 광무제의 경우 그의 말년 도참을 천하에 선포하기에 이른다.[117] 도참의 유행은 곧 위서사상(緯書思想)을 유행시켰다. 본래 위(緯)는 일종의 예점(豫占)인 참(讖)과는 달리 경(經)에 대한 상대적 개념으로 알려져 있는데, 경의 지류(支流)로서 경학(經學)의 비관심 분야를 다뤄 그 범주도 넓고, 내용도 잡다하다.

위가 예언을 통해서 그 자체가 신비화된다는 점과 참이 경학을 통해 설득력을 얻을 수 있다는 점은 양자를 결합시켰다.[118] 이렇게 결합된 참위설은 왕권의 정통성을 확보하고 그 권위를 신성화하는 데 봉사하였다. 이후 그 정도가 심각해져 위서 중에는 심지어 후한왕조를 확립하고, 정권의 유일성을 확립하기 위해 편찬되었다고 할 수 있는 책마저 존재할 정도였다.[119] 이러한 분위기는 광무제가 도참을 선포한 이래 명제와 장제 모두에 의해 계승되었다. 조포와 그의 부친인 조충(曹充)이 모두 명제와 장제시기

114) 明年, 方士有夏賀良著. 上言哀帝云, 漢家歷運, 中衰, 當再受命. 於是改號爲太初元年(『後漢書』 卷1下, 「光武帝紀下」, p.86).

115) 不合五經, 不可施行(『漢書』 卷45, 「李尋傳」, p.3192).

116) 『漢書』 卷11, 「哀帝紀」, p.340.

117) 中元 원년(57), 광무제 재위 마지막 해에 도참을 선포한다. 『後漢書』 卷1下, 「光武帝紀下」, p.84.

118) 김근, 앞의 책, p.279.

119) 安居香山, 앞의 책, p.345.

위서에 근거하여 수명개제(受命改制)를 주장한 것은[120] 이러한 시대적 배경에서 이해할 수 있을 것이다.

2. 반고의 예제관

그러나 위서가 경서의 진의를 가리고 정권에 영합한다는 점은 참위설에 반대하는 여러 사대부들의 반발을 불러일으키기에 충분하였다. 결국 이 참위설이라는 것이 황제권력을 지나치게 신비화하고 절대화한다는 문제를 가지고 있기 때문이다.[121] 조포가 예를 완성하기 전, 장제가 반고를 불러 예제정에 대해 자문한 것은 이러한 조정의 기류를 이미 감지하고 있었기 때문일 것이다. 그러나 특별한 사법(師法)이 없다 해도 '장구에 얽매이지 않고, 대의를 파악하는 데 힘썼을 뿐'[122]이었던 반고는 고문학파(古文學派)답게[123] 완곡하게 학자들을 소집해 중의(衆議)를 물어야 한다고 대답하였다. 급기야 장포와 같은 이는 학풍 상 동일한 금문학(今文學)에 속함에도 불구하

120) 『後漢書』 卷35 「曹褒傳」, pp.1201~1202.

121) 앞서 언급한 것처럼 緯書는 經의 支流로서 경학의 비관심 분야를 다뤄 그 범주도 넓고, 그 내용도 천문 및 자연에 대한 지식을 비롯하여 질병치료와 생명연장과 관련한 神仙術 등 매우 잡다하다. 이것은 당시 기술적 영역의 발전을 의미함과 동시에 사회의 다양성을 반영하는 것이다. 따라서 위서의 유행은 당시 사회변화에 조응한 자연스러운 현상일 수 있겠다. 이러한 상황을 고려한다면 위서가 예제제정에 근거가 된 것을 관료들의 『新禮』 반대원인으로 파악하는 필자의 견해에 문제가 있다고 볼 수 있을 것이다. 그러나 『신례』 편찬에 위서가 사용된 이유가 나와 있는 『後漢書』「曹褒傳」의 기사를 보면, 당시 관료들이 위서를 반대한 것은 위서가 장제시기를 신비화할 수 있는 내용을 가지고 있기 때문이다. 요컨대 『河圖括地象』에는 장제시기에 한왕조가 가장 흥성할 것이라는 구절이 나와 있으며(赤九會昌, 十世以光, 十一以興), 『尙書琁機鈐』과 『帝命驗』에는 堯의 후예인 한이 요를 계승하여 예악을 제정할 수 있다는 구절이 나온다(述堯理世, 平制禮樂, 放唐之文, 順堯考德, 題期立象). 이상 『後漢書』 卷35, 「曹褒傳」, p.1202. 따라서 위서의 사용이 황제권의 신비화와 관련 있을 것이라고 보아도 큰 잘못은 없을 듯싶다.

122) 不爲章句, 擧大義而已(『後漢書』 卷70, 「班固傳」, p.1330).

123) 『후한서』「예문지」에 등장하는 기사들을 통해서도 반고의 학문적 경향이 古文學派 쪽이었음을 알 수 있다. 반고의 학문적 경향에 대해서는 丁鼎, 「試論《儀禮》的作者與撰作時代」 『孔子研究』 2002-6, p.5를 참조.

고[124] 조포의 예를 '이단의 치술과 유사'하여 '성왕의 치술을 파괴하고 어지럽히는 것'으로 표현하였다. 이것은 금문학파에 속하든 고문학파에 속하든 상관없이 당시 사대부들은 경의(經義)에 부합하는 국가예제를 요구하고 있었음을 보여준다. 결국 장제가 의도한 예제가 경의에 다소 부합하지 않는다 해도 황제의 권위를 제고하고 그 권력의 절대성을 보장하는 것이었던 것과는 달리, 사대부가 생각하는 예제는 경의에 입각해야만 했던 것임을 보여준다.

당연히 그 예제는 이상적 유교세계를 현실에서 실현할 수 있는 내용을 갖춰야 했을 것이다. 그리고 그 예제에 대해 유자들은 자신들의 학문적 전통에 근거한 모종의 상을 가지고 있었을 것이다. 반고가 말한 "경사의 여러 유자 중 능히 예에 대해 말할 수 있는 자가 많다"[125]는 것은 그러한 당시의 상황을 잘 보여준다. 반고만 하더라도 선왕(先王)의 도에 부합하는 예를 '천지(天地)를 본 떠 신명(神明)을 소통시키고, 인륜(人倫)을 세우며, 성정(性情)을 단정하게 하고 만사만물(萬事萬物)을 절제하게 하는 것'[126]이라고 하여 단지 군주권을 꾸미는 도구가 아닌 황제를 정점으로 모든 관료가 존엄성을 보장받는－우주적 질서가 지상에서 체현된－세계를 정합적으로 존재시키는 힘으로 인식하고 있었다.

쓰다 소키치[津田左右吉]에 의하면 당시 후한 유가들은 전한 말 유가들이 그랬던 것처럼 조정의례에서 더 나아간, 천자로부터 서인에 이르는 모든 사회구성원들이 따를 만한 예제를 수립하고자 하였다.[127] 이러한 사실은

---

124) 조포가 습득한 『慶氏禮』의 경우 계보를 추적하면 『公羊傳』이나 『齊詩』와 연결되어 있어 금문학 계열에 속함을 알 수 있다. 武內義雄 著/李東熙 譯, 『中國思想史』(서울 : 驪江, 1987), p.117.

125) 京師諸儒, 多能說禮(『後漢書』 卷35, 「曹褒傳」, p.1203).

126) 故象天地而制禮樂, 所以通神明, 立人倫, 正情性, 節萬事者也(『漢書』 卷22, 「禮樂志」, p.1027).

127) 津田左右吉, 「漢の王室と禮樂」, 『津田左右吉全集16 儒教の研究』(東京 : 岩波書店, 1965), p.381.

『백호통(白虎通)』을 통해서도 추정이 가능하다. 대표적으로 『백호통』「작(爵)」은 제일 먼저 작위(爵位)로서의 천자를 분석하고 오등(五等)의 공(公)·후(侯)·백(伯)·자(子)·남(男)을 설명하였으며, 다음으로는 내작(內爵)인 공(公)·경(卿)·대부(大夫)와 사(士)를, 그리고 작위의 대상이 아닌 부인(婦人)을 설명한 후 마지막으로는 필부(匹夫)로 칭해지는 서인에 대해 논의하고 있다.[128] 이것은 당시 유자들이 위로는 천자로부터 아래로는 서인을 모두 포함하는 사회구조에 관심이 있었음을 보여주는 좋은 예가 될 것이다.[129]

그러나 당시 장제가 조포를 통해 만들려고 한 예제는 이와는 다소 거리가 있었다. 조포의 신례가 『백호통』에 근거하지 않았을 것임을 보여주는 것은 아래의 기사들이다.

> ① (조포는) 어린 시기 이미 아버지 조충의 학문을 이어 박식하고 통달하였는데, 특히 예의와 관련된 일들을 좋아하였다. 항상 조정의 제도가 완비되지 못함을 한탄하고 숙손통이 한을 위해 예제를 만든 것을 우러러 흠모하여 밤낮없이 연구하였다.[130]

> ② 장화 원년 정월, 이에 조포를 불러 가덕문(嘉德門)에 이르게 하고, 소황문(小黃門)에게 반고가 올렸던 숙손통의 『한의』 12편을 가지고 오게 명하고 칙(敕)을 내려 조포에게 말하기를 "이 제도는 간략하고 경의에 부합하지 않는 곳도 많으니, 지금 마땅히 예에 근거하여 조목조목을 수정하여 시행할 수 있게 하도록 하라. …" 하였다.[131]

---

128) 『白虎通義』, 「爵」, pp.1~22.

129) 신정근은 『白虎通』의 성격을 '추상적 이념보다는 그 이념을 현실화시키는 제도에 더 많은 관심을 기울이면서 주제를 분화시'킨 결과물이라고 보고 있는데, 이러한 해석에 기댄다면 당시 유자들이 천자로부터 서인에 이르는 모든 사회 구성원들이 遵奉할 만한 예제를 수립하고자 하였음을 추정하는 것은 어렵지 않을 것이다. 班固 撰/신정근 역, 『백호통의』(서울 : 소명, 2005), p.27.

130) 結髮傳充業, 博雅流通, 尤好禮事. 常感朝廷制度未備, 慕叔孫通爲漢禮儀, 晝夜研精(『後漢書』 卷35, 「曹褒傳」, pp.1201~1202).

131) 章和元年正月, 乃召褒詣嘉德門, 令小黃門持班固所上叔孫通漢儀十二篇, 敕褒曰 : 「此

위의 기사에 따르면 조포가 만들고자 했던 예제는 백호관회의(白虎觀會議)의 결과물들을 근간으로 한 것이 아니라 숙손통의 『한의』를 저본(底本)으로 한 것이다. 그렇다면 숙손통의 예제라는 것은 어떤 성격의 예제인가? 이미 언급한 것처럼 범엽은 그의 예를 시대적 편의에 따른 임시방편이기에 실제로 당시의 붕폐를 구제하기도 했으나 그것은 결코 선왕의 도가 아니고 부족한 것이 많다고 여겼으며, 일찍이 사마천도 그의 예를 '군주를 높이고 신하를 억누르는' 성격만을 가졌다고 보았다.[132] 즉 이러한 숙손통의 예제를 저본으로 한 조포의 신례는 당시 유가들이 생각하고 있는 이상적 세계를 구성하는 구조적 질서로의 예와는 다른 모습을 가졌을 것이다.

조포의 『신례』에 대해 완곡하게 반대의 입장을 표명했던 반고로서는 자신을 비롯한 유자들이 생각하고 있는 예제의 내용과 성격을 주장할 필요가 있었을 것이다. 따라서 일견 관련 없는 이들의 실패담의 나열로 보이는 「예지」 부분의 내용은 모든 구성원을 포괄하는 예제를 만들려고 했던 전한 사대부들의 노력을 계승하여, 현실의 예제제정을 촉구하고 그 내용을 강제하는 반고의 계산된 장외 노력이라고 할 수 있을 것이다.

制散略, 多不合經, 今宜依禮條正,使可施行 …」(『後漢書』 卷35, 「曹褒傳」, p.1203).

132) 大抵皆襲秦故 … 至秦有天下, 悉內六國禮儀, 采擇其善, 雖不合聖制, 其尊君抑臣(『史記』 卷23, 「禮書」, p.1159).

보장

『사기』「악서」와 『한서』「예악지」를 통해 본 한대 제악의 실상

일찍이 청(淸)의 왕명성(王鳴盛)은 반고(班固)가 찬술한 『한서(漢書)』「예악지(禮樂志)」에 대하여 다음과 같이 논평하였다.

> 「예악지」는 본래 예(禮)에 대해 상세하고 악(樂)에 대해 간략해야 하는데, 지금은 오히려 예가 간략하고 악에 관한 부분이 자세하다. 전체는 모두 두 부분으로 나누어지는데, 뒤에 실린 악을 논한 글은 앞에 예를 논한 내용에 비해 3배가량 상세하다. 그러나 악에 대한 고찰 역시 교묘(郊廟)의 노래와 시(詩)를 상세히 수록한 것에 불과하고, 악과 관련한 사항에 대해서는 특별히 서술한 것이 없다. 대개 한(漢)의 경우 실제로 예악제정을 위해 노력한 것이 없기에 예악 두 부분의 서두는 모두 예악의 의리(義理)에 대한 일반론만을 이용한 것인데, 모두 『악기(樂記)』의 문장을 가져다 썼다.[1)]

7,300여 자에 달하는 전체 분량 중 22%에도 미치지 못하는 1,610자의 「예지(禮志)」 부분과 나머지 70%가 넘는 「악지(樂志)」로 구성되어 있는

1) 「禮樂志」 本當禮詳樂略, 今乃禮略樂詳. 全篇共分兩大截, 後一截論樂之文較之前論禮, 其詳幾三倍之；而究之於樂, 亦不過詳載郊廟歌詩, 無預樂事. 蓋漢實無所爲禮樂, 故兩截之首, 各用泛論義理, 全掇『樂記』之文(『十七史商榷』, 「漢書五 漢無禮樂」, p.91).

『한서』「예악지」의 불균형은 이미 왕명성의 관심을 끌었던 것 같다. 특히 그는 짧은 「예지」도 「예지」지만, 전체 분량의 70%가 넘는 「악지」의 내용조차도 특별할 것이 없이 당시 교묘제사에 사용된 노래의 가사가 실린 것에 주목했던 것으로 보인다. 확실히 지나치게 짧은 「예지」와 길지만 대부분 노래가사로 채워진 「악지」로 구성된 『한서』「예악지」는 전통시기 역사가에게도 자못 흥미로운 탐구의 대상이 되었던 것 같다.

왕명성은 「예악지」의 내용이 이렇게 불균형하고 빈약한 것에 대해 전한(前漢)의 경우 예악제정을 위해 노력한 것이 없었음을 원인으로 들고 있다. 한마디로 전한의 예악제정에 관해서 서술할만한 내용이 없다는 것이다. 그러나 문제시기(文帝時期)부터 시작된 유가들의 예악제정 요구[2]와 무제시기(武帝時期) 정삭(正朔)을 비롯한 복색(服色)이 개정된 것과 율력(律曆)이 제정된 사실[3]은 왕명성의 주장과는 사뭇 다른 모습이다. 또한 원(元)·성제시기(成帝時期)에 있었던 군국묘(郡國廟) 폐지와 교사제(郊祀制) 정비를 둘러싼 논의와 결과들은 예제(禮制) 제정을 위한 전한시기 위정자(爲政者)들의 의지와 노력을 잘 보여준다.[4]

한편, 악과 관련해서는 무제시기 협률도위(協律都尉)를 임명하여 악률(樂律)을 교정(校正)하는 사무를 담당하게 하였다.[5] 그래서인지 몰라도 악

---

2) 대표적으로 賈誼의 건의를 들 수 있다. 그는 正朔과 服色의 제정을 비롯하여 五等官制의 수립을 주장하였다(賈生以爲漢興至孝文二十餘年, 天下和洽, 而固當改正朔, 易服色, 法制度, 定官名, 興禮樂, 乃悉草具其事儀法, 色尙黃, 數用五, 爲官名, 悉更秦之法. 『史記』 卷84, 「賈生傳」, p.2492). 또한 같은 시기 魯 출신이었던 公孫臣 역시 終始五德說에 따라 漢이 새로운 受命 왕조로서 정삭과 복색을 고쳐야 한다고 하였으며(至孝文時, 魯人公孫臣以終始五德上書, 言「漢得土德, 宜更元, 改正朔, 易服色, 當有瑞, 瑞黃龍見」. 『史記』 卷26, 「曆書」, p.1260), 賈山 또한 明堂과 太學을 설립하여 先王의 道를 닦을 것을 주장하였다(臣不勝大願, 願少衰射獵, 以夏歲二月, 定明堂, 造太學, 修先王之道(『漢書』 卷51, 「賈山傳」, p.2336).

3) 興太學, 修郊祀, 改正朔, 定曆數, 協音律, 作詩樂, 建封禪, 禮百神, 紹周後, 號令文章, 煥焉可述(『漢書』 卷6, 「武帝紀」, p.212).

4) 元·成帝時期 있었던 郡國廟를 포함한 宗廟制 논의의 사정은 金容天, 「前漢時代 典禮論 硏究」, 東國大 박사학위논문(2004), 4장을 참조.

5) 至今上卽位, 作十九章, 令侍中李延年次序其聲, 拜爲協律都尉(『史記』 卷24, 「樂書」,

방면에서의 노력 역시 『한서』 「무제기(武帝紀)」에서는 "음률을 조정하고, 시악을 만들었다[協音律, 作詩樂]"[6]고 하여 어느 정도 성취를 보인 것처럼 서술하고 있다. 이렇듯 같은 『한서』 안에서도 전한의 예악제정에 대한 상이한 서술이 존재하여, 왕명성의 분석을 그대로 받아들이기는 힘들다.

이와 관련해 감회진(甘懷眞)은 「예악지」, 특히 그 중에서도 「예지」 부분이 소략한 이유에 대해 새로운 견해를 내놓았다. 그는 반고가 의식적(儀式的) 측면의 정삭·복색·교사·종묘(宗廟)·봉선(封禪)과 같은 예는 진정한 예가 아니라고 여겨 서술하지 않았다고 분석하였다.[7] 다시 말해 감회진은 전한정부가 예악제정을 위해 아무 일도 하지 않은 것은 아니나, 반고는 그 제정된 예가 모두 황제권을 분식(粉飾)하는 위의적(威儀的) 예에 불과하다고 여겨 「예악지」 안에 서술하지 않은 것이라고 본 것이다. 그러나 이 분석은 예를 지나치게 기계적으로 교화적(敎化的) 성격의 예와 의식적 성격의 예로 구분할 뿐 아니라, 『한서』 「예지」가 모두 실패한 개례(改禮) 요구만을 다루고 있다는 특별한 사실에 대해 적절한 해석을 하지 못한다는 문제를 가지고 있다.

따라서 본서 2부 2장에서는 반고가 「예악지」 「예지」 부분에서 가의(賈誼)·동중서(董仲舒)·왕길(王吉)·유향(劉向)들의 예개정 요구를 서술함에 구체적인 예제의 내용이 아닌, 이들이 예제개혁을 주장하게 된 원인과 그들의 요구가 좌절되었다는 것만을 언급한 것에 주목하여 그가 「예지」를 통해 주장하려고 한 바를 추적해 보았다. 그 결과 반고의 「예지」 안에서 고의적인 서술의 흔적을 발견할 수 있었고, 그것은 치자(治者)로서의 사대부(士大夫)의 존엄과 참정(參政)이 보장되지 않는 현실을 비판하며, 사회구성원 모두를 포괄하는 새로운 예제의 제정이 필요함을 역설하기 위해서라는 결론에

---

p.1177).

6) 『漢書』 卷6, 「武帝紀」, p.212.

7) 甘懷眞, 「「制禮」」概念的探析」, 『皇權, 禮儀與經典詮釋：中國古代政治史研究』(臺北：喜瑪拉雅硏究發展基金會, 2003), p.81.

도달하게 되었다.

특히 반고가 활동하던 후한(後漢) 장제시기(章帝時期) 조포(曹褒)가 편찬한 『신례(新禮)』에 대한 위기의식이 이러한 특별한 역사서술을 자극했던 것으로 추정하였다. 요컨대 반고는 전한의 예 개정 실패사례를 열거함으로써 당시 조의(朝儀)를 넘어선 사회구성원 모두가 따를 만한 예제가 없다는 것을 강조하며, 전 사회구성원의 존재에 근거를 부여하고 합리적인 사회활동을 보장하는 국헌(國憲)으로서의 예제를 제정할 것을 강제하고자 했던 것이다.[8] 그러므로 『한서』「예악지」 중「예지」 부분이 소략한 것은 전한시기 예악제정을 위해 노력한 것이 없어서가 아니라, 반고의 예제관(禮制觀)에 의해 의도적으로 편집되었기 때문이라고 할 수 있겠다.

그렇다면 반고의 의도적 서술은「악지」에 대해서도 동일하게 적용할 수 있는 문제일 것이다.「예지」 부분이 어느 정도 의도적으로 편찬되었다면,「악지」 역시도 의도적인 편찬의 가능성을 완전히 배제할 수는 없을 것이다. 알려진 것처럼 반고의 『한서』는 한왕조를 완전한 유교세계(儒教世界)의 체현으로 묘사한 저작으로 평가받고 있다.[9] 더하여 반고는 전한의 사례를 현실의 문제를 비추는 거울로 이용하였다. 따라서 유가적 가치에 입각한 의도적 편집이란 충분히 추측할 수 있는 일이다. 아니 오히려 우리는 『한서』 안에서 의도적 서술을 적극적으로 분석해 냄으로 인해 반고가 생각하고 있는 유교세계의 일단을 파악할 수 있을 것이다.

이 장에서는 이러한 문제의식에서 출발하여 『한서』「예악지」 중「악지」의 내용을 분석하여 전한의 악제(樂制)를 이해하는 한편 반고의 제악(制樂) 관념을 들여다보고자 한다. 아울러 보다 효과적인 서술을 위해 『사기(史記)』「악서(樂書)」에 대한 검토도 함께 진행하고자 한다. 이 과정을 통해서 사마천(司馬遷)의 제악관(制樂觀)도 파악할 수 있어, 반고의 그것과의 비교도 자연스

---

8) 자세한 내용은 본서 2부 2장「『한서』「예악지」의 구성과 성격」을 참조.

9) 宇都宮清吉, 『漢代社會經濟史研究』(東京 : 弘文堂, 1955), pp.88~89 ; 小島毅, 『東アジアの儒教と禮』(東京 : 山川, 2004), p.13.

럽게 이루어지리라 생각한다.

중국 고대인들은 예악을 일체로 파악하였다.[10] 그 결과 자연스럽게 악도 예와 마찬가지로 교화 및 정치를 가늠하는 표준으로 간주되었다. 그러나 다른 한편 악은 주로 예의 추진과 실행 속에서 파악되어 예의 보조적 수단으로 이해되기도 하였다.[11] 하지만 비록 후대 유가의 이상에 가탁(假託)한 서술이라 해도 악에 대한 다양한 학습프로그램들이 전해지고 있는 것은[12] 악을 단순히 예의 보조수단으로 보는 것을 망설이게 한다. 이 때문에 서복관(徐復觀)은 오히려 예보다 악이 훨씬 일찍 출현하였으며, 예보다도 악이 인생교육에서 차지하고 있는 분량이 월등하다고 하였다.[13] 그러므로 악에 대한 고대인들의 의식을 분석하는 것은 그들이 생각하고 있는 이상적 유교세계의 상을 규명하기 위한 중요한 기초 작업이 될 것이다.

---

10) 禮樂의 불가분 관계에 대해서는 崔振默, 「중국 고대 樂律의 운용과 禮制」, 『東洋史學研究』 89(2004)를 참조.

11) 최진묵은 예악이 일체로 표현되기는 해도 양자의 대응관계에서 악은 예 체제에서 일부 기능을 분담할 뿐이라고 하며, 악을 사용하는 것은 예를 행하는 일에 보조적인 행위라고 보았다. 崔振默, 위의 글, p.2.

12) 大司樂掌成均之法, 以治建國之學政, 而合國之子弟焉. 凡有道者有德者, 使敎焉, 死則以爲樂祖, 祭於瞽宗. 以樂德敎國子：中·和·祗·庸·孝·友. 以樂語敎國子：興·道·諷·誦·言·語. 以樂舞敎國子：舞〈雲門〉·〈大卷〉·〈大咸〉·〈大磬〉·〈大夏〉·〈大濩〉·〈大武〉(『周禮』, 「宗伯 大司樂」, pp.573~575)；十有三年, 學樂誦『詩』舞〈勺〉, 成童, 舞〈象〉, 學射御. 二十而冠, 始學禮(『禮記』, 「內則」, p.869).

13) 徐復觀, 『中國藝術精神』(臺北：學生書局, 1966), p.3.

1절 『사기』「악서」와 『한서』「악지」의 구성

1. 『사기』「악서」의 구성과 내용

『한서』「예악지」 중 70% 넘는 분량을 차지하고 있는 「악지」 부분은 총 5,268자에 달한다. 그러나 그 중 수록된 〈안세방중가(安世房中歌)〉와 〈교사가(郊祀歌)〉의 가사가 1,968자로 「악지」 분량의 약 37%를 차지하고 있다. 이로 인해 왕명성은 '악에 대한 서술 역시 교묘의 노래와 시가 자세히 수록된 것에 불과'하다고 논평한 것이다. 그리고 그 이유로는 한조정이 예악제정과 관련한 특별한 노력을 하지 않았음을 들었다. 사실 사료에 등장하는 전한 초 유가들의 예악제정의 건의나 전한후기 고례파(古禮派)의 예악제정 노력에도 불구하고[14] 이러한 분석이 전혀 설득력이 없지 않다고 생각되는 것은 또 다른 문헌에서도 비슷한 경향이 발견되기 때문이다. 그것은 바로 『사기』「악서」다.

전체 6,989자 67단으로 이루어진 『사기』「악서」는 크게 네 부분으로 구별된다. 1~7단은 「악서」 중 유일하게 악사(樂史)를 전하고 있는 부분으로 주대(周代)의 악이 쇠락한 시기부터 무제시기까지 악제정과 연관된 일화들이 짤막하게 서술되어 있다. 두 번째 부분은 8~60단으로 악의 발생·정의·효용·음악과 예의 관계 등 유가의 악론(樂論)이 서술되어 있다. 이 부분은 배열에서 다소 차이가 있을 뿐 『예기(禮記)』「악기(樂記)」의 내용이 그대로 수록되어 있다. 다음 61~66단은 저소손(褚少孫)의 평론 부분으로 알려져 있으며, 마지막 67단은 결론에 해당하는 사마천의 평론이다. 따라서 『사기』「악서」 중 사마천의 서술은 실제의 악사를 서술한 1~7단과 마지막 논평인 67단, 총 1,148자에 불과하다는 것을 알 수 있다. 그 중 마지막 논평과 서두의 논평을 제외하면 겨우 532자만이 실제 악사다. 그런데, 그 단락마저도

---

14) 前漢後期 古禮派의 등장과 그 활동에 대해서는 保科季子, 「前漢後半期における儒家禮制の受容－漢的傳統との對立と皇帝觀の變容」, 『歷史と方法 方法としての丸山眞男』(東京：靑木書店, 1998)을 참조.

당시 악의 발전과 악제의 제정과 관련한 내용이 극히 소략할 뿐 아니라 모순된 내용이 존재하여, 당시 악사의 참 면모를 전해주고 있지 못하다.

전한의 악사를 적고 있는 4~7단은 내용상 두 부분으로 구분할 수 있다. 그 중 4단은 고조(高祖)가 〈대풍가(大風歌)〉를 지은 일화를 적고 있고, 나머지 5~7단은 모두 무제시기 제악상황을 기술하고 있다. 무제 때의 일을 적고 있는 5~7단은 다시 두 부분으로 구분이 가능하다. 5·6단은 〈교사가〉 19장의 제작과 그것을 원정(元鼎) 5년(기원전 112) 감천(甘泉) 태일(太一) 제사 때 사용한 일을 적고 있으며, 마지막 7단은 원수(元狩) 3년(기원전 120)과 태초(太初) 4년(기원전 104) 악와수(渥洼水)와 대완(大宛)에서 천마(天馬)와 천리마(千里馬)를 얻은 후 악곡(樂曲)을 만든 것에 대해 서술하고 있다.

따라서 『사기』「악서」를 통해서는 전한의 제악연혁을 계통적으로 파악하는 것은 고사하고 연대기적으로 파악하기조차 어렵다. 과연 왕명성의 분석대로 '한에 예악이 없었던[漢無禮樂]' 까닭에 사마천 역시 전한의 악제(樂制) 제정에 대한 연혁을 서술하는 것을 포기했던 것일까? 아니면 사마천 역시 의도를 가지고 당시의 악사를 기록했던 것은 아닐까?[15] 이와 관련하여 한 이전 악사에 대해 잠시 살펴보는 것이 도움이 될 것 같다.

한대 이전 악사에 대하여 사마천은 「악서」에서 서주(西周)의 아악(雅樂)이 붕괴하고 정성(鄭聲)이 유행함으로 인해 천하는 강폭한 진(秦)에 의해 병탄되었다고 적고 있다.[16] 여기서도 정성은 다른 유가계 문헌에서처럼 국가를

---

15) 淸의 梁玉繩은 원래 『史記』「樂書」는 모두 결락되어 있었는데, 이후 후대인이 보충한 후 司馬遷에게 假託한 것이라고 분석하였다(樂書全缺. 此乃後人所補. 託之太史公也. 『史記志疑』, p.331). 이러한 평가 역시 『사기』「악서」의 소략함 때문에 나온 평가일 것이다. 물론 8~60단의 『禮記』「樂記」 기사의 수록은 후대인에 의해 행해졌을 가능성을 완전히 배제할 수 없을 것이다. 그러나 현재 1~7단을 사마천의 저작이 아닌 것으로 단정할 특별한 근거는 없는 상태다. 이에 대해서는 鍾宗憲, 「《史記》〈禮書〉槪說」, 『國立編譯館館刊』 20-1(1991), p.56을 참조. 따라서 본 글에서는 『사기』「악서」를 통해 사마천의 制樂觀을 파악하고, 이를 통해 前漢의 制樂에 관한 사정을 살펴보고자 한다.

16) 治道虧缺而鄭音興起, 封君世辟, 名顯鄰州, 爭以相高. 自仲尼不能與齊優遂容於魯, 雖退正樂以誘世, 作五章以刺時, 猶莫之化. 陵遲以至六國, 流沔沈佚, 遂往不返, 卒於

붕괴시키는 음란한 음악으로 묘사되고 있다.[17] 그러나 과연 당시인들이 정성이나 위성(衛聲)을 국가를 멸망하게 하는 원인으로 보고 있었는지는 의문이다. 마침 『사기』 「이사열전(李斯列傳)」에 이와는 다른 느낌의 기사가 등장한다.

> 무릇 항아리를 두드리고 질장구를 치거나 쟁(箏)을 타고 넓적다리를 두드리며 어야디야 노래하여 귀를 즐겁게 하는 것이 진정한 진(秦)의 음악입니다. 〈정(鄭)〉·〈위(衛)〉·〈상간(桑閒)〉·〈소(昭)〉·〈우(虞)〉·〈무(武)〉·〈상(象)〉은 다른 나라의 음악입니다. (그런데) 지금 항아리를 두드리고 질장구를 치는 것을 버리고 정성과 위성을 듣고, 쟁을 타는 것을 버리고 〈소〉·〈우〉를 듣는 것은 무엇 때문입니까? 당장 마음을 즐겁게 하고, 눈으로 보기에 적합할 따름입니다.[18]

위의 기사에 따르면 진 통일 이전 소위 아악으로 분류되는 〈소〉·〈우〉·〈무〉·〈상〉과 음성(淫聲)이라고 분류되는 정성이나 위성은 특별히 구분되는 것처럼 느껴지지 않는다. 그 둘은 모두 동일하게 '다른 나라의 음악'으로 표현되고 있으며, 그 음악을 듣는 것 역시 그때 그때의 심경의 즐거움을 위해 마땅한 것을 선택하는 것에 불과하다고 하고 있다.

이것이 악에 의한 교화를 믿지 않는 법가(法家)의 입에서 나온 말이어서[19] 전통적인 유가들의 평가와는 거리가 있지만, 오히려 그 점이 당시의 상황을 객관적으로 전할 수 있는 근거가 될 수도 있을 것 같다. 위의 기사에 따르면

喪身滅宗, 幷國於秦(『史記』 卷24, 「樂書」, p.1176).

17) 대표적으로 鄭聲을 음란한 음악으로 묘사하고 있는 문헌으로는 『論語』를 들 수 있다. 放鄭聲, 遠佞人. 鄭聲淫, 佞人殆(『論語』, 「衛靈公」, p.211).

18) 夫擊甕叩缶彈箏搏髀, 而歌呼嗚嗚快耳者, 眞秦之聲也 ; 鄭·衛·桑閒·昭·虞·武·象者, 異國之樂也. 今棄擊甕叩缶而就鄭衛, 退彈箏而取昭虞, 若是者何也? 快意當前, 適觀而已矣(『史記』 卷87, 「李斯列傳」, pp.2543~2544).

19) 國用『詩』·『書』·禮·樂·孝·弟·善·修治者, 敵至必削國 ; 不至必貧國. 不用八者治, 敵不敢至, 雖至必卻(『商君書』, 「去彊」, p.27).

당시 악은 명확하게 아악과 음악(淫樂)으로 구분되어 있었던 것이 아니고, 그저 다양한 지방의 음악들이 서로 영향을 주고받으면서 발전하고 있었던 것으로 보인다. 그래서 대표적으로 쓰다 소키치는 음란한 악의 상징인 정음(鄭音)과 위음(衛音)은 실제로는 반드시 정나라와 위나라의 음란한 음악을 말하는 것이 아니라, 그저 아악이 아닌 각 지역의 음악을 의미하는 것이었다고 해석하기도 하였다.[20]

물론 문헌 안에서는 당시 제사와 관련된 음악이 가장 중시되고, 엄격한 신분적 질서에 의해 음악이 연주되었던 사례를 찾아 볼 수 있다. 예를 들어 공자(孔子)가 팔일무(八佾舞)를 향유한 한 계씨(季氏)를 나무란 일[21]이나 제후(齊侯)가 정공(定公)에게 베푼 향연에서 아악을 연주한 것을 비판한 사례[22]는 음악 안에 엄격한 구분이 있었음을 알려 준다. 그러나 맹자(孟子)가 음악의 정치적 효용에 대해 말하며 오직 '백성과 함께 즐거워 할 수 있는지'만을 중시하였던 것[23]은 전국시기(戰國時期)에 들어오면 이미 사회적으로 아악과 속악(俗樂)의 구별이 특별히 의미를 갖지 못한 상태였음을 보여주는 것으로 생각된다.

오히려 『좌전(左傳)』의 기사를 보면 이러한 구분이 애초에 없었던 것이 아닌가 하는 생각이 든다. 기원전 544년 노(魯)나라에 온 오(吳)의 계찰(季札)은 주(周)의 〈주남(周南)〉·〈소남(昭南)〉을 비롯하여 패(邶)·용(鄘)·위(衛) 및 정(鄭)·제(齊)·빈(豳) 등 각국의 음악을 듣고 논평을 하는데, 모두 각기 그 아름다운 특성을 가지고 있다고 하였다.[24] 그 때 그는 정나라 음악에 대해서

20) 津田左右吉, 「儒家に於ける禮樂の講習」, 『津田左右吉全集16 儒敎の研究』(東京 : 岩波書店, 1965), p.209.

21) 孔子謂季氏, 八佾舞於庭, 是可忍也, 孰不可忍也?(『論語』, 「八佾」, p.28).

22) 齊侯將享公, 孔丘謂梁丘據曰 : 「齊·魯之故, 吾子何不聞焉? 事旣成矣, 而又享之, 是勤執事也. 且犧象不出門, 嘉樂不野合. 饗而旣具, 是棄禮也. 若其不具, 用秕稗也. 用秕稗君辱, 棄禮名惡, 子盍圖之. 夫享, 所以昭德也. 不昭, 不如其已也.」(『左傳』, 「定公10年」, p.1675).

23) 曰 : "寡人非能好先王之樂也, 直好世俗之樂耳." 曰 : "…今王與百姓同樂, 則王矣." (『孟子』, 「梁惠王下」, pp.30~32).

도 음란하다고 평가한 것이 아니라 다만 그 음악의 섬세함이 심하다는 말로 논평하고 있다.[25] 이것은 최초에는 아악과 속악(俗樂)의 구별이 없었고 그저 주나라를 비롯한 각 지역의 음악이 그 자체로 인정받고 있었음을 말해준다. 그러다 유가의 음악이론이 발전하게 되면서 아악과 속악의 구별이 엄격해졌고, 악은 최고 통치자만이 제정할 수 있다는 관념이 만들어졌던 것으로 보인다.[26] 이런 관점에서 본다면 맹자는 오히려 유가의 악 전통에서 돌출적인 면모를 갖는다.[27]

아마도 이러한 맹자의 악관(樂觀)은 당시 시대적 상황의 반영물일 것인데, 선진시기(先秦時期) 악과 관련된 일화들은 당시 민간의 악, 즉 속악의 발전이 상당한 정도였음을 보여준다. 기록에 따르면 당시 많은 사람들이 일상 속에서 노래를 부르고 악기를 연주하고 있었다.[28] 특히 제(齊)나라 임치(臨淄)에는 부유함으로 인해 악기를 연주하지 않는 이가 없었다고 기술되어 있다.[29] 또한 민간에는 유명한 가수들과 악사(樂士)들도 있었다.[30] 『사기』

24) 『左傳』, 「襄公 29年」, pp.1121～1122.

25) 美哉! 其細已甚, 民不堪也(『左傳』, 「襄公 29年」, p.1121).

26) 서복관은 이와 관련하여 儒家가 전승한 고대 雅樂의 가르침은 孔子가 새로운 뜻을 부여하여 품격을 높인 것이고, 先王들이 행했다는 樂敎의 효능 역시 孔門에 의해 과장된 것이라고 하였다. 徐復觀, 앞의 글, p.37.

27) 孟子에 대한 엇갈리는 평가는 아마도 이러한 맹자의 민주적이고도 대중적인 태도로부터 기인할 것이다. 벤자민 슈월츠에 의하면 맹자는 민주적·대중적 혹은 사회주의적 경향들의 대표자로 평가받기도 하지만 한편으로 그는 유가 중 가장 반동적 처세술의 대표자로 간주되었다고 한다. 벤자민 슈월츠/나성 역, 『중국고대 사상의 세계』(서울 : 살림, 1995), p.387.

28) 伍子胥橐載而出昭關, 夜行晝伏, 至於陵水, 無以餬其口, 膝行蒲伏, 稽首肉袒, 鼓腹吹篪, 乞食於吳市(『史記』 卷79, 「范雎傳」, p.1407) ; 昔者王豹處於淇, 而河西善謳, 緜駒處於高唐, 而齊右善歌(『孟子』, 「告子下」, p.329).

29) 臨淄甚富而實, 其民無不吹竽·鼓瑟, 擊筑·彈琴, 鬪雞·走犬, 六博·蹹踘者(『戰國策』, 「齊一」, p.326).

30) 『列子』에는 당시의 가수들이었던 秦靑, 薛譚, 韓娥 등을 비롯하여 樂士 師文과 伯牙 등의 이야기가 실려 있다. 『列子』, 「湯問」, pp.177～178. 또한 『宋書』 「樂志」에는 이들 이외에도 衛나라 사람 王豹, 齊나라 사람 綿駒의 이야기가 실려 있다. 『宋書』 卷19, 「樂一」, p.548. 그 중 사문의 스승이었던 師襄은 磬 연주가로 벼슬을

「화식열전(貨殖列傳)」에도 이러한 민간음악의 발전을 보여주는 기사들이 나와 있다.[31]

확실히 산업과 도시의 발달은 속악을 발전시키는 밑거름이 되었을 것이다. 당연히 이러한 속악의 발전은 궁중에도 영향을 미쳤을 것이고, 그 결과 위정자들은 아악보다는 속악을 좋아하게 되었을 것이다.[32] 또한 앞 기사에서 서술한 것처럼 각 지역의 악이 서로 영향을 주고받은 것도 속악발전의 결과일 것인데, 특히 당시 각국이 서로 교환한 악대(樂隊)와 악기(樂器)는 음악교류에 상당한 역할을 했을 것으로 생각된다.[33]

그러나 이러한 속악의 발전과 관련한 내용이 『사기』「악서」에는 전혀 서술되어 있지 않다. 오히려 아악의 퇴조와 속악의 유행을 망국(亡國)의 원인으로 서술하고 있다. 이것은 진의 멸망원인을 묘사할 때도 마찬가지다.

> 진 이세황제(二世皇帝)는 특히 악을 오락(娛樂)으로 여겼다. 승상(丞相) 이사가 간언하여 말하기를 "『시(詩)』·『서(書)』를 버리고 성색(聲色)에 뜻을 지극히 두는 것은 조윤(祖尹)이 두려워하던 바입니다. 작은 잘못을 가벼이 여겨 쌓고 방종하게 밤을 새워 노는 것에 마음을 둔 것이 주(紂)가 망한

하기도 하였다(師襄子曰, 吾雖以擊磬爲官, 然能于琴. 『史記』 卷47, 「孔子世家」, p.1925).

31) 中山地薄人衆, 猶有沙丘紂淫地餘民, 民俗懁急, 仰機利而食. 丈夫相聚游戲, 悲歌忼慨, 起則相隨椎剽, 休則掘冢作巧姦冶, 多美物, 爲倡優. 女子則鼓鳴瑟, 跕屣, 游媚貴富, 入後宮, 徧諸侯(『史記』 卷129, 「貨殖列傳」, p.3263) ; 今夫趙女鄭姬, 設形容, 揳鳴琴, 揄長袂, 躡利屣, 目挑心招, 出不遠千里, 不擇老少者, 奔富厚也(『史記』 卷129, 「貨殖列傳」, p.3271).

32) 魏文侯가 古樂을 들으면 잠이 오고 鄭·衛의 음악을 들으면 피곤한지 모르겠다고 한 것이나 제나라 宣王이 선왕의 악이 아닌 세속의 악을 좋아한다고 한 것은 그 대표적인 예가 될 것이다. 魏文侯問於子夏曰 : 吾端冕而聽古樂, 則唯恐臥. 聽鄭衛之音, 則不知倦(『禮記』, 「樂記」, p.1119) ; 王變乎色. 曰寡人非能好先王之樂也. 直好世俗之樂耳(『孟子』, 「梁惠王下」, p.30).

33) 鄭人賂晉侯以師悝·師觸·師蠲, 廣車·軘車淳十五乘, 甲兵備. 凡兵車百乘, 歌鐘二肆, 及其鎛磬, 女樂二八(『左傳』, 「襄公 11年」, p.887) ; 齊人歸女樂, 季桓子受之, 三日不朝, 孔子行(『論語』, 「微子」, p.248) ; 而後令內史廖以女樂二八遺戎王. 戎王受而說之(『史記』 卷5, 「秦本紀」, p.193).

> 이유입니다." 조고(趙高)가 말하기를 "오제(五帝)와 삼왕(三王)의 악은 각기 이름이 다르니, 이것은 서로 계승하지 않았음을 보여주는 것입니다. 위로는 조정에서부터 아래로는 인민에 이르기까지 [그 악을] 접하여 기쁨을 나누고 은근한 뜻을 융합하였으니, 이 [악이] 아니라면 화기애애한 감정이 통할 수 없었을 것이고 위에서 베푸는 은택이 널리 전해질 수 없었을 것입니다. 이 역시 일대의 풍습이며 시기에 알맞은 악일뿐인데, 어찌 화산(華山)의 녹이(騄耳)를 얻은 후에야 먼 길을 갈 수 있겠습니까?" 이세황제는 그 말이 옳다고 여겼다.[34)]

그런데 위 기사의 내용이 실제로 이사와 조고가 이세황제 앞에서 논쟁한 것인가에 대해서는 생각해 볼 필요가 있다. 이사가 철저한 법가계열의 관리이며 분서(焚書)의 담당자라는 점을 고려하면, 글에서와 같이 『시』·『서』가 폐기되는 것을 국가존망의 문제로 인식했을 것 같지는 않기 때문이다. 물론 순자(荀子)의 제자였던 이사가 『시』·『서』를 중요한 문화유산으로 인정할 가능성은 있지만, 그가 공식적으로 통치의 원리로 『시』·『서』를 칭양(稱揚)했을 것 같지는 않다. 따라서 위 기사의 내용을 이세황제시대 이사의 의식으로 보기는 다소 힘들 것 같다. 오히려 민간의 음악을 이용하여 인민과 위정자가 기쁨을 나누고 뜻을 융합할 수 있다면 그것이 악의 효용이 될 수 있다는 조고의 주장이 그 시대의 목소리일 것 같다는 생각이 든다. 그렇다면 위의 기사에서 속악을 망국의 원인으로 지적한 것은 사마천으로 대표되는 유가의 악론이 이사의 입을 빌려 표현된 것은 아닐까?

한편, 여기서 흥미로운 것은 위 단락의 구조가 『상군서(商君書)』「경법(更法)」편에서 상군(商君) 공손앙(公孫鞅)이 변법(變法)을 반대하는 진의 귀족들에게 변법의 필요를 역설하는 장면의 구조와 동일하다는 점이다. 즉, 오제와

---

34) 秦二世尤以爲娛. 丞相李斯進諫曰：「放棄詩書, 極意聲色, 祖伊所以懼也；輕積細過, 恣心長夜, 紂所以亡也.」趙高曰：「五帝·三王樂各殊名, 示不相襲. 上自朝廷, 下至人民, 得以接歡喜, 合殷勤, 非此和說不通, 解澤不流, 亦各一世之化, 度時之樂, 何必華山之騄耳而后行遠乎?」二世然之(『史記』 卷24, 「樂書」, p.1177).

삼대(三代)의 음악이 같지 않다는 조고의 주장은 삼대의 예가 같지 않았으나 모두 왕노릇 하였고, 오패(五霸)의 법이 같지 않았으나 모두 패자(霸者)가 되었다는 상앙(商鞅)의 주장을 보는 듯하다.[35] 따라서 이 기사의 경우 실제로 일어난 사실을 기록한 것이기보다는, 당시 존재하던 악제정에 대한 권도적(權道的)인 태도를 비판하기 위해 사마천이 삽입했을 가능성을 생각해 볼 수 있겠다. 필자는 더 나아가 이 기사를 삽입한 사마천의 의도가 속악을 중시하고 아악의 전통을 수립하지 못한 진의 멸망을 들어 당시 한무제의 제례[악] 관념을 경계하기 위해서가 아닌가 하는 생각을 해 보았다.

잘 살펴보면 앞의 논쟁은 예악제정에 대해 "천하가 안정되고 태평해져 서상(瑞祥)이 이르러야만 예를 정할 수 있으며,[36] 그 예는 선왕(先王)의 예에 부합해야 한다"는 유가의 주장과 "백성의 뜻과 풍속을 따라 예제를 만드는 것이 왕 노릇하는 것이며, 한(漢) 또한 일가(一家)로서 조대(朝代)를 이루었으므로 나름의 전범(典範)을 만들기 위해 당시의 풍속을 채취하여 예를 제정해야 한다"[37]는 무제의 논쟁과 사뭇 닮아있다. 따라서 진의 멸망원인을 적고 있는 이 단락은 당시 전한 유가들이 속악 위주의 시대적 흐름에 제동을 걸며 유가적 예악관을 천명하는 부분으로, 예악에 관한 전한 유가의 입장을 대변하고 있다고 생각된다.

무제에 대한 사마천의 비판은 다음의 기사에서도 확인된다.

---

35) 公孫鞅曰：三代不同禮而王, 五霸不同法而霸. 故知者作法, 而愚者制焉；賢者更禮, 而不肖者拘焉 … 前世不同教, 何古之法? 帝王不相復, 何禮之循? 伏羲·神農, 教而不誅. 黃帝·堯·舜, 誅而不怒. 及至文·武, 各當時而立法, 因事而制禮. 禮·法以時而定；制·令各順其宜；兵甲器備, 各便其用(『商君書』, 「更法」, p.4).

36) '王者功成作樂, 治定制禮. 其功大者其樂備, 其治辨者其禮具(『禮記』, 「樂記」, p.1091)'라는 구절은 이러한 유가의 제악관을 가장 잘 보여준다. 董仲舒 역시도 '教化之情不得, 雅頌之樂不成, 故王者功成作樂, 樂其德也(『史記』 卷56, 「董仲舒傳」, p.2499)'라고 하여 功業이 이루어진 후 樂을 지을 수 있다고 주장하였다.

37) 蓋受命而王, 各有所由興, 殊路而同歸, 謂因民而作, 追俗爲制也. 議者咸稱太古, 百姓何望? 漢亦一家之事, 典法不傳, 謂子孫何? 化隆者閎博, 治淺者褊狹, 可不勉與!(『史記』 卷23, 「禮書」, pp.1160～1161).

> 또 일찍이 악와수에서 신마(神馬)를 얻어 다시 〈태일지가(太一之歌)〉를 지었다. … 후에 대완을 정벌하고 천리마를 얻어 포초(蒲梢)라고 이름하고 다시 노래를 지었다. … 중위(中尉) 급암(汲黯)이 진언(進言)하였다. "무릇 왕자(王者)가 악을 지으면 위로는 조종(祖宗)을 계승하고 아래로는 만민을 교화하는 데 사용해야 합니다. [그런데] 지금 폐하는 [단지] 말을 얻으셨다 하여 시를 짓고 노래로 만들게 하여 종묘에서 연주하게 하시니, 선제(先帝)와 백성이 어찌 그 음악을 알 수 있겠습니까?" 황제께서 묵묵히 말이 없으셨다. 승상(丞相) 공손홍(公孫弘)이 "급암은 성제(聖制)를 비방(誹謗)하였으니, 멸족(滅族)의 죄에 해당합니다." 하였다.[38]

위의 기사에도 모순이 존재한다. 무제가 대완을 정벌하고 한혈마(汗血馬)를 얻은 것은 기록에 의하면 태초 4년(기원전 104)으로[39] 이 시기는 공손홍과 급암 모두가 사망한 후다.[40] 그래서 이 기사를 악와수에서 말을 얻은 후인 원수 3년(기원전 120)을 묘사하는 것이라고 해석해도 여전히 문제는 남는다. 이미 공손홍은 그 전 해에 사망하였으며, 생존해 있던 급암은 당시 중위가 아닌 회양태수(淮陽太守)였기 때문이다.[41] 급암이 전 생애를 걸쳐 중위가 된 적이 없다는 것 또한 이 기사가 사실을 기록한 것이 아닐 가능성이 높다는 것을 알려준다.

특히 일화의 주인공 중 한 사람인 급암의 등장이 이러한 추측의 신빙성을

---

38) 又嘗得神馬渥洼水中, 復次以爲太一之歌 … 後伐大宛得千里馬, 馬名蒲梢, 次作以爲歌 … 中尉汲黯進曰:「凡王者作樂, 上以承祖宗, 下以化兆民. 今陛下得馬, 詩以爲歌, 協於宗廟, 先帝百姓豈能知其音邪?」上默然不說. 丞相公孫弘曰:「黯誹謗聖制, 當族.」(『史記』 卷24, 「樂書」, p.1178).

39) 四年春, 貳師將軍廣利斬大宛王首, 獲汗血馬來. 作西極天馬之歌(『漢書』 卷6, 「武帝紀」, p.202).

40) 元狩二年, 弘病, 竟以丞相終(『史記』 卷112, 「平津侯傳」, p.2953) ; 七歲而卒〈徐廣曰:「元鼎五年〉(『史記』 卷120, 「汲黯傳」, pp.3110~3111). 公孫弘은 元狩 2년(기원전 121)에, 汲黯은 元鼎 5년(기원전 112)에 이미 사망하였다.

41) 居數年, 會更五銖錢, 徐廣曰:「元狩五年行五殊錢 … 召拜(汲)黯爲淮陽太守 … 黯居郡如故治, 淮陽政淸 … 令黯以諸侯相秩居淮陽. 七歲而卒」(『史記』 卷120, 「汲黯傳」, pp.3110~3111).

더하고 있다. 주지하듯 급암은 동월(東越)의 분쟁을 조정하기 위해 무제가 사신으로 월지역에 파견하자 월인이 서로 공격하는 것은 그들의 습성이므로 천자의 사신을 번거롭게 할 필요가 없다고 여겨 자의로 월지역에 가지 않았던 인물이다. 또 하내(河內)의 화재구휼을 위해 파견했음에도 스스로 하남(河南)의 재해가 더 심하다고 여겨 편의적으로 하남의 창곡(倉穀)을 풀어 빈민을 구제했던 전력도 가지고 있다.[42] 따라서 우리는 무제의 정책에 적극적으로 영합했던 공손홍과 그와는 달리 황로적(黃老的) 사고로 황제권력의 행사를 차단했던 급암[43]을 등장시킨 위 기사 역시 무제시기 악제정이 가지고 있는 문제를 비판하기 위해 삽입한 장치임을 알 수 있다. 그렇다면 사마천이 비판하고자 하는 무제시기의 문제는 무엇이었을까?

이와 관련하여『사기』「악서」의 내용 중 의문이 드는 것은「악서」 안에 악부(樂府) 창설에 관한 직접적인 서술이 없다는 점이다. 악부는 흔히 아악의 제정과 연주, 보관을 위해 무제시기 설치한 음악 전담관서로 알려져 있다. 그렇다면 전한 제악사(制樂史)에서 악부의 설치란 매우 중요한 사안일 것이다. 그러나「악서」에는 악부 창설에 관한 기사가 등장하지 않음으로 인해, 협률도위의 임명과 〈교사가〉를 제작하는 일이 악부와 어떤 관련을 갖고 있는지를 전혀 알 수 없다. 그렇다면 왜『사기』「악서」에는『사기』 다른 곳에서 발견되는 속악발전의 내용들이 전혀 기술되지 않고 조작이 분명한 기사들이 수록되었으며, 전한 제악활동 중 가장 중요한 내용이라고 할 수 있는 악부창설과 그 활동에 대한 내용이 수록되지 않았을까? 잠시 사마천의 문제로부터 눈을 돌려 이번에는『한서』「악지」를 살펴보자.

2.『한서』「악지」의 구성과 내용

『사기』「악서」가 사마천의 저작이 아니라는 평가가 나올 정도로 소략한

42)『史記』 卷120,「汲黯傳」, p.3105.

43) 洪承賢,「奢侈論을 통해 본 前漢 士大夫들의 移風易俗」,『中國史硏究』 24(2003), p.55.

것과는 달리 『한서』 「예악지」는 「악지」가 전체의 70%가 넘어 본격적인 악의 발전을 살펴볼 수 있는 자료로 기대를 할 수 있을 듯하다. 그러나 앞에서 언급한 것처럼 『한서』 「악지」의 경우도 대부분이 당산부인(唐山夫人)의 〈안세방중가〉 17장의 가사와 사마상여(司馬相如) 등이 지은 〈교사가〉 19장의 가사로 이루어져 그 역시 악과 악제(樂制)의 발전과 관련한 내용이 만족할 만한 정도는 아니다. 그러나 두 노래의 가사를 제외하고도 악사에 관한 분량이 『사기』 「악서」의 그것에 비해 3배 정도 되어 한대 제악활동과 악의 발전을 살펴볼 수 있는 내용이 다소나마 남아있는 상태라고 할 수 있다.

「예악지」 「악지」는 내용상 크게 4부분으로 나눌 수 있다. 첫째는 『예기』 「악기(樂記)」의 내용 중 일부를 발췌하여 수록한 부분으로 「악지」 전체의 도론(導論)에 해당한다. 이 부분에서는 『예기』 「악기」 중 특정한 음악이 특정한 인성(人性)을 규정한다는 「악언(樂言)」의 첫 구절[44]과 선왕이 악을 세운 이유에 대해 서술한 「악화(樂化)」의 구절을 이용하고 있다.[45] 특히 이 두 구절을 연결함에 「악화」의 일부 구절을 「악언」 사이에 배치함으로써 선왕이 아송(雅頌)을 제정했던 이유를 두드러지게 하여, 아악제정의 필요를 강조하고 있다. 이 서두는 악이 가진 교화의 기능에 대한 반고의 믿음을 보여주는 글로써, 「악지」를 찬술한 목적이 잘 드러나고 있다.

"무릇 사람이란 혈(血)·기(氣)·심(心)·지(知)의 본성은 있어도, 서럽고 즐겁고 성냄에 일정함이 없어 [외부에 대한] 감응에 의해 움직이게 되고, 연후에 심술(心術)이 형성된다"라는 첫 구절로 시작되는 「악언」의 내용은 「악본(樂本)」에서도 나타나는데, '인심의 움직임은 외물(外物)이 그렇게 만들어 내는

44) 夫民有血氣心知之性, 而無哀樂喜怒之常, 應感而動, 然後心術形焉. 是以纖微癄瘁之音作, 而民思憂；闡諧嫚易之音作, 而民康樂；麤厲猛奮之音作, 而民剛毅；廉直正誠之音作, 而民肅敬；寬裕和順之音作, 而民慈愛；流辟邪散之音作, 而民淫亂(『禮記』, 「樂記 樂言」, p.1104).

45) 先王恥其亂也, 故制雅頌之聲(『禮記』, 「樂記 樂化」, p.1144). 이 구절은 「樂化」의 일부이나 『漢書』 「禮樂志」에서는 「樂言」의 구절 사이에 배치되어 있다.

것',46) '그 근본은 외물에 대한 인심의 감응'47)이라는 구절들은 모두 악의 필요가 인간의 본성으로부터 발생하였음을 설명하고 있다. 즉, 사람이 태어나면서 갖고 있는 천성(天性)은 외부에 감응하여 움직이게 되는데, 그것은 천성을 잃는 것으로 표현된다. 천성을 잃은 인간은 자신의 욕망에 충실하게 되고, 심지어는 욕망의 노예가 되어 패역(悖逆)하게 된다. 또한 남을 속이고자 하는 마음을 갖게 되어 음일(淫佚)해지고 난을 일으키게 된다.48) 따라서 절제를 위한 제도가 필요한데, 이것이 『예기』「악기」에서 주장하는 선왕이 예악을 제정하게 된 이유다.

다른 학파에 비해 예악을 통한 교화를 정치의 핵심으로 삼은 유가는 인간의 본성문제를 매우 중요하게 여겼다.49) 그것은 '예악의 제도화'라는 유가의 이상으로 표현되었는데, 유가가 본질적으로 인간의 욕망을 외제적(外製的) 도구에 의해 절제하는 것으로부터 인간의 완성을 이룰 수 있다고 생각했기 때문이다.50) 그들은 외부로부터 어떤 자극이 있느냐에 따라 인성이 변화될 수 있다고 여겼으며, 그렇기 때문에 군주는 백성들의 인성을 올바르게 이끌 수 있도록 올바른 자극을 주어야 한다고 생각했다. 그 올바른 자극은 다름 아닌 예악의 제정이라고 할 수 있다. 특히 악의 경우 그것은 아송을 의미한다. 왜냐하면 아송만이 조정에서 군신 상하를 서로 화경(和敬)하게 하고 향리(鄕里)에서는 장유(長幼)를 화순(和順)하게 하며, 집안에서는

---

46) 人心之動, 物使之然也(『禮記』, 「樂記 樂本」, p.1074).

47) 其本在人心之感於物也(『禮記』, 「樂記 樂本」, p.1075).

48) 人生而靜, 天之性也. 感於物而動, 性之欲也. 物至知知, 然後好惡形焉. 好惡無節於內, 知誘於外, 不能反躬, 天理滅矣. 未物之感人無窮, 而人之好惡無節, 則是物至而人化物也. 人和物也者, 滅天理而窮人欲者也. 於是有悖逆詐僞之心, 有淫泆作亂之事(『禮記』, 「樂記 樂本」, pp.1083~1084).

49) 韓坪秀, 「古代儒家의 禮樂思想-樂의 문제를 중심으로」, 『철학논구』 16(1988), p.26.

50) 그렇다고 이것이 단지 개인적인 인격완성에 국한된 것은 아니다. 『禮記』「樂記」에는 악이 개인적으로는 사악한 욕망의 氣를 가진 인간을 雅樂과의 感應에 의해 善心을 갖게 하고 德을 조장하여 인격완성에 도움을 주고, 또 더 나아가 집단 내에서는 禮에 의해 차등 지워지고 분리된 사람들을 통합하고, 전 우주적인 범위에서 만물의 생성을 조화롭게 한다고 파악하고 있다.

부자·형제를 화친(和親)하게 하기 때문이다.[51]『한서』「예악지」의 첫 번째 단락은 이와 같은 유가의 기본적 제악관을 충실하게 반영하고 있다. 특히『예기』「악기」의 기사를 배열하는 데 있어「악화」의 내용을「악언」사이에 배치하여, 제정해야 하는 악이 반드시 아악임을 분명히 했던 것이다.[52]

『예기』「악기」 편찬의 이유를 분석하고 있는 한 연구에 의하면「악기」의 진정한 서술의도는 당시 활발해진 속악을 비판하기 위한 것이라고 보았다.[53] 실제로「악기」안에서는 속악을 익음(溺音)으로 표현했고,[54] 그것을 인성을 변화시키는 악과 구별하고 있다. 반고는 이러한「악기」의 기사들을 통해 아악을 제정하여 '양기(陽氣)는 흩어지지 않게 하고 음기(陰氣)는 막히지 않게 하며, 강기(剛氣)는 성내지 않게 하고 유기(柔氣)는 두려워하지 않게 하여' 네 가지 기가 '모두 제자리에 편안하여 서로 빼앗지 않는' 상태에서 백성들을 생활하게 하는 것이 군주의 역할임을 강조하고 있다.[55] 감회진은 유가들이 생각하는 천자의 존재 이유란 인민들이 합리적으로 생존하는 영역인 천하를 유지·보호하는 것이었다고 분석하였는데,[56] 반고도『예기』「악기」의 구절을 인용하여 이를 강조하고자 했던 것이다. 우리는 이 도입부로부터 앞으로 전개될『한서』「악지」가 아악제정의 필요를 강조하는 내용으로 구성되어 있을 것임을 알 수 있다.

두 번째 단락은 사전시기(史前時期)부터 주대(周代)까지 제왕들이 제정한

---

51) 是故樂在宗廟之中, 君臣上下同聽之, 則莫不和敬 ; 在族長鄕里之中, 長幼同聽之, 則莫不和順 ; 在閨門之內, 父子兄弟同聽之, 則莫不和親(『禮記』,「樂記 樂化」, p.1145).

52)『禮記』「樂記」중에 先王이 예악을 제정하는 것과 관련한 많은 구절이 등장하지만 그 성격을 '雅頌'으로 명확하게 규정하고 있는 것은 주 45)에서 인용한「악화」의 내용이 유일하다. 이것이 굳이「악화」의 구절을 이용한 이유일 것이다.

53) 韓坪秀, 앞의 글, p.29.

54) 今君之所好者, 其溺音乎?(『禮記」,「樂記 魏文侯」, p.1124).

55) 使之陽而不散, 陰而不集, 剛氣不怒, 柔氣不懾, 四暢交於中, 而發作於外, 皆安其位而不相奪, 足以感動人之善心也, 不使邪氣得接焉. 是先王立樂之方也(『漢書』卷22,「禮樂志」, p.1037).

56) 甘懷眞,「秦漢的「天下」政體-以郊祀禮改革爲中心」,『新史學』16-4(2005), p.14.

악의 종류와 교악(敎樂)의 전통, 악의 효과 등을 주로 서술하는 한편, 아송이 무너지는 와중에서 아송의 전통을 지키려 했던 노력을 첨부하여 유가의 이상적인 악에 관한 관념을 잘 보여주고 있다. 그러나 이 부분 중 역대 제왕들의 제악연혁은 『예기』의 내용을 정리했다는 『백호통(白虎通)』「예악(禮樂)」편의 구절과 동일하여[57] 사실이라기보다는 『예기』 등장 이후에 정리된 유가들의 이상에 가탁한 내용임을 알 수 있다. 이것은 사마천 시기와는 달리 반고의 시기에 이르면 유가의 경전에 근거한 제악관이 구비되었음을 의미하는 것이기도 하다.

세 번째 단락에서는 흔히 예악의 붕괴로 불리는 주대 말의 상황을 서술하고 있다. 특히 정(鄭)·위성(衛聲)으로 불려지는 음악(淫樂)이 유행하면서 발생한 예악상란(禮樂喪亂)의 상태를 그리고 있다. 이 부분에서는 위문후(魏文侯)와 자하(子夏)를 등장시켜 당시 제후들이 유가의 예악론(禮樂論)을 채용하지 않음으로 인해 혼란의 상태에 봉착하게 되었음을 강조하고 있다. 반고의 경우 예악붕괴를 망국의 원인으로 지적한 것은 『사기』「악서」의 경우와 동일하나, 다른 한편 민간음악에 대한 옹호의 목소리가 있었음을 보여주었던 사마천의 저작태도와는 달리 분명한 목소리로 오직 유가의 예악에 의해서만 국가가 존립할 수 있음을 서술하고 있다.

이후의 단락들은 바로 예악상란의 상황을 극복하며 아악의 전통을 부활시키려고 했던 한대의 상황이 서술되어 있다. 한대 부분은 다루고 있는 내용과 시기에 따라 여섯 부분으로 구분할 수 있다. ① 한 초 숙손통(叔孫通)에 의해 종묘악(宗廟樂)이 제정되던 상황과 이후 발전된 종묘무(宗廟舞)와 악의 내용. ②-1) 한무제시기 악부의 건설과 악부의 활동. ②-2) 〈안세방중가〉와 〈교사가〉의 가사. ②-3) 하간헌왕(河間獻王)의 아악 수집. ③ 성제시기(成帝

57) 黃帝樂曰咸池, 顓頊樂曰六莖, 帝嚳樂曰五英, 堯樂曰大章, 舜樂曰簫韶, 禹樂曰大夏, 湯樂曰大護, 周樂曰大武象, 周公之樂曰酌, 合曰大武(『白虎通』, 「禮樂」, p.100). 그러나 『예기』 안에는 이러한 구절이 나오지 않는다. 따라서 일부 연구자는 이것이 『예기』의 없어진 문장이라고 하였다. 하지만 『藝文類聚』에서는 '樂緯曰'이라고 하여 緯書의 내용이라고 보고 있다. 『藝文類聚』 卷41, 「樂部一」, p.1041.

時期) 평당(平當)의 악 개정에 대한 건의. ④ 애제시기(哀帝時期) 악부 폐지 등이다.

우선 숙손통의 종묘악 제정과 관련하여 살펴보자. 본문에서는 숙손통이 진(秦)의 악인(樂人)을 계승하여 종묘악을 제정하게 되었다고 서술하고 있지만,[58] 이 내용은 『사기』「악서」는 물론이고 『한서』 숙손통 본전(本傳)에도 나와 있지 않다. 고조의 〈대풍가〉 마저 수록하고 있는 『사기』의 경우 한왕조 최초의 종묘악 제정을 서술하지 않았다는 것은 납득하기 힘들다. 따라서 이 내용은 숙손통에 의해 최초의 예제가 제정된 것으로 후대 유가들이 자신의 희망을 가탁한 것처럼, 악 역시도 숙손통이 제정한 것으로 서술하여[59] 예악제정의 주체가 유가임을 분명히 하려는 의도의 결과로 봐야 할 듯하다.

두 번째 부분은 중국 고대 악사에서 중요한 위치를 점하는 무제의 악부창설을 다루고 있다. 교묘악(郊廟樂)의 구비를 위해 무제시기 악부가 창설된 것은 이미 통설로 받아들여지고 있지만,[60] 같은 「예악지」 안에서도 "효혜제 2년 악부령 하후관[孝惠二年, 使樂府令夏侯寬]"[61]이라는 기사와 『사기』「악서」의 "효혜제(孝惠帝)와 효문제(孝文帝), 효경제시기(孝景帝時期) 더하여 고친 것이 없이 악부에서 항상 오래된 악곡을 연습했을 뿐이다"[62]와 같은 기사는 무제시기 이전 악부 존재의 가능성을 보여준다.[63] 이외에도 가의(賈誼)의 『신서(新書)』「흉노(匈奴)」편에도 악부가 있었다는 기사가 등장하고,[64] 사마상여의 〈상림부(上林賦)〉 곽복(郭璞)의 주(注)에도 한고조

58) 高祖時, 叔孫通因秦樂人制宗廟樂(『漢書』 卷22, 「禮樂志」, p.1043).

59) 津田左右吉, 「漢の王室と禮樂」, 『津田左右吉全集16 儒教の硏究』(東京 : 岩波書店, 1965), p.379.

60) 至武帝定郊祀之禮, 祠太一於甘泉, 就乾位也 ; 祭后土於汾陰, 澤中方丘也. 乃立樂府(『漢書』 卷22, 「禮樂志」, p.1045).

61) 『漢書』 卷22, 「禮樂志」, p.1043.

62) 孝惠·孝文·孝景無所增更, 於樂府習常肄舊而已(『史記』 卷24, 「樂書」, p.1177)

63) 이러한 사실은 일찍이 宋의 王應麟이나(似非始於孝武. 『漢藝文志考證』, 「自孝武立樂府」, p.1422上), 淸의 顧炎武에 의해서도 지적되었다(『日知錄』, 「漢書」, p.896).

가 〈파투무(巴渝舞)〉를 악부에서 연습시켰다는 사실이 언급되어 있다.[65] 실제로 한고조 이후 역대 제왕이 종묘무와 종묘악을 제정했다는 「예악지」의 서술이 사실이라면 무제 이전 악의 제정과 집행을 담당한 전문관서의 존재를 설정하는 것이 논리적으로 타당할 것이다.

기록에 의하면 이 악부에서는 주대 채시(采詩) 제도를 본 떠 각 지역의 시를 채집하고 협률도위를 두어 시부(詩賦)를 지었으며, 교사(郊祀)에 필요한 악곡을 만들었다.[66] 기록만으로는 전형적으로 아악을 담당하는 부서임을 알 수 있다. 그러나 그 뒤로 이어지는 기사는 이와는 모순된 상황을 전하고 있다. 바로 무제시기 하간헌왕의 아악수집에 관한 것이다. 이 부분에는 무제가 하간헌왕이 바친 아악을 대악관(大樂官)에게 내려 관할하게 한 사실이 기술되어 있다.[67] 그래서 이 단락은 당시 전한의 음악이 대악(大樂)과 악부로 구분되어 있었다는 것을 설명하는 결정적인 단서로 이해되었다.[68]

그렇다면 여기서 의문이 드는 것은 왜 무제시기 악과 관련된, 그것도 기록상으로는 모두 아악을 담당하는 두 개의 서로 다른 관부가 설치되었던 것일까 하는 점이다. 그러나 『한서』 「악지」 안에는 이러한 의문을 해결할 단서가 들어있지 않다. 오히려 악부에 대한 기술과 관련해서는 위에서 언급한 것처럼 모순된 기사가 등장하고 있으며, 악부가 교묘악의 제정을

---

64) 上使樂府幸假之但樂(『新書』, 「匈奴」, p.141).

65) 集解郭璞曰 : 「巴西閬中有兪水, 獠人居其上, 皆剛勇好舞, 漢高募取以平三秦. 後使樂府習之, 因名巴兪舞也.」(『史記』 卷117, 「司馬相如傳」, p.3039). 顏師古 또한 高祖時期 樂府의 존재를 말하고 있다. 師古曰 : 「巴兪之人剛勇好舞, 初高祖用之, 克平三秦, 美其功力, 後使樂府習之, 因名巴兪舞也 …」(『漢書』 卷57上, 「司馬相如傳上」, p.2570).

66) 采詩夜誦, 有趙·代·秦·楚之謳. 以李延年爲協律都尉, 多擧司馬相如等數十人造爲詩賦, 略論律呂, 以合八音之調, 作十九章之歌(『漢書』 卷22, 「禮樂志」, p.1045).

67) 是時, 河間獻王有雅材, 亦以爲治道非禮樂不成, 因獻所集雅樂. 天子下大樂官, 常存肄之, 歲時以備數(『漢書』 卷22, 「禮樂志」, p.1070).

68) 『唐六典』에서도 "至秦漢, 奉常屬官有太樂令丞 ; 又少府屬官有樂府令丞(『唐六典』 卷14, 「太常寺」, p.402)"라고 하여 樂府와 大樂이라는 두 개의 음악 담당부서가 있었다고 보고 있다.

위해 설립되었다고 하면서도 악부와 관련된 사항은 더 이상 서술되어 있지 않다. 오직 〈교사가〉를 지어 동남동녀(童男童女) 70인으로 하여금 감천 태일 제사 때 노래 부르게 하였다는 간략한 서술만이 있어 마치 『사기』 「악서」를 보는 듯하다.[69] 두 저작 모두 전한 제악사(制樂史)에서 가장 중요하다고 할 수 있는 악부창설과 그 이후 활동에 대해서는 구체적인 언급이 없는 상태다.

2절 『사기』와 『한서』의 악부에 대한 서술과 전한 악부의 기능

가마타니 다케시[釜谷武志]는 무제 때 만들어진 악부의 성격에 대한 견해를 세 가지로 구별하여 소개하였다. 우선 각 지역의 민가(民歌)를 채집하여, 민가 속에 반영된 지방의 풍속과 민정(民情)을 살펴 정치의 근간으로 활용하고자 하였다는 주장이다. 다음으로는 무제의 서역(西域) 원정 결과 서역으로부터 전해진 다양한 음악을 정리할 필요가 있어서 악부를 창설하였

69) 악부에 관한 기사는 『史記』 「樂書」의 내용과 『漢書』 「樂志」의 내용이 크게 다를 바가 없다.

<표 2-보-주1> 『사기』 「악서」와 『한서』 「악지」의 내용 비교

『사기』 「악서」		『한서』 「악지」
기술 없음	악부 설치	乃立樂府
기술 없음	악부 기능	采詩野誦, 有趙·代·楚之謳
令侍中李延年次序其聲, 拜爲協律都尉	악부 장관 설치	以李延年爲協律都尉
作十九章, 令侍中李延年次序其聲 … 集會五經家, 相與共講習讀之	악부 활동 1	多擧司馬相呂等數十人趙爲詩賦, 各略律呂, 以合八音之調, 作十九章歌
(날짜)常以正月上辛 (장소)上幸祠太一甘泉 (시간)以昏時夜祠, 到明而終 (가창자)使僮男僮女七十人俱歌 (특이현상)常有流星經於祠壇上	악부 활동 2	(날짜)以正月上辛 (장소)上幸用事甘泉圜丘 (시간)昏祠至明 (가창자)使童男女七十人俱歌 (특이현상)夜常有神光如流星止集于祠壇

다는 것이다. 마지막으로는 현재 통상적으로 받아들여지고 있는 견해로서 통일국가에 부합하는 의식용(儀式用) 아악을 제정하기 위해서였다는 주장이다.[70] 특히 마지막 주장은 악부창설과 관련하여 "무제시기에 이르러 교사의 예를 정하고 … 악부를 설립했다"는 기사가 등장하여, 교사를 체계화하는 과정에서 음악과 춤의 구비를 담당할 부서가 필요했으리라는 해석을 가능하게 하였다.[71]

이 문제는 악부가 언제 만들어졌는가 하는 것과도 관련 있다.『한서』에는 악부가 언제 만들어졌는가에 대해 정확한 시기를 알려주는 기사는 없고, 단지 교사의 예를 정한 후 악부가 설립되었다고만 나와 있다. 교사의 예가 정해졌다는 것은 무엇을 기준하느냐에 따라 다소간의 차이를 가질 수 있다. 천(天) 제사인 옹오치사(雍五畤祠)를 기준으로 한다면 원광(元光) 2년(기원전 133)이후가 될 것이고,[72] 지(地) 제사인 분음후토사(汾陰后土祠)까지를 포함하면 원정(元鼎) 4년(기원전 113) 이후가 될 것이다. 그러나 가장 중요한 태일사(太一祀)를 기준으로 하면 원정 5년 이후가 된다.「예악지」에는 분음후토사와 감천태일사를 세운 후 악부를 창설한 것으로 기록되어 있어, 악부창설을 원정 5년 이후로 설명하고 있는 셈이다. 그러나 이연년(李延年)이 협률도위가 된 후 〈교사가〉 창작에 참여한 사마상여가 원수(元狩) 6년(기원전 117)에 사망하였기에[73] 이를 기준 한다면 악부의 창설은 최소한 원수 연간 아래로는 내려갈 수 없다. 그래서 사마광(司馬光)은 악와수에서 천마를 얻은 원수 3년(기원전 120)으로 악부의 창설연대를 기록하고 있다.[74] 하지만

70) 釜谷武志,「漢武帝樂府創設の目的」,『東方學』84(1992), p.52.

71) 文貞喜,「秦漢 祭禮와 國家支配」, 延世大 박사학위논문(2005), p.43 주150).

72) 그러나 雍五畤祠는 高祖時期 시작되었고, 황제의 親祭도 文帝時期 이미 시작되어 武帝가 처음 시작한 제사는 아니다. 그래서 司馬遷도「封禪書」에서 "지금 천자가 일으킨 제사는 태일사와 후토사다(今天子所興祠, 太一·后土.『史記』卷28,「封禪書」, p.1403)"라고 하였다. 그러므로 元光 연간에 악부가 설치되었다고 보기는 힘들다.

73) 相如旣卒五歲, 上始祭后土(『漢書』卷57下,「司馬相如傳」, p.2609).

74)『自治統鑑』卷19,「漢紀11」武帝元狩3年條, pp.636~637.

이연년의 발탁이 남월(南越) 정벌 이후라는 기사에 따르면[75] 악부창설은 원정 6년이 되어야 한다. 따라서 전통시대 연구자들부터 현재에 이르기까지 악부의 창설연대에 대해서는 일치된 견해가 없다.[76]

그러나 무엇보다도 교사에 사용될 음악과 춤의 구비를 목적으로 했다면 악부의 창설은 최소한 원정 5년 이전으로 비정되어야 할 것이다. 『사기』 「악서」에 태일신에게 제사를 올릴 때 봄·여름·가을·겨울 제사에 따라 〈청양(靑陽)〉·〈주명(朱明)〉·〈서호(西皞)〉·〈현명(玄冥)〉을 불렀다는 기사가 나와 태일사 이전에 이미 교사악이 마련되었다는 것을 알 수 있다.[77] 따라서 악부의 창설은 아무리 늦어도 분음에 후토사를 세우고 난 후 태일사 이전에 마련되었을 것임을 추정할 수 있다.

악부창설의 목적을 이렇게 교사에 필요한 음악과 춤을 담당하게 하기 위해서라고 본다면 악부가 담당하는 악은 아악이라고 할 수 있을 것이다.[78] 그렇다면 전한 제악사에 있어 악부의 창설이라는 것은 매우 중요한 사항일

---

75) 其春, 旣滅南越, 上有嬖臣李延年以好音見. 上善之(『漢書』 卷25上, 「郊祀志上」, p.1232).

76) 王先謙은 司馬光과 마찬가지로 〈天馬歌〉가 제작된 시기를 기점으로 삼아 『漢書補注』에서 元狩 3년으로 보고 있다(『漢書補注』 卷11, 「哀帝紀」, p.136上). 그러나 〈郊祀歌〉 중 가장 먼저 만들어진 것은 〈천마가〉가 아닌 〈朝隴首〉로 원수 원년이다. 그러므로 〈교사가〉의 제작 시작을 악부창설의 시기로 삼는다면 원수 원년이 창설 시기가 되어야 할 것이다. 이 때문에 스즈키 도라오는 원수 원년으로 악부 창설시기를 비정하였다(鈴木虎雄, 「漢代の樂府と塞外歌曲」, 『支那文學硏究』(東京 : 弘文堂, 1925), p.48). 한편 〈교사가〉 제작에 참여한 司馬相如가 사망한 원수 6년을 기준으로 하여 최소한으로 원수 연간을 창설연도로 보는 설도 있다(增田淸秀, 『樂府の歷史的硏究』(東京 : 創文社, 1975), p.27). 그러나 스즈키 슈와지는 李延年이 南越을 정벌한 후에 기용되었다는 기사를 근거로 元鼎 6년으로 악부 창설시기를 보았다(鈴木修次, 『漢魏詩の硏究』(東京 : 大修館書店, 1967), pp.91~92).

77) 漢家常以正月上辛祠太一甘泉, 以昏時夜祠, 徒明而終. 常有流星經於祠壇上. 使僮男僮女七十人俱歌. 春歌靑陽, 夏歌朱明, 秋歌西皞, 冬歌玄冥(『史記』 卷24, 「樂書」, p.1174).

78) 子夏는 鄭·宋·衛·齊音은 모두 女色에 淫佚하여 덕을 해치기에 제사에 쓰이지 않는다고 하여(此四者, 皆淫於色而害於德, 是以祭祀弗用也. 『禮記』, 「樂記 魏文侯」, pp.1124~1125), 제사에 쓰이는 음악이 俗樂이 아닌 아악임을 분명히 하였다.

것이다. 그러나 앞서 살펴본 것처럼 『사기』「악서」와 『한서』「예악지」 안에서 악부창설의 문제는 그리 자세히 다뤄지지 않고 있다. 그 이유는 무엇일까? 악부가 기록과는 달리 아악을 담당했던 부서가 아니었기 때문은 아니었을까?

『한서』「악지」 마지막 단락에 의하면 악부가 폐지된 것은 애제 수화(綏和) 2년(기원전 7)으로 정성(鄭聲)이 극심해진 것이 이유였다. 승상(丞相) 공광(孔光)과 대사공(大司空) 하무(何武)는 이때 악부 인원 총 829명을 유임의 '불가파(不可罷)'와 퇴출의 '가파(加罷)'로 나누어 상세히 나열하며 상주(上奏)하는데, 파직된 441명 중 남북교 교제악(郊祭樂)을 담당하는 악인(樂人)들은 포함되지 않았다.[79] 이를 통해 보면 악부 안에는 분명 교묘악을 담당하는 인원이 있었음을 알 수 있다. 그러나 교묘악을 담당하기 위해 남겨진 악인들을 대악에 속하게 했다는 기사는[80] 악부 이외 아악을 담당했던 다른 부서가 있었음을 알게 한다. 악부가 아악을 주로 담당한 부서가 아니었음은 「예악지」 안에서도 어렵지 않게 찾아 볼 수 있다. 하간헌왕이 바친 아악을 악부의 협률도위가 아닌 대악관에게 내려 연습하게 한 기사가 바로 그것이다.

그렇다면 악부는 어떤 일을 담당했을까? 이에 대해서는 『한서』「예문지(藝文志)」의 기사가 단서를 주고 있다. 『한서』「예문지」 시부(詩賦) 조에는 당시 악부가 수집했던 여러 지역의 민간가요가 저록되어 있어, 오(吳)·초(楚)·여남(汝南) 시가(詩歌) 15편을 비롯하여 연(燕)·대(代)·안문(雁門)·운중(雲中)·농서(隴西) 시가 9편, 한단(邯鄲)·하간(河間) 시가 4편, 제(齊)·정(鄭) 시가 4편, 회남(淮南) 시가 4편, 좌풍익(左馮翊) 진(秦) 시가 3편, 경조윤(京兆尹) 진(秦) 시가 5편, 하동포반(河東蒲反) 시가 1편, 낙양(雒陽) 시가 4편, 하남주(河南周) 시가 7편, 주요(周謠) 시가 75편, 주(周) 시가 2편, 남군(南郡) 시가 5편 등 모두 138편의 이름을 확인할 수 있다.[81] 이것은 악부의 중요 사업이

79) 郊祭樂人員六十二人, 給祠南北郊 … 皆不可罷(『漢書』 卷22, 「禮樂志」, p.1073).
80) 其三百八十八人不可罷, 可領屬大樂(『漢書』 卷22, 「禮樂志」, p.1074).
81) 『漢書』 卷30, 「藝文志」, pp.1754~1755.

각지의 민가를 수집·보관하는 것이었음을 알 수 있다. 따라서 당시 악부와 대악[혹은 태악(太樂)]이라는 기구가 공존하여 전자가 민간의 가요를 수집하고 채집하는 기능을, 후자가 아악을 담당하였었다고 보는 것[82]이 타당할 것이다.

그렇다고 이와 같은 사실이 당시 악부가 교사에 필요한 악곡의 필요에서 출발하였다는 것과 교묘악을 담당하였음을 부정하는 것은 아니다. 『한서』「교사지(郊祀志)」의 아래 기사를 보자.

> 그해 봄, 남월을 멸망시키고 총신(寵臣) 이연년이 아름다운 악곡을 만들어 바쳤다. 천자가 그 악곡에 만족하여 공경(公卿)에게 내려 의논케 하며 말하였다. "민간에서 제사를 지낼 때는 〈고무악(鼓舞樂)〉이 있는데 지금 교사를 지냄에 악이 없으니 어찌 합당하다 하겠는가?"[83]

위의 기사는 교사에 필요한 악곡의 필요에서 악부설립이 제기되었다는 것을 잘 알려주고 있다. '특히 귀신의 제사를 공경했던'[84] 무제가 민간에서 제사지낼 때 〈고무악〉이 있었음을 언급했던 것은 당시 한정부가 민간제사에 사용되었던 음악에 대한 정보를 가지고 있었음을 의미한다.[85] 왕일(王逸)의 「구가서(九歌序)」에는 초지역의 풍속에 대해 "귀신을 믿고 제사 지내기를 좋아하는데, 그 제사를 지낼 때는 반드시 음악을 짓고 고무(鼓舞)를 추어 모든 신을 즐겁게 한다"[86]는 구절이 나온다. 한의 창업자들이 초출신이라는

---

82) 呂氏曰, 太樂令丞所職雅樂也, 樂府所職鄭衛之樂也(『漢藝文志考證』, 「自孝武立樂府」, p.1422中).

83) 其春, 旣滅南越, 嬖臣李延年以好音見. 上善之, 下公卿議, 曰 : 「民間祠有鼓舞樂, 今郊祀而無樂, 豈稱乎?」(『漢書』 卷25上, 「郊祀志上」, p.1232).

84) 尤敬鬼神之祀(『漢書』 卷25上, 「郊祀志上」, p.1215).

85) 가마타니 다케시는 『한서』「郊祀志」에 각 지역의 제사가 자세히 서술되어 있는 것에 주목하여 그 제사에 사용하였던 민간의 음악이 악부를 통해 수집되었을 것이라고 보았다. 釜谷武志, 앞의 글, pp.61~62.

86) 昔楚國南郢之邑, 沅湘之間, 其俗信鬼而好祠, 其祠必作樂, 鼓舞以樂諸神(『楚辭』, 「九歌序」, p.32).

점은 앞으로 한의 국가제사에 이러한 민간의 풍속이 영향을 미칠 것임을 암시한다. 그렇다면 당시 악부의 중요한 역할 중 하나가 민간제사에 사용되던 악곡을 채집하는 것이라고 보는 것이 무리는 아닐 것이다.[87]

그 악곡들은 자연스럽게 한의 교묘악 창작에 영향을 미쳤을 것이다.[88] 실제로 종묘와 교사에 사용되는 고조가 지은 〈대풍가〉나 무제시기 만들어진 〈태일지가(太一之歌)〉와 〈천마가〉는 완전한 초가(楚歌)의 체제를 갖추고 있다고 평가받는 대표적인 한 초의 작품이다.[89] 즉, 무제시기 창설된 악부는 교사의 악을 구비하기 위해 만들어진 것은 사실이나 그 교사의 악들은 아악이 아닌 속악이었던 것이다. 이것이 반고로 하여금 전한의 교묘가는 "조종의 일을 노래하지도 않았고 종률(鐘律)과 화합하지도 않았다"고 서술하게 한 원인이었을 것이다. 요컨대 이러한 일련의 사정이 사마천이나 반고로 하여금 악부창설과 활동에 대한 구체적인 서술을 하지 않게 한 원인이 아닐까 한다.

하나의 예를 들어보자. 『사기』 「악서」의 네 번째 단락은 전한 초 제악에 대해 사마천이 가진 불만을 은연중에 보여주고 있다. 이 단락에서 사마천은 고조가 〈대풍가〉를 지은 것에 대해 기술하고 있다. 고조가 지은 〈대풍가〉는 그 형식상 초지역 노래의 특징을 가지고 있는 것으로 아악이 아닌 속악이라고 할 수 있다. 그런데 이 〈대풍가〉는 고조가 붕어한 후 묘악(廟樂)으로 사용되었다. 이것은 한 초 아악이라고 할 만한 것이 없었던 것과 당시 위정자들이 아악의 전통으로부터 벗어나 있었음을 알려주는 것이다. 그런데 사마천은 여기에 이어 고조 이후 문·경시기를 거치면서도 이러한 상황은 변화되지

87) 이에 대해 가마타니 다케시는 무제시기 교사가 무제의 不老長生을 위한 方士的 성격의 활동이었기에, 교사에 사용되었던 음악 역시 불로장생과 결부된 민간음악이었을 것이라고 분석하고, 당시 악부는 그러한 음악들을 채집하였을 것이라고 보았다. 釜谷武志, 앞의 글, pp.55~56.

88) 朱謙之는 '진한시기는 완전한 楚聲의 시기'라고 분석하였다. 朱謙之, 『中國音樂文學史』(北京 : 中華書局, 1994), p.124.

89) 蔡彦峰, 「論楚歌的體制特點及對漢樂府的影響」, 『湖南工程學院學報』 16-1(2006), pp.40~41.

않아 그저 악부에서 이러한 오래된 악장들을 연습하게 했을 뿐이라고 적고 있다. 사마천이 말한 오래된 악장이 초지역의 노래였을 것임은 어렵지 않게 예측할 수 있다. 즉, 사마천은 무제 이전에 존재했던 묘악을 담당했던 관서가 유가의 전통적인 아악을 담당하고 있지 않았던 것을 비판했던 것이다.[90]

그런 그로서는 당연히 아악이 아닌 속악을 수집하고 아악의 전통에서 벗어난 교묘악을 담당하고 있던 악부에 대해 큰 의미를 부여하지 않았을 것이고, 그 악부에서 만들었다는 〈태일지가〉와 〈천마가〉에 대해서도 '조종을 계승하고 아래로는 만민을 교화'하는 아악이 아니라고 비판했던 것이다.[91] 반고 역시 악부와 관련해서는 교묘의 악을 위해서 설립하였다는 서술을 하기는 했으나, 『사기』「악서」 이상의 언급을 하지 않고 있다. 그리고 고조시기 먼저 만들어진 〈안세방중가〉와 악부에서 만든 〈교사가〉를 함께 수록하는 방식을 통해 악부에서 만든 음악이 아악이 아닌 초성(楚聲)의 범주에 속함을 분명히 하고 있다.[92] 또한 하간헌왕이 헌상한 악이 아악임

90) 물론 이와는 달리 무제의 악부 창설을 각지의 民歌를 채집하여 민간의 풍속을 관찰하고, 그것을 政事에 반영하고자 했던 유가의 經世策으로 이해할 수도 있을 것이다. 金庠澔, 「漢代 樂府民歌의 槪念과 分類에 관하여」, 『中國文學』 19(1991), p.3 ; 張强, 「西漢樂府考論」, 『淮陽師範學院學報』 22-2(2000), pp.54~56 ; 李山, 「經學觀念與漢樂府·大賦的文學生成」, 『河北學刊』 23-4(2003), p.130. 특히 악부에서 수집한 각 지역의 음악을 著錄한 「藝文志」에 그와 관련하여 "효무제시기부터 악부를 세워 가요를 채집한 것은 … 역시 풍속을 살펴, 그 厚薄을 알고자 함이다(自孝武立樂府而采歌謠 … 亦可以觀風俗, 知薄厚云. 『漢書』 卷30, 「藝文志」, p.1756)"라는 班固의 논평이 있어 이러한 견해는 꽤 오랫동안 신뢰받았다. 그러나 악부를 통해 채집된 민가가 전한 정치에 어떻게 반영되었는지는 확인할 길이 없다는 문제를 가지고 있다(鈴木修次, 앞의 책, p.97). 이 때문에 당시 수집된 민가가 오히려 천자를 중심으로 한 귀족사회에 유흥을 제공하는 오락적 역할을 했을 것이라고 추정하는 연구자도 있다(李永碩, 「東漢末 樂府와 文人詩의 「兼濟」와 「獨善」 意識考察」, 濟州大 석사학위논문(2002), p.12.).

91) 「樂記·賓牟賈」의 내용은 아악이란 바로 선왕의 업적을 기리는 것임을 잘 보여준다. 『禮記』, 「樂記」, pp.1132, 1134~1137을 참조.

92) 일찍이 스즈키 도라오는 〈안세방중가〉 17장을 아악이라고 보았다(鈴木虎雄, 앞의 글, p.44). 그러나 哀帝時期 악부 폐지 때 〈安世樂〉 鼓員 20인 중 19명이 폐지된

을 서술하여 당시 아악의 전통이 하간헌왕을 통해 비로소 시작되었음을 기술하였던 것이다.

3절 전·후한 제악의 특징

살펴본 것처럼 사마천의 「악서」는 전한 이전의 악사와 관련하여 당시 발전하고 있었던 속악의 발전상을 기술하지 않았다. 또한 전한의 악사를 전하는 기술들도 일관성을 갖추어 시대별로 기록된 것이 아니라 주로 무제시기 제악의 문제를 비판하는 것으로 구성되어 있었다. 그리고 상당한 지면이 『예기』「악기」의 수록에 할애되어 있다. 알려진 대로 『예기』「악기」의 중요한 내용이란 ① 악 등급의 강조, ② 군주의 제악 중요성 강조라고 할 수 있다.[93] 이러한 구성방식은 『사기』「악서」의 궁극적인 목적이 속악 위주의 궁실음악 제작을 비판하고 유가적 등급질서에 부합하는 악－즉 아악제정의 필요성을 주장하기 위해 고의적으로 채택되었을 가능성이 높다.

이것은 반고의 『한서』「예악지」도 마찬가지다. 반고의 「악지」가 『예기』「악기」의 내용으로 서두를 시작한 것은 왕명성의 분석처럼 단순히 악의 의리(義理)에 대한 일반론을 이용한 것이 아니라, 오히려 유가적 전통에 근거한 아악제정의 필요를 강조하기 위해 의도적으로 행해진 것이라고 생각된다. 그리고 두 사서 모두 속악의 전통에 근거한 교묘악을 담당하였던 악부에 대한 서술을 고의적으로 생략하고 있다.

이후 후한 궁정에서는 연주되지 않았고, 이후 曹魏 文帝 黃初 2년(221)에 이르러 비로소 〈正世樂〉으로 改稱되어 다시 궁정에서 연주되었던 점을 고려하면, 전한시기 이 악곡은 아악으로 파악되지 않았던 것으로 생각된다. 이것은 반고의 서술에서도 확인할 수 있는데, 반고는 〈房中樂〉을 초성이라고 하여(高祖樂楚聲, 故房中樂楚聲. 『漢書』 卷22, 「禮樂志」, p.1043) 민간 음악의 영향을 받은 속악으로 설명하였다.

93) 楊蔭瀏 지음/이창숙 옮김, 『중국 고대 음악사－상고 시대부터 송대까지』(서울 : 솔, 1999), p.160.

전한 초 제례악의 구비라는 현실적인 필요에 의해 악부가 설치되었음에도 민간의 속악을 채집하여 그것으로 교묘악을 삼았던 것과 관련해서는 다음의 문제가 고려되어야 할 것 같다. 다름 아닌 무제시기 과연 아악을 복원할 수 있는 주체세력이 있었는가 하는 점이다. 당시 유가들은 예악을 제정하는 것을 천자의 임무이자 권리로 규정하기는 했지만, 실제로 그들 스스로가 아악을 복원할 수 있는 상태는 아니었던 것 같다.

> 예와 악은 서로 병행하였는데 ① 주가 쇠하자 모두 무너져 버렸다. 그 중에서도 악은 특히 더욱 미묘하여 음률로 연주되는 것이어서 책으로 갖추는 것이 불가능 하였다. 또 정음(鄭音)과 위음(衛音)에 의해 어지럽혀진 바, 남겨진 법이 없었다. 한이 흥기한 후 제씨(制氏)가 아악성률(雅樂聲律)에 대해 알아 대를 이어 악관(樂官)을 지냈는데, ② 자못 악기의 연주와 무도(舞蹈)에 대해서는 기록할 수 있었지만 그 뜻을 말하지는 못하였다.[94)]

우선 밑줄 친 ①의 부분에서 전하는 것처럼 당시 유가들이 고악(古樂), 혹은 아악이라고 말하는 주대의 음악은 남은 것이 없었다. 『수서(隋書)』「음악지(音樂志)」는 이 상황을 심약(沈約)의 말을 인용하여 '악경잔망(樂經殘亡)'[95)]이라고 표현하고 있는데, 아마도 여기서 말하는 악경이란 악에 관한 이론서는 아니고 악곡이었을 것이라고 추정된다. 따라서 한 초 유가들은 아악에 대한 구체적인 지식을 갖지 못했을 것이고, 결국 제악도 가능하지 않았을 것이다. 이것은 당시 유가 음악론의 집대성이었던 『예기』「악기」에 추상적인 음악사상 내지는 음악철학이 서술되어 있는 것과도 관계있을 것이다.[96)] 구체적인 음악형식이나, 음률(音律)에 관한 이론, 절주(節奏),

94) 二者相與並行. 周衰俱壞, 樂尤微眇, 以音律爲節, 又爲鄭衛所亂故無遺法. 漢興, 制氏以雅樂聲律, 世在樂官, 頗能紀其鏗鏘鼓舞, 而不能言其義(『漢書』 卷30, 「藝文志」, pp.1711~1712).

95) 『隋書』 卷13, 「音樂上」, p.288.

96) 李相殷, 「「樂記」의 音樂論에 관한 考察(Ⅰ)」, 『東洋哲學硏究』 5(1984), p.97.

선율(旋律), 화성(和聲)에 관한 이론이 없기에 유가들은 단지 음악에 대한 이론적이고도 추상적인 설명만을 할 수 있을 뿐이었다.[97] 이것은 전한중기에도, 후기에도 크게 달라지지 않았던 것으로 보인다. 성제(成帝) 때 알자(謁者)였던 왕우(王禹)도 수차례 그 뜻만을 말했다고 한 것이 그를 증명한다.[98]

다만 선진시기(先秦時期) 이래로 연습되던 음악만이 다소 남아 있는 상태였던 것으로 보인다. ②부분은 대대로 악관을 지낸 제씨의 경우 악기의 연주나 무도에 대한 기능을 가지고 있었던 상황을 그리고 있다. 그러나 제씨는 구체적인 기능을 가지고 있었던 것과는 달리 유가들이 가지고 있는 아악에 대한 이론적 토대를 가지고 있지 못해 유가와는 반대로 '그 뜻을 말하지 못하였'던 것이다. 요컨대 무제시기 국가적 제례가 하나씩 구비되어 가는 것과는 달리 제례악의 창작은 난관에 봉착해 있었고, 이를 극복하기 위해 민간제사에 사용되었던 제사음악을 수집할 전담부서가 설치되었던 것이다. 그리고 이러한 권도적(權道的)인 성격을 가지고 있었던 무제시기의 악부는 이후『사기』와『한서』에서 그 존재가 폄하되어 나타났다. 어쩌면 무제시기 제악에 대한 사마천의 비판은 여기에 뿌리를 두고 있는 것일지도 모르겠다.

반고는 여기서 더 나아가 속악으로 종묘악을 만든 한왕조가 유가들의 아악부흥의 건의를 무시한 결과 결국 망국의 길을 가게 되었다고 단호하게 서술하고 있다. 성제시기 하간(河間)의 악을 전수한 상산왕(常山王) 우(禹)와 그의 제자 송엽(宋曄)이 아악제정을 건의한다.[99] 그러나 이것은 실패로 돌아가는데, 이 문제는 같은 시기 고례에 근거하여 폐지되었던 일련의 국가제사들이 부활된 것과 같이 논의되어야 할 것이다. 즉 이 두 사례는

97) 이것은『사기』「악서」의 뒷부분이『예기』「악기」로 채워진 것과도 관련이 있을 것이다. 사마천의 경우 무제의 예악관에 반대하여 비판하였으나, 당시 아악을 구체적으로 복원할 수 없었던 그는(아니 전체 유가는) 단지 악에 대한 추상적 이론만을 제시할 수밖에 없었을 것이다.

98) 禹, 成帝時爲謁者, 數言其義, 獻二十四卷記(『漢書』 卷30, 「藝文志」, p.1712).

99)『漢書』 卷22, 「禮樂志」, pp.1071~1072.

유가전통에 근거한 예악 복고운동이 결국 실패했음을 의미하는 것이다.[100] 그리고 반고는 마지막 단락에서 애제시기 악부가 폐지된 일을 적고 있다. 이것은 어찌 보면 한조정이 속악의 전통으로부터 벗어나 유가가 주장하는 아악의 전통으로 진입하게 됨을 의미할 것이다. 하지만 기록에 따르면 악부가 폐지되었음에도 아악의 전통은 세워지지 않았고, 한은 오랫동안 사회적으로 만연한 속악의 전통에서 벗어나지 못한다. 반고는 결국 이 때문에 전한은 왕망(王莽)에 의해 멸망하게 되었다고 적고 있다.[101]

실제로 속악 때문에 한 국가가 멸망할리는 없지만 반고의 서술에 따른다면 전한은 주대 말과 같이 정성이 유행하고 아악이 붕괴됨으로 인해 멸망하게 된 것이다. 이것은 전한 멸망의 원인을 과장함으로써 결국 유가전통에 근거한 예악을 제정하고, 그것을 전 사회적 풍기로 만드는 것만이 국가존망의 유일한 방법임을 주장하는 것임에 다름 아니다. 반고는 사회구성원 전체에게 미칠 수 있는 유가적 전통의 체계적인 예악만이 대안이 될 수 있음을 말했던 것이다.[102] 반고는 전한의 멸망이 속악으로부터 기인했음을 서술하고 전한을 반면교사(反面教師)로 삼아 유가의 아악으로 종묘악을 마련하는 것이 후한의 당위임을 강조하고자 했다.

그런데 여기서 흥미로운 것은 「악지」의 마지막 부분이다. 반고는 애제가 악부를 폐지하였음에도 불구하고 백성들이 속악에 물든 지 오래고, 또 아악을 제정하여 그러한 풍기를 변화시키지도 않았기에 모두가 이러한 상황에 태연자약하게 되었고 결국에는 왕망의 손에 한왕조가 멸망하게 되었다고 아주 담담하게 그리고 있다. 「예지」 마지막 부분에 후한의 완비되

---

100) 謝謙, 「漢代儒學復古運動與郊廟禮樂的正統化」, 『四川師範大學學報』 23-2(1996), p.50.

101) 然百姓漸漬日久, 又不制雅樂有以相變, 豪富吏民湛沔自若, 陵夷壞于王莽(『漢書』 卷22, 「禮樂志」, p.1074).

102) 후한 유가들이 조정의례에서 더 나아가 천자로부터 서인에 이르는 모든 구성원들을 아우르는 예제를 수립하려고 했던 것은 2부 2장 「『한서』 「예악지」의 구성과 성격」을 참조.

지 못한 예제에 대한 걱정이 묻어나던 것과는 달리 지나치리만큼 담담한 어조로 전한의 멸망을 서술하고 있는 것이다. 아마도 그것은 반고가 예에 비해 상대적으로 후한의 악이 유가의 전통에 따라 정비되었다고 생각했기 때문이었을 것이다.[103] 이렇게 추정하는 것은 다음과 같은 이유에서다.

마쓰다 기요히데[增田清秀]에 의하면 전한 당시 전국 각지에서 채집한 민가와 궁중에서 제작한 가곡은 모두 314편에 이르지만, 후세 전하는 것은 거의 전무하다고 할 정도로 남은 것이 없다고 한다.[104] 한대 악부민가를 예로 들자면 현재 한대 악부민가로 확인되는 것은 불과 31가 82수에 불과하다.[105] 하지만 그 안에서도 다시 후한의 악부민가를 제외하면 전한 악부민가로 분류가 되는 것은 사실상 없다고 해도 과언이 아니다.[106] 악부가 폐지되고서도 속악의 풍기가 사라지지 않아 망국의 길을 걸었다는 기사와 비교하면 그 수가 형편없음을 알 수 있다. 그런데 이것이 자연적인 것은 아닌 듯하다.

> ① 채옹(蔡邕)이 『예악지(禮樂志)』에서 말하기를 "한악(漢樂)은 모두 사품(四品)으로 나뉘는데, 첫 번째가 대여악(大予樂)으로 교묘와 상릉(上陵), 전(殿)에서 연주되는 모든 식거악(食擧樂)을 말한다. 교악(郊樂)이란 『역(易)』에서는 '선왕이 악을 만들어 덕을 숭상하고 상제(上帝)를 융숭히 받들었다' 하였고, 『주관(周官)』에서는 '만일 악이 육변(六變)하면, 천신(天神)이 모두 강림하니 가히 예의 합당함을 얻은 것이다'라고 한 것이다. 종묘악이란 『우서(虞書)』와 『시(詩)』에서 … 식거악이란 『왕제(王制)』와 『주관(周官)』에서 … 두 번째는 주송아악(周頌雅樂)으로 벽옹(辟雍)·향사(饗射)·육종

103) 今海內更始, 民人歸本, 戶口歲息, 平其刑辟, 牧以賢良, 至於家給, 旣庶且富, 則須庠序禮樂之敎化矣. 今幸有前聖遺制之威儀, 誠可法象而補備之, 經紀可因緣而存著也(『漢書』 卷22, 「禮樂志」, p.1075).

104) 增田清秀, 앞의 책, p.29.

105) 金庠澔, 앞의 글, pp.13~15의 표 참조.

106) 마쓰다 기요히데와 김상호 양자가 공통적으로 전한 민가로 구분하는 것은 相和歌辭에 속하는 〈平陵東〉·〈陌上桑〉·〈鷄鳴〉·〈白頭吟〉 네 수에 불과하다. 그러나 마쓰다 기요히데는 그 중 〈평릉동〉을 제외한 세 수는 전하는 가사에 문제가 있다고 보고 있다. 增田清秀, 위의 책, p.29.

(六宗)·사직(社稷)에서 연주되는 악이다. 벽옹·향사란 『효경(孝經)』과 『예기(禮記)』에서 … 사직이란 『시』와 『예기』에서 … 세 번째는 황문고취(黃門鼓吹)로 천자가 뭇 신하를 위해 연회를 베풀 때 연주하는 악으로 『시』에서 … 마지막은 단소(短簫)·요가(鐃歌)로 군악(軍樂)이다. 『전(傳)』에서 말하는 '황제(黃帝)·기백(岐伯)이 만든 것으로 위엄을 세우고 덕을 펼쳐, 군사를 장려하기 위한 것이다'하였다. …[107]

② 조를 내려 말하였다. "지금 장차 태악관을 태여악(太予樂)으로 고쳐 시가와 곡조(曲操)를 담당하게 하여 군자(君子)를 기다리게 하라."[108]

① 기사는 후한의 악이 사품으로 분류된다는 내용을 담고 있다. 글의 번잡함을 줄이기 위해 부분적으로 기사에 등장하는 경전의 인용문들을 생략하였다. 그러나 경전의 구절들이 없어도 우리는 후한의 악이 유가의 전통에 의해 정비되었다는 것을 파악할 수 있다. 즉, 교묘악인 대여악부터 군가(軍歌)인 단소·요가에 이르기까지 모든 악곡들은 유가경전에 의해 해석되고 있다. 또한 후한에는 백관의 시송(詩頌)을 채집한 등가(登歌)라는 것이 있어 증제(蒸祭)에 사용했다는 기록이 있다.[109] 이 등가는 조종의 공업(功業)을 칭송하는 노래다.[110] 전한의 교묘가가 조종의 덕을 노래하지 않고 호부리

---

107) 蔡邕禮樂志曰 :「漢樂四品 : 一曰大予樂, 典郊廟·上陵·殿諸食舉之樂. 郊樂, 易所謂『先王以作樂崇德, 殷薦上帝』, 周官『若樂六變, 則天神皆降, 可得而禮也』. 宗廟樂, 虞書所謂『琴瑟以詠, 祖考來假』, 詩云『肅雍和鳴, 先祖是聽』. 食舉樂, 王制謂『天子食舉以樂』, 周官『王大食則令奏鍾鼓』. 二曰周頌雅樂, 典辟雍·饗射·六宗·社稷之樂. 辟雍·饗射, 孝經所謂『移風易俗, 莫善於樂』, 禮記曰『揖讓而治天下者, 禮樂之謂也』. 社稷, [詩]所謂『琴瑟擊鼓, 以御田祖』者也. 禮記曰『夫樂施於金石, 越於聲音, 用乎宗廟·社稷, 事乎山川·鬼神』, 此之謂也. 三曰黃門鼓吹, 天子所以宴樂群臣, 詩所謂『坎坎鼓我, 蹲蹲舞我』者也. 其短簫·鐃歌, 軍樂也. 其傳曰『黃帝·岐伯所作, 以建威揚德, 風勸士』也. 蓋周官所謂『王[師]大(捷)[獻]則令凱樂, 軍大獻則令凱歌』也. 孝章皇帝親著歌詩四章, 列在食舉, 又制雲臺十二門詩, 各以其月祀而奏之. 熹平四年正月中, 出雲臺十二門新詩, 下大予樂官習誦, 被聲, 與舊詩並行者, 皆當撰錄, 以成樂志.」(『後漢書』 卷志5, 「禮儀中」, p.3131). 이해를 위해 원문은 전체를 모두 제시한다.

108) 下詔曰 :「今且改太樂官曰太予樂, 歌詩曲操, 以俟君子.」(『後漢書』 卷35, 「曹褒傳」, p.1201).

109) 又採百官詩頌, 以爲登歌, 十月吉辰, 始用蒸祭(『隋書』 卷13, 「音樂上」, p.286).

민(豪富吏民)이 속악에 물들어 있었던 것과는 달리 이제 후한의 조정에서는 백관들마저도 조종의 공적을 칭송하는 등가를 지었던 것이다.

이렇게 후한의 악이 유가적 전통에 부합하는 상태가 될 수 있었던 것은 아무래도 ②의 대여악 설치가 중요한 역할을 했을 것으로 생각된다. 모든 국가제사에 사용되는 음악과 궁중향연에 쓰이는 음악들을 총괄했던 대여악이 설치됨으로 인해,[111] 속악인 민가들이 중앙의 음악 담당부서의 관할에서 제외되었을 것이다. 물론 이러한 일련의 상황이 명제 때 대여악이 설치됨으로 인해 일시에 일어났던 것은 아닐 것이다. 후한 초 있었던 악제정에 관한 논의들과 그 결과물들은 꾸준히 유가적 전통에 의해 후한의 악이 고정화되어 갔음을 보여준다.

예컨대 명제 영평(永平) 3년(60) 동평왕(東平王)에 의해 주도된 유가의 경전에 입각한 광무제(光武帝) 묘악(廟樂) 제정의 논의나[112] 그에 의해 바쳐진 『시경』「주송(周頌)·청묘(淸廟)」를 모방한 〈광무수명중흥송(光武受命中

110) 登歌者頌祖宗功業(『隋書』 卷15, 「音樂下」, p.357).

111) 大(子)[予] 樂令一人, 六百石. 本注曰 : 掌伎樂. 凡國祭祀, 掌請奏樂, 及大饗用樂, 掌其陳序(『後漢書』 卷志25 「百官二」, p.3573).

112) 『東觀書』曰 : 永平三年八月丁卯, 公卿奏議世祖廟登歌八佾舞名. 東平王蒼議, 以爲『漢制舊典, 宗廟各奏其樂, 不皆相襲, 以明功德. 秦爲無道, 殘賊百姓, 高皇帝受命誅暴, 元元各得其所, 萬國咸熙, 作「武德」之舞. 孝文皇帝躬行節儉, 除誹謗, 去肉刑, 澤施四海, 孝景皇帝制「昭德」之舞. 孝武皇帝功德茂盛, 威震海外, 開地置郡, 傳之無窮, 孝宣皇帝制「盛德」之舞. 光武皇帝受命中興, 撥亂反正, 武暢方外, 震服百蠻, 戎狄奉貢, 宇內治平, 登封告成, 修建三雍, 肅穆典祀, 功德巍巍, 比隆前代. 以兵平亂, 武功盛大. 歌所以詠德, 舞所以象功, 世祖廟樂名宜曰「大武」之舞. 『元命包』曰 : 「緣天地之所雜樂爲之文典.」 文王之時, 民樂其興師征伐, 而詩人稱其武功. 『琁機鈐』曰 : 「有帝漢出, 德洽作樂.」 各與虞「韶」·禹「夏」·湯「護」·周「武」無異, 不宜以名舞. 『叶圖徵』曰 : 「大樂必易.」 『詩傳』曰 : 「頌言成也, 一章成篇, 宜列德, 故登歌「淸廟」一章也.」 『漢書』曰 : 「百官頌所登御者, 一章十四句.」 依書「文始」·「五行」·「武德」·「昭眞修」之舞, 節損益前後之宜, 六十四節爲舞, 曲副八佾之數. 十月烝祭始御, 用其「文始」·「五行」之舞如故. 進「武德舞歌詩」曰 : 『於穆世廟, 肅雍顯淸, 俊乂翼翼, 秉文之成. 越序上帝, 駿奔來寧, 建立三雍, 封禪泰山, 章明圖讖, 放唐之文. 休矣推德, 罔射協同, 本支百世, 永保厥功』. 詔書曰 : 『驃騎將軍議可.』 進「武德」之舞如故.」(『後漢書』 卷志9, 「祭祀下」, p.3196).

興頌)〉은 후한의 악이 어떤 성격으로 규정될 것인지를 잘 보여준다.[113)] 명제 이후 장제(章帝) 역시 「주송·청묘」에 근거하여 〈현종송(顯宗頌)〉 10편을 만들어 연주하게 하였다.[114)] 이렇듯 후한 초에 있었던 악제정 논의는 전한의 그것과는 전혀 다른 방향으로 진행되었고, 자연스럽고도 의도적으로 전한의 속악들은 배척되었을 것으로 보인다. 아마도 이러한 일련의 상황이 반고로 하여금 단호하게, 그러면서도 담담하게 속악에 의해 전한이 멸망할 수밖에 없었음을 기술하게 한 원인이 되었을 것이다.

---

113) 於穆清廟, 肅雝顯相. 濟濟多士, 秉文之德, 對越在天. 駿奔走在廟, 不顯不承, 無射於人斯(『詩經』, 「周頌·清廟」, pp.1281~1282)

114) 建初中, 肅宗博召文學之士, 以(傅)毅爲蘭臺令史, 拜郎中, 與班固·賈逵共典校書. 毅追美孝明皇帝功德最盛, 而廟頌未立, 乃依「清廟」作「顯宗頌」十篇奏之, 由是文雅顯於朝廷(『後漢書』 卷80上, 「文苑 傅毅傳」, p.2613).

3부

예 실천 규범의 확립

1장_ 전·후한 상복례의 변화와 후한 말 '구군' 개념의 재등장

2장_ 건안 10년 금비령의 반포와 위진의 상장령 제정

보장_ 중국 고대 예제연구의 경향과 과제
특히 상복례를 중심으로

1장 전·후한 상복례의 변화와 후한 말 '구군' 개념의 재등장

전한(前漢) 사대부(士大夫)들이 자신들을 정치적 책임자로 인식하고 사대부의 정치적·사회적 존엄을 보장해 줄 수 있는 문화전통을 만들려고 노력했다면, 후한(後漢) 사대부들은 자신들을 황제와 더불어 치자(治者)로 위치시킬 수 있는 제도적 장치를 완비하고자 하였다. 정치적으로 그들은 무제(武帝) 이후 황제 개인에게 종속되었던 정계[1]를 사대부들의 공적(公的) 영역으로 전환시키고자 하였으며, 사대부 전체의 공유물인 선거를 황제권력을 비롯한 어떠한 권력으로부터도 지켜내고자 하였다. 그 결과 근시관(近侍官)의 수가 법적으로 규정되었고[2] 삼공(三公)의 복권(復權)이 주장되었으며,[3] 격렬한 반환관(反宦官) 투쟁 끝에 자율적 사대부사회가 건설되었다.[4]

사회적으로는 2부 2장에서 살펴본 것처럼 모든 사회구성원을 대상으로 하는 국가예제(國家禮制)를 수립하고자 하였다. 물론 성공하지는 못했지만 중앙의 법률이 아닌 사대부의 지식체계의 근저를 이루는 유학(儒學)을 이용

---

1) 西嶋定生, 「武帝の死」, 『古代史講座 11』(東京 : 學生社, 1965), p.164.

2) 『後漢書』 卷志26, 「百官志三」 獻帝起居注, p.3594.

3) 後漢 말 三公權의 회복에 대해서는 洪承賢, 「選擧와 後漢 士大夫의 自律性－『後漢書』 「五行志」와 後漢末 批評的 著作의 檢討를 中心으로－」, 『東洋史學硏究』 86(2004), pp.82~86을 참조.

4) 渡邉義浩, 「黨錮」, 『後漢國家の支配と儒教』(東京 : 雄山閣, 1995), pp.367~418.

하여 세상의 모든 인간을 서열화하고, 그에 적합한 의무와 권리를 부여하고자 하였다. 당시 사대부들은 '누층적인 권력체계'를 기반으로 하는 새로운 정치질서를 수립하고자 하였다.[5] 그들은 황제로부터 인민에 이르는 일원적(一元的) 지배체제가 아닌 다원적(多元的) 지배체제를 가능하게 하는 개념들을 만들어 내고자 하였다. 다른 한편 유학의 이념을 생활에서 실천하고자 하는 노력이 경주되었다. 따라서 후한시기 사대부들의 일상생활에서 예 실천의 구체적 모습을 찾는 것은 어렵지 않다. 그 중에서도 가장 눈에 띄는 것은 상복례(喪服禮)의 실천이다.

이 장에서는 후한시기 사대부들이 정부와의 마찰 속에서도 자신들의 학문적 전통에 근거하여 수립하고자 했던 상복례를 살펴보고자 한다. 그 중에서도 삼년상(三年喪)의 실천을 고찰하고자 한다. 한대 사대부들이 예를 단순히 '군주를 높이고 신하를 낮추는 방법[尊君卑臣之法]'[6]으로 인식하던 것에서 벗어나 유교(儒敎) 예전(禮典)에 근거를 가진 하나의 학문으로, 삶의 규범으로, 자신들의 존재를 설명하는 근거로 받아들이게 된 과정 속에서 삼년상은 매우 중요한 지표가 될 수 있을 것이다. 왜냐하면 예제(禮制)와 관련하여 양한시기(兩漢時期) 제일 먼저 논쟁이 시작되었던 것도, 가장 지속적인 논쟁이 진행되었던 것도 바로 상기(喪期) 문제였기 때문이다. 특히 이 삼년상 허용여부를 둘러싼 논쟁의 와중에서 각 논자들이 자신들

---

5) 당시의 정치질서를 명확하게 '누층적 권력체계'라고 일컬은 연구는 없으나 淸代 趙翼을 비롯하여 많은 연구자들은 지방 長官의 辟召權 확대가 관료계층 안에서 또 다른 군신관계를 형성시켰다고 보았다. 漢時長官得自置吏之制, 而爲所置者, 輒有君臣之分(『二十二史劄記』 卷5, 「東漢尙名節」, p.61). 특히 전목 같은 이는 장관의 벽소권으로 인해 屬吏와 장관 사이에 명분상 군신관계가 수립되었다고 보았으며, 이것을 '二重的君主觀念'이라고 칭하였다. 이러한 '이중적 군주관념'은 본문 중에서 언급하는 '누층적 권력체계'의 실제적인 모습이라고 할 수 있겠다. 자세한 내용은 3절에서 다시 논의될 것이다. 錢穆, 『國史大綱』(北京 : 商務, 1940 : 1997), p.217.

6) 漢 초 叔孫通이 제정한 禮에 대하여 宋代 儒家들은 '오직 이것은 秦人의 尊君卑臣之法이다'라고 논평하여 한 초 예가 황제권력의 근거를 만들어 내는 범위에서 허용되었음을 말하였다. 『朱子語類』 卷135, 「歷代二」, p.3222.

주장의 근거를 황제권력의 유일성과 유학의 절대성에서 가져왔던 점은 삼년상의 허용이 결국 객관화된 '사회기준의 완비'라는 문제와 밀접하게 관련되어 있음을 알게 한다.

따라서 '유가(儒家) 경전(經典)에 근거한 행동지침의 정립 및 국가적 승인'의 성격을 가진 삼년상의 허용여부에 대한 고찰은 당시 사대부들의 정치적 자각과 한대 경학(經學)의 성격변화를 추적하는 데 중요한 의미를 가질 수 있을 것이다. 예가 궁극적으로 '친함과 소원함[親疏]을 확정하고 의심스러움[嫌疑]을 결정하며, 같고 다름[同異]을 구분하고 옳고 그름[是非]을 밝히는 것'[7]이라면 그것은 단순히 전례의식(典禮儀式)을 집행하는 도구가 아니라 정치권력의 범주를 규정하는 기본원리가 될 수 있을 것이다. 그러므로 한대 삼년상의 실행정도를 통해서 유학이 어떻게 황제권력을 상대화(相對化)하는지를 확인할 수 있을 것이다.

1절 전·후한 상복례의 변화

1. 문제의 유조와 전한시기 삼년상의 실태

상복례와 관련된 가장 유명한 기사는 아마도 전한 문제의 유조 중 다음의 기사일 것이다.

> 지금의 세상은 모두가 삶을 즐거워하고 죽음을 싫어한다. 그래서 후장(厚葬)으로 인하여 가산을 탕진하고, 오랜 복상(服喪)으로 인해 건강을 해치니 나는 이러한 풍속을 취하지 않겠다. … 영(令)이 내려지면 3일간 곡(哭)을 한 후 모두 상복을 벗으라.[8]

---

7) 夫禮者, 所以定親疏, 決嫌疑, 別同異, 明是非也(『禮記』, 「曲禮」, p.13).

8) 當今之世, 咸嘉生而惡死, 厚葬以破業, 重服以傷生, 吾甚不取 … 令到, 出臨三日, 皆釋服(『漢書』 卷4, 「文帝紀」, p.132).

문제의 유조는 후장과 중복(重服) 금지를 골자로 하고 있다. 문제는 죽음은 삶과 더불어 자연스러운 것이므로 죽음을 필요 이상 슬퍼할 것이 없다고 하며, 현재 후장의 폐해를 지적한 후 그것을 금지한다는 명을 내린다. 그리고 장례 후 3일이 지나면 모두 상복을 벗을 것을 명한다. 여기서 중복은 일반적으로 삼년상으로 이해되었다.

그렇다면 당시 황제가 유조에 의해 그 실행을 금지할 만큼 후장과 삼년상의 폐해가 사회적으로 심각했던 것일까? 당시 상황을 살펴보자. 삼년상이 언제부터 시작되었는지에 대해서는 다양한 의견이 있어 단언하기 힘들지만[9] 최근의 연구는 대체로 공자(孔子)와 그의 제자들에 의해 시작된 것으로 보고 있다.[10] 그러나 공자의 제자들이 삼년상을 행했고,[11] 맹자(孟子)와 순자(荀子)가 삼년상을 인도(人道)의 지극한 표현으로 자식이라면 누구나 마땅히 행해야 하는 것으로 규정하고 강조하고 있기는 하지만[12] 사회적으로 삼년상이 일반적이었던 것으로 보이지는 않는다. 오히려 이와는 달리 전국시기(戰國時期) 효자로 알려져 있던 섭정(聶政)이 모친의 장례가 끝나자마자 상복을 벗은 것이나,[13] 삼년상에 대한 맹자의 권고를 받은 등문공(藤文公)의 일가가 '우리의 종국(宗國) 노(魯)의 선군(先君)도 행하지 않고 우리 선군 또한 행하지 않으셨던 것이므로' 삼년상을 행할 수 없다고 한 사례들[14]을 통해 한 건국 이전 사회적으로 삼년상이 일반적인 것이 아니었음을 알

9) 三年喪의 기원에 대한 입장은 크게 ① 先秦儒家唱導說, ② 殷商舊制說, ③ 東夷習俗說, ④ 周武王創制說, ⑤ 周公作法說, ⑥ 孔子創制說, ⑦ 叔向提唱說 등으로 나눌 수 있다. 각 설의 자세한 내용은 丁鼎, 『≪儀禮·喪服≫考論』(北京 : 社會科學文獻, 2003), pp.22~29를 참조.

10) 丁鼎, 위의 책, p.48 ; 鄭凌華, 『中國喪服制度史』(上海 : 上海人民, 2000), p.100.

11) 孔子葬魯城北泗上, 弟子皆服三年(『史記』 卷47, 「孔子世家」, p.1945).

12) 吾嘗聞之矣 : 三年之喪, 齋疏之服, 饘粥之食, 自天子達於庶人, 三代共之(『孟子』, 「藤文公上」, p.130) ; 故三年之喪, 人道之至文者也. 夫是之謂之隆, 是百王之所同, 古今之所一也(『荀子』, 「禮論」, p.374).

13) 聶政母死. 既已葬, 除服(『史記』 卷86, 「刺客 聶政傳」, p.2523).

14) 父兄百官皆不欲, 曰 : 吾宗國魯先君莫之行, 吾先君亦莫之行也, 至于子之身而反之, 不可(『孟子』, 「藤文公上」, p.130).

수 있다. 그 보다는 당시 사회적으로 문제가 되었던 것은 후장으로 보인다.

고고학 발굴자료를 통해서도 알 수 있는 것처럼 그 정도가 심한 한묘(漢墓)의 경우에는 부장품이 3천여 점이 넘기도 하였고,[15] 도기(陶器)·동기(銅器)·철기(鐵器)를 비롯하여 다량의 옥(玉) 제품이 발굴되었다.[16] 또한 문헌 안에서도 후장을 금지하던 여러 차례의 조서(詔書)를 시기별로 확인할 수 있는데,[17] 이를 통해서 양한시기를 통틀어 후장의 풍속이 상당히 성행했음을 짐작할 수 있다.[18] 그러나 여러 차례의 조령(詔令)의 발표에도 불구하고 후장의 풍속은 교정되지 않았고, 오히려 전한후기 이후 정도는 더욱 심각해져[19] 후한 말이 되면 그 폐해가 상당했던 것으로 보인다. 이로 인해 당시

15) 中國科學院考古研究所滿城發掘隊, 「滿城漢墓發掘紀要」, 『考古』 1972-1.

16) 특히 90년대 발굴된 樓山漢墓, 米山漢墓, 韓山漢墓 등에서 다양한 器物과 玉製品이 나왔다. 徐州博物館, 「徐州後樓山西漢墓發掘報告」, 『文物』 1993-4 ; 耿建軍·梁勇·李銀德, 「江蘇徐州市米山漢墓」, 『考古』 1996-4 ; 徐州博物館, 「徐州韓山西漢墓」, 『文物』, 1997-2를 참조.

17) 厚葬을 금지하는 詔書는 文帝時期를 비롯하여, 成帝, 後漢 光武帝, 明帝, 和帝, 安帝時期에 지속적으로 내려졌다. 이들 황제들의 후장금지 조서의 중요 내용은 다음과 같다. 朕聞蓋天下萬物之萌生, 靡不有死. 死者天地之理, 物之自然者, 奚可甚哀. 當今之時, 世咸嘉生而惡死, 厚葬以破業, 重服以傷生, 吾甚不取(『史記』 卷4, 「文帝紀」, p.132) ; 聖王明禮制以序尊卑, 異車服以章有德, 雖有其財, 而無其尊, 不得踰制, 故民興行, 靡有厭足 … 車服嫁娶葬埋過制. 吏民慕效, 以成俗, 而欲望百姓儉節, 家給人足, 豈不難哉! (『漢書』 卷10, 「成帝紀」, p.324~325) ; 世以厚葬爲德, 薄終爲鄙, 至于富者奢僭, 貧者單財, 法令不能禁, 禮義不能止, 倉卒乃知其咎. 諸厚葬者皆被發掘, 故乃知其咎. 其布告天下, 令知忠臣·孝子·慈兄·悌弟薄葬送終之義(『後漢書』 卷1下, 「光武帝紀」, p.51) ; 仲尼葬子, 有棺無槨. 喪貴致哀, 禮存寧儉. 今百姓送終之制, 競爲奢靡. 生者無擔石之儲, 而財力盡於墳土. 伏臘無糟糠, 而牲牢兼於一奠. 糜破積世之業, 以供終朝之費, 子孫飢寒, 絶命於此, 豈祖考之意哉!(『後漢書』 卷2, 「明帝紀」, p.115) ; 吏民踰僭, 厚死傷生, 是以舊令節之制度. 頃者貴戚近親, 百僚師尹, 莫肯率從, 有司不擧, 怠放日甚(『後漢書』 卷4, 「和帝紀」, p.186) ; 詔三公明申舊令, 禁奢侈, 無作浮巧之物, 殫財厚葬(『後漢書』 卷5, 「安帝紀」, p.207). 각 시기 詔令에 대한 자세한 분석은 具聖姬, 「漢代厚葬風俗과 薄葬論」, 『史林』 15(2001), pp.124~133을 참조.

18) 당시 후장은 일부 富貴者뿐만 아니라 일반 평민들도 광범위하게 행하고 있었다고 한다. 張仁璽, 「兩漢時期的喪葬禮俗考略」, 『山東師範大學學報(人社版)』 47-6(2002), p.82.

19) 서국영은 전한후기 사회의 財富가 증가하면서 그에 따라 후장의 풍속이 더욱 성행하게 되었다고 분석했다. 徐國榮, 「東漢儒學名士薄葬之風和弔祭活動的文化蘊

많은 사대부들이 유언으로 박장(薄葬)을 명하였고,[20] 저술을 통해서도 후장을 비판하였다.[21] 하지만 현실의 상황은 점점 더 심각해져 갔다. 실제로 최식(崔寔)같은 이도 그의 저작 『정론(政論)』을 통해서는 후장의 폐해를 비판했으면서도[22] 정작 자신은 부친에 대한 후장으로 생활의 곤궁을 경험해야만 했다.[23] 이러한 후장의 습속은 전국시기부터 문제가 되었던 것으로 알려져 있다.[24]

이렇듯 당시 상황을 종합하면 삼년상보다는 후장이 사회적으로 문제가 되었음을 알 수 있어, 문제의 유조가 삼년상보다는 후장 쪽에 무게를 둔 것이 아닌가하는 생각을 갖게 한다. 실제로 유조의 본문 또한 삼년상의 내용보다 후장풍속에 대한 내용이 주를 이루고 있다는 점도 그것 본래 취지를 이해하는 데 도움을 준다. 그래서 일련의 연구들은 문제의 박장권장을 당시 사회적으로 성행했던 황로술(黃老術)과 연관하여 이해하고 있다.

涵」, 『東方論壇』 2000-4, p.23.

20) 後漢代 遺言으로 薄葬을 명하고 있는 이로는 張奐, 李固, 范冉, 楊震, 王堂, 鄭弘, 趙咨, 袁閎, 趙岐, 盧植, 樊宏, 梁騰, 鄧騰, 馬融 등이 있다.

21) 대표적으로 王符의 후장비판과 王充의 비판을 들 수 있다. 京師貴戚, 郡縣豪家, 生不極養, 死乃崇喪, 或至金刻鏤玉, 檽梓楩柟, 良田造營, 黃壤致藏, 多埋珍寶, 偶人車馬, 造起大冢, 廣種松柏, 廬舍祠堂, 崇侈上僭. 寵臣貴戚, 州郡世家, 每有喪葬, 都官屬縣, 各當遣吏賫, 車馬帷帳, 貸假待客之具, 竟爲華觀(『潛夫論』, 「浮侈」, p.209) ; 養生順志, 所以爲孝也. 今多違志儉養, 約生以待終, 終沒之后, 乃崇餝喪紀以言孝, 盛饗賓旅以求名(『潛夫論』 卷2, 「務本」, p.30) ; 人之所以生者, 精氣也. 死而精氣滅, 滅而形體朽, 朽而成灰土, 何用爲鬼?(『論衡』 卷20, 「論死」, p.803). 그러나 왕충의 薄葬論은 왕부의 박장이 경제적인 사치의 반대로 주장된 것과는 달리 영혼이나 귀신 등의 존재를 믿지 않음으로 인해 주장된 것으로 당시 일반적인 후장비판과는 다소 차이가 있다.

22) 今 ; 乃送終之家亦大無法度, 至用轜梓黃腸, 多藏寶貨, 饗牛作倡, 高墳大寢. 是可忍也, 孰不可忍? 而俗人多之, 咸曰「健子」! 天下跂慕, 恥不相逮. 念親將終, 無以奉遣, 乃約其供養, 豫修亡歿之備, 老親之飢寒, 以事淫法之華稱, 竭家盡業, 甘心而不恨(『政論』, 「闕題三」, p.89).

23) 初, 寔父卒, 剽賣田宅, 起冢營, 立碑頌. 葬訖, 資産竭盡, 因困窮以酤釀販鬻爲業(『後漢書』 卷52, 「崔寔傳」, p.1731).

24) 具聖姬, 「漢代의 靈魂不滅觀」, 『中國史研究』 28(2004), pp.49~50.

물론 문제가 유조를 통해 박장을 명한 것을 정치적으로 해석하려는 시도가 전혀 없는 것은 아니다. 예컨대 고향명(顧向明)은 문제가 이러한 유조를 남긴 것은 문제의 개인적인 상황, 즉 외번(外藩)으로 종위(宗位)를 계승한 것과 관련한 것이라고 보았다.[25] 그러나 유조에 생사(生死)에 대한 도가적(道家的) 입장이 서술되며, 인민의 부담을 덜어주기 위한 조치임이 천명(闡明)된 점을 고려하면 유조를 당시 사회적으로 유행하던 황로사상의 영향으로 이해하는 것이 타당할 듯하다.[26] 따라서 유조의 중점적인 내용은 후장금지이며 삼년상은 이와 더불어 언급한 정도로 보아도 큰 무리는 없을 듯하다.

그러나 아래 『통전(通典)』의 기사에 따르면 문제의 유조가 삼년상 혁파를 목적으로 내려진 듯하다.

> **한문제의 유조에 의해 삼년상이 혁파되었다**. "천하 관리와 백성은 영(令)이 내려지면 3일 동안 곡하고 모두 상복을 벗으라. 궁중에서 곡제(哭祭)에 임하는 자들은 모두 단지 아침저녁으로 열다섯 번만 곡을 하고, 예가 끝나면 그치라. 아침저녁의 곡할 때가 아니면 마음대로 곡하지 못하게 하라. 장례를 치른 후에는 상복제도에 입각해 9개월의 대공복(大功服)은 15일, 5개월의 소공복(小功服)은 14일, 3개월의 시마복(緦麻服)은 7일간 입고 상복을 벗으라. 나머지 영에 없는 것은 모두 이 영에 근거하여 행하게 하고, 천하에 포고하여 짐의 뜻을 명확히 알게 하라." 상기가 정해진 후 준수되어 고쳐지지 않았다.[27]

---

25) 顧向明, 「試論漢代禮制的形成與演變」, 『民俗研究』 48(1998), p.71.

26) 후지카와 마사카즈는 文帝의 遺詔를 黃老思想의 결과라고 보았다. 그에 의하면 遺詔는 문제가 臣民의 부담을 가볍게 하려는 순수한 심정으로 조처한 것이지만 결과적으로는 실리주의의 시책이 되었고, 후세 功利主義者들에 의해 短喪의 구실로 인용되었다고 하였다. 藤川正數, 『漢代における禮學の研究』(東京 : 風間書房, 1968), p.268.

27) **漢文帝遺制, 革三年之喪**, 「其令天下吏民, 令到, 出臨三日, 皆釋服. 殿中當臨者, 皆以旦夕各十五舉音, 禮畢罷. 非旦夕臨時, 禁無得擅哭. 服大紅十五日, 小紅十四日, 纖七日, 釋服. 他不在令中者, 皆以此令比類從事. 布告天下, 使明知朕意」. 喪期之制,

두우(杜佑)에 의하면 문제의 유조는 무엇보다도 삼년상을 혁파하기 위한 조령이다. 하지만 우리는 유조를 내리던 시기 삼년상이 사회적인 문제가 아니었음을 이미 확인하였다. 그리고 아래의 예는 유조 이후에도 삼년상이 그다지 문제가 되지 않았음을 알려준다. 성제시기(成帝時期) 설선(薛宣)의 예를 보자.

> 설선에게는 명(明)과 수(修), 두 동생이 있었다. … 후모(後母)가 병사(病死)하니 수는 거관(去官)하여 복상하였다. 선이 수에게 삼년복은 능히 행하는 자가 적다고 하니 형제가 서로 불가(不可)하다 논박하였다. 수는 마침내 삼년복을 마쳤고 이로써 형제가 불화(不和)하게 되었다.[28]

위의 기사를 통해서도 삼년복이 없었던 것은 아니지만 일반적이 아니었음을 알 수 있다. 실제로 설수를 제외하고는 복상하기 위해 관직에서 물러나는 거관의 예를 전한시기에는 찾아보기 힘들다. 또한『한서(漢書)』「유협(游俠) 원섭전(原涉傳)」의 "당시에는 또 적은 수의 사람들만이 삼년상을 행하였다[時又少行三年喪者]"[29]는 기사를 통해서도 애제시기(哀帝時期)까지도 삼년상이 일반적이 아니었음을 알 수 있다.[30] 그래서 안사고(顔師古)는 유조가 문제의 명령에 의해 36일 만에 상복을 벗는 제도[除服]가 처음 만들어진 것을 설명한다고 이해하였다. 따라서 그는 문제의 유조를 '이일역월(以日易

自後遵之不改(『通典』 卷80, 「凶禮二」, p.2157).

28) (薛)宣有兩弟明·修 … 後母病死, 修去官持服. 宣謂修三年服少能行之者, 兄弟相駁不可. 修遂竟服, 繇是兄弟不和(『漢書』 卷83, 「薛宣傳」, p.3394).

29) 『漢書』 卷92, 「游俠 原涉傳」, p.3714.

30) 『漢書』「薛宣傳」에 薛宣이 服喪하지 않았음을 이유로 封爵과 官職의 회복을 반대하는 의견이 있었던 것과 관련하여 이 시기 사회적으로 三年喪이 일반화되었다고 주장할 수도 있겠다. 그러나 설선의 뒤를 이어 승상이 된 翟方進의 단상 사례에서 볼 수 있듯이 당시 삼년상이 일반적이라 해도 국가는 행정적인 이유로 재상의 삼년상을 용인할 처지는 아니었다. 그러므로 설선의 사례를 통해 그 시기 삼년상의 일반화를 논하기는 어렵고 당시 정치역학 속에서 정치적 반대파에 의해 삼년상이 구실이 되었던 것이 아닌가 생각된다.

月-날로써 달을 대신하다)'에 의해 삼년상을 금지한 것으로 이해한 응소(應劭)와 응소의 견해를 재생산하는 이들의 잘못을 지적하였다.[31)]

이러한 두우와 안사고의 각기 다른 견해는 후대 연구자들에게도 영향을 미쳐 삼년상을 둘러싼 이견을 낳았다. 청대(淸代) 하작(何焯)은 단상지령(短喪之令)이 '문제 이후 370년 동안 행해졌다'고 주장하였고,[32)] 이와는 달리 조익(趙翼)은 한대 상복제는 정해진 바가 없이 행하는 자의 편의에 따라 행해졌다고 이해하였으며,[33)] 고염무(顧炎武)는 문제시기 단상의 원칙이 마련된 후 당태종시기(唐太宗時期)까지 변화가 없었다고 보아 하작과 같은 주장을 하였다.[34)] 근래까지도 입장의 차이는 좁혀지지 못하고 있는 실정이다. 전한시기 삼년상의 사례와 단상의 사례가 모두 공존하는 것이 연구자들에게 문제가 되었기 때문이다. 그래서 황제를 비롯한 제후왕(諸侯王), 열후(列侯), 공경(公卿) 등 장시간 자리를 비울 수 없는 이들은 삼년상을 실행하지 않았고, 공경 이하 중하급 관리의 경우만 삼년상을 행할 수 있었다는 다소 절충적인 견해가 제출되기도 하였다.[35)] 그러나 문제의 조령을 국가의 대강(大綱)이 아닌 문제 자신의 장례에만 국한된 조치였다고 보는 견해도 있어,[36)] 최근까지도 이 문제는 명쾌한 해결을 보지 못하고 있다.

그런데 정작 전한의 사정을 전하는 기사 안에서 정부와 삼년상을 행하는 이들 사이에 갈등을 찾을 수 없다. 물론 삼년상을 행하는 사람이 드물었던

31) 師古曰 :「此喪制者, 文帝自率己意創而爲之, 非有取於周禮也, 何爲以日易月乎! 三年之喪, 其實二十七月, 豈有三十六月之文! 禫又無七月也. 應氏旣失之於前, 而近代學者因循謬說, 未之思也.」(『漢書』 卷4, 「文帝紀」, p.134).

32) 何焯은 『義門讀書記』에서 閻若璩의 『潛邱劄記』를 인용하며 문제의 단상지령이 370년 동안 지켜졌다고 하였다. 何焯, 『義門讀書記』, 「前漢書」, p.860권-192 ; 閻若璩, 『潛邱劄記』, p.859권-452.

33) 蓋本無必當行喪之制. 故欲行喪者, 皆須自乞. 亦無不許行喪之制, 故乞身者, 亦多得請也. 惟其無定制(『二十二史劄記』, 「兩漢喪服無定制」, p.42).

34) 『日知錄』, 「外親之服皆緦」, p.203.

35) 沈文倬, 「漢簡≪服傳≫考」, 『宗周禮樂文明考論』(杭州 : 浙江大, 2001), pp.154~155. 原載 : 『文史』 24·25輯(1985).

36) 楊天宇, 「略論漢代的三年喪」, 『鄭州大學學報(哲史版)』 35-5(2002), p.68.

것에도 이유가 있었겠으나, 혹 당시 삼년상이 사회적으로 묵인된 것은 아니었을까? 요컨대 국가는 행정상의 문제를 발생시키는 정도가 아닌 경우 삼년상을 묵인했던 것은 아니었을까? 사실 사회적으로 일반화되지 않았던, 그래서 행정적으로 문제를 발생시키지 않았던 삼년상에 대해 국가는 강압적인 금지를 할 필요는 없었을 것이다. 특히 한이라는 국가가 황제의 명칭에서도 잘 드러나는 것처럼 효(孝)를 칭양(稱揚)하던 국가였다는 점을 고려한다면, 필요 이상의 금지를 상정할 필요는 없을 것이다.

또한 당시 행해졌던 삼년상이 후한대의 그것과는 달리 철저한 유가의 이념이 구현된 것으로 보기 힘들다는 점도 생각해 봐야할 것이다. 무제시기(武帝時期) 대신 중 삼년상을 행한 대표적인 이는 공손홍(公孫弘)이었는데, 그를 유가이상의 실현자로 구분하기도 적절하지 않다.[37] 이처럼 당시의 정황은 국가가 삼년상에 대해 특별한 원칙을 가질 필요를 충족시키고 있지 못했던 것이다.

2. 후한시기 복상을 위한 거관의 유행

그러나 후한시기 들어오면 전한시기에는 볼 수 없었던 삼년상의 풍습이 사회적으로 자리 잡게 된다.[38] 특히 그것과 관련하여 후한시기 특기할 만한 상황은 복상을 위한 거관(去官)과 기관(棄官)이다.[39] 『후한서(後漢書)』에 보이는 총 50회의 거관 사례 중 18회가 상사(喪事)에 의한 거관으로,

---

37) 公孫弘의 儒學에 대해서 와타나베 요시히로는 武帝의 절대적인 지배를 粉飾하여 지배의 정당성을 제공했던 변질된 유학이었다고 분석하였다. 渡邉義浩, 앞의 책, pp.60~64.

38) 『後漢書』에는 服三年, 行三年喪을 비롯하여 過禮, 如禮, 服闋 등 삼년상을 행하는 것과 관련한 다양한 표현들이 등장하고 있다.

39) 왕언휘는 去官과 棄官 모두가 관리 스스로 해직함을 의미하지만, 기관의 경우는 거관과는 달리 정치적인 항의나 처벌에 대한 도피의 성격이 강하다고 보았다. 그러나 사료 안의 거관과 기관을 분석한 결과 두 용례의 차이를 발견할 수 없었고, 기관이 정치적 항의의 표현이라는 점도 확인할 수 없었다. 王彦輝, 「漢代的"去官"與"棄官"」, 『中國史硏究』 1998-3, p.21.

『한서』의 21회 중 단 한 차례만이 상사로 인한 거관인 것과 좋은 대조를 보이고 있다. 또한 『한서』에 한 차례도 등장하지 않은 기관의 경우 『후한서』에는 19회가 등장하는데, 그 중 5회가 상사에 의한 것이었다. 그 중 몇 사례를 살펴보자.

① 노공(魯恭)이 재임한 지 3년, 주(州)에서 그를 고과(考課) 성적 우이(尤異)로 추천하였다. **모친상을 당해 거관하니** 관리들과 인민들이 그를 그리워하였다.[40)]

② 후에 효렴(孝廉)에 발탁되어 제음군(濟陰郡) 승(丞)에 배수되었다. 태수(太守) 유육(劉育)이 그를 매우 신임하여, 군리(郡吏)의 직임에 임용하고 상서(上書)로써 [그를] 추천하였다. [그 때] **유평(劉平)이 부친상을 당해 거관하였다**.[41)]

③ 송균(宋均)이 [진양(辰陽) 백성들을 위해] 학교를 세우고 예에 부합하지 않는 제사를 금지하니 인민 모두가 편안해 하였다. **조모의 상에 의해 거관하고** 영천(潁川)에서 객(客)으로 글을 가르쳤다.[42)]

④ 또 임금의 측근들에 대해 간언(諫言)하고 두씨(竇氏)를 폄하하고 배척하였지만, [그의] 말은 이미 영향을 미치지 못하였다. [오히려] 오랫동안 억압을 받아 승진하지 못하였다. **형 순(順)의 상을 당해 거관하였다**.[43)]

⑤ 후에 태상승(太常丞)으로 옮겼는데, **동생에 대한 복상을 위해 거직(去職)**

---

40) (魯)恭在事三年, 州擧尤異, **會遭母喪去官**, 吏人思之(『後漢書』 卷25, 「魯恭傳」, p.875).

41) 後擧孝廉, 拜濟陰郡丞, 太守劉育甚重之, 任以郡職, 上書薦平. **會平遭父喪去官**(『後漢書』 卷39, 「劉平傳」, p.1296).

42) (宋)均爲立學校, 禁絶淫祠, 人皆安之, **以祖母喪去官**, 客授潁川(『後漢書』 卷41, 「宋均傳」, p.1411).

43) 又譏切左右, 貶刺竇氏, 言旣無感, 而久抑不遷, **以兄順喪去官**(『後漢書』 卷26, 「韋義傳」, p.921).

하였다.[44)]

⑥ [진중(陳重)이] 현정(縣政)에서 뛰어난 교화(敎化)의 성취를 보여 [고과 성적] 우이로 추천되었다. 회계태수(會稽太守)로 옮길 때 **누이의 상을 당해 거관하였다.**[45)]

⑦ 누이동생의 상을 당해 복상을 위해 돌아가고자, **마침내 인수(印綬)를 풀러 버렸다.**[46)]

⑧ 후에 효렴이 되어, 광록주사(光祿主事)가 되었다. **백부(伯父)의 상을 당해 거관하였다.**[47)]

⑨ 형의 아들의 상으로 인하여 **스스로를 탄핵(彈劾)하고 집으로 돌아갔다.** 등태후(鄧太后)가 듣고 노하여, 마융(馬融)이 조정의 명령과 직임(職任)을 수치스럽고 가볍게 여기고 주군(州郡)에서 임명되고 싶어 한다고 여겨 마침내 그를 관직에 나오지 못하게 하였다.[48)]

다른 의례(儀禮) 역시 유가사상을 체현한다는 점에서는 동일하겠지만 그 중에서도 상복례는 친친(親親) 존존(尊尊) 귀귀(貴貴) 현현(賢賢)의 유가사상의 특색을 가장 잘 체현한다는 점에서 중요하다. 따라서 이와 같이 복상을 위해 거관하는 사례가 증가한 것은 후한사회가 전한사회에 비하여 유가의 이념에 의해 무장되고 있다는 것을 보여주는 증거라고 할 수 있을 것이다. 요컨대 후한시기 상복례가 완비되고, 사대부들에게 지켜진다는 것은 유가의

---

44) 後遷太常丞, **以弟服去職**(『後漢書』 卷81, 「獨行 譙玄傳」, p.2667).

45) 政有異化, 擧尤異, 當遷爲會稽太守, **遭姊憂去官**(『後漢書』 卷81, 「獨行 陳重傳」, p.2687).

46) 失妹寧歸, **遂釋印紱**(『隸釋』 卷7, 「冀州刺史王純碑」, p.80上).

47) 後爲孝廉, 光祿主事, **遭伯父喪去官**(『後漢書』 卷81, 「獨行 戴封傳」, p.2684).

48) **因兄子喪自劾歸. 太后聞之怒, 謂融羞薄詔除, 欲仕州郡, 遂令禁錮之(『後漢書』 卷60上, 「馬融傳」**, p.1970).

이념이 사대부들에게 중요한 행위기준이 되었다는 것을 말해준다. 이제 전 사회적으로 가장 중요한 사회적 가치기준, 행동기준이 유가의 경전(經典)에 근거하게 된 것이다.[49]

그런데 이러한 유가경전에 근거한 사대부들의 생활규범의 완비는 국가와의 마찰을 불러왔다. 복상이라는 것이 정해진 상복을 입고, 취관(就官)·혼취(婚娶)로 대표되는 금지행위를 하지 않는 것이기 때문에 관료들에게 복상을 위한 거관은 거의 필수적인 사항이었다. 그러나 한조가 '효치천하(孝治天下)'의 기본정신을 가지고 있는 것과 행정적인 차원에서 정부가 관리들의 복상을 인정하는 것은 별개의 문제였기에,[50] 당시 관료들은 정부로부터 상복을 위한 거관을 제도적으로 보장받지 못했다.[51] 이로 인해 관료들은 관직을 버리고 복상을 행할 수밖에 없었다. 사대부들이 유가의 이념을 체현하는 것 자체가 공권력과의 대립을 의미하는 상태가 되었다. 자연히 삼년상에 대한 논의도 점차 유가의 절대성과 공권력이 대립하는 형태로 전개되었다.

물론 황제와 사대부의 대립이 그렇게 심각했던 것만은 아니다. 한초 문제의 유조 이후 한의 황제들이 대신탈복(大臣脫服)이라는 방법을 동원하면서까지[52] 단상의 원칙을 지키려고 했지만, 때로는 대신이 복상을 위해 특별히 한직(閒職)으로 옮긴 후 거관하게 하기도 했다.[53] 그러나 거관이나

---

49) 이것을 甘懷眞은 '經典主義'라고 지칭하였다. 甘懷眞, 「「制禮」觀念的深析」, 『皇權·禮儀與經典詮釋：中國古代政治史研究』(臺北：喜瑪拉雅研究發展基金會, 2003), p.79(原載：「中國中古時期制禮觀念初探」, 『史學：傳承與變遷學術研究討論會論文集』(臺北：國立臺灣大學歷史系, 1998)).

50) 가미야 노리코는 거관이라는 것이 국정운행에 문제를 발생시킬 수밖에 없어서 비록 국가가 유교적 도덕을 옹호하는 입장을 가졌다고 해도 제도적으로 거관을 보장해 줄 수는 없었다고 보았다. 神矢法子, 「漢晉間における喪服禮の規範的展開-婚姻習俗「拜時」をめぐって-」, 『東洋學報』 63-1·2(1981), p.76.

51) 원칙적으로 服喪을 인정했던 元初 연간(114~119)에 관료들은 삼년상 이후 다시 본래의 職으로 복귀했다(元初三年有詔, 大臣得行三年喪, 服闋還職. 『後漢書』 卷46, 「陳忠傳」, p.1560). 그러나 삼년상이 보장되지 않았던 시기에는 거관 이후 복직사례를 찾아 볼 수 없다.

52) 大臣脫服에 관해서는 藤川正數, 앞의 책, 6장 「大臣脫服制について」를 참조.

기관이 국가 행정상 문제가 될 수밖에 없는 것은 자명한 사실이었다. 위의 기사들을 통해서 알 수 있는 것처럼 부모에 대한 삼년상(①, ②)뿐 아니라 조부모에 대한 복상을 위해서도 거관하는 사례(③)가 등장한다. 더하여 형제(④, ⑤), 자매(⑥, ⑦)로 그 범위가 확대되었고, 백부(伯父)(⑧), 심지어는 조카를 위해서 거관하는 자(⑨)도 있었다. 이러한 거관이 얼마나 심각했는가는 아래와 같은 건의를 통해서도 알 수 있다.

> 신이 삼가 생각하기를 … 부모의 상이 아니면 거관하지 못하게 해야 할 것입니다. 법금(法禁)을 따르지 않는 것은 왕명을 집행하지 않는 것이니 종신토록 금고(禁錮)에 처해야 할 것입니다. [또한] 비록 국가에 사면령(赦免令)이 내려진다 해도 [사면하여] 다른 이와 같게 해서는 안 될 것입니다.[54]

위 기사는 유명한 유학자인 좌웅(左雄)이 거관을 사회문제로 인식하고 있다는 것을 보여준다. 좌웅은 거관과 기관을 부모의 경우로만 국한해야 함을 주장하고, 부모상 이외의 거관이나 기관을 금지하기 위해 범법하는 관료의 경우 종신토록 금고형에 처하고, 도중에 사면될 수 없게 해야 한다고 하였다. 이것을 통해 당시 상사로 인한 거관과 기관이 사회적으로 성행했음을 알 수 있으며, 심각한 사회문제였음을 알 수 있다. 그러나 이러한 좌웅의 염려에도 불구하고 상사로 인하여 거관·기관하는 사례는 더욱 빈번해졌다. 이것에 대해 국가는 어떻게 대응했을까?

---

53) 永平十五年 … 遷越騎校尉 … 肅宗卽位, (桓)郁以母憂乞身, 詔聽以侍中行服(『後漢書』 卷37, 「桓郁傳」, p.1255)；徵入爲太僕. 數年, 喪後母, 辭疾乞身, 詔以光祿大夫行服(『後漢書』 卷44, 「鄧彪傳」, p.1495).

54) 臣愚以爲守相長吏 … 非父母喪不得去官. 其不從法禁, 不式王命, 錮之終身, 雖會赦令, 不得齒列(『後漢書』 卷61, 「左雄傳」, p.2018).

2절 삼년상에 대한 한조정의 대응

우선 후한정부의 삼년상에 대한 입장을 살펴보자.

> ① 광무황제(光武皇帝)께서 상사를 위해 휴가를 내고 복상하는 제도[告寧之典]를 금지하신 이후 만세(萬世)의 준칙이 되었습니다.[55]

> ② 원초(元初) 3년(116) 11월 병술(丙戌), 처음으로 대신·자사(刺史)가 삼년상을 행할 수 있게 되었다.
>
> 주(注) : 문제가 유조에 의해 날로써 달을 삼아[以日易月] 복상하게 한 후 대신들은 마침내 [그것을] 상례(常禮)로 여겼는데, 지금에 이르러 다시 옛 제도를 준수하게 된 것이다.[56]

> ③ [건광(建光) 원년(121) 11월] 경자(庚子), 다시 대신과 이천석(二千石) 이상 관리들이 삼년상을 행하는 것을 금지하였다.[57]

①의 기사는 광무제가 '고녕지전' 즉, 관리가 복상을 이유로 휴가를 청하는 것을 금지하였다는 것이다. 후한사회가 유가의 이념을 국가적으로 인정하고 채택하였다고 알려져 있지만 여전히 정부는 효율성이라는 측면에서 복상을 금지하였던 것이다. 그리고 안제(安帝) 원초 연간(114~119)이 돼서야 비로소 고급관료들의 삼년상이 허가된다(②). 그러나 ③의 기사에서 볼 수 있듯이 고급관료의 복상은 곧 불편하다고 여겨져 폐지된다.[58]

그리고 폐지된 제도는 환제시기(桓帝時期) 부활한 후 얼마 못 가 다시

---

55) 光武皇帝絶告寧之典, 貽則萬世(『後漢書』 卷46, 「陳忠傳」, p.1560).

56) (元初三年十一月)丙戌, 初聽大臣·刺史行三年喪. 注)文帝遺詔以日易月, 於後大臣遂以爲常, 至此復遵古制也(『後漢書』 卷5, 「安帝紀」, p.226).

57) 庚子, 復斷大臣二千石以上服三年喪(『後漢書』 卷5, 「安帝紀」, p.234).

58) 舊制, 公卿·二千石·刺史不得行三年喪, 由是內外衆職並廢喪禮. 元初中, 鄧太后詔長吏以下不爲親行服者, 不得典城選擧. 時有上言牧守宜同此制, 詔下公卿, 議者以爲不便(『後漢書』 卷39, 「劉愷傳」, p.1307).

폐지되는 등 치폐(置廢)가 반복되었다.

> [영흥(永興) 2년(154)] 2월 신축(辛丑), 처음으로 자사·이천 석 관리가 삼년상을 행하는 것을 허가하였다.
>
> [영수(永壽)] 2년(156) 춘정월 처음으로 중관(中官)이 삼년상을 행할 수 있게 되었다. 중관은 상시(常侍) 이하다.
>
> [연희(延熹) 2년(159)] 3월, 다시 자사·이천 석 관리가 삼년상을 행하는 것을 금지하였다.[59)]

이러한 잦은 치폐가 환제시기에 있었다는 것으로 보아 아무래도 이 시기 복상과 관련하여 국가적 갈등이 전개되었다는 것을 알 수 있다.[60)] 우리는 여기서 그 구체적인 갈등의 원인을 알 수는 없지만 삼년상의 허가가 행정적인 면에서 국가에 부담이 되었다는 점은 분명하게 알 수 있다. 가미야 노리코[神矢法子]의 지적처럼 국가가 '효제(孝悌)'에 집약된 가족도덕을 권장하는 것과 행정적으로 효율성에 문제를 발생시키는 삼년상에 법제적인 근거를 부여하는 것에는 차이가 있기 때문이다.[61)]

한편 혹자의 경우 다음의 기사들에 근거하여 한대 삼년상이 허용되었음은 물론이고 복상을 행한 경우 사회적으로 칭송받았으며, 심지어는 국가로부터 표창을 받았다는 주장을 하기도 한다.

---

59) 차례로 (永興二年)二月辛丑, 初聽刺史·二千石行三年喪服(『後漢書』 卷7, 「桓帝紀」, p.299) ; (永壽)二年春正月, 初聽中官得行三年服. 中官, 常侍以下(『後漢書』 卷7, 「桓帝紀」, p.302) ; (延熹二年)三月, 復斷刺史·二千石行三年喪(『後漢書』 卷7, 「桓帝紀」, p.304).

60) 桓帝時期 삼년상을 둘러싼 갈등의 전개는 후술하겠지만 이 시기 사대부들의 자율적이면서도 집단적인 움직임이 활발했다는 점과 밀접한 관련이 있다.

61) 神矢法子, 「晉時代における王法と家禮」, 『東洋學報』 60-1·2(1978), pp.19~20.

④ 우정국(于定國)이 죽고 [아들 영(永)이] 삼년상을 행하여 효행이 알려졌다. 이로 인하여 열후로서 산기광록훈(散騎光祿勳)이 되었고 어사대부(御史大夫)에 이르렀다.[62]

⑤ 조를 내려 명하였다. "하간왕(河間王) 양(良)이 황태후를 위해 삼년상을 행하였으니 이는 종실(宗室)의 의표(儀表)로 만호(萬戶)를 익봉(益封)한다."[63]

⑥ 요기(銚期)의 자(字)는 차황(次況)으로 … 부친은 맹(猛)으로 계양태수(桂陽太守)였다. 맹이 죽자 기가 삼년상을 행하여 향리(鄕里)가 그를 칭찬하였다. 광무제가 영천(潁川) 지역을 경략(經略)할 때, 기의 지의(志義)를 듣고 그를 서적조연(署賊曹掾)으로 벽소(辟召)하였다.[64]

⑦ [동평왕(東平王)] 창(敞)이 모친을 위해 삼년상을 행하니 국상(國相) 진진(陳珍)이 그 행장(行狀)을 상서(上書)하였다. 영녕(永寧) 원년(120), 등태후(鄧太后)가 창에게 오천호(五千戶)를 증읍(增邑)하고 또 그의 부친 창(蒼)의 손자 2인을 정후(亭侯)로 봉하였다.[65]

이 밖에도 순제시기(順帝時期) 동해왕(東海王) 유진(劉臻)과 그의 동생 검(儉)이 행한 모친 삼년상이 포상을 받은 사례와[66] 환제시기 제북왕(濟北王) 유차(劉次)가 아홉 살 어린 나이에 그의 부친을 위해 삼년상을 행한 것이 포상을 받은 사례들은[67] 정부가 삼년상에 대해 반대하기는커녕 오히려

---

62) 定國死, 居喪如禮, 孝行聞. 由是以列侯爲散騎光祿勳, 至御史大夫(『漢書』 卷71, 「于定國傳」, p.3046).

63) 詔曰 : 「河間王良喪太后三年, 爲宗室儀表, 益封萬戶.」(『漢書』 卷11, 「哀帝紀」, p.336).

64) 銚期字次況 … 父猛, 爲桂陽太守, 卒, 期服喪三年, 鄕里稱之. 光武略地潁川, 聞期志義, 召署賊曹掾(『後漢書』 卷20, 「銚期傳」, p.731).

65) (東平孝王劉)敞喪母至孝, 國相陳珍上其行狀. 永寧元年, 鄧太后增邑五千戶, 又封蒼孫二人爲亭侯(『後漢書』 卷42, 「東平憲王蒼傳」, p.1442).

66) 『後漢書』 卷42, 「東海恭王彊傳」, p.1426.

67) 『後漢書』 卷55, 「濟北惠王壽傳」, p.1807.

삼년상을 사회적으로 선양하고 있다는 주장의 근거가 되기 충분하다. 좀 더 자세히 기사를 살펴보자.

⑤의 기사는 전한 애제(哀帝)가 모친의 삼년상을 치른 하간왕을 표창한 것으로 종종 전한정부가 삼년상을 권장했다는 근거로 이용되는 기사다. 그러나 우리는 이 역시 정부가 삼년상을 권장했다는 근거가 아닌, 예가 정치적으로 어떻게 이용될 수 있는가를 보여주는 사례로 해석해야 할 것이다. 이를 위해 당시 정국을 잠시 살펴볼 필요가 있을 것 같다.

성제(成帝)는 후사(後事)가 없는 관계로 당시 정도왕(定陶王)인 애제를 불러들여 태자로 삼았다. 성제 사후 즉위한 애제는 자신의 부친 정도공왕(定陶共王)을 공황(共皇)으로 추존(追尊)하여 경사(京師)에 황고묘(皇考廟)를 설치하고, 조모 부후(傅后)를 공황태후(共皇太后)로, 모친인 정후(丁后)를 공황후(共皇后)로 높였다. 그러나 이러한 애제의 행동은 왕망(王莽)을 비롯한 사단(謝丹) 등의 반대에 부딪혔고 곧 격렬한 논쟁을 발생시켰다.[68] 이때 왕망 등은 반대의 근거를 "태자는 적통[正統]을 계승한 자로 마땅히 궁중에서 양육되어야 하고, 사친(私親)을 다시 돌아볼 수 없다"[69]는 성제의 말에서 구했다. 소종(小宗)의 계통이 단절되는 한이 있더라도, 대종(大宗)의 계통을 유지해야 한다는 논리로 남의 후계자가 된 자[爲人後者]는 친부(親父)의 제사를 지내지 못한다는 석거각회의(石渠閣會議) 내용이 다시 한 번 확인되는 장면이라 할 수 있다.[70]

이러한 현실의 문제를 애제는 선제(宣帝)와 비슷하게 돌파해 나갔던 것으로 보인다. 선제와 애제는 위인후자(爲人後者)로서 황제가 된 경우로, 두 황제 모두 자신에게 불리한 경전해석의 한계를 대인민(對人民) 정책으로 만회하고자 하는 조치를 취했다. 예컨대 선제는 자신의 황고묘 설치의도가 어쩔 수 없는 부자간의 효에서 기인한다는 점을 강조하기 위해 "효로써

68) 『漢書』 卷66, 「謝丹傳」, pp.3505~3506.

69) 太子丞正統, 當共養陛下, 不得復顧私親(『漢書』 卷97下, 「外戚傳」, p.4000).

70) 『漢魏遺書鈔 石渠禮論』, p.5右.

백성을 이끌면 천하가 순(順)해진다. 지금 백성들 중 상사(喪事)를 만난 자가 있으나 관(官)이 요사(繇事)에 복역하게 하여 장례를 지내지 못하여 효자의 마음을 상하게 하니 짐이 심히 그것을 가엽게 여긴다. 지금부터 모든 조부모와 부모의 상을 당한 자는 요사에 복역하지 않게 하고 수렴송종(收斂送終)하게 하여 그 자손의 도를 다하게 하라"[71]는 조를 발표하였다. 즉, 자신의 황고묘 설치가 효의 정당한 발로였음을 보여준 것이다. 애제 역시 자신의 모친을 위해 삼년상을 행한 하간왕을 종실의 의표라고 포상하여 자신의 행위에 정당성을 부여하였다. 특히 애제는 박사제자(博士弟子)가 부모상을 당한 경우 '여녕삼년(予寧三年)', 즉 삼년상을 치를 수 있도록 조처했다.[72] 그러므로 애제시기의 사례를 정부의 삼년상 권장의 내용으로 이해해서는 안 될 것이다.

나머지 사례들도 마찬가지다. 반란시기 인민의 환심을 사기 위해 특별히 삼년상을 표창했을 듯싶은 ⑥의 요기의 사례를 제외하고는, ④·⑦ 모두가 열후 및 종실의 친왕(親王)들의 사례라는 점은 삼년상에 대한 국가의 표창을 삼년상의 사회적 일반화로 이해하는 것이 타당할까 하는 의문을 갖게 한다.

혹자는 한대 삼년상이 법률로 규정된 국가규범이었다고 주장하기도 한다. 바로 『한서』「양웅전(揚雄傳)」 응소의 주가 근거가 된다. 응소는 "한율에 따르면 부모의 삼년상을 치르지 않은 경우 선거에 나설 수 없다[漢律以不爲親行三年服不得選擧]"[73]라고 하여 한이 부모의 삼년상을 법률로 규정해 놓았다고 하였다. 그러나 이것이 한법(漢法)이라는 것은 믿을 수 없고 단지 원초 연간에 등태후가 "장리 이하 그 부모의 삼년상을 행하지 않는 자는 선거를 관장할 수 없게 한다[長吏以下不爲親行服者, 不得典城選擧]"라는 조를 내린 것이[74] 응소에 의해 한율로 표현된 것으로 보인다.

---

71) 導民以孝, 則天下順. 今百姓或遭哀絰凶災, 而吏繇事使不得葬, 傷孝子之心, 朕甚怜之! 自今諸有大父母·父母喪者, 勿繇事, 使得收斂送終, 盡其子道(『漢書』 卷8, 「宣帝紀」, pp.250~251).

72) 博士弟子父母死, 予寧三年(『漢書』 卷11, 「哀帝紀」, p.336).

73) 『漢書』 卷87下, 「揚雄傳」, p.3568.

그렇다면 이러한 등태후의 명령을 삼년상을 국가규범으로 확정하는 지표로 볼 수 있을까? 필자는 등태후의 이러한 조가 당시 한대 사회의 분위기를 대변하고, 또 지속되었다고 보기 힘들다고 생각한다. 등태후가 내린 조의 근저를 등태후가 가지고 있던 유교적 교양에서 구할 수도 있겠지만[75] 등태후에 의해 행해진 '빈민(貧民) 구제'나 '은사(隱士) 및 대유(大儒)의 발탁' 등은 삼년상의 허가와 더불어 지나치게 덕정(德政)의 풍모를 보이는 것이 사실이다. 혹 보정(輔政)이었던 자신의 형 등즐(鄧騭)마저 무력화시키며 본격적으로 전정(專政)을 행하던 원초 연간의 등태후에게 공적 세계의 수호자로서의 모습이 필요했고, 그것이 주로 당시 사대부들의 도덕적 기준을 충족시키는 내용으로 발표되었던 것은 아닐까 한다.[76] 그래서 원초 연간의 조를 당시 한정부의 공식적 입장으로 이해하는 것 역시 주의가 필요하다고 본다.[77]

후한시기 고급관리의 삼년복상이 허가되는 시기가 안제시기(安帝時期)와 환제시기라는 점은 주목할 만하다. 후지카와 마사카즈[藤川正數]는 두 시기의 공통점을 발견해 내려고 하였다. 그의 분석처럼 두 시기는 흥미롭게도 몇 가지 공통점을 지니고 있다. 예컨대 그 시기에는 모두 유학 애호가였던 등태후와 양태후(梁太后)가 존재하였다. 또한 복상폐지에 모두 환관(宦官) 세력의 책동이 있었다. 그래서 삼년상 허가를 두 태후의 호유(好儒) 성향의 결과로, 삼년상 허용을 둘러싼 상이한 두 입장을 환관의 실용주의와 외척의 예교주의(禮敎主義)로 해석할 수도 있을 것이다.[78] 그러나 상황은 이보다는

---

74) 『後漢書』 卷39, 「劉愷傳」, p.1309.

75) 藤川正數, 앞의 책, p.299.

76) 鄧太后가 스스로를 유교이념의 수호자이자 실현자임을 보이고 사대부들의 도덕적 기준을 충족시키기 위해 노력했던 것에 대해서는 본서 2장 「양한시기 월령류 저작의 편찬과 성격」 중 3절 '후한시기 월령의 적용과 『사민월령』의 편찬'을 참조.

77) 실제로 安帝는 등태후가 사망하고 改元한 建光 원년(121)에 고급관리의 삼년복상 허가를 폐지한다.

78) 藤川正數, 앞의 책, pp.295~311.

조금 더 다면적이다.

안제시기 처음으로 이천석 이상의 관리들에게 삼년상을 허가하는 논의가 행해진 것은 우연이 아니다. 아버지 명제(明帝)에 대한 관료들의 비판을 의식한 장제(章帝)는 유술주의(儒術主義)에 근거한 관후(寬厚) 정책을 실시했고,[79] 이러한 황제의 유술주의는 사회적으로 유학의 침투를 촉진시켰다. 더하여 화제시기(和帝時期) 두씨(竇氏) 보정막부(輔政幕府)는 사대부들을 중앙관계로 공급하는 공급원이 되었다. 사회적으로 유가의 이념을 체현할 주체가 만들어졌던 것이다. 즉 등태후가 자신을 유교이념의 수호자이자 실현자로 위치시킬 필요가 정계 안에 이미 싹터 있었던 것이다.

그러던 것이 환제시기에 들어오면서 삼년상 허가논쟁은 공권력과 유학의 절대성이 대립하는 형태로 전개된다. 사대부의 삼년상을 불허하는 측에서는 그 근거를 한조(漢朝)의 고사(故事), 즉 문제의 유조에서 찾았다.[80] 이 주장은 황제의 조령이 유가의 예에 우선함을 전제로 한다. 한편 삼년상의 허용을 주장했던 순상(荀爽)은 문제의 유조를 '이일역월(以日易月)'로 표현하면서 당시는 그 조처가 시의적절(時宜適切)했으나 만세(萬世)를 관통할 기준이 아닌 권도(權道)임을 주장하였다.[81] 즉, 그는 대신이 부모의 상을 당하면 군주가 3년 동안 그를 부르지 않는다는 『공양전(公羊傳)』의 기사를[82] 근거로 조령은 시의이며, 오직 유가의 경전만이 절대적 기준임을 주장했던 것이다.

이제 삼년상의 허용문제는 행정적인 효율성에 국한된 문제로만 볼 수는 없게 된 것이다. 문제의 조령이 삼년상을 폐지한 임시적인 조치로 표현되면서,[83] 상대적으로 삼년상을 치르는 행위를 경법(經法)의 실천으로 이해하게

79) 章帝素知人厭明帝苛切, 事從寬厚(『後漢書』 卷3, 「章帝紀」, p.159).

80) 至建光中, 尙書令祝諷·尙書孟布等奏, 以爲「孝文皇帝定約禮之制, 光武皇帝絶告寧之典, 貽則萬世, 誠不可改. 宜復建武故事」(『後漢書』 卷46, 「陳忠傳」, p.1560).

81) 故有遺詔以日易月. 此當時之宜, 不可貫之萬世(『後漢書』 卷62, 「荀爽傳」, p.2051).

82) 古者臣有大喪, 則君三年不呼其門(『公羊傳』, 「宣公元年, p.321).

83) 안제시기만 해도 문제의 조칙이 삼년상의 폐지로 이해된 것 같지는 않다. 당시 진행된 삼년복상 허용여부에 대한 논의 중, 삼년상의 허가를 옹호하는 劉愷가

되었기 때문이다. 요컨대 삼년상 불허는 고사에 근거를 두고 삼년상 허용은 경전에 근거를 두면서, 사회적으로 삼년상의 허가라는 것이 경전에 근거한 사대부들의 생활규범을 황제권력을 압도하는 사회규범으로 인정한다는 의미를 포함하게 된 것이다. 자연히 정부로서는 쉽게 허가할 수 없었을 것이다. 그러므로 복상허가를 예교주의로, 복상반대를 실용주의로 설명하는 것은 적절하지 못하다고 생각한다.

특히 환관이 근본적으로 황제독재체제를 옹호하는 집단이라고 한다면 복상반대를 단순히 실용주의로 설명할 수 없기 때문이다. 따라서 오히려 환제시기 복상불가의 방침을 황제권력의 유일성을 옹호하는 입장으로, 복상허가의 방침을 황제권력을 넘어서는 유학의 절대성을 옹호하는 입장으로 설명하는 것이 타당할 것으로 생각한다. 요컨대 후한말 사대부들은 황제권력과는 무관하게 자신들의 지식체계에 입각한 행위원칙을 세우고자 한 것이다. 이것은 후한 말의 상례(常禮)를 넘어서는 과례(過禮) 행위를 고찰하면 더욱 분명해질 것이다.

3절 '구군' 개념의 재등장과 그 의미

우리는 앞서 후한시대 들어 복상을 위한 거관과 기관의 대상이 부모에서 점차로 형제자매를 비롯하여 종부(從父), 심지어는 조카에게까지 확대되는 것을 보았다. 그러나 문제는 여기서 그치는 것이 아니었다. 후한 말에 이르면 복상을 위한 거관이 친족범위를 넘어 훨씬 다양한 대상으로 확대되어 행해지기 때문이다. 여기서는 친족범위를 넘어선 상사 중에서 주목할 만한 내용을 살펴보겠다.

문제의 유조를 거론하였지만 문제의 유조를 삼년상의 대체라고 이해하지는 않았다.

1. 친족 범위 외 상사로 인한 거관 및 기관

1) 스승

우선 후한 말 들어 가장 현저하게 증가한 거관의 이유는 스승에 대한 복상이었다.

> ① [순숙(荀淑)이] 나이 67세로 건화(建和) 3년(149) 사망하였다. [그의 제자] 이응(李膺)은 당시 상서(尙書)였는데, **표(表)를 올려 스승의 상사(喪事)로 인해 [거관함을] 아뢰었다**.[84]

> ② 효렴(孝廉)에 발탁되어 평양후(平陽侯)의 상(相)이 되었다. 직임을 수행함에 공수(龔遂)의 묘에 묘표(墓表)를 세우고 묘비(墓碑)를 세웠으며, 제사를 지냈고 민간에서 그 후예를 발탁하여 기용하였다. **스승의 상으로 인하여 기관하고 고향으로 돌아갔다**. [이후] 오부(五府)에서 더불어 벽소(辟召)하였으나 응하지 않았다.[85]

> ③ 영제(靈帝)께서 즉위하신 후 [공욱(孔昱)을] 공거징소(公車徵召)하여 의랑(議郞)에 배수하시고 낙양령(洛陽令)을 보임하게 하셨다. **스승의 상으로 인해 기관하고 관직에 나가지 않은 채 사망하였다**.[86]

> ④ 유언(劉焉)이 어려서 주군(州郡)에 임용되었고, 종실(宗室)로서 중랑(中郎)에 배수되었다. 후에 **스승 축공(祝公)의 상으로 인해 거관하였다**.[87]

---

84) (荀淑)年六十七, 建和三年卒. 李膺時爲尙書, **自表師喪**(『後漢書』卷62, 「荀淑傳」, p.2049).

85) 擧孝廉, 爲平陽侯相. 到官, 表龔遂之墓, 立銘祭祠, 擢用其後於畎畝之閒. **以師喪棄官奔赴**, 五府並辟不就(『後漢書』 卷64, 「延篤傳」, p.2103).

86) 靈帝卽位, 公車徵拜議郞, 補洛陽令, **以師喪棄官**, 卒於家(『後漢書』卷67, 「黨錮 孔昱傳」, p.2213).

87) (劉)焉少仕州郡, 以宗室拜中郎, **後以師祝公喪去官**(『三國志·蜀書』卷31, 「劉焉傳」, p.865).

위의 기사들은 모두 스승의 복상을 위해 거관한 사례들이다. 그런데 일반적으로 스승에 대한 복상규정은 『의례(儀禮)』 「상복(喪服)」에서는 찾아볼 수가 없다. 그 이유는 스승에 대한 복상은 상복을 입지 않고 단지 상주(喪主)와 같이 애모(哀慕)하는 마음을 갖고 근신하는 것일 뿐 특별한 규정이 없는 심상삼년(心喪三年)이기 때문이다.[88] 그러나 기사에서 볼 수 있는 것처럼 후한시기에 들어서면 스승의 상사를 이유로 거관하는 자가 등장한다.

물론 전한시기 이미 스승을 위해 삼년상을 치르는 경우가 있었으나 양웅(揚雄)의 제자였던 후파(侯芭)의 경우를[89] 제외하고는 다른 예가 없어 전한시기 스승에 대한 삼년상은 결코 일반적이라고 할 수 없다. 하지만 후한의 경우 순제시기(順帝時期) 이합(李郃)의 문인(文人) 풍주(馮胄)가 이합을 위해 상복을 입고 심상삼년을 행한 것을 시작으로,[90] 후한 말이 되면 스승의 상사를 위해 거관하는 것이 사회적 풍조로 자리를 잡게 된다. 그 이유는 무엇일까?

이러한 현상은 후한시기 사학(私學)의 번성으로 인해 스승과 제자 사이의 은의감(恩義感)이 긴밀해지면서 발생한 일이기도 하지만,[91] 그보다는 후한시기의 문생(門生)이 특정 사문(師門)에서 학문을 닦는다는 본래의 의미보다는 관료가 되는 유력한 방법으로 성격이 변화되면서[92] 발생한 것으로 보인다. 다시 말해 스승과 제자 사이가 추천자와 피추천자의 관계가 되면서 그들의 관계는 점차 일종의 군신관계와 같이 되었고,[93] 그로 인해 스승에 대한 제자의 복종과 헌신은 사회적으로 일반적인 현상이 되었다.[94]

---

88) 事師無犯無隱. 左右就養無方. 服勤至死. 心喪三年(『禮記』, 「檀弓上」, p.169).

89) (揚雄)年七十一, 天鳳五年卒, 侯芭爲起墳, 喪之三年(『漢書』 卷87下, 「揚雄傳」, p.3585).

90) 年八十餘, 卒於家. 門人上黨馮胄獨制服, 心喪三年, 時人異之(『後漢書』 卷82上, 「方術李郃傳」, p.2718). 기사에서 알 수 있는 것처럼 당시 李郃의 스승을 위한 心喪三年은 사람들에게 특이하게 비춰졌다.

91) 王彦輝, 앞의 글, p.25.

92) 川勝義雄, 『六朝貴族制社會の硏究』(東京 : 岩波書店, 1982), p.268.

93) 余英時, 『士與中國文化』(上海 : 上海人民, 1987), p.298.

그러나 이것만으로는 친족관계를 넘어선 복상을 위한 거관을 설명하기 힘들다. 그것은 아무래도 당시 정부 밖에서 유가적 가치에 의해 인물평가가 이루어졌고, 그 인물평가로 얻은 명성이 종국에는 이후 권력획득에 가장 중요한 평가기준이 되었던 후한 말의 독특한 사회구조로부터 기인할 것이다. 즉 당시 사대부들은 친족관계를 넘어선 복상을 통해 명성을 획득할 수 있었는데, 그 명성의 본질은 아마도 '유가 경전의 이념에 충실한 인격자'였을 것이다. 한편 반대로 문생이 스승에 대해 자식이나 신하의 정을 표시하지 않으면 그는 사대부 사이에서 멸시 당하며, 축출되었던 것으로 보인다.[95] 그리고 이러한 정의 표현은 종종 공권력을 무시하고 부정하며 사적인 관계를 중시함으로 인해 가능했다. 아래의 사례들은 그것을 잘 보여준다.

2) 거장(擧將)

① 붕당(朋黨)으로 인한 금고(禁錮)가 해제된 후, 오부에서 더불어 벽소(辟召)하였다. **사공(司空) 원봉(袁逢)이 유도(有道)로서 발탁하였으나 응하지 않았다. 원봉이 사망하자 순상(荀爽)이 삼년상을 치렀다**. 당시 세간에서는 왕왕 이것을 [일대의] 풍속으로 여겼다.[96]

② 환란(桓鸞)의 나이 40여 세에 당시 태수(太守) 향묘(向苗)는 위명(威名)과 업적(業績)이 있었는데, **환란을 효렴으로 발탁하였다. 후에 요동령(膠東令)으로 옮겼다. 막 요동령에 부임하였을 때 향묘가 사망하자 환란은 즉시 거직하고 [향묘의] 장례를 위해 고향으로 돌아왔다. 삼년상을 마치고 난 후 [요동령으로] 돌아갔다**.[97]

---

94) 徐幹은 당시 스승에 대한 제자의 태도를 "장부의 모습을 품고자 하지만, 비첩의 태도에 부합한다(至乎懷丈夫之容, 而襲婢妾之態. 『中論』, 「譴交」, p.575下)"고까지 표현하였는데, 그 역시 그 이유를 '圖仕進' 때문으로 보았다.

95) 朱子彦, 앞의 글, p.22.

96) 黨禁解, 五府並辟, **司空袁逢擧有道, 不應. 及逢卒, (荀)爽制服三年**, 當世往往化以爲俗(『後漢書』 卷62, 「荀爽傳」, p.2057).

97) (桓鸞)年四十餘, 時太守向苗有名迹, **乃擧鸞孝廉, 遷爲膠東**. 始到官而苗卒, **鸞卽去職**

③ 태수 영천(潁川) 사람 이홍(李鴻)이 [이순(李恂)에게] **공조대리(功曹代理)를 맡아 줄 것을 청하였다**. 아직 공조의 일을 시작하지 않았을 때, 주에서 [이순을] 종사(從事)로 벽소하였다. **마침 이홍이 사망하자 이순은 주의 벽소에 응하지 않고 이홍의 상을 치르기 위해 향리(鄕里)로 돌아왔다. 장례를 다 마치고서도 남아 분묘를 수축하고 삼년상을 마쳤다**.[98]

④ 어려서 태위(太尉) 유관(劉寬)을 스승으로 섬겼다. **다시 효렴에 발탁되었다. 그를 발탁한 군태수의 상사 소식을 듣고 이에 기관하고 복상하였다**.[99]

⑤ [형] 동회(童懷)가 입사한 후 비로소 효렴의 발탁을 받아들여 수창(須昌) 현장(縣長)에 제수되었다. [그가 행한] 교화가 특별한 업적을 내자, 현의 관리들과 인민들이 [그의] 살아생전 비(碑)를 세웠다. **거장(擧將)의 상사 소식을 듣고 기관하고 고향으로 돌아갔다**.[100]

위의 사례들은 거장, 즉 추천자에 대한 복상을 보여준다. 우리는 여기서 피추천자가 추천자에 대해 군신관계에서나 있을 삼년상을 행하는 것과 그것을 '당시 세간에서 왕왕 이것을 일대의 풍속으로 여겼다[當世往往化以爲俗]'는 것을 통해 당시 사회적으로 양자의 관계가 군신관계로 이해되고 있음을 알 수 있다. 더하여 놀라운 사실은 기사 ①의 순상의 사례에서 보듯이 벽소에 응하지 않아 실질적으로 장리(長吏)와 속리(屬吏)의 관계가 맺어지지도 않은 사이에서조차 삼년상을 행했다는 점이다. 요컨대 벽소단계에서 이미 군신관계가 형성된 것이다. 과연 아무런 구체적 관계가 맺어지기도 전에 자신을 벽소했다는 이유만으로, 그 은의감만으로 군신관계가 형성되는 것일까?

奔喪, 終三年然後歸(『後漢書』 卷37, 「桓鸞傳」, p.1259).

98) 太守潁川李鴻**請署功曹**, 未及到, 而州辟爲從事. **會鴻卒, (李)恂不應州命, 而送鴻喪還鄕里. 旣葬, 留起冢墳, 持喪三年**(『後漢書』 卷51, 「李恂傳」, p.1683).

99) 少師事太尉劉寬. **再擧孝廉. 聞所擧郡將喪, 乃棄官行服**(『後漢書』 卷58, 「傅燮傳」, p.1873).

100) 及(童)懷被命, 乃就孝廉, 除須昌長. 化有異政, 吏人生爲立碑. **聞擧將喪, 棄官歸**(『後漢書』 卷76, 「童翊傳」, p.2482).

물론 은의감이 전혀 영향을 미치지 않았다고 할 수는 없을 것이다. 그러나 이것 역시 스승과 제자의 관계에서 본 것처럼 복상이 사대부에게 명성을 획득하는 유력한 방법으로 인정되었기 때문일 것이다. 필자는 이러한 일련의 상황이 가능했던 것은 당시 사대부들이 황제의 정부와는 다른 독자적인 사회적 장을 가지고 있었고, 그 자율적이고 독자적인 장에서 명성을 얻는 것을 황제의 정부에서 관직을 갖는 것보다 유리하게 여겼기 때문이었을 것이라 추측해 보았다. 이것은 주(州)에서 종사로 벽소했음에도 불구하고 정부의 명령에 응하지 않고 거장에 대해 삼년상을 치르고 있는 ③의 이순의 사례가 잘 보여준다. 즉, 당시 사대부들은 황제의 정부로부터 이탈하여 새롭게 만들어진 사대부사회로 편입되는 것이 정치적으로 유리하다고 여겼기 때문에 이러한 복상을 행했을 것이다.[101] 이러한 경향은 구군에 대한 상복례에서도 동일하게 나타난다.

3) 구군

후한 말 상복례에서 가장 특기할 만한 사항은 바로 고장(故將), 고군(故君)이라고도 불리는, 즉 고리(故吏)의 상대자인 구군에 대한 복상이라고 할 수 있을 것이다.

> ① 시어사(侍御史)에 배수되었고, 양현(梁縣)의 현령(縣令)으로 옮겼다. … 산(産)과 표(豹)를 뛰어넘었다. **구군의 상을 당해 기관하였다**.[102]
>
> ② [왕윤(王允)]의 나이 열아홉에 군의 소리(小吏)가 되었다 … [왕윤이

101) 가와카즈 요시오는 이것을 '일반 여론이 정부와는 별개로 인격자를 심사하고 그들의 대표자를 지정하는 행위'로 보았고, 이러한 행위가 있다는 것은 사회가 '명확하게 정부를 버린 것'이라고 보았다. 그래서 이러한 행위를 '마치 현재의 재야정당이 차기정권의 획득을 예상해서 내각에 오를만한 인물들을 준비하는 사정과 흡사'하다고 설명하였다. 川勝義雄, 앞의 책, p.12.

102) 拜侍御史, 遷梁令, □□康, 踰産豹, **喪舊君, 以棄官**(『隷釋』 卷11, 「太尉劉寬碑」, p.124上左).

> 행한 일로] 환제가 진노(震怒)하셔 태수 유질(劉瓆)을 불러올렸고 결국 하옥(下獄)된 채 사망하였다. **왕윤이 영구(靈柩)를 보내고 평원(平原)으로 돌아와 삼년동안 복상하였다.**[103)]

이외에도 『예석(隷釋)』에는 구군을 위해 상복을 입은 자, 묘 앞에 움막을 짓고 애도하는 자 등의 다양한 사례가 등장하고 있다. 그런데 그 정도가 지나쳐, 기사 ② 왕윤의 경우 구군에 대해 『의례』「상복」에서 정한 자최삼월복(齊縗三月服)[104)]이 아닌 현재의 군신관계와 동일하게 참최삼년복(斬縗三年服)[105)]을 행하고 있다. 물론 왕윤의 경우 자신의 문제로 구군이 처벌을 받아 사망하게 된 특별한 상황이었기는 하지만 이 행위가 왕윤이 명성을 얻는 데 일조했다는 것은 분명하다. 그런데 왜 다시 구군일까?

2. '구군' 개념의 재등장과 다원화된 군신관계

우리는 앞에서 '구군'이란 개념이 등장한 것을 보았다. 그런데 이 구군이란 개념이 후한 말에 처음 등장한 개념은 아니다. 춘추시기(春秋時期)에 등장했던 구군이란 개념이 후한 말 다시 등장한 이유는 무엇일까?

1) 후한대 '구군' 개념의 재등장

『의례』「상복」에는 이 구군과 관련한 기사가 등장하는데 다음과 같다.

> 구군·군(君)의 모친과 처를 위해 자최복(齊縗服)을 석 달간 입는다. 『전(傳)』에서 말하기를, 구군을 위해서 복을 하는 이는 누구인가? 입사(入仕)했었다가 그만둔 이다. 왜 자최삼월복을 행하는가? 민(民)과 동일하게 처신함을

---

103) (王允)年十九, 爲郡吏 … 桓帝震怒, 徵太守劉瓆, 遂下獄死. **允送喪還平原, 終畢三年**(『後漢書』 卷66, 「王允傳」, p.2172).

104) (齊縗三月)爲舊君·君之母·妻(『儀禮』, 「喪服」, p.593).

105) (斬縗三年)君, 傳曰 : 君至尊也(『儀禮』, 「喪服」, p.553).

이른다.106)

구군이란 개념은 춘추중기 이후 출현한 것으로, 많은 비혈연적인 국군(國君)과 가신(家臣)이 관계를 맺음으로 인해 만들어진 개념이다. 특정한 일인이 상황에 따라 자유롭게 입협적(任俠的) 질서에 의해 주객(主客) 관계를 맺게 되는 춘추·전국시기(戰國時期), 특히 전국시기에는 많은 수의 주군(主君)을 모시게 되는 현상이 등장하게 되는데, 이때 이전에 모시고 있던 주군에 대한 표현이 구군이라고 할 수 있다.107) 선진시기(先秦時期) 문헌을 살펴보면 구군이란 용어가 종종 발견되는데, 특히 『맹자(孟子)』에서는 구군을 위한 상복례의 구체적인 사례가 등장한다.108) 그런데 구군을 위해 상복을 입는 이와 관련하여 "입사했었다가 그만 둔 이다[仕焉而已者也]"라고 표현한 것에서 알 수 있는 것처럼 구군과 그를 위해 복을 행하는 자의 관계는 이미 종료된 상태라고 할 수 있다. 그래서 일반적인 군신 사이에 행해지는 '참최삼년복'이 아닌 백성이 그 국군에게 하는 것과 같이 동일하게 '자최삼월복'을 행하는 것이다.

여기서 흥미를 끄는 것이 군이라는 표현이다. 군에 대해 『의례』에서는 "군이란, 땅을 가지고 있는 자를 말한다[君, 謂有地者也]"109)라고 하였고, 『예기(禮記)』에서도 특정한 지역을 소유하고 있는 통수권자를 지칭하는 개념으로 표현하고 있다.110) 요컨대 천자에서 대부(大夫)까지 직할지를 소유하여 국(國)이나 가(家)를 구성하고 있는 이들을 지칭하는 개념임을 알 수 있다. 이들은 자신의 토지를 매개로 하여 일정한 봉록을 제공하면서 신하를 부릴

106) 爲舊君·君之母·妻 傳曰 爲舊君者, 孰謂也? 仕焉而已者也. 何以服齊縗三月者也? 言與民同也(『儀禮』, 「喪服」, p.593).

107) 甘懷眞, 「「舊君」的經典詮釋」, 『新史學』 13-2(2002), p.23.

108) 禮爲舊君有服, 何如斯可爲服矣?(『孟子』, 「離婁下」, p.216).

109) 『儀禮』, 「喪服」, p.561.

110) 故天子有田以處其子孫, 諸侯有國以處其子孫, 大夫有采以處其子孫(『禮記』, 「禮運」, p.681).

수 있는 자들이다. 따라서 다양한 군신관계의 수립을 예측할 수 있다.

다원화된 군신관계는 봉건제와 함께 논의될 수 있을 것이다. "천자는 국을, 제후는 가를, 경은 측실을 세운다[天子建國, 諸侯立家, 卿置側室]"[111]는 정치질서는 각기 천자, 제후, 대부의 신하들이라는 개념을 만들어 냈다.[112] 경대부(卿大夫)의 가신(家臣)은 오직 경대부에게만 충성하는 독특한 종속관계가 발생한 것이다. 즉, 봉건제 자체가 다양한 군신관계를 만들어낸 것이다. 따라서 우리는 이러한 다양한 군신관계라는 것이 결국 그 당시 지역에 존재하는 복수권력들의 존재로부터 발생한 것임을 알 수 있다.

그렇기 때문에 이 구군의 개념은 독점적이고 유일한 권력체가 등장하면 사라지게 되는 개념이라고 할 수 있다. 왜냐하면 구군이란 개념은 첫 번째, 그 결합의 양식상 황제지배체제와 공존할 수 없으며, 두 번째, 그 존재 자체가 황제의 유일성을 부정하기 때문에 존재할 수 없는 개념이다. 황제지배체제란 많은 연구를 통해 밝혀진 것처럼 황제만이 유일한 권력의 원천이자 사회적 기준을 수립할 수 있는, 팽창성과 독점성을 그 속성으로 갖는 체제다. 황제 이외의 어떠한 정치세력도 인정하지 않는 것이다. 그러므로 황제와 구군이란 표현은 병존할 수 없다. 실제로 전국시기 이후 사서 안에서 구군이란 용어를 찾아 볼 수 없다.

그러나 후한후기~말에 이르면 우리는 구군이란 표현을 다시 발견할 수 있다. 『삼국지(三國志)·위서(魏書)』「장홍전(臧洪傳)」에서 장홍은 초기에 자신을 공조(功曹)로 발탁한 전태수(前太守) 장초(張超)의 위기를 도운 것을 '구군의 위기를 구한 것[救舊君之危]'이라고 설명하고 있다.[113] 구군은 고장(故將)으로도 표현되는데, 후한 말 조조(曹操)에게 벽소된 형옹(邢顒)이 고장의 복상을 위해 기관한 것에 대해 조조가 "옹이 구군에게 신실하였다[顒篤於舊君]"고 한 것에서 알 수 있다.[114]

---

111) 『左傳』, 「桓公 2年」, p.74.

112) 王臣公, 公臣大夫, 大夫臣士(『左傳』, 「昭公 7年」, p.1287).

113) 『三國志·魏書』 卷7, 「臧洪傳」, p.237.

앞에서 언급한 것처럼 군이란 표현은 토지를 가지고 있는 봉건적인 지배자와 그 신속(臣屬) 사이에 만들어질 수 있는 표현이다. 그렇다면 고리(故吏)와 상급관원 사이는 이와는 전혀 다른 관계라고 할 수 있다. 그럼에도 불구하고 이러한 표현이 새롭게 등장한 것은 왜일까? 또한 황제지배체제 안에서는 황제와 신민이라는 관계 이외에는 어떠한 관계도 존재할 수 없다. 그런데 이 시기 다시 복수의 정치권력의 존재를 의미하는 구군이란 칭위가 등장한 이유는 무엇일까?

<표 3-1-1>『의례』「상복」의 오복 규정

斬縗三年服	1)子爲父	7)妾爲夫(君)
	2)諸侯爲天子	8)未出嫁之女爲父
	3)臣爲君	9)旣嫁而返父家之女爲父
	4)父爲長子	10)公士大夫之衆臣爲其君
	5)爲人後者爲所後之父(所後之祖父)	11)承重孫爲祖
	6)妻爲夫	
齊縗三年服	1)父卒爲母	4)母爲長子
	2)爲繼母	5)妾爲夫之長子
	3)爲慈母	
齊縗杖服(13개월)	1)父在爲母	3)出妻之子爲母
	2)夫爲妻	4)爲改嫁之繼母
齊縗不杖服(13개월)	1)爲祖父母	14)爲姑·姊妹·女子子適人無主者
	2)爲伯父母·叔父母	15)爲君之父母·妻·長子·祖父母
	3)大夫之嫡子爲妻	16)妾爲女君
	4)爲昆弟(在室姊妹)	17)婦爲公·婆
	5)爲衆子(在室之女)	18)爲夫之昆弟之子女
	6)爲昆弟之子	19)公妾·大夫之妾爲其子
	7)大夫之庶子爲嫡昆弟	20)孫女爲祖父母
	8)爲嫡孫	21)大夫爲祖父母
	9)爲人後者爲其父母	22)嫡孫爲士者
	10)女子出嫁後爲其父母	23)公卿大夫士之妾爲其父母
	11)女子出嫁後爲其昆弟之爲父後者	24)大夫之子爲伯父母·叔父母·子·昆弟·昆弟之子及姑·姊妹·女子無主者
	12)爲繼父同居者	
	13)爲父之君	25)大夫之子爲大夫命婦者

114)『三國志·魏書』卷12,「邢顒傳」, p.383.

齊縗三月服	1)寄公爲所寓居國之君 2)大夫·婦人爲宗子與宗子之母·妻 3)爲舊君及其母·妻 4)庶人爲國君	5)大夫在外, 其妻·長子爲舊國君 6)爲繼父不同居者 7)爲曾祖父母 8)大夫爲舊君
殤大功服	1)子女之長殤·中殤 2)叔父之長殤·中傷 3)姑·姊妹之長殤·中傷 4)昆弟之長殤·中傷 5)夫之昆弟之子女之長殤·中殤	6)嫡孫之長殤·中殤 7)大夫之庶子爲嫡昆弟之長殤·中殤 8)公爲嫡子之長殤·中殤 9)大夫爲嫡子之長殤·中殤
成人大功服	1)爲出嫁之姑·姊妹·女 2)爲從父昆弟 3)爲人後者爲同父昆弟 4)爲庶孫 5)爲嫡婦 6)出嫁女子爲衆昆弟 7)出嫁之姑爲姪	8)爲夫之祖父母·伯叔父母 9)大夫爲伯叔父母·衆子·昆弟 10)公(諸侯)之庶昆弟 11)大夫之庶子爲母·妻 12)伯叔母爲夫之出嫁姪女 13)大夫之妾爲夫君之庶子·女
殤小功服	1)爲叔父之下殤·嫡孫之下殤·昆弟之下殤 2)爲人後者爲其昆弟之長殤·中傷 3)爲人後者爲從夫昆弟之長殤·中傷·姊妹·女之長殤	4)爲夫之叔父之長殤 5)伯叔母爲昆弟之子女 6)大夫·公之昆弟·大夫之子爲其昆弟·庶子·姑 7)大夫之妾爲夫君之庶子·女之長殤
成人小功服	1)爲從祖祖父母·從祖父母 2)爲從祖昆弟 3)爲出嫁之從父姊妹·孫女 4)爲人後者爲其已嫁之姊妹 5)爲外祖父母	6)爲從母(姨) 7)爲夫之姑·姊妹 8)公·婆爲庶婦 9)妾子爲嫡母之父母與姊妹 10)君子子爲庶母慈已者
緦麻三月服(미성년)	1)爲庶孫之下殤 3)爲從父昆弟·姪之下殤 2)爲從祖父·從祖昆弟之長殤	4)爲夫之叔父之中殤下殤 5)爲從母(姨)之長殤 6)爲夫之姑·姊妹之長殤
緦麻三月服(성인)	1)爲族曾祖父母·族祖父母·族父母·族昆弟 2)祖父母爲庶孫之婦 3)爲已嫁之從祖姑與從祖姊妹 4)外祖父母爲外孫 5)庶子爲父後者爲其生母 6)士爲庶母 7)爲貴臣·貴妾 8)爲乳母 9)族父母爲從祖昆弟之子	10)曾祖爲曾孫 11)爲父之姑 12)爲從母昆弟 13)舅與外甥相互爲服 14)岳父母與婿相互爲服 15)姑之子女與舅之子女相互爲服 16)爲夫之諸祖父母 17)爲君母之昆弟 18)爲夫之從父昆弟之妻

2) 다원화된 군신관계

군신관계 및 그에 따른 칭위(稱謂)의 변화와 관련해서 전한 무제시기(武帝時期)를 살펴볼 필요가 있다. 『일지록(日知錄)』에 의하면 한 초에는 조정의 관리는 중앙정부, 즉 황제에 대해 신(臣)이라고 칭함과 동시에 제후왕(諸侯王)에 대해서도 신하를 칭했다. 이러한 현상은 관리와 제후왕에게만 국한된 것은 아니었고 일반인들 사이에도 일반적이었는데, 전국시기 습속의 연장이라고 할 수 있겠다.[115] 그러나 이 현상은 문(文)·경제시기(景帝時期) 이후 점차 사라지게 되었고, 무제시기에 이르면 제후왕에 대한 조정 관리의 칭신(稱臣)을 극형으로 엄격히 금지하였다.[116] 강력한 황제지배체제가 수립됨에 따라 군신관계가 황제와 신민의 관계만으로[117] 단순화되었던 것이다. 따라서 군신관계를 둘러싼 다양한 칭위, 예컨대 구군과 같은 칭위가 등장하였다는 것은 한대 황제와 인신(人臣)이라는 일원적인 지배가 붕괴되었음을 의미한다.[118]

그렇다면 이러한 다양한 군신관계는 어떻게 출현하게 되었을까? 이 새로운 군신관계는 선거와 관련되어 있다. 추천에 의해 행해지는 한의 관리등용법은 추천자의 권력을 증대시켰고, 황제를 선거로부터 소외시켰다.[119] 특히 선거가 정례화되는 후한시기로 들어가면 벽소자의 사회적 영향력에 따라 피벽소자의 달관(達官)이 정해지는, 호족사회의 분화에 따른 선거의 고정화 현상이 만들어진다.[120] 추천자의 실력에 의해 피추천자의 정치적 이력이

---

115) 특히 한 초에는 자신에 대한 겸양의 표현으로 臣이라는 용어가 사용되었다. 張晏曰 : 古人相與語多自稱臣, 自卑下之道也. 若今人相與言自稱僕也(『漢書』 卷1, 「高祖紀上」, p.5).

116) 『日知錄』, 「對人稱臣」, p.865.

117) 白芳, 「論秦漢時期"臣"稱謂的社會內涵」, 『中山大學學報』 43(2003a), pp.49~50.

118) 백방은 군신간의 稱謂는 통치자가 실행하는 정치정책의 변화와 밀접한 관계를 가진다고 하였다. 白芳, 「論秦漢時期"君臣"稱謂的社會內涵」, 『河北師範大學學報(哲社版)』 26-2(2003b), p.124.

119) 주자언은 황제가 선거에 간섭하지 못했다고 보았다. 朱子彦, 「論先秦秦漢時期的兩重君主觀」, 『史學月刊』 2004-2, p.22.

기가(起家)할 당시 이미 결정되는 사회적 현상 앞에서 자연히 피추천자는 추천자에 대해 충성과 복종을 맹세할 수밖에 없었을 것이다.

한편, 당시 효렴 당선자 대부분이 지방정부의 우직(右職) 담당자였던 사실은[121] 장리(長吏)와 속리 사이에 군신관계가 만들어지는 것이 당연함을 알려준다. 그래서 조익 역시 장리와 속리 사이의 군신관계를 지방의 장관이 속리를 자율적으로 설치할 수 있음으로 발생한 것으로 분석했다.[122] 실제로 인재발탁에 대한 지방장관의 막강한 권한은 이미 전한 애제시기 왕가(王嘉)에 의해 "지금 군수의 권한이 중함은 옛날 제후와 같다[今之郡守重於古諸侯]"[123]고 표현된 바 있다.

사서에 처음 등장하는 개인과 개인 사이의 군신 칭위가 막주(幕主)와 그 막료(幕僚) 사이에 있었음은[124] 주목할 만하다. 그것은 이미 전한시기 개인적 군신관계가 등장했음을 보여주는 것이며, 후한 사회 내부에 다원화된 군신관계를 가능하게 하는 구조가 존재하였음을 말해준다.[125] 이후 후한시기 상급관원과 속리 사이에 맺어진 다양한 군신관계를 어렵지 않게 찾을 수 있는 것은 후한사회가 전한사회와는 달리 다양한 군신관계를 가능하게 하는 사회로 변화했기 때문일 것이다. 그런데 문제는 이렇게 만들어진 군신관계가 황제와의 군신관계보다 우선한다는 것이었다. 다시 한 번 아래의 기사를 살펴보자.

---

120) 白芳, 앞의 글(2003a), pp.124~125.

121) 永田英正, 「漢代の選擧と官僚階級」, 『東方學報』 41(1970), pp.184~185.

122) 漢時長官得自置吏之制, 而爲所置者, 輒有君臣之分(『二十二史劄記』, 「東漢尙名節」, p.61).

123) 『漢書』 卷86, 「王嘉傳」, p.3489.

124) 『漢書』에 등장하는 최초의 사례는 大將軍 幕府의 幕僚였던 武庫令 杜欽이 幕主인 王鳳에게 자신을 臣으로 칭한 것이다. 夫君親壽尊, 國家治安, 誠臣子之至願, 所當勉之也(『漢書』 卷60, 「杜欽傳」, p.2669).

125) 金翰奎는 한대 將軍幕府가 '군주권력으로부터 자율성을 보장하고 독립성을 강화하는 방향으로 기능'하였다고 하면서, 이것이 私權의 형성에 일조하였다고 보았다. 金翰奎, 『古代東亞細亞幕府體制硏究』(서울 : 一潮閣, 1997), p.256.

태수 영천 사람 이홍이 [이순에게] 공조대리를 맡아 줄 것을 청하였다. 아직 공조의 일을 시작하지 않았을 때, 주에서 [이순을] 종사로 벽소하였다. 마침 이홍이 사망하자 순은 주의 벽소에 응하지 않고 이홍의 상을 치르기 위해 향리로 돌아왔다. 장례를 다 마치고서도 남아 분묘를 수축하고 삼년상을 마쳤다.[126]

위의 기사는 황제와의 관계, 즉 정부의 명령보다 우선하는 사회적 관계 혹은 질서, 권위가 존재함을 보여준다. 주에서 종사로 벽소했음에도 불구하고 정부의 명령에 응하지 않고 구군에 대해 삼년상을 치렀던 것이다. 즉 후한 말이 되면 개인과 개인 사이에 맺은 관계가 국가권력과 개인이 맺은 관계를 초월하는 관계로 발전하게 된 것이다.[127]

이러한 현상 속에서 후한정부가 생명을 유지할 수 있는 방법은 대략 두 가지로 보인다. 하나는 독자적이고 자율적인 질서를 현실화시키고자 하는 사대부들을 정권으로부터 소외시키는 것이고, 다른 하나는 그들의 다양한 요구를 체제적으로 보장해주는 것이다. 그러나 이 두 가지는 모두 제국(帝國)이라는 기본 전제를 부정하는 것이다. 전자는 제국을 운영하는 실질적인 주체, 즉 관료층의 원활한 수급을 불가능하게 한다는 문제를 초래한다. 후자를 선택한다면 전 인민에 대한 일원적 지배의 관철이라는 황제지배체제 그 자체의 속성을 부정하게 된다.[128] 후한조정은 어떠한

126) 太守穎川李鴻請署功曹, 未及到, 而州辟爲從事. 會鴻卒, 恂不應州命, 而送鴻喪還鄕里. 旣葬, 留起冢墳, 持喪三年(『後漢書』 卷51, 「李恂傳」, p.1683).

127) 이에 대하여 감회진은 舊君에 대해 服喪하는 것이 禮經에 근거한 것은 아니었지만 당시인들은 이것을 교양을 갖춘 사대부가 반드시 구비해야 하는 도덕의 하나로 인식했다고 보았다. 甘懷眞, 「魏晉時期官人間的喪服禮」, 『中國歷史學會史學集刊』 27(1995), p.166. 이것은 그가 당시 官人 사이에 행해지던 상복례의 근저를 恩義感의 발로로 보았기 때문이다. 그러나 구군에 대한 복상이 결국은 사회적으로 명성을 보장해 주고, 그 명성이 권력획득의 유력한 수단이 되었던 당시 사회상을 기억하면 친족관계를 넘어서는 상복례를 은의감만으로 설명하는 것은 부족하다는 생각이다. 한 말~위진시기 관인 사이에서 발생한 은의감에 대해서는 甘懷眞, 「中國中古時期君臣關係的初探」, 『臺大歷史學報』 21(1997), pp.36~40를 참조.

128) 진계운은 후한 들어 관리·지식인·지주들이 각기 분화되어 점차 사회적으로 담당하

방법도 확실히 써보지 못한 채 무기력하게 유보적인 태도로 금고(禁錮)와 해금(解禁)을 되풀이하고 말았다.

이러한 정부의 태도와는 달리 후한 사대부들은 새로운 질서를 만들어내고자 하였다. 후한 말 황제의 정부는 그들의 요구를 들어주거나, 그들로부터 버림받게 될 처지였다. 이미 곽태(郭太)와 같이 전국적으로 여론몰이를 하고 있던 이들은 공공연하게 한왕조의 명운(命運)이 다 되었음을 말하고 다녔고,[129] 각 군벌의 막부(幕府)에서는 새 왕조 개창의 계획들이 수립되었다. 한왕조에 대한 부정이었다. 그러나 이것이 당시 사대부들이 황제 또는 제국을 부정했다는 뜻은 아니다. 그들은 언제나 권력의 유일한 근저를 황제로 보았다. 다만 그들은 권력의 근저와 그 권력의 구체적인 운영자를 분리하고자 하였다. 이것은 새롭게 왕조를 개창하려는 막부로서도 외면할 수 없는 문제였다. 과연 이 문제는 어떻게 해결되었을까?

는 역할이 다원화되었으나 정부는 여전히 劉氏 帝室(황제·근친·외척) 중심의 단원적 지배구조만을 유지하려고 했던 것을 멸망원인으로 분석하였다. 그러나 후한정부가 다원적 지배구조를 채택할 경우 스스로 황제지배체제를 부정해야 하는 문제에 봉착하게 되었을 것이다. 陳啓雲, 「關於東漢史的幾個問題：淸議·黨錮·黃巾」, 『漢晉六朝文化·社會·制度-中華中古前期史硏究』(臺北：新文豊, 1996), p.55.

129) 『後漢書』 卷68, 「郭太傳」, p.2226.

2장 건안 10년 금비령의 반포와 위진의 상장령 제정

후한(後漢) 말 사대부(士大夫)들의 스승을 비롯한 구군(舊君), 거장(擧將)에 대한 과도한 복상(服喪) 행위는 경전(經典)에 없는 행례(行禮) 혹은 경전의 규정을 넘어선 과례(過禮)라는 점에서 고례(古禮)에 대한 공공연한 위반이다. 황제의 고사(故事)에 맞서 유학(儒學)의 절대성으로 황제의 권위를 압도하며, 유학만을 유일한 행위규범의 근저로 받아들였던[1] 사대부들의 행동이라고 하기에는 모순이 아닐 수 없다. 이를 두고 후한시대에는 아직 예경(禮經)에 기술된 내용에서 상복(喪服)이나 혼취(婚娶)에 부합하는 법칙을 추출해서 사회적으로 확인하는 단계에 이르지 못하였고, 그 앞선 단계의 작업이라고 할 수 있는 예경의 확정도 불충분했었기 때문이라고 이해할 수도 있겠다.[2] 그러나 역사적으로 사대부 등이 행위의 적합성을 보장받기 위해서 경전(經

1) 대표적으로 後漢時期 三年喪 허용을 둘러싼 논쟁 중 荀爽의 주장을 들 수 있다. 그는 前漢 文帝의 三年喪 폐지조처가 時宜에 적절했으나 萬世를 관통할 기준이 아닌 權道임을 주장하였다(故有遺詔以日易月. 此當時之宜, 不可貫之萬世. 『後漢書』 卷62, 「荀爽傳」, p.2051). 그는 대신이 부모의 상을 당하면 군주가 3년 동안 그 신하를 부르지 않는다는 『公羊傳』의 기사(古者臣有大喪, 則君三年不呼其門. 『公羊傳』, 「宣公 元年」, p.321)를 근거로 詔令은 시의이며, 오직 儒家의 經典만이 절대적 기준임을 주장하였다.

2) 神矢法子, 「漢晉間における喪服禮の規範的展開－婚姻習俗「拜時」をめぐって－」, 『東洋學報』 63-1·2(1981), p.77.

典)을 분석하였다는 점은[3] 유학의 실천자이자 수호자를 자처했던 사대부들의 경전을 위배한 과례의 사례를 해석하기 힘들게 한다.

여기에는 단순히 유학의 사회적 침윤(浸潤)의 미완숙만으로는 설명할 수 없는 문제가 결부되어 있다고 생각한다. 예를 들어 후한 말 상장례(喪葬禮)와 관련하여 주목되는 것은 입비(立碑) 행위와 사시(私諡) 행위다. 스승의 장례 혹은 구군과 거장의 장례에 몰려 간 사대부들은 비용을 갹출(醵出)하여 비석을 세웠고 묘주(墓主)의 공덕(頌德)을 기리는 묘비명(墓碑銘)을 새겼으며, 비음(碑陰)에는 자신들의 이름과 갹출한 비용을 세심하게 적었다. 이들은 천리를 멀다 하지 않고 행한 조문(弔問) 중에 사사로이 사자(死者)를 위해 시호(諡號)를 헌상(獻上)하였다. 그러나 시호는 임금이 죽은 자를 위해 내리는 것이고,[4] 애초의 묘비는 신하가 군주를 위해, 자식이 부친을 위해 세운 것이었다.[5] 이들의 집단적이며 고의적인 고례 파괴행위를 유학의 미완성만으로 설명할 수는 없을 것이다.[6]

이것은 황제권력 밖에서 독자적인 사회적 기준을 만들어 가던 사대부사회의 존재와 관련 있을 것이다. 당시 사대부들은 후한 이후의 새로운 시대를 재야에서 자신들만의 기준에 의해 명성을 획득해 가며 준비하고 있었다.[7] 그렇다면 정부는 이러한 움직임에 어떻게 대응하였을까? 식물화(植物化)된

---

3) 이를 논증한 연구로는 渡邉義浩, 「兩漢における『春秋』三傳と國政」, 『兩漢における詩と三傳』(東京 : 汲古書院, 2007)을 들 수 있다.

4) 衛大夫 公叔文子가 사망하자 그의 아들이 그 君에게 부친의 諡를 청한 것에서 알 수 있듯이 시는 임금이 내리는 것이었다. 公叔文子卒, 其子戍請諡於君曰 : "日月有時, 將葬矣. 請所以易其名者."(『禮記』, 「檀弓下」, p.291).

5) 臣子述君父之功美, 以書其上, 後人因焉(『釋名』, 「釋典藝」, p.219).

6) 실제로 당시 이러한 사사로운 諡號의 獻上은 士大夫들 안에서도 비판의 대상이 되었다. 袁山松書曰 : 「蔡邕議曰 : 『魯季文子, 君子以爲忠, 而諡曰文子. 又傳曰 : 「忠, 文之實也.」 忠以爲實, 文以彰之.』 遂共諡穆. 荀爽聞而非之. 故張璠論曰 : 『夫諡者, 上之所贈, 非下之所造, 故顔·閔至德, 不聞有諡. 朱·蔡各以衰世臧否不立, 故私議之.』」(『後漢書』 卷43, 「朱穆傳」, p.1473).

7) 대표적으로 본문에서 서술한 立碑나 私諡 행위 이외에도 자신들의 문화적 기준으로 人物評을 했던 것을 들 수 있을 것이다.

후한정부야 아무런 대응도 하지 못한 채 방기하였지만 새로운 정부로서는 묵과할 수 없는 문제였을 것이다. 따라서 새로운 정부는 체제 밖의 사대부사회를 체제 안으로 흡수하던지, 강제적으로라도 해체해야만 했을 것이다. 역사적으로는 폭력적인 해체의 모습도 보이고, 체제 안으로 견인하려고 하는 모습도 보인다. 조조(曹操)는 일명 '부화(浮華) 사건'이라는 사대부 서클의 수장들을 차례로 제거하는 유래 없는 폭력적 방법을 사용하기도 하였고,[8] 그의 아들 위문제(魏文帝) 조비(曹丕)는 구품중정제(九品中正制)를 실시하여 사대부들을 체제내로 견인하였다.[9] 이것은 사대부들의 행례에 대해서도 마찬가지다. 때로는 강압적인 방법이 사용되었고, 때로는 타협의 지점이 모색되었다.

이 장에서는 후한 말 사대부들의 자율적이고 집단적인 행례행위에 대해 위진(魏晉) 정부가 어떻게 그것들을 금지하였으며, 또 다른 한편 어떻게 체제내로 수렴하여 예실천의 규범들을 수립해 나갔는가를 살펴보고자 한다. 황제가 사대부들을 절멸시킬 수 없다면 그들을 정부의 통치체계 안으로 견인할 수 있는 방안들을 모색해야 했기 때문이다. 이 작업은 두 정치 주체의 공존이 어떻게 모색되었고 제도화되었는가를 규명하고, 중국 고대 예제의 내용이 두 정치 주체의 공존 속에서 완성되어 갔음을 확인하고자 하는 목적을 가지고 있다. 이것은 건안(建安) 10년(205)에 내려진 금비령(禁碑令), 위진의 상장령(喪葬令)의 구체적 내용 분석을 통해 확인될 것이다.

---

8) 建安時期 일련의 浮華 사건에 대해서는 洪承賢, 「漢末魏初 士大夫 社會와 浮華」, 『中國古代史硏究』 12(2004)를 참조.

9) 渡邉義浩, 「九品中正制度における「孝」」, 『大東文化大學漢學會誌』 41(2002), p.33.

1절 후한 말 입비 행위의 성행

1. 금비령에 대한 검토

조조의 금비령은 일반적으로 후장(厚葬) 풍습의 금지, 즉 박장(薄葬)의 일환으로 이해되었다.[10] 그런데, 금비령을 박장의 표현으로 이해하려면 우선 묘비의 유행을 후장의 일환으로 설명해야만 한다. 과연 묘비를 세우는 행위는 후장의 발현일까?

후한 들어 활발해진 묘비건립에 대해 이치무라 산지로[市村瓚次郎][11]이래 대부분의 연구자들은 큰 차이 없이 후장의 표현으로 이해하고 있다. 그 원인에 대해서는 다양한 의견이 있지만,[12] 후한정부의 효(孝)의 칭양(稱揚)이 중요한 원인의 하나로 분석된다.[13] 특히 후한시기 유교(儒教)가 국교화(國教化)되면서 사회적으로 효를 실천하는 것이 관료채용이나 승진의 기준

---

10) 劉選·辛向軍, 「魏晉薄葬成因的考察」, 『甘肅社會科學』 1994-1, p.110 ; 韓國河, 「論秦漢魏晉時期的厚葬與薄葬」, 『鄭州大學學報(哲社版)』 31-5(1998), p.99 ; 沙忠平, 「魏晉薄葬論」, 『文博』 2001-3, p.30 ; 蔡明倫, 「魏晉薄葬原因探析」, 『湖北師範學院學報(哲社版)』 22-2(2002), p.8 ; 陳穎, 「三國時期的薄葬與厚葬」, 『成都大學學報(社科版)』 2009-6, p.81.

11) 市村瓚次郎, 「漢代建碑の流行及び其後世の禁制に就いて」, 『書苑』 2-19(1938).

12) 厚葬 풍습의 원인으로는 우선 의식적으로 고대 중국인들이 가지고 있던 靈魂不滅觀과 先秦 유가의 孝道觀이 거론되며, 사회적으로는 '文景之治' '漢武盛世', '光武中興' 등과 같이 안정되고 부유했던 경제적 기반들이 지적된다. 또한 豪族의 등장과 성장, 아직 喪葬儀禮가 사회적으로 확정되지 못했던 것 역시 후장에 영향을 미친 요소로 이해되고 있다. 翟本棟, 「"厚葬"評議」, 『中國典籍與文化』 1994-2, p.63 ; 張捷夫, 「漢代厚葬之風及其危害」, 『中國歷史博物館館刊』 1995-12, pp.22~23 ; 盧昌德, 「中國喪禮的形成與厚葬的關係」, 『信陽師範學院學報』 16-1(1996), pp.51~52 ; 鄧沛, 「漢代爲何盛行厚葬之風」, 『文史知識』 1996-4, p.10 ; 馬粼, 「淺議先秦儒家孝道觀與厚葬陋習」, 『楚雄師範學院學報』 17-1(2002), pp.59~60 ; 郝建平, 「論漢代厚葬之風」, 『臨沂師範學院學報』 29-2(2007), pp.125~126 ; 王惠茗, 「兩漢時期的厚葬之風」, 『滄桑』 2008-5, pp.7~8.

13) 황금명은 후장풍습은 鬼神觀念과도 어느 정도 관련이 있지만, 결정적인 작용은 유가의 禮教가 하였다고 분석하였다. 黃金明, 「東漢墓碑文興盛的社會文化背景」, 『漳州師範學院學報』 53(2004), p.22.

으로 작용하게 됨에 따라 입비가 자손의 효도 정도를 표현하는 수단이 되었고, 그 결과 경쟁적인 입비활동이 나타났다고 분석한 연구도 등장하였다.[14)]묘비가 묘주의 공적을 기리기 위해 건립되기 보다는 후손의 명성획득을 위해 세워졌다고 이해한 것이다. 후한사회가 지극한 효성을 드러냄으로 인해 사회적 명성을 얻을 수 있었던 사회라는 점에서 설득력 있는 분석이다. 특별히 이것은 지역의 인물평에 근거한 선거와 직결됨으로 인해 정치적 경력에 중요하게 작용하였을 것이다.[15)]

그러나 묘비의 유행을 후장의 경쟁결과나 지극한 효의 표현으로만 이해한다면 한비(漢碑)를 둘러싼 다음의 몇 가지 문제를 해결하기 힘들다. 우선 묘비가 건립된 기간의 쏠림 현상이다. 현재 남아있는 한비 중 대다수를 점하고 있는 묘비는 환제(桓帝)와 영제시기(靈帝時期) 45년간에 집중적으로 건립되어,[16)] 입비가 단순히 후장의 결과만은 아님을 알려준다. 알려진 것처럼 한대 후장의 문제는 전한시기부터 사회문제로 부각되어 이미 『염철론(鹽鐵論)』 안에서도 그 폐해가 지적되고 있다.[17)] 그러나 기록에 따르면 이 시기 후장의 주된 표현은 사치스러운 부장품과 지나친 분묘의 높이 등으로 입비에 대한 사례는 아직 등장하지 않았다. 묘비가 후장의 결과라면 이미 후장이 사회문제가 된 전한시기 입비행위가 보이지 않는 이유는 무엇이며, 후한시대의 경우 특히 환·영제시기에 집중적으로 건립된 원인은 무엇일까?

이와 관련하여 생각해 볼 문제는 바로 '묘기(墓記)', '봉기(封記)', '화상석

14) 朴漢濟, 「魏晉南北朝時代 墓葬風習의 變化와 墓誌銘의 流行」, 『東洋史學硏究』 104(2008), pp.59~60.

15) Martin Powers, *Art & Political Expression in Early China*(New Haven, 1991), pp.42~43.

16) 황금명의 분석에 따르면 記年이 확인되는 후한 碑刻 160여 점 중 桓帝時期에 제작된 것이 59건, 靈帝時期에 제작된 것이 76점을 차지하여 절대 다수를 차지함을 알 수 있다. 黃金明, 『漢魏晉南北朝誄文硏究』(北京 : 人民大, 2005), p.45.

17) 厚資多藏, 器用如生人 … 今富者積土成山, 列樹成林, 臺榭連閣, 集觀增樓. 中者祠堂屛閤, 垣闕罘罳(『鹽鐵論』, 「散不足」(北京 : 中華書局, 1996), p353).

제자(畵像石題字)', '제기(題記)' 등으로 불리는 묘실(墓室) 안에 안치된 석물(石物)들이다. 후한 초부터 등장하는 이 석물들에는 묘주의 이름과 관적(貫籍), 사망일, 장례일, 가족관계, 조정에서 받은 증사(贈賜)의 기록, 짧은 송사(頌辭) 등이 서술되어 있다. 이들 구성요소는 정형화된 묘비의 구성요소와 많은 부분이 겹친다. 그런데, 이들 석물에게서 보이는 특징은 기념물에 대한 관련 정보가 자세히 등장한다는 점이다. 특히 사당(祠堂) 혹은 묘궐(墓闕)과 같은 묘지건축의 종류, 제작자, 소요된 경비, 고용된 석공의 이름들이 기록되어 있다. 즉, "죽은 자를 위해 누가 얼마를 사용하여 무엇을 만들었는가"라는 점이 제기의 핵심 내용이었다.

따라서 우리는 기념물을 제작한 주체를 노골적으로 '효자○○○'라고 표현하면서, 최소 몇 천전에서 최대 10만전이 넘는 소요 경비를 적어 놓은 제기의 기록을 통해[18] 한 집안에서 행해졌던 곡진한 효성을 나타내는 후장의 표현이 주로 묘지기념물이었음을 알 수 있다. 요컨대, 후장을 표현하는 도구는 이미 존재하고 있었고, 충분했던 것이다. 그리고 이러한 묘지기념물은 후한 말까지 지속적으로 제작된다. 그렇다면 이들에 비해 서사(敍事)의

---

18) 대표적으로 建初 8년(83)에 세워진 〈肥城縣欒鎭畵像石題記〉와 建和 원년(147)에 만들어진 〈武氏祠石闕銘〉을 들 수 있을 것이다. 이들 두 石物은 하나는 지하에, 하나는 지상에 위치했다는 차이와 시대적 격차에도 불구하고 墓主에 대한 정보 없이 제작물과 제작인, 소요경비만이 서술되어 있다는 공통점이 있다. 建初八年八月成, 孝子張文思/哭父而禮, 石直三千, 王次作, 勿敗裏(건초 8년 8월 완성되었다. 효자 장문사는 아버지를 위해 곡을 하여 예를 다한다. 돌의 가격은 삼천이고, 왕차가 만들었다. [후손은] 파괴하지 말지어다). 永田英正編, 『漢代石刻集成 圖版·釋文編』(京都：同朋社, 1994), p.17；建和元年, 太歲在丁亥, 三月庚/戌朔四日癸丑, 孝子武始公, 弟/綏宗, 景興, 開明, 使石工孟李, 李/弟卯造此闕, 直錢十五萬, 孫宗/作師子, 直四萬, /開明子宣張, 仕/濟陰, 年卄五, 曹府君察擧孝廉, /除敦煌長史, 被病夭沒, 苗秀不/遂, 嗚乎哀哉, 士女痛傷(건화 원년, 목성이 정해에 있었던 삼월 경술삭 4일 계축. 효자 무시공, 동생 수종, 경흥, 개명은 석공 맹리, 맹리의 동생 묘로 하여금 이 궐을 만들게 하였다. 경비는 전 15만이다. 손자인 종은 사자를 만들었는데 가격은 4만이다. 개명의 아들은 선장으로 제음에 입사하였다. 나이 25세에 조부군은 효렴에 찰거되었고, 돈황장사를 제수받았다. 병을 얻어 요절하였다. 싹이 꽃을 피웠으나 열매 맺지 못하니 오호 슬프도다. 사녀가 모두 마음 아파하도다). 永田英正編, 같은 책, p.102.

기능이 강화된 묘비의 건립을 단순히 후장의 결과로 이해하는 것이 적절할까?

이에 대해 묘비가 제기와는 달리 지상에 위치했다는 점을 지적할 수도 있을 것이다. 다시 말해 지상에다 기념비를 세움으로 인해 불특정 다수에게 자신의 지극한 효성을 반복적으로 드러낼 수 있었기 때문에 후장이나 효성의 표현물로 적합했다는 것이다. 그러나 묘비 이전 지상에 올라온 묘궐이 이미 존재했을 뿐 아니라, 지상에 올라온 초기 묘비의 경우 오히려 묘주의 관력(官歷)이나 세계(世系)에 대한 자세한 서술이 증가한 반면, 묘비 제작자의 이름이나 비용이 기록되지 않아[19] 기존 제기보다 후장과 효성의 표현으로 더 적합했는가 하는 의문이 생긴다.

다음은 더 나아가 입비가 후장의 실제적 표현인가 하는 문제다. 이에 대해서는 최근에 주목할 만한 연구가 제출되었다. 하마타 다마미[濱田瑞美]는 후한시기 입비 비용을 대체로 만 2천전에서 2만전 사이로 추정하였는데, 이것은 당시 소 한 마리 값, 혹은 노비 1인의 가격에 해당한다고 하였다.[20] 그러나 이 비용은 대부분 1인에 의해서 부담된 것이 아니라 다수에 의해 분담되었기 때문에 1인의 부담은 수 백전에 해당했을 것이라고 하였다.[21] 당시 종복(從僕)이 매달 1천 5백전을 벌었던 것을 기준삼는다면 이 가격이 사회적으로 인민을 피폐하게 할 정도의 금액은 아니었다고 하였다.[22] 요컨

19) 후술한 표에서 확인할 수 있는 것처럼 〈子游殘碑〉부터 〈陽嘉殘碑〉까지 140년대 이전의 墓碑들에게서 보이는 가장 두드러진 특징은 墓主의 官歷, 品行, 家系(즉 世系), 本籍에 관한 내용이 증가한 것이다.

20) 王褒의 「僮約」에 따르면 당시 노비 1인의 가격은 대략 만 오천 정도였던 것으로 보인다. 券文曰：神爵三年正月十五日, 資中男子王子淵, 從成都安志里女子楊惠, 買亡夫時戶下髥奴便了, 決賈萬五千. 奴當從百役使, 不得有二言(王褒, 「僮約」, p.359 上).

21) 故吏와 門生들에 의해 세워진 비석들 중에 비용이 적시되어 있는 경우는 흔치 않지만, 몇 안 되는 경우를 보면 실제로 금액이 많은 경우 천에서 오백에 달하고, 대부분의 경우는 이백에서 백 오십으로 확인된다. 永田英正編, 앞의 책 중 〈양가잔비〉의 碑陰(p.74)과 〈노준비(魯駿碑)〉 비음(p.204)을 참조.

22) 濱田瑞美, 「曹操による建安十年立碑の禁令の實相について」, 『東洋美術史論叢』(東

대 장례 후 파산을 하는 당시 후장의 폐해 속에서 본다면 입비행위는 그리 심각한 경제적 문제를 발생시키지는 않았다는 것이다. 이와 관련하여 앞서 언급한 화려한 분묘의 제작이나 사당 건축물의 조영에 대해서는 어떠한 규제도 없었다는 것도 함께 고려해 볼 사항이다.

그리고 마지막으로 이 시기 입비가 후손들에 의해서 행해지기 보다는 주로 묘주의 문생(門生)·고리(故吏)들에 의해 이루어졌다는 점이다.[23] 이것은 입비행위를 유교국교화의 결과로, 혹은 효성의 지극한 표현으로 이해하는 것을 주저하게 한다. 즉 입비가 주로 묘주의 문생·고리들에 의해 이루어졌다면, 당시 입비행위는 한 집안의 장례문화를 넘어 사회적 행위이기에 입비행위에 대한 새로운 시각이 필요할 것이다. 따라서 우선 묘비의 출현과 입비가 성행하게 된 원인에 대해 살펴볼 필요가 있을 것이다.

2. 묘비의 출현과 입비의 원인

고대 중국 상장제도(喪葬制度)의 중요한 특징 중 하나는 후장이다. 사람이 죽어도 그 백(魄)은 지하에서 이승에서와 동일하게 삶을 지속한다는 영혼불멸관은 지하에서 생활하는 백을 위한 모든 편의를 제공하려는 노력을 요구하였고,[24] 이것은 현실에서 후장으로 나타났다. 더하여 유가의 효에 대한 칭양 역시 후장의 원인으로 작용하여, 중국 고대의 후장은 하나의 사회적 현상이 되었다.[25] 그러나 많은 노력과 비용을 필요로 했던 후장은 필연적으로 사치라는 사회경제적 문제를 유발하였고, 이로 인해 전한(前漢) 중기 이후 심각한 사회 문제로 인식되기 시작하였다.[26]

京：雄山閣, 2000), pp.102~103.

23) 漢碑多門生故吏爲之(『隷釋』 卷8, 「愼令劉脩碑」, p.96下右)；自後漢以來, 門生故吏多相與立碑頌德矣予(『集古錄跋尾』, 「宋文帝神道碑」, p.17869上右).

24) 마이클 로이/이성규 역, 『古代中國人의 生死觀』(서울：지식산업사, 1987：1998), pp.42~43.

25) 『鹽鐵論』에 따르면 사회적으로 후장한 자를 효자라고 칭송하는 현상이 나타났다. 雖無哀戚之心, 而厚葬重幣者, 則稱以爲孝(『鹽鐵論』, 「散不足」, p.354).

따라서 역대 황제들은 폐해를 줄이기 위해 후장을 금지하는 조서(詔書)를 반복적으로 내렸다.[27] 그러나 반복적인 조서가 의미하듯이 후장의 폐해는 쉽게 근절되지 않았고, 그로 인해 파산하는 이까지 등장하였다.[28] 후한이 되면 후장의 문제는 더욱 심각해져, 후한 말 사대부들의 저작에서 후장의 폐해를 비판하는 내용을 찾는 것은 어렵지 않다.[29] 이렇듯 사치스러운

---

26) 今富者繡牆題湊. 中者梓棺楩槨, 貧者畫荒衣袍, 繒囊緹橐 … 今厚資多藏, 器用如生人 … 今富者積土成山, 列樹成林, 臺榭連閣, 集觀增樓. 中者祠堂屏閤, 垣闕罘罳(『鹽鐵論』, 「散不足」, p.353).

27) 대표적으로 前漢 文帝, 成帝를 들 수 있다. 그리고 후장의 폐해가 더욱 커지는 後漢에서는 光武帝와 明帝, 和帝, 安帝의 후장금지 詔書를 볼 수 있다. 이들 황제들의 후장금지 조서의 중요 내용은 다음과 같다. 朕聞蓋天下萬物之萌生, 靡不有死. 死者天地之理, 物之自然者, 奚可甚哀. 當今之時, 世咸嘉生而惡死, 厚葬以破業, 重服以傷生, 吾甚不取(『史記』 卷4, 「文帝紀」, p.132) ; 聖王明禮制以序尊卑, 異車服以章有德, 雖有其財, 而無其尊, 不得踰制, 故民興行, 靡有厭足 … 車服嫁娶葬埋過制. 吏民慕效, 以成俗, 而欲望百姓儉節, 家給人足, 豈不難哉!(『漢書』 卷10, 「成帝紀」, p.324~325) ; 世以厚葬爲德, 薄終爲鄙, 至于富者奢僭, 貧者單財, 法令不能禁, 禮義不能止, 倉卒乃知其咎. 諸厚葬者皆被發掘, 故乃知其咎. 其布告天下, 令知忠臣·孝子·慈兄·悌弟薄葬送終之義(『後漢書』 卷1下, 「光武帝紀」, p.51) ; 仲尼葬子, 有棺無椁. 喪貴致哀, 禮存寧儉. 今百姓送終之制, 競爲奢靡. 生者無擔石之儲, 而財力盡於墳土. 伏臘無糟糠, 而牲牢兼於一奠. 糜破積世之業, 以供終朝之費, 子孫飢寒, 絶命於此, 豈祖考之意哉!(『後漢書』 卷2, 「明帝紀」, p.115) ; 吏民踰僭, 厚死傷生, 是以舊令節之制度. 頃者貴戚近親, 百僚師尹, 莫肯率從, 有司不擧, 怠放日甚(『後漢書』 卷4, 「和帝紀」, p.186) ; 詔三公明申舊令, 禁奢侈, 無作浮巧之物, 殫財厚葬(『後漢書』 卷5, 「安帝紀」, p.207).

28) 初, 寔父卒, 剽賣田宅, 起冢塋, 立碑頌. 葬訖, 資産竭盡, 因窮困, 以酤釀販鬻爲業(『後漢書』 卷52, 「崔寔傳」, p.1731).

29) 후장에 대한 대표적인 반대론자로는 無神論者인 王充을 비롯하여, 王符·崔寔 등을 들 수 있다. 人之所以生者, 精氣也. 死而精氣滅, 滅而形體朽, 朽而成灰土, 何用爲鬼?(『論衡』, 「論死」, p.803) ; 今京師貴戚, 郡縣豪家, 生不極養, 死乃崇喪, 或至金刻鏤玉, 檽梓楩柟, 良田造營, 黃壤致藏, 多埋珍寶, 偶人車馬, 造起大冢, 廣種松柏, 廬舍祠堂, 崇侈上僭. 寵臣貴戚, 州郡世家, 每有喪葬, 都官屬縣, 各當遣吏賫, 車馬帷帳, 貸假待客之具, 竟爲華觀(『潛夫論』, 「浮侈」, p.209) ; 養生順志, 所以爲孝也. 今多違志儉養, 約生以待終, 終沒之后, 乃崇餝喪紀以言孝, 盛饗賓旅以求名(『潛夫論』, 「務本」, p.30) ; 乃送終之家亦大無法度, 至用檽梓黃腸, 多藏寶貨, 饗牛作倡, 高墳大寢. 是可忍也, 孰不可忍? 而俗人多之, 咸曰「健子」! 天下跂慕, 恥不相逮. 念親將終, 無以奉遣, 乃約其供養, 豫修亡歿之備, 老親之飢寒, 以事淫法之華稱, 竭家盡業, 甘心而不恨(『政論』, 「闕題三」, p.89).

상장의례 속에서 후한 말이 되면 특징적인 사항 하나가 눈에 띄는데, 다름 아닌 입비행위의 성행이다.[30)]

기록에 따르면 본래 비(碑)는 고대 궁실이나 종묘에 있던 것으로 시간을 측정하거나[31)] 제사에 사용하는 희생을 매어 놓기 위한 용도로 사용되었다.[32)] 또한 무덤 앞에 있던 풍비(豐碑)는 비석 가운데 구멍을 이용하여 구덩이에 관을 내릴 때 사용했던 것으로 알려져 있다.[33)] 이러한 용도를 가지고 있던 비들은 이후 묘주에 대한 간략한 정보 및 고인(故人)의 유덕(遺德)을 기리는 송사가 새겨진 채 분묘 앞에 세워지게 된다. 이른바 묘비의 출현이다.

이러한 묘비가 언제 출현하였는가는 정확하지 않다. 양관(楊寬)은 전한 석각(刻石) 중 〈포효우각석(麃孝禹刻石)〉을 묘비의 선구로 파악하였다.[34)] 2행 15자로 구성되어 있는 〈포효우각석〉은 '河平三年八月丁亥/平邑□里麃孝禹[하평 3년(기원전 26) 8월 정해, 평읍□리 포효우]'[35)]라는 내용을 갖고 있다. 즉, 사망한 날짜와 본적, 묘주의 이름으로 구성되어 있다. 여기에는 묘주의 사적(事迹)이라고 할 만한 것이 기록되어 있지 않아, 이후 정형화된 묘비[36)]와는 다소 차이가 있다. 이는 무덤 앞에 세워져 무덤이 누구의 것인지

30) 自後漢以來, 碑碣雲起(『文心雕龍』, 「誄碑」, p.214).

31) 宮必有碑, 所以識日景, 引陰陽也(『儀禮注』, 「聘禮」, p.409).

32) 祭之日, 君牽牲, 穆荅君, 卿·大夫序從. 旣入廟門, 麗於碑(『禮記』, 「祭義」, p.1321). 이에 대해 鄭玄은 "凡碑, 引物者, 宗廟則麗牲焉, 以取毛血. 其材, 宮廟以石, 窆用木(『儀禮注』, 「聘禮」, p.409)"이라고 주석하였다.

33) 豐碑, 斫大木爲之, 形如石碑, 於槨前後四角樹之, 穿中於間爲鹿盧, 下棺以紼繞(鄭玄, 『禮記注』, 「檀弓下」, p.297).

34) 楊寬, 『中國古代陵寢制度史硏究』(上海 : 人民, 2003), pp.155~156. 양관은 이 책에서 이 각석의 이름을 〈麃季禹刻石〉이라고 하여, 대부분의 연구자들이 '孝'로 읽는 것과 달리 '季'로 보았다. 여기서는 北京圖書館金石組編, 『北京圖書館藏中國歷代石刻拓本匯編 第一冊 戰國 秦·漢』(鄭州 : 中州古籍, 1997), p.14와 永田英正編, 앞의 책, pp.8~9, 그리고 山東省博物館·山東省文物考古硏究所編, 『山東漢畫像石選集』(濟南 : 齊魯書社, 1982), p.39에 따라 〈麃孝禹刻石〉으로 표기하였다.

35) 永田英正編, 위의 책, p.8 ; 山東省博物館·山東省文物考古硏究所編, 위의 책, p.39. 후자에서는 '平邑□里'를 '平邑成里'로 읽었다.

36) 구보조에 요시후미는 묘비를 구성하는 정형화된 요소로서 ① 碑額, ② 諱, ③

를 알려주는 묘표(墓表)의 성격을 강하게 띠고 있음을 알 수 있다.

〈포효우각석〉은 형태적인 면에서도 천(穿)과 훈(暈)이 없다는 점에서 후한 말 등장하는 비들과는 상이하다. 묘비의 형태적인 측면을 주목한 하마타 다마미의 연구를 살펴보자. 하마타는 묘비의 외형적 필요요소로 천(그림 3-2-1 참조)과 훈(그림 3-2-2 참조)을 들었다.[37] 『봉씨문견기(封氏聞見記)』에 따르면 묘비에 난 구멍은 장례 시 하관(下棺)할 때 관을 묶은 끈을 통과시키는 용도였다.[38] 한편 『예속(隷續)』에 의하면 묘혈(墓穴) 앞 비의 구멍이 하관시에 끈을 통과시키는 용도였다면, 사당[廟] 앞의 비의 구멍은 희생(犧牲)을 묶어두는 데 사용하였다.[39] 봉연(封演)과 홍괄(洪适)의 설명대로라면 한비 중 대다수가 이 구멍을 가지고 있다.

구멍과 더불어 한비의 형태적 특징을 이루는 것은 훈이다.[40] 원수형(圓首形) 비의 비수(碑首) 부분에 존재하는 이 의장(意匠)은 『산좌금석지(山左金石志)』에 따르면, 관을 내릴 때 그 끈이 비수 부분에 비슷이 걸쳐지게 되는데, 그 때 관을 묶은 밧줄이 잘 미끄러지거나 이탈하지 않게 하는 기능을 한다.[41] 따라서 〈포효우각석〉의 경우 형태의 상이함과 내용의 차이로 인해 묘비로 파악하지 않는 연구자도 있다.[42]

字, ④ 本籍, ⑤ 家系, ⑥ 品行, ⑦ 官歷을 중심으로 하는 履歷, ⑧ 卒年卒月日, ⑨ 享年, ⑩ 追贈, ⑪ 葬日 혹은 立碑日, ⑫ 銘辭를 설정하였다. 窪添慶文, 「墓誌の起源とその定型化」, 『立正史學』 105(2009), p.2. 그러나 실제로 이 모든 요소를 갖춘 묘비는 흔치 않다.

37) 濱田瑞美, 「漢碑考－かたちと意匠をめぐって」, 『美術史研究』 41(2003), pp.184~191.

38) 天子諸侯葬時下棺之柱, 其上有孔, 以貫紼索, 懸棺而下, 取其安審 … 古碑上往往有孔, 是貫紼索像(『封氏聞見記』, 「碑碣」, p.57).

39) 碑之有穿, 在廟則以繫牲, 在穴則以下柩, 漢碑蓋多有之(『隷續』 卷7, 「碑式」, p.384上).

40) 塚本靖, 「碑の裝飾」, 『考古學雜誌』 5-12(1915), pp.812~813.

41) 其紼繞鹿盧橫而斜過碑頭, 碑頭爲此暈, 以限紼使之滑且不致外脫(『山左金石志』, 「泰山都尉孔宙碑」, p.14445下左).

42) 범방근은 이 刻石에는 묘비의 원형이라고 할 수 있는 豐碑의 흔적인 穿(구멍)이 없으며 크기 역시 묘비보다 훨씬 작다고 하였고, 내용면에서도 묘주의 事迹에 대한 서술 및 頌辭가 없는 것을 들어 묘비라 할 수 없다고 하였다. 그는 〈포효우각석〉을 墓碣로 보았다. 范邦瑾, 「東漢墓碑溯源」, 『華夏考古』 1991-4, p.94.

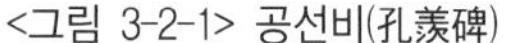

<그림 3-2-1> 공선비(孔羨碑)

<그림 3-2-2> 공겸비(孔謙碑)

현재 얼마 되지 않는 묘비 관련 연구는 대부분 묘비의 출현을 후한대로 보고 있다. 묘비의 출현을 후한시기로 보는 관점은 『석명(釋名)』으로부터 유래한 것으로 생각된다. 그 이유는 『석명』에서 묘비에 대해 '신하와 자식이 그 군(君)과 부친의 공덕을 서술하여 돌 위에 새긴 것'이라고 규정했고, 이러한 규정에 부합하는 묘비는 후한 들어 나타났기 때문이다. 확실히 묘비를 규정하는 형태와 정형화된 내용의 기준－일반적으로 묘주의 성명, 관력(官歷), 행적(行蹟), 향년(享年), 졸년졸월일(卒年卒月日) 등을 기본으로 하는 서(序)와 묘주를 애도하는 명(銘)－에 따른다면 후한 이전으로 묘비의 기원을 소급하는 것은 힘들 것 같다.[43]

그러나 묘비가 처음부터 묘주의 사적을 기록하고, 그 공업(功業)에 대해 송사를 서술하였던 것은 아니다. 오히려 이보다는 표식으로서 묘표의 의미가 강했던 것으로 보인다. 비의 기원으로 많은 이가 주목하고 있는 풍비[44]의

---

43) 학자들마다 최초의 묘비로 지적하는 것에는 차이가 있지만(범방근은 147년에 건립된 〈武斑碑〉를 최초의 묘비로, 하마타 다마미는 117년에 건립된 〈袁安碑〉를, 쓰카다 야스노부는 143년에 건립된 〈北海相景君碑〉를 최초의 묘비로 지적하고 있다), 모두 후한시대의 비로부터 묘비의 기원을 찾는 것은 동일하다. 차례로 范邦瑾, 앞의 글, p.98 ; 濱田瑞美, 앞의 글, p.186 ; 塚田康信, 「碑の起源と形式の研究 I」, 『福岡教育大學紀要 第5分冊』 28(1978), p.51.

44) 묘비의 기원을 豐碑에서 찾는 대표적인 이로는 趙翼이 있다. 然則墓道之有碑刻文, 本由於懸窆之豐碑, 而或易以石也(『陔余叢考』, 「碑表」, p.651)

변화에 대해 언급하고 있는 북송(北宋) 손종감(孫宗鑑)의 『동고잡록(東皐雜錄)』을 살펴보자. “주(周)가 쇠락한 후, 전국(戰國)·진(秦)·한시기(漢時期) 모두 비를 이용하여 관을 묶어 [묘혈(墓穴)로 내렸다. 비는] 나무로 만들기도, 혹은 돌로 만들기도 하였다. 장례를 마친 후 무덤가에 비는 남았고, 뽑아내지 않았다. 그 후 점차로 그 위에다 [묘주의] 성명과 작(爵), 지역(곧 본적)을 써 넣었다. 후한시기에 이르러 마침내 문사(文辭)를 짓게 되었다.”[45] 손종감의 해석에 의한다면 풍비에서 묘비로 전화하는 과정에서 비의 최초형태는 공덕을 서술하는 것보다 표지의 의미가 강했다.

이와 관련하여 『주례(周禮)』의 기록을 살펴보자. “만일 도로에서 죽은 자가 있다면 매장하고 푯말[楬]을 세우는데, [매장한] 날짜를 적는다.”[46] 여기서 갈(楬)이 표지의 의미를 가지고 있었던 것은 의심할 바가 없다.[47] 그런데 이것은 도로에서 죽음을 당했을 때만 세웠던 것은 아닌 것 같다. 『한서(漢書)』에서는 이 갈을 ‘성명을 적는 것’이라고 하였고,[48] 안사고(顔師古)는 이에 대해 “갈은 말뚝이다. 무덤에 세우고 죽은 자의 이름을 적는다”라고 주해하였다.[49] 따라서 갈은 무덤을 조성한 후 그 무덤의 표지로 사용되었던 것으로 보인다.

한편 『한서』에는 갈과 비슷한 역할을 하는 표(表)가 등장한다. 표는 무덤을 만들고 묘주의 이름을 적어 놓는다는 점에서,[50] 갈과 같은 것으로 생각된다. 요컨대 전한시기에는 무덤을 조영한 후 무덤 앞에 사자의 성명이나 작, 혹은 지역을 적어 놓은 표지를 세웠던 것으로 보이는데 이것이 묘비의

45) 自周衰, 戰國秦漢皆以碑懸棺, 或以木, 或以石, 旣葬碑留壙中, 不復出矣. 其後稍書姓名爵里其上, 至後漢, 遂作文字(『讀禮通考』 卷98에서 재인용, p.114 권-358).

46) 若有死於道路者, 則令埋而置楬焉, 書其日月焉(『周禮』, 「秋官·司寇下·蜡氏」, p.972).

47) 鄭玄은 鄭司農의 말을 인용하여 이것이 표식을 위한 말뚝이라고 해석하였다. 鄭司農云, 楬欲令其識取之, 今時揭櫫是也(『周禮注』, 「秋官·司寇下·蜡氏」, p.972).

48) 楬著其姓名(『漢書』 卷90, 「酷吏 尹賞傳」, p.3673).

49) 楬, 杙也. 椓杙於瘞處而書死者名也(『漢書』 卷90, 「酷吏 尹賞傳」, p.3673).

50) 又陽聚土, 樹表其上曰『開章死, 葬此下』(『漢書』 卷44, 「淮南厲王長傳」, p.2141).

초기 모습일 것으로 생각된다.[51] 따라서 이상과 같은 내용에 따른다면 앞에서 살펴본 묘표의 성격이 강한 〈포효우각석〉을 비의 초기 형태로 보지 못할 이유가 없을 것이다. 최초의 묘비는 무덤 표시석이라는 기능을 가지면서 출현하였음을 알 수 있다.[52] 그렇다면 표지로서의 성격이 강했던 묘비가 공덕을 기술하는 형태로 변화하는 것은 언제인가?

<표 3-2-1> 후한시기 제작된 묘비들의 구성요소

	① 비액(碑額)	② 휘(諱)	③ 자(字)	④ 본적(本籍)	⑤ 세계(世系)	⑥ 품행(品行)	⑦ 관력(官歷)	⑧ 졸년(卒年)	⑨ 향년(享年)	⑩ 추증(追贈)	⑪ 장일(葬日)	⑫ 명사(銘辭)
〈표효우각석(麃孝禹刻石)〉(기원전26)		○		○				○				
〈내자후각석(萊子侯刻石)〉(16)		○						○				
〈삼로휘자기일기(三老諱字忌日記)〉(52)		○	○		○			○				
〈알자경군묘표(謁者景君墓表)〉(114)				○				○				○
〈자유잔비(子游殘碑)〉(115)			○	○	○	○	○	○				
〈원안비(袁安碑)〉(117)		○	○	○			○	○			○	
〈원창비(袁敞碑)〉(117)			○		○		○	○			○	
〈왕효연묘비(王孝淵墓碑)〉(128)		○		○	○	○	○	○				○
〈국삼로원량비(國三老袁良碑)〉(131)		○	○	○	○		○	○	○			○
〈양가잔비(陽嘉殘碑)〉(133)						○	○	○			○	

51) 하여월은 풍비가 한대 묘비로 변화하는 과정 중에 表는 중요한 단계이자 형식이라고 분석하였다. 何如月, 『漢碑文學研究』(北京 : 商務, 2010), p.57.

52) 히비노 다케오는 전한말기 墳墓의 표식으로서 돌로 만든 墓表를 세우는 것이 시작되었다고 보았다. 日比野丈夫, 「墓誌の起源について」, 『江上波夫教授古稀記念論集 民族·文化篇』(東京 : 山川, 1977), p.183.

〈사남후획비(沙南侯獲碑)〉(140)		○	○	○							○	
〈북해상경군비(北海相景君碑)〉(143)	○			○		○	○	○				○
〈무반비(武斑碑)〉(147)	○	○	○		○	○	○	○				○
〈공군묘갈(孔君墓碣)〉(155)	○				○	○	○	○				
〈정고비(鄭固碑)〉(158)	○	○	○		○	○	○	○	○			○
〈유수비(劉修碑)〉(171)		○	○			○	○	○	○			○

표를 참조하면 무덤 표지석의 기능이 강했던 묘비가 본격적으로 송사를 갖춘 기념비로서 등장하는 것은 140년대에 들어와서임을 알 수 있다. 140년대 들어 구성요소를 갖춘 정형화된 묘비가 등장한 것에 대해서는 별도의 분석이 필요하겠지만 그 과정을 간단히 살펴보면, 처음 묘주의 이름과 졸년졸월일만이 쓰였던 것에 묘주의 관력, 세계, 본적(本籍)이 추가되고, 이후 품행(品行)과 송사가 더해지는 것을 볼 수 있다.

비교적 이른 시기의 묘비중 묘주의 관력과 세계에 대한 자세한 서술이 등장하는 대표적인 것으로는 〈원창비(袁敞碑)〉, 〈국삼로원량비(國三老袁良碑)〉를 들 수 있는데, 북중국 최고의 저성(著姓)으로 알려져 있는 여남(汝南) 원씨(袁氏) 집안의 일련의 묘비들이다. 이들 묘비는 지금까지 지하의 '봉기(封記)', '묘기(墓記)', '제기(題記)'들에서 보였던 묘주의 사적이 지상의 불특정 다수에게 공개되기 시작했음을 보여준다. 그런데, 이때 묘비에는 지하의 석물들과는 달리 얼마나 많은 비용을 사용하여 무엇을 누가 만들었는가 하는 내용이 빠져있다. 또한 곡진한 효성을 과시하는 '효자 ○○○'와 같은 노골적인 표현도 지상으로 올라오지 않았다. 대신 대대로 삼공(三公)이 배출된 그 집안의 화려한 관력과 순(舜)임금으로부터 시작되어 춘추(春秋)·전국시기(戰國時期)와 한대(漢代)에 걸쳐 명문(名門)이었던 세계가 서술되어 있다. 즉 봉기나 묘기, 제기 등에서 볼 수 있었던 자손의 효성과 그에 비례하는 비용의 소요에 관한 기술이 사라진 대신 묘비에서 확대된 서사성을 이용하여 가문의 우위와 힘을 불특정 다수에게 보여준 것이다. 따라서 지상에 세워진 정형화된 묘비가 효성의 극진함을 표현하는 수단만은 아님을 알 수 있다.

그렇다면 이처럼 특정 가문의 우위를 노골적으로 드러내게 된 이유는 무엇일까? 이것을 당시 선거와 연관하여 생각하는 것은 무리일까? 아니, 가문의 우위와 힘에 대한 서술이 당시 평판에 근거한 선거에 영향을 미쳤을 것임은 쉽게 예측할 수 있다.[53] 특히 이러한 요소가 갖춰진 묘비의 등장이 호족(豪族)의 자립화와 지방 지배력이 확대되는 안제시기(安帝時期)[54]에 등장한 것은 우연이 아닐 것이다.

또한 명사(銘辭)의 등장을 살펴보면 그것이 묘비 제작자의 유가적 소양을 드러내는 장치임을 알 수 있다. 비교적 이른 시기의 묘비로 이해되는 〈알자경군묘표〉나 〈왕효연묘비〉에는 유가적 소양을 표현하는 '수인(脩仁)', '언신행독(言信行篤)', '겸렴(謙廉)', '효친충군(孝親忠君)'과 같은 용어가 사용되다[55] 점차 『논어(論語)』·『시(詩)』·『서(書)』·『예기(禮記)』 등의 경전에서 그대로 가져오거나 변형시킨 구절들이 다수 등장한다.[56] 유학에 정통함이

53) 한대 인재선발이 魏晉時期 그것보다 개인의 능력에 의해 행해졌다고 하지만 고급 官僚家 자제들이 인재선발 과정에서 유리했음은 부정할 수 없는 사실이다. 『漢書』와 『後漢書』에 立傳된 인물 중 輔政將軍의 幕僚職을 역임한 인물 57인을 분석한 김한규에 따르면 26인이 고급관료가의 자제였다. 金翰奎, 『古代東亞細亞幕府體制硏究』(서울 : 一潮閣, 1997), p.239. 물론 이 결과가 兩漢時期 선거에서 고급관료가 출신이 유리했다는 절대적 근거가 될 수는 없겠지만, 최소한 사회적으로 고급관료가의 자제가 선거에서 유리했음을 추정하는 방증이 될 수는 있을 것 같다. 그렇다면 이렇듯 선거에 영향을 미치는 가문의 힘이 기념비에 의해 영구히 불특정 다수에게 공개되는 것은 선거에서 보다 유리한 고지를 점하는 데 일정한 작용을 하였을 것이다.

54) 東晉次, 『後漢時期の政治と社會』(名古屋 : 名古屋大, 1995), p.253.

55) 최초로 묘주에 대한 頌辭가 기록된 것으로 이해되는 〈謁者景君墓表〉에 등장하는 표현들이다. 〈알자경군묘표〉에 대해서는 汪慶正, 「東漢石刻文字綜述」, 『上海博物館館刊』 1(1981), p.64를 참조.

56) 漢安 2년(143)에 세워지는 〈北海相景君碑〉의 명사에는 『論語』는 물론이고, 『詩』와 『書』에서 가져온 글귀가 보인다. 또한 명사 부분은 아니지만 경군의 묘비문 안에는 역시 『논어』, 『시』, 『易』, 『禮記』 등의 경전의 글귀가 인용된 것이 발견된다.

관리등용 자격의 하나였던 후한시기[57] 사자(死者)에 대한 추모의 마음을 드러냄과 동시에 자신들의 학문적 능력을 드러낼 수 있는 명사는 선거에 영향을 미칠 수 있는 좋은 수단이 되었을 것이다. 이렇듯 묘비가 정형화되어 가는 과정을 살펴보면 묘비가 곡진한 효성을 드러내는 후장의 결과만이 아니라 후한시기 선거와 밀접하게 관련되어 있다는 것을 알 수 있다. 특히 여남 원씨 집단의 묘비들을 통해서는 묘비의 정형화가 호족의 성장과 지역에서의 지배력 확대라는 측면에 연동했을 가능성을 배제할 수 없다.

2절 사대부의 조제 행위와 입비활동

앞에서 살펴본 것처럼 전한시기부터 후장이 사회문제가 되었던 점과 후한 말 묘비가 자손 이외의 문생·고리 등에 의해 건립된 점은 묘비의 성행을 후장의 표현만으로 이해하기를 방해한다. 특히 여러 사람에 의해 건립비용이 분담되어 결코 경제적 피폐로 이어지지 않았다는 연구는 우리에게 많은 시사를 준다.[58]

따라서 건안 10년(205) 조조가 내린 금비령을 박장의 조치로만 이해하는 주장에 언뜻 동의하기 어렵다. 이것에 대해 단서를 주는 것은 서국영(徐國榮)과 유도(劉濤)의 연구다. 서국영은 당시 입비 행위와 사시 행위가 함께 유행함을 주목하였다. 즉, 그는 입비행위가 단순한 후장의 표현이 아니라 사시와 같이 사대부사회 안에서 명성을 제고(提高)하는 정치적 행위라는

이러한 경향은 후대로 가면 더욱 분명해져서, 建和 원년(147) 세워진 〈武斑碑〉의 묘비문은 졸년졸월일, 묘주의 성명을 제외한 세계, 묘주의 품성, 관력의 서술부분에도 『논어』를 위시하여, 『시』, 『서』, 『左傳』, 『孟子』의 구절들이 다수 인용되거나 혹은 변용되어 사용되고 있다. 永田英正編, 『漢代石刻集成 本文篇』(京都 : 同朋社, 1994), pp.53~58, 63~67 참조.

57) 遠藤祐子, 「漢代における地方官學の政治的機能」, 『立命館史學』 14(1993), p.29.

58) 濱田瑞美, 앞의 글, (2000).

것을 설명하고자 하였다.[59] 한편 유도는 자신의 출생에 대해 콤플렉스를 가지고 있던 조조가 세가(世家) 대족(大族)의 세력을 와해시키고, 중앙집권제를 수립하기 위해 금비령을 내렸다고 보았다. 요컨대 비가 모종의 지위와 위망(威望)의 상징물이기에, 조조는 사가(私家)에서 세운 비를 제거하여 여론과 민심을 통제하며 사대부가를 압박하였다는 것이다.[60] 이들 연구는 조조의 금비령을 단순한 후장의 금지라는 것으로 이해할 수 없다고 주장하고 있다. 그러나 두 연구 모두 아쉽게도 조조의 금비령에 대한 정치적 해석이 소략하여 더 이상의 정보를 얻기는 힘들다.[61] 특히 당시 사대부들에 의해 행해진 입비와 건안 10년의 금비령을 연동하여 설명하지는 않고 있다.

한대 후장이 사회적 문제가 된 것은 이미 문제(文帝)의 조서를 통해서도 알 수 있다.[62] 문제가 유조(遺詔)를 통해 박장을 명하였지만 사회적으로 후장이 효의 곡진한 표현으로 인식되어 명성을 획득하는 방법이 되어감에 따라[63] 후장의 폐해는 점점 더 커져갔다. 그런데 기록을 통해 확인할 수 있는 후장의 내용은 주로 사치스러운 부장품의 문제이거나 거대한 봉분, 그리고 엄청난 규모의 사당들이었다.[64] 물론 전한의 경우 묘비의 수가 적어 묘비가 후장의 폐해로 거론되지 않았을 수 있다. 그러나 후한 말 찬술된 『잠부론(潛夫論)』에서도 후장에 대한 문제를 거론하며 묘비에 대해 거론하지 않은 것[65]은 흥미롭다. 따라서 묘비가 후장과 관련하여 사회적

---

59) 徐國榮, 「漢末私諡和曹操碑禁的文化意蘊」, 『東南文化』 117(1997).

60) 劉濤, 「魏晉南北朝的禁碑與立碑」, 『故宮博物院院刊』 95(2001).

61) 서국영은 입비행위가 사대부들 안에서 名聲을 提高하는 방법임을 주목하였지만, 禁碑令의 원인을 입비가 백성을 피로하게 하고 재물을 피폐하게 하며 虛飾의 풍조를 조성하기 때문이라고 분석하여 曹操의 금비조치에 대한 정치적 해석은 소략한 편이다.

62) 『史記』 卷10, 「孝文本紀」, pp.433~434.

63) 厚葬重幣者, 則稱以爲孝, 顯名立於世, 光榮著於俗(『鹽鐵論』, 「散不足」, p354).

64) 賜金錢·繒絮, 繡被百領. 衣五十篋, 璧珠璣玉衣, 梓宮·便房·黃腸題湊各一具, 樅木外臧椁十五具 … 發三河卒穿復土, 起冢祠堂, 置園邑三百家, 長丞奉守如舊法 … 禹既嗣爲博陸侯, 太夫人顯改光時所自造塋制而侈大之. 起三山闕, 築神道, 北臨昭靈, 南出承恩, 盛飾祠室, 輦閣通屬永巷, 而幽良人婢妾守之(『漢書』 卷80, 「霍光傳」, pp.2948~2950).

문제가 되었다고 단정하기 힘들다.[66]

그러나 건안 10년 조조가 갑자기 후장금지와 묘비건립을 금지하는 명령을 내리며, 묘비는 후장의 폐해로 인식되게 된다. 그 사정을 살펴보자.

> 한 이후 천하가 장례를 사치스럽게 하여 석실(石室)과 석수(石獸), 비명(碑銘) 등을 만드는 자가 많았다. 건안 10년 위무제(魏武帝)는 천하가 쇠퇴하고 피폐해지자 ① 후장을 하지 못하도록 명령을 내리고 또 묘비를 세우는 것을 금지하였다. 고귀향공(高貴鄕公) 감로(甘露) 2년(257)에 대장군참군(大將軍參軍) 태원(太原) 왕륜(王倫)이 죽자, 그의 형 왕준(王俊)이 〈표덕론(表德論)〉을 지어 왕륜이 남긴 미덕을 서술하였는데, 글에서 말하길 "삼가 조정의 법령을 두려워하여 비명을 만들지 않았으니, 이에 그의 행적을 적어 묘의 안에 새기노라"고 하였다. 이는 입비의 금지가 아직 엄중하던 때의 일이다. 이후 다시 금령(禁令)이 느슨해졌다.[67]

이러한 입비 금지령은 진(晉)에서도 확인된다.

> 진무제(晉武帝) 함녕(咸寧) 4년(278) 다시 조서를 내려 말하였다. "이 석수와 비표(碑表)는 ② 사사로이 미덕을 기리는 것이므로 허위를 조장하고 재물을 축내어 백성을 해롭게 함이 이보다 큰 것은 없다. 일체 이를 금지한다.

---

65) 或至刻金鏤玉, 檽梓楩柟, 良田造塋, 黃壤致藏, 多埋珍寶偶人車馬, 造起大冢, 廣種松柏, 廬舍祠堂, 崇侈上僭(『潛夫論』, 「浮侈」, p.137).

66) 이와 관련하여 『潛夫論』의 撰者인 王符 역시 입비를 주도했던 사대부인 관계로 입비를 후장의 일환으로 비판하지 않았을 것이라는 주장이 있을 수 있겠다. 설득력 있는 지적이라 여기면서 당시 사대부들이 君子란 '자기 자신만을 넓히고자 하는 이가 아니라, 조상의 영과 아름다운 이름을 사술하여 부모를 드러내는 자(非直爲博己而已也, 蓋乃思術祖考之令問, 而以顯父母也. 『潛夫論』, 「讚學」, p.5)'라는 인식 때문에 군주와 부친 공덕을 서술하여 알리는 입비를 후장의 모습으로 파악하지 않았을 가능성도 염두에 두고자 한다.

67) 漢以後, 天下送死奢靡, 多作石室石獸碑銘等物. 建安十年, 魏武帝以天下雕弊, 下令不得厚葬, 又禁立碑. 魏高貴鄕公甘露二年, 大將軍參軍太原王倫卒, 倫兄俊作表德論, 以述倫遺美, 云「祇畏王典, 不得爲銘, 乃撰錄行事, 就刊於墓之陰云爾」. 此則碑禁尙嚴也. 此後復弛替(『宋書』 卷15, 「禮二」, p.407).

금령을 위반하는 자는 비록 사면령이 내리더라도 비명을 무너뜨리도록 하라."[68]

앞의 기사들은 『송서(宋書)』「예지(禮志)」의 기록으로, 박장의 일환으로 시작된 입비금지 정책이 위진시기를 거쳐 유송(劉宋)까지 지속되었던 사정을 전하고 있다. 확실히 기사 중 ①의 부분을 통해서는 입비금지가 후장금지의 일환이라는 인상을 받을 수 있다. 그러나 ②의 내용은 입비금지가 후장금지의 일환만은 아님을 알 수 있다. 즉 ②에 의한다면 묘비를 세우는 것이 재물을 축내는 것 이전에 '사사로이 미덕을 기리는 것'으로, 그 행위가 사회적으로 '허위를 조장'하는 것이 문제가 된다. 이것은 다름 아니라 사사로이 인물을 평가하는 것을 금지한다는 것으로, 한대 이래 민간에서 행해지던 인물평에 대한 금지임을 알 수 있다.

이 문제에 대해 좀 더 자세히 살펴볼 필요가 있을 것 같다. 고대 중국에 있어 인물평이 하나의 사회적 현상이 된 것은 아무래도 관리등용과 관련이 있다. 한대 인재등용의 방식은 '찰거(察擧)'와 '징벽(徵辟)'으로 말할 수 있는데, 각기 '아래로부터 위로', '위로부터 아래로' 인재를 추천 또는 발굴한다는 방식 상의 차이는 있지만 모두 개인에 대한 여론에 근거한다는 공통점을 가지고 있다. 따라서 인물평이라는 것은 당시 사회적 필요에 의해 자연스럽게 조성된 현상이라고 볼 수 있을 것이다. 그러나 후한 말, 이러한 인물평이 중앙정계와 무관하게 독자성을 갖게 되면서 문제가 발생하게 된다.

당고(黨錮) 이후, 재야에 만들어진 자율적이고 독자적인 사대부사회는 황제와 대치적 명성을 가지게 되었고,[69] 사대부들은 정계(政界)에서 관위(官位)를 갖는 것보다 사대부들로부터 인정을 받는 것을 중요하게 여기기 시작하였다.[70] 그 결과 사대부사회에서 행해지던 인물평은 어떤 무엇보다도

68) 晉武帝咸寧四年, 又詔曰：「此石獸碑表, 既私褒美, 興長虛僞, 傷財害人, 莫大於此. 一禁斷之. 其犯者雖會赦令, 皆當毀壞.」(『宋書』 卷15, 「禮二」, p.407).

69) 渡邉義浩, 「漢魏交替期の社會」, 『歷史學硏究』 626(1991), pp.53~54.

사회적 권위를 갖게 되었고, 심지어는 곽태(郭太), 허소(許劭)와 같이 인물평을 전문적으로 하는 이들까지 등장하였다.[71] 그러나 이러한 재야의 인물평은 황제의 권력 밖에서 사회적 기준이 만들어지는 것을 의미하기에 위험할 수밖에 없었다. 따라서 정부로서는 이러한 민간의 인물평은 금지시켜야만 하는 행위였다. 그러나 후한정부의 식물화로 이러한 자율적인 사대부들의 활동은 근절되지 않았다.

자율적인 사대부들의 활동이 인물평에 국한된 것은 아니었다. 그들은 자신들만의 행동지침들을 마련하였다.[72] 새로운 칭위(稱謂)가 등장하였고,[73] 친족범위를 넘어서 스승을 비롯하여 정치관계가 이미 소멸한 구군과 거장에 대한 복상에 있어서 상례(常禮)를 넘어서는 과례가 행해졌다.[74]

---

70) 유력한 宦官의 양자로 조정안에서 이미 관직을 가지고 있었던 曹操가 답하지 않으려는 許劭에게 굳이 인물 평가를 받고자 했던 것은 대표적인 사례일 것이다. 홍승현, 『사대부와 중국 고대 사회－사대부의 등장과 정치적 각성에 대한 연구』(서울 : 혜안, 2008), p.183.

71) 가장 대표적으로는 郭太와 허소를 들 수 있겠으나, 이들 이외에도 荀淑, 度尙, 吳祐, 牛述, 王諶, 謝甄, 符融, 韓卓, 田盛, 橋玄, 何顒, 孔迪, 許靖 등도 인물평으로 이름을 날리던 이들이다.

72) 대표적으로 '京洛之法'을 들 수 있을 것이다. 選擧와 太學을 매개로 洛陽에 모이게 된 사대부들은 서로 간의 교류를 통해 경사 사대부사회를 구성하였고, '경락지법'이라고 불리는 자신들만의 문화적 표준을 만들어냈다. 『抱朴子 外篇 下』, 「議惑」(北京 : 中華書局, 1997), p.17. 이 '경락지법'은 학문의 내용은 물론이고, 자신들만의 언어, 喪禮의 哭聲 방식 등 광범위한 분야를 포함했던 것으로 알려져 있다. 이에 대해서는 甘懷眞, 「唐代京城社會與士大夫禮儀之硏究」, 臺灣大 박사학위논문(1993), 2장 '京城社會的發展' 중 '士大夫社會的成立', pp.15~20을 참조.

73) 후한 말 그동안 사라졌었던 舊君이란 칭호가 재등장한 것이나, 擧將의 칭호가 사용되기 시작한 것을 들 수 있다. 본서 3부 1장 「전·후한 상복례의 변화와 후한 말 '구군' 개념의 재등장」을 참조.

74) (荀淑)年六十七, 建和三年卒. 李膺時爲尙書, **自表師喪**(『後漢書』 卷62, 「荀淑傳」, p.2049) ; 擧孝廉, 爲平陽侯相. 到官, 表龔遂之墓, 立銘祭祠, 擢用其後於畎畝之閒. **以師喪棄官奔赴**, 五府並辟不就(『後漢書』 卷64, 「延篤傳」, p.2103) ; 少師事太尉劉寬. **再擧孝廉. 聞所擧郡將喪, 乃棄官行服**(『後漢書』 卷58, 「傅燮傳」, p.1873) ; 及(童)懷被命, 乃就孝廉, 除須昌長. 化有異政, 吏人生爲立碑. **聞擧將喪, 棄官歸**(『後漢書』 卷76, 「童翊傳」, p.2482) ; 拜侍御史, 遷梁令, □□康, 踰産豹, **喪舊君, 以棄官**(『隷釋』 卷11, 「太尉劉寬碑」, p.124上左) ; (王允)年十九, 爲郡吏 … 桓帝震怒, 徵太守劉瓆, 遂下獄死.

이러한 사대부들의 활동은 '당대의 풍속'으로 평가받았으며,[75] 후대에는 '아속(雅俗)'으로 칭송받게 된다.[76] 장례와 관련하여 이 시기 또 하나 주목되는 것은 사시행위였다.[77] 당시 사대부들은 명사(名士)의 장례식에 참석하는 조제(弔祭) 활동에 열심이었던 것과 더불어 사적으로 시호를 추증하였다.[78]

그런데 '시'라는 것이 사전적 의미로도 '죽은 자의 생전의 행적에 의해 군주가 내려주는 칭호'이기에, 사적으로 행할 수 있는 행위가 아니다. 따라서 후대 환범(桓範)도 이를 '인주의 권리[人主權柄]'로 표현하고, 한말 사대부 안에서 행해졌던 사적인 추시(追謚) 행위를 비판하였다.[79] 그러나 후한정부는 이를 금지하지 못하였고, 조위(曹魏)에 들어와 비로소 금지되게 된다.[80]

允送喪還平原, 終畢三年(『後漢書』 卷66, 「王允傳」, p.2172).

75) 當世往往化以爲俗(『後漢書』 卷62, 「荀爽傳」, p.2057).

76) 而林宗雅俗無所失(『後漢書』 卷68, 「郭太傳」, p.2231) ; 雅俗所歸, 惟稱許郭(蕭統, 『文選』, 「爲范尙書讓吏部封侯第一表」, p.1736).

77) 初, 穆父卒, 穆與諸儒考依古義, 謚曰貞宣先生. 及穆卒, 蔡邕復與門人共述其體行, 謚爲文忠先生(『後漢書』 卷43, 「朱穆傳」, p.1473) ; 中平四年, 年八十四, 卒于家. 何進遣使弔祭, 海內赴者三萬餘人, 制衰麻者以百數. 共刊石立碑, 謚爲文範先生(『後漢書』 卷62, 「陳寔傳」, p.2067) ; 中平二年, 年七十四, 卒於家 … 於是三府各遣令史奔弔. 大將軍何進移書陳留太守, 累行謚謚, 僉曰宜爲貞節先生(『後漢書』 卷81, 「獨行 范冉傳」, p.2690).

78) 私謚其君父及諸名士(『後漢書』 卷62, 「荀爽傳」, p.2057).

79) 且生以爵祿, 榮死以誄謚, 是人主權柄而漢世不禁! 使私稱與王命爭流, 臣子與君上俱用, 善惡無章, 得失無效, 豈不誤哉(桓範, 「世要論·銘誄」, p.389). 晉의 張璠 역시 謚號란 아랫사람이 만들 수 있는 것이 아니라 했고, 宋의 洪适은 私謚 행위를 '末流의 弊'라고 비판하였다. 故張璠論曰 : 『夫謚者, 上之所贈, 非下之所造, 故顔·閔至德, 不聞有謚. 朱·蔡各以衰世臧否不立, 故私議之.』(『後漢書』 卷43, 「朱穆傳」, p.1473) ; 群下私相謚, 非古也. 末流之弊, 故更相標榜, 三君八顧之目紛然, 而奇禍作矣(『隷釋』 卷9, 「玄儒先生婁壽碑」, p.103下右).

80) 구체적으로 曹魏時期 언제 사시가 금지되었는지는 확인하기 어렵다. 현재 『三國志』에 사시금제에 대한 기사가 등장하지 않기 때문이다. 그러나 『通典』 권104에 조위 明帝時期에 행해졌던 '諸侯卿大夫謚議'가 수록되어 있어, 국가에 의해 謚法制가 확정되게 됨을 알 수 있다. 국가에 의해 시법이 규정된다는 것은 사사로운 시호의 헌상이 불가능해졌음을 의미할 것이다. 따라서 명제시기 사시가 금지되었을 것을 추측할 수 있다. 참고로 『통전』의 기사를 제시하면 다음과 같다. 魏劉輔等啓論賜謚云 : 「古者存有號則沒有謚, 必考行迹·論功業而爲之制. 漢不修古禮, 大臣有寵

정부 밖에서 공공연하게 사회적 기준이 만들어지고, 그것을 따르는 사회적 행위가 칭송받는다는 것은 정부로서는 묵과할 수 없는 문제이기에 당연히 금지대상이 되었을 것이다.

묘비를 세우는 행위도 마찬가지로 사대부사회 안에서 하나의 중요한 행위가 되었다. 앞에서 언급한 것처럼 본래 장사지낸 날과 피장자의 성명을 기록한 단순한 무덤의 표식이었던 묘비는 후한시대가 되면 '신하와 자손이 군주와 부친의 공로와 미덕을 추념하여 서술한 것을 표면에 기록'하는 형식으로 변화된다. 즉, 피장자의 평생의 사적과 공덕(功德)에 대한 송사가 기술되기 시작한 것이다. 그리고 후한 말이 되면 대략 비문의 내용은 ① 묘주의 이름, ② 자, ③ 관적(貫籍), ④ 가족 세계(世系), ⑤ 평생의 사적, ⑥ 장례 일자, ⑦ 애도(哀悼)와 묘주의 공덕에 대한 송사로 정형화되었다. 그리고 비의 배면(背面)에 입비자(立碑者)들의 명단이 기록되어 있는데, 대부분 문생과 고리들로 알려져 있다.

이것은 묘비의 건립이 부모에 대한 자식의 지극한 효성의 표현이 아님을 알려준다. 따라서 묘비의 건립을 효성의 표현, 곧 후장의 결과로 이해하기는 어렵다. 이것은 고도의 정치적 행위로 이해될 수 있는데, 이를 증명하는 단적인 예가 무홍(巫鴻)이 거론한 한소(韓韶)의 석비다. 환제시기 태산(泰山)의 반란으로 인해 발생한 유민(流民)을 현창(縣倉)의 곡식으로 진휼했던 한소의 공덕을 찬미하고자 같은 영천군(潁川郡)의 명사들이었던 이응(李膺),

---

乃賜之諡. 今國家因用未革. 臣以爲今諸侯薨於位者可有諡, 主者宜作得諡者秩品之限.」尙書衛覬奏:「舊制, 諸王及列侯薨, 無少長皆賜諡. 古之有諡, 隨行美惡, 非所以優之. 又次以明識昭穆, 使不錯亂也. 臣以爲諸侯王及王子諸公侯薨, 可隨行迹賜諡; 其列侯始有功勞, 可一切賜諡; 至於襲封者則不賜諡.」尙書趙咨又奏云:「其諸襲爵守嗣無殊才異勳於國及未冠成人, 皆不應賜諡.」黃門侍郎荀俁議以爲:「古之諡, 紀功懲惡也, 故有桓文靈厲之諡. 今侯始封, 其以功美受爵土者, 雖無官位, 宜皆賜諡以紀其功, 且旌奉法能全爵祿者也. 其斬將搴旗, 以功受爵, 而身在本位, 類皆比列侯. 自關內侯以下及名號賜爵附庸, 非諡所及, 皆可闕之. 若列侯襲有官位, 比大夫以上; 其不涖官理事, 則當宿衛忠勤, 或身死王事, 皆宜加諡. 其襲餘爵, 旣無功勞, 官小善微, 皆不足錄.」八座議以爲:「太尉荀顗所撰定體統, 通敍五等列侯以上, 嘗爲郡國太守·內史·郡尉·牙門將·騎督以上薨者, 皆賜諡.」(『通典』卷64, 「凶禮二十六」, pp.2716~2717).

진식(陳寔), 두밀(杜密), 순숙(荀淑) 등이 석비를 세웠다. 이 석비는 당고 이후 일련의 당인(黨人)들이 낙향하여 지역사회 안에서 황제와 대치적 명성을 유지하며, 사대부들만의 자율적 행동규범을 만들어 가던 상황 속에서 건립되었을 것으로 추정되고 있다.[81)]

즉 이들은 황제의 조정에서 쫓겨나 있는 상태에서 한소를 기리는 석비를 건립함으로써 가장 중요한 것이 세속의 관위가 아닌 사대부들이 공유한 도덕이나 행동이라는 것을 보여준 것이며, 사대부들이 신봉하는 도덕과 행동은 직위의 차이나 현실에서의 친밀함 등에 구애받지 않는 절대적인 것임을 보여주었던 것이다.[82)] 이러한 행위가 그들에게 또 다른 명성을 가져왔음을 덧붙일 필요는 없을 것이다. 전문적으로 비문(碑文)을 작성하는 이들이 등장하였고,[83)] 당대의 문원(文苑)이라 할 수 있는 이들이 대부분 비문을 작성하였다.[84)] 이에 대해 범문란(范文瀾)은 『묘비명고(墓誌銘考)』를 인용하여 그러한 행위는 대부분 명성을 얻기 위한 행위였다고 분석하였다.[85)]

---

81) 우훙/김병준 옮김, 『순간과 영원－중국고대의 미술과 건축』(서울 : 아카넷, 2001), p.519.

82) 孔融이 北海의 相으로 있을 당시 東萊郡의 奏曹史였던 太史慈는 공융이 위기에 처하자, 그를 돕기 위해 劉備에게 구원을 청하러 가게 된다. 유비를 만난 태사자는 자신과 공융과의 관계를 이렇게 설명한다. "저 태사자는 동래군 사람으로 공융과는 친척도 아니며 동향도 아닙니다. 오직 명성과 지조로 서로 좋아하여 재앙을 나누고 근심을 함께 하는 뜻을 가지고 있습니다(慈, 東萊之鄙人也, 與孔北海親非骨肉, 比非鄕黨, 特以名志相好, 有分災共患之義. 『三國志·吳書』 卷49, 「太史慈傳」, pp.1187~1188)." 이는 당시 사대부들의 교류를 보여주는 단적인 예로, 명성과 지조로 서로 연결된 이들의 관계를 와타나베 요시히로는 '名聲主義'라는 표현으로 설명하였다. 이에 대해서는 渡邉義浩, 「三國時代における「文學」の政治的宣揚－六朝貴族制形成史の視點から－」, 『東洋史硏究』 54-3(1995), pp.27~40을 참조.

83) 蔡邕이 그 대표적인 인물이라 할 수 있을 것이다. 蔡邕文今存九十篇, 而銘墓居其半, 曰碑, 曰銘, 曰神誥, 曰哀讚, 其實一也(『困學紀聞』 卷13, 「考史」, pp.92~1493). 채옹의 경우 많은 비문을 작성한 것에서 알 수 있는 것처럼 당대 최고의 수준이었던 것으로 알려져 있다. 蔡邕銘思, 獨冠古今(『文心雕龍』, 「銘箴」, p.194) ; 才鋒所斷, 莫高蔡邕(『文心雕龍』, 「誄碑」, p.214).

84) 채옹 외에도 후한시기 비문을 작성한 유명한 이들로는 桓麟, 崔瑗, 胡廣, 공융, 馬融, 盧植, 服虔, 張升, 張超, 皇甫規, 劉珍, 邊韶 등이 있다.

석비가 묘실 안이 아니라 지상에 세워졌다는 것은 이것이 어디까지나 살아 있는 자들을 향해 제작되었음을 보여주는 것이다.[86] 석비건립에 기금을 출현한 자들을 제자(弟子), 문생, 문동(門童), 고리, 고민(故民), 처사(處士) 등으로 세심하게 구분하여 비음(碑陰)에 새겨 넣었던 공주(孔宙)의 석비[87]는 죽은 자와의 관계를 이용하여 명성을 얻고자 한 자들의 정치적 욕망이 잘 투영되어 있다. 이렇게 고리나 문생들에 의해 석비가 건립되는 것이 사회적 유행으로 감지되는 것이 환제·영제시기, 요컨대 1·2차 당고가 발생한 때라는 것은 우연이 아닐 것이다. 당시 사대부들은 황제의 조정 밖에서 명성을 획득하는 방법을 모색하고, 적극적으로 이용하고 있었던 것이다.

3절 금비령의 반포와 묘지의 출현

1. 건안 10년 금비령의 반포와 그 의미

이제 다시 조조의 건비(建碑) 금지령에 대해 살펴보자. 조조가 건비행위를 금지했던 명령이 발표된 해는 건안 10년(205)이다. 그럼 건안 10년은 조조의 정치적 성장과정 속에서 어떤 의미를 갖는 해였을까? 건안 10년은 조조가 관도(官度) 전투 이후 기주(冀州)에 남아있던 원소(袁紹)의 큰 아들 원담(袁譚)을 주멸하고, 기주를 평정한 해다. 관도 전투로부터 기주를 완전히 평정할 때까지 걸린 5년이란 시간이 말해주듯이 원소가 사망한 후에도 원씨 집단은

85) 東漢則大行碑文, 蔡邕爲作者之首, 後漢文苑諸人, 率皆撰碑, 東京士風, 雖號淳厚, 意者慕聲市利之事(『文心雕龍注』, 「誄碑」, p.232).

86) 濱田瑞美, 앞의 글(2000), p.108.

87) 門生이 42인, 門童이 1인, 弟子가 10인, 故吏가 8인, 故民이 1인 새겨져 있다. 高文, 『漢碑集釋』(開封 : 河南大, 1997 : 2008), 「孔宙碑」, pp.251~253을 참조. 이러한 구분에 대해 洪适은 각 각 다음과 같이 해석하였다. 漢儒開門受徒著錄有盈萬人者, 其親受業則曰弟子, 以久次相傳受則曰門生, 未冠則曰門童, 摠而稱之亦曰門生. 舊所治官府其掾俗則曰故吏, 占籍者則曰故民, 非吏非民則曰處士(『隷釋』 卷7, 「泰山都尉孔宙碑」, p.83).

하북(河北) 일대를 장악하고 있었다.[88] 기록에도 나와 있는 것처럼 당시 원씨의 세력은 4대에 걸쳐 은덕을 베풀어 천하에 문생과 고리들을 두고 있었던 상태였다.[89]

당시 이들 원씨의 문생·고리들은 심정적으로만 연결되었던 것은 아니었다. 그들은 원소집단의 중핵으로서 동탁(董卓)에 대한 집단행동도 불사했으며,[90] 조조와의 대결에서는 무력부대로 활약하였다.[91] 그 뿐만 아니라 천하의 호걸(豪傑)들 다수가 원소에게 귀부(歸附)해 있었던 것을 확인할 수 있다.[92] 이것은 아마도 그가 삼공(三公)의 후예기도 했지만, 그 스스로 '사대부를 아끼고[愛士]' 마음을 기울여 자신을 낮추고 사람을 대했기 때문일 것이다.[93] 원소가 죽고 난 후에도 원씨의 문생과 고리들 중 일부는 원담의 휘하에서, 일부는 원상(袁尙)의 휘하에서 종군하여 조조와 대립하였다. 아마도 이것이 조조가 관도전 이후 기주를 완전히 평정할 때까지 5년이나 소요하게 된 원인일 것이다.

---

88) 金文京, 『中國の 歷史 三國志の世界』(東京 : 講談社, 2005), p.74.

89) 袁氏樹恩四世, 門世故吏徧於天下, 若收豪傑以聚徒衆, 英雄因之而起(『三國志·魏書』 卷6, 「袁紹傳」, p.190).

90) 諸袁門生又聚董氏之尸, 焚灰揚之於路(『後漢書』 卷72, 「董卓傳」, p.2332). 당시 反董卓軍이 淸流的 인사와 袁氏가 중핵이 되어 구성된 것은 山崎光洋, 「後漢末の河北の狀況について－汝南の袁氏を中心として－」, 『立正史學』 57(1985), pp.28~32을 참조.

91) 時袁紹盛於河朔, 而汝南紹之本郡, 門生賓客布在諸縣, 擁兵拒守(『三國志·魏書』 卷26, 「滿寵傳」, p.722).

92) 卓聞紹得關東, 乃悉誅紹宗族太傅隗等. 當是時, 豪俠多附紹, 皆思爲之報, 州郡蠭起, 莫不假其名(『三國志·魏書』 卷6, 「袁紹傳」, p.192).

93) 紹有姿貌威容, 愛士養名. 旣累世台司, 賓客所歸, 加傾心折節, 莫不爭赴其庭, 士無貴賤, 與之抗禮(『後漢書』 卷74上, 「袁紹傳」, p.2373). 비록 荀彧과 郭嘉는 이에 대해 "선조의 밑천에 기대어 얼굴빛을 부드럽게 하고 지혜를 꾸며 명예를 얻었다(紹憑世資, 從容飾智, 以收名譽. 『三國志·魏書』 卷10, 「荀彧傳」, p.313)", "누대 선조의 밑천에 기대어 고명한 의론과 읍양의 예의로써 명예를 얻었다(紹因累世之資, 高議揖讓以收名譽. 『三國志·魏書』 卷14, 「郭嘉傳」, p.432)"라고 혹평했으나, 실제로 이것이 원소가 조조와 천하를 다툴 수 있었던 능력이라고 생각된다. 이와 관련하여 오쿠보 야스시는 袁紹를 '많은 문생·고리들의 기대에 부응할 수 있는 인물'이라고 표현하였다. 大久保靖, 「漢末門生故吏考-汝南袁氏の場合」, 『史友』 14(1982), p.40.

따라서 기주를 평정한 조조에게 원씨의 세력을 와해시키며, 이들을 자신의 진영으로 흡수하는 것은 필수적인 일이었을 것이다. 이와 관련하여 당시 기주사회를 살펴보자. 『삼국지(三國志)·위서(魏書)』「무제기(武帝紀)」에는 조조가 기주를 평정한 후 내린 영(令)이 기록되어 있다.

> 9월, 영을 내려 말하였다. "당(黨)을 이뤄 사리(私利)를 도모하는 것은 선성(先聖)께서 싫어했던 바다. 듣건대 기주의 풍속은 아비와 자식이 당파(黨派)를 달리하여 서로 명예를 훼손하고 있다고 한다. 옛날 직불의(直不疑)는 형이 없었건만 세상 사람들은 그가 형수와 사통하였다고 하였다. 제오백어(第五伯魚)는 세 번째로 고아인 여자를 처로 맞아들였는데, [세간에서는] 그를 며느리를 겁탈한 늙은이라 하였다. 왕봉(王鳳)은 권력을 멋대로 천단(擅斷)하였음에도 곡영(谷永)은 그를 신백(申伯)에 비유하였고, 왕상(王商)은 충성스런 의견을 개진했건만 장광(張匡)은 그를 정도(正道)를 벗어났다 하였다. 이는 모두 흰 것을 검다 하는 것으로 하늘을 속이고 군주를 기망(欺罔)하는 것이다. 나는 풍속을 가지런히 하고자 하는데, 이 네 가지 폐단이 사라지지 않는 것을 치욕으로 여길 것이다."[94]

기사를 보면 당시 기주의 사대부들은 서로 당파를 달리하여 대립하고 있었던 것을 알 수 있다. 실제로 「원소전(袁紹傳)」에는 기주 사대부들 사이의 대립이 곳곳에서 보인다. 대표적으로 원소가 10만 병사를 일으켜 허창(許昌)에 대한 공격을 준비할 때 저수(沮授)와 전풍(田豊)은 백성들이 피로하고 창고가 빈 것을 이유로 전쟁하지 말 것을 간언한다. 그러나 이와는 달리 심배(審配)와 곽도(郭圖)는 조조를 격파하는 것이 손바닥을 뒤집는 것과 같다고 하며 때를 놓치지 말 것을 건의한다.[95] 당시 기주의 사대부들은

94) 九月, 令曰 :「阿黨比周, 先聖所疾也. 聞冀州俗, 父子異部, 更相毁譽. 昔直不疑無兄, 世人謂之盜嫂 ; 第五伯魚三娶孤女, 謂之撾婦翁 ; 王鳳擅權, 谷永比之申伯, 王商忠議, 張匡謂之左道 : 此皆以白爲黑, 欺天罔君者也. 吾欲整齊風俗, 四者不除, 吾以爲羞.」(『三國志·魏書』 卷1, 「武帝紀」, p.27).

95) 『三國志·魏書』 卷6, 「袁紹傳」, p.196 注[五] 『獻帝傳』曰 이하 참조.

각기 자신들이 가진 정세판단력을 기초로 원소에게 입사하였고, 입사 후에는 서로의 입장에 따라 한 치의 양보도 없이 대립하였다.

이러한 대립은 때로는 참언(讒言)에 의한 상대방에 대한 음해로 이어졌다. 저수가 감군(監軍)이 되어 내외를 통령(統領)하게 되자 곽도 등이 그에 대해 참언하여 원소는 감군을 삼도독(三都督)으로 나눠, 저수와 곽도· 순우경(淳于瓊)으로 하여금 각기 1군씩을 관할하게 하였다.[96] 또한 건안 5년(200) 관도전 패배 후 전풍은 봉기(逢紀)의 수차례에 걸친 참언에 의해 죽임을 당하고,[97] 역시 관도전투 중 순우경의 패배를 예견하며 구조를 주장하던 장합(張郃)은 곽도의 참언에 의해 목숨을 위협받고 적진인 조조군영에 귀순하였다.[98] 이렇듯 당시 기주 사대부들의 대립은 원소정권의 안위마저 위협하였고, 결국 원소 사후 원씨정권 분열의 원인이 되었다.

그렇다면 기주 사대부들은 왜 그토록 대립하였을까, 그리고 그에 따른 일련의 상황은 왜 원소에 의해 제재되지 못하였을까? 순욱(荀彧)의 분석처럼 원소 휘하에는 능력은 없고 의논하기 좋아하는 이들만 모여 있었기 때문일까?[99] 아니면 진수(陳壽)의 짤막한 논평처럼 겉모습과는 달리 '마음속으로 질시하고 꺼리는 것이 심했'[100]던 원소 자신 때문이었을까? 이에 대해

---

96) 圖等因是譖授「監統內外, 威震三軍, 若其浸盛, 何以制之? 夫臣與主不同者昌, 主與臣同者亡, 此黃石之所忌也. 且御衆于外, 不宜知內.」紹疑焉. 乃分監軍爲三都督, 使授及郭圖·淳于瓊各典一軍, 遂合而南(『三國志·魏書』 卷6, 「袁紹傳」, p.196 注[五]).

97) 逢紀憚豐亮直, 數讒之於紹, 紹遂忌豐. 紹軍之敗也, 土崩奔北, 師徒略盡, 軍皆拊膺而泣曰 :「向令田豐在此, 不至於是也.」紹謂逢紀曰 :「冀州人聞吾軍敗, 皆當念吾, 惟田別駕前諫止吾, 與衆不同, 吾亦慚見之.」紀復曰 :「豐聞將軍之退, 拊手大笑, 喜其言之中也.」紹於是有害豐之意(『三國志·魏書』 卷6, 「袁紹傳」, p.201 注[一]).

98) 太祖與袁紹相拒於官渡 … (張)郃說紹曰 :「曹公兵精, 往必破瓊等 ; 瓊等破, 則將軍事去矣, 宜急引兵救之.」郭圖曰 :「郃計非也. 不如攻其本營, 勢必還, 此爲不救而自解也.」… 太祖果破瓊等, 紹軍潰. 圖慚, 又更譖郃曰 :「郃快軍敗, 出言不遜.」郃懼, 乃歸太祖(『三國志·魏書』 卷17, 「張郃傳」, p.525).

99) 故士之寡能好問者多歸之(『三國志·魏書』 卷10, 「荀彧傳」, p.313).

100) 紹外寬雅, 有局度, 憂喜不形于色, 而內多忌害, 皆此類也(『三國志·魏書』 卷6, 「袁紹傳」, p.201).

주목할 만한 견해가 와타나베 요시히로[渡邉義浩]에 의해 제출되었다. 그는 위에 서술한 기주의 상황이 원소의 통치스타일에서 기인하였다고 보았다. 그에 따르면 본인 스스로가 '민(民)의 망(望)'으로 불리던 명사(名士)인 관계로 '명사층의 의향을 존중하는 인사(人事)를 행했고 명사층의 견해를 널리 수용하였으며, 명사의 가치인 유교를 따랐고 명사층의 명성을 존중'했기 때문이다.[101]

이것은 관도전 이후 조조와 원소를 비교한 순욱의 논평에서도 알 수 있는 것으로 순욱은 원소와 그 진영에 대해 '선조가 남긴 밑천에 의지하여 얼굴빛을 부드럽게 하고 지혜를 꾸밈으로써 명예를 얻었기에 사(士)중에서 능력은 부족하지만 의논하길 좋아하는 이들이 대부분 그에게 귀속'하였다고 분석하였다.[102] 이것은 조조진영이 명사에게 가지고 있는 관념일 수 있겠으나, 천하의 사와 호걸들이 귀의한 것에는 원인이 있었을 것이니 바로 원소가 그들이 가진 자율적 질서를 인정해 주었기 때문일 것이다. 그러나 그것은 한편으로 원소를 우유부단하다고 평가하는 원인이 되었고, 결국 원소는 강력한 군주권력 확립에 실패하였던 것이다.

기주에서 승리한 후 조조는 종래 기주의 기풍을 해체하기 위한 조치를 강구한다. 그런데, 전투에서 승리한 조조에게 당장 문제가 되었던 것은 원담의 장례였다. 여전히 원씨집단에 대해 의리를 지키고자 하는 이들이 존재하고 있었던 상황에서 적절한 조치가 필요했을 것이다. 따라서 기주의 기풍을 변화시키겠다는 영을 내리기 전 후장금지령을 내린다. 후장금지령을 내리게 된 상황은 다음과 같다.

왕수(王脩)는 당시 낙안(樂安)에서 식량 운반을 담당하고 있었는데, 원담이

---

101) 渡邉義浩, 「三國政權形成前史－袁紹と公孫瓚－」, 『吉田寅先生古稀記念アジア史論集』(東京 : 吉田寅先生古稀記念論文集編集委員會, 1997), p.52.

102) 紹憑世資, 從容飾智, 以收名譽, 故士之寡能好問者多歸之(『三國志·魏書』 卷10, 「荀彧傳」, p.313).

> 위급하다는 말을 듣고 자신이 인솔하던 병사 및 여러 종사(從事) 수십 인을 이끌고 원담에게로 갔다. 고밀(高密)에 이르러 원담이 사망했다는 말을 듣고, 말에서 내려 곡(哭)을 하며 말하였다. "군(君)이 없으니 어디로 돌아간단 말인가?" 곧 태조(太祖)에게로 가 원담의 시신을 거두어 장례치를 수 있기를 청하였다. 태조가 왕수의 뜻을 알고자 묵묵히 대답하지 않았다. 왕수가 다시 말하였다. "원씨의 두터운 은혜를 입었으니, 만일 원담의 시신을 거두어 염(殮)을 한 후에 찢겨 죽는 한이 있어도 한이 없을 것입니다." 태조가 그 뜻을 아름답게 여겨 청을 들어 주었다.103)

왕수는 원소의 고리였던 인물로 원소가 사망한 후에는 원담을 따랐다. 그런 그는 원담이 사망한 후 목숨을 걸고 원담의 장례를 치르기 위해 노력하였다. 기사에서는 그런 그의 마음을 가상히 여겨 원담의 장례를 치를 수 있도록 허락해 달라는 왕수의 요청을 조조가 허락했음을 알려주고 있다. 그러나 조조에게 이러한 원씨 고리들의 행동은 위험천만한 일이 아닐 수 없었다. 특히 당시 문생과 고리들에 의해 석비가 세워지는 것이 유행이었던 상황에서 석비를 세우며 많은 이들이 참석하는 장례식은 정치적으로 상당한 위협이 될 수 있었을 것이다. 만에 하나 천하의 많은 명사들이 참석하여 묘비를 세워 원씨들의 공덕을 표창하고, 사사로이 시호를 헌상하는 행위를 하면 어떻게 할 것인가. 여전히 마음으로부터 복종하지 않고 있던 원씨 잔당도 문제거니와 기주는 물론이고 전국에 성황리에 거행된 장례식의 소식이 전해진다면 어떻게 할 것인가. 적지 않게 염려되었으나 아직 사대부들의 협조가 절실했던 조조는 노골적으로 장례식 자체를 금지할 수는 없었을 것이다. 자연히 이 모든 행위를 포괄하는 후장에 대한 금지가 내려졌을 것이다.

---

103) (王)脩時運糧在樂安, 聞譚急, 將所領兵及諸從事數十人往赴譚. 至高密, 聞譚死, 下馬號哭曰：「無君焉歸?」遂詣太祖, 乞收葬譚屍. 太祖欲觀脩意, 默然不應. 脩復曰：「受袁氏厚恩, 若得收斂譚屍, 然後就戮, 無所恨.」太祖嘉其義, 聽之(『三國志·魏書』卷11, 「王脩傳」, p.346).

(건안) 10년 봄 정월, 조조가 원담을 공격하여 격파하고, 원담을 참수(斬首)하고 그의 처자식을 주살(誅殺)하자 기주가 평정되었다. 명령을 내려 말하였다. "원씨와 함께 나쁜 일을 한 자도 함께 새롭게 시작하게 하겠다." 백성들에게 사사로운 복수를 할 수 없게 하였고 후장을 금지하였으며, 모두 법에 따라 처리하였다.[104]

『삼국지』에서 유일하게 조조의 후장금지령을 기록하고 있는 기사다. 이 기사에는 후장금지만이 등장하고 입비금지에 대한 사항은 없다. 그러나 이것이 앞서 확인한 『송서』의 기사와 동일한 시기의 동일 사건을 기록한 것임에는 의문의 여지가 없다.

조조는 지난날 기주를 근거지로 가지고 있던 원씨집단의 장례식이 정치적으로 부담스러웠을 것이다. 사전에 이러한 문제를 제거할 필요가 있었을 것이다. 따라서 인용한 건안 10년의 후장금지령을 단순한 후장금지가 아닌 정치적 의도의 산물로 이해하는 것이 무리만은 아닐 것이다. 왜냐하면 왕수의 장례 요청을 허가한 것과는 달리 원상의 목이 요동(遼東)에서 도착했을 때, 조조는 "삼군(三軍) 중에서 감히 그를 위해 곡을 하는 자가 있다면 참수하겠다"는 명령을 내렸다.[105] 이것은 원씨들에 대한 어떠한 감정적, 그리고 정치적 표현도 불허하겠다는 의지에 다름 아닐 것이다. 조조의 금비령은 이러한 맥락 하에서 이해되어야 할 것이다.

2. 묘지의 출현

조조의 묘비금지는 후장금지의 일환이 아닌 민간에서 행해지던 인물평의 금지이며, 황제의 권력 밖에서 행해지던 사대부들의 정치행위에 대한 금지임을 살펴보았다. 자연히 이러한 금비령은 서진왕조에 계승되어 법제화 되었

---

104) 十年春正月, 攻譚, 破之, 斬譚, 誅其妻子, 冀州平. 下令曰 :「其與袁氏同惡者, 與之更始.」令民不得復私讎, 禁厚葬, 皆一之于法(『三國志·魏書』 卷1, 「武帝紀」, p.27).

105) 三軍敢有哭之者斬(『三國志·魏書』 卷11, 「田疇傳」, p.343).

다.[106] 그러나 입비에 대한 시대적 요구는 여전히 존재하여 입비에 관한 기사를 종종 찾아 볼 수 있다. 그 중에는 군주의 칙령(勅令)에 의해 세워진 것이나[107] 백성들에 의해 세워진 비도 있지만,[108] 여전히 문생·고리들에 의해 세워지는 비도 상당수였던 것으로 보인다.[109] 공공연한 금비령의 위반사례는 조정의 느슨한 태도에서도 기인하였을 것이다.

> [동진(東晉)] 원제(元帝) 태흥(太興) 원년(318) 담당관원이 상주하였다. "전표기부주부(驃騎府主簿)가 지난날의 은의로 구군 고영(顧榮)의 장사를 치르면서 비석 세우는 것을 청구하였습니다." 조서를 내려 비석 세우는 것을 특별히 허락하였다. 이후 금령은 다시 점차 해이해졌다. 대신과 장리(長吏)들은 사람마다 모두 사사로이 비석을 세웠다.[110]

금비령하에서도 버젓이 건비를 요청하는 상주에 대한 조정의 허가는 사실상 금비령을 무력화시켰을 것이다. 이러한 금비령의 위반과 건비 요청사례는 당시 국가에 의한 강제조치가 있었음에도 민간에서는 건비에 대한 꺼지지 않는 열망이 존재했음을 알려준다. 당시 묘비가 어떤 의미를 가지고

106) 諸葬者皆不得立祠堂·石碑·石表·石獸(『晉令輯存』, 「喪葬令」(西安 : 三秦, 1989) p.187).

107) (南陽王 司馬)模感丁邵之德, 敕國人爲邵生立碑(『晉書』 卷37, 「宗室 南陽王模傳」, p.1097) ; 帝哭之甚慟, 詔贈征西將軍, 諡曰壯, 立碑於本郡(『晉書』 卷58, 「周訪傳」, p.1582).

108) 襄陽百姓於峴山(羊)祜平生游憩之所建碑立廟, 歲時饗祭焉(『晉書』 卷34, 「羊祜傳」, p.1022) ; 百姓追慕(唐)彬功德, 生爲立碑作頌(『晉書』 卷42, 「唐彬傳」, p.1219) ; 祗乃造沈萊堰, 至今兗豫無水患, 百姓爲立碑頌焉(『晉書』 卷47, 「傅祗傳」, p.1331).

109) (唐)彬初受學於東海閻德, 門徒甚多, 獨目彬有廊廟才. 及彬官成, 而德已卒, 乃爲之立碑(『晉書』 卷42, 「唐彬傳」, p.1219) ; (束)皙辭疾罷歸, 教授門徒. 年四十卒, 元城市里爲之廢業, 門生故人立碑墓側(『晉書』 卷51, 「束皙傳」, p.1434) ; 孟玖扶穎入, 催令殺(陸)雲 … 門生故吏迎喪葬淸河, 修墓立碑, 四時祠祭(『晉書』 卷54, 「陸雲傳」, p.1485) ; (陶)侃遺令葬國南二十里, 故吏刊石立碑畫像於武昌西(『晉書』 卷66, 「陶侃傳」, p.1778).

110) 至元帝太興元年, 有司奏 : 「故驃騎府主簿故恩營葬舊君顧榮, 求立碑.」 詔特聽立. 自是後, 禁又漸頹. 大臣長吏, 人皆私立(『宋書』 卷15, 「禮二」, p.407).

있었기에 건비에 대한 열망이 끊이지 않고 존재하였을까?

그것은 무엇보다 자신의 공업(功業)이 영원히 기억되길 바라는 욕망의 투영일 것이다. 아니, 공업의 유무를 떠나 자신의 존재가 영원히 기억되기를 원하는 바람의 발로일 것이다.[111] 이러한 바람은 돌의 영구함과 결합하여 "덕(德)의 융성함은 사라지지 않는 것보다 큰 것이 없다",[112] "재능과 공업을 서술하여 새김으로써 사라지지 않게 한다",[113] "금석(金石)에 새겨 기록하여 영원히 사라지지 않게 한다"[114] 등의 기술을 남겼다. 그러나 『예기(禮記)』「제통(祭統)」의 다음의 내용은 건비에 대한 또 다른 욕망을 알려준다.

> 명(銘)이라는 것은 스스로 이름을 내는 것, 즉 [선조(先祖)의 덕행(德行)을 칭양(稱揚)하고 자신의 이름을 후세에 알리는 것이니], 자신의 이름을 써서 선조의 공업을 칭양함으로써, 그것을 후세에 밝게 드러내는 것이다. 선조가 된 이는 아름다운 덕이 있지 않을 수 없으며 나쁜 것도 있지 않을 수 없으나, 명의 의리는 아름다움을 일컫고 좋지 않은 것은 일컫지 않는 것이다. 이는 효자(孝子)나 효손(孝孫)의 마음이고, 오직 현(賢)한 자만이 능히 할 수 있는 것이다. 명이라는 것은 선조의 선덕(德善)·공열(功烈)·훈로(勳勞)·경상(慶賞)·성명(聲名) 등 세상에 알려진 것을 논평하고 취하여 제기(祭器)에 기록함에 자신의 이름도 더하여서 선조에게 제사하는 것이다. 선조를 칭양하는 것은 효를 숭상하는 것이요, 자신을 선조에 견주어 [자신의 이름을 후세에 드러내는 것은] 효순한 행위이며, 후세에 밝게 드러내는 것은 후대인을 가르치는 것이다. 무릇 명이라는 것은 한

111) 후한 趙岐가 功業을 이루지 못한 채 병을 얻어 오랜 기간 투병하며 죽음을 생각할 때 이야기한 자신의 묘비명은 "한대 隱居하는 이가 있었으니 성은 조고 이름은 가다. 뜻을 가졌으나 시기를 만나지 못했으니 운명이 그러할진대 어찌한단 말인가(漢有逸人, 姓趙名嘉, 有志無時, 命也奈何.『後漢書』卷64,「趙岐傳」, p.2121.)"였다. 공업의 유무에 상관없이 자신의 존재를 기억시키고 싶어 하는 인간의 욕망이 잘 표현된 일화라고 할 수 있겠다.

112) 德之隆者, 莫盛不朽(『隸釋』 卷9,「繁陽令楊君碑」, p.105上右).

113) 敍述才美, 以銘不朽焉(『隸釋』 卷10,「童子逢盛碑」, p.114上右).

114) 銘載金石, 永世不刊(『隸釋』 卷7,「冀州刺史王純碑」, p.80下左).

> 번 일컬어서 위아래 사람 모두가 교훈을 얻을 수 있는 것이다. 이로써 군자가 명을 보면 그 일컬은 [선조의 덕행을] 아름답게 여기고, 또 일컬은 [후손의 칭양] 행위를 아름답게 여긴다.[115)]

『예기』「제통」의 내용은 결국 묘비를 세우는 행위가 건립자의 이름을 후세에 드러내는 행위라는 점을 잘 보여주고 있다. 즉, 선조의 공업을 칭양하는 행위(건비 행위)를 통해 그 건비자는 자신이 효자·효손[혈연이 아닌 경우 현자(賢者)]임을 보여줄 수 있기 때문이다. 따라서 명을 통해서는 칭양한 바, 선조의 공업의 아름다움과 그것을 칭양한 후손의 행위의 아름다움 모두를 알 수 있다 한 것이다. 요컨대 건비에 대한 또 다른 열망은 산자가 얻을 수 있는 사회적 명성으로부터 기인했음을 알 수 있다.

후한 말 일족이 아닌 비혈연자들에 의한 건비 열풍은 사회적 명성의 획득이 가져올 정치적 성공에 대한 기대로부터 기인한 것임은 이미 살펴보았다. 사대부사회의 자율성이 극대화된 상태로 황제의 조정을 부정하고 있던 사대부들의 건비행위는 명확한 정치적 행위에 다름 아니다. 따라서 조조는 조정 밖에서 행해지던 사대부들의 자율적인 정치행위를 종식시키고자 금비령을 내렸던 것이다.

진조(晉朝) 이후에도 사대부들 사이의 명성을 획득하려는 노력은 지속되었다. 그러나 그것은 종종 사실과 부합하지 않아[有乖事實], 그로 인해 진위(眞僞)가 서로 혼동되어[眞假相蒙] 심지어는 마땅히 덕행을 칭찬받아야 하는 이가 현귀(顯貴)해지지 못하였다[殆使合美者不貴]. 뿐만 아니라 건비에 소용되는 공정(工程)과 비용도 묘주의 신분에 맞지 않아[功費, 又不可稱] 풍속파괴와 허위성행의 부화(浮華)하고 번쇄(繁瑣)한 기풍이 지속되었다[俗

---

115) 銘者, 自名也, 自名以稱揚其先祖之美, 而明著之後世者也. 爲先祖者, 莫不有美焉, 莫不有惡焉, 銘之義, 稱美而不稱惡. 此孝子孝孫之心也, 唯賢者能之. 銘者, 論譔其先祖之有德善·功烈·勳勞·慶賞·聲名, 列於天下, 而酌之祭器, 自成其名焉, 以祀其先祖者也. 顯揚先祖, 所以崇孝也. 身比焉, 順也. 明示後世, 教也. 夫銘者, 壹稱而上下皆得焉耳矣. 是故君子之觀於銘也, 旣美其所稱, 又美其所爲(『禮記』, 「祭統」, p.1362).

敝僞興, 華煩已久].[116] 그 결과 다시 동진 의희(義熙) 연간에 금지되게 되었다.[117] 그런데, 배송지(裴松之)에 의해 주도된 입비금지 논의를 살펴보면 이러한 패속(敗俗)의 근원격으로 후한 말 여러 차례 묘비명을 쓰고 사시를 주도했던 채옹이 언급되고 있어, 동진 말 입비금지 역시 조정 밖에서 행해지던 사대부들의 인물평 및 명성 획득행위에 대한 금지라는 성격이 짙다. 유유(劉裕) 역시 사적 권위를 인정할 수 없었던 것이다.

이렇듯 중앙정부는 정부 밖의 일체의 사적 권위를 금지하고 모든 사회적 기준을 만들어 내고자 하였다. 문제는 이로 인해 혈연 안에서 행해지던 입비행위 마저도 허가되지 않게 된 것이다. 자연히 묘비를 대신하여 사자를 추도하며, 산자의 정성을 보일 수 있는 대체물이 필요하게 되었다. 바로 묘지(墓誌)의 성행이다. 묘지의 기원에 대해서는 연구자마다 의견을 달리하고 있지만, 유행의 원인을 금비령에서 찾고 있는 것은 같다.[118] 묘지를 묘비의 대체물로만 이해할 수 있겠는가 하는 의문이 있기는 하지만, 금비령이 묘지의 성행에 역할을 한 것만은 부정할 수 없을 것 같다. 묘비와 묘지를 비교하면 형태상의 문제도 있지만 가장 두드러진 차이로는 묘지의 경우 사자에 대한 서술 뿐 아니라 처·자 혹은 그 부모나 조부 등과 같은 가족관계에 대한 서술이 등장한다는 점을 들 수 있을 것이다.[119] 이것은 타인에게 보이기 위한 기념비에서 가족만이 볼 수 있는 기념비로의 성격 변화를 반영하는 것이라고 생각한다.[120]

---

116) 『宋書』 卷64, 「裴松之傳」, p.1699.

117) 『宋書』, 卷15, 「禮志二」, p.407.

118) 中田勇次郎, 「中國の墓誌」, 『中國墓誌精華』(東京 : 中央公論社, 1975), p.11 ; 日比野丈夫, 앞의 글, p.186 ; 福原啓郎, 「西晉の墓誌の意義」, 『中國中世の文物』(京都 : 京都大, 1993), p.317 ; 吳煒, 「墓志銘起源初探」, 『東南文化』 1999-3, p.7 ; 李士彪, 「漢魏六朝的禁碑與碑文的演變」, 『中國典籍與文化』 1999-4, p.87. 단 후쿠하라 아키로는 墓誌를 A·B두 가지 유형으로 구분하였고, 그 중 소형의 비 형태를 지닌 B형을 禁碑令에 따른 묘비의 대체물로 이해하였다.

119) 窪添慶文, 「石に刻された生涯」, 『東洋文化研究』 14(2012), p.586.

120) 기존 연구에 따르면 西晉 묘지 중에서 비음에 문생·고리의 이름이 열거된 것은

그런데, 가족관계, 혹은 세계에 대한 서술이 묘지에 서술된 이유는 무엇일까? 왜 후한시기 묘비의 가장 큰 특징이라는 명사가 사라지고, 가족관계에 대한 서술만이 남은 것일까? 기존 묘기나 봉기, 화상석제자(畵像石題字)에서 보였던 후손의 지극한 효성에 대한 기술도 사라졌다.[121] 무조건적인 효의 발현이 사회적으로 중요하지 않게 된 것일까? 한 개인의 효성보다는 그 집안의 세계를 드러내는 것이 더 중요해진 사회가 된 것일까? 정밀한 고찰이 필요하겠지만 세계를 비롯한 처자의 가족관계가 모두 서술된다는 것이 귀족제 사회라는 특수한 상황에서 발현된 것은 아닐까 하는 생각이다. 혹 귀족제 사회에 부합하는 가문의 가풍(家風)과 신분적 내혼제(內婚制)의 약속이 돌에 새겨져 암묵적인 가례(家禮)의 한 내용으로 작동한 것은 아닐까? 금비령에 의해 사사로운 입비행위가 저지되면서 사대부들은 이제 또 다른 기념비를 준비할 필요가 생긴 것이다.

4절 위진시기 상장령 제정의 의미

조조의 금비령이 사대부사회의 자율적 질서를 중앙정부의 힘에 의해 일방적으로 억압한 것이라면 위·진정부에 의해 반포된 상장령은 사대부들 사이의 행해지던 예 실천을 체제내로 수렴한 대표적 예라 할 수 있다. 문제가 된 후한 말의 스승 및 구군과 거장에 대한 사대부들의 의례는 국가권력과는 별도로 존재하는 사대부사회의 존재를 보여주기도 하지만, 다른 한편 사회적으로 황제의 일률적이고 획일적인 지배가 불가능해졌음을

단 하나의 예만이 있을 뿐이다. 福原啓郎, 앞의 글, p.325.

121) 현재 존재하는 墓記나 封記, 題字를 분석해 보면 "사자를 위해 누가 얼마를 사용하여 무엇을 만들었는가"하는 점이 가장 중요한 내용임을 알 수 있다. 아마도 종래의 주장처럼 이 묘기들의 제작이 죽은 조상의 생애나 업적 보다는 살아서 조상에게 봉헌하는 자들의 덕행이나 업적을 드러내는 데 초점을 맞췄기 때문일 것이다. 우홍/김병준 옮김, 앞의 책, p.463.

보여주는 사례기도 하다. 다른 의미에서 이것은 후한 말·삼국 초, 누층적인 분권주의가 하나의 시대정신으로 자리 잡아감을 의미한다고 할 수 있을 것인데, 후한을 통해 사회적 영향력을 극대화하고 있던 유학의 이념이라는 점에서 거스를 수 없는 현상이기도 했다. 그렇다면 새로운 시대의 국가는 이러한 사대부들의 정치적 요구를 체내로 수렴할 수밖에 없었을 것이다.

그런 의미에서 위와 진에서 제정된 아래의 두 영은 위·진정부가 사대부들을 체제내로 유인하려고 했던 노력을 잘 보여준다.

> 위령(魏令) : 장관(長官)이 관직에 있을 때 사망하면 속리(屬吏)들은 모두 자최복(齊縗服)을 입고 장례가 끝나면 벗는다.[122]
> 진상장령(晉喪葬令) : 장관이 관직에 있을 때 사망하면 속리들은 모두 자최복을 입은 채로 직무를 보며 신임 장관이 부임하면 모두 벗는다.[123]

후한 말 이미 지역사회에서 장관과 속리 사이에 군신관계가 맺어져 있음은 앞 장에서 확인했다. 그 결과 구군에 대한 복상이 행해지게 되었다. 그러나 중앙정부는 구군에 대한 복상은 고사하고 부모에 대한 삼년상도 공식적으로 인정하지 않았다. 사대부들은 정부의 입장에 반해서 복상을 행하며, 재야에서 명성을 얻었다. 무기력한 정부에 대한 공공연한 반대가 행해졌던 것이다.

그러나 기사에서 보듯이 위도 진도 모두 장관이 사망했을 시, 그 속리들이 장례를 마칠 때까지 혹은 새로운 신임장관이 올 때까지로 그 기한이 정해지기는 했지만 공식적으로 자최복을 행하는 것을 인정하고 있다. 이것은 국가가 사대부들 안에서 행해지던 상복례를 체내화시키려는 노력의 다름 아니다. 즉 유가경전에 근거하여 자최복을 인정하여 사대부들의 상복례를 국가가

---

122) 魏令曰 :「長官卒官者, 吏皆齊縗, 葬訖而除之.」(『通典』 卷99, 「禮五十九」, p.2646).
123) 晉喪葬令曰 :「長吏卒官, 吏皆齊縗以喪服理事, 若代者至, 皆齊之.」(『通典』 卷99, 「禮五十九」, p.2646).

하나의 법령으로 규정한 것이다. 물론 행정적 편의를 위해 기한을 정하기는 했지만 그동안 공권력 밖에서 자율적으로 행해지던 사대부들의 상복례가 국가에 의해 공식적으로 인정되었다는 것은 중요한 의미를 갖는다.

진의 경우 황제가 상층 사대부의 대변자로서, 스스로 사대부의 일원이라는 의식을 가지고 있었기에 어쩌면 위와 같은 조처가 자연스러울 수 있다.[124] 그러나 위는 황제의 출신을 비롯하여 그 성향이 진과는 전혀 달랐다고 할 수 있다. 그럼에도 위와 같은 상장령이 제정되었다면 위라는 국가 역시 이미 당시 사대부들이 요구하던 분권적인 제국질서를 인정하고 있었던 것은 아닐까? 혹자는 조위의 무제, 즉 조조가 임종 당시 남긴 '장례가 끝나면 모두 상복을 벗으라'[125]는 유언을 근거로 조위에서는 삼년상이 철저히 부정되었다고 주장하기도 한다.[126] 그러나 단상을 명령한 조조가 굳이 그것이 '아직 천하가 안정되지 않아 옛 의례를 준수할 수 없는' 관계로 행하는 임시적인 조치임을 명시했던 것은 사회적으로 유가경전에 근거한 상복이 행해지고 있었기 때문일 것이다.

조위시기 관리들의 자율적인 질서가 국가에 의해 인정받은 것에 이어 진 태시(泰始) 원년(265)에는 우선 이천석(二千石) 이하의 관리의 삼년상이 허용되었고,[127] 태강(太康) 7년(286)에는 대홍려(大鴻臚) 정묵(鄭默)이 모친상을 치른 것을 계기로 대신들의 삼년상이 허용된다.[128] 즉 진대에 들어오면 삼년상은 공히 군신 모두가 보편적으로 행하는 의례가 된 것이다. 이것은

---

124) 神矢法子, 「後漢時代における「過禮」をめぐって」, 『九州大學東洋史論集』 7(1979), p.25.

125) 庚子, 王崩于洛陽, 年六十六. 遺令曰 : 「天下尙未安定, 未得遵古也. 葬畢, 皆除服. 其將兵屯戍者, 皆不得離屯部. 有司各率乃職, 斂以時服, 無藏金玉珍寶.」 諡曰武王(『三國志·魏書』 卷1, 「武帝紀」, p.53).

126) 梁滿倉, 「論魏晉南北朝時期的五禮制度化」, 『中國史研究』 2001-4, p.34.

127) 泰始元年, 詔諸將吏二千石以下遭三年喪, 聽歸終寧, 庶人復除徭役(『宋書』 卷15, 「禮志二」, p.391).

128) 尋拜大鴻臚. 遭母喪, 舊制, 旣葬還職, 默自陳懇至, 久而見許. 遂改法定令, 聽大臣終喪, 自默始也(『晉書』 卷44, 「鄭默傳」, p.1252).

사회의 요구를 정부가 수렴한 것이라고 할 수 있다. 그렇다면 이 변화를 국가가 사회적으로 '효'를 칭양하고 효에 의해 다스려지기 때문에 발생한 변화라고만 볼 수 있을까?

여기서 위진시기 사회적으로 하나의 흐름을 형성한 봉건론(封建論)에 대해 살펴볼 필요가 있겠다. 혼다 와타루[本田濟]가 기묘하다고까지 표현한 위진시기 수차례 논의된 봉건론[129]은 단순히 왕조 교체기 통치방법의 선정과 관련된 논의와는 성격이 다르다고 해야 할 것이다. 물론 진의 경우 위나라의 단명으로 인한 반사작용으로 친왕(親王)에 대한 봉건이 적극적으로 주장되었다고 이해하는 것이 자연스러울 수도 있겠다. 그러나 4백년에 걸쳐 안정적인 국가체제를 유지했고, 그에 따라 군주권 절대화에 대한 지향이 자리 잡고 있던 한 말 삼국 초에 있었던 봉건실시에 대한 주장은 그와는 성격이 다소 다른 것으로 보인다. 또한 서진 초에 주장된 봉건론의 내용 중 황족봉건론(皇族封建論)이 아닌 다른 성질의 봉건론이 있었다는 점은 주의해야 할 내용이라고 생각한다.

위진시기 제출된 봉건론은 모두 같은 내용을 주장하고 있지는 않다. 기왕의 연구에는 이 점이 잘 정리되어 있는데[130] 간략하게 소개를 하면 우선 조위시기 조식(曹植)과 조경(曹冏)의 황족봉건론이 있다. 이들은 공통적으로 황실의 번병(藩屛)으로서의 황족의 역할을 강조하며 봉건을 주장한다. 한편 시기적으로 가장 앞선 주장자인 순열(荀悅)의 경우는 후한 말 한조(漢朝) 쇠퇴의 원인을 분석하는 과정 중에 강간약지(强幹弱枝)의 군현제(郡縣制)가 왕실의 힘을 약화시켰다고 보아 왕실의 힘을 강화하기 위해서는 봉건이 필요하다고 보았다. 그러나 사마랑(司馬朗)은 여타 조씨(曹氏)들과 같은 황족봉건론도 아니고, 왕실강화를 목적으로 했던 순열의 봉건론과도 다른 색다른 봉건론을 주장한다.

---

129) 本田濟, 「魏晉における封建論」, 『東洋思想研究』(東京：創文社, 1987), p.44.

130) 川合安, 「沈約の地方政治改革論－魏晉期の封建論と關連して－」, 『中國中世史研究續編』(京都：京都大, 1995), pp.264～274.

> 사마랑은 [지금의] 천하 붕괴의 형세가 진(秦)이 오등작제(五等爵制)를 소멸시켜 군국(郡國)이 수수습전(蒐狩習戰-전쟁)의 준비를 하지 못함으로 인해 만들어졌다고 여겼다. 지금 비록 오등작제가 다시 행해지지 않고 있으나, 주군(州郡)으로 하여금 더불어 군사를 설치케 하여 밖으로는 사이(四夷)를 방비하게 하고 안으로는 불궤(不軌)를 으르게 하는 것이 방책 중 으뜸이라 여겼다. … 의견은 비록 행해지지 않았으나 주와 군이 군사를 통령(統領)하는 것은 사마랑의 본의(本意)라고 할 수 있다.[131)]

위의 사마랑의 건의는 조조가 승상(丞相)이 된 건안 13년(208)에서 사마랑이 사망하는 건안 22년(217)사이에 제출된 것으로 추정된다. 위의 기사에 의하면 아직 오등작제가 행해지지 않았으나 시대적으로 오등작제의 논의가 행해지고 있었던 것을 짐작할 수는 있다. 실제로 『삼국지』를 통해서 건안 17년(212) 동소(董昭)가 오등작제의 실행을 건의하고 있으며,[132)] 건안 19년(214)에는 부간(傅幹)이 봉건작(封建爵)의 실행을 건의한다.[133)]

당시 조위시기에 주장된 봉건은 다소의 차이는 가지고 있었지만 주대(周代)에 행해졌던 봉건과는 확연한 차이를 가지고 있던 것으로 보인다. 특히 위의 기사에서 사마랑의 본의라고 하는 것이 주와 군이 스스로 군사를 통령하는 것이기에 그가 주장한 봉건은 주대의 혈연을 기반으로 한 봉건과는 다른 분권 즉, 군현제 안에서의 분권이라고 할 수 있겠다. 그런데 흥미로운

---

131) 朗以爲天下土崩之勢, 由秦滅五等之制, 而郡國無蒐狩習戰之備故也. 今雖五等未可復行, 可令州郡幷置兵, 外備四夷, 內威不軌, 於策爲長 … 議雖未施行, 然州郡領兵, 朗本意也(『三國志·魏書』 卷15, 「司馬朗」, pp.467~468).

132) 後(董)昭建議 : 「宜脩古建封五等.」(『三國志·魏書』 卷14, 「董昭傳」, p.439). 董昭의 封建論에 대해서는 당시 동소가 五等爵制의 부활을 통해 조조의 지위를 상승시키고자 했다는 주장이 있어 흥미를 끈다. 川合安, 앞의 글, p.267 ; 魯力, 「魏晉封建主張及相關問題考述」, 『武漢大學學報』 57-2(2004), p.164. 특히 노력은 동소가 오등작제를 부활시키고자 한 것은 劉氏가 아니면 왕이 될 수 없다고 한 劉邦의 遺志를 붕괴시키기 위한 것이라고 보았다.

133) 『九州春秋』曰 … 參軍傅幹諫曰 : 「愚以爲可且按甲寢兵, 息軍養士, 分土定封. 論功行賞, 若比則內外之心固, 有功者勸, 而天下知制矣. 然後漸興學校, 以導其善性而長其義節 …」(『三國志·魏書』 卷1, 「武帝紀」, p.43).

것은 이후 진에서 사마랑의 봉건론과 비슷한 내용들이 주장된다는 점이다.

> 따라서 제왕(帝王)의 역할이란 반드시 만국(萬國)을 세우고 친현(親賢)을 심는 것이며, 백관을 설치하고 뭇 인재들을 [그 적당한 직(職)에] 배치하는 것이다. 이것이 제기(諸己)를 사사로이 하지 않고 천하를 공향(共饗)하며, 그 힘을 나누어 민사(民事)를 구하는 방법이다.[134]

위의 『후한기(後漢紀)』의 저자 원굉(袁宏)이 주장한 봉건은 친왕을 분봉함으로 인해 번병을 만드는 것이 아니라, 천하를 공치(共治)하는 치자(治者)를 세워 그들에게 권력을 분산하는 것이다. 이로써 왕자(王者)는 권력을 사권화(私權化)하지 않게 되고 군재(群才)는 그 능력을 발휘하여 민사를 구하는 공(公)을 행할 수 있는 것이다.

제왕의 역할을 원굉과 같이 권력의 적절한 배분으로 규정한 이로는 육기(陸機)가 있다. 육기 역시 천하를 다스리는 일은 지중(至重)하여 홀로 담당할 수 없어 '설관분직(設官分職)'해야 한다고 주장하고 있다.[135] 즉 육기 역시 봉건의 필요를 분권으로부터 찾고 있음이다. 봉건을 황실의 안전이 아닌 지방통치의 방안으로 주장한 위의 봉건론은 지방장관의 권한을 강화하고자 했던 사마랑의 건의와 닮아있다.

실제로 이러한 봉건론이 등장하기 이전부터 진에서는 지방관의 임기장기화가 건의된다. 마땅한 인재를 얻어 배치했다면 오랫동안 그 지역을 담당하게 하여 일시를 미봉하는 구차(苟且)한 마음을 갖지 않게 한다는 것이다.[136] 이것이 육기가 말한 봉건의 장점이었다.[137] 단 육기는 그것이 오등(五等)의

---

134) 故帝王之作, 必建萬國而樹親賢, 置百司而班羣才. 所以不私諸己, 共饗天下, 分其力任, 以濟民事(『後漢紀』 卷7, 「光武皇帝紀」, p.123).

135) 夫先王知帝業至重, 天下至曠 … 任重必於借力 … 故設官分職, 所以輕其任也(『文選』 卷54, 「五等論」, p.2332).

136) 旣得其人, 使久於其職, 在官者無苟且, 居下者有恒心, 此爲政之較也(『晉書』 卷78, 「丁潭傳」, p.2062).

137) 爲上無苟且之心(『文選』 卷54, 「五等論」, p.2341).

장(長)이 자신의 토지와 인민을 가지고 있기 때문이라고 보았다. 이렇게 본다면 당시 등장한 봉건은 군현 안에서의 지방장관의 자율성과 관련 있다고 할 수 있을 것이다. 즉 제국의 외형을 유지하면서도 그 안에서 사대부들의 권력을 보장받는 분권적 형태라고 할 수 있을 것이다.

가와이 야스시[川合安]가 거론한 것처럼 '중세(中世)라고 하는 시대구분의 지표를 권력의 분산이라고 하는 점에서' 구할 수 있다면[138] 이러한 봉건론은 권력의 분산이라는 것을 염두에 둔 것이고, 새로운 국가는 이러한 시대적 요구를 완전히 부정할 수 없었을 것이다. 아니 국가의 성패는 결국 이러한 시대적 요구를 어떻게 체내화시킬 것인가 하는 점에 달려있다고 해도 과언이 아닐 것이다. 상복례 역시 이러한 사회적 성격과 밀접하게 관련되어 있었을 것이다. 위령과 진의 상장령은 그 결과일 것이다. 국가는 사대부들의 분권의 요구를 수용한 것처럼 사대부들 사이에서 자율적으로 행해지던 생활규범을 사회규범으로 전화시켜 지금까지 체제 밖에 존재하던 사대부들을 체제 내로 흡수하고자 한 것이다.

138) 川合安, 앞의 글, p.252.

보장

중국 고대 예제연구의 경향과 과제

특히 상복례를 중심으로

춘추전국시기(春秋戰國時期) 주(周)의 종법(宗法)을 근간으로 한 세계질서가 붕괴함에 따라 많은 지식인들이 새로운 시대에 맞는 새로운 질서를 구현하고자 하였다.[1] 그 중 한사람인 공자(孔子)는 서주(西周)의 예제(禮制)와 예치(禮治)를 담론화(談論化)하여 이를 주지시킴으로써 질서를 회복하고자 하였다.[2] 그것은 예제가 무엇보다도 '친함과 소원함[親疏]을 확정하고 의심스러움[嫌疑]을 결정하며, 같고 다름[同異]을 구분하고 옳고 그름[是非]을 밝히는 것'[3]이기 때문이다. 요컨대 공자는 예(禮)가 가지고 있는 정치권력의 범주를 규정하는 기본원리를 이용하여 붕괴된 주대의 사회적·정치적 권위를 회복하려고 한 것이다. 이것은 그가 예를 단순히 '전례의식(典禮儀式)

---

1) 최진석은 春秋戰國時期의 변화를 ① 천자의 절대적 지배 아래 제후국이 유기적 관련을 맺으며 유지되었던 기존 천하관의 붕괴, ② 절대적 지배자였던 天의 보편성과 능력에 대한 의심 발생, ③ 기존 피지배계층이 부와 권력을 형성하며 그 때까지 비교적 일정하게 유지되던 지배-피지배계층 관계에 동요 발생 등으로 요약하였다. 따라서 이러한 변화로 인해 ❶ 지배체제에 대한 다양한 논의, ❷ 무너진 天命觀을 대신할 인간존재의 가치나 그 방식에 대한 논의, ❸ 지배-피지배를 둘러싼 새로운 관계정립의 필요 등이 대두하였다고 분석하였다. 최진석, 「"욕망(欲)" : 선진철학을 읽는 또 하나의 창」, 『철학연구』 69(2005), p.27.

2) 김근, 『한자는 중국을 어떻게 지배했는가－漢代 經學의 해부-』(서울 : 민음사, 1999), p.85.

3) 夫禮者, 所以定親疏, 決嫌疑, 別同異, 明是非也(『禮記』, 「曲禮」, p.13).

을 집행하는 도구'가 아니라, 정치의 기본원리이며 정치구조와 사회구조의 정신적 유대를 확보하기 위해 상하가 모두 따라야 하는 규범으로 인식했기에 가능한 것이었다.

그러나 제국 초 예는 이와는 달리 하나의 의식(儀式)으로 인식되었고, 기능했다. 진대(秦代)는 물론 한대(漢代)에도 예는 군주권력을 수식하는 용도로 가장 먼저 발달했다.[4] 즉 주로 통치자의 합법성을 강조하기 위한 위의(威儀)의 도구로 사용되었던 것이다. 이것은 우선 유학(儒學) 자체의 학문 발달과정에서 나타난 필연적인 상황이기도 하다. 유가(儒家)의 학설이 처음 통치이데올로기로 정립된 것은 순자(荀子)에 의해서다. 그는 도덕을 자신의 본성을 통제하기 위해 만든 인간의 창안물로 이해했으며,[5] 예를 정권과 통치자에게 정당성과 정통성의 근거를 제공해 주기 위한 이데올로기의 기초로 이해하였다.[6] 그의 이러한 관점이 통치이데올로기로 정립되었기에, 진·한시기 예는 통치질서를 구체화하는 기재이자 그것을 가능하게 한 의식전반을 의미하게 된 것이다. 그렇다면 이러한 진·한의 예는 유학 그 자체의 발전에 따라 변화의 요구에 직면하게 될 것이다.

유학의 발전이라는 관점에서 전한시기(前漢時期)의 중요한 변화는 무엇보다도 무제(武帝) 이후 정기적인 선거의 실시로 사대부계층이 등장한 것이라고 하겠다.[7] 사대부의 등장은 사회구조를 변화시켰고, 이들은 새로운 권력구조에 적합한 교리(教理)의 해석을 필요로 하였다. 흔히 '경전해석학(經典解釋學)'이라고 하는 학문이 등장하였다. 선진(先秦) 이래 광범위하고

---

4) 周衰, 諸侯僭忒, 自孔子時已不能具. 秦平天下, 收其儀禮, 歸之咸陽, 但採其尊君抑臣, 以爲時用(『通典』 卷41, 「禮一」, p.1120) ; 猶命叔孫通制儀禮, 以正君臣之位, 以通爲奉常, 遂定儀法, 未盡備通終(『漢書』 卷22, 「禮樂志」, p.1030).

5) 앤거스 그레이엄 지음/나성 옮김, 『중국 고대 철학논쟁－도의 논쟁자들』(서울 : 새물결, 2001), p.425.

6) 김근, 앞의 책, p.157.

7) 洪承賢, 「奢侈論을 통해 본 前漢 士大夫의 移風易俗」, 『中國史硏究』 24(2003a), pp.63～66.

느슨한 상태로 다른 여타의 학설들과 갈등하면서 재생하고 있던 유학[8]은 이제 본격적으로 경의(經義)를 천명하고 교리를 제작하는 이념적 사업에 의해 독존적인 위치를 차지하게 될 터였다. 그리고 점차 경서(經書)에 관한 전문적인 연구를 통해 새로운 해석을 창출해 가는 새로운 학문분야인 경학(經學)이 등장하였다.

그러나 후한의 멸망과 함께 등장한 혼란의 시기는 경학의 번잡함보다는 자유로운 교양인의 학문을 요구하였고, 이러한 요구에 부응하여 등장한 현학(玄學)은 지난시기의 학문처럼 '나라와 천하를 다스리고 바로잡는[治國平天下]' 행동과 결부되는 것이 아닌 사대부의 귀족성과 우월성을 지탱해주기 위한 교양으로서의 성격을 강하게 띠었다.[9] 이 때문에 현학은 유학의 위기에 대처하기 위해 등장한 유학의 새로운 모습임에도 불구하고, 그것이 가진 노장적(老莊的) 색채로 인하여 부화(浮華)하다고 즉 유학의 실질을 갖지 못했다고 비난받았다.[10] 하지만 아래의 사실들은 위진남북조시기(魏晉南北朝時期)를 단순히 현학의 시대, 정치적 무능력의 시대, 정치탈각화의 시대로 설명하는 것이 적절하지 못함을 알려준다.

위진시기 사대부들의 일상을 기록하고 있는 『세설신어(世說新語)』는 당시 명사(名士)들과 관련한 총 1,134건의 일화를 싣고 있는데, 그 중 35건의 한대 일화와 109건의 삼국시기(三國時期) 일화 모두 직접적으로 정치적 사건에 대해 언급하지는 않는다 해도 천하를 다스리고 책임지려는 유교적 사대부상을 반영하고 있다.[11] 이러한 사실은 현학자(玄學者)를 곧 정치적으로 무심하거나 무능력한 이들로 이해하는 것이 위험하다는 것을 알려준다. 이와 관련하여 『세설신어』에 대한 한 연구는 『세설신어』 안에는 예교(禮教)

8) 李範稷, 『朝鮮時代 禮學研究』(서울 : 國學資料院, 2004), p.49.

9) 三森樹三郎, 『梁の武帝-佛教王朝の悲劇』(京都 : 平樂寺書店, 1956), p.104.

10) 老莊浮華, 非先王之法言, 不可行也(『晉書』 卷66 「陶侃傳」, p.1774). 이 시기 玄學에 대한 사대부들의 비판에 대해서는 洪承賢, 「'浮華'와 '素業' 概念을 통해 본 南朝 士大夫들의 意識變化」, 『中國學報』 47(2003b)을 참조.

11) 金鎭玉, 「《世說新語》에 대한 一考察」, 『歷史學報』 104(1984), pp.29~33.

를 중시하고 가족윤리를 유지하려는 건강한 생활이 있었다고 주장하였다.[12] 실제로 조위(曹魏)의 유명한 현학자들, 등양(鄧颺)·하후현(夏侯玄)·제갈탄(諸葛誕) 등은 당시 정계의 핵심에서 누구보다도 왕성하게 활동하였다. 당시 상황을 살펴보면 일반적인 이해와는 달리 조위의 현학자들은 정치적 무능력에 의해 스스로 궤멸되어 간 것이 아니라 정적(政敵)이었던 사마씨(司馬氏) 집단의 음해와 지나치게 확대되는 그들의 정치적 영향력을 부담스러워하던 명제(明帝)에 의해 제거되었음을 알 수 있다.[13] 그 증거로 하안(何晏)과 왕필(王弼)의 경우 유가의 선왕(先王)들을 가리켜 성인(聖人)이라 하는 등 군주정치에 의한 통치를 신뢰하였음을 들 수 있다.[14]

당시 찬술된 저작들 역시 이 시기가 정치탈각의 시대가 아님을 말해준다. 『수서(隋書)』「경적지(經籍志)」에 분류되어 있는 도서는 모두 6,520부(部) 56,881권이고, 그 중 사부(四部) 경전은 모두 3,127부 36,708권이다. 여기에다 망실된 것까지 포함하면 총 3,823부 43,675권에 달한다. 그 중 80%에 해당하는 분량이 위진남북조시기의 저작인데, 특히 의소(義疏)나 집록류(集錄類) 저작이 많다.[15] 원전에 주소(注疏)를 다는 의소류의 저작이 많다는 것은 분명 시대적 특성을 반영하는 하나의 현상으로, 지금까지 군주권력 절대화의 지향이 무너지고 시대적으로 분권의 정치형태가 지향되던 새로운 시대를 맞이하여,[16] 정치권력에 대한 새로운 해석들이 절실히 필요했던 시대적 요구의 결과물이라 생각된다.

그런데 여기서 흥미로운 사실은 위진남북조시기 편찬된 사부경전 중 가장 많은 분량의 저작물이 역경(易經) 관련서가 아니라는 점이다. 『주역(周

---

12) 宇都宮清吉, 「世說新語の時代」, 『漢代社會經濟史研究』(東京 : 弘文堂, 1955), p.489.
13) 洪承賢, 「漢末魏初 士大夫 社會와 浮華」, 『中國古代史研究』 12(2004), pp.196~203.
14) 板野長八, 「何晏と王弼の思想」, 『東方學報』 14-1(1943). 나카하타 마코토(仲畑信)도 「王弼の禮解析について」, 『中國の禮制と禮學』(京都 : 朋友書店, 2001), pp.443~444에서 王弼이 孔子를 성인으로 보았으며, 老·莊과 같이 높이 평가했다고 했다.
15) 林麗眞, 「魏晉人對傳統禮制與道德之反省」, 『臺大中文學報』 4(1991), p.23.
16) 本田濟, 「魏晉における封建論」, 『東洋思想研究』(東京 : 創文社, 1987), p.47.

易)』의 경우 삼현(三玄) 중의 하나로, 현학의 시대인 위진남북조시기 전체를 관통하여 가장 많은 저작물을 가질 것으로 생각되었지만 실제의 상황은 이와는 다르다. 구체적인 수치를 통해 살펴보면 당시 『주역』의 경우 31부 176권이 편찬된 것에 비해 『논어(論語)』는 54부 319권, 『춘추(春秋)』는 52부 532권, 『예(禮)』는 53부 311권으로 『주역』의 저작물 수를 훨씬 상회한다. 이러한 수치는 결국 이 시기를 아무리 현학의 시대라 부른다 해도, 여전히 전통 예제와 도덕 등의 학문적 전통이 사회적으로 유지되고 있었음을 알려준다.17)

그 중에서도 특기할 만한 사항은 다른 시기에 비해 예학에 대한 저작과 관심이 상당히 증가했다는 점이다. 『논어』와 『춘추』의 경우 이전 시기부터 많은 학자들과 정치가들에게 정치적 행위의 정당성을 보장해 주었던 유가의 중요한 경전이라는 점에서 다량의 저작수가 특이하지 않다. 그러나 후한시대 국가적으로 예전(禮典)이 찬술되지도 않았고 국가의 예제가 채택되지도 않았으며, 사회적으로 예제에 대한 특별한 논의도 없었기에 위진시기 들어 갑자기 다량의 예학서(禮學書)가 등장한 것은 주목할 만한 사항이 아닐 수 없다. 더하여 『진서(晉書)』에 등장하는 다수의 예학 관련 기사들은 이 시기 사회적으로 예학이 매우 관심 있는 논제였음을 알려준다.

그러나 이러한 상황과는 달리 왜 이 시기 사회적으로 예학이 주목되고, 저작의 중요한 대상이 되었는가에 대한 체계적인 연구는 없는 실정이다. 특히 1960년대나 2000년대 들어와 이 시기 예학의 중요성에 대해 주목한 일본이나 중국학계와는 달리, 한국학계의 경우에는 체계적인 연구는 고사하고 단편적인 연구도 거의 전무한 실정이다. 한편, 이 시기 예학발전의 시대적 의미를 살펴보고, 이를 통해 시대의 성격을 조망하려는 시도가

17) 일찍이 후지카와 마사카즈는 魏晉時期 가장 많이 번성한 학술이 兩漢時期와 같은 春秋學이라는 것을 밝히고, 당시 '禮敎를 무시하는 자들은 任官의 의지가 없고, 사회·정치적으로 통치계급에 반항하는 자'였다고까지 주장하였다. 藤川正數, 『魏晉時期における喪服禮の硏究』(東京 : 敬文社, 1960), p.37.

부족한 것은 다른 학계도 별반 큰 차이는 없다.

일찍이 중국 고대 예학에 관심을 가졌던 일본의 연구 역시 이 시기 예학발전을 문벌(門閥) 제도의 발전과만 연관하여 해석하고 있는 실정이다. 즉, 가문이 중요시되는 위진남북조 문벌사회에서는 예를 통해 가족 안에서의 유대를 강화하고, 가족 안에서의 서열을 분명히 하여 족적(族的) 결합을 극대화하는 효과를 얻었다는 것이다. 그러나 이러한 예의 문벌사회 지지론은 예학의 효용을 축소하고, 예학의 기능을 가문·문벌의 보호와 유지로만 국한시킨다. 예학이 본질적으로 인간 삶 전체를 규제하고, 궁극적으로는 권력의 범주·권력의 집행방법 등의 권력행사 전반을 지탱하는 근간이라는 점에서 고대 중국사회 안에서 예학이 차지하는 의미는 재고찰되어야 할 필요성이 존재한다.

이 글은 위와 같은 필요에 의해 중국 고대사회에서 예학이 담당했던 역할을 살펴보기 위한 사전작업으로서 그간 축적된 예제연구의 경향을 분석하고자 한다. 특히 그 중에서도 상복례(喪服禮)를 중점적으로 살펴보고자 하는데, 이것은 상복서(喪服書)가 위진남북조시기 찬술된 전체 예학서 중에서 1/3을 차지하고 있었기 때문이다. 이러한 특이한 현상은 전통시기 연구자와 현대의 연구자들 모두를 주목하게 하였다. 그러나 대체로 지금까지의 연구들은 상복례 역시 일반적인 예학과 마찬가지로 위진남북조 귀족제사회 속에서 가족규범, 친족법적인 기능을 담당했고, 이로 인해 다량의 상복서가 등장했다고 이해하였다. 상복례가 다른 어떤 의례(儀禮)보다도 유가의 친친(親親)·존존(尊尊)을 가장 잘 실현한다는 점에서, 상복례에 대한 관심을 가족규범의 필요에서만 찾는 것은 어떤 면에서는 자연스럽다. 그러나 경전연구의 필요를 오직 가족규범의 필요로부터만 구하는 것이 타당할까?

언급한 것처럼 사회구조의 변화와 정치주체의 변화는 새로운 교리의 해석을 필요로 하였다. 경학은 유학이 권력이 요구하는 이론을 생산해 내고 권력이 이를 보상하고 제도화하면서 전문적인 학술로 정착한 것이기에,[18] 끊임없이 국가와 사회의 안정적 유지를 위한 현실의 필요를 충족시켜야 했다. 이것은 예의 경우도 예외가 아니다. 예가 단순히 의식을 집행하는 도구가 아니라 정치권력의 범주를 규정하는 기본원리라면,[19] 예학에 대한 연구도 정치적 필요에서 출발하였을 것이다. 따라서 특정 시기 예서의 편찬경향은 당해 시기의 사회상을 어느 정도 예측할 수 있게 하는 기준이 될 수 있을 것이다.

현재 많은 연구자들은 후한 말부터 예제에 대한 연구가 유행하기 시작하였고, 위진남북조시기를 예학의 전성시대라고 이해하고 있다. 그러나 이러한 의견의 일치에도 불구하고 왜 위진남북조시기 예학이 발달하였는가에 대한 원인분석은 그리 명쾌하지 못하다. 소위 "예학이 특별히 발전했다[禮學尤明]"고 여겨졌던, 이 시기의 근본적인 예학발달의 원인은 무엇일까? 이에 대해 가장 많이 거론되는 이유는 예학이 종족(宗族)의 권리를 공고히 하는 데 필요했었다는 것이다. 예컨대 종법제도(宗法制度)나 상복제도(喪服制度), 소목제도(昭穆制度) 등은 친소(親疏)를 분명히 하며 장유(長幼)를 서열화하여 궁극적으로는 종족의 결합을 공고히 하고, 안정화한다는 것이다.[20]

그러나 이러한 분석은 위진남북조시기의 한 특징인 가문의 서열을 우선하던 현상에 대해서는 타당한 해석이 될 수 있을 것이나, 당시의 사대부 역시 정치적 참여를 의무이자 권리로 여겼다는 점을 간과하고 위진남북조사회를 무조건적인 가족위주의 사회로 치환할 수 있는 위험을 안고 있다. 다시 말해 이러한 해석은 예학의 속성에 대한 올바른 접근을 방해할 뿐 아니라, 위진남북조사회의 성격을 규명하는 데 장애로 작용할 수도 있다. 이에 필자는 상복례를 중심으로 예제연구 동향을 검토하여, 중국 고대 예학의 효용성에 관하여 새로운 접근의 단서를 얻고자 한다.

---

18) 김근, 앞의 책, p.15.

19) 司馬遷은 禮制에 대해 "국가를 다스리고, 명분을 변별하는 원리요, 나라를 강성하고 견고하게 하는 근본이며, 권위를 행하는 방법이고, 공명을 세우는 강령이다(治辨之極也, 彊固之本也, 威行之道也, 功名之總也. 『史記』卷23, 「禮書一」, p.1164)."라고 하였다

20) 陸建華·夏當英, 「南北朝禮學盛因探析」, 『孔子研究』 2000-3, p.81.

1절 일본학계의 예제연구 경향

가장 먼저 예제에 관한 연구가 활발하게 진행된 지역은 일본이었다. 그 중 상복례에 관련된 연구는 다니다 다카유키[谷田孝之], 후지카와 마사카즈[藤川正數], 가게야마 세이치[影山誠一]에 의해 주도되었다. 이 중 흥미롭게도 거의 비슷한 시기에 연구결과들을 발표한 다니다 다카유키와 가게야마 세이치는 상복례에 관련하여 각기 다른 분야에 천착하였다. 그 중 다니다 다카유키는 1959년 「고대 상복의 벽령에 대하여」[21]를 시작으로, 「중국 고대의 복상 중 심의에 대하여」,[22] 「중국 고대의 상 중 겸복에 대하여」,[23] 「의례상복편에 보이는 부인부장에 대하여」,[24] 「의례상복편 대공장 대부의 처 조항에 대하여」[25]를 잇달아 발표하면서 주로 상복 그 자체에 대한 기초적인 연구를 진행하였다. 그의 연구는 정치사가 배제된 상복종류의 변천과 관련된 내용이 중심이 되었다. 이러한 경향은 그의 연구가 애초부터 상복문제를 종교적 방면과 복장사적(服裝史的)인 방면에서 고찰하고자 했던 것에서 기인한다.

다니다 다카유키는 1970년 그의 저작 『중국 고대 상복의 기초적 연구』 서문에서 그의 연구목적과 관련해 우선 '상생활(喪生活) 중에 나타나는 복장변화와 상황, 상복과 일상복 혹은 예복(禮服)의 형질상의 차이가 의미하는 의의를 명확히 하는 한편 더 나아가 상복의 동기·목적이 무엇인가를 규명하는 것이 상복연구에 가장 중요한 과제'라고 천명하고 있다. 또한 두 번째 목적과 관련해서는 상복연구는 중국 복장사에 있어서도 중요한 의미가 존재한다고 전제하며, '상을 위하여 특별히 제작된 복장의 형상이나 재질을 아는 것은 중국 복장의 상태를 아는 데 있어 극히 중요한 자료가

---

21) 谷田孝之, 「古代喪服の辟領について」, 『支那學研究』 20(1959).
22) 谷田孝之, 「中國古代の服喪における深衣について」, 『東方學』 19(1959).
23) 谷田孝之, 「中國古代の喪における兼服について」, 『支那學研究』 24·25(1960).
24) 谷田孝之, 「儀禮喪服篇に見える夫人不杖について」, 『哲學』 13(1960).
25) 谷田孝之, 「儀禮喪服篇大功章大夫の妾の條について」, 『支那學研究』 30(1965).

될 것'이라고 말하고 있다.[26] 따라서 다니다 다카유키의 연구는 상복을 통해 시대적 상황을 분석하기보다 상복 안에 포함되어 있는 종교적·문화적 함의를 분석하고자 한 것이라고 할 수 있겠다.

다니다 다카유키가 주로 상복 그 자체에 주목하였다면 가게야마 세이치는 『의례』「상복」편의 성격 및 특징에 대한 연구를 주로 발표하였다. 1963년 「상복편의 특이성에 대하여」[27]를 시작으로 연이어 「상복의례고 상·하」,[28] 「상복입문고」,[29] 「상복개설」[30]을 발표하며 「상복」편의 구조와 복제(服制) 조례(條例)의 유형과 내용을 분석하였다. 이러한 가게야마 세이치의 연구는 다니다 다카유키의 연구에 비해서는 상복을 통해 사회상을 파악하는 데 좀 더 많은 정보를 주고 있다. 그러나 경전 그 자체에 대한 고찰이 주를 이룬 가게야마 세이치의 연구 역시 상복례를 통해 당시 정치적 지형을 복원하고 시대의 특징을 파악하는 데는 한계를 가진다.

이러한 탈 정치적 성향의 다니다 다카유키와 가게야마 세이치의 상복례연구와는 달리 특정시대의 상복례가 어떠한 정치적 필요에 의해 만들어지게 되었는가를 규명하고자 한 연구자로는 후지카와 마사카즈가 있다. 그의 주요한 저작은 다음과 같다.

후지카와 마사카즈, 『위진시기 상복례의 연구』[『魏晉時代における喪服禮の研究』], 동경 : 경문사(敬文社), 1960.
후지카와 마사카즈, 『한대 예학의 연구』[『漢代における禮學の研究』], 동경 : 풍간서방(風間書房), 1968.

위 저작 중 1968년의 저작은 상복례와 직접 관련된 저작이라고는 할

26) 谷田孝之, 『中國古代喪服の基礎的研究』(東京 : 風間書房, 1970), pp.13, 17.
27) 影山誠一, 「喪服篇の特異性について」, 『大同文化大學紀要』 1(1963).
28) 影山誠一, 「喪服義例考 上·下」, 『大同文化大學紀要 文學篇』 2·3(1964·1965).
29) 影山誠一, 「喪服立文考」, 『大同文化大學紀要 文學篇』 4(1966).
30) 影山誠一, 「喪服概說」, 『大同文化大學紀要 文學篇』 6,(1968).

수 없지만, 삼년상과 관련된 한대 대신들의 복상문제를 다루고 있어 1960년의 저작과 더불어 검토가 필요하다. 출판은 비록 늦었지만 다루고 있는 시대적 순서에 따라 여기서는 68년의 저작부터 살펴보고자 한다.

저자는 연구의 목적을 다음의 두 가지로 정리하였다. 우선 한대 있었던 예학설의 동향을 예제의 발전추이와 연관지어 그것이 갖는 사상사적 의미를 고찰하는 것이고, 두 번째는 정현(鄭玄)과 왕숙(王肅) 논쟁을 단순히 금고문학파(今古文學派)의 논쟁에 국한시키지 않고 보수와 개혁이라는 체제주의와 반체제주의의 대립으로 파악하여 위진시기의 황제와 호족(豪族) 대립의 원류를 한대까지 소급하는 것이다.[31] 이 중 필자의 관심을 끄는 것은 두 번째 목적으로, 이는 일반적으로 받아들여지고 있는 한 말·삼국 단절론에서 벗어나 두 시대를 연속성이라는 관점에서 파악할 수 있는 단초를 마련한다는 점에서 중요하다. 당시 관리·지식인·지주들이 각기 분화되어 점차 사회적으로 담당하게 되는 역할이 다원화되었음에도 불구하고, 한정부가 유씨(劉氏) 제실(帝室) 중심의 단원적 지배구조만을 유지하려고 함으로 해서 후한 멸망이 초래되었음은 기존의 연구에 의해 이미 지적되었다.[32] 이것은 후한 말 이전 사회 안에는 이미 새로운 통치질서에 대한 필요가 존재하고 있었음과, 그 조짐이 있었음을 말하는 것이다. 이런 의미에서 후지카와 마사카즈가 위진시기 황제와 호족대립의 원류를 한에서 찾고자 하는 것은 매우 중요한 의미를 갖는다고 생각된다.

그는 유가적 예교주의(禮教主義)에 의한 개혁은 항상 황제권력과 대립하는 호족세력의 이익을 위해 행해졌다고 보았다.[33] 그 예로는 황제권력이 약화된 성제시기(成帝時期)에 교사제(郊祀制)의 개혁이 이루어지고, 유향(劉向)의 상소(上疏)를 기초로 벽옹(辟雍)을 건설하자는 논의가 행해진 것을

---

31) 藤川正數, 『漢代における禮學の研究』(東京 : 風間書房, 1968), p.2.

32) 이 점에 대해서는 陳啓雲, 「關於東漢史的幾個問題 : 淸議·黨錮·黃巾」, 『漢晉六朝文化·社會·制度－中華中古前期史硏究』(臺北 : 新文豊, 1996)와 李成珪, 「中國 古代 皇帝權의 性格」, 『東亞史上의 王權』(서울 : 한울아카데이, 1993)을 참조.

33) 藤川正數, 위의 책, p.19.

들었다. 확실히 이외에도 황제권력이 약화되기 시작한 원제시기(元帝時期) 군국묘(郡國廟) 폐지논의가 있었던 것과 성제시기 자사(刺史)가 폐지된 것은 예교주의가 필연적으로 황제권력에 대치하는 입장을 갖는다는 것을 보여준다.[34] 이러한 관점은 한대 상복례에 대한 글에서도 나타난다. 저자는 6장의 「대신탈복 제도에 대하여」[「大臣奪服の制について」]에서 삼년상의 허용여부를 둘러싼 갈등을 개괄하면서 삼년상 허용을 반대하는 측을 환관을 대표한 황제 측근세력으로, 삼년상의 허용을 주장하는 측을 예교주의를 신봉하는 외척으로 설정하였다.[35]

그러나 다소 납득하기 어려운 것은 삼년상을 둘러싼 당시의 갈등을 환관의 실용주의와 외척의 예교주의로만 설명할 수 있는가 하는 점이다. 필자는 오히려 이 문제는 황제권력의 유일성·초월성과 황제권력을 넘어서는 유학의 절대성이 대립한 것으로 설명하는 것이 타당하리라고 생각한다. 요컨대 후한시기 새로운 정치세력의 등장과 대립이라는 측면이 고려되어야 할 것이다. 바로 전한시기 평민세력의 대두를 방해하며 선거의 독점을 통해 관직에 진출했던 지식인들,[36] 바로 사대부들의 등장이다. 이들은 후한시기 들어 전국적 사회조직망을 건설하고 이를 통해 자신들 집단에 대한 자각과 동류의식을 확보하였다.[37] 특히 이들은 이 과정 속에서 자신들의 집단적 이해를 대변할 수 있는 지배 이데올로기를 확보하고자 했다. 한대 경학은 황제에게 곡학아세(曲學阿世)하고 권력자가 등장할 때마다 새로운 권력자를 추종하는 권력의 경질을 시인하는 성격을 갖는[38] 한편

34) 元·成帝時期 일련의 개혁에 대해서는 洪承賢, 앞의 글(2003a), pp.69~72를 참조.

35) 藤川正數, 앞의 책(1968), pp.306~310.

36) 김근, 「漢代經學이 中國傳統思想의 形成에 미친 影響(Ⅰ)」, 『중국학지』 3(1985), p.45.

37) 甘懷眞, 「「制禮」觀念的探析」, 『皇權·禮儀與經典詮釋：中國古代政治史硏究』, p.79. 原載：「中國中古時期制禮觀念初探」, 『史學：傳承與變遷學術研討會論文集』(臺北：國立臺灣大學歷史學系, 1998).

38) 津田左右吉, 『左傳の思想史的研究』(東京：岩波書店, 1964), p.596.

황제와 더불어 공치(共治)하는 치자(治者)로서의 정당성을 확보해 주었다. 아마도 이것이 후한시기 경전해석학이 발달하게 된 또 다른 이유라고 할 수 있을 것이다.

후한 장제시기(章帝時期)에 거행된 백호관회의(白虎觀會議)는 이러한 경전해석학의 발달과 무관하지 않다. 백호관회의에 대해서는 많은 연구가 나와 있지만 무엇보다 경전을 당대 모든 사회적·정치적 행위의 기준으로 삼아야 함을 표방한 점이 우선 지적되어야 할 것이다. 이것을 혹자는 경전주의(經典主義)라고 하기도 하고,[39] 또는 개괄에 의한 규범적 결론의 도출이라고 하기도 하지만[40] 유학의 경전을 유일한 사회의 기준으로 확인한 점을 강조한 것만은 동일하다. 그런데 유학의 이념이 유일한 사회의 기준이 된다는 것은 결국 당시 사회의 유일한 기준을 만들어 내는 황제권력과[41] 마찰하게 될 것임이 자명하다. 그러므로 유가의 친친존존의 이념을 가장 잘 표현하고 있는 삼년상 시행과 관련한 상이한 입장을 단순히 실용주의와 예교주의로 표현하는 것은 적절하지 않다.

1968년의 저작이 양한시기 예제제정을 둘러싼 사상사적 대립에 많은 지면이 할애되었다면, 1960년의 『위진시기 상복례의 연구』는 상복례와 관련한 연구 중 가장 주목할 만한 연구라고 할 수 있다. 여기서 저자는 위진시기 상복서가 다량으로 출현한 것과 관련하여 그 이유 및 특색을 고찰하고, 그것이 경학사에서 차지하는 위치를 규명하고자 하였다. 저자는 위진시기 상복례 연구가 유행한 이유를 두 가지로 들고 있다. 첫째, 상복례의 특성과 관련 있다. 상복례는 다른 의례와는 달리 자주 의문과 논의를 필요로 하기에 별도의 연구가 필요하다는 점을 들었다.[42] 즉 상복례가 오례(五禮)

---

39) 甘懷眞, 앞의 글, p.91.

40) 김근, 앞의 책, p.339.

41) 司馬遷은 「秦始皇本紀」에서 "법령이 일통으로부터 말미암다(法令由一統)", "법령이 하나에서 나왔다(法令出一)"라고 하여, 황제권력의 본질과 관련하여 단일한 표준의 정립을 강조하기보다는 표준이 일통 권위에서 나왔음을 강조하고 있다. 차례대로 『史記』 卷6, 「秦始皇本紀」, pp.236, 255.

중에서도 가장 의혹과 결락[疑闕]이 많아[43] 학문적인 필요에 의해 상복례 연구가 활성화되었다는 것이다. 두 번째는 사회적 요구와 관계있다. 위나라 말부터 양진(兩晉) 남조시기를 거치며 문벌제도가 뿌리내리면서 가족적 결합이 한층 강화되었고, 이 가운데 상복례가 가족도덕의 규범, 또는 친족법적인 기능을 담당하게 되었다는 것이다.[44] 이러한 주장은 위진시기 활성화된 예학의 원인을 단순히 국가의 예제정비에서 찾지 않고 학문적 필요성과 사회적 필요성이라는 점에서 찾았다는 의의를 갖는다. 그러나 이러한 긍정성에도 여전히 문제는 존재한다.

우선 왜 위진시기에 들어 상복례에 대한 학문적 필요성이 대두하게 되었는가 하는 점이 명확하게 규명되지 못한 것이다. 상복례가 그 특성상 의혹과 결락이 많았다면 학문적 필요는 위진 이전에도 존재했을 것이다. 그럼에도 불구하고 위진시기 들어 특별히 학문적 필요성이 대두했다는 것은 위진시기 그 의궐에 대해 답을 내려야 하는 필요성이 생겨났기 때문일 것이다. 그러므로 학문적 필요성만으로 이 시기 상복 관련서가 다량으로 출현한 것을 설명하는 것은 바람직하지 않다. 역시 시대가 요구한 사회적 필요성이 있었을 것이다.

이 문제를 검토하기 위해서는 후지카와 마사카즈의 연구와 더불어 기시마 후미오[木島史雄]의 연구를 살펴봐야 할 것이다. 그는 「육조전기의 효와 상복－예학의 목적·기능·수법」[45]이라는 글에서 삼국시기(三國時期)부터 남제시기(南齊時期)에 걸쳐 찬술된 예학서와 상복서를 분석하고, 각 시기마다 두드러진 상복서의 경향을 도출해 내고자 하였다. 그에 의하면 한 말

42) 藤川正數, 앞의 책(1960), p.94.

43) 喪服과 관련한 儀禮가 疑厥과 失旨가 많은 것은 이미 晉代 摯虞에 의해서도 지적되었다. 喪服最多疑闕 … 蓋冠·婚·祭·會諸吉禮 ; 至於喪服, 世之要用, 而特而失旨(『晉書』 卷19, 「禮志上」, p.449).

44) 藤川正數, 위의 책, p.96.

45) 木島史雄, 「六朝前期の孝と喪服－禮學の目的·機能·手法－」, 『中國古代禮制研究』(京都 : 京都大, 1995).

삼국시기는 '경전(經傳)의 주해집해(注解集解)'가, 삼국 진대에는 '의례(儀禮)의 규정(規定)'이, 유송(劉宋) 남제시기에는 '경전(經傳)의 의소강소(義疏講疏)'가 학술의 주류를 이루었다. 그는 이 중에서 진대 상복서의 특징에 주목하여 상복례 연구가 동진(東晉) 전후로 급격하게 많아진 것과 진대 상복서가 일종의 매뉴얼의 성격을 가지고 있음을 밝혀냈다.

그는 당시 편찬되었던 상복서 중에서 하순(賀循)의 『상복요기(喪服要記)』만이 후대의 주석을 가지고 있으며, 후세 다양한 상복례 논의의 출발점이자 전거(典據)로 사용되었다는 점에 주목하여 『상복요기』를 분석하였고, 그 결과 진대 상복서가 매뉴얼의 성격을 가졌다는 점을 밝혀냈다. 그렇다면 왜 진대 상복서는 매뉴얼적인 성격을 갖게 되었을까? 그에 의하면 진대 상복서가 매뉴얼의 특성을 갖는 것은 당시 시대적 배경과 깊은 관련이 있다. 당시 통치이념이었던 효(孝)는 귀족제사회 형성에 매우 유효한 덕목이었다. 따라서 사회적으로 효를 칭양(稱揚)하고 상복을 엄수하는 것은 종족의 결속강화와 귀족제 확립에 절대적으로 필요했다. 이러한 이유로 경(經)과 전(傳)에 주석을 다는 형식에서 벗어나 경·전에 나와 있지 않은 사례에 대한 대응방법에 대해 실질적인 도움을 주는 『상복요기』와 같은 상복서가 필요하였고, 결국 이러한 책은 진대 초기 신귀족제 확립시기에 매뉴얼로 이용되었다는 것이다. 이로 인해 당연히 동진을 전후로 한 시기에 다량의 상복서가 등장하였던 것이다. 이러한 분석은 후지카와 마사카즈가 주장한 상복례의 사회적 필요라는 점을 더욱 명확하게 밝혔다는 점에서 의미가 있다. 특히 각 시기마다 차이를 보이는 상복서의 경향을 분석하여 구체적인 시대의 필요를 찾아낸 점은 주목할 만하다.

그러나 이러한 기시마 후미오의 연구에도 문제는 발견된다. 그 첫 번째 문제는 기시마 후미오의 연구에는 여전히 위진시기 이전 상복례 연구의 필요성에 대한 답이 없으며, 진대 이후 상복서의 특징에 대해 명확하게 설명하지 못한다는 것이다. 그는 다만 매뉴얼로서의 상복서의 퇴조를 다음과 같이 주장한다. 유송 이후 군인황제가 권력을 장악하며 전체적으로는 귀족의 힘이 약해졌지만, 구품중정제(九品中正制) 등의 제도를 통해 귀족제라는 사회시스템은 고정화되고 한층 강화되어, 더 이상 귀족사회가 종족의 결속력이나 효와 같은 덕목의 준수 등의 정신적 슬로건에 의지하지 않아도 되었다. 그러나 이것은 매뉴얼로서의 상복서가 필요 없어졌음을 설명할 뿐이고, 이후 여전히 존재하는 상복서의 필요를 말해주지 못한다. 그는 단지 이후 남조시기 상복서의 특징으로, 학술풍조상의 변화에 따라 불교의 학습방법인 강의(講義)가 상복서 기술에도 영향을 미쳐 유송·남제시기 '경·전의 의소강소'가 등장했음을 주장했다.

이것은 방법상의 변화를 의미하는 것으로, 실상 남조에서 상복서가 여전히 찬술된 것에 대한 답은 아니다. 또한 진대 이전 이미 예에 대한 관심이 증대되고, 결코 무시할지 못할 정도의 예학서가 편찬된 것에 대해서는 답을 하지 못한다.[46] 한 말 삼국시기 경·전의 주해집해가 필요하게 된 이유는 무엇일까? 필자는 진대와 마찬가지로 각 시기의 상복서 역시 사회적 요구와 정치적 필요에 의해 편찬되었다고 생각한다. 그 필요가 무엇인지를 설명할 필요가 남아있다.

두 번째 문제는 상복례가 문벌주의 사회를 만들어 가는 데 가족 도덕의 규범, 혹은 친족법적인 기능을 담당했다는 주장에 관한 것이다. 이것은 비단 기시마 후미오의 연구에만 국한된 것은 아니다. 후지카와 마사카즈와 기시마 후미오 두 연구자가 공통적으로 주장하는 것은 당시 귀족제사회의 특징상 효를 효과적으로 칭양하고 종족의 결속력을 강화하기 위해 상복례가 중시되었다는 점이다. 그러나 이러한 해석은 예학의 효용을 축소하고 위진남북조시기 사대부들의 정치활동의 근거를 제공해주지 못한다.

이것은 두 연구가 모두 우선 위진남북조시기를 귀족제사회라고 규정하고, 그 후에 그 귀족제사회가 요구했던 예학의 성격을 규정함으로 인해 도달하게 된 결론이다. 즉 각 시기별 예학의 효용성과 역할을 고찰한 후 그로부터

46) 다음의 표를 참조한다.

시대의 성격을 규정해야 함에도 불구하고, 위진남북조사회를 귀족제사회라고 규정함으로 인해 두 연구는 모두 예학의 발전과정과 성격규정에 대해 지나칠 정도로 가문과 문벌의 필요만을 역설하게 되었던 것이다. 이러한 관점에 의하면 오직 예학만이 다른 유가경전과 달리 위진남북조 사대부들에게 존재근거와 정치적 행위의 근거를 제공하지 못한다. 지금까지 사대부들은 경학으로부터 존재의 근거를 확보하며, 경학을 통해 정치적으로 각성되고 정치적 행위의 정당성을 보장받았다. 그렇다면 위진남북조 사대부들 역시 그럴 것이다. 그 경전 중 예학 역시, 아니 예학이 더욱 더 사대부들에게 정치적 행위의 근거를 제공할 것임은 자명하다.

<표 3-보-주1> 양한시기 편찬된 예서 일람(굵은 글씨는 상복서).

전한	후한
『劉向校定禮經』 17篇	『三禮注』·**『喪服經傳注』 1卷**·『周官傳』 12卷(馬融)·
『喪服子夏傳』 1篇	『三禮目錄』 1卷·『儀禮注』 17卷·『儀禮音』·**『喪服經傳注』**
『戴德喪服變除』 1卷	**1卷**·『周官注』 12卷·『周官音』·『答臨碩周禮難』·『禮記注』
『禮桓生說』	20卷·『禮議』 20卷·**『喪服譜注』 1卷**·**『喪服變除』**(鄭玄)
『禮大戴記』 85篇	『三禮解詁』·『禮記注』·『禮記解詁』(盧植)
『夏小正戴氏傳』 1卷	『禮略』 2卷·『月令章句』(景鸞)
『禮小戴記』 49篇	『三禮圖』 3卷(阮諶)
『禮慶氏記』 19篇	『慶氏禮章句辨難』(曹充)
『禮小戴記橋氏章句』 49篇	『禮通義』 12篇(曹褒)
『戴聖輯羣儒疑義』 12卷	**『侯定喪禮』 1卷**(劉表)
『叔孫通漢儀』 12篇	『周官解詁』(衛宏)
『叔孫通禮器制度』	『周官訓詁』(張衡)
『王制』	『周官解詁』(鄭興)
『河間獻王書』 5百餘篇	『周官傳』·『婚禮謁文』·『周官解詁』(鄭衆)
『甘泉鹵簿』	『春周官注』(杜子)
『元始婚禮』	『周官解故』(賈逵)
『元始車服制度』	『禮記注』(高誘)
『元始南北郊羣祀』	『禮傳』(荀爽)
『元始明堂制度』	『月令章句』 12卷(蔡邕)
	『周禮難』(臨碩)
	『謚法注』 3卷(劉熙)
	『昏禮結言』(崔駰)
	『喪服要記』 1卷(蔡琬)
	『喪服集圖』 1卷(焦周)

이러한 고민은 기시마 후미오에게도 있었던 것 같다. 그래서 그는 위진남북조시기 상복례가 가족도덕의 규범, 혹은 친족법적인 기능을 담당했다는 주장과 더불어서 또 한 가지 주목할 만한 주장을 편다. 그것은 바로 당시 상복서들은 귀족들 사이의 서열을 분명히 하는 목적으로 집필되었는데, 그 서열 안에는 황제마저도 포함되어 있다는 것이다. 그러나 아쉽게도 이 주장은 구체적인 근거를 가지고 논리적으로 입증된 것이 아니라 상복례 일반의 효과 중 하나였을 것이라고 불투명하게 처리되고 있다. 그러나 이 주장은 매우 중요하다. 흔히 예제가 황제의 강력한 권위를 보여주는 것으로 이해되고 있는 것과는 달리 이 주장은 특정한 예제가 오히려 황제의 초월적인 권위를 법제적으로 억압하는 기구가 될 수 있음을 지적한 것이기 때문이다. 이러한 지적이 근래에도 제출되어 흥미롭다. 물론 위진남북조의 경우는 아니지만 당대(唐代) 황제들이 종묘(宗廟)의 규정들을 통해 관료들에 의해 그 절대성을 제약 당했다는 주장 역시 구체적인 예제가 단순히 군주권력의 강화로만 작용하는 것만은 아니라는 기시마 후지오의 주장과 일맥상통한다.[47)]

이러한 견해들은 결국 예학을 정치투쟁의 도구이며, 특정 정치집단의 권력행사의 근거로 본다는 점에서 중요한데, 이러한 실례를 우리는 중국의 송대(宋代) 영종(英宗)과[48)] 명대(明代) 세종시기(世宗時期)에서 발견할 수 있으며,[49)] 한국 조선의 3차례의 예송(禮訟)과 인조(仁祖) 반정(反正) 후 원종

---

47) Mcmullen, 「The Imperial Ancestral Temple and Political Life in Seventh and Eighth Century Tang China」, 『中國史研究』 33(2004).

48) 宋代 英宗時期 濮議에 관한 글로는 다음이 있다.
王才中, 「司馬光與濮議」, 『晉陽學刊』 5(1988) ; 程光裕, 「北宋臺諫之爭與濮議」, 『大陸雜誌 史學叢書』 2-2(1960) ; 小林義廣, 「"濮議"小考」, 『東海大學紀要 文學部』 54(1990) ; 李衡尾·張世響, 「從一條錯誤的禮學理論所引起的混亂說起－"禮, 爲人後者爲之子"緣起剖析」, 『史學集刊』 2000-4.

49) 明代 世宗時期 '大禮儀'에 관해서는 鄭台燮, 「「大禮儀」의 典禮論分析」, 『東國史學』 24(1990) ; 「明末의 禮學」, 『東國史學』 28(1994) ; 「淸初의 禮學(1)」, 『東洋史學研究』 52(1995)를 참조.

(元宗)의 추숭(追崇) 문제에서 발견하게 된다.[50] 이 사례들은 예가 단순히 가문과 문벌의 필요만을 충족시킨 것이 아니라 황제와 사대부의 존재를 규정하고, 양자의 정치적 행위의 근거를 제공하는 것임을 잘 보여주는데, 특히 그 중에서도 사대부들의 경우 황제권력을 억제하고 치자로서의 자신들의 정치적 권리를 주장하고자 할 때 예학을 이용하였음을 발견할 수 있다.

여기서 우리는 중국 고대 예학발전의 추이를 고찰하는 일이 당시 사회의 정치적 역학관계를 분석하고, 특정 정치집단의 정치적 각성과 이상을 확인하는 데 매우 중요한 작업임을 확인할 수 있다. 그것은 어쩌면 예학이 가진 본원적인 성격으로부터 기인하는지도 모르겠다. 우선은 앞서 언급한 것처럼 예가 궁극적으로 정치적 행위의 근거와 정당성을 부여하고, 정치권력의 범주를 규정하기 때문이다. 다음으로는 예가 서양의 그것이 단순히 '교양있는 태도'인 것과는 달리 인간관계를 변화시키는 신성한 의례의 효과를 갖기 때문이다.[51]

이후 일본에서는 가미야 노리코[神矢法子][52]와 다누마 마유미[田沼眞弓][53]가 일련의 상복례 관련 논문을 제출하였다. 그 중 최근 상복례와

---

50) 17세기 禮論을 다루고 있는 대표적 연구는 다음과 같다.
黃元九, 「所謂 己亥服制 문제에 대하여」, 『延世論叢』 2(1963) ; 池斗煥, 「朝鮮後期禮論研究」, 『釜山史學』 11(1987) ; 鄭玉子, 「17世紀 思想界의 再編과 禮論」, 『韓國文化』 10(1989) ; 李迎春, 「第一次禮訟과 尹善道의 禮論」, 『淸溪史學』 6(1989) ; 李迎春, 「服制禮訟과 政局變動－第二次禮訟을 中心으로－」, 『國史館論叢』 22(1991) ; 李成茂, 「17世紀의 禮論과 黨爭」, 『朝鮮後期 黨爭의 綜合的 檢討』(성남 : 정신문화연구소, 1992) ; 崔根德, 「朝鮮期 禮訟의 背景과 發端에 關한 研究」, 『東洋哲學研究』 24(2001). 禮訟에 대한 연구 동향은 李迎春, 「17世紀 禮訟 研究의 現況과 反省」, 『韓國의 哲學』 22(1994)를 참조.

51) 앤거스 그레이엄 지음/나성 옮김, 앞의 책, pp.32~33.

52) 神矢法子, 「漢魏晉南朝における「王法」について」, 『史淵』 114(1977) ; 神矢法子, 「晉時代における王法と家法」, 『東洋學報』 60-1·2(1978) ; 神矢法子, 「漢晉間における喪服禮の規範的展開」, 『東洋學報』 63-1·2(1981).

53) 田沼眞弓, 「南朝皇帝の喪禮の變遷(一)－宋·南齊王朝を中心に」, 『國學院大學櫪木短期大學紀要』 35(2000) ; 田沼眞弓, 「南朝皇帝の喪禮の變遷(二)－梁·陳王朝を中心に」, 『國學院大學櫪木短期大學紀要』 36(2001) ; 田沼眞弓, 「北魏皇帝の喪禮の變遷」, 『國學院大學櫪木短期大學紀要』 37(2002) ; 田沼眞弓, 「北齊·北周·隋皇帝の喪禮の變遷」, 『國學院大

관련하여 가장 왕성한 활동을 보여주는 다누마 마유미의 글들은 기대와는 달리 중국의 영향을 받은 일본 천황의 상례체계를 통해 일본인들의 외래문화 수용 태도를 고찰하는 것이 궁극적인 목적이다. 따라서 중국 황제들의 상복에 대한 고찰은 일본 천황의 상복례 변화의 전제로서 이해된다. 그런 관계로 그의 일련의 논문은 남북조 황제들이 행했던 상례의 구체적 내용을 확인하는 자료로는 유용하다. 그러나 그의 글을 통해서 구체적 의례들이 가지고 있는 정치사적 의미를 확인하기는 힘들다. 의례 그 자체로의 유용한 정보를 얻을 수는 있으나 예학의 정치·사회·문화사적 의미와 관련해서는 아쉬움이 큰 글들이다.

이와는 달리 1970년대 말부터 80년대 초에 제출된 가미야 노리코의 글들은 예가 가지는 사대부의 생활규범으로서의 측면을 주목하였다. 그는 한 말까지 사대부들의 상복례가 사회적인 규범으로 자리 잡지 못했을 뿐 아니라, 국가 역시 사대부들이 행하는 상복례에 대해 특별히 공적인 규제력을 가지고 제약하지 않았다고 보았다.[54] 그러다 위진시기에 들어가면 황제들이 법제를 이용하여 사인들의 상복례를 비롯한 가례(家禮)를 일체화시킨다고 하였다.[55] 이것은 분명 어떤 의미에서 황제가 사대부의 자율적 질서, 즉 가례에 대해 간섭하기 시작한 것을 의미하는 것이다. 물론 이것을 황제의 사대부사회의 자율적 질서에 대한 부정, 혹은 황제와 사대부의 대립만으로 해석할 수는 없을 것이다. 왜냐하면 황제가 사대부의 가례를 일체화시킨다는 것은 사대부들의 자율적 질서를 단지 부정하는 것만이 아니라, 유가경전을 근거로 한 사대부들의 질서를 국가체제 내로 흡수하고자 한 것이며, 그 질서를 국가운영의 지침으로 삼고자 한다는 것을 의미하기 때문이다.

그러나 왕법(王法)이 가진 주체성은 곧 사대부들의 생활을 규제하게 되었다. 따라서 지금까지 자신들의 독자적 세계에 대해 이론적 근거를

學櫪木短期大學紀要』 38(2003).

54) 神矢法子, 앞의 글(1978), p.77.

55) 神矢法子, 앞의 글(1981), p.20.

제공하던 예제가 국가의 공적 질서로 변화하면서 오히려 자신들을 억압하는 기재로 변화한 것에 대해 사대부들은 어떤 식으로든 대응해야 하는 필요가 발생했다. 이것을 가미야 노리코는 '왕법에 대한 가례의 자기주장'이라고 불렀다.[56] 그러나 아쉽게도 그의 연구를 통해서는 진 이후 사대부들의 가례가 어떻게 자기주장을 했는지를 확인할 길이 없다. 이것은 진대 이후의 상복례 분석을 통해서 확인이 가능할 것이다.

2절 중국학계(대륙 및 대만)의 예제연구 경향

예학에 대한 중국학계의 연구는 크게 두 부류로 구분이 가능하다. 우선 첫째는 예제 일반에 관련된 것이다. 이것은 다시 예의 형성, 예제의 의의와 성립 등의 이론적인 글과 예와 법의 혼용과 같은 예의 실천과 관련된 글로 분류할 수 있다. 그 중에서도 가장 많은 성과를 내고 있는 분야는 예의 형성과 관련된 부분인데 특히 주대(周代)의 정치와 관련한 예의 성립과정을 추적한 연구가 많다. 이러한 연구는 중국학계 중에서도 대륙 쪽에서 두드러진 성과를 내고 있다.

두 번째는 직접적으로 상복례와 관련된 글들이다. 그러나 일본과 비교해서 중국학계의 특징은 상복례가 가지고 있는 특정 시기의 정치적·사회적인 의미에 주목하기보다는 『의례』「상복」편 그 자체에 대한 연구가 활발한 점이다. 본문에서는 두 번째 연구경향에 국한하여 논의를 진행하고자 한다.

1. 대륙학계의 경향

일찍이 1930년대 양수달(楊樹達)의 선구적인 『한대혼상예속고(漢代婚喪禮俗考)』[57]가 출간된 이래 대륙학계에서는 상복례 관련 연구보다는 예제

56) 神矢法子, 앞의 글(1978), p.27.

일반, 즉 예의 형성이나 예의 함의, 예·법의 혼용과 같은 주제에 대한 연구가 주류를 이루었다. 물론 상복례에 관한 연구가 전혀 없었던 것은 아니지만, 선구적이라는 양수달의 저작에서도 확인할 수 있듯이 그것은 상복제도와 관련한 사료가 분류·집성되는 수준에 그쳤다. 그래서 양수달의 저서는 전·후한 예제변화와 차이를 명확하게 설명해 주지 못했고 동시대라 할지라도 계층 간의 차이를 명확히 드러내지 못했으며, 상장(喪葬)의 과정도 분류되지 못했다고 평가되었다.[58] 그러나 이것은 당시 연구의 한계이자 학풍과 관련된 것으로 이러한 문제는 다양한 목적을 가진 연구자들의 축적에 의해 해결될 수 있는 문제라고 생각된다. 실제로 최근 들어 대륙에서는 상복례에 대한 연구들이 증가하고 있는 추세다. 특히 다음의 연구서들이 주목되는 최근의 성과들이다.

정릉화(丁凌華), 『중국상복제도사(中國喪服制度史)』, 상해 : 상해인민(上海人民), 2000.

정정(丁鼎), 『《의례(儀禮)·상복(喪服)》고론(考論)』, 북경 : 사회과학문헌(社會科學文獻), 2003.

이 두 연구서는 공통적으로 『의례』「상복」편의 형성과정과 구조에 대한 분석으로부터 시작하여, 「상복」편에 기술되어 있는 모든 복제(服制) 조례의 유형과 내용을 고찰하고 있다.

차이점은 먼저 정정의 경우 삼년상으로 대표되는 상기문제에 대해 많은 지면을 할애하고 있다. 정정은 고대 상복제도를 복제문제와 상기(喪期) 문제로 대별한 후 고대인들이 가장 중시한 것은 상복제도 안에서도 상기문제라고 하였다. 그 중에서도 가장 중요한 것은 삼년상(三年喪)이라고 하며, 삼년상의 기원문제에 천착하고 있다. 그에 의하면 삼년상의 기원을 둘러싸고

57) 楊樹達, 『漢代婚喪禮俗考』(北京 : 商務, 1933).

58) 陳戍國, 『秦漢禮制研究』(長沙 : 湖南教育, 1993), p.131.

는 ① '삼대설(三代說)', ② '은상구제설(殷商舊制說)', ③ '동이구속설(東夷舊俗說)', ④ '주공법설(周公法說)', ⑤ '공자창제설(孔子創制說)', ⑥ '주무왕창제설(周武王創制說)' ⑦ '숙향수창설(叔向首唱說)'이 대립하고 있다. 이에 대하여 정정은 『주역(周易)』「계사(繫辭)」의 "옛날의 장례는 … 상기가 정해지지 않았다[古之葬者 … 喪期無數]"[59]는 기사를 근거로 삼년상이 아주 오래된 제도는 아니라고 하며, 주공의 예악(禮樂) 제정 당시 함께 제정된 것으로 보았다. 그럼에도 불구하고 선진(先秦) 문헌에 삼년상에 대한 기사가 거의 없는 것은 이 제도가 만들어졌으나 보편적인 제도로 아직 자리 잡지 못하고 한정된 범위 안에서만 집행됨으로 해서 광범위한 습속으로 정착하지 못했기 때문이라고 하였다. 그러다가 삼년상이 하나의 사회적 습속으로 형성되는 것은 공자시기에 이르러, 공자와 그의 제자들이 삼년상을 사회적으로 제창하면서부터라고 하였다.

이 삼년상 문제는 삼년상이 유가의 이상을 가장 잘 체현하고 있다는 점에서 일찍부터 많은 연구자들의 관심을 끌었다. 그 연구는 크게 두 가지로 나눌 수 있는데, 하나는 바로 정정이 다루고 있는 삼년상이 언제 만들어지고 정착되었는가 하는 것이다. 다른 하나는 삼년상이 국가적·사회적으로 용인된 상례였는가, 혹 용인되었다면 그것은 언제부터였는가 하는 문제에 집중되어 있다. 전자가 주로 '경전에 근거한 유가 이데올로기의 성립'이라는 점에 초점을 맞춘 것이라면, 후자는 '유가경전에 근거한 이데올로기(혹은 행동기준·규범)의 국가적 승인 및 정립'과 그에 따른 '사회기준의 완비'라는 점에 초점을 맞추었다고 할 수 있겠다.

필자는 이 두 가지 문제 중에서 삼년상이 언제 만들어졌는가도 중요하지만 과연 그것이 언제 사회적으로 정착, 시행되는가 하는 점이 예학사에서 더욱 중요하리라고 생각한다. 그것은 삼년상이라는 것이 위에서 언급했던 것처럼 유가의 친친존존의 이념이 가장 극진하게 표현된 것이라는 점에서,

59) 『周易』, 「繫辭下」, p.302.

삼년상의 시행은 그 사회가 유가의 이념을 얼마만큼 받아들이고 있는가의 여부를 측정하는 바로미터로서의 역할을 하기 때문이다. 따라서 궁극적으로 필자가 주목하고자 하는 것은 삼년상이 언제 공식적으로, 사회적으로 공인된 예속(禮俗)이 되는가 하는 것이 아니다. 이보다 삼년상이 사회적으로 공인된 예속이 되는 것이 당시 사회에서 어떤 의미를 가지고 있었는가 하는 점에 주목하고자 한다. 왜냐하면 사회적으로 삼년상이 공인된 예속으로, 율법(律法)으로 작동한다는 것은 국가의 정책과 모든 사회적 행위가 유가의 이념에 의해 무장되고, 유가경전에 근거하게 되는 상태를 웅변하기 때문이다. 즉 전 사회적으로 중요한 사회적 가치기준, 행동기준이 황제의 명령·권위가 아닌 유학의 이념이 된다는 것을 의미하기 때문이다. 이것은 결국 황제권력이 유학의 절대성에 굴복한 것을 의미할 것이다. 그러나 정정의 저작을 비롯하여 기존의 연구들이 이 문제를 다루고 있지 않거나 소략하게 다루고 있어 이에 대한 고찰이 필요하다.

정정은 이외 상복제도에 반영된 상고시기의 결혼제도를 규명하는 한편, 『의례』「상복」편에 체현된 주대 봉건(封建) 제도의 본질과 주대의 윤리의식을 고찰하고 있다. 그러나 여기서 잠시 생각해 봐야 할 문제는 과연 『의례』「상복」편을 통해 주대 봉건제도과 윤리의식을 고찰하는 것이 타당한 것인지 하는 점이다. 알려진 것과 같이 현재 전해진 『의례』는 한대(漢代) 고당생(高堂生)에 의해 전해진 것으로, 그 성격은 모든 사료에서 '사례(士禮)'로 표현된다.[60] 즉 이것은 천자·제후(諸侯)·경대부(卿大夫)의 예를 주로 삼은 왕조의 예가 아니다. 천자를 위시한 봉건제에 의해 규제되었던 귀족들의 예는 지금은 사라진 한 경제시기(景帝時期) 공자 구택(舊宅)에서 나왔다는 고문(古文)『예경(禮經)』에 존재했던 것으로 알려져 있다.[61] 즉 고문『예경』은 왕조의 예가 중심이 되었고, 고당생이 전한 금문(今文)『의례(儀禮)』는 사례,

60) 今獨有士禮, 高堂生能言之(『史記』 卷121, 「儒林 伏生傳」, p.3126) ; 魯高堂生傳士禮十七篇(『漢書』 卷30, 「禮文志」, p.1710).

61) 武內義雄, 「禮の倫理思想」, 『岩波講座 倫理學』(東京 : 岩波書店, 1940), p.6.

즉 민간의 예가 중심이 되었던 것이다. 이는『의례』가 주대 봉건제도의 본질을 적출해 내는 데 그리 좋은 텍스트가 아님을 말해준다.

이것은『의례』가 언제 편찬되었는가에 대한 문제와도 직결되어 있다. 정정의 경우『의례』가 주공의 저작도 공자의 저작도 아니라고 하고 있기는 하지만,『의례』에 수록되어 있는 내용이 주공이 행한 '제례작악(制禮作樂)'의 유제(遺制)고, 현재 전하는『의례』17편은 공자와 이후 공자의 제자들이 종주시기(宗周時期)에 행해졌던 의례규정들을 수집·정리·보충한 것이라고 보았다.[62] 요컨대『의례』가 특정시기 한사람의 저작이 아닌 장기간에 걸쳐 축적된 결과라는 것을 인정하기는 하지만, 그 근본내용이 서주시기의 의례규정이라고 여겨『의례』를 통해 주대 봉건제도의 본질을 파악해 낼 수 있다고 본 것이다. 그러나『의례』제정에 대해서 일찍이 청대(淸代) 고증학자(考證學者)들은 춘추 말 공자가 정리했다거나,[63] 춘추 이후 유가들의 공통의 저작으로[64] 유가의 이상에 가탁한 것이라고 주장하여 주대 저작설을 부정하였다. 또한『의례』가 순자(荀子)로부터 한 초에 이르는 시기동안 예학가(禮學家)들에 의해 편찬된 것이라는 주장도 등장했다.[65] 따라서『의례』를 텍스트로 사용하여 시대적 성격을 파악하는 데는 주의가 필요하다.

정릉화 연구의 특징으로는 우선 정정의 저작에 비해 복식사적(服飾史的)인 자료들이 많이 이용되어, 오복(五服)의 특징을 잘 보여준다는 점을 들 수 있겠다. 다음으로는 시대별 상복제도의 원칙을 고찰하고, 상복제도의 변천을 통시대적으로 조감했다는 것을 지적할 수 있을 것인데, 그것은 두 가지 측면을 통해 고찰되었다. 하나는 상복제도가 시대별로 법률에 어떻게 반영되었는가 하는 점이고, 다른 하나는 수상(守喪)에 관한 시대적 추이를 관찰한 것이다. 첫 번째 상복제도가 시대별로 법률에 어떻게 반영되

62) 丁鼎,「試論《儀禮》的作者與撰作時代」,『孔子硏究』2002-6, pp.11~15.
63) 皮錫瑞,「三禮」,『經學通論』(北京 : 中華書局, 1998), p.13.
64) 姚際恒,「儀禮論旨」,『儀禮通論』(北京 : 社會科學, 1998), p.10.
65) 武內義雄, 앞의 글, p.29.

었는가 하는 문제는 주로 위진남북조시기와 당대(唐代)를 중심으로 고찰되었다. 그러나 상복제도가 시대별로 법률에 어떻게 반영되었는가 하는 점에 주목하였으나 정릉화의 연구는 일본학계가 주목했던 왕법에 의한 가법(家法)의 일체화라는 문제와는 다소 다르다. 이보다는 친소에 따라 형벌이 어떻게 적용되었는가 하는 점에 초점을 맞춰, 주로 연좌(連坐)의 범주를 확인하고 시기별 족형(族刑)의 내용을 분석하는 데 많은 지면을 할애하고 있다.

그 결과 정릉화의 연구 중 상복례와 관련하여 가장 주목할 만한 것은 바로 수상에 관한 부분이라고 할 수 있다. 그는 선진시기(先秦時期)를 수상이 습속에서 예속으로 자리잡아가는 시기로, 진한시기를 예속에서 법률로 향하는 과도기로, 당송시기(唐宋時期)를 수상제도의 전면적 법률화시기로 구분하였다. 그에 의하면 선진시기 수상제도는 유가 이외의 사람들에게는 구속력이 없었던 상태였는데, 이것은 당시 삼년상을 권하던 맹자(孟子)에게 삼년상이 고법(古法)도, 가법도 아님을 들어 행하지 않았던 등문공(藤文公) 일가의 일화[66]와 전국시기 효자였던 섭정(聶政)이 모친의 장례 후 곧바로 상복을 벗은 것[67]을 통해서도 알 수 있다. 한대 들어 수상제(守喪制)는 일반적으로 문제(文帝)의 유조(遺詔) 이후 날로써 달을 대신한 '이일역월(以日易月)'의 원칙에 의해 규제되었던 것으로 알려져 있다.[68] 정릉화 역시 문제가 삼년상의 상기에 대해 오해를 한 점은 있지만, 문제로부터 수상에 대한 규정이 법률화된 것은 믿을만하다고 하며 기존 견해를 지지했다.

66) 父兄百官皆不欲, 曰：吾宗國魯先君莫之行, 吾先君亦莫之行也, 至于子之身而反之, 不可(『孟子』, 「藤文公上」, p.130).

67) 聶政母死. 旣已葬, 除服(『史記』 卷86, 「刺客 聶政傳」, p.2523).

68) 장인새는 文帝 遺詔 이후 前漢 황제들은 복상 36일 후 除服하는 것으로 받아들였다고 하였고, 심지어 양천우 같은 이는 이러한 문제의 제도는 唐代까지 개정되지 않고 지켜졌다고 보았다. 진술국 역시 문제 이후 短喪制가 항상적인 典禮로 자리 잡았다고 주장하였다. 張仁璽, 「兩漢時期的喪葬禮俗考略」, 『山東師範大學學報(人社版)』 47(2002), p.82；楊天宇, 「略論漢代的三年喪」, 『鄭州大學學報(哲社版)』 35(2002), p.64；陳戍國, 앞의 책, p.142.

그러나 실제로 전한의 사정을 전하는 『한서(漢書)』의 기사를 통해서는 삼년상이 일반적인 행위가 아니었음을 알 수 있으며, 정부와 삼년상을 행하는 이들 사이에서도 큰 갈등을 찾을 수 없다. 이 문제 역시 다양한 의견이 존재하고 있으나[69] 명쾌한 해결을 보지 못하고 있다.

한편 후한과 위진남북조시기의 변화에 대해서 정릉화는 중요한 지적들을 하고 있다. 예를 들어 후한시기 사대부들이 부모에 대해서만이 아니라 친척들에 대해서도 거관(去官)하여 복상한 사례나 황제가 국가행정의 효율적 운영을 위해 대신들의 복상을 '탈복(奪服)'·'탈정(奪情)'·'탈상(奪喪)'의 이름으로 막은 사례들을 지적하고 있다. 그러나 이러한 내용들은 기왕의 연구성과를 나열하는 데 그쳐 아쉬움을 주고 있다. 이것은 위진남북조시기 수상제를 개괄할 때도 동일하게 반복된다. 위진남북조 수상제를 거론하면서는 비상상황 하에서 미리 약속된 혼례를 급히 행하는 일종의 변통(變通)인 배시혼(拜時婚)에 대해 언급하고 있다. 하지만 이 역시 배시혼을 둘러싼 논쟁이 가진 사회적·정치적 의미를 도출하기보다, 단순히 진대(晉代)에는 배시혼이 금지되어 있었다고만 논평하고 있다. 수상제의 시대적 변화의 내용과 그 변화를 가져온 원인이 분석되어야 했으며, 무엇보다도 수상제의 시대적 변화를 고찰하는 궁극적 목적이 무엇인지가 분명하게 제시되었어야 할 것이다.

시대별 수상의 변천을 고찰하고 있는 또 하나의 책은 진술국(陳戍國)의 『진한예제연구(秦漢禮制硏究)』다.[70] 이 책은 상복례에 대한 전문서는 아니

---

69) 이와 관련하여 문제의 단상령을 黃老術을 신봉한 문제가 인민의 부담을 최소화하기 위해 자신의 장례에 국한시킨 조치였다고 본 견해도 등장하였고, 황제를 비롯하여 장기간 그 직을 비울 수 없었던 고급관리는 삼년상을 실행하지 않고, 중·하급의 관리들만 삼년상을 치를 수 있었다는 절충안도 등장하였다. 楊天宇, 앞의 글, p.68 ; 沈文倬, 「漢簡《服傳》考」, 『宗周禮樂文明考論』(杭州 : 浙江大, 2001), pp.154~155. 源載 : 「漢簡《服傳》考 (上·下)」, 『文史』 24·25(1985).

70) 陳戍國, 『秦漢禮制研究』(長沙 : 湖南敎育, 1993). 진술국의 또 다른 저서 『中國禮制史 秦漢卷』(長沙 : 湖南敎育, 2002)은 93년 출간된 『秦漢禮制硏究』와 같은 책으로, 제목만 달리하여 『中國禮制史』 시리즈로 재출간된 것이다.

지만 진한의 의례를 총망라하여 고찰하며, 상복에 관한 의례도 다루고 있다. 이 책 역시 수상에 관한 문제를 삼년상을 통해 해설하고 있는 내용이 주를 이루고 있으나, 정작 수상제도를 고찰하는 이유에 대해서는 저자 자신이 삼년상이 상복제도 중 가장 오래되고, 가장 중요한 것이라고 인식하기 때문이라는 궁색한 답만을 하고 있을 뿐이다. 다만 주의를 끄는 것은 '공경(公卿) 이하 중·하급 관리는 삼년상을 치를 수 있다'는 자신의 스승인 심문탁(沈文倬)의 견해를 발전시키고, 간독(簡牘) 자료를 이용하여 변경의 하급관리들은 예외로 삼년상을 치를 수 없었음을 논증한 점이다. 또 한편으로는 당시 박장(薄葬)에 대한 국가의 조치가 있었음에도 불구하고 후장(厚葬)이 사회적으로 상당한 영향력을 미치고 있었음을 논증하였다. 그러나 정작 본인의 저술목적인 전후한 예제변화에 대한 명확한 분별은 다소 기대에 못 미친다. 왜냐하면 후한 예제변화를 둘러싼 조정의 논쟁을 단순히 "전한보다 복잡해졌다"라는 논평으로 처리했기 때문이다. 요컨대 그는 후한조정에서 일어난 삼년상의 시행여부를 둘러싼 각 입장들을 정치적으로 분석해내지 못했으며, 그로 인해 그 논쟁의 의미를 부각시키지 못했던 것이다.

한편 이여삼(李如森)의 『한대상장예속(漢代喪葬禮俗)』[71]은 앞의 저작들과는 달리 상장풍속을 고찰한 책으로, 장례풍속과 관련해서는 초혼(招魂)부터 송장(送葬)에 이르는 모든 장례절차에 대한 자세한 내용이 서술되어 있으며, 상례와 관련해서는 발상(發喪)으로부터 묘사(墓祀)에 대한 내용이 망라되어 있다. 구체적인 풍습의 각 사항들을 참고하기에는 적절하나 상복례를 통한 시대정신의 확인에는 별다른 도움을 주지 못한다.

이외에도 한대와 위진시기의 상장례와 관련하여 한대 후장에 관한 글들과 이와 대비되는 위진 박장에 관한 글들이 다수 존재하나[72] 여기서는 특별히

71) 李如森, 『漢代喪葬禮俗』(沈陽 : 沈陽出版, 2003).

72) 대표적인 논문으로는 다음과 같은 글들이 있다.
王濤, 「漢文帝提倡薄葬」, 『炎黃春秋』 1994-12 ; 張捷夫, 「漢代厚葬之風及其危害」, 『中國歷史博物館館刊』 1995-2 ; 盧昌德, 「中國喪禮的形成與厚葬的關係」, 『信陽師範學院學報(哲社版)』 1996-10 ; 韓國河, 「論秦漢魏晉時期的厚葬與薄葬」, 『鄭州大學學報(哲

거론하지 않고자 한다.

2. 대만학계의 경향

상복례를 비롯하여 예학에 관한 가장 다양한 연구가 축적되어 있는 곳이 대만학계다. 『의례』「상복」편 자체에 대한 연구[73]는 물론이고, 예의 기원[74]으로부터 유가의 예 관념,[75] 『의례』를 비롯한 예서 성서 문제와 삼례(三禮)의 상관 문제,[76] 『의례』 안에 나타난 예의(禮義)·기물(器物)·복식(復飾)·의절(儀節) 비교[77] 등 매우 다양한 연구 성과들이 축적되어 있다. 그 중에서도 눈에 띄는 것은 청대 고증학자들을 중심으로 한 전통시기 학자들의 예서 주소류 저작에 대한 연구와[78] 한대 정현(鄭玄) 예학에 관한

社版)』 31-5(1998) ; 韓國河, 「魏晉時期喪葬禮制的承傳與創新」, 『文史哲』 1999-1 ; 徐國榮, 「東漢儒學名士薄葬之風和吊祭活動的文化蘊涵」, 『東方論壇』 2000-4 ; 蔡明倫, 「魏晉薄葬原因探析」, 『湖北師範學院學報(哲社版)』 2002-2 ; 李樂民, 「三國時期的薄葬風俗述論」, 『史學月刊』 2002-10.

73) 林素英, 『喪服制度的文化意義』(臺北 : 文津, 2000).

74) 魯士春, 「中國禮的起源」, 『新亞論叢』 5(2003).

75) 王祥齡, 「儒家的祭祀禮儀理論」, 『孔孟學報』 63(1992) ; 王俊彦, 「《論語》之「禮」的析義」, 『文化大學中文學報』 2(1994) ; 楊素珍, 「荀子「禮」論與其政治思想的關聯(上)·(下)」, 『孔孟月刊』 34-2·3(1995) ; 鄭基良, 「喪禮與祭祀研究」, 『空大人文學報』 10(2001) ; 陳滿銘, 「論《論語》中的「禮」」, 『孔孟月刊』 30-12(2002).

76) 李昭瑩, 「論《儀禮》的經記」, 『中國文學研究』 7(1993) ; 陳溫菊, 「由六瑞六器看『周禮』的成書時代」, 『孔孟月刊』 33-1(1994) ; 周何, 「禮記的成書」, 『國文天地』 13-3(1997) ; 葉國良, 「二載禮記與儀禮的關係」, 『錢穆先生紀念館館刊』 6, 1998 ; 余宗發, 「《周禮》一書成書於秦地之蠡測」, 『國立僑生大學先修班學報』 7(1999).

77) 吳藝苑·許秀霞, 「儀禮士喪禮中的禮義」, 『孔孟月刊』 32-9(1994) ; 韓碧琴, 「儀禮祭禮之服飾比較研究」, 『國立中興大學中夜間部學報』 2(1996) ; 韓碧琴, 「儀禮所見士·大夫祭禮之人物比較研究」, 『興大中文學報』 10(1997) ; 韓碧琴, 「「儀禮」「少牢饋食禮」「特牲饋食禮」儀節之比較研究」, 『國立中興大學中夜間部學報』 3(1997) ; 韓碧琴, 「「儀禮」「有司徹」「特牲饋食禮」儀節之比較研究」, 『(中興大)文史學報』 28(1998) ; 韓碧琴, 「「儀禮」所見士·大夫祭禮之禮器比較研究」, 『興大中文學報』 11(1998).

78) 韓碧琴, 「張爾岐對『儀禮』之獨特見解」, 『國立中興大臺中夜間部學報』 1(1995) ; 程克雅, 「胡培翬《儀禮正義》釋例方法探究 - 兼述段熙仲之「以例治禮」說」, 『國立中央大學中文研究所研究生論文集』 2, 1995 ; 韓碧琴, 「儀禮張氏學 上·下」, 『興大中文學報』

연구들이 상당한 분량으로 축적되어 있는 것이다.[79] 물론 이 연구들의 대부분이 역사학 분야의 축적물이 아니라 중문학 분야의 축적이라는 점은 이 연구들이 특정한 예속을 통해 특정 사회의 성격을 조망하려는 의도에서가 아니라 경학연구의 측면에서 행해진 것임을 알려준다. 그러나 이러한 기초적인 경학의 연구가 결국은 다양한 측면의 예제연구를 촉진했을 것임을 짐작할 수 있다. 실제로 아래의 성과들은 축적되어 있는 경학연구 결과가 역사학연구의 다양화와 깊이를 제공하고 있음을 보여준다.

복전진(濮傳眞), 「유울지의 복제론」[「庾蔚之服制論」], 『대북시립사범학원학보(臺北市立師範學院學報)』 27, 1996.

가금호(柯金虎), 「하순과 그의 예학」[「賀循及其禮學」], 『현장인문학보(玄奘人文學報)』 3, 2004.

물론 이 두 글 역시 완전한 역사학 분야의 연구결과라고 할 수는 없다. 그러나 두 글 모두 공통적으로 진과 유송시기 사회적으로 새롭게 해석을 요구받던 의례 관련사례들에 대해 하순과 유울지가 어떻게 해석했는가를 다루고 있어, 위의 주소류 저작에 대한 연구와는 다른 경향을 보이고 있다. 요컨대 이 두 글은 당시 사대부들이 시대적으로 요구되던 예해석의 필요에 어떻게 대응했는가를 보여주고 있어, 사대부들이 자신들 사회 안에서 요구되

8·9(1995·1996) ; 林翠玫, 「《儀禮·鄭注》的護衛-《儀禮管見》」, 『孔孟月刊』 34-10(1996) ; 魏慈德, 「讀兪樾〈儀禮平議〉劄記」, 『孔孟月刊』 39-1(2000) ; 程克雅, 「敖繼公「儀禮集說」駁議鄭注「儀禮」之研究」, 『東華人文學報』 2(2000) ; 賈宜琛, 「胡培翬《儀禮正義》論鄭玄《儀禮注》·敖繼公《儀禮集說》正誤擧隅」, 『中國文學研究』 15(2001) ; 韓碧琴, 「焦循手批《儀禮註疏》研究」, 『興大中文學報』 14(2002).

79) 韓碧琴, 『儀禮鄭註句讀校記』(臺北 : 國立編譯館, 1996) ; 姬秀珠, 「東漢《禮經》的傳承與開展－兼論鄭玄對經學的貢獻」, 『筧橋學報』 5(1998) ; 張娣明, 「鄭注士昏禮之研究」, 『中國學術年刊』 22(2001) ; 鄧聲國, 「鄭玄所見《儀禮》古今異文考－兼談《儀禮》異文的價值」, 『中國語文通訊』 61, 2002 ; 鄧聲國, 「鄭玄《儀禮注》訓詁術語釋義例闡微」, 『中國文哲研究集刊』 20(2002) ; 張娣明, 「鄭氏對《儀禮·士昏禮》的闡釋」, 『人文及社會學科教學通訊』 74, 2002.

던 예기준을 어떻게 수립해 나갔는가를 확인할 수 있다.

특히 하순의 예학을 다루고 있는 가금호의 글은 하순의 『상복요기(喪服要記)』의 조항들을 분석하여 『의례』 「상복」에 명시되어 있지 않아 구체적 지침이 없었던 사례들에 대해 당시 하순을 비롯한 사대부들이 어떻게 해석하였는지를 잘 설명하고 있다. 그러나 두 글 모두 위진남북조시기 특정한 예해석이 왜 요구되었는가에 대해서는 소략하게 다루고 있다. 물론 가금호의 경우 진술국의 저작을 인용하여 '예학의 수많은 문제의 해결은 모두 진대 예학가들의 공헌'이라고 하며[80] 진대 예학가의 예해석을 고찰하는 것이 중요함을 완곡하게 표현하고는 있다. 하지만 결국 왜 진대 학자들이 유독 예해석에, 그것도 상복례해석에 많은 저작을 내고 있는지가 지적되지 않았다.

시대적 요구와 필요라는 부분에 주안점을 두어 위진시기 상복서의 조항들을 분석한 연구로는 임려진(林麗眞)의 「위진인의 전통예제와 도덕에 대한 반성－복상론·동성혼론, 그리고 충효론으로부터」[81]와 가금호의 「사회변란을 통해 본 예의의 변화－위진시기를 고찰의 범주로」[82]를 들 수 있다. 임려진은 우선 『수서』 「경적지」를 분석하여 현학이 풍미했던 위진남북조시기에도 여전히 전통예제와 도덕 등의 학문적 전통이 유지되었음을 확인하고, 특히 위진시기의 경우 복잡했던 정치정세·혼인관계·사족문제(士族門第)·명분정통(名分正統)의 문제로 인하여 예를 둘러싼 다양한 의논들이 행해졌다고 보았다. 특히 여기다 상복례 자체가 경전의 기술이 간략하고, 산실(散失)이 많아 의궐이 많은 점 때문에 의례 중에서도 상복례 논의를 심화시켰다고 분석했다. 따라서 그의 글을 통해서는 상복례를 둘러싼 새로운 해석의 필요가 어떠한 사회상황으로 말미암아 발생했는지를 확인할 수 있다. 예컨대

80) 陳戍國, 『中國禮制史 魏晉南北朝卷』(長沙 : 湖南教育, 2002), p.170.

81) 林麗眞, 「魏晉人對傳統禮制與道德之反省－從服喪論·同姓婚論與忠孝論談起」, 『臺大中文學報』 49(1991).

82) 柯金虎, 「從社會變亂看禮儀的遞嬗-以魏晉爲考察範疇」, 『玄奘學報』 4(2001).

왕비(王毖)의 이적처(二嫡妻) 문제와 그와 관련한 복상의 문제들이 왜 발생했는가, 그리고 그것은 어떠한 입장에 근거하여 해석되었는가를 잘 설명하고 있다.

그런데 임려진의 글을 통해 끝내 확인할 수 없었던 것은 왜 이러한 예제해석이 새삼스럽게 조정의 문제로 확대되고 논의되어야 하는가 하는 것이다. 실제로 위의 왕비의 이적처문제는 조정에서 격렬한 예제논쟁으로 확산된다.[83] 처음 문제의 발달은 당시 동평왕(東平王)의 상(相)인 왕비의 아들 왕창(王昌)이 강남에 있던 왕비의 전처의 복상을 위해 거관할 것을 요청한 것이었다.[84] 이 문제는 곧 조정에서의 격렬한 논쟁을 발생시켰다. 사대부 집안의 문제가 조정에서 논의되고 조정된 것이다.

이것은 이적처의 문제에 국한되었던 것은 아니다. 진 무제시기(武帝時期) 유송(劉頌)과 진교(陳矯)가 사돈이 된 것 역시 문제가 되었다. 문제의 발단이 된 것은 고모에게서 자라 성을 바꾼 진교의 성이 본래 유씨(劉氏)이기 때문에 이 혼례가 동성혼(同姓婚)이라는 점이었다. 그러나 당시 동성혼은 사회적으로 일반화된 관례였다. 위진남북조시기 족적 결합의 강고함을 위해 동성결혼이 유행했을 것은 쉽게 예측할 수 있다. 이러한 사회적 분위기에 익숙해 있던 상태에서 당시 중정(中正)이었던 유우(劉友)가 문제를 삼았던 것이다.[85] 왜 일반적으로 사대부사회에서 익숙하게 행해지던 의례조항들이 조정에서 논의되고, 조정되었는가 하는 점에 대한 해석 역시 이 시기 예제변화 추이와 관련하여 중요한 문제라 생각된다.

가금호의 글은 위진남북조시기 빈번한 전란의 발생, 청담(淸談)의 유행, 외족(外族)의 침입, 파벌 다툼과 같은 시대변화가 예의에 어떠한 영향을

83) 『晉書』에 의하면 이 논쟁에 참석한 사람만도 20명이 넘을 정도로 격렬했으며, 그 결론도 찬성, 반대가 거의 같은 수를 이룰 정도로 팽팽하게 도출되었다. 『晉書』 卷20, 「禮志中」, pp.635~638. 자세한 내용은 본서 4부 1장 「진대 상복서의 편찬과 성격」을 참조.

84) 『通典』 卷89, 「凶禮十一」, p.2441.

85) 『晉書』 卷46, 「劉頌傳」, pp.1308~1309.

미쳤는가를 규명하는 것을 목적으로 한 글이다. 그는 예 중에서도 조정의례와 경전에 대한 사대부들의 주소류 저작에 대해서는 언급하지 않겠다고 천명하였는데, 이유는 조정의례의 경우 변화가 거의 없기 때문이며, 주소류 저작의 경우 근본적으로 예의변화에 주목한 것이 아니기 때문이라고 하였다. 그러나 당시 주소류 저작이 예서의 대부분을 차지하였고, 변화된 상황이 새로운 예해석을 필요로 하고 그 필요가 주소류 저작의 발전을 가져왔다는 점을 고려하면 이러한 가금호의 해석은 오히려 이 시기 예제연구의 범주를 축소시킨 것이라고 할 수 있다.

결국 그는 일반인의 일상생활과 밀접한 관련을 가진 분야, 동란의 시대에 맞부딪치게 되는 예의문제로 범주를 축소하는데, 그렇게 해서 결정된 것은 결혼과 상사에 관련된 문제들이다. 그가 다루고 있는 결혼과 상사에 관련된 사항들은 개가한 모친에 대한 상복규정, 형수와 시동생 간의 상호 복상문제, 외삼촌과 이모에 대한 동등한 복상규정, 폐질(廢疾) 자녀를 위한 복상규정, 전란으로 인한 부모와의 이별 후 생사를 알지 못한 상태에서의 복상여부, 이적처에 대한 자녀들의 복상규정들과 모후(母后)에 대한 황태자의 복상기간에 대한 규정 등이다.

그 중 주목되는 것은 모후에 대한 황태자의 거상(居喪) 규정에 관한 것이다. 『진서』에서는 이와 관련하여 "옛 제도에 따르면 장례를 치른 후 황제와 뭇 신하들은 길복(吉服)으로 갈아입는다"[86]라고 하여, 장례를 치름과 동시에 상복을 벗고 일상적인 정무를 처리하는 것이 일반화된 방법임을 말하고 있다. 그래서 상서(尙書)에서도 황태자 역시 상복을 벗음이 마땅함을 상주(上奏)한 것이다. 그러나 이것에 대해 두예(杜預)는 황태자 역시 마땅히 고전(古典)을 따라야 할 것을 주장하며 양암삼년복(諒闇三年服)을 행해야 함을 주장했다. 결국 이 문제는 모후에 대한 복상이 참최삼년복(斬縗三年服)이 아닌 심상삼년복(心喪三年服)으로 마무리되어,[87] 황실이 가지고 있는

86) 舊制, 旣葬, 帝及群臣卽吉(『晉書』 卷34, 「杜預傳」, p.1027).

87) 孔安國은 殷 高宗의 諒闇三年을 居喪 중에 말을 하지 않고 침묵한 것이므로,

특수성이 고려되었다.

그러나 이 사례는 사대부들이 예적용에 있어 제왕의 초월적 지위를 인정하지 않고 보편적인 적용을 강조하고 있음을 보여주고 있다. 이것은 유학의 절대성을 옹호하는 것과 관련 있다. 실제로 당시 박사(博士)였던 진규(陳逵)의 경우 당시 행해지고 있던 구제(舊制)가 '한문제의 권제(權制)' 즉 임시방편의 권도(權道)라고 단호하게 표현하고 있다.[88] 여기서 우리는 예가 정치권력의 범주를 규정하는 모습을 발견할 수 있다. 따라서 가금호가 주장하는 것처럼 "황태자도 효를 행해야 했었다"라는 해석만으로는 당시 예해석이 가진 정치적 함의를 파악하기 힘들다.

당시 사대부들이 황제권력과 마찰하면서까지 경전에 근거한 의례를 행하고자 했던 경향에 대해서는 감회진(甘懷眞)의 「위진시기 관인사이의 상복례」[89]가 시사하는 바가 크다. 저자는 주로 장리(長吏)와 속리(屬吏) 사이 및 구군(舊君)과 고리(故吏) 사이에 있었던 상복사례들을 통해 당시 관인들 간에 맺었던 은의(恩義) 관계가 육조(六朝) 사대부사회의 중요한 인간관계의 한 모습이라고 규정하고, 이것이 황제지배체제 안에서 중대한 위협으로 작용했다고 주장하였다. 더 나아가 위진시기 사대부들의 인적 관계를 규정한 두 원칙은 바로 은(恩)과 명(名)이었다고 주장하고 있다. 이러한 관점에 따른다면 관인들 사이에 행해지는 상복의 예들은 모두 교양을 갖춘 사대부들이 반드시 구비해야 하는 도덕의 하나인 것이다. 그러나 이렇게 당시 관인들 사이에 행해졌던 상복례들을 은의감(恩義感)이나 도덕의 발현으로만 해석하기에는 경전의 규정을 넘어서는 지나친 상복례들이 의미하는 바를 명확하게 지적하기 힘들다고 생각한다. 예컨대 『의례』「상복전」에는 스승에 대한 복상조항이 없으며, 단지 『예기(禮記)』에만 심상으로

心喪三年이라고 주장하였다. 居憂, 信默三年不言(『尙書』, 「說命上」, p.247).

88) 博士陳逵議, 以爲 : 「今制所施, 蓋漢文權制, 興於有事, 非禮之正. 皇太子無有國事, 自宜終服.」(『通典』 卷82, 「凶禮四」, p.2224).

89) 甘懷眞, 「魏晉時期官人間的喪服禮」, 『中國歷史學會史學集刊』 27(1995).

규정되어있을 뿐이다.[90] 또한 구군에 대한 복상은 자최삼월(齊縗三月)이고, 그나마 거장(擧將)에 대한 규정은 없다. 그러나 후한 말 스승에 대한 복상은 물론이고 구군·거장에 대한 삼년복이 사회적으로 칭송되었던 사실은 당시 일반적인 예를 벗어난 상복례가 단순히 은의감의 표현과는 또 다른 의미를 가지고 있음을 암시한다.

이외에도 상복례 연구 중 주목되는 것은 다음의 저작이다.

임소영(林素英), 『상복제도의 문화 의의』[『喪服制度的文化意義』], 대북(臺北) : 문진(文津), 2000.

석사논문부터 중국 예제에 관련된 연구를 진행하고 있는 임소영은 1997년 『고대 생명관 안의 생사관－『예기』의 현대적 해석을 중심으로』[91]를 시작으로 같은 해 『고대 제례 안의 정교관－『예기』 성서를 논함』[92]을 발표하면서 『예기』의 성서연대를 비롯해, 『예기』 속에 투영된 제례(祭禮)의 절차와 그 사상을 복원하였다. 그리고 최근에는 『의례』「상복전」을 통하여 『의례』「상복」의 구조 및 경(經)과 전(傳) 조항의 유형 및 내용을 분석하였다. 특히 임소영은 상복제도에 반영된 남성 위주의 사회문화체계를 비롯하여 친친존존과 같은 가족주의 문화체계 등과 같은 문화적 의의에 대해 상세한 연구를 제출하였다. 그러나 이 저작은 이전 저작과 마찬가지로 역사학의 관점에서 상복례를 연구한 것이 아니라 문화적인 관점에서 상복례를 연구하여 상복례를 통한 시대성격의 도출이라는 측면에서는 다소 중요도가 떨어진다고 할 수 있다.

---

90) 事師無犯無隱. 左右就養無方. 服勤至死. 心喪三年(『禮記』, 「檀弓上」, p.169).
91) 林素英, 『古代生命觀中的生死觀－以《禮記》爲主的現代詮釋』(臺北 : 文津, 1997).
92) 林素英, 『古代祭禮中的政教觀-以《禮記》成書爲論』(臺北 : 文津, 1997).

3절 한국학계의 예제연구 경향

한국학계의 중국 고대 예제와 예학에 관한 연구는 매우 적은 상태다. 다른 분야에 비해 선진 유가 예컨대 공자와 순자의 예설(禮說)에 대한 연구가 존재하기는 하지만 모두 역사학 분야의 성과가 아닌 철학분야의 성과다. 따라서 그 내용 역시 주로 유가학파에게 예가 어떤 위상을 가지고 있는가 하는 점에 논의가 집중되어 있는 형편이다.[93] 이외에 눈에 띄는 것으로는 오복제도와,[94] 『의례』「상복」편의 내용에 관한 기초적인 연구가 있으며,[95] 중국 역대 상례문화 변천에 대한 연구가 있다.[96] 그러나 이러한 연구들 역시 역사학분야의 성과가 아니라 중국철학분야의 성과들로 그 내용이 경전 그 자체의 분석에서 크게 벗어나지 못하고 있으며, 시대별 상례의 고찰도 일반적인 소개에 그치고 있다. 따라서 이러한 연구를 통해서는 지금까지 살펴본 예학의 정치적 유용성이나, 의례해석을 둘러싼 각 정치세력의 입장 등에 대해서는 정보를 얻을 수 없다.

예학의 시대적 특징과 효용성에 대한 글로는 금장태(琴章泰)의 「한대(漢

---

93) 趙駿河, 「傳統禮學의 形成과 그 淵源에 關한 考察」, 『東洋哲學研究』 1(1980) ; 盧仁淑, 「聖·俗의 관점에서 본 孔子의 禮」, 『儒教思想研究』 3(1988) ; 趙駿河, 「春秋時代 禮思想의 研究」, 『東洋哲學研究』 11(1990) ; 李文周, 「先秦儒家의 禮說에 대한 研究」, 『道原柳承國博士古稀紀念論文集 東洋哲學思想研究』(서울 : 東方文化研究院, 1992) ; 趙駿河, 「孔子 禮思想의 政治的 의의에 관한 考察」, 『儒教思想研究』 14(1992) ; 趙駿河, 「孟子의 禮論에 관한 研究」, 『東洋哲學研究』 13(1992) ; 趙駿河, 「儒家의 禮說」, 『東洋哲學研究』 14(1993) ; 李文周, 「儒家 經典을 중심으로 한 禮의 概念에 대한 研究－『論語』『孟子』를 중심으로-」, 『儒家思想研究』 7(1994) ; 趙駿河, 「孔子 禮思想의 哲學的 考察」, 『儒教思想研究』 17(1994) ; 李文周, 「荀子의 禮」, 『儒敎思想研究』 8(1996) ; 도민재, 「禮學 연구 방법론에 관한 재검토」, 『儒教思想研究』 9(1997) ; 李文周, 「春秋戰國時代에 있어서 儒家 禮의 형성과정과 특징」, 『儒教思想研究』 9(1997) ; 도민재, 「孔子 禮樂思想의 본질과 사회적 이상」, 『東洋哲學研究』 34(2003).

94) 金時晃, 「喪禮 五服制度 研究」, 『韓國의 哲學』 22(1994).

95) 盧仁淑, 「『儀禮』喪服篇의 親等區分圖解－本親을 中心으로」, 『道原柳承國博士華甲紀念論文集 東方思想論攷 : 그 本質과 現代的解釋』(서울 : 종로서적, 1983).

96) 盧仁淑, 「중국에서의 상례문화의 전개」, 『儒敎思想研究』 15(2001).

代)의 예학(禮學)」[97]이 있다. 이 글은 예에 대한 한대 사대부들의 입장과 예악제도의 변화에 대해 고찰하고 있는데, 이를 통해 우리는 한대 사대부들이 예를 당시 통치자의 합법성과 교양을 강조하기 위한 의식(儀式)이라고 이해하거나 예가 민간의 풍속과 문화를 교화하는 기준이라고 이해하고 있었음을 알 수 있다. 그러나 이 역시 피상적인 분석에 치우쳐 있어 사대부들이 인식하고 있는 예를 통해 예학의 성격변화를 추적하는 것은 불가능한 상태다. 예악제도의 변화를 살피는 데 있어서도 사정은 다르지 않다. 각 황제별로 행해졌던 제사나 봉선(封禪)에 대한 사실 나열이 주를 이루고 있어, 예악제도가 어떤 과정을 통해 정착되었으며 그 정착이 사회적으로 어떤 의미를 가지고 있는지를 확인할 수 없다.

예의 해석과 적용에 대한 논쟁과 갈등을 보여주는 글로는 다음의 글들이 주목된다.

① 김용천(金容天), 「한(漢) 선제기(宣帝期) 예제(禮制) 논의(論議)－'위인후자(爲人後者)' 예설(禮說)의 변화(變化)를 중심으로－」, 『동국사학』 33, 1999.
② 김용천, 「전한시대(前漢時代) 군국묘(郡國廟) 설폐(設廢) 논의」, 『동국사학』 37, 2002.
③ 정태섭(鄭台燮), 「「대례의(大禮儀)」의 전례론분석(典禮論分析)」, 『동국사학』 24, 1990.
④ 정태섭, 「명말(明末)의 예학(禮學)」, 『동국사학』 28, 1994.
⑤ 정태섭, 「청초(淸初)의 예학(1)」, 『동양사학연구』 52, 1995.

우선 김용천의 글은 한대 있었던 예제논쟁의 대표적인 사례인 선제시기 '위인후자' 논쟁과 원제시기(元帝時期) 군국묘 폐지논쟁을 다루고 있다. 그 중 선제시기를 다루고 있는 ①의 글에서는 예를 권력의 성격을 규정하는

97) 琴章泰, 「漢代의 禮學」, 『東洋哲學研究』 14(1993).

기준이며, 당시인들이 가지고 있던 공적(公的) 세계관을 이해하는 근저라고 주장하였다. 또한 예는 사대부들에게 집권자의 사적 전횡을 비판할 수 있게 하는 문제의식을 제공한다고 보았다. 이러한 입장은 예학을 통해 각 정치 집단의 이상과 갈등을 확인할 수 있을 것이라는 필자의 가정과 궤를 같이 한다고 할 수 있겠다. 그런 의미에서 군국묘 폐지논쟁이라는 구체적인 사례는 예에 대한 이와 같은 저자의 관점을 증명하기에 매우 적합한 사례라고 할 수 있겠다. 그러나 저자는 ②의 글에서 군국묘의 폐지를 사회적으로 황제권력의 신비성이 유학의 절대성에 의해 부정되었다고 이해하는 종래의 견해[98]와는 달리 권력승계의 정당성을 확보하려는 유가의 노력으로 이해하였다. 물론 저자의 주장처럼 선제의 위인후자 논의가 종묘제에 대한 예학적·경학적 접근의 필요를 촉발하였을지도 모른다. 그러나 문제는 예에 대해 지난 시기와는 다른 접근이 필요해진 근본적인 원인과 지금까지와는 다른 접근이 사회적으로 무엇을 의미하는지가 분석되지 않았다는 점이다. 또한 이 시기 예학의 성격을 단순히 고례(古禮)로의 복귀라고 단정할 수 있는 근거도 밝히고 있지 못하다. 무엇보다 아쉬운 것은 저자 스스로 예학이 권력을 객관화하는 역사적 역할을 지니고 있다고 하면서도, 각 정치 주체들의 예의 해석을 통해 그들의 정치적 목적과 이상에 대한 접근으로 논의가 전개되지 못한 것이다.

보편적인 예의 적용을 통해 황제권력을 유학의 절대성으로 통제하려던 사대부들의 시도를 적나라하게 보여주는 사례는 명대 대례의에서 찾아볼 수 있다. 이 사례를 통해서 우리는 예학이 어떤 과정을 통해 정치무기가 될 수 있는가를 확인할 수 있다. 바로 정태섭의 ③·④·⑤ 세 편의 논문은 이 시기 예학의 성격에 주목한 결과다. 비록 시기상으로 고대의 예학을 다루고 있는 논문은 아니나, 저자의 주장처럼 사대부들의 예학연구가 현실의 황제권력을 비판하는 정치적 행위이며 그들의 경전연구가 궁극적으로 황제

98) 板野長八,「大學篇の格物致知」,『史學雜誌』71-4(1962)와「儒教の成立」,『岩波講座 世界歷史 4 東アジア世界の形成』(東京：岩波講座, 1970)을 참조.

를 비판하기 위한 가치기준을 경전에서 찾고자 하는 목적에서 비롯되었다고 보는 작업가설은 고대 중국의 예학을 새롭게 전망할 수 있는 중요한 시사를 준다고 생각된다. 특히 저자는 사대부들에게 황제의 독재를 막는 방법으로 예제가 사용되었음을 밝히고 있어, 시대를 막론하고 예학의 효용성이란 사대부들의 존재의 근거와 황제와 공치(共治)하려는 치자의식(治者意識)의 근저를 제공해주는데 있다고 보는 필자의 견해에 중요한 근거를 제공해주고 있다.

이외에도 예경의 해석과 적용을 둘러싸고 왕법과 가례가 충돌하게 된 상황, 즉 황제와 사대부의 상이한 예 해석에 대한 것을 다루고 있는 연구로 황원구(黃元九)의 「주자가례(朱子家禮)의 형성과정－왕법(王法)과 가례(家禮)의 연계성(連繫性)을 중심으로－」[99]가 있다. 이 글에서는 『주자가례』가 만들어지기까지 예학이 어떻게 발달해 왔는가를 살피며, 그 과정에서 왕법과 가례가 어떻게 상호영향을 미쳤는가를 고찰하고 있다. 연구에 따르면 진대(晉代) 오례체계(五禮體系)에 근거한 『진례(晉禮)』는 사가(私家)에 존재하고 있는 가례를 모두 포괄하여 제정된 것이나, 그 본래적으로 가지고 있는 전제적 성격으로 말미암아 지금까지 자율적이었던 사가의 질서를 규제한다. 그렇다면 『진례』 제정에 즈음하여 서의류(書儀類) 저작들이 찬술된 것을 저자가 지적하고 있듯이 기사(記寫)의 방법이 용이해진 것으로부터 해석할 수만은 없을 것이다. 오히려 이러한 저작활동은 왕법에 의해 규제된 자율적인 사대부들의 질서유지와 회복에 대한 노력에 다름 아닐 것이다.

알려진 것과 같이 지주이자 유학자인 송대(宋代) 사대부들을 절대적 황제권력과 공존할 수 있게 이념적 근거를 마련해 준 성리학(性理學)은 송대 사대부들을 정치·사회 분야에서 명실상부한 치자로서 존재시켰다. 『주자가례』는 이러한 사대부들의 정치·사회적 입지를 옹호하기 위해 만들어진 것으로, 가례를 통해 사대부들은 자신들이 사회질서의 구심이 되어야

---

99) 黃元九, 「朱子家禮의 形成過程－王法과 家禮의 連繫性을 中心으로－」, 『人文科學』 45(1981).

함을 강조하고, 동시에 그것이 군도(君道)의 논리라고 주장한다.[100] 즉, 가례의 성립이라는 것은 결국 군주의 정치적 위상을 극대로 높이고자 하는 목적에 의해 제정되는 국가례에 의해 촉진되게 마련이다. 그렇다면 지금까지와는 다른 각도로 서의류 저작들에 대한 고찰이 필요할 것이다.

100) 李範稷, 앞의 책, p.60.

4부

왕법과 가례

1장 진대 상복서의 편찬과 성격

예(禮)의 핵심을 '존비를 구별하고, 귀천을 달리하는 것[別尊卑, 異貴賤]'이라고 하는 것에서 알 수 있듯이, 유가(儒家)에게 있어 예란 모든 구성원들을 정치적 고하에 상응시킴으로써 계급적 차등을 두어 그 구성원 간에 정치적 권력관계를 규정하는 근본이다. 그래서 그들은 예를 제정함으로써 신분에 근거한 차이를 만들고, 그 차이에 해당하는 정치적 권리와 의무를 규정하여 학습시킴으로써 사회구성원들 모두로 하여금 존비귀천의 정해진 역할을 다하게 할 수 있다고 생각했다. 그리고 그것을 통해 사회의 안정을 이루어 낼 수 있다고 믿었다.

따라서 모든 사회구성원을 포함하는 예제(禮制)의 수립은 시대를 막론한 유가들의 이상이었다. 그러나 예가 차등의 질서를 수립하는 것을 변하지 않는 원칙으로 삼는다 해도, 그것은 현실 정치세계와 결합되어 발현되기에 해당 사회의 통치구조 혹은 그 사회의 다원화 정도 등에 영향을 받아 시대별로 차이를 가지며 제도화되었다. 이것은 특정 시기 예제의 등장이 그 해당 시기의 사회적 성격 및 수준을 보여주는 거울이 됨을 의미한다.

물론 각 시대별로 제정된 예제가 전혀 새로운 것만은 아니었다. 오히려 기존 개념이나 예제를 복원하는 것을 그 특징으로 한다.[1] 다만 시대의 필요에 따라 예제는 사회가 요구하는 권력질서를 정당화하는 쪽으로 변화되

1) 甘懷眞, 『唐代家廟制度研究』(臺北 : 商務, 1991), pp.5~6.

었다. 이때 일련의 시대적 필요와 권력의 정당성은 예경(禮經)의 재해석을 통해 확보되었다. 따라서 특정 시기 새롭게 등장한 예개념과 편찬된 예서(禮書)들을 분석하는 것은 해당 시기의 정치적 갈등과 요구 등을 복원해 내는 데 매우 중요한 작업이 될 것이다.

그런 의미에서 주목되는 시기는 본격적으로 예서가 편찬된 위진남북조시기(魏晉南北朝時期)다.[2] 특히 그 중에서도 진대(晉代)는 다량의 상복서(喪服書)가 편찬된 것으로 유명하다. 많지는 않지만 종래 연구자들에 의해 이 시기 다량의 상복서가 편찬된 이유가 고찰되었고, 그 내용이 분석되기도 하였다. 그 중에서도 후지카와 마사카즈[藤川正數]와 기시마 후미오[木島史雄]의 연구는 주목할 만하다.[3] 후지카와의 연구가 위진시기 상복서가 다량으로 출현한 이유와 특색을 고찰하고 그것이 경학사(經學史)에서 차지하는 위치를 규명하였다면, 기시마의 연구는 위진남북조시기 편찬된 상복서의 경향을 분석하여 진대 상복서가 지침서의 성격을 가진 것을 밝혔다. 특히 진대 초기 귀족제(貴族制) 확립에 필요한 매뉴얼로 상복서가 편찬되었음을 밝혀, 이 시기 예학(禮學)의 정치적 효용성이라는 측면을 강조하였다. 이외에도 대만에서는 당시 사대부(士大夫)들이 사회적으로 요구되던 예해석의 필요에 어떻게 대응했는가를 분석한 연구가 제출되었다.[4]

이상의 연구는 다소의 차이는 있지만 모두 동일하게 진대 이래 남북조시기 상례(喪禮)가 발전하고, 문벌사대부들의 생활이 예와 법도에 엄격했던 것을 문벌의 종족보존의 필요에 의해 설명하였다. 특히 기시마는 당시 효(孝)가 귀족제사회 형성에 매우 유효한 덕목이었으므로, 사회적으로 효를 칭양(稱揚)하고 정해진 상례를 엄수하는 것이 종족의 결속강화와 귀족제확립에 절대적으로 필요한 사항이었다고 주장하였다.[5] 이것은 후지카와의 책 「서설(序說)」 중에도 천명된 것으로 그는 위진시기 상복서가 가족도덕의 규범으로서, 종족법(宗族法)의 역할을 담당하였다고 분석하였다.[6] 이후 이러한

2) 『隋書』 「經籍志」에 따르면 魏晉南北朝時期 편찬된 禮書의 양은 53부 311권에 이른다.

<표 4-1-주1> 위진남북조시기 편찬된 예서 일람

三國時期	兩晉時期	南朝時期
『後定喪服』(劉表), 『喪服要記』(蔡琬), 『儀禮注』·『喪服要記』·『儀禮喪服注』·『喪服經傳』·『禮記注』·『明堂議』·『周官禮注』(王肅), 『喪服變除圖』·『禮記音』(射慈), 『三禮圖』(薛綜), 『喪服集圖』(譙周), 『禮記注』(孫炎), 『禮記難問』(鄭小同), 『禮記解』(杜寬), 『周官傳』(王朗), 『禮義』(鄭小同), 『禮義』(田瓊), 『皇覽逸禮附中霤禮』(繆襲)	『周官禮注』·『七廟議』·『後養議』(干寶), 『周官寧朔新書』(王懋約), 『周官禮異同評』(傅玄評·陳劭駁), 『周官駁難』(孫琦問·干寶駁·虞喜), 『周禮徐氏音』·『禮記音』(徐邈), 『喪服要集』(杜預), 『喪服要記』(劉逵), 『喪服儀』(衛瓘), 『喪服要問』·『喪服要記』·『喪服譜』·『葬禮』(賀循), 『喪服要略』(環濟), 『喪服譜』·『禮記音』(蔡謨), 『喪服變除』(葛洪), 『凶禮』(孔衍), 『禮記邑』·『五禮駁』(孫毓), 『禮記音』(曹耽), 『禮記音』(尹毅), 『禮記音』·『禮論難』(范宣), 『禮記音』·『儀禮音』(李軌), 『禮記音』·『儀禮音』(劉昌宗), 『雜祭法』(盧諶), 『祭典』(范汪), 『雜鄉射等議』(庾亮), 『喪服經傳注』(袁準), 『集注喪服經傳』(孔倫), 『喪服經傳注』(陳銓), 『喪服釋疑』(劉智), 『出後者爲本父母服議』(王廙), 『喪服要記注』(謝徽), 『禮雜問』(范寧), 『禮答問』(徐廣), 『禮難』·『禮議』·『禮儀雜記考事』·『喪雜事』(吳商)	『集注周官禮』·『三禮義宗』(崔靈恩), 『集注喪服經傳』(裴松之), 『略注喪服經傳』(雷次宗), 『喪服經傳注』(劉道拔), 『集解喪服經傳』·『逆降義』(田僧紹), 『喪服義疏禮記新義疏』·『禮論要鈔』(賀瑒), 『喪服經傳義疏』(司馬瓛), 『喪服經傳義疏』·『摭遺別記』(樓幼瑜), 『喪服經傳義疏』(劉瓛), 『喪服經傳義疏』(沈驎士), 『喪服經傳義疏』·『禮答問』·『禮雜問答鈔』(何佟之), 『喪服傳』(裴子野), 『喪服文句義疏』·『喪服答問目』·『禮記講疏』·『禮記義疏』(黃侃), 『喪服義』(謝嶠), 『喪服』·『喪服要記注』·『喪服世要』·『禮論鈔』·『禮問答』(庾蔚之), 『喪服要問』(張耀), 『喪服雜問』(崔凱), 『喪服雜記』(伊氏), 『喪服釋疑』(劉智), 『喪服集議』(費沈), 『喪服古今集記』·『喪服圖』·『禮論要鈔』·『禮答問』·『禮義答問』(王儉), 『喪服世行要記』(王逸 혹 王逡之), 『喪服圖』(賀游), 『禮記音』(徐爰), 『禮記大義』·『中庸講疏』·『制旨革牲大義』(梁武帝), 『禮記中庸傳』(戴顒), 『禮論』·『分明士制』(何承天), 『禮論條牒』·『答問雜儀』·『禮論帖』(任預), 『禮論鈔略』(荀萬秋), 『論』·『議』·『統』(丘季彬), 『禮論答問』·『答問』(徐廣), 『議』·『祭法』(傅隆), 『禮疑義』(周捨), 『三禮目錄注』(陶弘景), 『逆降義』(顔延之), 『釋疑』(郭鴻), 『答問』(何胤), 『周禮戚氏音』·『禮記義』·『三禮義記』(戚袞), 『禮統』(賀述), 『禮記注』(業遵), 『禮記義疏』(雷肅之), 『儀禮義疏』(沈文阿)

주장은 많은 연구자들에게 받아들여졌다. 그래서 위진시기 이래 예학 특히 그 중에서도 상복례(喪服禮)와 관련한 분야가 발전한 것은 문벌 스스로가 집단의 존속과 내부질서를 위해 성원들에게 엄격한 고례(古禮)의 실천의무를 요구했기 때문이라고 해석되었다. 요컨대 고례의 실천을 통해 문벌내부가 결속되고, 그것은 군주권력에 대한 사대부집단의 자율성확보와 특권보장요구를 최대한 관철시킬 수 있는 방법이 되었다는 것이다.[7]

그런데, 이러한 기존의 주장에 동의하지 못하는 것은 아니지만 여기에는 몇 가지 문제가 있다. 우선 이 시기 상복서의 등장을 매뉴얼의 필요에서만 찾는다면, 이미 전한시기(前漢時期)부터 대두된 매뉴얼의 필요라는 문제[8]를 해석하는 것이 쉽지 않다. 또한 효를 칭양하여 가문에 대한 귀속력을 제고(提高)하였다는 점에서 상복서의 출현을 해석한다면, 전한 이래 사회적으로 효가 칭양되었고[9] 심지어 후한(後漢) 말 상복(喪服)과 관련한 규정을 넘어서는 과례(過禮)행위가 빈번하였음에도 불구하고 매뉴얼적 성격의 상복서가 출현하지 않았던 상황에 대해서는 적절한 답을 하기 힘들다. 이것은 아무래도 이 주장이 우선 위진남북조시기를 귀족제사회라고 규정한 후, 그 귀족제사회가 요구했던 예학의 성격을 규정했기 때문일 것이다. 그 결과 위진남북조시기 예학의 효용을 지나칠 정도로 가문과 문벌보존의 필요로만 설명하게 된 것이다.

---

3) 藤川正數, 『魏晉南北朝における喪服禮の硏究』(東京 : 敬文社, 1960) ; 木島史雄, 「六朝前期の孝と喪服－禮學の目的·機能·手法－」, 『中國古代禮制硏究』(京都 : 京都大, 1995).

4) 濮傳眞, 「庾蔚之服制論」, 『臺北市立師範學院學報』 27(1996) ; 柯金虎, 「賀循及其禮學」, 『玄奘人文學報』 3(2004). 보다 구체적인 喪服禮 연구의 최근 경향에 대해서는 본서 3부 보장 「중국 고대 예제연구의 경향과 과제」를 참조.

5) 木島史雄, 위의 글, p.423.

6) 藤川正數, 위의 책, p.96.

7) 金羨珉, 「貞觀時期 服紀改定의 理念的 바탕과 政治的 意義」, 『中國史硏究』 18(2002), p.65.

8) 金容天, 「『石渠禮論』의 分析과 前漢시대 禮治 理念」, 『東方學志』 137(2007), p.242.

9) 李成珪, 「漢代 『孝經』의 普及과 그 理念」, 『韓國思想史學』 10-1(1998)을 참조.

한편, 이 주장은 당시 존재하고 있던 상복례의 성격을 정확하게 규명하는 데도 장애를 가지고 있다. 『진서(晉書)』 「예지(禮志)」에는 당시 상복례를 확정하는 절차와 방식에 대한 기사들이 등장하는데, 후술하듯이 이 기사들에 따르면 당시 상복례가 사대부가의 자율에 의해 일방적으로 행해진 것이 아니라는 것을 알 수 있다. 규정되지 않은 사례에 대한 상복례의 집행여부는 관부(官府)에 의뢰되었고, 이에 대해 조정(朝廷)과 막부(幕府)에서는 예 적용의 적부여부를 논의를 통해 판단하였다. 따라서 당시 조정의 회의나 막부의 논의를 통해 결정된 상복례를 공법(公法)과 대치하는 자율성을 지닌 가례(家禮)라고 보는 것은 적절하지 않을지도 모른다.

이 장에서는 진대 상복서의 편찬원인과 그 성격을 분석하여 국가례(國家禮)와 그에 길항하면서도 국가례가 미치지 못하는 부분을 보완했던 가례(=사례(士禮))의 역할을 규명해 보고자 한다. 이러한 국가례와 가례에 대한 탐구를 통해 우리는 중국 고대사회의 공적(公的) 영역과 사적(私的) 영역이라는 결코 분리될 수 없는 두 세계의 대립과 공존의 원칙을 확인할 수 있을 것이다.

1절 위진시기 과례행위의 근절

1. 후한 말 과례행위의 성행과 그 원인

후한시대를 표현하는 유교국가(儒敎國家) 혹은 예교국가(禮敎國家)라는 개념은 후한이 유교의 이상이 실현된 국가임을 설명하는 말일 것이다.[10] 여기서 구체적으로 유교의 이상이 실현된 상태를 자세히 설명할 수는 없으나 단적으로 말한다면 국가가 유교윤리를 통치이념으로 천명하여 인민들에게

10) 神矢法子, 「後漢時代における「過禮」をめぐって」, 『九州大學東洋史論集』 7(1979), p.27.

권장하는 것에 그치지 않고, 그것을 실천하기 위한 국가적 기재를 완비하는 상태에 이른 것이라고 할 수 있을 것 같다.[11] 이에 대한 지표는 다양할 것이다. 그러나 그 중에서도 유가적 소양에 기준한 선거의 실시·효경(孝經)의 보급 및 교육 정도·재지 세력의 유교수용 등이[12] 일반적으로 후한 '유교국가론'을 설명하는 지표로 언급되었다. 이외에도 후한시기 예의 실천정도를 통해 유교국가로서의 완성 정도를 규명할 수도 있을 것이다.[13]

본서 3부 1장에서도 후한 말의 특징적인 예실천을 분석하여 후한의 유가사상의 체현 정도를 정리해 보았다. 특히 그 중에서도 상복례를 주목하였는데, 그 이유는 후한 말에 들어서면 부모에 대한 삼년상(三年喪)은 물론이고 친족범위를 넘어선 복상(服喪) 행위가 빈번히 등장하기 때문이었다. 그 중에서도 스승은 물론이고 거장(擧將)·구군(舊君) 등 직접적인 정치관계가 이미 소멸된 이들에 대한 규정 이상의 지나친 복상은 분명 전대와는 구별되는 당시만의 상복례라고 할 수 있을 것이다.

미야자키 이치사다[宮崎市定]는 이러한 후한 말의 독특한 복상과 관련하여 당시 상복례를 두 가지로 구별하였다. 우선 '유학의 계율(戒律)인 예제를

---

11) 와타나베 요시히로는 여기서 더 나아가 儒教國家를 '유교가 국가의 지배이념으로서 승인되고 관료층에 浸潤되는 것뿐만 아니라 지배의 구체적인 場에서도 출현하며, 그러한 지배를 환영하는 재지세력에게 수용되는 상태'로 규정하였다. 渡邉義浩, 『後漢國家の支配と儒教』(東京 : 雄山閣, 1995), p.422. 최근 그는 ① 思想 내용으로서의 體制儒教의 성립, ② 제도적인 유교 一尊體制의 확립, ③ 유교의 중앙·지방 관료층으로의 침윤과 허용, ④ 유교적 지배의 성립을 유교국가 성립의 지표로 제시하였다. 渡邉義浩, 『後漢における「儒教國家」の成立』(東京 : 汲古書院, 2009), p24.

12) 司馬光의 『資治通鑑』「漢紀」論贊에는 유학의 사회적 침윤을 보여주는 상황들이 서술되어 있다. 自公卿·大夫至于郡縣之吏, 咸選用經明行脩之人, 〈行, 下孟翻〉. 虎賁衛士皆習孝經, 〈賁, 音奔〉. 匈奴子弟亦遊大學, 是以教立於上, 俗成於下(『自治通鑑』卷68, 「漢紀論贊」, p.2174).

13) 가미야 노리코는 유교윤리의 구체적인 실천형식으로서의 禮가 後漢時期가 되면 사회적 관습으로서 지위를 획득하였고 도덕적 관습으로 구속력이 강했다고 보아, 예의 실천을 통해 후한시기 유교적 禮教國家 이상의 실현 여부를 살필 수 있음을 암시하였다. 神矢法子, 앞의 글, p.27.

문자 그대로 실행하는 것'을 '수례(守禮)'라고 하였고, '예경(禮經)의 규정을 넘어 실행하는 것'을 '과례'라고 하였다.[14] 과례는 다시 두 가지로 구분되는데, 하나는 위에서 언급한 친족범위를 넘어선 스승이나 거장·구군에 대한 규정 이상의 지나친 복상이며,[15] 다른 하나는 친족에 대한 지나친 복상이다. 후자와 관련해서는 예경에 규정된 삼년상을 훨씬 넘는 육년상(六年喪)이나,[16] 심지어는 이십년상(二十年喪),[17] 동일인에 대해 두 번이나 복상을 하는 중상(重喪)의 경우가 확인된다.[18] 그런데 흥미로운 것은 이러한 과례행위가 배척되기는커녕 사회적으로 인정받았다는 점이다.[19]

후한 말, 과례행위가 성행했던 것에는 여러 이유가 있을 것이다. 우선 유학의 사회적 침투로 예실천이 관습화된 것을 들 수 있을 것이다.[20] 또한 후한시기 사학(私學)의 번성으로 스승과 제자 사이의 은의감(恩義感)이 긴밀해지면서 발생한 일이기도 할 것이다.[21] 하지만 무엇보다도 일반적 사례를

---

14) 宮崎市定, 「漢末風俗」, 『宮崎市定全集 第1卷 東洋史』(東京 : 岩波書店, 1993), pp.143~153. 原載 : 『昭和十七年 日本諸學振興委員會研究報告』, 特輯第四篇 「歷史學」.

15) 대표적 사례 몇 가지를 들면 다음과 같다. 擧孝廉, 爲平陽侯相. 到官, 表龔遂之墓, 立銘祭祠, 擢用其後於畎畝之閒. 以師喪棄官奔赴, 五府並辟不就(『後漢書』 卷64, 「延篤傳」, p.2103) ; 黨禁解, 五府並辟, 司空袁逢擧有道, 不應. 及逢卒, (荀)爽制服三年, 當世往往化以爲俗(『後漢書』 卷62, 「荀爽傳」, p.2057) ; (王允)年十九, 爲郡吏 … 徵太守劉瓆, 遂下獄死. 允送喪還平原, 終畢三年(『後漢書』 卷66, 「王允傳」, p.2172).

16) (安帝時, 汝南薛包孟嘗) 積歲餘, 父母慙而還之. 後行六年服, 喪過乎哀(『後漢書』 卷39, 「劉趙淳于江劉周趙傳」, p.1294).

17) 民有趙宣葬親而不閉埏隧, 因居其中, 行服二十餘年, 鄉邑稱孝, 州郡數禮請之(『後漢書』 卷66, 「陳蕃傳」, pp.2159~2160).

18) 紹少爲郎, 除濮陽長, 遭母憂去官. 三年禮竟, 追感幼孤, 又行父服(『後漢書』 卷74上, 「袁紹傳」, p.2373).

19) 심지어 門生이 스승에 대해 자식이나 신하의 情을 표시하지 않으면 그는 士大夫 사이에서 멸시당하며, 축출되었다고 한다. 朱子彦, 「論先秦秦漢時期的兩重君主觀」, 『史學月刊』 2004-2, p.22.

20) 神矢法子, 앞의 글, p.27.

21) 王彦輝, 「漢代的"去官"與"棄官"」, 『中國史硏究』 1998-3, p.25 ; 甘懷眞, 「中國古代時期君臣關係初探」, 『臺大歷史學報』 21(1997), pp.36~40. 특히 감회진은 후한 이래 六朝時期 정치 사회의 특색을 恩義感에 의한 '報恩의 중층구조'라고 하였다.

벗어난 복상이 사대부들이 명성을 획득하는 유력한 방법으로 인정되었다는 점이 주목된다. 이러한 현상은 한말 사대부들이 중앙정부가 아닌 자신들이 공유하고 있던 지식체계에 대해 더 깊은 신뢰를 보내고, 그 지식체계를 공유하고 있는 이들에게 인정을 받는 것을 더 중요하게 여기고 있었음을 의미한다. 그리고 이것은 다른 한편 국가가 예의(禮儀)의 최종 결정권자이며 판단자가 되지 못한 것을 의미하기도 한다.[22] 요컨대 이 시기까지 황제는 예제제정의 주체가 되어 사대부를 규합하지 못했던 것이다.

2. 과례에 대한 위진정부의 대응

그러나 이러한 과례행위가 후한 말 이후에는 더 이상 등장하지 않는다. 『이십이사차기(二十二史劄記)』「장관상복(長官喪服)」조에 등장하는 사례 하나를 살펴보자.

> 정담(丁潭)은 낭야왕(琅邪王) 부(裒)의 낭중령(郎中令)으로, 부가 죽자 글을 올려 삼년상을 행할 수 있기를 요청하였다. "지금의 제도는 왕후(王侯)의 상(喪)일 경우 관료들이 참최복(斬縗服)을 입고, 장례가 끝나면 벗는 것입니다. [그러나] 지금 나라의 후계자가 없어 상을 담당할 자가 없으니 신이 삼년상을 행하는 것이 마땅할 것입니다." 조(詔)를 내려 널리 의논하게 한 후, 장례가 끝나면 상복을 벗고 심상삼년(心喪三年)을 행하도록 하였다.[23]

위의 기사는 당시 낭야왕의 낭중령이었던 정담이 후계자 없이 사망한 군주를 위해 삼년복(三年服)을 행하고자 조정에 요청했던 일을 전하고 있다.

---

22) 張文昌, 「唐代禮典的編纂與傳承 — 以『大唐開元禮』爲中心」, 臺灣大 석사학위논문 (1997), p.150.

23) 丁潭爲琅邪王裒郎中令. 裒薨. 潭上書求終喪禮曰. 今制王侯之喪. 官僚服斬. 旣葬而除. 今國無嗣子. 喪廷乏主. 臣宜終喪. 詔下博議. 令旣葬除服. 心喪三年(『二十二史劄記』 卷3, 「長官喪服」, p.43).

기사에 의하면 정담은 후한 말과 같이 자의로 거관(去官)하여 삼년상을 치르지 못하였다. 그것은 이미 '지금의 제도'가 왕후의 상사(喪事)일 경우 그 관료들은 참최복을 입기는 하지만 장례가 끝나면 곧 바로 제복(除服), 즉 상복을 벗고 업무에 복귀하도록 규정되었기 때문이다. 그래서 정담은 자신의 삼년상 요청이 국가에 계승자가 없는 특별한 경우 때문임을 밝히고 있다. 하지만 정부는 여기에 대해서도 즉각적인 허가 대신에 조정에서의 광범위한 의견수렴이라는 절차를 거친다. 그리고 수렴된 의견은 황제에 의해 결정되었다.[24)]

우리는 이 사례를 통해 지금까지 자율적이었던 사대부의 행례(行禮)가 국가에 의해 규제되고 있음을 알 수 있다. 사실 이러한 규제는 이미 조위시기(曹魏時期)부터 시작되었다. 조위는 상장령(喪葬令)을 통해 장관이 사망했을 경우 그 속리(屬吏)들이 장례가 끝날 때까지만 자최복(齊縗服)을 입는 상복례를 규정하였다.[25)] 그 뒤를 이은 서진(西晉)도 국가가 상복(喪服)에 대한 명확한 규정을 마련해 놓았다.[26)] 그리고 그 규정이 포괄하지 못하는 특별한 사항에 대해서는 위의 경우와 같이 조정에서의 논의를 통해 세부 행동지침을 마련했다. 위진시대를 거치며 후한 말과 같은 자의적인 과례행위가 더 이상 행해질 수 없는 사회적 환경이 마련되었던 것이다. 이것은 어떻게 가능해졌을까?

애초에 사대부사회와 이들의 자율적 질서에 대해 아무런 대응을 하지 못했던 후한정부는 결국 건안(建安) 25년, 즉 연강(延康) 원년(220) 승상(丞相)인 위왕(魏王) 조비(曹丕)에게 선양(禪讓)함으로 인해 종언을 고하게 된다.

---

24) 자세한 내용은 『晉書』 卷78, 「丁潭傳」, pp.2063~2064를 참조.

25) 魏令曰 : 「長官卒官者, 吏皆齊縗, 葬訖而除之.」(『通典』 卷59, 「凶禮二十一」, p.2,646). 이외에도 王 및 郡公·侯에 대한 관원의 喪服禮도 규정하였다. 喪葬令云 : 「王及郡公侯之國者薨, 其國相官屬長史及內史下令長丞尉, 皆服斬縗, 居倚廬. 妃夫人服齊縗, 朝晡詣喪庭臨. 以喪服視事, 葬訖除服 …」(『通典』 卷48, 「凶禮十」, p.2420).

26) 諸侯卿相官屬爲君斬縗, 其葬而除(『晉書』 卷78, 「丁潭傳」, pp.2063) ; 長吏卒官, 吏皆齊縗以喪服理事, 若代者至, 皆除之.」(『通典』 卷59, 「凶禮二十一」, p.2646).

사대부 행례에 대한 조위정부의 대응은 달랐다. 이것은 조위가 수선(受禪)하기 전 내렸던 금비령(禁碑令)과 일련의 부화(浮華) 사건의 처리를 통해 알 수 있다. 조조(曹操)는 장례(葬禮)와 관련하여 사대부들의 자의적인 행례행위 중 하나인 사시(私諡)와 입비(立碑) 행위를 금지하는 법령을 내렸다. 당시 사대부들 사이에서는 명사(名士)의 장례식에 참석하여 사적으로 시호(諡號)를 추증하는 것이 유행이었다.[27] 그런데 문제는 시호가 '죽은 자의 생전의 행적에 의해 군주가 내려주는 칭호'라는 점이다. 따라서 사적으로 행할 수 있는 행위가 아니다.[28] 이것은 입비행위도 마찬가지다. 친속(親屬)이 아닌 문생(門生)·고리(故吏)의 이름으로 세워진 묘비들은 죽은 자에 대한 애도의 표상이기 보다는 죽은 자와의 관계를 이용하여 민간에서 명성을 얻고자 했던 이들의 욕망의 상징이었다. 따라서 이들 두 행위는 정부 밖에서 공공연하게 사회적 기준이 만들어지고, 그것을 따르는 사회적 행위가 칭송받는다는 것을 의미한다. 정부로서는 묵과할 수 없었을 것이고, 이 두 행위의 금지는 자연스럽다.[29]

부화사건을 돌이켜 보자. 후한 말, 각지의 군벌·군웅들은 서로 명사를 초빙하여 막부의 위상을 제고하고, 명사들이 가진 정세분석 능력을 이용하여 세력을 확장하고자 하였다.[30] 그러나 이들 명사라고 하는 자들은 국가권력

---

27) 初, 穆父卒, 穆與諸儒考依古義, 諡曰貞宣先生. 及穆卒, 蔡邕復與門人共述其體行, 諡爲文忠先生(『後漢書』卷43, 「朱穆傳」, p.1473) ; 中平四年, 年八十四, 卒于家. 何進遣使弔祭, 海內赴者三萬餘人, 制衰麻者以百數. 共刊石立碑, 諡爲文範先生(『後漢書』卷62, 「陳寔傳」, p.2067) ; 中平二年, 年七十四, 卒於家 … 於是三府各遣令史奔弔. 大將軍何進移書陳留太守, 累行論諡, 僉曰宜爲貞節先生(『後漢書』卷81, 「獨行 范冉傳」, p.2690).

28) 따라서 많은 이들이 후한 말 사대부들의 私諡 행위에 대해 비판하고 있다. 且生以爵祿, 榮死以誄諡, 是人主權柄而漢世不禁! 使私稱與王命爭流, 臣子與君上俱用, 善惡無章, 得失無效, 豈不誤哉(桓範, 「世要論·銘誄」, p.1263右) ; 故張璠論曰 : 『夫諡者, 上之所贈, 非下之所造, 故顏·閔至德, 不聞有諡. 朱·蔡各以衰世臧否不立, 故私議之.』(『後漢書』卷43, 「朱穆傳」, p.1473) ; 群下私相諡, 非古也. 末流之弊, 故更相標榜, 三君八顧之目紛然, 而奇禍作矣(『隸釋』 卷9, 「玄儒先生婁壽碑」, p.103下右)

29) 자세한 내용은 본서 3부 2장 「건안 10년 금비령의 반포와 위진의 상장령 제정」을 참조.

에서 벗어나 사대부 자신들만의 자율적 질서를 가지고 있었다.[31] 이들은 자신들만의 이상에 근거한 새로운 유교국가를 건설하려고 하였다. 하지만 이러한 명사들의 이상은 군주권력과 마찰할 수밖에 없었다.[32] 공융(孔融)을 비롯하여 최염(崔琰)의 주살(誅殺)과 연이은 모개(毛玠)의 파직, 순욱(荀彧)의 자살 등은 사대부의 자율적 질서에[33] 대한 군주 측의 입장이 어떠했는가를 적나라하게 보여준다.[34]

그러나 이처럼 개별적 사대부집단의 수장[35]을 제거하는 것은 장기적으로 국가의 정당성이나 정체성 확립에 바람직한 방법이 될 수 없었을 것이다. 국가는 제도적으로, 더 나아가 그 제도를 합리화할 수 있는 세계관과 해석체계를 가지고 전체 구성원을 중앙정부에 복종시켜야 하기 때문이다.[36] 하지만 현실적으로 진(秦)·한(漢)과 같은 강력한 황제지배체제를 구축하는 것은 불가능한 상태였다.[37] 결국 조위의 초대 황제인 문제(文帝)는 구품중정제(九品中正制)라는 타협안을 통해 자신을 지지했던 사대부들에게 인사권을 보장해 주며, 사대부들을 체제 안으로 포섭하였다.[38] 그를 통해 사대부들은

30) 渡邉義浩, 「「寬」治から「猛」政へ」, 『東方學』 102(2001), p.20.

31) 渡邉義浩, 「漢魏交替期の社會」, 『歷史學硏究』 626(1991), pp.53~54.

32) 名士들의 숙청이 시기적으로 曹操의 丞相·魏公·魏王 취임과 맞물려 있는 것을 주목할 필요가 있을 것이다.

33) 『三國志·魏書』 「崔琰傳」의 "노국의 공융, 남양의 허유와 누규 모두 옛날의 관계에 의지하여 불손한 태도로 대했다가 [太祖에게] 주살 당하였다(魯國孔融·南陽許攸·婁圭, 皆以恃舊不虔見誅)"라는 기사는 조조와 이들의 갈등이 옛날 관계, 즉 자율적 사대부사회의 질서로부터 발생하였음을 분명히 말해준다. p.370.

34) 洪承賢, 「漢末魏初 士大夫 社會와 浮華」, 『中國古代史硏究』 12(2004)를 참조.

35) 孔融이 北海 집단의 수장이고, 崔琰이 冀州 집단의, 그리고 荀彧이 潁川 집단의 수장이라는 것은 잘 알려져 있다.

36) 王健文, 『奉天承運－古代中國的「國家」槪念及正當性基礎』(臺北 : 東大, 1995), p.8.

37) 魏晉時期 漢代와 같은 個別人身的支配가 불가능해진 것과 관련하여 기존의 연구들은 이미 사회적으로 상당히 진행된 계층분화를 원인으로 파악하고 있다. 李成珪, 「中國 古代 皇帝權의 性格」, 『東亞史上의 王權』(서울 : 한울아카데미, 1993), p.57 ; 陳啓雲, 「關於東漢史的幾個問題 : 淸議·黨錮·黃巾」, 『漢晉六朝文化·社會·制度-中華中古前期史硏究』(臺北 : 新文豊, 1996), p.55.

38) 와타나베 요시히로는 曹魏時期 제정된 九品中正制의 성격을 당시 名士들의 자율적

점차 사족(士族)이란 이름으로 변화되어 갔으며, 곧 정부의 중요한 관료가 되어 정치주도권을 장악하며 정부에서 상당한 영향력을 행사하였다.

그렇다고 구품중정제를 전적으로 황제권력의 패퇴라고 볼 수는 없을 것이다. 사대부들은 구품중정제에 의해 정치적 지위를 획득하고 권력을 보장받는 대신 국가 공권력에 의해 서열화됨을 감내해야 했다.[39] 또한 향리(鄕里) 사회에서의 사대부의 모든 행위-그것이 공적 행위든 사적 행위든 구별 없이-는 국가의 관할 하에서 존재하고 평가되었다.[40] 즉, 사대부들은 구품의 등급에 근거하여 합리적 행위를 할 것을 요구받게 된 것이다.[41]

이후 중앙권력의 강화를 꾀하던 조상(曹爽) 집단이 지방 사족들의 이해를 대변하던 사마씨(司馬氏) 집단에 패퇴함에 따라, 왕조건설과 국가체제의 성격을 둘러싸고 조조시기부터 시작된 황제권력과 사대부 사이의 대립은 일단락되게 된다. 사족의 대표인 사마씨에 의해 새롭게 건설된 진은 사대부들의 정치적 권리를 인정하여 정치활동을 보장하는 한편, 가능한 이들을 국가권력 안에서 인식하고 파악하고자 하였다. 그를 위해 정부는 사대부들의 의식과 부합하면서도 법률체제보다 다양하고도 광범위한 범주에서 권력을 보장하는 질서체계를 수립해야만 했다.

질서를 제도적으로 승인하고 국가 안으로 포섭한 일종의 타협물이라고 규정하였다. 渡邉義浩, 「九品中正制度における「孝」」, 『大東文化大學漢學會誌』 41(2002), p.33.

39) 구품중정제가 만들어진 후 구품은 종종 봉건등급과 비교되거나 환산되었다. 그 예로 위의 高堂隆이 九命體制로 관직에 따라 봉건등급을 매기려 한 것과(『通典』 卷75, 「賓禮二」, pp.2049~2050) 진의 賀循이 구품을 봉건등급에 맞춰 환산한 것을 들 수 있다(『通典』 卷48, 「吉禮七」, p.1341).

40) 장문창은 위진 이래의 국가들은 모두 官品을 통해 士族의 私的 인간관계를 국가권력이 제약할 수 있는 범위 안으로 넣고자 하였고, 이로 인해 사인의 公私 생활 모두가 국가 禮儀의 관할 하에 존재하게 되었다고 보았다. 張文昌, 앞의 글, p.150.

41) 甘懷眞, 「唐代京城社會與士大夫禮儀之研究」, 臺灣大 박사학위논문(1993), p.170.

2절 『진례』의 제정과 국가 주도의 예치

사대부들의 의식체계와 부합하면서도 법률체제보다 확장된 범주에서 권력을 보장하던 체계로 예제를 들 수 있을 것이다.[42] 당시 사회는 한대(漢代)와 같은 제실(帝室) 중심의 단원적 지배구조로는 이미 포괄할 수 없는 단계에 이르렀고,[43] 서진정부는 이러한 변화를 구조적으로 보장하는 방법을 통해 국가체제를 수립하려고 하였다. 새로운 사회·정치에 조응하는 질서가 필요하게 된 것이다. 『진례(晉禮)』[『신례(新禮)』]가 편찬되던 그 때 한편에서는 중국사 최초의 율령인 『태시율령(泰始律令)』이 제정되었고, 주제(周制)에 의거한 새로운 작제(爵制)인 오등작제(五等爵制)가 만들어졌으며, 한 말 이래 변화되어 복잡해진 관제(官制)가 정비되었다. 즉, 오등작제에 의해 사회구성원의 등급이 정해지고 예제에 의해 그 등급에 따른 차별적인 행위규범이 규정되었으며, 법령에 의해 고정화하는 작업이 동시에 진행되었던 것이다. 명실상부한 유가의 이상적인 국가체제의 건설이라고 할 수 있으며, 전한 말 이래 유가들이 가진 학문의 실천성[44]이 현실에서 구현되었다고 할 만한 상황이 펼쳐진 것이다.

이러한 일련의 제정작업, 이른바 국가체제를 구축하는 사업 중에서도 가장 중심이 되었던 것은 『진례』로 알려져 있다.[45] 이것은 예제를 구체화하는 형식으로 율령·작제·관제가 정비되었음을 의미한다. 이러한 특징은 『태시율령』을 통해 확인할 수 있는데, 『당육전(唐六典)』을 통해 확인할 수

---

42) 와타나베 신이치로는 『周禮』가 律令法에서 규정된 황제의 大權보다도 훨씬 조직적이고, 광범위한 권한을 보장하고 있다고 하였다. 渡辺信一郎, 「中華帝國·律令法·禮的秩序」, 『シンポジウム 歷史學と現在』(東京 : 柏書房, 1995), p.164.

43) 陳啓雲, 앞의 글, p.55.

44) 와타나베 요시히로는 후한 말 사상 동향의 현저한 특징으로 儒家들이 자기 학문에 실천성을 가지려고 했던 것을 들었다. 왕보정 역시도 儒學의 실천성은 이미 후한 초부터 현저한 특징이었다고 하였다. 渡邉義浩, 앞의 글(2001), p.24 ; 王保頂, 「論東漢前期儒學的實踐化」, 『孔孟學報』 42-5(2004), pp.32~34.

45) 小林聰, 「泰始禮制から天監禮制へ」, 『唐代史硏究』 8(2005), p.28.

있는 편목(篇目)을 살펴보면 다음과 같다.[46]

<표 4-1-1> 『태시율령』의 편목

권	편목	권	편목	권	편목	권	편목
1	호(戶)	11	복제(復除)	21	문하산기중서(門下散騎中書)	31	군전(軍戰)
2	**학(學)**	12	관시(關市)	22	상서(尙書)	32	군수전(軍水戰)
3	공사(貢士)	13	포망(捕亡)	23	삼대비서(三臺秘書)	33	군법(軍法) 일(一)
4	관품(官品)	14	옥관(獄官)	24	왕공후(王公侯)	34	군법 이(二)
5	이원(吏員)	15	편장(鞭杖)	25	군리원(軍吏員)	35	군법 삼(三)
6	봉름(俸廩)	16	의약질병(醫藥疾病)	26	선리(選吏)	36	군법 사(四)
7	**복제(服制)**	17	**상장(喪葬)**	27	선장(選將)	37	군법 오(五)
8	**사(祠)**	18	잡(雜) 상(上)	28	선잡사(選雜士)	38	군법 육(六)
9	호조(戶調)	19	잡 중(中)	29	궁위(宮衛)	39	잡법(雜法) 상(上)
10	전(佃)	20	잡 하(下)	30	속(贖)	40	잡법 하(下)

이상의 편목을 살펴보면 신분의 차이에 따라 정해진 행위를 규정한 예전(禮典)의 내용이었던 복제(服制)와 제사[祠], 상장(喪葬)과 관련한 내용이 법령이 된 것을 확인할 수 있다.[47] 진령(晉令) 이전 법률운용에 있어 유학이 주로 경전(經典)에 근거한 판결이나 결옥(決獄)에 사용되는 수준이었다면, 진의 율령은 유가의 예를 흡수하여 체현하는 질적 변화의 상태에 이르게 된 것이다.[48] 『태시율령』은 역사상 최초의 체계적 율령이라는 의미도 있지만 예(禮)·법(法)이 유기적으로 연결된 결과물이라는 점이 더 중요하다는 고바야시 사토시[小林聰]의 정의는 음미할 만하다.[49] 이제 중국의

46) 『唐六典』을 통해 확인되는 『泰始律令』은 모두 40권 33편으로 구성되어 있다. 『唐六典』 卷6, 「尙書刑部」, p.184.

47) 현재 輯存된 晉令을 보면 服制令에는 官品에 따른 服飾 규정과 印綬의 규정이 세세히 나와 있으며, 喪服令에는 신분에 따른 服喪의 규정이 제시되어 있다. 또한, 學令의 경우도 신분 차등에 따라 國子學에 五品 이상의 자제들만 입학할 수 있다는 규정(國子學, 官品第五以上得入國學. 『南齊書』 卷9, 「禮上」, p.144)이 있다는 점에서 服制·祠·喪服令과 동일한 범주로 이해할 수 있을 것이다.

48) 祝總斌, 「略論晉律之"儒家化"」, 『中國史研究』 1985-2, p.112.

49) 고바야시 사토시는 『晉禮』와 『泰始律令』에 대해 禮·法 양자를 의식적으로 연동시켜

법령은 '유서성(有序性)'을 갖게 된 것이다.[50] 다시 말해 국법이 획일적으로 관철되는 대신 사회적 신분에 따라 차별적으로 적용되기 시작하였다. 이것은 법이 유교의 예교적(禮敎的) 서열사회를 보장하는 장치가 되었음을 의미한다. 이미 위율(魏律)에 나타났던 신분에 따른 법적 차별이[51] 보다 광범위한 범주에서 행해지게 된 것이다.

한편, 오례체계(五禮體系)에 따른 새로운 예전의 편찬은 이제 국가 주도로 예치(禮治)가 행해질 것임을 의미한다.[52] 그런데 사대부의 이상이 실현된 이 현실은 앞서 언급한 정담의 예처럼 곧 사대부사회의 자율성을 축소하기 시작하였다. 국가 측에서 본다면 이것은 사대부가 중심이 되어 사회적 기준을 수립했던 후한 말 이래의 상황을 종식시키고, 그 흐름을 역전시킨다는 의미를 갖는다. 예집행에 대해 국가가 주도적으로 기준을 설정하고 집행한다는 것은 위례(違禮)에 대한 제재 역시 국가가 주도할 것임을 의미한다.

새로 제정된 『진례』는 지금까지 자율적으로 행해지던 가례에 대해 노골적으로 간섭을 선언하였다. 진대 제정된 예의 내용이 무엇인지 현재 자세히 확인할 길은 없지만, 『진서』「예지」와 『통전(通典)』 등에서 산견(散見)되는 『진례』의 내용은 그 때까지 자율적으로 행해졌던 예실천이 국가에 의해

체계적인 편집물로 성문화한 최초의 시도라고 정의하였다. 小林聰, 앞의 글, p.26.

50) 장중추는 위진남북조 家禮와 國法의 공통 특징으로 有序性을 지적하였다. 張中秋, 「家禮與國法的關係和原理及其意義」, 『東亞傳統家禮·教育與國法(二) 家內秩序與國法』(臺北 : 臺灣大, 2005), p.11.

51) 신분에 따른 법률상의 차별을 이야기할 때, 가장 대표적으로 거론되는 것은 八議다. 죄를 지은 자가 宗室이거나 황제의 朋友, 德行者, 상급 관리인 경우 이들이 死罪를 범하면, 일반인과 같이 즉시 법에 의해 처벌하지 않고 해당 관사는 먼저 논의할 것을 奏請하여 減刑하게 하는 것을 말한다. 이 팔의는 曹魏時期부터 律로 규정되었던 것으로 알려져 있다(迺立八議, 以廣親親, 以明賢賢, 以篤賓舊, 以勸功勤. 其一曰議親 … 二曰議故 … 三曰議賢 … 四曰議能 … 五曰議功 … 六曰議貴 … 七曰議勤 … 八曰議賓 … 八者犯死罪, 所司先奏請議, 得以減·贖論 … 自魏·晉·宋·齊·梁·陳·後魏·北齊·後周及隋·唐皆載於律. 『唐六典』 卷6, 「尙書刑部」, pp.186~187).

52) 감회진은 『晉禮』의 편찬에 대해 '국가가 유교로써 천하를 교화하는 책임을 담당할 것임을 선언한 것'이라고 하였다. 甘懷眞, 「「制禮」觀念的探析」, 『皇權, 禮儀與經典詮釋 : 中國古代政治史研究』(臺北 : 喜瑪拉雅研究發展基金會, 2003), pp.98~102.

통일되고 있음을 알게 하기에 충분하다.

현재 『진서』 「예지」와 『통전』을 통해 확인할 수 있는 『진례』의 조항은 모두 15조항이다. 그 중 길례(吉禮)가 다섯 조항이고, 흉례(凶禮)가 여섯 조항, 빈례(賓禮)가 세 조항, 마지막으로 군례(軍禮)가 한 조항이다. 이것을 간단히 표로 정리하면 다음과 같다.

<표 4-1-2> 『진서』와 『통전』에서 확인되는 『진례』의 조항과 내용

연번	분류	조목*	내용	전거(典據)
1	길례	대향명당(大享明堂)	〈漢魏故事〉 明堂祀五帝之神 〈新禮〉 明堂除五帝之位, 惟祭上帝	『진서』 「예지 상」, 『통전』 「길례 삼」
2	길례	인육종(禋六宗)	晉及受命, 司馬彪等表六宗之祀不應特新禮, 於是遂罷其祀	『진서』 「예지 상」, 『통전』 「길례 삼」
3	길례	사직(社稷)	社實一神, 而相襲二位	『진서』 「예지 상」, 『통전』 「길례 사」
4	길례	사선대제왕(祀先代帝王)	〈故事〉 祀皐陶於廷尉寺…祀以社日 〈新禮〉 移祀於律署, 以同祭先聖於太學也…(祀)以孟秋之月, 以應秋政	『진서』 「예지 상」, 『통전』 「길례 십이」
5	길례	천자위차(天子爲次)	〈魏故事〉 天子爲次殿於廟殿之北東, 天子入自北門 〈新禮〉 設次殿於南門中門外之右, 天子入自南門	『진서』 「예지 상」
6	흉례	대상복(大喪服)	〈魏故事〉 國有大喪, 羣臣凶服, 以帛爲綬囊, 以布爲劍衣 〈新禮〉 在喪則無佩也, 更制齊斬之喪不佩劍綬	『진서』 「예지 중」
7	흉례	노부(鹵簿)	〈漢魏故事〉 將葬, 設吉凶鹵簿, 皆以鼓吹 〈新禮〉 除吉駕鹵簿…凶事無樂…除凶服之鼓吹	『진서』 「예지 중」, 『통전』 「흉례 일」
8	**흉례**	**만가(輓歌)**	**〈漢魏故事〉 大喪及大臣之喪, 執紼者輓歌 〈新禮〉 以爲輓歌出於漢武帝役人之勞歌, 聲哀切, 遂以爲送終之禮. 雖音曲摧愴, 非經典所制, 違禮設銜枚之義…方在號慕, 不宜以歌爲名, 除不輓歌**	**『진서』 「예지 중」, 『통전』 「흉례 팔」**
9	흉례	자최삼월(齊縗三月)	〈喪服記〉 公爲所寓, 齊衰三月 〈新禮〉 以今無此事, 除此一章	『진서』 「예지 중」
10	**흉례**	**삼공제후대부강복(三公諸**	**〈漢魏故事〉 無五等諸侯之制, 公卿朝士服喪, 疎各如其親**	**『진서』 「예지 중」, 『통전』 「흉례 십오」**

		侯大夫降服)	**〈新禮〉王公五等諸侯成國置卿者, 及朝廷公孤之爵, 皆傍親絶朞, 而傍親爲之服斬衰, 卿校位從大夫者皆絶緦**	
11	**흉례**	**사제자상위복(師弟子相爲服)**	**〈喪服(記)〉無弟子爲師服之制 〈新禮〉弟子爲師齊衰三月**	**『진서』「예지 중」, 『통전』「흉례 이십삼」**
12	빈례**	순수(巡狩)	巡狩方嶽, 柴望告設壝宮如禮. 諸侯之覲者, 賓及執贄皆如朝儀, 而不建旗	『진서』「예지 하」, 『통전』「길례 십삼」
13	빈 례***	황태자칭신(皇太子稱臣)	〈漢魏故事〉皇太子稱臣 〈新禮〉以太子旣以子爲名, 而又稱臣, 臣子兼稱, 於義不通, 除太子稱臣之制	『진서』「예지 하」, 『통전』「가례 십오」
14	빈례****	부인부답첩배(夫人不答妾拜)	〈漢魏故事〉王公羣妾見於夫人, 夫人不答拜 〈新禮〉以爲禮無不答, 更制妃公侯夫人答妾拜	『진서』「예지 하」 『통전』「가례 십삼」
15	군례	수절월(授節鉞)	〈漢魏故事〉遣將出征, 符節郞授節鉞於朝堂 〈新禮〉遣將, 御臨軒, 尙書受節鉞, 依古兵書跪而推轂之義也	『진서』「예지 하」

* 『통전』에 조목이 있는 경우에는 『통전』의 조목을 그대로 채용하였다.

** '순수(巡狩)'의 경우 『대당개원례(大唐開元禮)』에서는 길례로 분류되나, 『진서』에 기록된 『진례』에서는 빈례로 분류하고 있다. 여기서는 『진례』의 분류를 따랐다.

*** '황태자칭신(皇太子稱臣)' 조항의 경우 『통전』에서는 '책배황태자(策拜皇太子)'조에서 함께 다루어 가례(嘉禮)로 분류하고 있으나, 『진서』에 기록된 『진례』에서는 빈례로 구분하고 있다. 여기서는 『진례』의 분류를 따랐다.

**** '부인부답첩배(夫人不答妾拜)' 조항의 경우 『통전』은 가례로 분류하고 있으나, 『진서』에 기록된 『진례』에서는 빈례로 구분하고 있다. 여기서는 『진례』의 분류를 따랐다.

위의 조항 중 가례와 갈등할 수 있는 것은 굵은 글씨로 구분한 흉례의 세 조항(8·10·11)이다. 흉례 중 나머지 조항은 황제의 상사(喪事)인 대상(大喪)에 관한 복상규정과 역시 대상 때의 노부(鹵簿)에 관한 규정으로 가례의 범주가 아니다. 또한 흉례 네 번째 조항인 9는 이미 현실적으로는 존재하지 않는 사례로, 이 조항은 예전의 완비차원에서 조항의 존속여부가 논의되었다.[53)]

문제가 되는 흉례의 세 조항들을 구체적으로 살펴보면, 조항 8은 대상 및 대신(大臣)의 상사에서 만가(輓歌)를 부르는 행위에 대한 규제다. 한위고사(漢魏故事)에 의하면, 관습에 따라 만가는 불(紼)을 든 사람이 불렀다.

53) 『晉書』 卷20, 「禮志中」, p.631.

그러나 『진례』에서는 만가를 부르는 행위를 금지하였는데, 그것이 원래 한무제시기(漢武帝時期) 역인(役人)들의 노동요(勞動謠)에서 유래한 것으로 비록 음조가 애절하다고는 하나 경전에 근거한 것이 아니기 때문이다.[54] 다음 조항 10은 오등작 설치에 따른 공(公)·제후(諸侯)·대부(大夫)의 강복(降服) 규정으로, 공·제후·대부는 방계(傍系) 친척에 대해 기년상(朞年喪)을 치르지 않고 오직 그 방계 친척만이 그들을 위해 참최복(斬縗服)을 행하게 된다.[55] 마지막 조항 11은 경전에 규정이 없는 스승에 대한 상복을 자최삼월(齊縗三月)로 한다는 내용이다.[56]

즉, 새롭게 만들어진 국가예제는 장례에서 부르는 노래에도 제약을 가하고, 봉건군주와 중신(重臣)들이 그 방계와의 사이에서 행하던 상복의 관습마저 통일했던 것이다. 본래 상복례라는 것은 친소원근(親疏遠近), 존비귀천(尊卑貴賤)에 따라 각기 정해진 상복을 입고 친친(親親) 존존(尊尊) 귀귀(貴貴) 현현(賢賢)의 유가이념을 실현하는 것이다. 그럼에도 『진례』는 이것을 일괄적으로 통일하여 집행할 것을 요구하였다. 특히 스승에 대한 복상은 본래 공자(孔子) 이래로 정해진 바가 없어 상복을 입지 않고 그저 상주(喪主)와 같이 애모(哀慕)하는 마음을 갖고 근신하는 무복(無服)이었는데,[57] 『진례』에서는 자최삼월복으로 규정하여 가장 빈번히 과례(過禮)의 대상이 되었던 문제를 해소하였다.

『진례』가 남아 있지 않아 더 이상의 자세한 사항을 알 수는 없으나 같은 시기 제정된 「상장령」의 내용을 살펴보면 『진례』 및 『태시율령』의 제정으로 가례가 규제당하는 일은 더욱 많았을 것으로 생각된다. 예컨대 현재 확인되는 진의 「상장령」 중 자율적으로 행해지던 가례를 규제하던 대표적인 것으로는 '누이의 상 중에는 혼례를 치를 수 없다[姊喪不得婚聘]'

54) 『晉書』 卷20, 「禮志中」, pp.626~627.

55) 『晉書』 卷20, 「禮志中」, p.631.

56) 『晉書』 卷20, 「禮志中」, P.631.

57) 事師無犯無隱. 左右就養無方. 服勤至死. 心喪三年(『禮記』, 「檀弓上」, p.169).

는 조항과 '모든 장례에는 사당, 석비, 석표, 석수를 세울 수 없다[諸葬者皆不得立祠堂·石碑·石表·石獸]'는 조항을 들 수 있을 것이다.[58] 그 구체적인 사례를 살펴보자.

우선 '누이의 상 중에는 혼례를 치를 수 없다'라는 조항과 관련하여서는 『진서』「장보전(張輔傳)」의 기사에 "양주자사(梁州刺史) 양흔(楊欣)이 누이의 상을 당한 지 열흘이 지나지 않아, 거기장군부(車騎將軍府) 장사(長史) 한예(韓預)가 강제로 그 딸을 처로 삼았다"[59]라는 기사가 있다. 비록 예경(禮經)에 상 중이라 해도 대공(大功) 말기라면 자식의 성인식을 거행할 수 있고 자식의 혼사를 행할 수 있으며, 그 아비가 소공(小功)의 말기라면 자식의 성인식과 혼사는 물론 그 자신이 처를 얻을 수 있음이 규정되어 있지만,[60] 이 경우는 상이 발생한 지 열흘도 지나지 않아 예경의 규정과는 부합되지 않는다.[61] 그러나 비록 강제라고는 해도 한예가 양흔의 딸과 결혼을 할 수 있었던 것은 당시 이러한 일이 전혀 불가능한 일은 아니었기 때문일 것이다.

알려져 있는 것처럼 서진시기에는 장래 행해질 혼취(婚娶)가 상이 발생함으로 인해 방해받을 것을 염려하여 신랑 신부가 상대방의 집에 귀속성을 확인하는 배시(拜時)라는 예식(禮式)이 후한 말 이래로 존재하고 있었다.[62] 이 배시는 예경에는 규정되어 있지 않지만 당시 사대부들 안에서 광범위하게 행해지던 습속이었다. 양흔의 사례 역시 배시일 것으로 추정되는데, 상사가 발생했음에도 불구하고 혼례를 성립시킬 수 있었던 유일한 방법이 배시였기

---

58) 張鵬一 編著·徐淸廉 校補, 『晉令輯存』 卷3, 「喪葬令」, 차례대로 pp.183, 187.

59) 梁州刺史楊欣有姊喪, 未經旬, 車騎長史韓預彊其女爲妻(『晉書』 卷60, 「張輔傳」, p.1639).

60) 大功之末, 可以冠子, 可以嫁子, 父小功之末, 可以冠子, 可以嫁子, 可以取婦(『禮記』, 「雜記下」, p.1213).

61) 만일 당시 楊欣의 누이가 출가 전 사망한 것이라면 더군다나 이 경우는 '齊縗不杖服'에 해당한다.

62) 神矢法子, 「漢晉間における喪服禮の規範的展開－婚姻習俗「拜時」をめぐって－」, 『東洋學報』 63-1·2(1981), p.69.

때문이다. 그러나 국가가 법령으로 “누이의 상 중에는 혼례를 치를 수 없다”고 규정함에 따라 이러한 행위는 법률에 의해 처벌받게 된 것이다. 즉 관습적·자율적으로 행해지던 가례가 국가의 법령에 의해 규제 당하게 된 것이다.

장례와 관련하여 사당·석비·석표·석수를 세우지 못한다는 것 역시 마찬가지다. 기록을 살펴보면 한대의 경우 제후왕(諸侯王)은 물론이고 일반 관료도 묘묘(墓廟)를 세웠으며, 사당을 짓고 신도(神道)를 축조하였다. 대표적으로 곽광(霍光)의 아들 곽우(霍禹)는 사당을 짓고 신도를 축조하였으며,[63] 군태수(郡太守) 마저도 조상의 사당을 지었다.[64] 뿐만 아니라 기록에 의하면 사대부들은 집안에 조상의 신주(神主)를 모시는 청당(廳堂)을 건설하고, 그곳에서 선조에게 제사를 지냈다.[65]

이것은 한대 유행한 후장(厚葬) 풍속과 관련 있다. 장첩부(張捷夫)는 한대 후장풍속의 세 가지 특성으로 옥의(玉衣)의 유행, 벽화와 화상석묘(畵像石墓)의 유행, 그리고 높은 봉분(封墳)과 묘상건축(墓上建築)·석각(石刻)의 유행을 들었다.[66] 양관(楊寬) 또한 전한중기 이후 관료·호족들의 묘 앞에 사당을 건축하는 것은 매우 보편적인 현상이었다고 하였다.[67] 이러한 현상은 경제

63) 禹既嗣爲博陸侯, 太夫人顯改光時所自造塋制而侈大之. 起三山闕, 築神道, 北臨昭靈, 南出承恩, 盛飾祠室, 輦閣通屬永巷, 而幽良人婢妾守之(『漢書』 卷68, 「霍光傳」, p.2,950).

64) 遷太守, 得大夫之祿, 奉蒸嘗之祠 … 乃於是立祠堂(『蔡中郎集』, 「郡掾吏張玄祠堂碑銘」, pp.3左~4右). 『鹽鐵論』에 의하면 中者, 즉 재산이 중등 정도가 되면 능히 祠堂을 조성했다고 하여, 사당을 축조하는 것이 사회적으로 매우 일반적인 행위였음을 알 수 있다. 今富者積土成山, 列樹成林, 臺榭連閣, 集觀增樓. 中者祠堂屛閣, 垣闕罘罳(『鹽鐵論』, 「散不足」, p.253).

65) 後漢李尤堂銘曰 因邑制宅 爰興殿堂 夏屋渠渠 高敞清涼 家以師禮 修奉蒸嘗 延賓西階 主近東廂 宴樂嘉客 吹笙鼓簧(『藝文類聚』 卷63, 「堂」, p.1186下) ; 正月之朔, 是謂正旦, 躬率妻孥, 潔祀祖禰. 及祀日, 進酒降神畢, 乃室家尊卑, 無大無小, 以次列於先祖之前, 子婦曾孫, 多上椒柏酒於家長. 稱觴擧壽, 欣欣如也(『四民月令』, p.1).

66) 張捷夫, 「漢代厚葬之風及其危害」, 『中國歷史博物館館刊』 1995-2, pp.23~24.

67) 楊寬, 『中國古代陵寢制度史研究』(上海 : 上海人民, 2003), p.126.

적으로는 부의 축적으로부터 기인했을 것이며, 이념적으로는 유가의 효사상이 사회적으로 맹위를 떨치면서 나타났을 것이다. 그러나 한편으로 이것은 사회적으로 예경에 근거한 엄격한 예제가 마련되지 않았기 때문에 발생한 일일 것이다. 예는 관습적으로 혹은 다분히 자의적으로 집행되었다. 국가는 이러한 관습적 행례에 대해 간섭도, 규제도 하지 않았다.[68] 그러나 『진례』가 제정되고 "모든 장례에는 사당, 석비, 석표, 석수를 세울 수 없다"는 법령이 마련된 후 마침내 사대부가에서 행해지던 자율적인 장례는 규제되었다.

이러한 일련의 과정을 통해 우리는 『진례』 및 『태시율령』의 제정으로 인해 국가가 모든 예의에 대한 재판권과 재결권을 갖게 되었음을 알 수 있다. 그 결과 사대부들의 공사를 막론한 모든 생활이 국가의 관할 하에 존재하게 된 것이다. 따라서 국가에서 정한 규정에 위배되었을 때, 사대부들은 그에 상응하는 처벌을 받게 되었다.[69] 그렇다고 진의 예제가 철저히 황제권의 강화만을 염두에 둔 것이라고 이해할 수는 없다. 예제의 제정이라는 것이 유교정치가 성숙 단계에 도달한 다음 비로소 가능한 것이라고 한다면 진대 예전(禮典)은 사대부사회가 축적한 경학의 성취가 정치적 필요와 합일되는 과정 속에서 만들어진 것이기 때문이다.[70]

3절 진대 국법과 상복례의 관계

조의(朝儀)를 넘어서 모든 구성원의 차등을 분별하고, 그에 따른 의례를 준수하고 그 결과로서 '예적 세계(禮的世界)'를 구현하는 것은 유가의 이상이었다. 그러나 그 예적 세계가 천자를 정점으로 한다는 불변의 사실로부터

68) 甘懷眞, 앞의 책, p.13.

69) 『通典』에는 拜時에 의해 상 중에 혼인한 관인들에 대해 貶黜과 免官을 요청하는 上奏와 上言이 다수 기록되어 있다. 『通典』 卷60, 「嘉禮五」, pp.1689~1691.

70) 李範稷, 『朝鮮時代 禮學研究』(서울 : 國學資料院, 2004), p.49.

자유로울 수 없다면, 예제의 제정과 개혁은 황제권력의 강화와 왕조지배를 강화하는 데 복무하게 될 것이다. 그래서 지금껏 연구자들은 예제제정으로 공적 질서가 사적 세계의 자율성을 보장하지 않게 되었을 것이고, 그 결과 사대부들은 자신들의 사적 세계를 위한 장치를 구축·유지하고자 하였을 것이라고 분석하였다. 이와 관련하여 연구자들에게 주목된 것이 바로 이 시기 다량으로 편찬된 상복서다. 그러나 상복서를 사대부들의 자율성으로만 이해하는 것은 앞에서 언급한 것처럼 몇 가지 문제를 가지고 있는데, 무엇보다도 당시 존재하고 있던 상복례의 성격을 정확하게 규명하는 데 장애를 가진다.

이 문제를 위해 『진서』「예지」를 살펴보고자 한다. 『진서』「예지」는 상·중·하로 나뉘어 구성되어 있는데, 오례의 분류에 따라 상은 길례를, 중은 흉례, 하에서는 나머지 빈례·군례·가례를 다루고 있다. 이 중 상당 부분을 차지하는 「예지 중」의 흉례 부분은 총 20개의 사안을 다루고 있다. 일별을 위해 간략한 표로 정리하면 다음과 같다.

<표 4-1-3> 『진서』「예지 중」의 구성과 내용

	항목	내용*	쪽수
1	상기(喪期-상우윤월의(喪遇閏月議) 포함)	대상(大喪)의 상기(喪期)를 둘러싼 논의	613~618
2	폐악(廢樂)	대상 중 원회시(元會時) 음악을 폐지하는 문제	618
3	황태자위태후부종삼년복의(皇太子爲太后不終三年服議)	황태자가 태후를 위해 삼년상을 치르는 문제에 대한 논의	618~619
4	천자위황태손복의(天子爲皇太孫服議)	황태손을 위한 천자의 상복에 관한 논의	625
5	군신흉복(群臣凶服)	대상 때 여러 신하들의 인수(印綬) 착용 규정	626
6	노부(鹵簿)·고취(鼓吹)	장례 시 길흉노부(吉凶鹵簿) 및 고취에 대한 규정	626
7	만가(輓歌)	대상 및 대신의 상에 만가를 부르는 행위에 대한 규정	626~627
8	왕후형제계통복의(王侯兄弟繼統服議)	왕위를 계승한 동모제(同母弟)의 상복에 관한 논의	627~628
9	서자위모복의(庶子爲母服議)	서자가 그 친모를 위해 입는 상복에 대한 논의	628~629

10	천자위대신급제친거애의(天子爲大臣及諸親擧哀議-국애폐악의(國哀廢樂議) 포함)	천자가 대신과 친지의 상을 맞아 친히 호곡(號哭)하는 행위에 대한 논의	629~631
11	자최삼월(齊縗三月)-공위소우(公爲所寓)	기공(寄公)에 대한 상복 조항을 폐지하는 문제	631
12	삼공제후대부강복의(三公諸侯大夫降服議)	삼공, 제후 및 대부의 강복에 관한 규정	631
13	제자위사복의(弟子爲師服議)	스승에 대한 복상 규정	631~632
14	천자종제(天子終制)	천자의 상장(喪葬) 예제의 연혁	632~633
15	천자묘제(天子墓祭)[산릉山陵)]	천자의 묘제에 대한 문제	634
16	대신삼년상(大臣三年喪)	대신의 삼년상을 허가하는 문제	634
17	후처자위전모복의(後妻子爲前母服議)	후처의 아들이 전모에 대해 복상하는 문제에 관한 논의	635~640
18	개장복의(改葬服議)	부모의 개장 때의 복상에 대한 논의	640~642
19	양적처(兩嫡妻)	전란으로 처를 얻게 된 후 사망한 선처(先妻)에 대한 상복 논의	642~643
20	시호(諡號)	시호에 관한 논의	643~645

* 관련되는 두 가지 사항이 하나의 항목 안에서 다뤄지는 경우 가장 중요하게 다루어진 사항으로 내용을 삼았다.

표에서 확인할 수 있는 것처럼 복제(服制)에 대한 규정부터 규정이 확정되는 과정 및 그 과정에서 발생한 논의가 사례별로 수록되어 있다. 그 중에서도 주목할 만한 것은 특정 규정의 확정을 둘러싼 논의들이다. 그런데, 이 논의들은 반드시라고 할 수는 없으나 어느 정도 정형화된 상태로 진행되었음을 확인할 수 있다. 그 중 한 사례인 왕창(王昌)의 전모(前母)에 대한 복상(服喪) 여부를 둘러싼 논쟁, 조항 17의 '후처의 아들이 전모를 위해 입는 상복에 대한 논의[後妻子爲前母服議]'를 살펴보자.

왕창의 부친인 왕비(王毖)는 본래 장사(長沙)에 거주하고 있었으나 상계(上計)를 위해 낙양(洛陽)으로 오게 된다. 마침 위(魏)가 한(漢)으로부터 선양(禪讓)을 받아 칭제(稱帝)함에 따라 오(吳)와 위는 단절되게 되어 왕비는 고향으로 돌아가지 못한 채, 위에서 황문랑(黃門郎)의 벼슬을 살게 된다. 자연히 오에 두고 온 처자와 소식이 끊어지게 되었고, 결국 그는 위에서 새로운 처를 얻게 되는데 그 새로운 처로부터 얻은 아들이 왕창이었다. 왕비 생전 위와 오가 통합되지 못해 양처(兩妻)의 문제는 발생하지 않았으나, 왕비 사후 진(晉)이 오를 병합하면서 왕창은 왕비의 전처가 사망하였다는 소식을 듣게 된다. 따라서 왕창은 전모(즉 왕비의 전처)에 대한 복상을 위해 동평왕(東平王)에게 거관(去官)을 요청하게 된다. 그러나 부친의 전처라 하나 이 사례가 『상복경전(喪服經傳)』에 규정된 부친에 의해 의(義)가 단절된 출모(出母)의 상황이 아니기에 적절한 복상의 규정이 없다는 것이 문제였다. 『상복경전』에는 자모(慈母)와 계모(繼母)에 대한 상복 규정은 있으나[71] 전모, 즉 부친의 전처에 대한 상복규정이 없는 관계로 왕창의 거관 요청이 문제가 되었던 것이다. 결국 이 문제는 동평왕 무(楙)의 상언(上言)에 의해 조정에 회부되었고, 이를 둘러싼 회의가 열리게 되었다.[72]

이 회의에는 박사(博士)들을 비롯한 신료들이 모두 참석하여 의견을 개진하였는데, 참가인원을 봐도 대규모 회의였음을 알 수 있다. 같은 사건을 다루고 있는 『진서』와 『통전』의 기술이 다소 차이가 나는데, 『진서』를 중심으로 살펴보면 참가자는 <표 4-1-4>와 같다.

<표 4-1-4> 후처자위전모복의 참가자[73]

참가자	관직	발언 여부	찬성 여부	참가자	관직	발언 여부	찬성 여부
사형(謝衡)	수박사(守博士)	○	삼년상 찬성	이포(李苞)***	사마(司馬)	○	복상 반대
허맹(許猛)	수박사	○	복상 반대	산웅(山雄)	시랑(侍郎)	○	삼년상 찬성
단창(段暢)	박사(博士)	×	복상 반대	진수(陳壽)	겸시랑저작(兼侍郎著作)	○	삼년상 찬성

71) 繼母와 慈母에 대해서는 齊縗三年服이, 出母에 대해서는 齊縗杖服이 규정되어 있다. 『儀禮』, 「喪服」, pp.565, 570.

72) 『晉書』 卷20, 「禮志中」, p.635.

73) 『晉書』 卷20, 「禮志中」, pp.635~638과 『通典』 卷89, 「凶禮十一」, pp.2441~2444의 내용을 근거로 작성하였음.

진수(秦秀)*	박사	○	삼년상 찬성	변수(卞粹)	적조속(賊曹屬)	○	삼년상 찬성
추충(騶沖)	불명	×	복상 반대	위항(衛恒)	창조속(倉曹屬)	○	복상 반대
유지(劉智)	산기상시(散騎常侍)	○	기년복 찬성	유변(劉卞)	주부(主簿)	○	삼년상 찬성
우부(虞溥)	상서도령사(尚書都令史)	○	복상 반대	사마유(司馬攸)	사공(司空)	○	복상 반대
장운(張惲)**	시중령박사(侍中領博士)	○	복상 반대	이윤(李胤)	사도(司徒)	○	복상 반대
최량(崔涼)	황문시랑(黃門侍郎)	×	복상 반대	진건(陳騫)	대사마(大司馬)	×	논의하지 않음
순회(荀悝)	황문시랑	×	복상 반대	가충(賈充)	태위(太尉)	×	종주(從主)****
순훈(荀勖)	중서감(中書監)	×	복상 반대	사마량(司馬亮)	무군장군(撫軍將軍)	×	종주
화교(和嶠)	영중서령(領中書令)	×	복상 반대		상서팔좌(尚書八座)*****	○	삼년상 찬성
하후담(夏侯湛)	시랑	×	복상 반대				

* 진수(秦秀)의 경우 『진서』에는 모순된 기사가 나온다. 처음에는 허맹(許猛)의 복상 반대 의견에 찬성했다고 나오지만, 곧 발언을 통해 삼년상을 찬성했다.

** 『통전』에는 정함(程咸)으로 나온다.

*** 『통전』에만 등장하고 『진서』에는 등장하지 않는다.

**** 주관 관원의 뜻을 따르기로 한 것을 의미한다.

***** 상서령(尚書令), 상서복야(尚書僕射), 육상서(六尚書)가 의논하여 동일 의견으로 제시한 것이다.

왕창의 삼년상 여부를 둘러싸고 행해진 조정의 논의에서 박사를 비롯한 신료들은 각기 근거를 제시하며 왕창의 복상을 찬성하거나 반대하였다. 이를 두고 혹자는 혁신파와 보수파로 구분하여 복상허용을 혁신파로, 복상불허를 보수파로 이해하기도 한다.74) 그 이유로는 복상 허용론자들이 예문(禮文)에 구애되지 않고 효목(孝睦)을 제창하여 예의 도덕성을 강조했고, 이와는 달리 복상 불허론자들은 예제를 고치는 것을 반대하고 고제(古制)에 따를

74) 林麗眞, 「魏晉人對傳統禮制與道德之反省－從服喪論·同姓婚論與忠孝論談起－」, 『臺大中文學報』 4(1991), p.117 ; 柯金虎, 「從社會變亂看禮儀的遞嬗－以魏晉爲考察範疇」, 『玄奘學報』 4(2001), pp.141~142.

것을 주장하여 예의 정교적(政敎的) 기능을 중시했기 때문이라고 하였다.[75] 그러나 이 논의에 참가한 이들이 자신들 주장의 이념적 근거를 모두 예경에서 가져왔고, 무엇보다도 예경과의 합일을 가장 중요한 가치로 두었다는 점은 이들을 혁신과 보수로 나누는 것이 무의미함을 알려준다. 격렬한 논의 결과 구전(舊典)에서 양적(兩嫡)을 인정하지 않았음을 근거로 왕창의 복상은 허용되지 않았다.[76]

위진의 특별한 사회적 상황은 새로운 예를 필요로 했다. 특히 전란으로 인해 왕창과 같은 사례가 등장하면서 새로운 예제규정이 필요해졌다. 그러나 예라는 것이 법령처럼 사례에 따라 그 때 그 때 만들어지는 성격의 것이 아니기에 급변하는 사회 상황에 비해 탄력성이 떨어졌다. 유지의 주장처럼 예라는 것이 상사(常事), 곧 일상적인 정황을 위해 만들어지는 것이지 비정상적인 상황을 위해 만들어진 것이 아니기 때문이다.[77] 따라서 지금까지의 연구들은 사대부들이 특별한 필요에 따라 자율적으로 예를 제정하여 집행하였다고 설명하였고, 이것을 가례라고 해석하였다. 우리가 논의의 대상으로 삼고 있는 상복례 역시 그러한 가례의 하나로 설명되었다. 그리고 이것은 흔히 왕법과 대치하는 자율적인 예라고 이해되었다.

그러나 왕창의 사례를 통해 이 시기 상복례라는 것이 결코 자율적일 수 없다는 것을 알 수 있다. 위의 사례와 같이 예를 확정 짓는 데에는 절차가 필요했기 때문이다. 그 절차는 ① 경전에 수록되어 있지 않은 복상규정의 필요 제기, ② 정부 박사들 및 신료들 간의 논쟁, ③ 합의된 내용의 상주(上奏), ④ '제왈(制曰)', '조가(詔可)', '조종지(詔從之)'와 같은 왕언(王言)에 의한 인가(認可), 즉 국법으로서의 지위획득이라는 순서를 밟는다. 비록 새로운 예규정은 왕창의 특별한 사정에 의해 왕창 집안의 새로운 매뉴얼－우리는 흔히 이것을 가례라고 불러왔다－의 필요에서 시작되었지만, 그것은

---

75) 柯金虎, 앞의 글, p.141.

76) 『晉書』 卷20, 「禮中」, p.638.

77) 禮爲常事制, 不爲非常設也(『晉書』 卷20, 「禮志中」, p.635).

마음대로 규정될 수 없었던 것이다.[78)]

이것은 왕창의 사례만은 아니다. 『진서』「예지 중」에는 왕창의 사례와 같이 새로운 상복규정을 확정하기 위해 여러 차례 조정의 공의(公議)가 있었음을 보여주는 사례들이 나와 있다(이하 <표 4-1-3> 참조). 예컨대 무제(武帝) 함녕(咸寧) 2년(276)에는 안평목왕(安平穆王)이 후사 없이 사망한 후 그 모제(母弟) 돈(敦)이 헌왕(獻王)의 지위를 이은 것과 관련해 어떤 상복을 입어야 하는지를 태상(太常)에게 문의하여 조정에서 회의가 진행되었다(조항 8 왕후형제계통복의(王侯兄弟繼統服議)). 또한 태원(太元) 18년(393)에는 태상 차윤(車胤)이 서자(庶子)가 자신의 친모(親母)를 위해 시마삼월복(緦麻三月服)을 행하는 것에 반대하여 상언하자 상서(尙書)로 하여금 평주(評奏)하게 하였으며(조항 9 서자위모복의(庶子爲母服議)), 원제(元帝) 건무(建武) 원년(317)에는 모친의 빈장(殯葬)으로 관직의 배수(拜受)를 거부하는 온교(溫嶠)의 문제에 대해 원제가 직접 조를 내려 신료들에게 방안을 의논하게 하기도 하였다(조항 18 개장복의(改葬服議)). 즉, 당시 상복례는 국가에 의해 통제되고, 조정의 공의를 통해 확정되었던 것이다. 이것은 상복례가 국가의례를 모범으로 삼아야만 존재할 수 있다는 것을 의미한다. 가례는 국법의 지지를 통해서만 비로소 권위를 획득할 수 있었던 것이다.[79)]

그 예를 하나 더 살펴보자. 조항 18의 사례 다음으로는 다음과 같은 기사가 부기(附記)되어 있다.

> 이때 중원(中原)의 상란(喪亂)으로 가족이 이산(離散)하니, 조정에서는 양친이 구란(寇亂)에 처했을 때 어떠한 상복을 입어야 하는지에 대해 논의하였다. 태상 하순(賀循)이 말하기를 "양친이 살아서 이별한 후 생사를 알지 못하니 상복을 입으려 해도 돌아가셨다는 근거가 없고 살아 계시다고

78) 가미야 노리코는 당시 특수한 케이스에 대한 개인의 해석은 즉시 사회적으로 지탄의 대상이 되었다고 하였다. 神矢法子, 앞의 글(1979), p.28.

79) 張中秋, 앞의 글, p.10.

> 여기려고 해도 이미 돌아가셨음을 의심하게 되니, 마음으로 근심하고 슬퍼하며 소복(素服)을 입는 것이 인정에 합당할 것입니다." ① **원제가 영(令)으로써 하순의 의견에 일리가 있음을 인정하였다**. 태흥(太興) 2년 사도(司徒) 순조(荀組)가 말하기를 "양친이 구란에 처해 만에 하나 생존의 가능성이 없다면 마땅히 그로 하여금 ② **왕법(王法)에 따라 관례대로 복상하게 해야 합니다**."[80]

당시 이적(夷狄)의 침입으로 발생한 가족 간의 이산으로 인해 부모의 생존을 확인할 수 없는 상황은 일상적인 상황이 아니었기에 기존 예경에는 이에 대한 적합한 복상규정이 없는 상태였다. 따라서 새로운 시대, 새로운 상황에 맞는 규정이 필요하였다. 이때 예학가(禮學家)의 태두라고 할 수 있는 태상 하순이 적합한 복상의 규정을 마련하였다. 그러나 그가 마련한 규정이 권위를 갖고 효력을 발생하기 위해서는 황제의 명령이 있어야 했다(①). 새로운 규정은 왕법에 저촉되지 않는 자율성을 갖춰야만 했던 것이다(②). 그렇다면 진대 상복례는 공법(公法 혹은 왕법)으로부터 자유로운 종족법의 역할만을 담당했던 것이 아니고, 국가 예전의 내용을 구성하고 풍부하게 하는 역할을 담당했다고 볼 수 있을 것이다.[81]

이러한 해석은 오히려 어느 면에서 더 자연스럽다. 국가의 통합적인 예체제를 수립하기 위한 노력에서 사대부가 제외되고 그 체제로부터 자율적이었다고만 보는 것은 전국시기(戰國時期) 이래 자신을 치자(治者)로 규정했던[82] 그들의 의식흐름을 외면하게 된다. 또한 새로운 시대, 새로운 왕조에 맞는 통합적 예체제를 구현하는 과정에서 사대부들이 제외되어 공법과

---

80) 是時中原喪亂, 室家離析, 朝廷議二親陷沒寇難, 應制服不. 太常賀循曰 :「二親生離, 吉凶未分, 服喪則凶事未據, 從吉則疑於不存, 心憂居素, 允當人情.」元帝令以循議爲然. 太興二年, 司徒荀組云 :「二親陷沒寇難, 萬無一冀者, 宜使依王法, 隨例行喪.」(『晉書』 卷20, 「禮志中」, p.642).

81) 장중추는 國法보다 세세한 家禮는 국법의 부족을 보충한다고 하였다. 張中秋, 앞의 글, p.9.

82) 李成九, 「戰國時代 官僚論의 展開」, 『東洋史學硏究』 25(1987), p.9.

갈등했다고만 본다면, 다시 말해 이 시기 상복례를 공법에 대한 가법(家法)의 자율성으로만 이해한다면 예적 세계를 구현하려고 했던 예학의 내발적(內發的) 전개에 대해서도 설명할 수 없을 것이다.

특히 전한 초부터 예를 통해 사대부들의 이상국가를 수립하려 했던 예학의 전통을 생각하면, 예학에 의한 국가체제의 건설은 사대부들이 마땅히 행해야 하는 정치적 권리라고 할 수 있을 것이다. 당시 예학가들은 우리의 예상과는 달리 자율적이고 독자적인 예기준을 만들고 준용하는 것에만 노력했던 것이 아니라, 당시 사회가 필요로 하는 통합적인 예체제와 세세한 일상생활을 규제하는 내용을 만들고 확정하려고 했던 것이다. 요컨대 많은 예학가들과 신료들이 예집행의 구체적 지침을 만들기 위해 수없이 토론을 했던 것은 자신들의 주장을 공인 받고, 그를 통해 자신들의 학문전통에 근거한 국가체제를 수립하려고 했던 것이다. 아마도 이것이 이 시기 대량의 예서(禮書)와 상복서를 출현시킨 이유가 되었을 것이다.

4절 진대 상복서의 성격과 역할

1. 진대 상복서의 분류와 성격

지금까지 논의를 통해 우리는 진대 상복례가 가문과 문벌의 문제만이 아닌 국가 전체의 예체제를 수립하는 문제 속에서 논의되었음을 살펴보았다. 마지막으로 이 절에서는 진대 상복서를 분석하여 그 시기 상복서의 역할을 가늠해 보고자 한다.

우선 이를 위해 양진시기 편찬된 상복서를 정리하면 다음과 같다.

<표 4-1-5> 진대 편찬된 상복서 일람[83)]

저자	상복서	분류*	저자	상복서	분류	저자	상복서	분류
원준(袁準)	**『상복경전주(喪服經傳注)』 1권**	①	두예(杜預)	**『상복요집(喪服要集)』 2권**	④	사휘(謝徽)	**『주상복요기(注喪服要記)』****	⑤
공륜(孔倫)	**『집주상복경전(集注喪服經傳)』 1권**	①	유규(劉逵)	『상복요기(喪服要記)』 2권	④	갈홍(葛洪)	**『상복변제(喪服變除)』 1권*****	①
진전(陳銓)	**『상복경전주(喪服經傳注)』 1권**	①	하순(賀循)	**『상복보(喪服譜)』 1권**	②	유지(劉智)	**『상복석의(喪服釋疑)』 20권******	④
환제(環濟)	『상복요략(喪服要略)』 1권	④	하순	**『상복요기(喪服要記)』 10권**	④	의관(衛瓘)	『상복의(喪服儀)』 1권	⑤
채모(蔡謨)	**『상복보(喪服譜)』 1권**	②	하순	『상복도(喪服圖)』	③	최유(崔遊)	『상복보(喪服譜)』 1권	②
채모	『상복도(喪服圖)』	③	오상(吳商)	『상잡사(喪雜事)』 20권	⑤	두습(杜襲)	『상기예식(喪紀禮式)』	⑤
유명(劉明)	『상복요문(喪服要問)』 6권	④	주속지(周續之)	『상복주(喪服注)』	①			
초주(譙周)	『상복도(喪服圖)』	③	이씨(伊氏)	『상복잡기(喪服雜記)』 20권	⑤			

* 분류는 아래 본문에서 소개하고 있는 기시마 후미오[木島史雄]의 4가지 분류 기준에 따른 것이다. 다만 그가 구분한 4종류에 포함되지 않는 것은 따로 ⑤로 분류하였다.

** 사휘(謝徽)의 『주상복요기(注喪服要記)』는 하순의 『상복요기(喪服要記)』에 주를 단 것으로 ④로 구분한 기시마와는 달리 ⑤로 분류하였다.

*** 갈홍(葛洪)의 『상복변제(喪服變除)』는 제목만으로는 경전의 주석(注釋)으로 볼 수 없지만 『상복전(喪服傳)』의 예학적(禮學的) 근거를 서술하고 있는 것으로 주석서로 구분하는 것이 타당할 것 같아 ①로 분류하였다.

**** 유지(劉智)의 『상복석의(喪服釋疑)』는 비록 제목에는 '요(要)' 자(字)가 들어가 있지 않지만, 그 내용이 새로운 의례(儀禮)의 필요로 인해 발생한 논의에서 표명한 입장을 정리한 것이기에 매뉴얼적 성격의 ④로 구분하였다.

이 중 굵은 글씨로 표시한 것은 현재 집본(輯本)이 전하는 상복서들로 일부나마 그 내용들을 확인할 수 있다.[84)] 이들 상복서는 대부분 제목을 통해 책의 특징을 파악할 수 있는데, 기시마 후미오는 이들 상복서를 제목에

83) 丁國鈞과 文廷式의 『補晉書藝文志』를 참조하여 작성하였다.

84) 이 중 賀循의 『喪服要記』 10권은 『玉函山房輯佚書』와 『玉函山房輯佚書續編』에 1권만이 輯本되어 있으며, 劉智의 『喪服釋疑』 20권도 亡失되어 『옥함산방집일서』와 『漢魏遺書鈔』에 1권만이 집본되어 있다.

따라 ① 경전(經傳)의 주석으로 보이는 것(원준(袁準)의 『상복경전주(喪服經傳注)』, 공륜(孔倫)의 『집주상복경전(集注喪服經傳)』, 진전(陳銓)의 『상복경전주(喪服經傳注)』), ② 책명에 '보(譜)' 자가 들어간 것(채모(蔡謨)·하순·최유(崔游)의 『상복보(喪服譜)』), ③ 책명에 '도(圖)' 자가 들어간 것(채모·하순의 『상복도(喪服圖)』와 초주(譙周)의 『상복도(喪服圖)』), ④ 책명에 '요(要)' 자 혹은 '약(略)' 자가 들어간 것(환제(環濟)의 『상복요략(喪服要略)』, 유명(劉明)의 『상복요문(喪服要問)』, 두예(杜預)의 『상복요집(喪服要集)』, 유규(劉逵)·하순의 『상복요기(喪服要記)』, 사휘의 『주상복요기(注喪服要記)』) 등 4종류로 나누어 각 각의 책들의 비율을 표로 분석하였다.[85)]

기시마는 분류된 책의 비율을 통해 당시 사회가 필요로 하고 있던 것이 어떤 성격의 상복서인지 알 수 있다고 하였는데, 그는 '요' 자 혹은 '약' 자가 들어간 ④로 분류되는 상복서는 단순히 경문(經文)을 해석한 해석서가 아닌 그 시기 새롭게 요구되는 예 해석의 필요를 충족하기 위해 제작된 매뉴얼적인 성격을 가지고 있는 지침서라고 보았다. 그리고 이 책들이 이적의 북중국 점령으로 인해 피난왕조가 세워졌던 진대(晉代)의 상황을 반영한 상복서라고 하였다. 즉, 진대 상복서의 편찬 원인을 예경(禮經)에 존재하지 않는 특수한 사례에 대한 새로운 행위규범의 필요에서 찾았던 것이다.

그러나 그가 누락한 주속지(周續之)의 『상복주(喪服注)』 역시 경전의 주석류(注釋類)로 분류하는 것이 타당할 것이고, 사휘의 『주상복요기』는 하순의 『상복요기』에 주를 단 것이라 비록 '요' 자가 제목에 들어갔다 해도 ④의 매뉴얼류로 단정하는 것은 적절하지 않을 듯하다. 또한 갈홍의 『상복변제』도 『상복전』의 예학적 근거를 서술하고 있어 주석서로 구분하는 것이 타당할 것이다. 이와 같은 기준에 따라 상복서들을 재분류한 것을 <표 4-1-5>로 작성하였다. 결과는 ①의 책이 5권, ②의 책이 3권, ③의 책이 3권, ④의 책이 6권, 기타 ⑤의 책이 5권이다. 따라서 이 시기 상복서

---

85) 木島史雄, 앞의 글, pp.373, 376.

중 매뉴얼적인 상복서가 압도적으로 주종을 이루었다고 하기는 다소 힘들다. 물론 이 시대의 특별한 사정이 매뉴얼의 필요를 요청했고, 많은 예학가들이 이러한 현실적 필요에 의해 상복서를 편찬했다는 점만은 부정할 수 없을 것이다. 그러나 각기 다른 성격의 상복서 비율이 대체로 비슷하다는 것은 진대 상복서의 특징을 매뉴얼이라고만 단정하기 힘들게 한다. 그렇다면 진대 상복서의 또 다른 특징을 보여주는 것은 무엇일까?

여기서 눈에 띄는 것은 이 시기 매뉴얼적 성격의 상복서와 더불어 대종을 이루고 있는 또 다른 경향의 상복서인 경과 전에 주석을 단 ①의 상복서들이다. 기시마는 이러한 해석서의 성격을 가지고 있는 주소류(注疏類) 상복서를 유송대(劉宋代) 이후 상복서의 특징으로 분류하고 있지만,[86] 사실 주소류 상복서의 존재는 위진남북조시기 내내 일반적인 현상이라고 할 수 있다. 아니 이것은 이미 후한시기부터 시작된 현상이었다. 이것을 확인하기 위해 다음과 같은 표를 작성해 보았다.

<표 4-1-6> 후한시기 편찬된 예서 일람[87]

저자	서명	저자	서명
마융(馬融)	『삼례주(三禮注)』, 『주관전(周官傳)』, 『상복경전주(喪服經傳注)』 1권, 『예기주(禮記注)』	정중(鄭衆)	『주관전(周官傳)』, 『주관해고(周官解詁)』, 『혼례알문(婚禮謁文)』
노식(盧植)	『삼례해고(三禮解詁)』, 『예기주(禮記注)』, 『예기해고(禮記解詁)』	가규(賈逵)	『주관해고(周官解詁)』
경란(景鸞)	『예략(禮略)』 2권, 『월령장구(月令章句)』	고수(高誘)	『예기주(禮記注)』
완심(阮諶)	『삼례도(三禮圖)』	순상(荀爽)	『예전(禮傳)』
조충(曹充)	『경씨례장구변난(慶氏禮章句辨難)』	채옹(蔡邕)	『월령장구(月令章句)』 12권

86) 木島史雄, 앞의 글, p.463.

87) 錢大昭의 『補續漢書藝文志』, 顧櫰三의 『補後漢書藝文志』, 侯康의 『補後漢書藝文志』, 姚振宗의 『後漢藝文志』를 참조하여 작성하였다.

정현(鄭玄)	『삼례목록(三禮目錄)』 1권, 『의례주(儀禮注)』 17권, 『의례음(儀禮音)』, 『주관주(周官注)』 12권, 『주관음(周官音)』, 『답임석주례난(答臨碩周禮難)』, 『예기주(禮記注)』 20권, 『예의(禮議)』 20권, 『상복보주(喪服譜注)』 1권, 『상복변제(喪服變除)』, 『상복경전주(喪服經傳注)』 1권, 『노례체협의(魯禮禘祫義)』, 『삼례도(三禮圖)』 1권	두자(杜子)	『춘주관주(春周官注)』
		정흥(鄭興)	『주관해고(周官解詁)』
조포(曹褒)	『예통의(禮通義)』 12편	임석(臨碩)	『주례난(周禮難)』
유표(劉表)	『후정상례(侯定喪禮)』 1권	유희(劉熙)	『시법주(諡法注)』 3권
위굉(衛宏)	『주관해고(周官解詁)』	최인(崔駰)	『혼례결언(昏禮結言)』
장형(張衡)	『주관훈고(周官訓詁)』	채완(蔡琬)	『상복요기(喪服要記)』 1권
		초주(焦周)	『상복집도(喪服集圖)』 1권

후한시기 저술된 총 42권의 예서를 분류하면 주례류(周禮類)가 12권(약 28.6%), 예기류(禮記類) 10권(약 23.8%), 상복류(喪服類) 7권(약 17%), 삼례류(三禮類) 5권(약 12%), 월령(月令) 및 기타 8권(약 19%)으로 구분할 수 있다. 가장 많은 수가 주례류라는 것은 아마도 이 시기 대두되고 있었던 '오례체제(五禮體制)에 근거한 국조례(國朝禮)의 완비'라는 시대적 요구에 부응한 것으로 생각된다. 이 예서들을 유형별로 보면 '주(注)' 자가 들어가는 것이 12권으로 가장 많고, 그 다음이 '해고(解詁)' 자가 들어간 것이 6권으로 당시 예서 중 반 수 가까이가 주석서임을 알 수 있다.

후한시기 찬술된 예서의 많은 수가 주석서라는 사실은 아직까지 후한사회에서 예가 전 사회적으로 규범화되지 못했던 상황을 말해준다. 즉 한대 유가들이 모든 사회성원들이 준봉할 수 있는 예제를 수립하는 것을 이상으로 삼았던 것과는 달리 아직 유가경전에 근거한 구체적인 실천형식으로서의 의례를 생활규범으로 정착시키지 못했던 것이다. 실제로 후한대 등장한 과례가 사대부들의 명성을 보장해 주는 행위였다는 것과는 별개로 당시의 예실천이 경전에 근거한 것은 아니었다. 개인의 필요, 사회적 평판, 개인의 신념에 따라 상복례가 행해진 것은 아직 유가경전에 근거한 생활규범으로서의 의례가 존재하지 않았던 것을 의미할 것이다.[88] 가미야 노리코[神矢法子]의 지적처럼 후한시대에는 예경에 기술된 내용에서 상복이나 혼취에 부합하는 법칙을 추출해서 사회적으로 확인하는 단계에 이르지 못하였고, 그 앞선 단계의 작업이라고 할 수 있는 예경의 확정도 불충분했다.[89] 따라서 후한 말의 유가들에게 주어진 첫 번째 임무는 예경을 분석하고 그 속에서 자신들 행위의 적합성을 발견해 내는 것이었다.[90] 당연히 먼저 행해졌던 것은 예경의 해석이었다.

예경에 의해 행위의 적합성을 확보하는 일은 비단 후한 말에만 요구되었던 것은 아니었다. 국가에 의해 새롭게 오례를 기준으로 예제가 제정되어 그것을 근거로 모든 사회구성원의 관습적 생활이 규제되면서, 전례 없는 상란(喪亂)으로 예 실천의 예외가 발생하면서, 또는 기존 봉건적 작제(爵制)가 부활하여 새로운 등급질서에 따른 의례의 필요가 대두하면서 진대 사대부들은 또 다시 예경을 해석해야만 했을 것이다. 그 결과 후한대와 마찬가지로 진대에도 주석서의 성격을 가진 상복서가 편찬되었던 것이다.

2. 진대 상복서의 분석

이하에서는 진대 사대부들이 시대와 사회의 필요를 충족하기 위해 찬술했던 상복서 세 권을 분석하고자 한다. 우선 차례대로 원준의 『상복경전주』, 공륜의 『집주상복경전』, 진전의 『상복경전주』의 내용을 표로 작성해 보았다.

---

88) 후한 말 喪期가 정해져 있지 않던 스승에 대해 三年喪을 행한 것이나, 舊君·擧將에 대한 삼년상을 행한 것은 자의적인 예거행의 일단을 보여준다.

89) 神矢法子, 앞의 글(1981), p.77.

90) 가미야 노리코는 經典의 내용을 근거로 국가 관인들·사인층의 생활규범이 정착된 것은 후한 말이라고 하였지만, 이후 晉代까지 동성혼이나 배시가 허용된 것으로 봐서 경전을 근거로 한 사대부사회의 儀禮化는 좀 더 시간을 필요로 하였다고 생각된다. 神矢法子, 앞의 글(1978), p.19.

<표 4-1-7> 원준의 『상복경전주』[91]의 조항과 내용

	항목*	내용	전거
1	오복성복(五服成服)	'일(溢)'자에 대한 자구 해석	『명경전석(明經典釋)』
2	자최장주(齊縗杖周)	부친을 계승한 자[爲父後者]의 출모(出母)에 대한 복상규정에 대한 해석	『통(通)』-「흉(凶)11」-2452**
3	부친을 계승한 자가 재가한 모친 및 계모를 위해 입는 상복에 대한 논의[爲父後爲嫁母及繼母嫁服議]	부친을 계승한 자의 재가한 모친을 위한 복상규정에 대한 해석	『통』-「흉12」-2548
4	자최삼월(齊縗三月)	계부와 동거하지 않는 자[繼父不同居者]에 대한 토론 중 인용	『통』-「흉12」-2473
5	자최삼월(齊縗三月)	증조부모를 위한 상복 규정에 대한 해석	『통』-「흉12」-2474~5
6	대공상복구월칠월(大功殤服九月七月)	하(下)·중상복(中殤服)과 성인복(成人服)의 구분에 대한 해석	『통』-「흉13」-2488~9
7	수숙복(嫂叔服)	형수와 시동생을 위한 상복 규정에 대한 해석	『통』-「흉14」-2507
8	시마성인복삼월(緦麻成人服三月)	유모를 위한 상복 규정에 대한 해석	『통』-「흉14」-2512
9	시마성인복삼월(緦麻成人服三月)	외삼촌을 위한 상복 규정에 대한 해석	『통』-「흉14」-2513
10	개장복의(改葬服議)	개장시 상복 규정에 대한 해석	『통』-「흉24」-2678

* 항목은 『통전(通典)』의 항목명으로 표기하였음.
** 『통전』-「흉례십일(凶禮十一)」-쪽수. 이하 동일.

<표 4-1-8> 공륜의 『집주상복경전』[92]의 조항과 내용

	항목	내용	전거
1	오복성복(五服成服)	'일(溢)' 자에 대한 자구 해석	『명경전석』
2	참최삼년(斬縗三年) … 처위부(妻爲夫)	처가 남편를 위해 참최 삼년복을 입어야 하는 이유 해석	『통』-「흉10」-2424
3	오복성복급변제(五服成服及變除) … 자최(齊縗)	두마질(杜麻絰)을 '우본재상(右本在上)'의 원칙으로 두르는 이유 해석	『통」-「흉9」-2392
4	자최부장기(齊縗不杖期) … 여자자위조부모(女子子爲祖父母)	손녀가 조부모를 위해 자최 부장기복을 입는 이유 해석	『통」-「흉12」-2468

91) 『玉函山房輯佚書』에 수록. 구체적인 쪽수는 생략한다.
92) 『玉函山房輯佚書』에 수록. 구체적인 쪽 수는 생략한다.

5	시마상복삼월(緦麻殤服三月) … 부지고자매지장상(夫之姑姊妹之長殤)	남편의 자매의 장상(長殤)이 조혼(早婚)과 관련되어 있음을 해석	『통』-「흉12」-2509

<표 4-1-9> 진전의 『상복경전주』[93]의 조항과 내용

	항목	내용	전거
1	오복성복급변제(五服成服及變除) … 참최삼년(斬縗三年)	미혼의 딸이 부친을 위해 입는 상복에 대한 자구 해석	『통』-「흉9」-2390
2	참최삼년(斬縗三年) … 첩위군(妾爲君)	첩이 남편[夫]이라 칭하지 않고 군(君)이라 칭하는 이유 해석	『통』-「흉10」-2424
3	오복성복급변제(五服成服及變除) … 자최삼년(齊縗三年)	두마질을 두르는 방법인 '우본재상'에 관한 설명	『통』-「흉9」-2392
4	자최장주(齊縗杖周) … 위처(爲妻)	처에 대한 상복이 자최장주인 이유 해석	『통』-「흉11」-2451
5	자최부장주(齊縗不杖周) … 위백부모(爲伯父母)·숙부모(叔父母)	백·숙부모에 대한 상복이 자최부장주가 되는 이유 해석	『통』-「흉12」-2464
6	자최부장주 … 위곤제지자(爲昆弟之子)	형제의 자식은 남녀 모두 동일하게 자최부장주라는 의견	『통』-「흉12」-2465
7	자최부장주 … 대부지서자위적곤제(大夫之庶子爲嫡昆弟)	대부의 서자가 적처에게서 난 형제를 위해 자최부장주의 상복을 입어야 하는 이유를 대부의 사례를 통해 해석	『통』-「흉12」-2465
8	자최부장주 … 계부부동거자(繼父不同居者)	계부와 따로 사는 자와 대공지친(大功之親)의 의미 해석	『통』-「흉12」-2466
9	자최부장주 … 위부지곤제지자(爲夫之昆弟之子)	처가 그 남편의 형제 자식에 대해 자최부장주의 상복을 입는 이유 해석	『통』-「흉12」-2468
10	자최부장주 … 여자자위조부모(女子子爲祖父母)	손녀가 조부모에게 강복(降服)하지 않는 이유를 해석	『통』-「흉12」-2468
11	자최부장주 … 공첩이급사첩위기부모(公妾以及士妾爲其父母)	공첩(公妾)과 사첩(士妾)이 그 부모에 대해 자최부장주의 상복을 입는 이유 해석	『통』-「흉12」-2469
12	자최삼월(齊縗三月) … 위구군(爲舊君)	구군에 대한 설명 중 입사[仕]에 대한 자구 해석	『통』-「흉12」-2470
13	자최삼월 … 증조부모위사자(曾祖父母爲士者)	증조부모가 사(士)에 대한 상복을 중인(衆人)과 같이 하는 이유 해석	『통』-「흉12」-2479
14	대공상복칠월(大功殤服七月)·구월(九月)	장(長)·중상(中殤) 복제의 차이를 설명	『통』-「흉13」-2491

93) 『玉函山房輯佚書』에 수록. 구체적인 쪽 수는 생략한다.

15	대공성인구월(大功成人九月) … 위서손(爲庶孫)	서손(庶孫)의 의미 설명 및 적부(嫡婦)와 서부(庶婦)가 죽은 시부모에 대해 입는 상복이 다른 이유를 해석	『통』-「흉13」-2491
16	대공성인구월 … 여자자적인자위중곤제(女子子適人者爲衆昆弟)	중형제의 의미 해석	『통』-「흉13」-2492
17	대공성인구월 … 위부지조부모(爲夫之祖父母)·백부모(伯父母)·숙부모(叔父母)	남편의 조부모·백부모·숙부모에 대해 강복하는 이유를 해석	『통』-「흉13」-2492
18	대공성인구월 … 위대부지서자위기모(爲大夫之庶子爲其母)·첩(妾)·곤제(昆弟)	대부의 서자가 대부를 좇아 강복하는 이유 해석	『통』-「흉13」-2492
19	대공성인구월 … 위부지곤제지부인자적인자(爲夫之昆弟之婦人子適人者)	부인(婦人)과 자식[子]에 대한 해석	『통』-「흉13」-2493
20	소공상복오월(小功殤服五月) … 위부지곤제지자(爲夫之昆弟之子)·여자자(女子子)	남편의 형제의 자녀에게 복상하는 이유 해석	『통』-「흉14」-2500
21	소공성인복오월(小功成人服五月) … 위종조곤제(爲從祖昆弟)	종조곤제의 의미 해석	『통』-「흉14」-2501
22	소공성인복오월 … 위인후자위기자매적인자(爲人後者爲其姊妹適人者)	남의 후계자[爲人後者]가 그 시집간 여자 형제에게 소공성인오월복(小功成人五月服)을 하는 이유 해석	『통』-「흉14」-2502
23	소공성인복오월 … 군자자위서모자기자(君子子爲庶母慈己者)	군자자(君子子)의 의미 설명과 서모(庶母)에 대해 가복(加服)하는 이유 해석	『통』-「흉14」-2504
24	시마상복삼월(緦麻殤服三月) … 부지숙부지중상(夫之叔父之中殤)·하상(下殤)	남편의 숙부의 중(中)·하상(下殤)은 종부형제[從父昆弟]와 상복이 같음을 설명	『통』-「凶14」-2509
25	시마상복삼월 … 부지고자매지장상(夫之姑姊妹之長殤)	장상의 범주를 해석	『通』-「흉14」-2509
26	시마성인복삼월(緦麻成人服三月) … 귀신(貴臣)·귀첩(貴妾)	귀신·귀첩의 의미 및 귀신·귀첩에 대해 시마삼월 상복을 입는 이유 해석	『통』-「흉14」-2511~2512

원준의 『상복경전주』, 공륜의 『집주상복경전』, 진전의 『상복경전주』, 이상의 세 책은 주석서의 성격을 가진 대표적인 진대 상복서들이다. 표에서 확인할 수 있는 것처럼 이 책들은 예경에 없는 사례에 대해 새로운 지침을 만들고자 저술된 것은 아니다. 주로 『상복경(喪服經)』이나 『상복전(喪服傳)』

의 자구를 해석하거나, 경과 전에 나와 있는 기존 해석의 타당성을 설명하고 있다. 즉 새롭게 발생한 구체적 사안에 대한 새로운 대처조항을 만든 것이 아니라 기존의 규정들을 재해석하고 있다. 예를 들어 <표 4-1-9>의 진전의 『상복경전주』 7에서는 대부(大夫)의 서자(庶子)가 적처(嫡妻)에게서 난 이복 형제들에게 자최부장주복(齊縗不杖周服)을 행해야 하는 이유를 재해석하고 있다. 왜 진전은 당시 존재하지도 않는 대부의 복상규정을 재해석하였을까? 아마도 이것이 당시 진대 상복서의 역할을 보여주는 좋은 사례가 될 것이다.

배수(裴秀)의 건의에 의해 오등작제(五等爵制)가 실시된 후 그 결과에 대해 『진서(晉書)』에서는 "기독(騎督) 이상 6백여 인이 모두 분봉(分封)받았다"고 기록하고 있다.[94] 여기서 작(爵)의 사여기준이 되는 기독은 『통전』에 의하면 진대 5품에 해당한다.[95] 이 5품관은 진의 예학가 하순의 설명에 의해 주대(周代) 대부에 해당함을 알 수 있는데,[96] 『예기(禮記)』「왕제(王制)」편에 의하면 오등작 중 자남(子男)에 해당한다.[97] 이때 대부는 "예(禮)는 서인(庶人)에게 미치지 않고 형(刑)은 대부에게 이르지 않는다"는 『예기』「곡례(曲禮)」의 규정에 따라 예적 질서(禮的秩序)를 구성하는 마지막 등급이 된다.[98] 따라서 우리는 이상의 내용을 종합하여 서진의 새로운 작제가 5품 기독 이상, 즉 주나라 대부에 해당하는 이들까지를 예적 질서의 구성원으로 파악하고 있음을 알 수 있다.[99] 요컨대 주나라 제도에 근거하여 천자로부

94) 秀議五等之爵, 自騎督已上六百餘人皆封(『晉書』 卷35, 「裴秀傳」, p.1,038).

95) 『通典』 卷37, 「職官十九」, p.1,004.

96) 晉賀循云 : 「古者六卿, 天子上大夫也. 今之九卿·光祿大夫·諸秩中二千石者當之. 古之大夫亞於六卿, 今之五營校尉·郡守·諸秩二千石者當之. 上士亞於大夫, 今之尚書丞郎·御史及秩千石·縣令在官六品者當之. 古之中士亞於上士, 今之東宮洗馬·舍人·六百石·縣令在官七品者當之. 古之下士亞於中士, 今之諸縣長丞尉在官八品九品者當之(『通典』 卷48, 「禮八」, p.1341).

97) 天子之三公之田, 視公侯, 天子之卿, 視伯, 天子之大夫, 視子男, 天子之元士, 視附庸(『禮記』, 「王制」, p.332).

98) 禮不下庶人, 刑不上大夫(『禮記』, 「曲禮上」, p.78).

99) 渡邉義浩, 「西晉における五等爵制と貴族制の成立」, 『史學雜誌』 116-3(2007), p.305.

터 대부에 이르는 새로운 작제 질서가 탄생한 것이다. 이것이 진에서 대부에 대한 조항을 재해석할 필요를 만들었을 것으로 생각된다. 봉건적 작제가 부활하면서 등급에 따른 의례의 필요가 대두함에 따라 예경이 재해석되었던 것이다.

그런데 이러한 예경의 재해석은 진을 지나 유송시기(劉宋時期)에도 지속되었다. 그렇다면 이러한 주석서가 지속적으로 필요했던 또 다른 이유는 무엇일까? 주지하듯이 예준수의 필요는 국가의 정책 및 당시 정치·사회적 필요와 맞물려 증대되었다. 따라서 진대 예준수의 모습도 종족결합의 필요를 넘어서는 국가·사회적 필요 혹은 당시 문화적 현상들과 밀접하게 관련되어 있을 것임은 분명하다. 그렇다면 이 시기 상복례가 중요한 의례로서 사대부들 사이에 연구와 토론, 저술의 대상이 된 것은 그 사회 안에서 상복례 준수의 필요가 지속적으로 존재하고 있었던 것을 반증하는 것이리라.

필자는 이것이 당시의 선거와 밀접한 관련을 가지고 있었던 것은 아닐까 생각해 보았다. 후한 말 상복과 관련한 과례가 명성을 얻는 방법이 되었다면, 진대 상복례는 관직의 획득이나 승급, 그리고 관직 박탈과 강등의 근거가 되었다. 효성이 지극하게 표현된 상복례가 인재발탁에 중요한 근거가 된 것처럼 잘못 행해진 상복례는 면관(免官)의 사유가 되었다.[100] 그 예로

---

100) 晉惠帝元康二年, 司徒王渾奏云 :「前以冒喪婚娶, 傷化悖禮, 下十六州推舉, 今本州中正各有言上. 太子家令虞濬有弟喪, 嫁女拜時 ; 鎭東司馬陳湛有弟喪, 嫁女拜時 ; 上庸太守王崇有兄喪, 嫁女拜時 ; 夏侯俊有弟子喪, 爲息恒納婦, 恒無服 ; 國子祭酒鄒湛有弟婦喪, 爲息蒙娶婦拜時, 蒙有周服 ; 給事中王琛有兄喪, 爲息稜娶婦拜時, 并州刺史羊暨有兄喪, 爲息明娶婦拜時 ; 征西長史牽昌有弟喪, 爲息彦娶婦拜時. 湛職儒官, 身雖無服, 據爲婚主, 按禮『大功之末可以嫁子, 小功之末可以娶婦』. 無齊縗嫁娶之文, 虧違典憲, 宜加貶黜, 以肅王法. 請臺免官, 以正淸議 …」(『通典』 卷60, 「禮二十」, p.1689). 이 기사를 보면 太子家令 虞濬, 鎭東司馬 陳湛, 上庸太守 王崇, 夏侯俊, 國子祭酒 鄒湛, 給事中 王琛, 并州刺史 羊暨, 征西長史 牽昌은 상 중에 拜時婚을 행한 것으로 인해 파직된다. 이외 잘못된 상복례로 인해 관직이 강등되거나 파직되는 사례들은 다음과 같다. 遭父喪, 有疾, 使婢丸藥, 客往見之, 鄕黨以爲貶議(『晉書』 卷82, 「陳壽傳」, p.2137) ; 秦王柬薨, (李)含依臺儀, 葬訖除喪. 尙書趙浚有內寵, 疾含不事己, 遂奏含不應除喪. 本州大中正傅祗以名義貶含 … 含遂被貶, 退割爲五品(『晉書』 卷60, 「李含傳」, pp.1641~1643) ; 時淮南小中正王式繼母, 前夫終, 更適式父. 式父終, 喪服訖, 議還前夫

당시 국가는 중정(中正)을 통해 예경에 등장하지 않는 관습적 혼인방식이었던 배시혼을 적발하였고, 청의(淸議)에 의해 처벌하였다.[101] 그 결과 사대부들은 공적인 경우는 물론이고 때와 장소를 불문하여 마땅히 실천해야 하는 일관된 예의규범을 학습하고 행해야 했을 것이다. 아마도 이러한 사회적 필요 역시 진대 이후 상복서의 지속적인 편찬을 가능하게 했던 것으로 생각된다. 요컨대 상복례의 위반이 면관으로 이어지는 상황은 사대부로 하여금 상복례의 정확한 준수와 사회적으로 요구되는 특정한 지위와 역할에 맡는 규범적 행위를 실행하게 강제했을 것이다. 따라서 행동의 근거가 되는 예경에 대한 연구와 주석 작업이 활발히 행해졌을 것이다.

오례체제에 근거한 예전의 편찬으로 황제는 법률세계보다 광범위한 통치의 범주를 확정할 수 있었으며,[102] 황제 스스로가 예제정의 주체가 되어 사대부들의 공사생활 모두를 국가 예의의 관할 하에 위치시켰다. 새로 만들어진 의례는 조의(朝儀)와 마찬가지로 황제권력의 합법성을 분식하였지만, 종래와는 달리 사대부사회 역시 서열화하여 그것에 합당한 행위규범을 규정하였다. 이로 인해 사대부들은 자신들의 정치적·사회적 지위를 자신들이 신봉하는 지식체계에 의해 보장받았고, 자신들의 생활전반을

家. 前夫家亦有繼子, 奉養至終, 遂合葬於前夫. 式自云 : 「父臨終, 母求去, 父許諾.」於是制出母齊衰朞 … 式付鄕邑淸議, 廢棄終身(『晉書』 卷70, 「卞壼傳」, pp.1868~1869).

101) 梁州刺史楊欣有姊喪, 未經旬, 車騎長史韓預强聘其女爲妻. 輔爲中正, 貶預以淸風俗, 論者稱之(『晉書』 卷60, 「張輔傳」, p.1639) ; 司直劉隗上言 : 「文學王籍有叔母服, 未一月, 納吉娶妻, 虧俗傷化, 宜加貶黜, 輒下禁止 …」(『通典』 卷60, 「禮二十」, p.1,690).

102) 와타나베 신이치로에 따르면 禮經이 법률보다 통치의 범주를 보다 광범위하게 확정한다. 그는 이를 증명하기 위해 『周禮』 「春官·大宗伯」의 五禮 36目을 분석하여 다음과 같은 표를 제시하였다. 渡辺信一郎, 앞의 글, p.164.

<표 4-1-주1> 와타나베 신이치로[渡辺信一郎]가 작성한 『주례』의 예체계

Ⅰ. 吉禮(12항목) 「事邦國之鬼神示」 昊天·社稷·宗廟의 제사
Ⅱ. 凶禮(5항목) 「哀邦國之憂」 喪禮를 비롯한 疫病·災害·戰亂의 애도
Ⅲ. 賓禮(8항목) 「親邦國」 왕과 제후와의 교통·외교
Ⅳ. 軍禮(5항목) 「同邦國」 力役·군사훈련·전쟁
Ⅴ. 嘉禮(6항목) 「親萬民」 음식·冠婚·饗宴·賀慶

의례화(儀禮化)할 수 있었다.

이것은 오례편찬의 주체가 사대부였다는 점에서 기인할 것이다. 진대 편찬된 『진례』는 전한 후기 이래 유가들 안에서 꾸준히 요구되었던 것이며, 유가들이 가지고 있는 자기 학문에 대한 실천성이 만들어 낸 결과물이기 때문이다. 즉, 『진례』는 시대적 요구와 사회적 필요, 그리고 황제와 사대부 양자의 의지들이 종합적으로 반영된 공적 세계(公的世界)의 설계도라고 할 수 있다. 따라서 당시 사대부들은 자율적이고 독자적인 예 기준을 만들고 준용하는 것 이외에도 통합적인 국가의 예전을 완비하려는 노력을 하였을 것이다.

2장 위진남북조시기 가례의 출현과 성격

진대(晉代) 이래 남북조시기(南北朝時期) 예학(禮學) 특히 상복례(喪服禮)가 발전하고, 사대부들의 생활이 예와 법도에 엄격했던 것은 흔히 문벌의 종족보존의 필요에 의해 설명되었다. 많은 연구자들은 진대 이래 예학이 발전했던 것을 문벌 스스로가 집단의 존속과 내부질서를 위해 가족구성원들에게 엄격한 고례(古禮)의 실천의무를 요구했기 때문이라고 해석하였다. 그리고 그 결과 고례의 실천을 통해 문벌 내부가 결속되었고, 더 나아가 고례의 실천은 군주권력에 대한 집단의 자율성 확보와 특권보장 요구를 최대한 관철시킬 수 있는 방법이 되었다고 설명하였다.[1] 이러한 관점은 위진남북조시기(魏晉南北朝時期) 상복례를 왕법(王法)에 대치하는 가례(家禮) 즉, 사대부의 자율권으로 설명하기도 하였다.[2]

그러나 당시 기록을 좀 더 면밀히 들여다보면 진대 상복례가 각 집안의 자율에 의해 일방적으로 행해진 것이 아니라는 것을 알 수 있다. 앞 장에서 살펴본 것처럼 예경(禮經)에 규정되지 않은 사례에 대한 상복례의 집행여부는 관부에 의뢰되었고, 조정(朝廷)과 막부(幕府)에서는 예적용의 적부(適否) 여부를 논의하기 위해 회의를 열었다. 회의에는 조정대신과 다수의 예학가(禮學家)들이 참여하였고, 논쟁 끝에 최종 결론은 황제의 조(詔)를 통해

---

1) 金羨珉, 「貞觀時期 服紀改定의 理念的 바탕과 政治的 意義」, 『中國史硏究』 18(2002), p.65.

2) 神矢法子, 「晉時代における王法と家禮」, 『東洋學報』 60-1·2(1987)를 참조.

확정되었다.[3] 비록 개인이나 가문의 필요에 의해 예해석이 대두되었지만, 이러한 절차를 통하여 상복례가 확정됨으로 인해 자의적인 예의 해석이나 집행은 규제되었다.

이것은 국가가 모든 사회구성원을 포함하는 오례체제(五禮體制)에 근거한 예전(禮典)을 편찬함으로 인해 명실상부하게 사회적 기준의 제정자·집행자로서 모습을 갖춘 결과로,[4] 이 시기 어떠한 개인도 자율적으로 예를 실천할 수는 없었다. 당시 각 집안에서 필요한 예의 실천은 국가의 허가를 받아야 했고, 공법(公法)을 위해하지 않는 범위 내에서만 가능하였다. 따라서 당시 조정의 회의나 막부의 논의를 통해 결정된 상복례를 진정한 의미에서 가례라고 하는 것은 적절하지 않을 것이다. 그렇다면 흔히 말하는 한 집안의 종족법(宗族法)으로서의 자율적인 가례는 언제 어떻게 성립되었을까?[5]

왕법에 대치되는 종족법으로서의 가례라는 용어가 처음 등장하는 것은 『진서(晉書)』「예지(禮志)」다.[6] 그 이전까지는 가례라는 용어는 등장하지 않고 다만 가법(家法)이라는 표현을 볼 수 있는데, 이 용어는 후한시기(後漢時期) 들어 처음 나타난다. 그러나 이때 등장한 가법은 일반적으로 한대 유가 경전(經典)에 대한 전문 학문을 의미하였다.[7] 당시엔 경사(經師) 모두가 자신들만의 학술적 개성과 전통을 가지고 있었는데, 이것들이 고유의 성격을 가진 채 전수될 경우 흔히 가법으로 표현되었던 것이다.[8] 따라서 가법이라는

---

3) 본서 4부 1장「진대 상복서의 편찬과 성격」을 참조.

4) 張文昌,「唐代禮典的編纂與傳承－以『大唐開元禮』爲中心」, 臺灣大 석사학위논문(1997), p.150.

5) 儒教에서 禮란 천지간 만물에 질서를 부여하는 이념으로서의 규범 또는 그 질서를 현실화하기 위한 구체적 儀禮·儀法 전체를 의미한다. 神矢法子,『「母」のための喪服』(東京 : 日本圖書刊行會, 1994), p.7. 이러한 규정에 따른다면 家禮는 가족구성원 사이의 질서를 표현하며 그 질서를 유지하는 가족도덕의 구체적 실천형식이라고 할 수 있을 것이다. 따라서 가례를 宗族法이라 표현하였다.

6) 豈非公義奪私情, 王制屈家禮哉!(『晉書』 卷20,「禮中」, p.645).

7) 張國剛은 家法을 '經書의 字句와 내용에 대한 해석의 전통'이라고 규정하였다. 張國剛, 「漢唐"家法"觀念的演變」, 『社會與國家關係視野下的漢唐歷史變遷』(上海 : 華東師範大, 2006), p.67.

표현이 사용되고 있었지만, 이것은 일반적으로 특정 집안의 학문 또는 그 전통이기보다는 각 문파에서 독자적으로 전해 내려오는 학문적 경향성을 의미하였다.[9] 물론 적은 사례기는 하지만 다른 한편으로 가법은 한 집안에서 전수되는 학문 혹은 학문전통을 의미하기도 하였는데, 이 경우 비단 유학(儒學)에만 국한된 것은 아니었고 율령(律令)이나 서법(書法) 등도 포함하였다.[10]

이후 가법은 위진시기(魏晉時期)를 거치며 특정 집안의 가정윤리, 가족예법(家族禮法), 또는 칭위(稱謂) 및 상장의례(喪葬儀禮)를 의미하는 가례라는 용어와 혼용된다.[11] 그렇다면 가법이 가례와 혼용되기 시작한 것은 무슨 이유 때문일까? 이와 관련하여 오려오(吳麗娛)는 그 원인을 위진남북조시기 이래 예법이 사대부사회에서 중시되며 예의(禮儀)가 경학(經學) 중에 근본이 된 것에서 찾았다.[12] 한편, 이와는 달리 장국강(張國剛)은 상이한 경전에 대한 해석이 예의 준수 상의 차이를 가져 왔고, 이 때문에 차츰 경서(經書)에 대한 해석의 전통을 의미하던 가법이 가례를 의미하게 되었다고 보았다.[13]

이러한 분석들은 가례가 가법과 혼용된 것에 대해서는 일견 타당한 점을 가지고 있기는 하지만, 다른 한편 위진 이래 예법이 사대부사회에서

---

8) 儒生爲詩者謂之詩家, 禮者謂之禮家, 故言各隨家法也(『後漢書』 卷6, 「質帝紀」, p.281) ; 儒有一家之學, 故稱家法(『後漢書』 卷61, 「左雄傳」, p.2020).

9) 吳麗娛, 『唐禮摭遺』(北京 : 商務, 2002), p.207.

10) 躬生寵, 明習家業, 少爲州郡吏, 辟司徒鮑昱府 … 昱高其能, 轉爲辭曹, 掌天下獄訟(『後漢書』 卷46, 「陳寵傳」, p.1548) ; 初, 諶父志法鍾繇書, 傳業累世, 世有能名. 至邈以上, 兼善草迹. 淵習家法, 代京宮殿多淵所題(『魏書』 卷47, 「盧淵傳」, p.1050).

11) 暾妻前卒, 先陪陵葬. 子更生初婚, 家法, 婦當拜墓, 攜賓客親屬數十乘, 載酒食而行(『晉書』 卷45, 「劉暾傳」, p.1282) ; 太元十三年, 召孔安國爲侍中. 安國表以黃門郎王愉名犯私諱, 不得連署, 求解 … 豈非公義奪私情, 王制屈家禮哉!(『晉書』 卷20, 「禮中」, p.645) ; 弘明敏有思致, 既以民望所宗, 造次必存禮法, 凡動止施爲, 及書翰儀體, 後人皆依倣之, 謂爲王太保家法(『宋書』 卷42, 「王弘傳」, p.1322) ; 然而五服之本或差, 哀敬之制舛雜, 國典未一於四海, 家法參駁於縉紳, 誠宜考詳遠慮, 以定皇代之盛禮者也(『宋書』 卷55, 「傅隆傳」, p.1551).

12) 吳麗娛, 위의 책, p.210.

13) 張國剛, 앞의 글, p.70.

중시되었던 이유에 대해서는 설명하지 못한다. 또한 왜 위진시기에 들어서야 비로소 경전해석이 예의 준수상의 차이를 노정하게 되었는지에 대해서도 명쾌하게 설명해 주지 못한다. 즉, 앞의 주장들은 모두 예의 준수가 학문적으로도, 사회적으로도 가장 중요한 행위가 된 이후의 상황들에 대해서는 적절한 해석을 하고 있으나, 정작 위진사회가 예준수를 절대적 가치로 삼은 원인에 대해서는 설명하지 못하고 있는 것이다. 위진시기 들어 예준수가 사회적으로 가장 중요한 가치가 된 것과 관련해서 앞서 언급한 것처럼 예학이 종족의 권리를 공고히 하는 데 필요했었다는 주장이 있다.[14] 그러나 이러한 평가는 위진남북조사회를 귀족제사회라고 규정함으로써 예학의 발전과정과 성격규정에 대해 지나칠 정도로 가문과 문벌의 필요만을 역설하여, 이 시기를 무조건적인 가족위주의 사회로 치환한 결과라고 할 수 있다. 고대 중국의 예가 국가체제와 긴밀하게 연관되어 있다는 점, 그리고 역대 왕조들이 사회적 행위를 예에 의해 규범화하려고 노력하였다는 점들은 예준수의 필요를 종족의 필요로만 국한하는 것을 망설이게 한다.

예를 들어 보자. 중국 고대사회에서 예준수의 중요성이 사회적으로 대두한 것과 관련하여 우리는 후한 말의 과례(過禮) 행위를 기억할 필요가 있을 것이다. 후한 말 과례행위가 사회적으로 명성을 획득하는 가장 유력한 방법이 되고, 과례행위자가 명사(名士)로서 신망(信望)의 대상이 되었던 것은 이미 후한 말 예준수의 중요성이 사회적으로 인정되고 있었음을 보여주는 것에 다름 아닐 것이다.[15] 따라서 위진시기 귀족제사회가 성립함으로 인해 비로소 종족법이 필요해졌다고 이 시기 예학발전의 원인을 분석하는 것은 한(漢)~당시기(唐時期) 지속적으로 확인되는 예학의 발전상황을 제대로 설명하지 못한다고 생각한다.

---

14) 육건화와 하당영은 宗法制度나 喪服制度, 昭穆制度 등은 親疏를 분명히 하며 長幼를 서열화하여 궁극적으로는 종족의 결합을 공고히 하고 안정화한다고 보았다. 陸建華·夏當英, 「南北朝禮學盛因探析」, 『孔子研究』 2000-3, p.81.

15) 본서 3부 1장 「전·후한 상복례의 변화와 후한 말 '구군' 개념의 재등장」 참조.

후한 말 과례의 출현은 무엇보다도 예실천이 당시 국가의 정책이나 사회적 상황(혹은 분위기)과 밀접하게 관련되어 있음을 말해준다. 양한(兩漢) 황제들의 효(孝)에 대한 칭양(稱揚)은 모든 황제의 시호(謚號)에 '효'자가 관대(冠帶)되는 것에 의해 선언적으로 표현되었다. 더하여 효행에 대한 표창과 요역(傜役) 면제, 양로(養老) 정책, 삼로(三老)의 설치, 선거에서의 효렴(孝廉)의 중요성 증대, 가족 은닉(隱匿)의 처벌완화 등의 효를 권장하는 다양한 정책들[16]은 효행을 통한 사회적 명예획득과 출세를 보장해 주었기에 지극한 효를 표현하는 과례는 입사(入仕)에 더할 나위없는 좋은 방법이 되었을 것이다.

즉, 양한정부의 효에 대한 강조가 지나친 예의 준수행위들을 만들어 냈던 것이다. 물론 과례행위를 국가정책에 대한 개인의 순응적 반응으로만 해석하기는 부족한 면이 있다. 왜냐하면 친족범주를 넘어서는 후한시기 거장(擧將), 구군(舊君), 스승에 대한 과례행위를 국가가 효를 칭양한 결과로만 보기는 힘들기 때문이다. 물론 당시 한에서 효제(孝悌)라는 것이 모든 단계에서 국가의 대한 충성을 독려하는 지도자에 대한 복종의 윤리라고 본다면,[17] 친족범주를 넘어서는 과례행위를 국가가 효를 칭양한 결과로 이해하지 못할 것도 없을 것이다. 그러나 이미 군신관계(君臣關係)가 종결된 거장이나 구군에 대한 과례행위를 단순히 효제의 한 내용으로만 보기는 쉽지 않다.

요컨대 예준수의 필요는 국가의 정책 및 당시 정치·사회적 필요 및 상황과 맞물려 증대되었던 것이다. 따라서 우리는 위진시기 예준수의 모습도 종족의 필요를 넘어서는 국가·사회적 필요, 혹은 당시 문화적 현상들과 관련되어 있을 것임을 추정할 수 있다. 이 장은 이렇듯 위진시기 가례의 성립을 추동하였던 국가의 정책 또는 사회적 현상을 고찰하는 것을 목적으로 한다. 이를 통해 위진시기 가례의 성격에 대한 새로운 해석의 가능성을 타진해

16) 李成珪,「漢代『孝經』의 普及과 그 理念」,『韓國思想史學』10-1(1998), pp.192~193.
17) 李成珪, 위의 글, p.196.

보고자하며, 더 나아가 중국 고대 사대부들이 만들어 갔던 예적 질서(禮的秩序)의 일단을 확인하고자 한다.

1절 구품중정제 품평의 대상과 기준

1. 구품중정제의 실시

위진 성립 이후 국가가 예의(禮儀)의 최종주재자로서의 모습을 강화하고, 특히 서진 초, 『진례(晉禮)』의 편찬으로 의례(儀禮) 준행(遵行)의 기준이 성립되면서 자율적으로 행해지던 사대부들의 과례행위는 규제되었다.[18] 그러나 사서 안에서는 후한 말과 같은 정도의 과례는 아니라 해도, 여전히 과례의 모습들이 발견된다. 그 이유는 무엇일까? 필자는 이것이 당시 국가에 의해 사대부들이 가진 유가적 소양이 평가되면서 발생했을 것이라고 생각하는데, 무엇보다도 위진시기 이래 행해졌던 관리 선발제도인 구품중정제의 실시와 밀접한 관련을 맺고 있다고 여긴다.

구품중정제의 창설과 관련해서는 조조시기(曹操時期)를 주장하는 학자도 있으나,[19] 일반적으로 조비(曹丕)의 위왕(魏王) 즉위 후로 보고 있다. 그 실시 원인에 대해서는 대체로 타협설이 우세하여, 구품중정제를 조비와 대족(大族) 명사와의 타협의 산물로 보고 있다.[20] 조위정권(曹魏政權) 초기 조조의 군주권력과 사대부들의 자율성의 대치는 극단적으로는 개별적 사대부집단 수장의 제거라는 형태로 표면화되었고,[21] 사회적으로는 새로운

18) 본서 4부 1장 「진대 상복서의 편찬과 성격」을 참조.

19) 谷霽光, 「九品中正考」, 『天津益世報』(1936年 3月 31日) ; 許同莘, 「論魏晉九品用人制度」, 『河南政治月刊』 1936-6 ; 韓國磐, 『魏晉南北朝史綱』(北京 : 人民, 1983).

20) 대표적인 학자로는 당장유를 들 수 있다. 唐長孺, 「九品中正制度試釋」, 『魏晉南北朝史論叢』(北京 : 三聯, 1955)을 참조.

21) 당시 孔融이 北海 집단의 수장이며, 崔琰이 冀州 집단의 수장이었음은 잘 알려진 사실이며, 荀彧을 통해 曹操가 潁川의 名士들을 초빙할 수 있었음 역시 유명한

선거기준인 문학(文學)의 선양(宣揚)으로 나타났다.[22] 그러나 애초부터 개별 사대부의 숙청이라는 방법은 근본적으로 사대부들의 자발적인 복종을 이끌어 낼 수 없었고, 문학 역시 당시 사대부들의 저항에 의해 전통적인 유교를 추월하여 새로운 선거기준으로 정립되지 못하였다. 특히 문학과 유교의 두 가치기준의 대립은 조비, 조식(曹植)의 입태자(立太子) 쟁투와 연동한 결과, 사대부층의 지지가 필요했던 조비의 타협적 태도로 인해 일찌감치 유교의 승리로 막을 내렸다. 위문제(魏文帝) 조비는 사대부들과 대치하기보다는 구품중정제라는 타협안을 통해 자신을 지지했던 사대부들에게 인사권을 보장해 주며, 사대부들을 국가체제 안으로 포섭하였다.[23]

구품중정제가 처음 실시될 때의 기록에 선발대상이 제시되어 있는데, '공경(公卿) 이하에서 낭리(郎吏)까지'[24]라고 하여 이미 입사(入仕)하고 있는 관리가 그 대상임을 알려주고 있다. 이로 인해 미야자키 이치사다[宮崎市定]의 경우 구품중정제를 한위(漢魏) 선양(禪讓)에 앞서 한조정의 관료들이 가질 정치적 실각에 대한 공포를 최대로 줄이고 그들을 정치세계로 재진입시키기 위한 제도라고 보았다.[25] 그래서인지 최초에 제시된 품평의 기준 역시도 '맡은 바 역할에서 공(功), 덕(德), 재(材), 행(行)'[26]이라 해서 기존 입사자라는 대상과 무관하지 않다. 요컨대 지금까지 정부 안에서 수행한 정치적 활동에 대한 평가기준이 제시된 것이다. 따라서 구품중정제가 실시되던 초기에는 주된 대상이 한조정의 입사자였음을 알 수 있다. 그러나 '그

일이다. 자세한 것은 洪承賢, 「漢末魏初 士大夫 社會와 浮華」, 『中國古代史研究』 12(2004), pp.176~185를 참조.

22) 渡邉義浩, 「三國時代における「文學」の政治的宣揚－六朝貴族制形成史の視點から－」, 『東洋史研究』 54-3(1995), p.41.

23) 와타나베 요시히로 역시 曹魏時期 九品中正制의 성격을 당시 명사들의 자율적 질서를 승인하고 제도적으로 국가 안으로 포함시킨 일종의 타협물이라고 규정하였다. 渡邉義浩, 「九品中正制度における「孝」」, 『漢學會誌』 41(2002), p.33.

24) 自公卿以下, 至于郎吏(『三國志·魏書』 卷23, 「常林傳」, p.660).

25) 宮崎市定, 『九品官人法の研究』(京都 : 同朋舍, 1956), pp.98~99.

26) 功德材行所任(『三國志·魏書』 卷23, 「常林傳」, p.660).

편호에 대해 품평한다[品其編戶也]'[27)]라는 구절은 점차 품평의 대상이 입사하고 있는 이들만이 아닌 지역사회 내의 일반인 모두를 포함하는 방식으로 변화해 갔음을 알려준다.[28)]

품평의 기준에 대해서는 언급한 것처럼 '공·덕·재·행'이 제시되었으나,[29)] 구체적으로 이것이 어떤 내용인지를 확인하는 것은 쉽지 않다.[30)] 다만 이들 품평기준 중 무엇보다도 덕이 우선시 되었던 것은 확실하였던 것으로 생각된다. 예를 들어 『삼국지(三國志)·위서(魏書)』「노육전(盧毓傳)」의 '성행(性行)이 우선이고, 언재(言才)가 다음'[31)]이라는 기록은 어느 시대보다도 재능이 우선시 되었던 조위시기마저도 인물평가에서 덕행이 강조되었던 것을 잘 보여주고 있다. 또한 명사들의 일화를 수록하고 있는 『세설신어(世說新語)』의 첫 장이 「덕행(德行)」이라는 것은 이 시기 인물평가의 우선이 무엇이었는가를 잘 보여준다. 그리고 우리는 이후 사서에서 하나의 관용구처럼 '선덕행후문재(先德行後文才)'라는 표현을 발견하게 된다.[32)]

---

27) 『全晉文』, 「奏廢九品爲大小中正」, p.1802上.

28) 미야자키 이치사다는 漢魏革命 후 구품중정제가 임시적 제도에서 항구적 제도로, 入仕者의 자격심사에서 初任官의 자격심사로 변화해 갔다고 하였다. 宮崎市定, 앞의 책, p.10.

29) 구품중정제의 品評 기준으로는 개인의 재능이나 德行과 더불어 家格 즉, 門第를 들 수 있다. 그 중 문제의 경우 "상품 중에 한문 없고, 하품 중에 세족 없다(上品無寒門, 下品無勢族. 『晉書』 卷45, 「劉毅傳」, p.1274)"라고 하여 상당한 영향을 미치는 것으로 여겨졌다. 그러나 시대는 다르더라도 중정은 인물을 논하는 것에 그 본을 두어야 한다는 기록은(諸州中正, 本在論人. 『魏書』 卷57, 「崔挺傳」, p.1265) 구품중정제 운영의 근저가 개인의 재능과 덕행에 따라 인재를 발탁하는 것에 있었음을 알려준다.

30) 이러한 사정은 구품중정제에 대한 연구에도 영향을 미쳐, 지금까지의 연구성과는 주로 조직, 기구 자체에 대한 연구와 그것이 魏晉南北朝 사회구조에 미친 영향에 집중되어 있다. 즉 설립시기나 官品·鄕品의 관계, 품평기구의 구성, 명칭 등이나 창설목적, 甲族·寒門의 문제, 문벌정치의 문제 등이 주된 관심사였다. 최근 구품중정제를 다룬 전문서가 출간되어 선발기준에 대한 내용이 거론되기는 하였으나, 역시 유가적 소양의 덕행이 강조되었다는 것만이 언급되었을 뿐이다. 胡舒雲, 『九品官人法考論』(北京 : 社會科學, 2003)을 참조.

31) 先擧性行, 而後言才(『三國志·魏書』 卷22, 「盧毓傳」, p.652).

그런데, 조위시기 강조되었던 덕행이 구체적으로 무엇을 의미했는지를 정확하게 파악하는 것 역시 쉽지 않다. 왜냐하면 당시 덕행과 관련해서는 일반적으로 유가의 덕목이 이야기되긴 하였지만,[33] 덕행으로 소문난 이들 중에는 형옹(邢顒)과 같이 법률제도에 능통한 이도 포함되어 있고,[34] 은일(隱逸) 역시도 덕행의 한 모습으로 표현되고 있기 때문이다.[35] 비록 당시 사대부들이 조조의 유재주의(唯才主義)에 맞서 유가의 가치를 선양(宣揚)했다 해도, 시대적 상황은 덕행의 다양한 측면을 만들어 냈던 것으로 생각된다.[36] 즉 공동체의 파괴, 지속된 전란 등의 상황은 사회적으로 유가적 덕목 외에도 도가(道家)·법가(法家)·군사적(軍事的) 덕목을 필요로 했을 것인데, 그 결과 조위시기 덕행이란 관념은 사용자에 따라 그 내용의 차이를 가졌던 것으로 생각된다. 그것은 '덕'이라는 것이 도덕, 품덕, 선행 등으로 모호하게 해석되기에[37] 특정한 학문적 경향에 의해 구체적 내용이 규정되어 사람마다 다소의 차이를 가질 수 있기 때문이다.

한편 이러한 현상은 당시 국가에 의해 사회적 가치가 결정되지 못하는 상태였음을 우리에게 알려준다. 조조의 경우 "재능만 있으면 형수와 사통하고 뇌물을 받은[盜嫂受金] 무리라도 등용하겠다"[38]며 유재주의를 강조하였지만, 그 역시 한편으로는 인의예양(仁義禮讓)이라는 유가적 덕목과 선왕(先王)의 도를 이야기해야만 했다.[39] 요컨대 사대부들의 자율적인 가치와는

---

32) 文才라는 표현 대신 文學 또는 文藝라는 표현도 종종 등장한다.

33) 擧孝廉, 本以德行, 不復限以試經(『三國志·魏書』 卷13, 「華歆傳」, p.403).

34) 『三國志·魏書』 卷12, 「邢顒傳」, pp.382~383.

35) 『三國志·魏書』 卷11, 「管寧傳」, p.360.

36) 무라카미 요시미는 후한 말 이래 사회적·경제적·정치적 분열은 필연적으로 문화의 가치를 다양화하였다고 하였다. 村上嘉實, 「魏晉における德の多樣性について－世說新語の思想－」, 『鈴木博士古稀記念 東洋史論叢』(東京 : 明德, 1972), p.550.

37) 대표적으로 『漢語大詞典』(上海 : 上海辭書, 1986)에서는 덕을 道德, 品德, 善行, 仁愛, 仁政, 恩惠, 恩德, 賜予, 敎化 등으로 다양하게 해석하고 있다.

38) 『三國志·魏書』 卷1, 「武帝紀」, p.32.

39) 秋七月, 令曰 : 「喪亂已來, 十有五年, 後生者不見仁義禮讓之風, 吾甚傷之. 其令郡國各脩文學, 縣滿五百戶置校官, 選其鄕之俊造而敎學之, 庶幾先王之道不廢, 而有以益

다른 군주권력의 가치를 제시해야 했지만, 사대부들의 가치를 완전히 무시할 수도 없는 상황이었던 것이다. 아직까지 국가는 사대부들의 사적(私的) 활동이나 공적(公的) 행위를 관할하는 최종 재판자가 아니었으며, 사회적 가치와 기준을 만들어 내는 주도적 위치를 점하지도 못하였다. 여전히 선거에서는 사대부들의 개인적인 인물 품평이 인물발탁의 근거가 되었다.[40] 후한 말 이래 사대부를 중심으로 사회적 기준이 형성되던 상황을 조위정부는 역전시키지 못했던 것이다. 결국 이러한 두 가치의 대치는 '유가적 소양을 지닌 사람 중 재능이 있는 자'라는 기준을 만들어 낼 수밖에 없었을 것이다. 이것이 현실적으로는 덕행이라는 덕목을 선양하며, 한편으로는 덕행의 다양한 측면을 만들어 냈던 것으로 생각된다.

2. 품평의 기준 '효'

이후 서진(西晉) 들어 사상계에서는 유가 이외의 노장(老莊)이나 도교(道教), 불교(佛教) 등 가치의 다변화가 발생하면서 자유로운 교양인으로서의 면모가 강조되는 새로운 사대부상(士大夫像)이 등장하였다.[41] 그 결과 야노 지카라[矢野主稅]가 밝힌 것처럼 인물의 평가기준은 서진시기 들어 노장, 현학(玄學), 담론(談論), 서화(書畵), 음악(音樂), 용자(容姿) 등으로 점차 다양화되었다.[42] 그러나 이러한 인물 평가기준의 다변화에도 불구하고 그 사회가 요구하는 사회적·합리적 행동의 근저[43]는 효였던 것으로 생각된다.

于天下.」(『三國志·魏書』 卷1, 「武帝紀」, p.24).

40) 洪承賢, 앞의 글(2004), p.184. 당시 西曹掾을 거쳐 東曹掾을 담당하며 曹操政權의 人事를 관장하고 있었던 崔琰은 評狀을 지어 개인적인 인물품평을 하며, 특정인을 추천하였다. 『三國志·魏書』 卷11, 「邴原傳」, p.351.

41) 위진남북조시기 새로운 인간형의 출현에 대해서는 三森樹三郎, 『梁の武帝』(京都 : 平樂寺書店, 1956), pp.2~26, 「六朝時代の性格」을 참조.

42) 矢野主稅, 「狀の研究」, 『史學雜誌』 76-2(1967), p.43.

43) 와타나베 요시히로는 中正의 狀에 등장하는 老莊, 玄學, 談論, 書畵, 音樂, 容姿와 같은 기준들은 평가대상인 인물의 특징을 묘사하고 있을지는 몰라도, 근본적으로 그 사회가 요구하는 사회적·합리적 행동의 근저는 아니라고 하였다. 즉 그는

상층사대부의 대변자를 자처하던 사마씨(司馬氏)가 건국한 서진은 조위와는 달리 황제가 사대부 가치의 옹호자가 되어 사대부의 중앙정부로의 규합을 시도하였다. 따라서 조위시기와는 달리 이 시기 덕행의 내용은 유가적 덕목으로 단일화된다.

> 첫째로는 충성을 다하고 그 몸을 삼가는 것이며, 둘째로는 효성과 공경을 다하고 진력으로 예를 준수하는 것이고, 셋째로는 형제와 우애 있는 것이며, 넷째로는 몸을 정갈히 하며 근면하고 겸손한 것이고, 다섯째로는 말과 행동에 신의가 있는 것이며, 여섯째는 학문의 성취다.[44]

이것은 함희(咸熙) 2년(265) 진무제(晉武帝)가 제군(諸郡) 중정(中正)에게 내린 육조(六條)의 선거 기준이다. 여기서는 제일 먼저 충이 거론되고 있으나 권력을 찬탈한 사마씨가 충보다는 효를 선양하며[45] '효치천하(孝治天下)'를 표방한 것[46]은 잘 알려진 사실이다. 따라서 우리는 한대와 마찬가지로 서진시기 사회 지배이념으로서 효가 제창되고, 그 결과 효행이 사회적으로 가장 중요하게 평가되는 덕행의 내용이 되었을 것임을 짐작할 수 있다.[47]

사회적·합리적 행동의 근저란 당시 사회가 요구한 당연한 가치이기 때문에 그 인물의 특징이나 先端的인 가치를 표현하기만 하는 인물평가에서는 통상적으로 묘사되지 않는다고 하였다. 渡邉義浩, 앞의 글(2002), 34쪽.

44) 一曰忠恪匪躬, 二曰孝敬盡禮, 三曰友于兄弟, 四曰潔身勞謙, 五曰信義可服, 六曰學以爲己(『晉書』 卷3, 「世祖紀」, 50쪽).

45) 당장유는 西晉이 정권을 탈취한 것이 유가의 전통도덕과 부합하지 않았기 때문에 忠이 아닌 孝를 제창했다고 하였는데, 이러한 주장은 일찍이 노신에게서도 발견된다. 최근 장애파는 이외에도 후한 말 전란의 와중에서 '親情觀念'이 등장한 것과 勢族의 등장에 따른 '가족의식'이 형성됨으로 인해 사회적으로 효가 제창되었다고 보았다. 唐長孺, 「魏晉南朝的君父先後論」, 『魏晉南北朝史論拾遺』(北京 : 中華書局, 1983), p.238 ; 魯迅, 『魯迅全集 三』(北京 : 人民文學, 1973), p.501 ; 張愛波, 「西晉以"孝"治天下與儒風頹變」, 『新亞論叢』 7(2005), p.77.

46) 公方以孝治天下(『晉書』 卷33, 「何曾傳」, p.995) ; 伏惟聖朝以孝治天下(『晉書』 卷88, 「孝友 李密傳」, p.2275).

47) 晉武帝 司馬炎의 지나칠 정도의 효행은 분명 정치적 의도에 의해 행해진 것이기는 하지만, 그 결과 조정 안에서는 漢文帝 이후 국가적으로 실행되지 않던 三年喪의

호족(豪族)에 의해 운영되던 지역사회 역시 전통적으로 효행을 중시하였으나, 이러한 중앙정부의 효의 제창은 효행을 공적 가치로 격상시켰다.[48] 자연히 선거에 있어서도 효는 발탁과 승급의 중요한 근거가 되었을 것이다.

사실 효가 구품중정제 운영에 있어 인재 선발의 근거가 되었던 것은 이미 조위에서도 마찬가지였던 것으로 보인다. 『삼국지』에는 하후현(夏侯玄)이 구품중정제에 대해 논평하는 장면이 있는데, 여기서 하후현은 중정의 역할을 '효행을 마을마다 있게 하고, 지역 사람의 우열을 평가하여 일을 맡기는 것'이라고 하고 있다.[49] 이것은 조위시기 역시 효가 개개인이 가진 능력의 우열에 앞선 덕행의 근본으로 간주되었음을 알려준다.

실제로 서진시기 효가 공적 가치로 격상됨에 따라 사회적 행동을 규제하는 가장 영향력 있는 규범이자 선거에 있어 중요한 인물발탁의 기준이 되었다. 후한 말~육조(六朝) 사대부들의 일화를 모은 『세설신어』「덕행」편에 수록된 일화 중 효행에 관한 일화가 가장 많은 것과 관련하여 당시 사대부들의 가장 중요한 생활의 장이 가정이었기 때문에 발생한 것이라는 주장도 있지만,[50] 인물 평가서로서의 성격을 지닌 『세설신어』의 특성을 고려하면[51]

부활이 논의되기 시작하였다. 예를 들어 『晉書』「羊祜傳」에서 羊祜는 司馬昭 사망 후 대신들의 반대에도 불구하고 3년 동안 深衣와 素冠을 착용하고 降席과 撤膳을 실행했던 무제의 효성을 '하늘이 내린 지극한 효성(天縱至孝)'이라고 하며, 이를 계기로 漢魏의 短喪制를 혁파하고 先王의 법인 삼년상을 부활하자고 하고 있다. 그 결과 太康 7년(286)에는 대신들의 終喪이 허락되었다. 이러한 사회적 변화 속에서 자연히 효는 인물 평가의 덕목에서 사회의 公的인 평가 기준이 되어갔을 것이다. 『晉書』 卷20, 「禮中」, pp.613~414과 『晉書』 卷34, 「羊祜傳」, p.1022를 참조.

48) 노다 도시아키는 서진시기 人事의 場에서 사인층의 효 실천의 구체적 표현인 家禮를 고려하여 행정처리가 행해진 예를 분석하여 효가 당시 사회에서 가장 중요한 가치임을 증명하였다. 野田俊昭, 「東晉時代における孝と行政」, 『東洋史論集』 32(2004), pp.41~42.

49) 孝行存乎閭巷, 優劣任之鄉人(『三國志·魏書』 卷9, 「夏侯玄傳」, p.295).

50) 宇都宮淸吉, 「世說新語の時代」, 『漢代社會經濟史硏究』(東京 : 弘文堂, 1967), p.481.

51) 『世說新語』가 인재를 선발하기 위한 인물평론서의 성격을 지니고 있다고 본 대표적인 연구자로는 당장유와 가와카즈 요시오를 들 수 있는데, 특히 당장유는

이보다는 현실적으로 당시 선거의 중요한 품평기준이 효행인 것에서 기인할 것이다.

즉, 『세설신어』「덕행」편에는 당시 효성이 지극해서 명성을 얻은 이들의 일화가 많이 수록되어 있어, 인물평가의 가치가 다변화되었음에도 불구하고 그 근저를 이루는 중요한 덕목이 효행임을 알 수 있다. 그렇다면 효를 가장 잘 드러내는 방법은 무엇일까? 우리는 여기서 어렵지 않게 상복례를 떠올릴 수 있을 것이다. 그것은 아마도 의례(儀禮) 중 상복례가 친친(親親), 존존(尊尊), 귀귀(貴貴), 현현(賢賢)이라는 유가의 이념을 가장 잘 체현하기 때문일 것이다. 역시 『세설신어』의 효행과 관련한 기사 중에서도 상복례에 대한 과례의 내용이 다수를 이룬다. 그리고 그것은 선거와 직결되어 있음을 알 수 있는데, 아래의 기사는 그 대표적인 사례가 될 것이다.

> 오도조(吳道助)·부자(附子) 형제는 단양군(丹陽郡)에 살았는데, 후에 모친 동부인(童夫人)의 상(喪)을 당하자 조석(朝夕)으로 곡(哭)을 하였다. 사모의 정이 지극하여 빈객(賓客)이 조문하러 오면, 발을 구르며 애절하게 통곡하여 지나는 사람조차 이 때문에 눈물을 흘렸다. 이때 한강백(韓康伯)이 단양윤(丹陽尹)으로 있었는데, 그의 어머니 은씨(殷氏)도 함께 군(郡)에 있어 매번 두 형제의 곡소리를 듣고 측은하게 여겼다. 강백에게 일러 말하기를 "네가 만일 선관(選官)이 된다면, 마땅히 이 사람들을 잘 대해주어야 한다"고 하였다.[52]

오탄지(吳坦之, 도조는 오탄지의 어릴 적 자(字))·오은지(吳隱之, 부자는

진대는 물론이고 그 이후에도 淸談은 淸議를 의미하는 말로 이해되었다고 주장하며, 당시 士族들의 청담을 수록한 『세설신어』의 정치적 성격을 강조하였다. 唐長孺, 「淸談與淸議」, 『魏晉南北朝史論叢』(北京：三聯, 1955)과 川勝義雄, 「世説新語の編纂をめぐって－元嘉の治の一面」, 『東方學報』 41(1970)을 참조.

52) 吳道助·附子兄弟, 居在丹陽郡. 後遭母童夫人艱, 朝夕哭臨. 及思至, 賓客弔省, 號踊哀絶, 路人爲之落淚. 韓康伯時爲丹陽尹, 母殷在郡, 每聞二吳之哭, 輒爲悽惻. 語康伯曰：「汝若爲選官, 當好料理此人.」(『世說新語』, 「德行」, pp.51~52).

오은지의 어릴 적 자) 형제의 일화를 그리고 있는 『세설신어』는 다시 정집(鄭緝)의 『효자전(孝子傳)』을 인용하여 동일 일화에 대해 부가 설명을 더하고 있는데, 『효자전』에서는 '사모의 정이 지극하여 … 발을 구르며 애절하게 통곡하여[及思至 … 號踊哀絶]'라는 『세설신어』의 구절 대신 '애훼과례(哀毁過禮)'라 하여 "애절히 슬퍼하는 것이 상례(常禮)를 넘어섰다"고 서술하고 있다.[53] 즉 오탄지·오은지 형제의 지극한 상례를 과례로 표현하고 있는데, 『진례』가 제정되고 특히 복제(服制)와 사(祠), 상장(喪葬)의 예가 법령으로 규정된 상태에서 한 말과 같은 과례는 행해질 수 없었기에,[54] 진대 과례란 주로 아침저녁으로 발을 구르며 애절하게 곡을 하는 정도, 즉 곡읍(哭泣)의 예가 극진한 것으로 나타났던 것으로 생각된다.[55]

이러한 행위는 한 말과 같이 명성을 얻기에 충분하였고, 결국 선관에 의한 발탁의 근거가 되었다. 특히 '마땅히 이 사람들을 잘 대해주어야 한다'는 한강백 모친의 말을 통해 우리는 당시 사람들 모두가 효성이 선거발탁의 가장 중요한 평가기준이 된다는 것을 알고 있었을 것이라 추측할 수 있다. 자연히 우리는 이러한 진대 상황을 통해 선거와 밀접한 관련을

53) 吳隱之字處默. 少有孝行, 遭母喪, 哀毁過禮. 時與太常韓康伯隣居. 康伯母揚州刺史殷浩之妹, 聰明婦人也. 隱之每哭, 康伯母輒輟事流涕, 悲不自勝, 終其喪如此. 謂康伯曰 : 「汝後若居銓衡, 當用此輩人.」 後康伯爲吏部尙書, 乃進用之(『世說新語』, 「德行」, p.52).

54) 현재 확인되는 서진의 『晉禮』 안에는 신분에 따른 服喪의 원칙을 비롯하여 장례 때 부르는 輓歌에 대한 규정, 스승에 대한 상복규정이 마련되어 있다. 뿐만 아니라 『泰始律令』 안에도 「服制令」이 있어 官品에 따른 복식과 印綬의 규정이 있으며, 「喪服令」 안에는 신분에 따른 복상의 규정이 제시되어 있다. 심지어는 「學令」을 두어 신분차등에 따라 학교입학의 규정을 마련해 두었다. 이로 인해 후한 말과 같은 개인의 자의적인 예 집행은 불가능하게 되었다. 자세한 내용은 본서 4부 1장의 <표 4-1-1. 『태시율령』 편목>과 <표 4-1-2. 『진서』와 『통전』에서 확인되는 『진례』의 조항과 그 내용>을 참조.

55) 역시 『세설신어』에서는 常禮를 벗어나는 극진한 효성에 대해 '過禮', '過人' 등으로 표현하고 있는데, 그 구체적인 내용은 모두 哭泣의 예가 지극한 것으로 나와 있다. 王戎·和嶠同時遭大喪, 俱以孝稱. 王雞骨支牀, 和哭泣備禮. 武帝謂劉仲雄曰 : 「卿數省王·和不? 聞和哀苦過禮, 使人憂之.」(『世說新語』, 「德行」, pp.19~20 ; 王安豐遭艱, 至性過人. 裴令往弔之, 曰 : 「若使一慟果能傷人, 濬沖必不免滅性之譏.」(『世說新語』, 「德行」, p.22).

맺은 상복례가 사대부사회에서 중요한 의미를 가질 수 있음을 알 수 있다. 그 결과 상복례의 준수여부는 인재발탁의 중요한 관건이 되기도 하였지만 한편으로는 강품(降品)의 근거가 되기도 하였다.[56] 이 문제는 절을 달리해서 살펴보도록 하겠다.

2절 진대 이후 향품 폄의의 사례와 내용

1. 상복례의 위반과 폄의

진대 상복례와 후한 말 상복례가 동일하게 과례의 모습을 가졌다면, 두 시기 상복례의 가장 큰 차이는 후한 말 상복례가 명성을 얻는 방법에 국한된 것과는 달리, 진대 상복례는 관직의 획득이나 승급 이외에도 관직박탈과 강등의 근거가 되었다는 점일 것이다. 효성이 지극하게 표현된 상복례가 인재발탁에 중요한 근거가 된 것처럼, 잘못 행해진 상복례 역시 선거와 밀접하게 관련되어 있었다.

중정은 일반적으로 알려져 있는 관료선발과 더불어 관료의 승급 및 강등, 관계추방이라는 권한도 가지고 있었는데,[57] 주로 상복례의 위반이 처벌의 이유가 되었다.[58]

---

56) 晉南陽中正張輔言司徒府云 :「故涼州刺史揚欣女, 以九月二十日出赴姊喪殯, 而欣息俊因喪後二十六日, 强嫁妹與南陽韓氏, 而韓就揚家共成婚姻. 韓氏居妻喪, 不顧禮義, 三旬內成婚, 傷化敗俗, 非冠帶所行. 下品二等, 本品第二人, 今爲第四. 請正黃紙.」梁州中正梁某言 :「俊居姊喪嫁妹, 犯禮傷義, 貶爲第五品.」(『通典』 卷60,「嘉禮五」, p.1696).

57) 周一良,「兩晉南朝的淸議」,『魏晉隋唐史論集 2輯』(北京 : 社會科學, 1983), p.1.

58) 잘못된 喪服禮의 실행으로 降品된 경우와 免職된 경우가『二十二史劄記』「九品中正」에 다수 정리되어 있다. 몇 가지를 소개하면 다음과 같다. 陳壽遭父喪有疾, 令婢丸藥, 客見之, 鄕黨以爲貶議. 由是沈滯累年(p.100) ; 長史韓預, 强聘楊欣女爲妻. 時欣有姊喪未經旬. 張輔爲中正, 遂貶預以淸風俗(p.101) ; 李含爲秦王郎中令, 王薨, 含俟葬訖除喪. 本州大中正以名義貶含. 傅咸申理之, 詔不許, 遂割爲五品(p.101).

진혜제(晉惠帝) 원강(元康) 2년(292), 사도(司徒) 왕혼(王渾)이 상주(上奏)하여 아뢰었다. "이전에 상중에 혼례를 하는 모상혼취(冒喪婚娶)로 인해 교화와 예의를 어그러뜨리는 것에 대해 16주(州)에 적발하라고 명하여, 지금 본주(本州) 중정들이 각기 상언(上言)하였습니다. ① 태자가령(太子家令) 우준(虞濬)은 동생의 상 중에 딸의 배시혼(拜時婚)을 행했고, ② 진동사마(鎭東司馬) 진담(陳湛)도 동생의 상 중에 딸의 배시혼을 행했습니다. ③ 상용태수(上庸太守) 왕숭(王崇)은 형의 상 중에 딸의 배시혼을 행했고, ④ 하후준(夏侯俊)은 조카의 상 중에 아들 항(恒)을 장가들여 며느리를 들였는데, 당시 항은 복상(服喪)하지 않았던 상태입니다. ⑤ 국자좨주(國子祭酒) 추담(鄒湛)은 제부(弟婦)의 상 중에 아들 몽(蒙)을 장가들이는 취부배시혼(娶婦拜時婚)을 행했는데, 몽은 1년 복상 중이었습니다. ⑥ 급사중(給事中) 왕침(王琛)은 형의 상 중에 아들 릉(稜)의 취부배시혼을, ⑦ 병주자사(幷州刺史) 양기(羊暨)는 형의 상에 아들 명(明)의 취부배시혼을 행했습니다. ⑧ 정서장사(征西長史) 견창(牽昌)은 동생의 상 중에 아들 언(彦)의 취부배시혼을 행했습니다. 추담은 유관(儒官)으로 자신은 비록 무복(無服)이라 해도 혼주(婚主)인데, 예에 의한다면 '대공복(大功服)의 말에는 아들을 장가보낼 수 있으며, 소공복(小功服)의 말에는 처를 얻을 수 있다'고 하였습니다. 비록 자최복(齊縗服) 중에 혼사를 행하는 것과 관련한 규정이 없다 해도, 전헌(典憲)을 어그러뜨리고 위반하였으니, 마땅히 폄출(貶黜)하여 왕법을 숙연히 해야 할 것입니다. 면관(免官)하여 청의(淸議)를 바르게 할 것을 청합니다."[59]

위의 기사는 상복례의 위반이 면관으로 이어졌던 가장 대표적인 사례라고

---

59) 晉惠帝元康二年, 司徒王渾奏云 : 「前以冒喪婚娶, 傷化悖禮, 下十六州推擧, 今本州中正各有言上. 太子家令虞濬有弟喪, 嫁女拜時 ; 鎭東司馬陳湛有弟喪, 嫁女拜時 ; 上庸太守王崇有兄喪, 嫁女拜時 ; 夏侯俊有弟子喪, 爲息恒納婦, 恒無服 ; 國子祭酒鄒湛有弟婦喪, 爲息蒙娶婦拜時, 蒙有周服 ; 給事中王琛有兄喪, 爲息稜娶婦拜時, 幷州刺史羊暨有兄喪, 爲息明娶婦拜時 ; 征西長史牽昌有弟喪, 爲息彦娶婦拜時. 湛職儒官, 身雖無服, 據爲婚主, 按禮『大功之末可以嫁子, 小功之末可以娶婦』. 無齊縗嫁娶之文, 虧違典憲, 宜加貶黜, 以肅王法. 請臺免官, 以正淸議.」(『通典』 卷60, 「嘉禮五」, pp.1689~1690).

할 수 있다. 그런데 이렇게 복상과 같은 비상시에 혼례의 육례(六禮-납채(納采), 문명(問名), 납길(納吉), 납징(納徵), 청기(請期), 친영(親迎))를 생략한 채 취첩(娶妾)·부(婦)하고 가녀(嫁女)하는 배시혼이 성행하고 있었던 것은 무엇을 의미할까? 기록에는 전한(前漢) 평제시기(平帝時期) 광록대부(光祿大夫) 유흠(劉歆) 등에게 조를 내려 혼례를 정하게 하여 사보(四輔)와 공경(公卿) 이하 대부(大夫), 박사(博士), 낭(郎), 이(吏) 등의 가속(家屬)은 모두 예에 의해 결혼이 행해졌다는 기록이 있지만,[60] 위의 상황을 보면 여전히 각 집안의 혼사는 다분히 관습에 의해 행해졌음을 알 수 있다.[61] 그러나 서진정부는 '길흉을 구별하는 것이 예의 큰 상서로움'[62]이라는 구실로 관습적으로 행해지던 사대부들의 혼인습속을 처벌하였다. 당시 사대부들이 행하고 있었던 배시혼의 적발은 중정에 의해 행해졌고, 그 처벌은 청의에 의하여 집행되었다.

우리는 정부에 의해 배시혼이 규제되는 위의 사례를 통해 두 가지 사실을 확인할 수 있다. 하나는 국가 예전(禮典)의 편찬 이래 국가가 유일한 예의(禮儀) 제정자이자 재판자로서 유가경전을 왕법과 일체화시켰다는 점이다. 우리는 예의 규정=전헌(典憲)=왕법이라는 도식을 통해 왕법과 유가경전이 일체화되어 있음을 확인할 수 있다. 요컨대 한대 황제권과 마찰하던 사대부의 예교주의, 혹은 경전주의는 이제 국가에 의해 선양되게 된 것이다.[63]

---

60) 漢平帝詔光祿大夫劉歆等雜定婚禮. 四輔·公卿·大夫·博士·郎·吏家屬皆以禮娶(『通典』 卷58, 「禮十八」, p.1649).

61) 가미야 노리코는 아직 후한시대에는 禮經에 기술된 내용으로부터 상복이나 혼사에 부합하는 법칙을 추출해서 사회적으로 확인하는 단계에 이르지 못하였고, 이전 단계인 그 전제가 될 만한 禮經 해석의 확정도 불충분했다고 보았다. 그러나 서진시기에도 여전히 배시혼이 공공연하게 행해졌던 것을 보면 이러한 상황은 비단 후한시기의 문제만은 아닐 것이다. 神矢法子, 「漢晉間における喪服禮の規範的展開－婚姻習俗「拜時」をめぐって－」, 『東洋學報』 63-1·2(1981), p.77.

62) 『通典』 卷60, 「嘉禮五」, p.1690.

63) 감회진에 의하면 '經典主義'란 모든 사회적 행위의 근거를 經典에서 구하며, 경전에 근거하여 국가의 정책을 규정하고자 하는 태도를 의미한다. 자세한 내용은 甘懷眞, 「「制禮」觀念的深析」, 『皇權·禮儀與經典詮釋：中國古代政治史研究』(臺北：喜瑪

또 다른 하나는 청의의 주도권을 정부가 장악하게 되었다는 것이다. 위의 기사에서는 청의의 교정이 향촌사회에서 모색되는 것이 아니라, 정부에 의한 관원의 면관으로 표현되고 있다. 이제 청의 역시 향촌사회의 자율적 질서가 아닌 국가에 의해 조정되게 된 것이다.[64]

2. 의례에 의한 사대부 행동의 규제

이러한 두 가지 사실은 이제 사대부의 모든 행위가 국가에 의해 규제받게 될 것임을 의미한다. 그런데 배시혼에 대한 처벌과 관련한 내용을 좀 더 살펴보면 사대부들에게 요구되던 것이 단순한 상복례의 준수범위를 넘어섬을 알 수 있다. 앞의 기사 뒤로 연결되는 다음의 내용을 보자.

> 하후준·왕침·왕릉은 모두 자최복 중에 취부·취처하여 그 위반한 바가 큽니다. 하후항은 비록 무복(無服)이지만 불의(不義)에 대해 간쟁(諫諍)하지 않았으니 역시 예에서 꾸짖는 바이지만, 그 위반한 것이 왕릉보다는 가볍습니다.[65]

사촌형제의 복상을 마친 하후항은 이미 탈상(脫喪)한 상태라 혼례를 올릴 수 있으나, 문제는 혼주(婚主)가 되는 항의 부친 하후준이 자최기년복(齊縗朞年服) 중이었다는 점이다.[66] 따라서 당시 국자조교(國子助敎)였던 오상

拉雅硏究發展基金會, 2003), pp.87~91를 참조(原載 : 「中國中古時期制禮觀念初探」, 『史學 : 傳承與變遷學術硏究討論會論文集』(臺北 : 國立臺灣大學歷史系, 1998)).

64) 노다 도시아키는 南朝의 청의가 황제의 지배권력에 대해 일정한 독립성을 가진 것과 달리 서진 황제의 지배권력은 청의나 鄕論에 대해 우월한 위치를 점하고 있었다고 분석하였다. 野田俊昭, 「兩晉南朝の淸議·鄕論と天子の支配權力」, 『古代文化』 54-1(2002), pp.16~19.

65) 俊·琛·稜並以齊縗娶婦·娶妻, 所犯者重. 恒雖無服, 當不義而不諍, 亦禮所譏, 然其所犯者猶輕於稜也(『通典』 卷60, 「禮二十」, p.1689).

66) 기사의 내용을 간략하게 표로 정리하면 다음과 같다. 표는 神矢法子, 앞의 글(1981), 79쪽 표A를 인용하여 재정리하였다.

(吳商)은 하후항은 마땅히 그 결혼이 불의임을 들어 그 부친에게 간쟁했어야 한다고 주장한다. 즉, 죄가 그의 부친 하후준보다 가볍기는 하지만 없지는 않다는 것이다. 왜냐하면 하후항은 자식으로서 마땅히 행해야 하는 행위를 하지 않았기 때문이다. 이것은 폄의의 대상이 단순히 상복례에만 국한된 것이 아니었다는 점을 말해주는 것으로, 당시 폄의는 인간생활 전반의 일거일동(一擧一動) 모두를 대상으로 하고 있었음을 알려준다. 국가가 예를 통해 모든 사대부들의 언행거지(言行擧止)를 규제한 것은 다음의 기사들을 통해서도 잘 나타난다.

> 사직(司直) 유외(劉隗)가 상언(上言)하였다. "문학(文學) 왕적(王籍)은 숙모(叔母)의 상복을 입은 지 아직 한 달도 안 된 상태에서 길일을 택해 처를 맞이하여 풍속과 교화를 이지러뜨렸으니 마땅히 폄출(貶黜)하여 이러한 일을 금지하게 해야 합니다. 장인인 주숭(周嵩)은 적이 상 중임에도 성혼한다는 것을 알았으나 사람으로서 예를 지키지 않고 혼인을 치른 것을 부끄러워하는 뜻이 없었으니 아버지의 도리를 잃은 것입니다. 또한 왕이(王廙)와 왕빈(王彬)은 적의 친척, 즉 숙부로 모두 군자(君子)와 집안 어른의 풍모가 없었으니 마땅히 청의에 응하여 향론에 맡겨야 합니다."[67]

<표 4-2-주1> 후한시기 배시혼의 사례

혼주	복상대상	복상 종류	결혼한 자녀	혼인형태	자녀의 복상종류
太子家令 虞濬	동생	齊縗1年	딸	嫁女拜時	齊縗1年
鎭東司馬 陳湛	동생	齊縗1年	딸	嫁女拜時	齊縗1年
上庸太守 王崇	형	齊縗1年	딸	嫁女拜時	齊縗1年
夏侯俊	조카	齊縗1年	아들 恒	納婦	大功9月(완료)
國子祭酒 鄒湛	제부(弟婦)	平吉	아들 蒙	娶婦拜時	齊縗1年
給事中 王琛	형	齊縗1年	아들 稜	娶婦拜時	齊縗1年
弁州刺史 羊暨	형	齊縗1年	아들 明	娶婦拜時	齊縗1年
征西長史 牽昌	동생	齊縗1年	아들 彦	娶婦拜時	齊縗1年

67) 司直劉隗上言：「文學王籍有叔母服, 未一月, 納吉娶妻, 虧俗傷化, 宜加貶黜, 輒下禁止. 妻父周嵩知籍有喪而成婚, 無王孫恥奔之義, 失爲父之道. 王廙·王彬, 於籍親則叔父, 皆無君子幹父之風, 應淸議者, 任之鄕論.」(『通典』 卷60, 「禮二十」, p.1690).

왕적의 배시혼과 관련하여 주승과 왕이, 그리고 왕빈은 실제로는 모두 상·혼례에 어긋나는 행위를 한 것은 아니다. 그러나 기사를 통해서 그들은 각각 '아버지와 도리[父之道]'와 '군자와 집안 어른의 기풍[君子幹父之風]'을 잃어 청의에 의해 평가받아야 함을 알 수 있다. 이제 사대부는 단순히 상복례를 지키는가 여부를 넘어, 사회적으로 요구되는 특정한 지위와 역할에 맡는 규범적 행위를 실행해야하는 지경에 이른 것이다.

사실 이러한 현상은 어느 정도는 예견된 일이었다. 선거에 있어 덕행의 실행여부가 중요한 가치가 된 것은 사실이지만 앞에서 언급한 것처럼 덕이라는 것의 포괄성으로 인해 그것은 구체적인 유교질서로 표현되어야만 했다.68) 그렇다면 당시 근본적이면서도 내재적인 덕을 표현하는 방법으로는 우선 지금까지 살펴본 상복례의 지극한 실행을 들 수 있을 것이다. 그리고 또 다른 것으로는 무엇이 있었을까? 아마도 그것은 인간과 인간 사이에서 마땅히 행해져야 하는 행위 또는 인간을 대하는 태도로 표현되었을 것이다. 우리는 이와 관련하여 비슷한 시기 인물평가에 대한 정보를 수록하고 있는 유소(劉卲)의 『인물지(人物志)』에서 그 단서를 찾을 수 있다.

유소는 『인물지』「자서(自序)」에서 인물을 선발할 때 "그 좋아하는 바를 살피고, 그 말미암은 바를 관찰함으로써 평상시의 행동거지를 알 수 있다"69)고 하였다. 이것은 『논어』 중 공자(孔子)의 말을 인용한 것인데, 『논어』「위정(爲政)」에는 "그의 행동을 보고 그의 말미암은 바를 관찰하고, 그의 좋아하는 바를 살피면 사람이 어찌 속일 수 있겠는가"70)라고 하여 밖으로 드러나는 행동과 내적 동기와 기호를 통해 인물을 평가할 수 있음을 말하고 있다. 따라서 우리는 유소가 「자서」에서 『논어』를 인용한 것을 통해 그

68) 모한광은 晉武帝가 제시한 6조의 선거기준이 品德을 주로 하고 있지만 대단히 모호하고 구체적이지 못하다고 지적하였다. 毛漢光, 「中古士族之個案硏究－瑯琊王氏」, 『中國中古社會史論』(臺北 : 聯經, 1988), p.395.(原載 : 『中央硏究院歷史語言硏究所集刊』 37本(1967)).

69) 察其所安, 觀其所由, 以知居止之行(『人物志』, 「自序」, p.2下).

70) 視其所以, 觀其所由, 察其所安, 人焉廋哉, 人焉廋哉(『論語』, 「爲政」, p.18).

역시 밖으로 드러나는 언행거지와 내적 동기, 그리고 그의 기호를 인물평가의 기준으로 삼고 있음을 알 수 있다.[71] 그러나 유소가 『인물지』를 구성하는데 있어 가장 첫머리를 '밖으로 드러난 아홉 가지 징험', 즉 「구징(九徵)」으로 편재한 것으로부터, 그 역시 현실적으로 어쩔 수 없이 밖으로 드러나는 언행거지가 인물평에 있어 우선적이고 중요한 기준이 됨을 인정하고 있음을 알 수 있다.[72]

특히 아홉 가지 징험 중 신(神 : 공평하거나 편파적인 자질의 근저), 정(精 : 명석하거나 아둔한 재능의 근저), 근(筋 : 용감하거나 비겁한 기세의 근저), 골(骨 : 강건하거나 유약한 기개의 근저), 기(氣 : 조급하거나 차분한 결단의 근저) 보다는 근심스럽거나 즐거운 감정을 드러내는 낯빛인 색(色)이나 흐트러지거나 단정한 몸가짐을 보이는 의(儀=의표(儀表)), 태도의 변화를 드러내는 용(容), 느긋하거나 조급한 마음의 상태를 알려주는 언(言) 등이 주된 평가의 대상이 되었을 것임을 쉽게 추측할 수 있다.[73]

이러한 인물평가의 기준이 마련된 상태에서 사대부들의 일상은 그 기준에 부합하기 위한 행동양식들을 구체화할 필요가 있었을 것이다. 특히 그 양식들은 예경에 규정된 사례(士禮)에 부합하면서도 시속(時俗)과 어울리며, 그러면서도 자신들의 지위나 가문의 지체에 맞는 합리적인 것이어야만 했을 것이다. 이제 사대부사회에서 본격적으로 가례가 등장하게 된 것이다.

---

71) 허건량은 『人物志』에서 인물을 평가할 때 중요하게 여긴 것으로 內心과 外形의 통일과 판단자 스스로의 검증이었다고 보았다. 許建良, 「『人物志』に見える人物判斷の思想」, 『集刊東洋學』 82(仙臺 : 中國文史哲研究會, 1999), p.21.

72) 이에 대하여 이백한은 외적인 행동거지와 내적인 내면덕목 중 내재적인 덕목이 관찰하기 어려운 것에 반해 밖으로 드러나는 행동거지를 관찰하는 것이 용이하였기 때문이라고 보았다. 李伯翰, 「言語行爲的評鑑－試論『人物志』談辯識人之法」, 『中國文化月刊』 320(2007), p.81.

73) 『인물지』를 譯註한 이승환의 해제에 따르면 『인물지』 제1장인 「九徵」은 『인물지』의 전체적 내용을 언급하는 장으로, 이 장에서 劉邵는 인물의 근본은 情과 性에 있으므로, 인물의 외재적 표징을 관찰하여 그의 내면적 자질까지 알아낼 수 있다고 밝히고 있다. 유소 지음/이승환 옮김, 『인물지』(서울 : 홍익, 1999), p.19.

3절 사대부 생활의 의례화

1. 인물평가 기준으로써의 예의 준수

구품중정제의 품평이 주로 의례의 준수여부에 맞춰졌기에 사대부의 일상생활은 국가에 의해 규제되었다. 예치(禮治)의 이념 중 하나가 인간생활에 대한 전면적인 규범의 확립을 의도하는 것이기에 이러한 상황은 어떻게 보면 예치의 완전한 실현에 보다 접근한 것일 수도 있겠다. 알려진 것처럼 고대 중국의 왕조들은 적극적으로 예제를 수립하고 예전(禮典)을 수찬(修纂)하고자 하였다. 그러나 서진 이전 예전은 모두 조의(朝儀)에 속하였고, 사회전반을 규제하는 예전은 아니었다.[74] 그러나 전한후기부터 본격적으로 시작된 의례개정 논의들은 조의를 넘어 사회구성원의 생활전반을 규제하는 예제를 만들고자 하는 방향으로 전개되었다.[75]

결국 그 노력은 서진 태시 초에 『진례(晉禮)』(=『신례(新禮)』)라는 이름으로 결실을 맺는다. 그리고 그 예제는 법령에 의해 고정화되며 이후 예전과 율령의 결합이라는 하나의 전범(典範)으로 정착되었다. 중국에서 최초로 종합적 계획에 의해 예전이 만들어졌던 진 태시(泰始) 연간에는 예전만 만들어진 것이 아니라, 율령의 편찬과 일련의 관제개혁이 이루어졌다. 바로 순의(荀顗)가 『진례』를 편찬하고, 가충(賈充)이 『태시율령(泰始律令)』을 편찬하고, 배수(裴秀)가 관제를 개혁하고 오등작제(五等爵制)를 제정한 것이 그것이다.[76] 이것은 진에만 국한된 일은 아니다. 양대(梁代) 역시 천감(天監)

---

74) 후한 章帝時期 천자로부터 서인에 이르기까지 冠·婚·吉·凶·終·始 제도를 망라한 예제가 끝내 제정되지 못하면서 조정의 의례를 넘어 모든 사회구성원에게 미치는 광범위하고도 근본적인 예제는 결국 등장하지 못하였다. 본서 4장 「『한서』「예악지」의 구성과 성격」 참조.

75) 津田左右吉, 「漢の王室と禮樂」, 『津田左右吉全集16 儒教の研究』(東京 : 岩波書店, 1965), p.381.

76) 秋七月, 帝奏司空荀顗定禮儀, 中護軍賈充正法律, 尚書僕射裴秀議官制, 太保鄭沖總而裁焉. 始建五等爵(『晉書』 卷2, 「文帝紀」, p.44).

원년(502) 『천감율령(天監律令)』이 편찬된 것과 거의 동시에 5인의 구학사(舊學士)에 의해 『오례의주(五禮儀注)』의 편찬이 시작되었다.[77] 이것은 율령법(律令法)이 완결된다는 수당시기(隋唐時期)에도 예외 없이 행해졌다. 수대에는 『수조의례(隋朝儀禮)』 100권이 편찬되었고,[78] 당대에는 『대당의례(大唐儀禮)』 100권을 비롯하여 『영휘오례(永徽五禮)』 130권, 『개원례(開元禮)』 150권이 편찬되었다.[79]

예의 본질이 사회구성원에 대한 차별화와 그 차별의 조화라고 한다면, 이와 달리 법은 동일성의 행위규범이다. 따라서 예를 치국의 근간으로 생각한 유가들은 사회구성원의 인격적인 차등을 설계하고, 그것을 신분적으로 사회화하는 것에 의해 질서를 수립할 수 있다고 믿었으며[80] 법을 치국의 도구로 이해한 법가들은 등급과 무관한 일률적인 법 집행을 통해 국가의 난을 방지할 수 있다고 믿었다.[81] 그러나 조위시기부터 시작하여 서진시기 본격화된 유가에 의한 법률의 제정은 법의 유가화(儒家化)를 촉진하였다.[82]

---

77) 於是尙書僕射沈約等參議, 請五禮各置舊學士一人, 人各自舉學士二人, 相助抄撰. 其中有疑者, 依前漢石渠·後漢白虎, 隨源以聞, 請旨斷決. 乃以舊學士右軍記室參軍明山賓掌吉禮, 中軍騎兵參軍嚴植之掌凶禮, 中軍田曹行參軍兼太常丞賀瑒掌賓禮, 征虜記室參軍陸璉掌軍禮, 右軍參軍司馬褧掌嘉禮, 尙書左丞何佟之總參其事(『梁書』 卷25, 「徐勉傳」, p.380).

78) 開皇初, 高祖思定典禮 … 太常卿牛弘因奏徵學者, 撰儀禮百卷. 悉用東齊儀注以爲準, 亦微採王儉禮(『隋書』 卷8, 「禮儀三」, p.156).

79) 高宗初, 議者以貞觀禮節文未盡, 又詔太尉長孫無忌·中書令杜正倫李義府·中書侍郎李友益·黃門侍郎劉祥道許圉師·太子賓客許敬宗·太常少卿韋琨·太學博士史道玄·符璽郎孔志約·太常博士蕭楚才孫自覺賀紀等重加緝定, 勒成一百三十卷(『舊唐書』 卷21, 「禮儀一」, pp.817~818) ; (開元)十四年, 通事舍人王嵒上疏, 請改撰禮記, 削去舊文, 而以今事編之 … 初令學士右散騎常侍徐堅及左拾遺李銳·太常博士施敬本等檢撰, 歷年不就. 說卒後, 蕭嵩代爲集賢院學士, 始奏起居舍人王仲丘撰成一百五十卷, 名曰大唐開元禮(『舊唐書』 卷21, 「禮儀一」, p.818).

80) 渡辺信一郎, 「中華帝國·律令法·禮的秩序」, 『シンポジウム 歴史學と現在』(東京 : 柏書房, 1995), pp.168~169.

81) 所謂壹刑者, 刑無等級. 自卿相將軍以至大夫庶人, 有不從王令, 犯國禁, 亂上制者, 罪死不赦(『商君書』, 「賞刑」, p.53) ; 親親則別, 愛私則險, 民衆而以別險爲務, 則民亂(『商君書』, 「開塞」, p.30).

자연히 법과 예가 융합되며 지금까지 규범에 불과하였던 것이 법률의 제재대상이 되어 잘못된 예실천들은 법률에 의해 단죄되었다. 뿐만 아니라 사회적으로 예의 습득과 실천이 명성을 얻는 근거로 작용하였으며, 더 나아가 인간의 완성을 설명하는 지표가 되었다.

완적(阮籍)이 말했던 대인선생(大人先生)은 바로 이러한 변화가 낳은 새로운 인간모델일 수 있을 것 같다.

> 복식에는 일정한 빛깔이 있어야 하고 용모에는 일정한 원칙이 있어야 하며, 말에는 일정한 법도가 있어야 하고 행동에는 일정한 형식이 있어야 한다. 서 있을 때는 허리를 굽혀 서 있고, 두 손을 맞잡음에는 마치 북을 안은 것과 같아야 한다. 움직이고 멈추는 것에는 절도가 있어야 하고 빨리 걸을 때도 깃털을 헤아려 분간하듯이 차분히 걸어야 하며, 나가고 물러섬, 왔다 갔다 하는 것에도 모두 법규가 있어야 한다.[83]

완적이라 하면 죽림칠현(竹林七賢) 중의 한 사람으로 뭇 사람들에게 방외(方外)의 인사로 여겨졌던 임탄(任誕)으로 유명한 명사(名士)다.[84] 스스로 "예법이란 것이 어찌 나 같은 무리를 위해 만든 것이겠는가!"[85]라고 했지만, 그 역시도 일상에서 마땅히 지켜야할 예의에 대해 위와 같은 기준을 제시하고 있다. 이렇듯 사대부들은 언행거지(言行擧止)에서 모두 일정의 규범에 부합해야 했는데, 이것은 앞에서 언급한 상복례를 넘어서 복색, 용모(容貌), 언설(言說), 행동, 몸가짐 등 일상생활 하나하나의 내용을 의미하였다.[86]

---

82) 魏律 제정에 참여한 인물은 陳群, 劉劭, 韓遜, 庾嶷, 荀洗 등이고, 晉律 제정에는 賈充, 鄭沖, 荀顗, 荀勖, 羊祜, 王業, 杜友, 杜預, 裴楷, 周雄, 郭頎, 成公綏, 柳軌, 榮邵 등이 참여하였다. 이들은 모두 儒者로 구분되는 이들로 자연히 위진 법률은 이들에 의해 儒家化의 길을 걷게 된다.

83) 服色常色, 貌有常則, 言有常道, 行有常式. 立則磬折, 拱若抱鼓. 動靜有節, 趨步商羽, 進退周旋, 咸有規矩(『全三國文』, 「阮籍 大人先生傳」, p.1315).

84) 阮方外之人, 故不崇禮制((『世說新語』, 「任誕」, p.733).

85) 禮豈爲我輩設也(『世說新語』, 「任誕」, p.730).

86) 敕身謹潔, 口不妄說, 耳不妄聽, 端拱恂恂, 擧動有禮(『晉書』 卷94, 「隱逸 韓績傳」,

자연히 위진남조 사인들의 품성이나 자질, 특성, 교양은 주로 예의 준수정도로 표현되었다.[87] 따라서 사서에 등장하는 인물을 평가하는 가장 중요한 가치는 예의 준수정도가 되었다. 아래는 그 대표적인 사례들이다.

① 어려서부터 스스로 [몸가짐을] 닦고 삼갔으며, **갑작스런 상황에서도 반드시 예도(禮度)에 따라** [**행동하였다**].[88]

② **거동은 예전(禮典)을 따랐다**. 처가 사망하자 움막과 지팡이를 만들어 상이 끝날 때까지 움막에서 거처했다.[89]

③ 성정이 고결하였으며 **항상 예도에 따라 처신하였다**.[90]

④ 성정이 엄정하였고 **행동거지는 반드시 예도를 따랐다**. 계모(繼母)의 친척을 대할 때에도 공경하고 삼가함이 상례를 넘었다.[91]

⑤ **거동에는 예의가 있었고** [혹여] 굽은 나무 아래를 지날 때는 빨리 걸어 [그곳을] 피했다.[92]

정도의 차이는 있지만 이것은 북조(北朝)에서도 동일하였다.

⑥ 약관의 나이에 경사(經史)를 두루 섭렵하였고 속문(屬文)을 좋아하였으

---

p.2444).

87) 『진서』「江惇傳」의 "매번 군자는 덕행을 행해야 한다고 여겨, 응당 예에 의거하여 행동하였다(每以爲君子立行, 應依禮而動. p.1539)"는 기사는 당시 군자라는 이름에 부합하기 위해서 반드시 갖춰야 하는 것이 예의 준수였음을 알려준다.

88) 少自修謹, **造次必以禮度**(『晉書』 卷36, 「張華傳」, p.1068).

89) **動循禮典**, 妻亡, 制廬杖, 終喪居外(『晉書』 卷44, 「盧欽傳」, p.1255).

90) 性高潔, **常以禮度自處**(『晉書』 卷94, 「隱逸 戴逵傳」, p.2457).

91) 性嚴正, **擧止必循禮度**, 事繼親之黨, 恭謹過常(『宋書』 卷58, 「謝弘微傳」, p.1592).

92) **擧動有禮**, 過曲木之下, 趨而避之(『南齊書』 卷54, 「高逸 徐伯珍傳」, pp.945~946).

며, 성품이 방정하고 절도가 있었으며 **예도가 있어** 향리에서 존경을 받았다.[93]

⑦ 세표(世表)가 어려서 아버지의 상을 당했는데, **행동거지에 예도가 있었다**.[94]

⑧ 공주(公主)가 정순(貞順)하고 **예도가 있었다**.[95]

『세설신어』에 등장하는 이른바 '예법인(禮法人)'이라는 것은 바로 이와 같이 모든 행동거지가 예법에 근거하고 맞는 이들을 말하는 것이었다.[96] 한편 이와 대비되어 사인들 안에서 지탄받는 대상을 묘사함에 있어서도 마찬가지로 예의 준수정도가 척도가 되었다.

⑨ 영운(靈運)의 품성이 편벽되고 과격하여 **예도에 어그러짐이 많았다**.[97]

⑩ 본래 학식이 없었고, 행동이 **예도에 위배되었**다.[98]

그 결과 위진 이후 사대부들은 예를 단지 언행준칙이 아닌, 때와 장소를 불문하고 반드시 실천해야 하는 규범으로 인식하게 되었다. 특히 앞에서 살펴본 것처럼 관인들의 경우 관직의 안전한 보유를 위해서도 일관된 예의 규범을 실천해야 했다. 이제 생활전반에 필요한－국가의 기준과 상치하지 않는－예가 필요했고, 사대부사회 안에서 유통시키며 정착시키는 것이 필요했다.[99] 따라서 예는 전반적인 일상생활에 집행될 수 있게 변통(變通)되

---

93) 弱冠, 通涉經史, 好屬文, 性方檢, **有禮度**, 鄕里宗敬焉(『魏書』 卷45, 「裴駿傳」, p.1020).

94) 世表少喪父, **擧止有禮度**(『魏書』 卷72, 「曹世表傳」, p.1622).

95) 公主貞厚**有禮度**(『魏書』 卷83上, 「外戚 馮穆傳」, p.1821).

96) 『世說新語』, 「簡傲」, p.771.

97) 靈運爲性褊激, **多愆禮度**(『宋書』 卷67, 「謝靈運傳」, p.1753).

98) 本無學識, **動違禮度**(『魏書』 卷83下, 「外戚 高肇傳」, p.1830).

어야 했고, 보다 광범위하게 보급되어야 했다. 물론 그 변통이라는 것은 항상 근거를 예경에 두면서도 시속과도 부합해야 했으며, 무엇보다 자신들 가문의 지체와도 맞아야 했다. 그 결과 각 집안마다 특정한 가정규범이 형성되기 시작하였다.

예를 들어 ⑩의 학식이 없어 행동거지가 예도에 어긋났다는 사례는 예가 어려서부터 가정에서 학습되었을 것임을 알려준다. 또한 남조의 상황은 아니지만 "행동거지가 예도에 근거하였는데 역시 모친의 훈육(訓育)때문이었다"[100]라는 기사는 예의 습득과 준수가 어려서부터 가정에서 꾸준히 교육되었던 사정을 전해준다. 이 외에도 『세설신어』에 등장하는 "동해(東海=왕혼(王渾))의 집에서는 학부인(郝夫人)의 법도를 본받았으며, 경릉(京陵=왕담(王湛))의 집에서는 종부인(鍾夫人)의 예법을 모범으로 삼았다"[101]는 기사는 왕혼과 왕담이 한 형제임에도 불구하고 각기 그 부인들에 의해 가법, 즉 가례가 달랐던 것을 잘 말해 주고 있다. 즉 당시 가정마다 구별되는 규범이 존재하였던 것이다.

2. 서의류 저작의 출현

그렇다면 이러한 예의 보급과 교육은 어떻게 진행되었을까? 사회적으로 예의 보급과 항상적인 교육이 필요해졌다면 그것을 담당할 장치가 모색되었을 것이다. 여기서 필자가 예의 변통, 그리고 보급과 관련하여 주목한 것이 바로 의주류(儀注類) 저작인데,[102] 그 중에서도 서의(書儀)다. 서의는

---

99) 아무래도 王法인 五禮에서 규제된 것은 원칙적인 측면이 강했을 것이다. 따라서 각 가문에서는 제정된 『新禮』의 원칙하에 세부적인 행동규범들을 마련할 필요가 있었을 것이다.

100) 然動依禮度, 亦母氏之訓焉(『北齊書』 卷35, 「陸卬傳」, p.469).

101) 東海家內, 則郝夫人之法. 京陵家內, 範鍾夫人之禮(『世說新語』, 「賢媛」, p.686).

102) 강백근은 儀注는 禮學과 밀접한 관계를 맺고 있지만 예학의 범주에 들지 못한 것은 그것이 時俗에 따라 變通되었기 때문이라고 해석하였다. 姜伯勤, 「唐禮與敦煌發現的書儀」, 『敦煌藝術宗教與禮樂文明』(北京 : 社會科學, 1996), p.425.

원래 서신 문서를 작성하는 규범정식이라고 할 수 있다.[103] 그러나 『수서(隋書)』「경적지(經籍志)」는 서의를 사부(史部) 의주류에 포함하고[104] 그 필요를 친소(親疏)의 구별과 일상생활 행동규범의 필요에서 찾고 있어,[105] 서의는 단순한 편지서식이기보다는 전례의주(典禮儀注)의 저작이라고 보는 것이 타당할 것이다.[106] 서의는 일반적으로 그 기원을 서진시기 색정(索靖)의 『월의(月儀)』에서 찾고 있다. 『월의』는 친구 사이에 오고 갔던 서신의 격식을 적어 놓은 것으로 서신을 12월로 편배(編排)하여, 날씨·경치 및 친구 간의 정을 일정 격식에 의해 서술하고 있다.[107]

이것은 당시 사회가 서신을 작성하고 보내는 사소한 행위마저도 의례화하고 있다는 좋은 증거가 될 것인데, 더욱 흥미로운 것은 이것이 그 사회에서 반드시 습득해야 하는 지식으로 규정되어 있다는 점이다. 『수서』「경적지」에서 망실된 것으로 전하는 채옹(蔡邕)의 『월의십이권(月儀十二卷)』은 경적(經籍)-소학(小學) 부분에 『권학(勸學)』·『유학(幼學)』·『시학(始學)』 등과 함께 배열되어 있어[108] 최초의 월의는 지식보급을 위해 제작되었음을 알

103) 周一良, 「書儀源流考」, 『魏晉南北朝史論集續編』(北京 : 北京大, 1991), p.261(原載 : 『歷史硏究』 1990-5).

104) 書儀의 분류에 대해 정리하고 있는 진정에 따르면 『隋書』「經籍志」, 『舊唐書』「경적지」, 『新唐書』「藝文志」, 『宋書』「예문지」는 서의를 史部 儀注類로 분류하고 있으며, 『四庫全書總目』과 『文獻通考』, 『中國古籍善本書目』에서는 經部 의주류로, 『文淵閣書目』과 『秘閣書目』은 經部 禮類로 구분하고 있다. 이상의 분류에 따르면 일반적으로 서의는 예경에 대한 해석서로 받아들여졌던 것으로 보인다. 陳靜, 「書儀的名與實」, 『中國典籍與文化』 2000-1, p.103.

105) 儀注之興, 其所由來久矣. 自君臣父子, 六親九族, 各有上下親疏之別. 養生送死, 弔恤賀慶, 則有進止威儀之數(『隋書』 卷33, 「經籍志」, p.971).

106) 陳靜, 위의 글, p.102.

107) 이해를 위해 索靖의 『月儀帖』 중 正月의 서식을 소개하면 다음과 같다.
正月具書, 君白. 大蔟布氣, 景風微發, 順變綏寧, 無恙幸甚! 隔限遐塗, 莫因良話, 引領托懷, 情過采葛, 企佇難將, 故及表問信李麃麃, 俱蒙告音, 君白.
君白. 四表清通, 俊乂濯景, 山無由皓之隱, 朝有二八之盛, 斯誠明珠耀光之高會, 鸞皇翻翥之良秋也. 吾子懷英偉之才, 而遇淸升之祚, 想已天飛, 奮奮翼紫闥, 使親者有邇賴也. 君白(『月儀帖』, p.1946下).

108) 『隋書』 卷32, 「經籍 小學」, p.942.

수 있다.[109] 요컨대 당시 사대부사회에서는 친구 간에 어떤 예의를 갖춰 서신을 왕래해야 하는가를 어린 시기부터 습득하게 하였던 것이다.[110] 즉, 사대부사회 안에서 합의된 예의생활을 자연스럽게 습득할 수 있는 사회적 시스템을 구축하고 있었음이다.[111]

서의의 편찬은 남북조시기에 들어 더욱 성행하였던 것으로 보인다.[112] 현재『수서』「경적지」사부에는 12종의 서의가 저록(著錄)되어 있는데, 다음과 같다.

<표 4-2-1> 남북조시기 편찬된 서의 일람

서명	작자	비고
『서의(書儀)』 10권	동진(東晉) 왕홍(王弘)	
『서의(書儀)』 2권	유송(劉宋) 채초(蔡超)	
『내외서의(內外書儀)』 4권	유송 사원(謝元)	『신당서(新唐書)』에는 사윤(謝允) 『서의(書儀)』 2권으로 기록되어 있으나 같은 책인지는 자세히 알 수 없음
『송장사단태비홍조답서(宋長沙檀太妃薨弔答書)』 12권	미상	
『서필의(書筆儀)』 21권	유송~남제(南齊) 사비(謝朏)	『구당서(舊唐書)』는 사조(謝朓)의 『서필의』 20권으로, 『신당서』는 사비의 『서필의』 20권으로 기록
『조답의(弔答儀)』 10권	남제 왕검(王儉)	『구당서』와 『신당서』 모두 『조답서의(弔答書儀)』로 기록
『길서의(吉書儀)』 2권	남제 왕검	『신당서』는 『길의(吉儀)』로 기록
『서의소(書儀疏)』 1권	양(梁) 주사(周捨)	

109) 吳麗娛, 앞의 책, p.5.

110) 南朝 齊~梁時期의 任昉이 겨우 여덟 살에 스스로「月儀」를 제작했다는 사실을 통해 당시 월의에 대한 교육이 아주 어려서부터 시행되었음을 알 수 있다. 四歲誦詩數十篇, 八歲能屬文, 自製月儀, 辭義甚美(『南史』 卷59,「任昉傳」, p.1452).

111) 顔之推의『顔氏家訓』안에는 "강남에서는 존비귀천에 따라 각기 자칭이 있었는데, 모두 서의에 기재되어 있다(江南輕重, 各有謂號, 具諸書儀)"라고 하여 당시 사회생활에 필요한 예의가 모두 서의에 수록되어 있음을 말해 주고 있다.『顔氏家訓』,「風操」, p.78.

112) 강백근은 이러한 儀注類 서적의 유행은 예제의 通俗化·平凡化·簡略化를 반영한다고 하였는데, 결국 이것은 예의 보급이라는 측면과 맞닿아 있는 것이라고 생각된다. 姜伯勤,『敦煌社會文書導論』(臺北 : 新文豊, 1992), p.2.

『황실의(皇室儀)』 13권	미상 포행경(鮑行卿)	『구당서』와 『신당서』 모두 『황실서의(皇室書儀)』로 기록
『서의(書儀)』 10권	북주(北周) 당근(唐瑾)	
『부인서의(婦人書儀)』 8권	미상	『구당서』「신당서』 모두 당근(唐瑾)의 저작으로 기록
『승가서의(僧家書儀)』 5권	미상 석담원(釋曇瑗)	진선제(陳宣帝) 태건(太建) 연간(569~582)에 사망한 것으로 추정

서의의 작자 중 채초(蔡超)와 주사(周捨)는 당대 최고의 예학가들로 채초는 『집주상복경전(集注喪服經傳)』을, 주사는 『예의의(禮疑義)』를 저술하였다. 특히 주사는 양조(梁朝)의 예제를 마련하는 역할을 담당하였다.[113] 또한 예학에 밝아 『고금상복집기(古今喪服集記)』·『예의답문(禮儀答問)』·『예잡답문(禮雜答問)』 등을 찬술한 남제(南齊)의 왕검(王儉)도 무제(武帝) 영명(永明) 2년(484)에 상서령(尙書令)으로 『신례(新禮)』 제정을 명받기도 하였다.[114] 따라서 이러한 이름난 예학가들의 서의가 당시 사회에서 하나의 전범(典範)으로 이용되었을 것은 쉽게 추측할 수 있다.[115]

이 밖에 사원(謝元)이나 사비(謝朏)의 경우는 예학가들은 아니라 해도 문학 혹은 문장으로 당대 이름을 날리던 이들이었다.[116] 그러나 이들의 서의가 주목되는 것은 이들의 학식 때문이 아니라 무엇보다도 이들이 흔히 말하는 당시 세족(世族) 출신이었다는 점일 것이다. 알려진 것과 같이 사원과 사비는 모두 낭야(琅邪) 왕씨(王氏)와 더불어 남조 최고의 일류가문인 진군(陳郡) 양하(陽夏) 사씨(謝氏)의 일족이다. 이들은 정계는 물론이고[117] 사회·문

113) 時天下草創, 禮儀損益, 多自捨出(『梁書』 卷25, 「周捨傳」, p.375).

114) 於是詔尙書令王儉制定新禮, 立治禮樂學士及職局, 置舊學四人, 新學六人, 正書令史各一人, 幹一人, 祕書省差能書弟子二人. 因集前代, 撰治五禮, 吉·凶·賓·軍·嘉也(『南齊書』 卷9, 「禮上」, p.117).

115) 周一良, 앞의 글(1991), p.262.

116) (元嘉十五年)會稽朱膺之·潁川庾蔚之並以儒學 … 使丹陽尹何尙之立玄學, 太子率更令何承天立史學, 司徒參軍謝元立文學, 凡四學並建(『宋書』 卷93, 「隱逸 雷次宗傳」, pp.2293~2294) ; 朏所著書及文章, 並行於世(『梁書』 卷15, 「謝朏傳」, p.264).

117) 蘇紹興은 兩晉時期 5品 이상 관리 중 琅邪 王氏가 118명, 陳郡 謝氏가 55명으로 다른 일족과 비교할 수 없는 점유율을 보인다는 毛漢光의 통계를 이용하여 두

화 방면에서도 다른 일족과는 비교할 수 없는 권위를 가지고 있었다.118) 따라서 이들의 행동과 생활태도는 사회적 가치와 표준이 되었다. 예를 들어 표의 『서의십권(書儀十卷)』을 찬술한 낭야 왕씨 홍(弘)의 경우는 후대인들이 모두 그의 행동거지나 서한의체(書翰儀體)를 모방하여 '왕태보(王太保)의 가법(家法)'이라 부르기까지 하였다.119) 즉 당시 세족들은 가문의 지체에 어울리는 특정한 가정규범을 형성하였고,120) 그러한 가법은 그 집안이 가진 사회적 권위에 힘입어 사회적인 기준이 되었던 것이다.121)

집안의 정치적 영향력을 설명하고 있다. 蘇紹興, 「東晉南朝王謝二族關係初探」, 『兩晉南朝的士族』(臺北 : 聯經, 1993), p.191.

118) 南齊에서 侍中과 鎭軍將軍·尋加中領軍을 거쳐 使持節·散騎常侍·都督江州諸軍事·征南大將軍·江州刺史를 지낸 陳顯達이 자신의 豪富가 왕씨에 버금가게 되자 자제들을 불러 놓고 "주미선은 왕씨와 사씨의 가문에서 쓰는 물건이다. 너희는 모름지기 이 물건을 손에 잡아 스스로 추구하지 말라(麈尾扇是王謝家物, 汝不須捉此自逐. 『南齊書』 卷26, 「陳顯達傳」, p.490)"고 하며 경계시킨 것은 당시 왕씨와 사씨의 권위가 어떠했는가를 잘 보여준다.

119) 凡動止施爲, 及書翰儀體, 後人皆依倣之, 謂爲王太保家法(『宋書』 卷42, 「王弘傳」, p.1322).

120) 『수서』 「경적지」에는 기록되어 있지 않지만 낭야 왕씨 집안의 王羲之와 그의 아들 王獻之 역시 『月儀書』와 『月儀帖』을 지었던 것으로 알려져 있다. 王三慶·黃亮文, 「《朋友書儀》一卷研究」, 『敦煌學』 25(2004), pp.37~39. 한편 『수서』 「경적지」에는 『趙李家儀』라는 趙郡 平棘 李氏 李穆叔의 저작이 기록되어 있어(p.972) 뚜렷한 가문이 아니라 해도 당시 각 집안마다 가례가 존재하고, 그것을 기록하였음을 알 수 있다.

121) 특히 안지추는 "내가 『예기』를 읽어보니 … 다만 없어진 부분이 있어 온전한 책은 아니다. 기재되어 있지 않은 내용이나 세태에 따라 변한 예법은 학식과 덕망이 높은 군자들이 스스로 알맞은 법도를 만들어 서로 계승하여 실천했기 때문에 세간에서는 이를 사대부의 예의범절이라고 불렀다. 그러나 가문에 따라 다소 차이가 있고, 보기에 따라 서로 장단점을 말하지만 그 대강의 규범은 크게 다르지 않아 저절로 알 수 있다.(吾觀禮經 … 但旣殘缺, 非復全書 ; 其有所不載, 及世事變改者, 學達君子, 自爲節度, 相承行之, 故世號士大夫風操. 而家門頗有不同, 所見互稱長短 ; 然其阡陌, 亦自可知. 『顔氏家訓』, 「風操」, p.78)"고 하여, 처음에는 몇 몇 일류 사대부 가문 내부에서 전승되던 예의 규범이 사회의 공식적인 도덕 기준으로 전화하였음을 알려주고 있다.

3. 서의류 저작의 분류와 특징

이들 서의는 현재 남아 있는 것이 없어 그 구체적인 내용을 알 수 없으나, 『태평어람(太平御覽)』에 인용된 진대 서원(徐爰)의 『가례(家禮)』[122] 일부분과 양진·남조 서의의 내용을 계승한 것으로 밝혀진 돈황(敦煌)에서 발견된 당대(唐代) 서의들을 통해 그 일단을 추정할 수 있다. 서원의 「가례」 중에는 "혼례 시, 친영(親迎)의 수레 앞에 구리로 만든 향로 2매(枚)를 사용한다"[123]는 내용과 "납일(臘日)에는 본래 제사를 지내니 축하하지는 않는다. 납제(臘祭) 다음 날을 소세(小歲)라고 하는데, 그날은 '초세복시(初歲福始), 경무불의(慶無不宜)'라고 축하하고, 정월 원단(元旦)에는 '원정수경(元正首慶), 백물유신(百物惟新)'이라고 축하한다. 소세는 크게 경하(慶賀)할 일은 아니기에 하례(賀禮)는 집안 내로 국한한다"[124] 등의 내용이 포함되어 있어 당시 혼인과 세시(歲時), 그리고 절일(節日)과 관련된 그 집안의 행위규범을 확인할 수 있다.

한편 돈황에서 발견된 서의의 종류는 크게 3가지로 구분되는데, 첫째가 『월의(月儀)』를 계승한 「붕우서의(朋友書儀)」고, 둘째는 길흉(吉凶) 예의와 관련된 예문(禮文) 서식인 「길흉서의(吉凶書儀)」며, 마지막은 「표장전계서의(表狀箋啓書儀)」로 이것은 일반 사가에서 사용하던 예문서식이 아니라 관청에서 각종 사무 및 인간관계를 규정한 의제(儀制) 관련 서식이다. 따라서 돈황서의 중에서 「붕우서의」와 「길흉서의」가 가례와 밀접한 관련을 맺고 있다고 할 수 있다.

우선 돈황에서 발견된 「붕우서의」를 살펴보면 '변추하춘동월일(辯秋夏春冬月日)'이라 기술된 첫째 부분에는 연, 월, 일의 명칭과 사시(四時) 및

---

122) 『수서』 「경적지」 史部 의주류에 『徐爰書儀』 1권이 기록되어 있다. 『隋書』 卷33, 「經籍志」, p.969.

123) 婚迎車前用銅香爐二枚(『太平御覽』 卷703, 「服用五」, p.3139上).

124) 臘本施祭, 故不賀. 其明日爲小歲, 賀稱"初歲福始,慶無不宜", 正旦賀稱"元正首慶,百物惟新". 小歲之賀, 旣非大慶. 禮止門內(『太平御覽』 卷33, 「時序十八」, p.158上).

12개월의 절후(節候)의 명칭들이 나열되어 있다. 이것은 서신을 보낼 때 사용되는 용어를 계절 및 달로 편배(編排)하여 적당한 용어의 샘플들을 제공하는 역할을 한다. 예컨대 해[세(歲), 연(年)]와 관련해서는 "당우시기(唐虞時期)에는 재(載)로, 하대(夏代)에는 세(歲)로, 상대(商代)에는 사(祀)로, 주대(周代)에는 연(年)으로 불렸는데, 역시 임(稔)과 영(齡)으로 부를 수 있다. … 유년(踰年)은 이년(二年) 또는 누년(累年)이라 하고, 삼년(三年)은 역년(歷年)·적년(積年)이라 한다. …"와 같이 사용할 수 있는 용어들을 제시하고 있다.[125] 또한 계절과 관련해서도 봄의 경우 "봄은 청양(靑陽)이라 하고, 또한 삼춘(三春), 청춘(靑春), 방경(芳景), 미경(媚景), 미경(美景), 소경(韶景), 여경(麗景)이라고 한다. 봄의 바람은 춘풍(春風), 화풍(和風), 훤풍(暄風), 화기(和氣)라고 한다"고 적고 있다.[126] 요컨대 친구에게 편지를 보낼 때 편지를 쓰는 계절, 달, 날에 따라 사용할 수 있는 용어들을 나열하여 일정한 격식에 맞춰 편지를 보낼 수 있도록 하고 있는 것이다.

한편 「길흉서의」는 친구의 안부를 묻는 「붕우서의」와는 달리 일상생활에서 발생한 길흉의 상황에 따라 그것에 소용되는 의례의 서간형식이라고 할 수 있다. 이것은 가족 내부에서만 사용되었던 것은 아니고, 교우관계나 관부 안에서도 사용되었던 것으로 알려져 있다.[127] 특히 돈황에서 발견된

---

125) 年〈唐虞曰載, 夏曰歲, 商曰祀, 周曰年, 亦曰稔·齡, 稔者總以年言之. 經云數年, 亦餘年. 踰年, 二年, 累年. 三年云歷年·積年 …(하략)〉. 참고로 月과 日에 대한 용어를 제시한다. 月〈始一月云改月踰已·改弦望已·晦朔. 兩月云氣序屢移, 云弦望屢改, 云頻移晦朔, 亦云候移朔望 …(하략)〉; 日〈一日云經日, 亦云改日, 一日不見云屢日, 亦云信宿. 三日已上云數日·積日 …(하략)〉. 敦煌에서 발견된 서의는 모두 趙和平, 『敦煌寫本書儀研究』(臺北 : 新文豊, 1993)에 수록되어 있는 원문을 재인용하였다. p.73.

126) 春時〈春云靑陽, 亦云三春·靑春·芳景·媚景·美景·韶景·麗景. 風曰春風·和風·暄風·和氣. 四時並可通用之〉(p.73). 계절과 관련해서는 다시 각 계절마다 孟·仲·季로 나누어 사용할 수 있는 용어들을 구체적으로 나열하고 있다. 참고로 나머지 계절과 관련하여 몇 가지 사례를 제시한다. 正月孟春〈亦云啓春·首春·初春·早春·春首·獻春·時寒·餘寒·尙寒〉(p.73); 二月仲春〈春中·春景·時漸暖·已暖. 月晩可云極暖〉(p.73); 四月孟夏〈首夏·初夏·維夏·夏首·微熱·執熱·漸熱·已熱〉(p.74); 八月中秋〈秋中·時漸凉·已凉·甚凉〉(p.74); 十二月季冬〈歲暮·晩冬·歲冬·晩寒·極寒·嚴寒·凝寒〉(p.74).

127) 吳麗娛, 앞의 책, p.33.

「길흉서의」 중 가장 방대한 양의 당대(唐代) 두우진(杜友晉)의 「길흉서의」에 의하면 길의(吉儀) 부분에는 「내족길서의(內族吉書儀)」, 「외족길서의(外族吉書儀)」, 「혼보답서(婚報答書)」, 「부인길서의(婦人吉書儀)」, 「사해길서의(四海吉書儀)」 등이 있으며, 흉의(凶儀) 부분에는 「내족흉서의(內族凶書儀)」, 「외족흉서의(外族凶書儀)」, 「부인흉서의(婦人凶書儀)」, 「승니도사흉서의(僧尼道士凶書儀)」, 「사해조답서의(四海吊答書儀)」, 「상담참최천장명혼의(祥禪斬衰遷葬冥婚儀)」 등이 있어 매우 다양한 인간관계 안에서 통용되던 의례의 격식이 망라되어 있음을 알 수 있다. 이 「길흉서의」에서는 특별히 칭위(稱謂)의 구별문제가 가장 중요하게 다뤄졌던 것으로 알려져 있는데,[128] 원래 의주류 저작이 '군신부자(君臣父子), 육친구족(六親九族)에 각기 상하친소(上下親疏)의 구별이 있어' 그것을 분명히 하고자 하는 것에 목적을 두고 있는 것에 비추어 보면 이 「길흉서의」야말로 당시 가장 중요한 서의형식이었을 것으로 생각된다.

따라서 이 「길흉서의」에는 받는 사람의 친족 안에서의 서열이나 자신과의 친소관계, 혹은 상하관계가 엄격하게 구분되어 형식이 규정되어 있다. 예를 들어 편지 서두의 형식을 살펴보면 다음과 같은 차이가 있다.

<보기 1>

외조부모님께 보내는 서한[與外祖父母書] ○○(이름)가 말씀 올립니다[名言]. 〈여자일 경우에는 모씨의 몇 째 딸이라고 한다[女云某氏次第女].〉 뵙지 못한지 오래 되었습니다[違離稍久]. 그리워하는 마음은 늘 쌓여가지만 곁에서 가르침을 받들지 못하여 심정을 위로할 길이 없습니다[思戀恒積, 不奉近誨, 無慰下情] (중략) 삼가 마칩니다[謹封].[129]

128) 史睿, 「敦煌吉凶書儀與東晉南朝的禮俗」, 『敦煌文獻論集』(沈陽 : 遼寧人民, 2001), p.404.

129) 趙和平, 앞의 책, pp.167~168.

<보기 2>

자식, 조카 손자에게 보내는 서한[與子姪孫書] 〈이름은 생략[名省]하고, 누가 보낸다는 말도 쓰지 않는다[不可言]〉 본지 오래 되었구나, 생각에 잠겨 그리워하노라[不見汝久, 憶念纏懷]. 역시 그리움이 가득하다고 하거나, 그리움에 말을 할 수 없다고 쓴다[亦云盈懷, 亦言憶念不可言]. (중략) ○○(이름)가 보낸다[名發]. 〈여자일 경우에는 모씨 딸이 보낸다고 한다[女云某氏女發].〉130)

윗사람에게 보내는 <보기 1>의 서한은 편지 서두에 보내는 이의 이름을 적었으나, 아랫사람에게 보내는 <보기 2>의 서한에는 편지 서두에 이름이 생략되어 있다. 대신 <보기 2>의 경우는 편지를 마칠 때 자신의 이름을 명시하여 누가 보낸다는 것을 알린다. 이렇듯 상하관계에 따라 격식이 달라짐을 알 수 있는데, 이것은 사용하는 용어의 차이를 통해서도 알 수 있다. 예컨대 외조부에게는 '위리초구(違離稍久)'라는 표현으로 그동안 적조했던 상황을 표현하지만, 손아래 사람에 대해서는 그저 '불견여구(不見汝久)'라는 용어로 대신하고 있다. 그러나 윗사람이라고 해서 모두 '위리초구(違離稍久)'라고 표기하는 것은 아니다. 두씨(杜氏) 서의에 의하면 외백숙조(外伯叔祖)에 대해서는 '위근초구(違覲稍久)'라고 하여 친소에 따른 표현의 차이를 분명히 하고 있다. 이 뿐 아니라 우리는 이름을 명시하는 방법을 통해서도 문서의 격식이 남녀의 차이에 따라 달랐음도 알 수 있다. 물론 당대 서의와 위진남북조 서의가 동일하였다고는 볼 수 없어, 위의 당대의 사례들을 위진남북조시기에 대입할 수는 없을 것이다. 그러나 효를 사회적으로 숭상하고, 그에 따른 피휘(避諱) 문제가 빈번히 발생했던 위진남북조 사회에서도 이러한 구별이 존재했음을 추정하는 것은 어렵지 않을 것이다.

이렇듯 당시 사대부들은 일상생활에서 필요한 간편하고 쉬운 예의 지침서를 작성하고, 이를 통해 예를 학습하고 보급하였다. 서진 초 예제가 처음

130) 趙和平, 앞의 책, p.167.

만들어지면서 새로운 시대상황에 맞는 예제의 건설을 위해 예경을 분석하여 예의 근본원리와 적용범주를 확정지었던 사대부들은 이제 예제가 확정됨에 따라 예의 실질적인 집행과 적용을 위해 세세한 행위규범을 생산하게 된 것이다. 즉 그들은 국가가 제정한 예제를 준수하고, 예경에서 벗어나지 않는 구체적 행동양식을 생산, 학습, 보급한 것이다. 본격적인 사대부생활의 의례화는 이렇게 사대부들 안에서 정착되어 갔던 것이다.

맺음말

I

본서는 중국 고대 예제(禮制)와 예학(禮學) 발달사를 살펴보고자하는 의도에 의해 기획되었다. 이를 위해 우선 1부에서는 전한시기(前漢時期) 예제를 원(元)·성제시기(成帝時期)를 기점으로 단절적으로 이해하는 기존의 견해와는 달리, 양한시기(兩漢時期)에 걸쳐 유가(儒家)의 교설(教說)에 근거한 예적 세계(禮的世界)를 수립하고자 하는 노력이 경주되었음을 규명하고자 하였다. 그를 위해 다음과 같은 내용들이 검토되었다.

전한 초 전승된 예경(禮經)인 『의례(儀禮)』는 '사례(士禮)'라는 이름이 알려주듯이 왕자(王者)의 권위를 분식하고 그의 정치적 권리의 정당성을 부여하지 못하였다. 또한 사대부들에게는 교양 있는 태도를 위한 지침서의 성격만을 가지고 있었기에, 사대부를 제국의 운영주체로 설명해 주지 못하였다. 즉, 당시 전한에 전승된 예는 제국의 두 주체인 황제와 사대부 모두의 존엄을 설명해내지도, 권력의 범주를 확정할 수도 없었다. 따라서 전한정부와 사대부들은 새로운 예제제정의 필요성을 가지고 있었다. 이러한 사실은 앞으로 제정 또는 개정될 전한의 예제가 단순히 황제권을 분식(粉飾)하는 성격만을 갖는 것이 아니라, 사대부들에게 정치적 존엄을 부여하는 역할을 담당할 것임을 알게 한다.

이것은 전한시기 행해진 봉선(封禪)과 건설된 명당(明堂), 그리고 군국묘

(郡國廟)의 성격을 통해 알 수 있다. 종래 한무제(漢武帝)의 봉선과 명당은 방사적(方士的) 지식체계와 개인의 불로불사(不老不死) 욕구에 의해 설명되어왔다. 그러나 당시 봉선의 실행과 명당건설을 주장하던 이들이 유가경전(儒家經典)에 근거하여 봉선의 실행과 명당의 건설을 주장하고 있음을 발견할 수 있었다. 이것은 '가족국가론(家族國家論)'의 유력한 증거로 이해되었던 군국묘에도 해당하는 것이었다. 사료를 통해 군국묘는 기존의 주장과는 달리 유공자(有功者)와 유덕자(有德者)의 공적(功績)을 선양(宣揚)함으로써 인민들에게 공적을 달성할 것과 더 나아가서는 유학(儒學)이 강조하는 윤리에 충실할 것을 부추기는 것을 목적으로 한 유가적 발상의 제도임을 확인할 수 있었다. 따라서 전한의 예제를 원·성제시기를 기점으로 단절적으로 이해할 필요는 없을 것이다.

이렇게 전한 초 예제가 단순히 황제권력을 신비화하는 주술적 성격만이 아니라 국가를 다스리는 운영원리로서의 모습을 갖는 것은 바로 예제제정을 주도했던 주체가 유가였다는 점에서 기인한다. 당시 예제제정을 주도했던 자들은 현실적이고도 시무적(時務的)인 제학파(齊學派)로, 이들은 하늘로부터 권력을 보장받은 수명천자(受命天子)가 정점에 선 새로운 제국에 정당성을 보장해 줄 장치를 마련하고자 하였다. 그렇다고 이들의 궁극적인 목적이 황제의 권력을 정당화하고 절대화하는 것만은 아니었다. 이들은 이상적 세계로서 등급질서가 확립된 세계를 꿈꾸었다. 자연히 이들에 의해 마련된 예제는 천자를 중심으로 한 국가의례(國家儀禮)였던 것이다.

국가의례를 완비하는 한편 한정부는 인민을 다스리는 청사진으로서 월령(月令)을 완비하고자 하였다. 즉, 월령을 이용하여 유가적 교화에 의한 통치를 수립하고자 하였던 것이다. 일반적으로 『여씨춘추(呂氏春秋)』「십이월기(十二月紀)」가 편찬되면서 월령은 완비되었고, 이를 기점으로 월령은 형해화(形骸化)되었다고 여겨졌다. 그러나 전한대까지 편찬되었던 월령류 저작들 4종(『여씨춘추』「십이월기」, 『회남자(淮南子)』「시칙훈(時則訓)」, 『예기(禮記)』「월령(月令)」, 「사시월령조조(四時月令詔條)」)을 분석한 결과

「십이월기」 이후 월령이 형해화된 것이 아니라 월령적 통치의 필요성이 정치적으로 대두되면서 완비된 월령으로서 전한후기 『예기』 「월령」과 『여씨춘추』 「십이월기」가 거의 동시대에 정착하게 되었음을 알 수 있었다. 그 구체적인 과정을 살펴보자.

최초의 농사력으로서 월령의 형태를 띠고 있는 『시경(詩經)』의 〈칠월시(七月時)〉를 비롯하여 「하소정(夏小正)」은 자연계의 변화에 따라 적합한 농사일과 가사일을 배치하고 있다. 그러나 이와는 달리 『관자(管子)』 「유관(幼官)」편부터는 〈칠월시〉와 「하소정」에서 보이지 않았던 초보적 월령관념에 오행사상(五行思想)과 음양설(陰陽說)이 결합되고, 천자로 대표되는 위정자의 행동들이 결합되었다. 그리고 이것은 『여씨춘추』와 『회남자』 시기가 되면 더욱 복잡한 모습을 보인다. 그런데 두 서적을 살펴보면 「시칙훈」에는 「십이월기」에 비해 오행에 대한 대응, 천자의 상덕(尙德) 실현이라는 부분이 훨씬 정교하게 배치되어 있음을 확인할 수 있다. 한편 「십이월기」에는 태사(太史)·상(相)·전준(田畯)·악정(樂正) 등 관료들의 행위와 유교적 제사(=기곡제(祈穀祭))와 의례(=적전례(籍田禮))에 대한 문제가 등장한다. 그리고 무엇보다도 『상서(尙書)』의 관상수시(觀象授時)의 관념이 등장하여 시간주재자로서의 제왕의 역할을 강조하고 있다. 즉 「시칙훈」이 자연계의 움직임과 인간의 행동 간에 필연적 관계를 중시하며 통치자가 그것을 배려해야 함만을 강조한 입장이라면, 후자는 통치자가 하늘을 관측하여 그것에 따른 적정한 교화를 베푼다는 점을 강조한 것이다.

고대 중국사회가 농업을 근간으로 존재하였다는 점에서 농민들은 물론이거니와 위정자(爲政者)들에게도 농업생산성을 높이는 것은 가장 중요한 정치적 과제였다. 그 결과 흔히 말하는 월령서(月令書)가 아니라 해도 고대 제왕의 통치를 서술하는 문헌에서는 시기에 따른 행위의 지침들이 종종 등장하는데, 그 지침들은 대부분 인민들의 생산리듬에 부합하는 고래의 보편적 세시습관에 맞춰져 있다. 그러다 오행설이 정치적 사고 속으로 통합되며, 문헌에는 관습적 세시풍속의 지침과 오행설에 의해 조정된 정령이

혼재되어 있는 모습을 보인다. 이후 한대 들어 하나의 학파를 이룬 음양가(陰陽家)들의 활동으로 보다 정밀해진 오행배당과 천자의 상덕행위가 월령류 저작에서 발견되기도 한다. 그러나 한고조시기(漢高祖時期)는 물론이고 문제시기(文帝時期)까지 월령은 반드시 준수되어야 하는 왕자의 규범으로는 받아들여지지 않았었다.

변화는 선제시기(宣帝時期)에 나타난다. 당시 재상이었던 위상(魏相)은 천지(天地)가 순동(順動)하는 것처럼 군주도 순동, 즉 '순사시(順四時)'해야 함을 주장했다. 이때 위상에 의해 건의되는 '순사시'는 사시의 운행에 부합한다는 정도를 넘어서, 사시를 관장해야 한다는 내용[主四時]을 포함한다. 그 결과 선제시기의 진휼(賑恤)과 상사(賞賜)들은 모두 월령의 지침에 따라 3월에 거행되었다. 뒤를 이은 원제와 성제 역시 '순사시'에 힘쓰라는 조칙을 내린다. 선제－원제－성제 3대를 거치면서 '순사시'가 왕자의 역할이라는 의식이 형성되었으며, 시간주재자인 천자에 의해 통치되는 월령의 세계에 대한 의식이 마련된 것이다. 따라서 이제 월령에는 ① 하늘의 명을 받아 땅에 실현하는 시간주재자로서의 천자의 행위에 대한 구체적인 내용이 첨가되고, ② 그를 보좌하는 관료들의 세계가 완비되어야 했다. 또한 ③ 주사시(主四時)를 상징하는 관상수시의 내용이 부가되며, ④ 유가적 교설에 의한 제사체계가 정비되어야 했다. 아마도 이러한 사회적·정치적 필요가 강령적(綱領的) 성격의 월령인『예기』「월령」을 완성시켰을 것이다.

강령적 성격의 월령이 완성됨에 따라 그것을 현실정치에서 구현하고자 하는 노력이 나타났다. 바로 왕망(王莽)의「사시월령조조」반포다. 평제시기(平帝時期) 태황태후(太皇太后)의 명의로 내려진 조(詔)를 각 지역에 전달한 명령문서인「사시월령조조」는 극단적인 형식주의로 평가할 수도 있겠으나 월령사상의 실현이자 예적 세계의 완성이라는 측면으로도 해석할 수 있을 것이다. 월령의 집행여부를 떠나 국가는 월령을 반포함으로써 사시를 주관하는 주체로 선 것이고, 그것을 전국에 전달함으로써 제국 전역의 인민은 통일된 시간의 동일한 행동강령을 갖게 된 것이다. 이후 후한 장제(章帝)는 장화(章和) 원년 가을 『예기』「월령」 중추(中秋)의 달에 등장하는 양로(養老)의 “이 달은 양로의 예를 행하는 달이니, 노인들에게 안석과 지팡이를 주고 죽과 음식을 먹여주는 행사를 거행한다.[是月養衰老, 授几杖, 行糜粥飮食]”는 구절을 그대로 인용하여 양로의 예와 구휼(救恤)을 행한다. 또한 안제(安帝) 원초(元初) 연간에 등태후(鄧太后) 역시 「월령」의 구절을 인용하여 양로의 예와 구휼을 행한다. 세 통치자가 처했던 정치적 지형을 고려해 보면 당시 월령적 통치가 천자를 공적(公的) 세계의 수호자 혹은 유교의 수호자로 위치시키는 중요한 내용이었음을 알 수 있다.

후한의 월령적 통치와 관련해 살펴볼 문헌은 『후한서(後漢書)』「예의지(禮儀志)」다. 각 달의 행위들을 월령형식에 의해 정리하고 있지만 전대의 월령류 저작과는 확연히 다른 점을 보인다. 여기서 농사력의 모습은 전혀 찾아볼 수 없을 뿐더러 매달 내려지는 정령마저도 찾아보기 힘들다. 오직 황제와 담당관의 제도만이 두드러지는데, 그것도 국가제사에 집중되어 있음을 알 수 있다. 이것과 관련하여 후한 환제(桓帝)와 영제시기(靈帝時期), 환관이 조정을 농단하고 한조(漢朝)를 사물화(私物化)함으로 인해 교화정치의 척도라 할 수 있는 월령적 통치가 포기되었다고 볼 수도 있겠다. 그러나 다른 한편 후한시기 월령적 통치에 대한 위정자의 관심이 증대한 것과는 별개로 중앙이 그 통치의 최종집행자가 되지 못했을 가능성을 생각해 볼 수 있을 것이다.

장제 이후 지방의 자율성이 확대되면서 각 지방관들은 지역에 맞는 농업의 지침을 마련할 필요가 있었다. 사실 일련의 월령류 저작에서 보여주는 시기에 따른 정령이 중국 전 지역에 적합한 내용은 아닐 것이다. 중앙정부가 지방통치를 위한 단일한 지침을 만들어 내지 못하는 것과 별개로 지방관들은 지역별 월령의 필요를 절감하였을 것이다. 그리고 대부분이 호족(豪族)이었던 지방관들은 부의 축적을 위해서, 또는 지역민과의 친화 및 지역사회 안정을 위해서 농업생산에 대한 자신들의 축적된 지식을 이용하여 월령적 통치의 지침을 마련하였을 것이다. 최식(崔寔)이 찬술(撰述)한 『사민월령(四

民月令)』은 그 구체적인 표현일 것이다. 즉 『사민월령』은 지방 통치의 중심이 호족화된 지방관으로 이월된 후한사회가 낳은 결과물일 것이다.

Ⅱ

2부에서는 중국 고대 예제가 사대부(士大夫)들의 정치적 각성과 유학(儒學)의 내발적(內發的) 전개의 결과물임을 밝히고자 하였다. 이를 위해 최초의 상복서(喪服書) 『상복변제(喪服變除)』와 『한서(漢書)』「예악지(禮樂志)」를 분석하였다.

양한시기 유가교설에 근거한 예제의 수립과 예적 세계의 구축은 황제 측만의 노력으로 이루어진 것은 아니다. 예적 세계가 황제를 위시하여 전 사회구성원들을 정치적 고하에 따라 계급적으로 서열화하고 그 차이에 따라 정치적 권리와 의무를 규정하여 존비귀천(尊卑貴賤)의 정해진 역할을 할 수 있게 하는 사회라면 여기에는 사대부들의 정치적 각성과 진출이란 전제가 필요하다. 과연 양한시기 사대부들은 예를 통해 어떠한 차등적 사회를 이루고자 했으며, 어떤 예제의 수립을 꿈꾸었을까?

전한시기 사대부들의 정치적 각성과 그에 따른 예학의 발전은 선제시기 예학가(禮學家)였던 대덕(戴德)에 의해 찬술(撰述)된 『상복변제』가 잘 보여준다. 우선 그것의 출현 전야(前夜)를 살펴보자. 감로(甘露) 원년(기원전 53)에 개최된 석거각(石渠閣) 2차 회의는 흔히 『공양전(公羊傳)』에 대신하여 『곡량전(穀梁傳)』을 현창(顯彰)하기 위해 개최된 것으로 이해된다. 그러나 유례없이 황제가 칭제임결(稱制臨決)한 것에서 알 수 있는 것처럼, 특정 경전의 선양(宣揚)만이 목적은 아니었다. 그것은 본격적으로 경학(經學)의 시대로 들어서기 시작한 선제시기, 통치에 정당성을 보장해 줄 수 있는 경설(經說)을 '정전화(正典化)'할 필요에서 개최된 것이었다. 그런 의미에서 2차 회의에서 예설(禮說)에 대한 논의가 진행되고 황제에 의해 결론이 확정되었다는 것은 특별한 의미를 갖는다. 그것은 전한의 예가 조의(朝儀)를 넘어 사회 안에서 구체적 실천규범으로 인식되기 시작하였다는 것을 의미하기 때문이다. 현재 22조의 잔문(殘文)만이 남아있는 석거각 2차 회의의 예분과 토론 결과인 『석거예론(石渠禮論)』은 전체의 논의과정을 복원하는 데는 부족하지만, 선제시기 사회적으로 요구되었던 의례(儀禮) 규범의 일단을 보여주는 중요한 자료가 되고 있다.

주로 상복례(喪服禮)가 남아 있는 『석거예론』을 살펴보면 당시 행해졌던 논의를 두 종류로 구분할 수 있다. 하나는 이미 경전에 규정되어 있는 조문에 대한 새로운 해석이다. 기존의 규정만으로는 현실에서 다양하게 발생하는 예외적 상황 혹은 가족관계의 변화를 포괄할 수 없어, 시대적 필요에 적절하게 대응하기 위해 기존의 규정에 대해 재해석을 진행하였다. 다른 하나는 애초에 경전에 나와 있지 않은 사례에 대해 새로운 행위지침을 만드는 것이다. 즉 석거각회의에서 참석자들은 경문(經文)에 대한 새로운 해석을 통해 경의(經義)를 천명(闡明)하거나 시대의 변화에 따른 새로운 행위규범을 만들어 냈는데, 이것은 전한후기 예가 전사회적인 행위규범으로서 지위를 확보해 갔던 상황을 반증한다.

예가 사회적인 행위규범의 지위를 획득하자, 최초의 상복서가 출현하였다. 바로 대덕의 『상복변제』다. 『상복변제』는 『석거예론』과는 달리 경문에 대한 해석을 목적으로 한 책이 아니라 상사(喪事)에 임하여 어떤 옷을 입고 어떤 관을 쓰며, 어떤 신을 신고 어떤 죽을 먹는지 등에 대한, 그야말로 복상(服喪)을 위한 매뉴얼의 성격을 띤다. 따라서 시대적으로 요구되었던 복상의 지침이나 사회적 관계의 변화 속에서 요구되던 새로운 상복례의 지침들이 다수를 차지한다. 예를 들어 꽤 많은 위인후자(爲人後者) 관련 복상규정은 전한시기 절호(絶戶) 방지책으로 위인후자가 다수 출현하던 상황과 무관하지 않으며, 『의례(儀禮)』「상복(喪服)」에는 보이지 않는 재가(再嫁)한 여성을 비롯하여 여성 관련 복제(服制) 규정이 다수 등장하는 것은 여성노동을 중요하게 파악하여 제민지배(齊民支配)의 근간으로 삼고자 했던 전한의 국가성격과 밀접하게 관련되어 있다. 이것은 예가 경학의 발전 뿐 아니라 사회의 변화 속에서 꾸준히 변화할 수밖에 없는 현실 반영태임을 말해준다.

그런데 이 『상복변제』에는 이외에도 특별한 내용이 포함되어 있다. 바로 신하를 위한 천자의 복상규정과 제후·대부 및 사의 상호간 복상규정이 서술되어 있는 '천자·제후·대부·사의 조문하고 곡하는 것에 대한 의논[天子諸侯大夫士弔哭議]' 조항이 그것이다. 주지하듯이 『의례』「상복」의 복상규정은 대부분 친족 간의 복상규정이며, 비혈연적 성격의 정치적 관계의 복상규정은 모두 군주를 위한 복상규정이거나 정치적으로 지위가 높은 이를 위한 지위가 낮은 이들의 복상규정이다. 그러나 대덕은 특별하게도 평등한 권력관계 안에서의 복상규정을 서술했을 뿐 아니라, 더 나아가 지존(至尊)인 천자가 신하를 위해 상복을 입는 규정에 대해서도 서술하고 있다. 즉 대덕은 신하를 위한 군주의 복상규정을 마련하여 정치적 지위가 비록 낮다고 해도 군주와 동일한 정치적 행위의 담당자라면 그에 부합하는 정치적 처우를 받아야 함을 주장하였다. 또한 사로부터 천자까지 동일한 예의 집행을 주장하며, 예의 보편적 적용을 강조하였다. 특히 이것은 선제의 출자(出自)와도 관련 있는 '위인후자' 조항 중에 발견되어, 단순한 견해이기보다는 위인후자로서 친부(親父)를 추존(追尊)하고 황고묘(皇考廟)를 세운 선제에 대한 비판의 성격을 갖는다고 생각된다.

이로 인해 우리는 예학의 대가(大家)임에도 『석거예론』 안에서 대덕의 발언을 찾아 볼 수 없다. 정치적으로 선제를 옹호하기는커녕 선제의 행위를 예설로써 비판했던 대덕의 발언이 『석거예론』 안에 실리기는 어려웠을 것이다. 따라서 『상복변제』는 선제와 다른 예학적 관점을 가지고 있는 대덕의 이러한 입장이 반영된 문헌이라고 할 수 있는데, 사대부계층이 정치적으로 성장함에 따라 그들 전체를 포괄하고 그들의 행동의 근저가 될 수 있는 예의 기준을 만들 필요에 부응한 것이라 할 수 있겠다. 또한편 사대부계층의 구체적인 행위규범을 만들고 그 안에서 황제와 사대부와의 정치적 거리를 확정하려고 했던 『상복변제』는 지금까지 황제의 초월적인 권위를 분식하기 위해 사용되었던 예를 사대부들의 생활과 행동을 규제하고, 정치적 이상을 설정하는 근거로서 변화시키고자 했던 사대부층의 노력의 결과물이라 할 수 있을 것이다.

사대부들의 궁극적 목적이 예의 있는 생활에 필요한 교양 있는 태도를 위한 지침의 완비는 아니었다. 그들은 예를 '친함과 소원함[親疎]을 확정하고 의심스러움[嫌疑]을 결정하며, 같고 다름[同異]을 구분하고 옳고 그름[是非]을 밝히는 것'이라고 여겼다. 그들에게 예는 정치적 행위의 근거와 정당성을 부여하고 권력의 범주를 규정하는 근저였다. 따라서 사대부들의 궁극적인 목적은 조의를 넘어 구성원 모두를 포함하는 예제를 마련하는 것이었다. 특히 한을 예의국(禮儀國)으로 인식한 반고(班固)에게 그것은 절실한 이상이었다.

반고가 찬술한 『한서』는 『사기(史記)』가 「예서(禮書)」와 「악서(樂書)」를 별도로 구성한 것과는 달리 「예악지」에서 예와 악을 함께 다루고 있다. 그런데 「예악지」 중 「예지(禮志)」가 차지하는 비율이 지나치게 적다는 점이 흥미롭다. 자세히 살펴보면 『한서』 「예악지」에서 「예지」가 차지하는 비율은 채 22%가 되지 않은 상태로 전한시기 있었던 예제제정과 개정의 사례들을 적절히 보여주지 못하고 있다. 특히 전체 7단락 가운데 전한의 상황을 보여주는 5개 단락의 내용을 살펴보면 개국 초 숙손통(叔孫通)의 의례(儀禮) 제정을 제외하고는 한대 있었던 예제개혁의 논의들이 모두 실패한 것처럼 여겨진다. 또한 저자인 반고는 전한과 후한 초의 상황을 개괄하며 예악이 완비되지 못했다고 하여 현재의 연구자들과는 다른 관점으로 당시의 예제를 판단하고 있다. 그래서 『한서』 「예악지」 중 「예지」의 집필의도가 전한 예제제정과 개정의 연혁을 밝히고 제·개정된 예의 성격을 보여주는 것이 아닌 다른 데 있는 것이 아닌가 하는 의문을 유발하고 있다.

이것은 「예지」에 수록된 가의(賈誼)－동중서(董仲舒)－왕길(王吉)－유향(劉向)의 예제개정 요구를 서술하는 태도를 살피면 더욱 분명해진다.

반고는 가의를 비롯한 이들이 주장했던 구체적인 예제의 내용이 아닌, 이들이 예제개혁을 주장하게 된 원인과 그들의 요구가 좌절되었다는 것을 주로 서술하고 있다. 심지어 유향의 사례에는 반고를 비롯한 후한 사대부들이 가지고 있는 간절한 예제제정의 요구가 체계적으로 조작되어 등장하고 있음을 발견할 수 있었다. 한편, 「예악지」를 통해 반고가 이들을 선발한 공통의 원인을 어렵지 않게 발견할 수 있었는데, 그것은 가의 이하 모두 유자(儒者)가 배제된 속리(俗吏) 혹은 능리(能吏) 위주의 통치, 관료기구를 무력화시키는 외척과 환관의 발호 등을 비판한 점이다. 즉, 반고는 가의 등의 예제개혁 요구와 그 좌절사례를 통해 치자(治者)로서의 사대부의 존엄과 참정(參政)이 보장되지 않는 현실을 비판하며, 사회구성원 모두를 포괄하는 새로운 예제제정이 필요함을 역설하였던 것이다.

반고가 이렇게 『한서』 「예악지」를 구성하게 된 이유는 자신이 살고 있는 시대까지도 이러한 구조적 질서가 수립되지 않았다고 여겼기 때문이었다. 광무(光武)·명제시기(明帝時期) 문리(文吏)의 등용과 법치(法治)의 강화는 반고에게 "예악이 아직 갖춰지지 않았다"고 느끼게 하는 요건으로 작용하였을 것이다. 또한 명제시기까지 사회구성원 모두를 포함한 완비된 예제, 즉 조의를 넘어선 사회구성원 모두가 준봉(遵奉)할 만한 예제가 없었다는 것이 그로 하여금 이러한 평가를 하게 한 요인이 되었을 것이다. 그러나 무엇보다도 장제(章帝)의 『신례(新禮)』 제정은 진정한 예제의 필요를 절감하게 하였던 것 같다.

반고에게 예란 단순히 군신(君臣)의 존비(尊卑)를 밝혀 황제권을 분식(粉飾)하는 도구가 아닌, 천지(天地)를 본 떠 신명(神明)을 소통시키고 인륜(人倫)을 세우며 성정(性情)을 단정하게 하고 만사만물(萬事萬物)을 절제하게 하는 것이었다. 그러나 조포(曹褒)가 장제의 명에 따라 만든 『신례』는 참위(讖緯)를 섞어 만든, 황제권력을 분식하는 것을 목적으로 한 예제였기 때문이다. 그것은 그저 '군주를 높이고 신하를 억누르는' 성격만을 가진 숙손통의 『한의(漢儀)』를 저본(底本)으로 해서 만들어졌다. 따라서 반고로서는 자신이 생각하고 있는 예제의 내용과 성격을 주장할 필요가 있었을 것이다. 일견 관련 없는 이들의 실패담 나열로 보이는 「예지」 부분의 구성은 현실의 예제제정을 강제하는 반고의 노력의 표현일 것이며, 이상국가(理想國家)를 향한 후한 사대부의 열망이었던 것이다.

Ⅲ

3부에서는 갈등도 있었지만 중국 고대의 예제가 황제와 사대부 양자의 필요와 타협 또는 협조 속에서 만들어진 것임을 밝히고자 하였다.

후한 들어 유학의 사회적 침윤(浸潤)은 유가적 통치방안의 필요를 제시하는 한편 유가경전에 근거한 예실천이라는 문제를 대두시켰다. 경의에 의해 정치적 사안들이 해석되었고, 국가정책이 확정되었다. 뿐만 아니라 사회적 관계와 그들 사이에 요구되는 행위규범이 경전에 근거하게 되었다. 그 중에서도 가장 특징적인 것은 삼년상(三年喪)의 본격적인 등장과 정착이라고 할 수 있다. 전한시기 일반화되지 않았던 삼년상은 점차 사대부 사이에서 확대되었고, 국가의 불허용 방침에도 불구하고 복상을 위해 거관(去官) 혹은 기관(棄官)하는 자는 점차 많아졌다. 심지어 사회적인 문제가 되어 부모의 상이 아니면 거관을 불허해야 한다는 의견마저 등장했다. 그러나 복상을 위한 거관은 형제는 말할 것도 없고 점차 친족범위를 넘어서까지 확대되었다.

대표적인 경우가 스승과 구군(舊君), 거장(擧將)에 대한 복상이다. 이들에 대한 복상은 후한 말로 갈수록 더욱 성행하게 되었다. 이것을 스승과 제자, 구군과 고리(故吏), 추천자와 피추천자 사이에 존재하는 은의감(恩義感)만으로 설명할 수 있을까? 오히려 이것은 후한사회가 황제와 인민간의 일차적 관계로 규정할 수 없는 상태에 이르렀음을 보여준다. 당시 스승이나 구군, 거장에 대한 복상은 사회적 명성을 획득하는 하나의 방법이 되었다. 즉 사회가 다양한 군신관계를 인정하였고, 누층적인 지배질서가 사대부 안에서 공공연하게 인정되었다. 그리고 종종 이 관계는 정부의 명령보다 우선했다. 정부는 사회적 기준을 만들어 내지 못했다. 반복적인 금고(禁錮)와 해금(解禁)은 후한의 종말을 우울히 예감케 할 뿐이었다.

그러나 새로운 황제를 꿈꾸는 조조(曹操)는 이러한 상황을 묵과할 수만은 없었다. 특히 집단적인 조제(弔祭) 활동을 통해 지역의 사대부들이 정치적 회합을 갖고, 그 안에서 군주만이 행할 수 있는 시호(諡號)를 추증(追贈)하는 사시(私諡)를 용납하기란 힘들었을 것이다. 황제와 대치적 명성을 가진 이들이 자율적으로 사회적 기준을 만들어 나가는 것을 묵인하는 것은 중앙정부로서는 위험하기 짝이 없는 일이 아닐 수 없기 때문이다. 그러나 이미 재야에서 명성을 가진 이들을 노골적으로 박해하는 것도 어려운 일이다. 특히 '지절지사(志節之士)'로 칭송받고 있던 당인(黨人)들과 그들의 문생(門生)·고리를 압박하는 것은 쉽지 않았을 것이다. 따라서 조조는 입비(立碑) 행위를 후장(厚葬)의 행태로 몰아 금지하게 된다. 그것이 관도(官度) 전투 이후 기주(冀州)에 남아 있던 원소(袁紹)의 아들 원담(袁譚)을 주멸한 뒤라는 것은 원씨 집단의 고리들에 의해 치러질 원담의 장례를 염두에 두었던 것이라 생각된다.

그러나 다른 한편 새로운 국가는 사대부들의 행례(行禮)를 수용할 수밖에 없었다. 사대부들의 예 실천의 모습들은 황제와 대치하려는 사대부들의 자율성이기 앞서, 유학의 발전과 그것의 사회적 침윤이 가져온 자연스러운 현상이기도 했기 때문이다. 한 말~삼국시기 예경(禮經)에 근거한 예 실천의 모습과 기묘하다고까지 평가되는 봉건론(封建論)의 대두는 모두 유교국가(儒教國家)의 단면을 보여주는 모습들이라 할 수 있다. 이것은 사대부들이 유가의 이상적인 행위규범을 습득, 현실에서 실천하고자 하는 것이며 분권통치의 방법을 구현하고자 했던 모습이기 때문이다. 위(魏)와 진(晉)이 제정한 상장령(喪葬令)은 사대부들의 요구가 상복례(喪服禮) 안에서 수용된 것이라고 할 수 있다. 그러나 사대부들의 자율적인 규율이 국가에 수용되면서, 사대부들은 자신들이 지금까지 행해왔던 규범에 의해 규제받게 되었다.

Ⅳ

마지막으로는 가례(家禮)가 왕법(王法)이 미치는 않는 부분을 보완하며, 왕법에 의해 국가례(國家禮)의 범주로 확정되는 과정을 거쳐 중국 위정자들이 황제부터 서인(庶人)을 아우르는 예적 세계를 구성해 갈 수 있었음을 확인해 보고자 하였다.

위진남북조시기 예학의 발달은 흔히 귀족제사회의 결과로 이해되었다. 어느 시대보다도 많은 상복서(喪服書)가 편찬되었고, 상복례가 발전하였으며 예와 법도에 대해 사회적으로 엄격한 준수가 요구되었다. 그리고 이러한 현상은 문벌의 종족보전의 필요에서 비롯되었다고 해석되었다. 그러나 위진남북조시기 상복서의 편찬을 문벌의 종족보전의 필요에 의해 설명하며, 당시 상복례를 왕법과 대치한다고만 본다면 예학의 기능을 가문·문벌의 보호와 유지로만 국한하여 그 효용을 축소시키는 한편, 사대부들이 공법(公法)과 갈등했다고만 해석하여 공자(孔子) 이래 자신을 치자(治者)로 규정했던 사대부들의 의식흐름을 외면하게 될 것이다. 또한 공법에 대한 가법(家法)의 자율성만을 강조한다면, 전한후기 이후 모든 구성원을 포함한 예적 세계를 구현하려고 했던 예학의 내발적 전개에 대해서도 설명할 수 없을 것이다. 무엇보다도 이 시기 상복례를 왕법과 대치되는 가례로 이해하는 것이 타당한가에 대한 문제에 대해서도 생각해 볼 필요가 있다.

후한 말 성행했던 과례의 습속은 진대 들어 근절되게 된다. 이것은 이미 조위시기부터 시작된 것으로 국가는 법령에 의해 지금껏 자율적으로 행해지던 사대부들의 예실천에 관한 규정을 마련한다. 이러한 시도는 진대 국가에 의해 오례체제(五禮體制)에 근거한 예전(禮典)이 편찬되면서 완성되는데, 예제의 제정과 그를 구체화하기 위해 정비된 율령(律令)·작제(爵制)·관제(官制)를 통해 국가는 국가 주도의 기준설정과 집행, 그에 따른 제재를 행할 수 있었다. 이것은 지금까지 사대부가 중심이 되어 사회적 기준을 형성했던 상황을 종식시키고, 국가가 예의의 최종결정권자이며 판단자가 됨을 의미하는 것이다. 실제로 개정된 『진례(晉禮)』는 자율적으로 행해지던 가례에 대해 직접적인 간섭을 선언하였다.

그렇다면 사대부들은 이러한 변화된 상황에 어떻게 대응하였을까? 지금까지 많은 연구자들은 공적(公的) 질서가 사적(私的) 세계의 자율성을 침해하게 되면서 사대부들은 나름의 사적 세계를 위한 장치를 만들어 냈다고 보았다. 그것이 바로 상복례다. 그러나 『진서(晉書)』「예지(禮志)」를 통해서 우리는 당시 상복례가 애초에 특정 집안의 특별한 사정에 의해 제정의 필요가 대두되었다 해도, 최종적으로는 조정의 공의(公議)를 통해 확정되었음을 확인할 수 있다. 즉, 당시 상복례는 국법의 지지를 통해서만 비로소 권위를 획득할 수 있었던 것이다. 그렇다면 진대 상복례는 공법으로부터 자유로운 종족법(宗族法)의 역할만을 담당했던 것이 아니라, 통합적인 국가례의 내용을 구성하고 풍부하게 하는 역할을 담당했다고 보아야 할 것이다.

이것은 일련의 상복서를 분석함으로써 보다 명확하게 알 수 있다. 당시 편찬된 상복서는 크게 경전(經傳)의 주석류(注釋類)와 행위지침서류로 나눌 수 있다. 기존 견해와 같이 위진시기 상복서의 대부분이 매뉴얼의 성격을 갖고 있지는 않았지만, 전란으로 인한 가족관계의 급격한 변화가 행례의 매뉴얼을 요구했던 것은 부정할 수 없는 사실이다. 그러나 상대적으로 주목되지 않았던 주석류 상복서의 편찬 또한 이 시기 뚜렷한 특징이라고 할 수 있다. 이것은 후한시기부터 있었던 현상으로, 사대부들이 예경을 통해 행위의 적합성을 발견하려고 하는 노력으로부터 시작되었다. 그리고 이렇게 예경을 통해 행위의 적합성을 확보하는 것은 진대에도 여전히 요구되고, 더욱 다양화되었다.

국가에 의해 예제가 제정되어 지금까지의 관습적 행위가 규제되면서, 전례 없는 상란(喪亂)으로 예실천의 예외가 발생하면서, 또한 봉건적 작제가 부활하면서 등급에 따른 의례의 필요가 대두한 것도 예경의 재해석을 필요로 하게 된 원인이었다. 당시 효성이 지극하게 표현된 상복례가 인재발탁에 중요한 근거가 된 것처럼, 잘못 행해진 상복례 역시 관직강등과 박탈의 근거가 된 것도 상복서 편찬의 원인으로 작용하였다. 즉 사대부에게 상복례의 정확한 준수와 특정한 지위와 역할에 맡는 규범적 행위의 실행이 가장 중요한 사회적 행위였기에, 행동의 근거가 되는 예경에 대한 연구와 주석 작업이 지속적으로 행해졌던 것이다.

그 결과 매뉴얼의 성격을 가진 상복서는 물론이고 주석서의 성격을 가진 상복서가 편찬되었다. 당시 상복서는 국법의 부족한 점을 보충하고, 국법의 근거를 해석하였던 것이다. 예전의 편찬은 법률보다 광범위한 범주에서 황제권력의 합법성을 분식하였다. 그렇다고 『진례』의 편찬이 일방적으로 황제권력의 강화에만 복무한 것은 아니다. 『진례』의 편찬으로 사대부들 역시 자신들이 신봉하는 지식체계에 의해 정치적·사회적 지위를 보장받았고, 자신들의 생활 전반을 의례화(儀禮化)할 수 있었다.

진대 상복례가 황제의 조(詔)를 통해 확정되고, 잘못 집행된 상복례는 선거에서 관직의 강등과 면관(免官)으로 이어졌다면, 이를 왕법에 대치하는 자율적인 가례로 설명할 수는 없을 것이다. 그렇다면 위진남북조시기 예학의 유례없는 발전과 상복례의 엄격한 준수는 어떻게 설명해야 할까? 당시 국가의 정책 및 사회적 필요와 밀접하게 연결되어 있던 것은 아닐까?

조위의 첫 번째 황제 조비(曹丕)는 자신의 부친과는 달리 체제 밖의 사대부들을 황제의 정부 안으로 견인하기 위해 타협을 불사한다. 가장 대표적인 것은 구품중정제(九品中正制)로, 조비는 자신을 지지했던 사대부들에게 인사권을 보장해 주었다. 중정은 공(功)·덕(德)·재(才)·행(行)이라는 네 가지 품평기준을 가지고 인물을 평가하였다. 그러나 언제나 인물 평가는 '선덕행후문재(先德行後文才)'에 따라 행해졌다. 후한 이래 가치의 다변화가 발생하여 자유로운 교양인으로서의 면모가 강조되는 새로운 사대부상이 등장하기는 하였지만, 여전히 덕행이 우선되었던 것이다. 특히 그 중에서도 효(孝)가 평가의 가장 중요한 덕목으로 여겨졌다.

선거에서 효가 중요한 품평의 덕목이 됨으로 인해 사대부들 생활에 있어 효를 잘 드러내는 예법이 중시되었다. 바로 상복례의 엄격한 준수가 요구된 것이다. 그런데 흥미로운 것은 당시 인물평가가 행해질 때 품평이 상복례를 넘어 사대부의 모든 행위로 그 범주를 넓히고 있다는 점이다. 우리는 기록을 통해 상복례 위반자 이외에도 부모의 도리나 집안 어른의 기풍을 잃은 경우 청의(淸議)에 의해 평가받는 경우를 확인할 수 있었다. 이것 역시 선거와 밀접하게 연관되어 있던 것으로, 당시인들은 포괄적인 덕을 드러내는 방법으로 상복례 이외에도 인간과 인간 사이에서 마땅히 지켜져야 하는 행위나 태도를 평가했던 것이다. 자연히 사대부들은 예경에 규정된 사례(士禮)에 부합하면서도, 시속(時俗)과 어울리며, 그러면서도 자신들의 지위나 가문의 지체에 맞는 합리적인 행위규범을 만들어야만 했다. 그 결과 사대부들은 예의 준수여부를 통해 사회적으로 평가받게 되었고, 어려서부터 다양한 내용의 예의 습득이 요구되었다. 이제 예는 광범위하게 보급될 필요에 직면하였던 것이다.

사회적으로 요구되는 일상의 예의를 보급하고 교육하기 위해 사대부들이 만들어낸 장치는 바로 의주류(儀注類) 저작인데, 그 중에서도 서의(書儀)는 사대부 생활의 의례화를 확인할 수 있는 매우 중요한 자료다. 서의는 원래 서신(書信)을 작성하는 규범 정식이지만 한편으로 예절의 부분을 포함하고 있다. 진대 편찬되기 시작한 서의는 남북조시기에 들어 사회적으로 성행하였던 것으로 보이는데, 그것은 단순히 편지의 격식이 아닌 한 집안 안에서 유통되던 가내의 예의 규범, 즉 가례였다.

이들 서의는 현재 대부분 망실되어 구체적인 내용을 알 수 없지만 돈황(敦煌)에서 발견된 당대(唐代) 서의들을 통해 그 일단을 추정할 수 있다. 우선 친구 간에 오고 갔던 편지의 격식을 정리한 「붕우서의(朋友書儀)」는 편지를 쓰는 계절, 달, 날에 따라 사용할 수 있는 용어들을 일정한 격식에 맞춰 제공하고 있다. 이와는 달리 일상생활에서 발생한 길흉(吉凶)의 상황에 따라 그것에 소용되는 의례의 서간(書簡) 형식이었던 「길흉서의(吉凶書儀)」는 「내족길서의(內族吉書儀)」, 「외족길서의(外族吉書儀)」, 「혼보답서(婚報答書)」, 「부인길서의(婦人吉書儀)」, 「사해길서의(四海吉書儀)」, 「내족흉서의

(內族凶書儀)」, 「외족흉서의(外族凶書儀)」, 「부인흉서의(婦人凶書儀)」, 「승니도사흉서의(僧尼道士凶書儀)」, 「사해조답서의(四海吊答書儀)」, 「상담참최천장명혼의(祥禫斬縗遷葬冥婚儀)」 등으로 내용이 구분되어 있어 매우 다양한 인간관계 안에서 통용되던 의례들에 대한 격식이 망라되어 있음을 알 수 있다. 특히 칭위(稱謂)의 구별 문제를 가장 중요하게 다뤘던 「길흉서의」에는 친족 안에서의 서열이나 자신과의 친소관계, 혹은 상하관계에 따라 편지형식이 규정되어 있었다. 이렇듯 당시 사대부들은 가정에서부터 일상생활에 필요한 간편하고 쉬운 예를 학습하고 보급하면서, 자신들 생활을 의례화하였다. 고대 중국의 예적 세계는 이렇게 깊어지며 넓어졌던 것이다.

참고문헌

1. 사료

(春秋)左丘明 撰,『國語』, 上海：上海古籍, 1998.
(漢)司馬遷 撰,『史記』, 北京：中華書局, 1997.
(漢)班固 撰,『漢書』, 北京：中華書局, 1997.
(晉)陳壽 撰,『三國志』, 北京：中華書局, 1997.
(晉)范曄 撰,『後漢書』, 北京：中華書局, 1997.
(梁)沈約 撰,『宋書』, 北京：中華書局, 1997.
(梁)蕭子顯 撰,『南齊書』, 北京：中華書局, 1997.
(北齊)魏收 撰,『魏書』, 北京：中華書局, 1997.
(唐)魏徵等 撰,『隋書』, 北京：中華書局, 1997.
(唐)房玄齡等 撰,『晉書』, 北京：中華書局, 1997.
(唐)李百藥 撰,『北齊書』, 北京：中華書局, 1997.
(唐)李延壽 撰,『南史』, 北京：中華書局, 1997.
(唐)李延壽 撰,『北史』, 北京：中華書局, 1997.
(唐)姚思廉 撰,『梁書』, 北京：中華書局, 1997.
(後晉)劉昫 等撰,『舊唐書』, 北京：中華書局, 1997.
(宋)歐陽修·宋祁 撰,『新唐書』, 北京：中華書局, 1997.
(宋)司馬光 撰·(元)胡三省 注,『自治通鑑』, 北京：中華書局, 1956：1995.
黃懷信 等撰,『逸周書彙校集注』, 上海：上海古籍, 2008.

(春秋)左丘明 撰·(晉)杜預 集解,『左傳』, 上海：上海古籍, 1998.
(漢)公羊壽 傳·(漢)何休 解詁·(唐)徐彦 疏,『春秋公羊傳注疏』, 北京：北京大, 1999.
(漢)毛亨 傳·(漢)鄭玄 箋·(唐)孔穎達 疏,『毛詩正義』, 北京：北京大, 1999.
(漢)孔安國 傳·(唐)孔穎達 疏,『尚書正義』, 北京：北京大, 1999.
(漢)鄭玄 注·(唐)孔穎達 疏,『禮記正義』, 北京：北京大, 1999.
(漢)鄭玄 注·(唐)賈公彦 疏,『儀禮注疏』, 北京：北京大, 1999.
(漢)趙岐 注·(宋)孫奭 疏,『孟子注疏』, 北京：北京大, 1999.
(魏)何晏 注·(宋)邢昺 疏,『論語注疏』, 北京：北京大, 1999.

(唐)李隆基 注·(宋)邢昺 疏,『孝經注疏』, 北京：北京大, 1999.
(漢)賈誼 撰·閻振益 等校注,『新書校注』, 北京：中華書局, 2000：2007.
(漢)董仲舒 撰·于首奎 等校釋,『春秋繁露校釋』, 濟南：山東友誼, 1994.
(漢)戴聖 撰,『石渠禮論』(『玉函山房輯佚書』에 수록), 揚州：廣陵書社, 2004.
(漢)戴聖 撰,『石渠禮論』(『百部叢書集成三編 漢魏遺書鈔』에 수록), 臺北：藝文印書館, 1972.
(漢)戴德 撰,『喪服變除』(『百部叢書集成三編 漢魏遺書鈔』에 수록), 臺北：藝文印書館, 1972.
(漢)劉向 撰,『說苑』, 臺北：世界書局, 1988.
(漢)王符 撰·(淸)汪繼培 箋,『潛夫論箋校正』, 北京：中華書局, 1985：1997.
(漢)王褒 撰,「僮約」(『全上古三代秦漢三國六朝文』에 수록), 北京：中華書局, 1995.
(漢)崔寔 撰·孫啓治 校注,『政論校注』, 北京：中華書局, 2012.
(漢)崔寔 撰·石聲漢 校注,『四民月令』, 北京：中華書局, 1965.
(漢)蔡邕 撰,「月令篇名」(『全上古三代秦漢三國六朝文』에 수록), 北京：中華書局, 1995.
(漢)蔡邕 撰,『蔡中郎集』, 臺北：中華書局, 1966.
(漢)徐幹 撰,『中論』(『漢魏叢書』에 수록), 長春：吉林大, 1992.
(漢)劉熙 撰,『釋名』, 北京：中華書局, 2008.
(漢)王逸 注·何錡章 編,『王逸注楚詞』, 臺北：黎明, 1973.
(魏)桓範 撰,「世要論·銘誄」(『全上古三代秦漢三國六朝文』에 수록), 北京：中華書局, 1995.
(晉)袁準 撰,『喪服經傳注』(『玉函山房輯佚書』에 수록), 揚州：廣陵書社, 2004.
(晉)孔倫 撰,『集注喪服經傳』(『玉函山房輯佚書』에 수록), 揚州：廣陵書社, 2004.
(晉)陳銓 撰,『喪服經傳注』(『玉函山房輯佚書』에 수록), 揚州：廣陵書社, 2004.
(北魏)酈道元 注·(淸)楊守敬 等疏,『水經注疏』, 南京：江蘇古籍, 1999.
(梁)蕭統 編,『文選』, 上海：上海古籍, 1997.
(隋)王通 撰,『中說』, 沈陽：遼寧敎育, 2001.
(唐)李林甫 等撰·陳仲夫 點校,『唐六典』, 北京：中華書局, 1992：2005.
(唐)歐陽詢 撰,『藝文類聚』(『唐代四代類書』에 수록), 北京：淸華大, 2003.
(唐)杜佑 撰,『通典』, 北京：中華書局, 1996.
(唐)封演 撰·趙貞信 校注,『封氏聞見記校注』, 北京：中華書局, 2005：2008.
(宋)李昉 等撰,『太平御覽』, 北京：中華書局, 1969：1995.
(宋)洪适 撰,『隸釋』, 北京：中華書局, 2003.
(宋)洪适 撰,『隸續』, 北京：中華書局, 2008.
(宋)王應麟 撰·(淸)翁元圻 等注,『困學紀聞』, 上海：上海古籍, 2008：2009.
(宋)王應麟 撰,『漢藝文志考證』(『二十五史補編』에 수록), 北京：中華書局, 1991.
(宋)黎靖德 編,『朱子語類』, 北京：中華書局, 1986：2004.
(宋)歐陽脩 撰,『集古錄跋尾』」(『石刻史料新編 第一輯』에 수록), 臺北：新文豊, 1986.

(淸)秦惠田 撰·(淸)秦惠田 等手校, 『五禮通考』, 臺北 : 聖環圖書, 1994.
(淸)黎翔鳳 撰, 『管子校注』, 北京 : 中華書局, 2004 : 2006.
(淸)王先謙 撰, 『荀子集解』, 北京 : 中華書局, 1988 : 1996.
(淸)陳立 撰·吳則虞 點校, 『白虎通疏證』, 北京 : 中華書局, 1994.
(淸)孫希旦 撰, 『禮記集解』, 北京 : 中華書局, 1989 : 1998.
(淸)王聘珍 撰·王文錦 點校, 『大戴禮記解詁』, 1983 : 1998.
(淸)王謨 撰, 『漢魏遺書鈔』, 上海 : 上海古籍, 1996.
(淸)馬國翰 撰, 『玉函山房輯佚書』, 揚州 : 廣陵書社, 2004.
(淸)朱彝尊 撰, 『經義考』, 臺北 : 成文出版, 1976.
(淸)孫詒讓 撰, 『墨子閒詁』, 北京 : 中華書局, 2001.
(淸)胡培翬 撰, 『儀禮正義』(『續修四庫全書』에 수록), 上海 : 上海古籍, 1995.
(淸)何焯 撰, 『義門讀書記』(『文淵閣四庫全書』에 수록), 臺北 : 商務, 1986.
(淸)閻若璩 撰, 『潛邱劄記』(『文淵閣四庫全書』에 수록), 臺北 : 商務, 1986.
(淸)徐乾學 撰, 『讀禮通考』(『文淵閣四庫全書』에 수록), 臺北 : 商務, 1986.
(淸)趙翼 撰, 『二十二史劄記』, 臺北 : 世界書局, 1962 : 2001.
(淸)趙翼 撰, 『陔余叢考』, 石家庄 : 河北人民, 2003.
(淸)顧炎武 撰·(淸)黃汝成 集釋, 『日知錄集釋』, 長沙 : 岳麓書社, 1994 : 1996.
(淸)畢沅 撰, 『山左金石志』(『石刻史料新編 第一輯』에 수록), 臺北 : 新文豊, 1986.
(淸)王鳴盛 撰, 『十七史商榷』, 臺北 : 鼎文書局, 1979.
(淸)梁玉繩 撰, 『史記志疑』(『二十五史三編』에 수록), 長沙 : 岳麓書社, 1994.
(淸)王先謙 撰, 『漢書補注』, 北京 : 中華書局, 1993.
(淸)丁國鈞 撰, 『補晉書藝文志』(『二十五史藝文經籍志考補萃編』에 수록), 北京 : 淸華大, 2012.
(淸)文廷式 撰, 『補晉書藝文志』(『二十五史藝文經籍志考補萃編』에 수록), 北京 : 淸華大, 2012.
(淸)錢大昭 撰, 『補續漢書藝文志』(『二十五史藝文經籍志考補萃編』에 수록), 北京 : 淸華大, 2012.
(淸)顧櫰三 撰, 『補後漢書藝文志』(『二十五史藝文經籍志考補萃編』에 수록), 北京 : 淸華大, 2012.
(淸)侯康 撰, 『補後漢書藝文志』(『二十五史藝文經籍志考補萃編』에 수록), 北京 : 淸華大, 2012.
(淸)姚振宗 撰, 『後漢藝文志』(『二十五史補編』에 수록), 北京 : 中華書局, 1991.
范文瀾, 『文心雕龍注』, 北京 : 人民文學, 1962.
北京圖書館金石組 編, 『北京圖書館藏中國歷代石刻拓本匯編 第一冊 戰國 秦·漢』, 鄭州 : 中州古籍, 1997.
山東省博物館·山東省文物考古研究所 編, 『山東漢畵像石選集』, 濟南 : 齊魯書社, 1982.
睡虎地秦墓竹簡整理小組 編, 『睡虎地秦墓竹簡』, 北京 : 文物, 1978.

楊明照 撰,『抱朴子外篇校箋』, 北京 : 中華書局, 2004.
楊伯峻 撰,『列子集釋』, 北京 : 中華書局, 1979 : 1996.
永田英正 編,『漢代石刻集成 圖版·釋文編』, 京都 : 同朋社, 1994.
永田英正 編,『漢代石刻集成 本文篇』, 京都 : 同朋社, 1994.
王雲熙·周鋒 撰,『文心雕龍譯注』, 上海 : 上海古籍, 1998.
劉俊文 撰,『唐律疏議箋解』, 北京 : 中華書局, 1996.
張家山二四七號漢墓竹簡整理小組 編,『張家山漢墓竹簡』, 北京 : 文物, 2001.
張鵬一 編著·徐淸廉 校補,『晉令輯存』, 西安 : 三秦, 1989.
張雙棣 撰,『淮南子校釋』, 北京 : 北京大, 1997.
蔣禮鴻 撰,『商君書錐指』, 北京 : 中華書局, 1986 : 1996.
鄭文 著,『論衡析詁』, 城都 : 巴蜀書社, 1999.
中國文物硏究所·甘肅省文物考古硏究所 編,『敦煌懸泉月令詔條』, 北京 : 中華書局, 2001.
陳奇猷 校釋,『呂氏春秋校釋』, 上海 : 學林, 1984 : 1995.
秦始皇金石刻辭注注釋組,『秦始皇金石刻辭注』, 上海 : 上海人民, 1975.
何建章 注釋,『戰國策注釋』, 北京 : 中華書局, 1990 : 1996.

2. 연구서 및 논문

賈貴榮,「儒教文化與秦漢封禪」,『齊魯學刊』 157, 2004.
柯金虎,「從社會變亂看禮儀的遞嬗－以魏晉爲考察範疇」,『玄奬學報(人文版)』 4, 2001.
柯金虎,「賀循及其禮學」,『玄奬人文學報』 3, 2004.
賈宜琛,「胡培翬『儀禮正義』論鄭玄『儀禮注』·敖繼公『儀禮集說』正誤擧隅」,『中國文學硏究』 15, 2001.
甘懷眞,『唐代家廟制度硏究』, 臺北 : 商務, 1991.
甘懷眞,「唐代京城社會與士大夫禮儀之硏究」, 臺灣大 박사학위논문, 1993.
甘懷眞,「魏晉時期官人間的喪服禮」,『中國歷史學會史學集刊』 27, 1995.
甘懷眞,「中國中古時期君臣關係的初探」,『臺大歷史學報』 21, 1997.
甘懷眞,「中國古代郊祀禮的再探索 : 西漢成帝時的郊祀禮」,『第三屆國際漢學會議論文集 法制與禮俗』, 臺北 : 中央硏究院歷史語言硏究所, 2002.
甘懷眞,「「舊君」的經典詮釋」,『新史學』 13-2, 2002.
甘懷眞,「「制禮」觀念的探析」,『皇權·禮儀與經典詮釋 : 中國古代政治思想史硏究』, 臺北 : 喜瑪拉雅硏究發展基金會, 2003.
甘懷眞,「秦漢的「天下」政體－以郊祀禮改革爲中心」,『新史學』 16-4, 2005.
姜伯勤,『敦煌社會文書導論』, 臺北 : 新文豊, 1992.
姜伯勤,「唐禮與敦煌發現的書儀」,『敦煌藝術宗教與禮樂文明』, 北京 : 社會科學, 1996.
耿建軍·梁勇·李銀德,「江蘇徐州市米山漢墓」,『考古』 1996-4.
高文,『漢碑集釋』, 開封 : 河南大, 1997 : 2008.

顧向明,「試論漢代禮制的形成與演變」,『民俗研究』 48, 1998.
顧頡剛,「周公制禮的傳說和『周官』一書的出現」,『文史』 6, 1978.
谷霽光,「九品中正考」,『天津益世報』, 1936年 3月 31日.
鞏本棟,「“厚葬”評議」,『中國典籍與文化』 1994-2.
孔成德,「王制義證」,『中國政治思想與制度史論集 1』, 臺北：中華文化出版事業委員會, 1954.
魯力,「魏晉封建主張及相關問題考述」,『武漢大學學報(人文版)』 57-2, 2004.
魯士春,「中國禮的起源」,『新亞論叢』 5, 2003.
魯迅,『魯迅全集 三』, 北京：人民文學, 1973.
盧昌德,「中國喪禮的形成與厚葬的關係」,『信陽師範學院學報(哲社版)』 1996-10.
唐長孺,「魏晉南朝的君父先後論」,『魏晉南北朝史論拾遺』, 北京：中華書局, 1983.
唐長孺,『魏晉南北朝史論叢』, 北京：三聯, 1955.
鄧聲國,「鄭玄所見『儀禮』古今異文考-兼談『儀禮』異文的價值」,『中國語文通訊』 61, 2002.
鄧聲國,「鄭玄『儀禮注』訓詁術語釋義例闡微」,『中國文哲研究集刊』 20, 2002.
鄧沛,「漢代爲何盛行厚葬之風」,『文史知識』 1996-4.
馬鄰,「淺議先秦儒家孝道觀與厚葬陋習」,『楚雄師範學院學報』 17-1, 2002.
馬宗霍,『中國經學史』, 臺北：商務, 1936：1968.
毛漢光,「中古士族之個案研究－瑯琊王氏」,『中國中古社會史論』, 臺北：聯經, 1988.
白芳,「論秦漢時期“君臣”稱謂的社會內涵」,『河北師範大學學報(哲社版)』 26-2, 2003.
白芳,「論秦漢時期“臣”稱謂的社會內涵」,『中山大學學報』 43, 2003.
范邦瑾,「東漢墓碑溯源」,『華夏考古』 1991-4.
濮傳眞,「庾蔚之服制論」,『臺北市立師範學院學報』 27, 1996.
謝謙,「大一統宗敎與漢家封禪」,『四川師範大學學報(社科版)』 22-2, 1995.
謝謙,「漢代儒學復古運動與郊廟禮樂的正統化」,『四川師範大學學報(社科版)』 23-2, 1996.
史睿,「敦煌吉凶書儀與東晉南朝的禮俗」,『敦煌文獻論集』, 沈陽：遼寧人民, 2001.
史應勇,「兩部儒家禮典的不同運命」,『學術月刊』 2000-4.
四川省博物館靑川縣文化館,「靑川縣出土秦更修田律木牘」,『文物』 1982-1.
沙忠平,「魏晉薄葬論」,『文博』 2001-3.
徐國榮,「漢末私謚和曹操碑禁的文化意蘊」,『東南文化』 117, 1997.
徐國榮,「東漢儒學名士薄葬之風和吊祭活動的文化蘊涵」,『東方論壇』 2000-4.
徐復觀,『中國藝術精神』, 臺北：學生書局, 1966.
徐復觀,『周官成立之時代及其思想性格』, 臺北：學生書局, 1970.
徐復觀,「劉向新序說苑的硏究」,『兩漢思想史 三』, 臺北：學生書局, 1979.
徐州博物館,「徐州後樓山西漢墓發掘報告」,『文物』 1993-4.
徐州博物館,「徐州韓山西漢墓」,『文物』 1997-2.
蕭放,「《四民月令》與東漢貴族莊園生活」,『文史知識』 2001-5.

蕭放,「《月令》記述與王官之時」,『寶鷄文理學院學報』 21-4, 2001.
蘇紹興,「東晉南朝王謝二族關係初探」,『兩晉南朝的士族』, 臺北：聯經, 1993.
施隆民,『鄕射禮儀節簡釋』, 臺北：中華書局, 1969.
沈文倬,「漢簡「士相見禮」今古文雜錯並用說」,『杭州大學學報』 1984-增.
沈文倬,「漢簡服傳考」,『文史』 24·25, 1985.
沈文倬,「漢簡《服傳》考」,『宗周禮樂文明考論』, 杭州：浙江大, 2001.
楊寬,「“射禮”新探」,『古史新探』, 北京：中華書局, 1965.
楊寬,「“鄕飮酒禮”與“饗禮”新探」,『古史新探』, 北京：中華書局, 1965.
楊寬,『中國古代陵寢制度史硏究』, 上海：上海人民, 2003.
梁滿倉,「論魏晉南北朝時期的五禮制度化」,『中國史硏究』 2001-4.
楊素珍,「荀子「禮」論與其政治思想的關聯(上)·(下)」,『孔孟月刊』 34-2·3, 1995.
楊樹達,『漢代婚喪禮俗考』, 北京：商務, 1933.
楊英,『祈望和諧-周秦兩漢王朝祭禮的演進及其規律』, 北京：商務, 2009.
楊振紅,「月令與秦漢政治再探討」,『歷史硏究』 2004-3.
楊天宇,「略論漢代的三年喪」,『鄭州大學學報(哲社版)』 35, 2002.
楊向奎,「『周禮』的內容分析及其著作時代」,『山東大學學報』 1954-4.
余英時,『士與中國文化』, 上海：上海人民, 1987.
余宗發,「『周禮』一書成書於秦地之蠡測」,『國立僑生大學先修班學報』 7, 1999.
葉國良,「二載禮記與儀禮的關係」,『錢穆先生紀念館館刊』 6, 1998.
吳宏一,『鄕飮酒禮儀節簡釋』, 臺北：中華書局, 1969.
吳麗娛,『唐禮摭遺』, 北京：商務, 2002.
吳連堂,「穀梁傳之君臣關係析論」,『孔孟學報』 87, 2009.
吳藝苑·許秀霞,「儀禮士喪禮中的禮義」,『孔孟月刊』 32-9, 1994.
王健文,『奉天承運-古代中國的「國家」概念及正當性基礎』, 臺北：東大, 1995.
汪慶正,「東漢石刻文字綜述」,『上海博物館館刊』 1, 1981.
王國維,「漢魏博士考」,『觀堂集林』(『王國維遺書』에 수록), 上海：上海古籍, 1996.
王濤,「漢文帝提倡薄葬」,『炎黃春秋』 1994-12.
王夢鷗,「禮記思想體系試探」,『國立政治大學學報』 1961-4.
王夢鷗,『禮記新證』, 臺北：商務, 1965.
王保頂,「論東漢前期儒學的實踐化」,『孔孟學報』 42-5, 2004.
王葆玹,『西漢經學源流』, 臺北：東大, 1994.
王葆玹,「禮類經記的各種傳本及其學派」,『中國哲學 23輯：經學今詮續編』, 沈陽：遼寧教育, 2001.
王三慶·黃亮文,「《朋友書儀》一卷硏究」,『敦煌學』 25, 2004.
王祥齡,「儒家的祭祀禮儀理論」,『孔孟學報』 63, 1992.
王鍔,「漢代的《儀禮》硏究」,『西北師範大學學報(社科版)』 37-5, 2000.
王彦輝,「漢代的“去官”與“棄官”」,『中國史硏究』 1998-3.

王才中, 「司馬光與濮議」, 『晉陽學刊』5, 1988.
王俊彦, 「『論語』之「禮」的析義」, 『文化大學中文學報』 2, 1994.
王惠茗, 「兩漢時期的厚葬之風」, 『滄桑』 2008-5.
于振派, 「從懸泉置壁書看《月令》對漢代法律的影響」, 『湖南大學學報』 16-5, 2002.
魏慈德, 「讀兪樾〈儀禮平議〉劄記」, 『孔孟月刊』 39-1, 2000.
劉濤, 「魏晉南北朝的禁碑與立碑」, 『故宮博物院院刊』 95, 2001.
劉選·辛向軍, 「魏晉薄葬成因的考察」, 『甘肅社會科學』 1994-1.
陸建華·夏當英, 「南北朝禮學盛因探析」, 『孔子研究』 2000-3.
李樂民, 「三國時期的薄葬風俗述論」, 『史學月刊』 2002-10
李伯翰, 「言語行爲的評鑑-試論『人物志』談辯識人之法」, 『中國文化月刊』 320, 2007.
李山, 「經學觀念與漢樂府·大賦的文學生成」, 『河北學刊』 23-4, 2003.
李昭瑩, 「論『儀禮』的經記」, 『中國文學研究』 7, 1993.
李如森, 『漢代喪葬禮俗』, 沈陽 : 沈陽出版, 2003.
李衡尾·張世響, 「從一條錯誤的禮學理論所引起的混亂說起－“禮, 爲人後者爲之子”緣起剖析」, 『史學集刊』 2000-4.
林啓屛, 『從古典到正典 : 中國古代儒學意識之形成』, 臺北 : 臺灣大, 2007.
林麗眞, 「魏晉人對傳統禮制與道德之反省－從服喪論·同姓婚論與忠孝論談起－」, 『臺大中文學報』 4, 1991.
林素英, 『古代生命觀中的生死觀－以《禮記》爲主的現代詮釋』, 臺北 : 文津, 1997.
林素英, 『古代祭禮中的政敎觀－以《禮記》成書爲論』, 臺北 : 文津, 1997.
林素英, 『喪服制度的文化意義』, 臺北 : 文津, 2000.
林尹, 「周禮與其作者」, 『中央月刊』 5, 1973.
林翠玟, 「『儀禮·鄭注』的護衛－『儀禮管見』」, 『孔孟月刊』 34-10, 1996.
張強, 「西漢樂府考論」, 『淮陽師範學院學報』 22-2, 2000.
張京華, 「月令－中國古代的“時政”思想」, 『長沙理工大學學報』 22-1, 2007.
張光裕, 『儀禮士昏禮·士相見禮之儀節研究』, 臺北 : 中華書局, 1969.
張國剛, 「漢唐“家法”觀念的演變」, 『社會與國家關係視野下的漢唐歷史變遷』, 上海 : 華東師範大, 2006.
張濤, 『經學與漢代社會』, 石家庄 : 河北人民, 2001.
張良樹, 『儀禮宮室考』, 臺北 : 中華書局, 1969.
張文昌, 「唐代禮典的編纂與傳承－以『大唐開元禮』爲中心」, 臺灣大 석사학위논문, 1997.
張愛波, 「西晉以“孝”治天下與儒風頹變」, 『新亞論叢』 7, 2005.
張仁璽, 「兩漢時期的喪葬禮俗考略」, 『山東師範大學學報(人社版)』 47-6, 2002.
張娣明, 「鄭注士昏禮之研究」, 『中國學術年刊』 22, 2001.
張娣明, 「鄭氏對『儀禮·士昏禮』的闡釋」, 『人文及社會學科敎學通訊』 74, 2002.
張中秋, 「家禮與國法的關係和原理及其意義」, 『東亞傳統家禮·敎育與國法(二) 家內秩序與國法』, 臺北 : 臺灣大, 2005.

張捷夫,「漢代厚葬之風及其危害」,『中國歷史博物館館刊』 1995-2.
錢穆,「周官著作時代考」,『燕京學報』 11, 1933.
錢穆,『國史大綱』, 北京：商務, 1940：1997.
錢穆,『兩漢經學今古文平議』, 北京：商務, 2001.
程光裕,「北宋臺諫之爭與濮議」,『大陸雜誌 史學叢書』 2-2, 1960.
程克雅,「胡培翬『儀禮正義』釋例方法探究－兼述段熙仲之「以例治禮」說」,『國立中央大學中文研究所研究生論文集』 1995-6.
程克雅,「敖繼公「儀禮集說」駁議鄭注「儀禮」之研究」,『東華人文學報』 2, 2000.
鄭基良,「喪禮與祭祀研究」,『空大人文學報』 10, 2001,
丁凌華,『中國喪服制度史』, 上海：上海人民, 2000.
丁鼎,「試論《儀禮》的作者與撰作時代」,『孔子研究』 2002-6.
丁鼎,『《儀禮·喪服》考論』, 北京：社會科學文獻, 2003.
程兆熊,『禮記講義』, 香港：鵝湖, 1964.
趙和平,『敦煌寫本書儀研究』, 臺北：新文豊, 1993.
鍾宗憲,「《史記》〈禮書〉概說」,『國立編譯館館刊』 20-1, 1991.
朱謙之,『中國音樂文學史』(『民國叢書』에 수록), 北京：中華書局, 1994.
朱紹侯,「漢元成二帝論(上)」,『洛陽大學學報』 16-1, 2001.
周一良,「兩晉南朝的淸議」,『魏晉隋唐史論集 2輯』, 北京：社會科學, 1983.
周一良,「書儀源流考」,『魏晉南北朝史論集續編』, 北京：北京大, 1991.
朱子彥,「論先秦秦漢時期的兩重君主觀」,『史學月刊』 2004-2.
周何,「禮記導讀」,『國學導讀總編 上』, 臺北：康稿出版事業公司, 1979.
周何,「禮記的成書」,『國文天地』 13-3, 1997.
中國科學院考古研究所滿城發掘隊,「滿城漢墓發掘紀要」,『考古』 1972-1.
陳啓雲,「關於東漢史的幾個問題：淸議·黨錮·黃巾」,『漢晉六朝文化·社會·制度－中華中古前期史研究』, 臺北：新文豊, 1996.
陳貴麟,「管窺「西漢石渠閣會議」」,『中國學術年刊』 15, 1994.
陳滿銘,「論『論語』中的「禮」」,『孔孟月刊』 30-12, 2002.
陳戍國,『秦漢禮制研究』, 長沙：湖南敎育, 1993.
陳戍國,『中國禮制史 魏晉南北朝卷』, 長沙：湖南敎育, 2002.
陳穎,「三國時期的薄葬與厚葬」,『成都大學學報(社科版)』 2009-6.
陳溫菊,「由六瑞六器看『周禮』的成書時代」,『孔孟月刊』 33-1, 1994.
陳靜,「書儀的名與實」,『中國典籍與文化』 2000-1.
蔡明倫,「魏晉薄葬原因探析」,『湖北師範學院學報(哲社版)』 22-2, 2002.
蔡彦峰,「論楚歌的體制特點及對漢樂府的影響」,『湖南工程學院學報』 16-1, 2006.
祝總斌,「略論晉律之“儒家化”」,『中國史研究』 1985-2.
湯志鈞 等,『西漢經學與政治』, 上海：上海古籍, 1994.
皮錫瑞,『經學通論』, 北京：中華書局, 1998.

何如月,『漢碑文學研究』, 北京 : 商務, 2010.
郝建平,「論漢代厚葬之風」,『臨沂師範學院學報』 29-2, 2007.
韓國磐,『魏晉南北朝史綱』, 北京 : 人民, 1983.
韓國河,「論秦漢魏晉時期的厚葬與薄葬」,『鄭州大學學報(哲社版)』 31-5, 1998.
韓國河,「魏晉時期喪葬禮制的承傳與創新」,『文史哲』 1999-1.
韓碧琴,「張爾岐對『儀禮』之獨特見解」,『國立中興大中夜間部學報』 1, 1995.
韓碧琴,「儀禮張氏學 上」,『興大中文學報』 8, 1995.
韓碧琴,「儀禮張氏學 下」,『興大中文學報』 9, 1996.
韓碧琴,「儀禮祭禮之服飾比較研究」,『國立中興大學中夜間部學報』 2, 1996.
韓碧琴,『儀禮鄭註句讀校記』, 臺北, 國立編譯館, 1996.
韓碧琴,「「儀禮」「少牢饋食禮」「特牲饋食禮」儀節之比較研究」,『國立中興臺中夜間部學報』 3, 1997.
韓碧琴,「儀禮所見士·大夫祭禮之人物比較研究」,『興大中文學報』 10, 1997.
韓碧琴,「『儀禮』「有司徹」「特牲饋食禮」儀節之比較研究」,『(中興大)文史學報』 28, 1998.
韓碧琴,「『儀禮』所見士·大夫祭禮之禮器比較研究」,『興大中文學報』 11, 1998.
韓碧琴,「焦循手批『儀禮註疏』研究」,『興大中文學報』 14, 2002.
許同莘,「論魏晉九品用人制度」,『河南政治月刊』 1936-6.
刑義田,「月令與西漢政治」,『新史學』 9-1, 1998.
胡舒雲,『九品官人法考論』, 北京 : 社會科學, 2003.
胡平生,「敦煌懸泉置出土《四時月令詔條》研究」,『敦煌懸泉月令詔條』, 北京 : 中華書局, 2001.
洪業,「禮記引得序」,『史學年報』 2-3, 1936.
華友根,「戴德的喪服主張及其『大戴禮記』」,『學術月刊』 97-11, 1997.
黃啓方,『儀禮特牲饋食禮儀節研究』, 臺北 : 中華書局, 1969.
黃金明,「東漢墓碑文興盛的社會文化背景」,『漳州師範學院學報(哲社版)』 53, 2004.
黃金明,『漢魏晉南北朝誄文研究』, 北京 : 人民大, 2005.
姫秀珠,「東漢『禮經』的傳承與開展-兼論鄭玄對經學的貢獻」,『寬橋學報』 5, 1998.

角谷常子,「後漢時代における爲政者による顯彰」,『奈良史學』 26, 2008.
谷口義介,「豳風七月詩の生活誌」,『中國古代社會史研究』, 京都 : 朋友書店, 1988.
谷田孝之,「古代喪服の辟領について」,『支那學研究』 20, 1959.
谷田孝之,「中國古代の服喪における深衣について」,『東方學』 19, 1959.
谷田孝之,「中國古代の喪における兼服について」,『支那學研究』 24·25, 1960.
谷田孝之,「儀禮喪服篇に見える夫人不杖について」,『哲學』 13, 1960.
谷田孝之,「儀禮喪服篇大功章大夫の妾の條について」,『支那學研究』 30, 1965.
谷田孝之,『中國古代喪服の基礎的研究』, 東京 : 風間書房, 1970.
串谷美智子,「封禪にみられる二つの性格－宗教性と政治性」,『史窓』 14, 1959.

宮崎市定,『九品官人法の研究』, 京都：同朋舍, 1956.
宮崎市定,「漢末風俗」,『宮崎市定全集 第1巻 東洋史』, 東京：岩波書店, 1993.
宮本勝,「蕭望之の學問と經術」,『中國學論文集：竹內照夫博士古稀記念』, 札幌：竹內照夫博士古稀記念論文集刊行會, 1981.
吉田篤志,「穀梁の君主觀」,『日本中國學會報』 39, 1987.
金谷治,「『管子』中の時令思想」,『集刊東洋學』 50, 1983.
金子修一,「漢代の郊祀と宗廟と明堂及び封禪」,『日本古代史講座9 東アジアにおける儀禮と國家』, 東京：學生社, 1982.
金子修一,「唐の太極殿と大明宮－即位儀禮におけるその役割について」,『山梨大學敎育學部研究報告』 44, 1994.
金子修一, 「中國古代の即位儀禮の場所について」, 『山梨大學敎育人間科學部研究報告』 49, 1998.
金子修一,「皇帝祭祀の展開」,『岩波講座世界歷史 9：中華の分裂と再生』, 東京：岩波書店, 1999.
金子修一,『古代中國と皇帝祭祀』, 東京：汲古書院, 2001.
金子修一,『中國古代皇帝祭祀の研究』, 東京：岩波書店, 2006.
金文京,『中國の歷史 三國志の世界』, 東京：講談社, 2005.
南部英彦,「前漢後期の宗廟制論議等を通して見たる儒敎國敎化－その親親·尊尊主義の分析を軸として－」,『日本中國學會報』 51, 1999.
內藤湖南,『支那上古史』(『內藤湖南全集』에 수록), 東京：筑摩書房, 1969.
內山俊彦,「司馬遷と歷史」,『山口大學文學會志』 14-2, 1963.
內山俊彦,「漢代思想史における異端的なもの 2」,『山口大學文學會志』 17-1, 1966.
內山俊彦,『中國古代思想史における自然認識』, 東京：創文社, 1987.
大久保靖,「漢末門生故吏考－汝南袁氏の場合」,『史友』 14, 1982.
島邦男,『五行思想と禮記月令の研究』, 東京：汲古書院, 1971.
渡辺信一郎,「中華帝國·律令法·禮的秩序」,『シンポジウム 歷史學と現在』, 東京：柏書房, 1995.
渡辺信一郎,『天空の玉座：中國古代帝國の朝政と儀禮』, 東京：柏書房, 1996.
渡邉義浩,「漢魏交替期の社會」,『歷史學研究』 626, 1991.
渡邉義浩,『後漢國家の支配と儒敎』, 東京：雄山閣, 1995.
渡邉義浩, 「三國時代における「文學」の政治的宣揚－六朝貴族制形成史の視點から」, 『東洋史研究』 54-3, 1995.
渡邉義浩,「三國政權形成前史－袁紹と公孫瓚－」,『吉田寅先生古稀記念アジア史論集』, 東京：吉田寅先生古稀記念論文集編集委員會, 1997.
渡邉義浩,「「寬」治から「猛」政へ」,『東方學』 102, 2001.
渡邉義浩,「九品中正制度における「孝」」,『漢學會誌』 41, 2002.
渡邉義浩,「兩漢における『春秋』三傳と國政」,『兩漢における詩と三傳』, 東京：汲古書院,

2007.
渡邉義浩,「西晉における五等爵制と貴族制の成立」,『史學雜誌』 116-3, 2007.
渡邉義浩,「兩漢における華夷思想の展開」,『兩漢儒教の新研究』, 東京：汲古書院, 2008.
渡邉義浩,『後漢における「儒教國家」の成立』, 東京：汲古書院, 2009.
渡部武,「『四民月令』に見える後漢時代の豪族の生活」,『中國前近代史研究』, 東京：早稻田大, 1980.
東晉次,『後漢時代の政治と社會』, 名古屋：名古屋大, 1995.
藤田勝久,「四民月令の性格について」,『東方學』 67, 1984.
藤田勝久,『中國古代國家と郡縣社會』, 東京：汲古書院, 2005.
藤田忠,「明帝の禮制改革について」,『國士館大學文學部人文學會紀要』 26, 1993.
藤川正數,『魏晉時期における喪服禮の研究』, 東京：敬文社, 1960.
藤川正數,『漢代における禮學の研究』, 東京：風間書房, 1968.
鈴木修次,『漢魏詩の研究』, 東京：大修館書店, 1967.
鈴木虎雄,「漢代の樂府と塞外歌曲」,『支那文學研究』, 東京：弘文堂, 1925.
馬場理惠子,「主四時と月令－敦煌懸泉置出土『四時月令詔條』を手掛かりとして」,『日本秦漢史學會會報』 7, 2006.
馬場理惠子,「「時」の法令－前漢月令攷－」,『史窓』 64, 2007.
木島史雄,「六朝前期の孝と喪服－禮學の目的·機能·手法－」,『中國古代禮制研究』, 京都：京都大, 1995.
目黑杏子,「前漢武帝期における郊祀體制の成立－甘泉泰畤の分析を中心に」,『史林』86-6, 2003.
目黑杏子,「王莽「元始儀」の構造－前漢末における郊祀の変化」,『洛北史學』8, 2006.
目黑杏子,「後漢郊祀制と「元始故事」」,『九州大學東洋史論集』 36, 2008.
武內義雄,「禮の倫理思想」,『岩波講座 倫理學』, 東京：岩波書店, 1940.
武內義雄,『禮記の研究』, 東京：角川書店, 1979.
辺土名朝邦,「石渠閣論議の思想史的位置づけ－穀梁學および禮議奏殘片を通じて」,『哲學年報』 36, 1977.
保科季子,「前漢後半期における儒家禮制の受容－漢的傳統との對立と皇帝觀の變貌」,『歷史と方法 方法として丸山眞男』, 東京：青木書店, 1998.
福永光司,「封禪說の形成」,『道教思想史研究』, 東京：岩波書店, 1987.
福井重雅,「石渠閣論議考」,『儒·佛·道三教思想論攷：牧尾良海博士喜壽記念』, 東京：山喜房佛書店, 1991.
福井重雅,「秦漢時代における博士制度の展開」,『東洋史研究』 54-1, 1995.
福井重雅,「董仲舒の虛像と實像」,『史觀』 139, 1998.
福井重雅,『漢代儒教の史的研究－儒教の官學化をめぐる定說の再檢討－』, 東京：汲古書院, 2005.
本田濟,「魏晉における封建論」,『東洋思想研究』, 東京：創文社, 1987.

釜谷武志,「漢武帝樂府創設の目的」,『東方學』 84, 1992.
北村良和,「前漢末の改禮について」,『日本中國學會會報』 33, 1981.
濱田瑞美,「曹操による建安十年立碑の禁令の實相について」,『東洋美術史論叢』, 東京：雄山閣, 2000.
濱田瑞美,「漢碑考－かたちと意匠をめぐって」,『美術史研究』 41, 2003.
山崎光洋,「後漢末の河北の狀況について－汝南の袁氏を中心として」,『立正史學』 57, 1985.
山田琢,「穀梁傳の倫理觀について」,『東方學』 16, 1958.
三森樹三郎,『梁の武帝-佛教王朝の悲劇』, 京都：平樂寺書店, 1956.
上田早苗,「「月令」と後漢社會－救恤をめぐって」,『中國士大夫階級と地域社會との關係についての總合的研究, 昭和57年度科學研究費補助金總合研究(A)研究成果報告書』, 1983.
西嶋定生,「武帝の死」,『古代史講座 11』, 東京：學生社, 1965.
西嶋定生,「皇帝支配の成立」,『世界歷史4 東アジア世界の形成』, 東京：岩波書店, 1970.
西嶋定生,『中國の歷史2 秦漢帝國』, 東京：講談社, 1974：1979.
膳智之,「中國古代の農事記」,『專修史學』 46, 2009.
小島毅,「郊祀制度の變遷」,『東洋文化硏究所紀要』 108, 1989.
小島毅,『東アジアの儒敎と禮』, 東京：山川, 2004.
小林義廣,「"濮議"小考」,『東海大學紀要 文學部』 54, 1990.
小林聰,「泰始禮制から天監禮制へ」,『唐代史研究』 8, 2005.
矢野主稅,「狀の研究」,『史學雜誌』 76-2, 1967.
市村瓚次郞,「漢代建碑の流行及び其後世の禁制に就いて」,『書苑』 2-19, 1938.
神矢法子,「漢魏晉南朝における「王法」について」,『史淵』 114, 1977.
神矢法子,「後漢時代における「過禮」をめぐって」,『九州大學東洋史論集』 7, 1979.
神矢法子,「晉時代における王法と家禮」,『東洋學報』 60-1·2, 1987.
神矢法子,「漢晉間における喪服禮の規範的展開－婚姻習俗「拜時」をめぐって－」,『東洋學報』 63-1·2, 1981.
神矢法子,『「母」のための喪服』, 東京：日本圖書刊行會, 1994.
安居香山,『緯書の成立とその展開』, 東京：國書刊行會, 1979.
野田俊昭,「兩晉南朝の淸議·鄕論と天子の支配權力」,『古代文化』 54-1, 2002.
野田俊昭,「東晉時代における孝と行政」,『東洋史論集』 32, 2004.
影山誠一,「喪服篇の特異性について」,『大同文化大學紀要』 1, 1963.
影山誠一,「喪服義例考 上」,『大同文化大學紀要 文學篇』 2, 1964.
影山誠一,「喪服義例考 下」,『大同文化大學紀要 文學篇』 3, 1965.
影山誠一,「喪服立文考」,『大同文化大學紀要 文學篇』 4, 1966.
影山誠一,「喪服概說」,『大同文化大學紀要 文學篇』 6, 1968.
永田英正,「漢代の選擧と官僚階級」,『東方學報』 41, 1970.
永井弥人,「前漢元帝時期の「祖宗」論爭に關する一試論」,『早稻大大學院文學部紀要』 44-1,

1999.
永井弥人,「前漢武帝期の泰山明堂建設に關する一考察」,『東洋の思想と宗教』 20, 2003.
窪添慶文,「墓誌の起源とその定型化」,『立正史學』 105, 2009.
窪添慶文,「石に刻された生涯」,『東洋文化研究』 14, 2012.
宇都宮清吉,『漢代社會經濟史研究』, 東京：弘文堂, 1955.
原富男,『中國思想源流の考察』, 東京：朝日, 1979.
栗原朋信,『秦漢史の研究』, 東京：吉川弘文館, 1957：1969.
日比野丈夫,「墓誌の起源について」,『江上波夫教授古稀記念論集 民族·文化篇』, 東京：山川, 1977.
日原利國,「白虎館會議の思想史的位置づけ」,『漢代思想の研究』, 東京：研文, 1986.
齋藤實,「秦の始皇帝の泰山封禪」,『日本大學藝術學部紀要』 14, 1984.
齋木哲郎,『秦漢儒教の研究』, 東京：汲古書院, 2004.
田沼眞弓,「南魏皇帝の喪禮の變遷(一)－宋·齊王朝を中心に」,『國學院大學櫪木短期大學紀要』 35, 2000.
田沼眞弓,「北魏皇帝の喪禮の變遷(二)－梁·陳王朝を中心に」,『國學院大學櫪木短期大學紀要』 36, 2001.
田沼眞弓,「北魏皇帝の喪禮の變遷」,『國學院大學櫪木短期大學紀要』 37, 2002.
田沼眞弓,「北齊·北周·隋皇帝の喪禮の變遷」,『國學院大學櫪木短期大學紀要』 38, 2003.
町田三郎,「管子幼官攷」,『集刊東洋學』 1, 1959.
町田三郎,「時令說について－管子幼官篇を中心にして」,『東北大學教養部文科紀要』 9, 1962.
町田三郎,『秦漢思想史の研究』, 東京：創文社, 1985.
竹內弘行,「司馬遷の封禪論－「史記」封禪書の歷史記述をめぐって」,『哲學年報』 34, 1974.
仲畑信,「王弼の禮解析について」,『中國の禮制と禮學』, 京都：朋友書店, 2001.
增田清秀,『樂府の歷史的研究』, 東京：創文社, 1975.
紙屋正和,「後漢時代における郡縣政治の展開」,『呴沫集』 11, 2004.
津田左右吉,「豳風七月の詩について」,『津田左右吉全集16 儒教の研究』, 東京：岩波書店, 1965.
津田左右吉,「儒家に於ける禮樂の講習」,『津田左右吉全集16 儒教の研究』, 東京：岩波書店, 1965.
津田左右吉,「漢の王室と禮樂」,『津田左右吉全集16 儒教の研究』, 東京：岩波書店, 1965.
津田左右吉,「時令とシナ思想」,『津田左右吉全集 18 儒教の研究三』, 東京：岩波書店, 1965.
川勝義雄,「世說新語の編纂をめぐって－元嘉の治の一面」,『東方學報』 41, 1970.
川勝義雄,『六朝貴族制社會の研究』, 東京：岩波書店, 1982.
川合安,「沈約の地方政治改革論－魏晉期の封建論と關連して」,『中國中世史研究 續編』, 京都：京都大, 1995.

村上嘉實,「魏晉における德の多樣性について－世說新語の思想－」,『鈴木博士古稀記念 東洋史論叢』, 東京：明德, 1972.

塚田康信,「碑の起源と形式の硏究 Ⅰ」,『福岡教育大學紀要 第5分冊』 28, 1978.

鷲尾祐子,「前漢祖宗廟制度の硏究」,『立命館文學』 577, 2002.

板野長八,「大學篇の格物致知」,『史學雜誌』 71-4, 1962.

板野長八,「儒教の成立」,『世界歷史4 東アジア世界の形成』, 東京：岩波書店, 1970.

板野長八,「前漢末における宗廟·郊祀の改革運動」,『中國古代における人間觀の展開』, 東京：岩波書店, 1972.

板野長八,「何晏と王弼の思想」,『東方學報』 14-1, 1943.

許建良,「『人物志』に見える人物判斷の思想」,『集刊東洋學』 82, 1999.

好並隆司,「前漢後半期の古制·故事をめぐる政治展開」,『別府大學大學院紀要』 3, 2001.

具聖姬,「漢代厚葬風俗과 薄葬論」,『史林』 15, 2001.

具聖姬,「漢代의 靈魂不滅觀」,『中國史硏究』 28, 2004.

金秉駿,「秦漢時代 女性과 國家權力－過徵方式의 變遷과 禮敎秩序로의 編入－」,『震壇學報』 75, 1993.

金庠澔,「漢代 樂府民歌의 槪念과 分類에 관하여」,『中國文學』 19, 1991.

金羨珉,「貞觀時期 服紀改定의 理念的 바탕과 政治的 意義」,『中國史硏究』 18, 2002.

金時晃,「喪禮 五服制度 硏究」,『韓國의 哲學』 22, 1994.

金容天,「漢 宣帝期 禮制 論議－'爲人後者' 禮說의 變化를 中心으로－」,『東國史學』 33, 1999.

金容天,「前漢時代 郡國廟 設廢 論議」,『東國史學』 37, 2002.

金容天,「前漢時代 典禮論 硏究」, 東國大 박사학위논문, 2004.

金容天,「「石渠禮論」의 分析과 前漢時代 禮治 理念」,『東方學志』 137, 2007.

김용천,『前漢後期 禮制談論』, 서울：선인, 2008.

金稔子,「古代中國女性倫理觀－後漢書 烈女傳을 중심으로－」,『梨大史苑』 6, 1966.

琴章泰,「漢代의 禮學」,『東洋哲學硏究』 14, 1993.

金鎭玉,「《世說新語》에 대한 一考察」,『歷史學報』 104, 1984.

金翰奎,「賈誼의 政治思想－漢帝國秩序確立의 思想史的一過程」,『歷史學報』 63, 1974.

金翰奎,「漢代 및 魏晉南北朝時代의 輔政」,『古代東亞細亞幕府體制硏究』, 서울：一潮閣, 1997.

김근,「漢代經學이 中國傳統思想의 形成에 미친 影響(Ⅰ)」,『중국학지』 3, 1985.

김근,『한자는 중국을 어떻게 지배했는가－漢代 經學의 해부』, 서울：민음사, 1999：2004.

김기봉,『역사를 통한 동아시아 공동체 만들기』, 서울：푸른역사, 2006.

김석우,『자연재해와 유교국가』, 서울：일조각, 2006.

김성한,『회남자 고대 집단지성의 향연』, 서울：살림, 2007.

김일권, 『동양 천문사상 인간의 역사』, 서울 : 예문서원, 2007.
盧仁淑, 「『儀禮』喪服篇의 親等區分圖解－本親을 中心으로」, 『道原柳承國博士華甲紀念論文集 東方思想論攷 : 그 本質과 現代的解釋』, 서울 : 종로서적, 1983.
盧仁淑, 「聖·俗의 관점에서 본 孔子의 禮」, 『儒敎思想硏究』 3, 1988.
盧仁淑, 「중국에서의 상례문화의 전개」, 『儒敎思想硏究』 15, 2001.
盧仁淑, 「『儀禮』喪服編의 親等區分圖解－本親을 中心으로」, 『中國思想論文選集』, 서울 : 韓國人文科學院, 2001.
도민재, 「禮學 연구 방법론에 관한 재검토」, 『儒敎思想硏究』 9, 1997.
도민재, 「孔子 禮樂思想의 본질과 사회적 이상」, 『東洋哲學硏究』 34, 2003.
마이클·로이/이성규 역, 『古代中國人의 生死觀』, 서울 : 지식산업사, 1987 : 1998.
武內義雄 著/李東熙 譯, 『中國思想史』, 서울 : 驪江, 1987.
文貞喜, 「秦漢 祭禮와 國家支配」, 延世大 박사학위논문, 2005.
박례경, 「『禮記』의 체제와 禮論 연구」, 延世大 박사학위논문, 2005.
朴丙鍊, 「朝鮮時代 "禮訟"의 政治行政的 含意」, 『정신문화연구』 21-2, 1998.
朴漢濟, 「魏晉南北朝時代 墓葬風習의 變化와 墓地銘의 流行」, 『東洋史學硏究』 104, 2008.
班固 撰/신정근 역, 『백호통의』, 서울 : 소명, 2005.
벤자민 슈월츠/나성 역, 『중국고대 사상의 세계』, 서울 : 살림, 1995.
신정근, 『동중서(董仲舒) : 중화주의의 개막』, 서울 : 태학사, 2004.
신지언, 「釋名을 통해 나타나는 질서와 구분의 세계」, 『중국문학』 44, 2005.
앤거스 그레이엄 지음/나성 옮김, 『중국 고대 철학논쟁 도의 논쟁자들』, 서울 : 새물결, 2001.
楊蔭瀏 지음/이창숙 옮김, 『중국 고대 음악사－상고 시대부터 송대까지』, 서울 : 솔, 1999.
유소 지음/이승환 옮김, 『인물지』, 서울 : 홍익, 1999.
尹在碩, 「秦代家族制硏究」, 慶北大 박사학위논문, 1996.
尹在碩, 「中國古代 女性의 社會的 役割과 家內地位」, 『東洋史學硏究』 96, 2006.
李明和, 「漢代 '戶' 계승과 女性의 지위」, 『東洋史學硏究』 92, 2005.
李文周, 「先秦儒家의 禮說에 대한 硏究」, 『道原柳承國博士古稀紀念論文集 東洋哲學思想硏究』, 서울 : 東方文化硏究院, 1992.
李文周, 「儒家 經典을 중심으로 한 禮의 槪念에 대한 硏究－『論語』『孟子』를 중심으로」, 『儒家思想硏究』 7, 1994.
李文周, 「荀子의 禮」, 『儒敎思想硏究』 8, 1996.
李文周, 「春秋戰國時代에 있어서 儒家 禮의 형성과정과 특징」, 『儒敎思想硏究』 9, 1997.
李範稷, 『朝鮮時代 禮學硏究』, 서울 : 國學資料院, 2004.
李相股, 「「樂記」의 音樂論에 관한 考察(Ⅰ)」, 『東洋哲學硏究』 5, 1984.

이상진, 「荀子 禮의 性格에 관한 고찰」, 『延世哲學』 7, 1997.
李成九, 「戰國時代 官僚論의 展開」, 『東洋史學硏究』 25, 1987.
李成九, 「王莽의 禪讓革命과 正統性」, 『古代中國의 理解3』, 서울 : 지식산업사, 1997.
李成九, 『中國古代의 呪術的 思惟와 帝王統治』, 서울 : 一潮閣, 1997.
李成九, 「武帝時期의 皇帝儀禮」, 『東洋史學硏究』 80, 2002.
李成珪, 「中國 古代 皇帝權의 性格」, 『東亞史上의 王權』, 서울 : 한울아카데미, 1993.
李成珪, 「漢代 『孝經』의 普及과 그 理念」, 『韓國思想史學』 10-1, 1998.
李成茂, 「17世紀의 禮論과 黨爭」, 『朝鮮後期 黨爭의 綜合的 檢討』, 성남 : 정신문화연구소, 1992.
李世東, 「石渠閣 經學會議에 대한 一考察」, 『中國語文學』 43, 2004.
李永碩, 「東漢末 樂府와 文人詩의 「兼濟」와 「獨善」 意識 考察」, 濟州大 석사학위논문, 2002.
李迎春, 「第一次禮訟과 尹善道의 禮論」, 『淸溪史學』 6, 1989.
李迎春, 「服制禮訟과 政局變動－第二次禮訟을 中心으로」, 『國史館論叢』 22, 1991.
李迎春, 「17世紀 禮訟 硏究의 現況과 反省」, 『韓國의 哲學』 22, 1994.
장승구, 「관자 해제」, 『관자』, 서울 : 소나무, 2007.
鄭玉子, 「17世紀 思想界의 再編과 禮論」, 『韓國文化』 10, 1989.
정재서, 「『열녀전(烈女傳)』의 여성 유형학」, 『동아시아 여성의 기원－『열녀전(烈女傳)에 대한 여성학적 탐구』, 서울 : 이화여대, 2002.
鄭台燮, 「「大禮儀」의 典禮論分析」, 『東國史學』 24, 1990.
鄭台燮, 「明末의 禮學」, 『東國史學』 28, 1994.
鄭台燮, 「淸初의 禮學(1)」, 『東洋史學硏究』 52, 1995.
조셉 니덤 지음·콜린 로넌 축약/김영식, 김제란 옮김, 『중국의 과학과 문명 : 사상적 배경』, 서울 : 까치, 1998.
趙駿河, 「傳統禮學의 形成과 그 淵源에 關한 考察」, 『東洋哲學硏究』 1, 1980.
趙駿河, 「春秋時代 禮思想의 硏究」, 『東洋哲學硏究』 11, 1990.
趙駿河, 「孔子 禮思想의 政治的 의의에 관한 考察」, 『儒敎思想硏究』 14, 1992.
趙駿河, 「孟子의 禮論에 관한 硏究」, 『東洋哲學硏究』 13, 1992.
趙駿河, 「儒家의 禮說」, 『東洋哲學硏究』 14, 1993.
趙駿河, 「孔子 禮思想의 哲學的 考察」, 『儒敎思想硏究』 17, 1994.
池斗煥, 「朝鮮後期 禮論硏究」, 『釜山史學』 11, 1987.
崔根德, 「朝鮮期 禮訟의 背景과 發端에 關한 硏究」, 『東洋哲學硏究』 24, 2001.
최덕경, 『중국고대 산림보호와 환경생태사 연구』, 서울 : 신서원, 2009.
崔振默, 「중국 고대 樂律의 운용과 禮制」, 『東洋史學硏究』 89, 2004.
최진석, 「“욕망(欲)” : 선진철학을 읽는 또 하나의 창」, 『철학연구』 69, 2005.
하워드 J.웨슬러/임대희 옮김, 『비단같고 주옥같은 정치』, 서울 : 고즈원, 2005.
韓坪秀, 「古代儒家의 禮樂思想－樂의 문제를 중심으로」, 『철학논구』 16, 1988.

洪承賢,「'浮華'와 '素業' 槪念을 통해 본 南朝 士大夫들의 意識變化」,『中國學報』 47, 2003.

洪承賢,「奢侈論을 통해 본 前漢 士大夫의 移風易俗」,『中國史硏究』 24, 2003.

洪承賢,「選擧와 後漢 士大夫의 自律性－『後漢書』「五行志」와 後漢末의 批評的 著作의 檢討를 中心으로－」,『東洋史學硏究』 86, 2004.

洪承賢,「漢末魏初 士大夫 社會와 浮華」,『中國古代史硏究』 12, 2004.

홍승현,『사대부와 중국 고대 사회－사대부의 등장과 정치적 각성에 대한 연구』, 서울 : 혜안, 2008.

黃元九,「所謂 己亥服制 문제에 대하여」,『延世論叢』 2, 1963.

黃元九,「朱子家禮의 形成過程－王法과 家禮의 連繫性을 中心으로－」,『人文科學』 45, 1981.

Jack L.Dull, *Marriage and Divorce in Han China : A Glimpse at 'Pre-Confucian' Society*, Chinese Family Low and Society Change in Historical and Comparative, University of Washington Press, 1987.

Martin Powers, *Art & Political Expression in Early China*, New Haven, 1991.

Mcmullen,「The Imperial Ancestral Temple and Political Life in Seventh and Eighth Century Tang China」,『中國史硏究』 33, 2004.

찾아보기

| ㅅ |

홍승현

서울 출생. 숙명여대 석사, 서강대 박사. 한신대·한성대 연구교수. 숙명여대 연구원 역임
서강대·성신여대·한성대 출강. 현재 서강대 대우교수

주요 논저
『사대부와 중국 고대 사회』(2008), 『중국과 주변』(2009), 『역사 속의 인물』(2009, 공저), 『중국의 동북공정과 한국고대사』(2012, 공저), 「漢代 華夷觀의 전개와 성격」(2011), 「前漢時期 尙書學의 출현과 변용」(2012), 「魏晉南北朝時期 中華思想의 변용과 동아시아 국제질서」(2013), 「西晉~劉宋時期 墓誌의 構成과 役割」(2014)

禮儀之國 고대 중국의 예제와 예학

홍 승 현 지음

2014년 9월 30일 초판 1쇄 발행

펴낸이 · 오일주
펴낸곳 · 도서출판 혜안

등록번호 · 제22-471호
등록일자 · 1993년 7월 30일

㊄ 121-836 서울시 마포구 서교동 326-26번지 102호
전화 · 3141-3711~2 / 팩시밀리 · 3141-3710
E-Mail hyeanpub@hanmail.net

ISBN 978-89-8494-513-5 93910

값 34,000 원